辽宁统计年鉴

2000

辽宁省统计局　编

中国统计出版社
China Statistics Press

(京)新登字 041 号

图书在版编目(CIP)数据

辽宁统计年鉴.2000/辽宁省统计局编.—北京:中国统计出版社,2000.7
ISBN 7—5037—3207—5/C·1718

Ⅰ.辽… Ⅱ.辽… Ⅲ.社会经济统计—统计资料—辽宁—2000—年鉴
Ⅳ.C832.31—54

中国版本图书馆 CIP 数据核字(2000)第 27970 号

辽宁统计年鉴—2000

责任编辑/陈越月
E—mail/Yearbook@stats.gov.cn
责任校对/王海鹰
封面设计/庄庆芳
出版发行/中国统计出版社
通信地址/北京市西城区三里河月坛南街 75 号 中国统计出版社
电 话/(010)63262295
印 刷/辽宁省统计局印刷厂
经 销/新华书店
开 本/787×1092 毫米
字 数/120 万字
印 张/38
印 数/2000 册
版 别/2000 年 7 月第 1 版
版 次/2000 年 7 月第 1 次印刷
书 号/ISBN 7—5037—3207—5/C·1718
定 价/170.00 元

《辽宁统计年鉴》编委会和编辑出版人员

编　辑　委　员　会

编　辑　工　作　人　员

编　者　说　明

一、《辽宁统计年鉴—2000》是一部全面、系统、翔实反映辽宁省国民经济和社会发展情况的大型资料工具书，本书收录了全省和各市、县、区1999年经济、社会、科技等方面大量的统计数据，以及全省历年主要统计数据。

二、全书分为二十个部分，即：1. 行政区划和自然资源；2. 综合；3. 国民经济核算；4. 人口；5. 从业人员和职工工资；6. 固定资产投资；7. 能源和物质；8. 财政；9. 物价；10. 人民生活；11. 城市建设；12. 农业；13. 工业；14. 建筑业；15. 运输和邮电；16. 商业；17. 对外经济贸易和国际旅游；18. 金融和保险；19. 教育、科技和文化；20. 体育、卫生、社会福利和其他。另附辽宁省与有关省市经济指标对比及各市、县、区主要经济指标。

三、资料中所使用的计量单位除个别照顾使用习惯外均采用国际统一标准计量单位。

四、本年鉴的资料大部分来自年度统计报表，一部分来自抽样调查。

五、本年鉴部分数据的合计数或相对数由于单位取舍不同产生的计算误差均未作机械调整。

六、本年鉴中凡带续表的资料，如有注解均加在最后一张续表下面，请使用时注意。

七、本年鉴表中的符号使用说明："…"表示数据不足本表最小单位数；"空格"表示该项统计指标数据不详或无该项数据；"#"表示其中的主要项。

本《年鉴》的编辑出版，得到了各方面的大力支持和协作，在此深表谢意。由于编者水平有限，不足之处，欢迎广大用户和读者提出批评意见，以利改进。

目　　录

六、固定资产投资

十三、工　　业

十四、建　　筑　　业

十五、运 输 和 邮 电

十六、商　　业

十七、对外经济贸易和国际旅游

十八、金融和保险

十九、教育、科技和文化

二十、体育、卫生、社会福利和其他

附　录

CONTENTS

CHAPTER 4 POPULATION

CHAPTER 5 EMPLOYMENT AND WAGE

CHAPTER 6 INVESTMENT IN FIXED ASSETS

CHAPTER 7 PRODUCTION AND CONSUMPTION OF ENERGY

CHAPTER 8 GOVERNMENT FINANCE

CHAPTER 9 PRICE INDICES

CHAPTER 10 PEOPLE'S LIVELIHOOD

CHAPTER 11 DEVELOPMENT OF CITIES

CHAPTER 12 AGRICULTURE

CHAPTER 13 INDUSTRY

CHAPTER 14 CONSTRUCTION

CHAPTER 17 FOREIGN ECONOMY TRADE AND INTERNATIONAL TOURISM

CHAPTER 18 BANKING AND INSURANCE

APPENDIX

国内生产总值

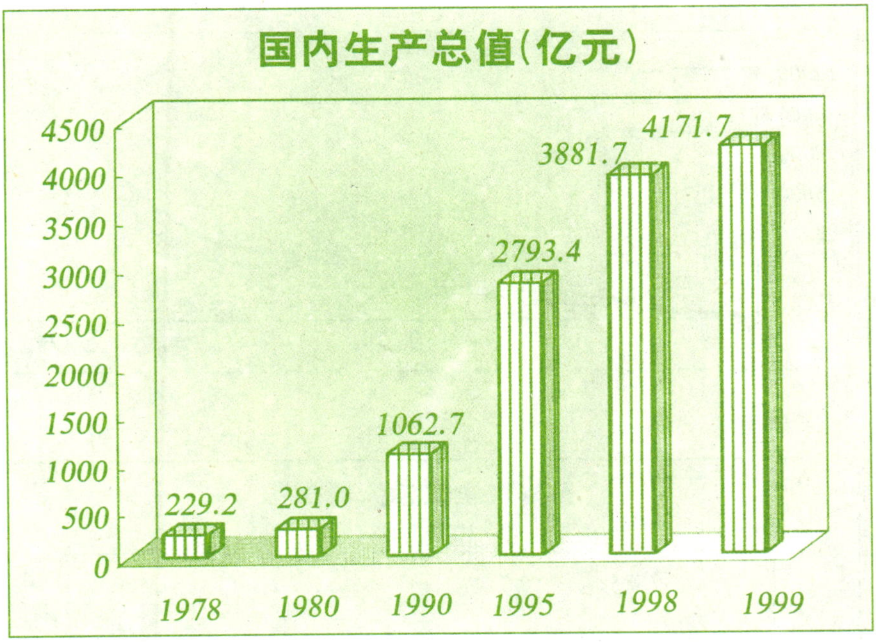

国内生产总值构成(%)

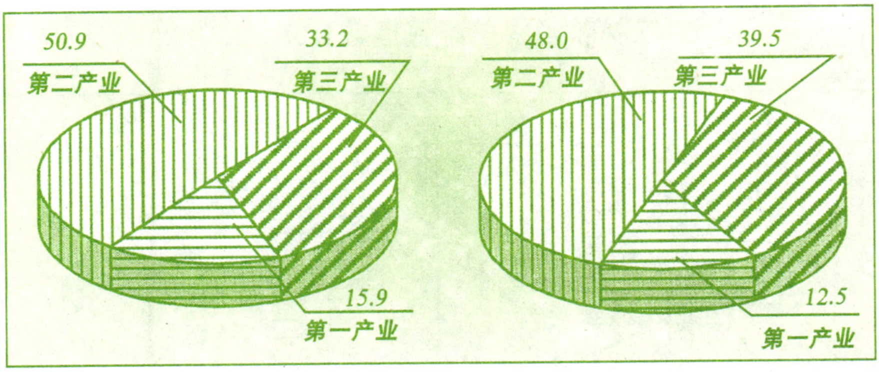

1990年　　1999年

工农业总产值

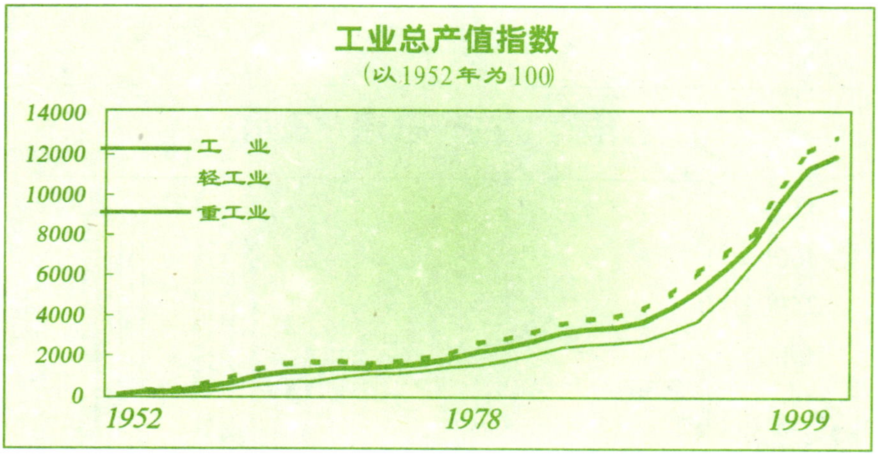

农林牧渔业总产值指数(%)

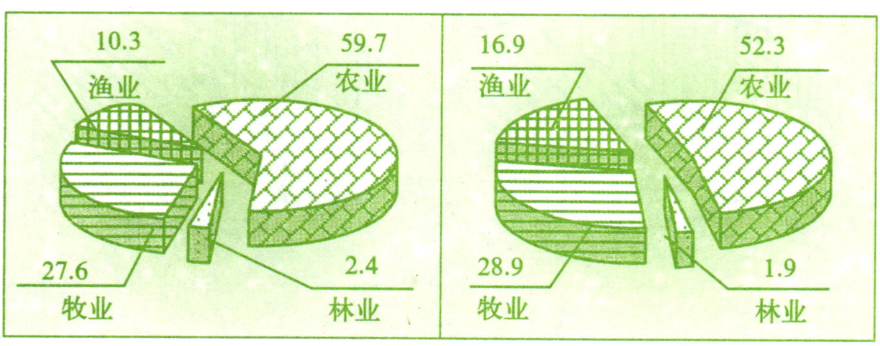

1990年　　1999年

主要工业产品产量

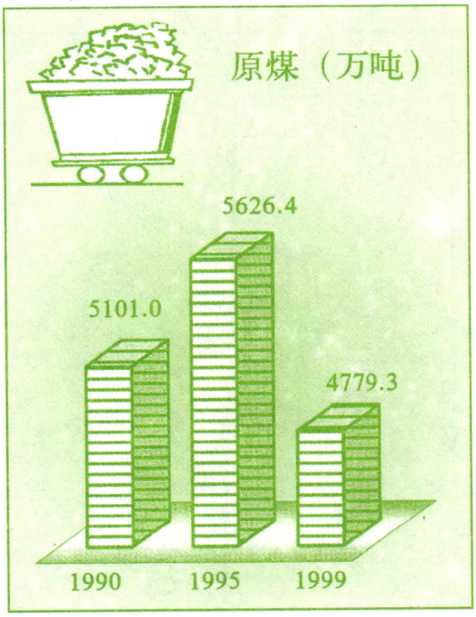
原煤（万吨）
5101.0
5626.4
4779.3
1990
1995
1999

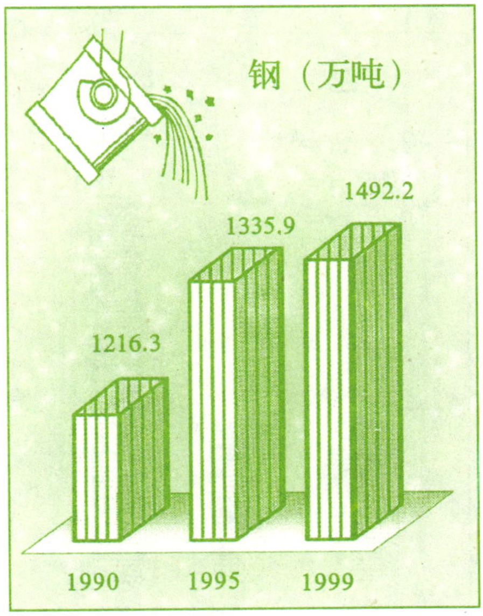
钢（万吨）
1216.3
1335.9
1492.2
1990
1995
1999

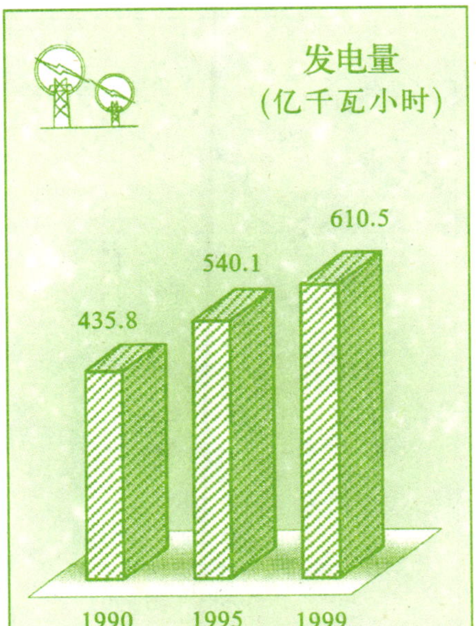
发电量
(亿千瓦小时)
435.8
540.1
610.5
1990
1995
1999

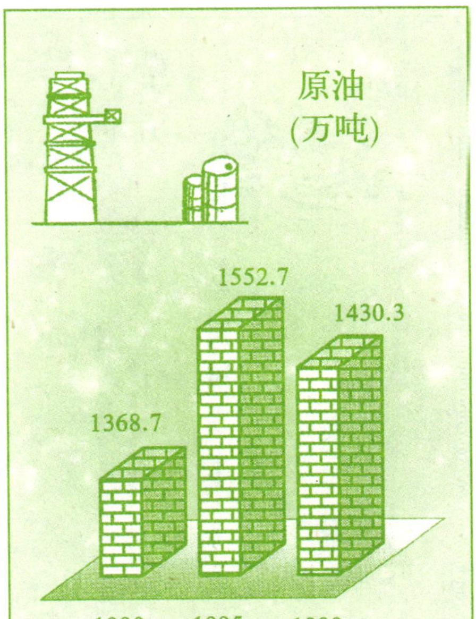
原油
(万吨)
1368.7
1552.7
1430.3
1990
1995
1999

主要农产品产量

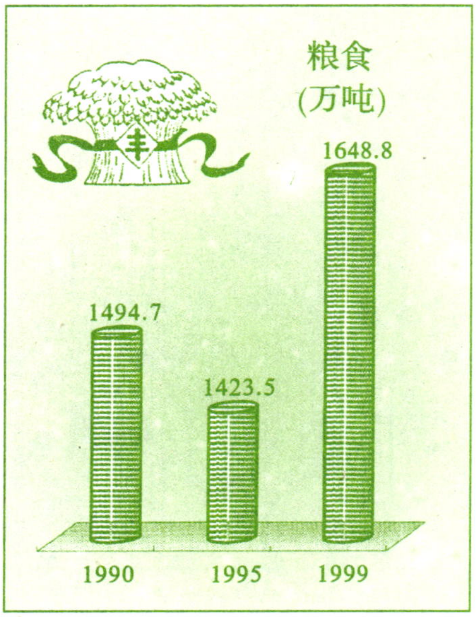

粮食
(万吨)
1494.7
1423.5
1648.8
1990
1995
1999

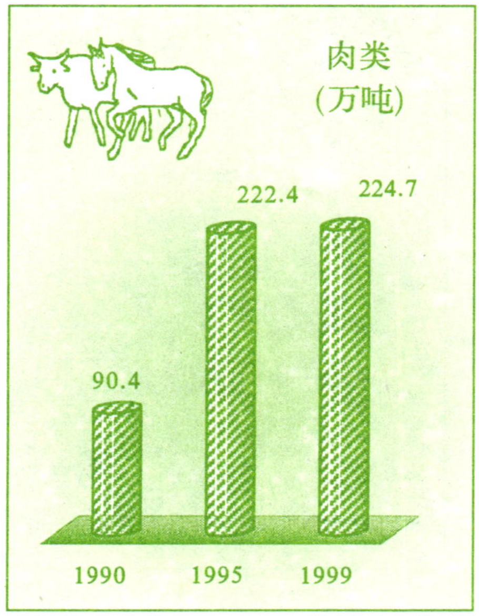

肉类
(万吨)
90.4
222.4
224.7
1990
1995
1999

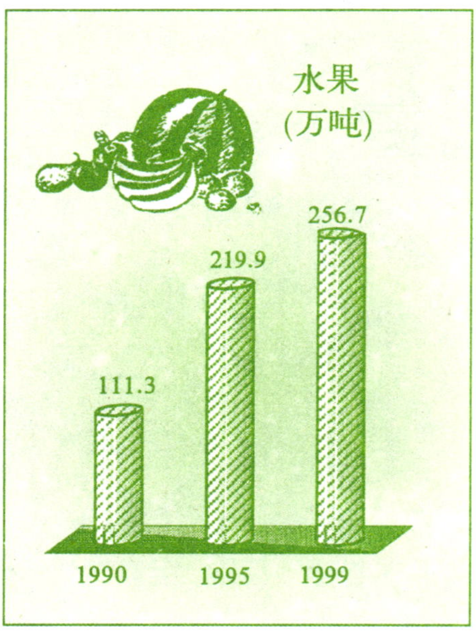

水果
(万吨)
111.3
219.9
256.7
1990
1995
1999

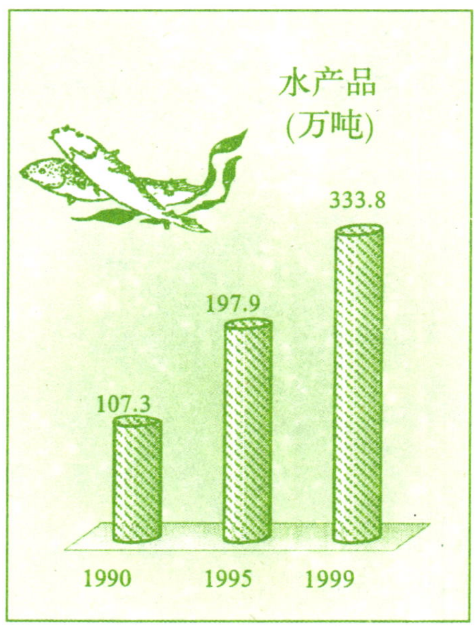

水产品
(万吨)
107.3
197.9
333.8
1990
1995
1999

贸易 生活

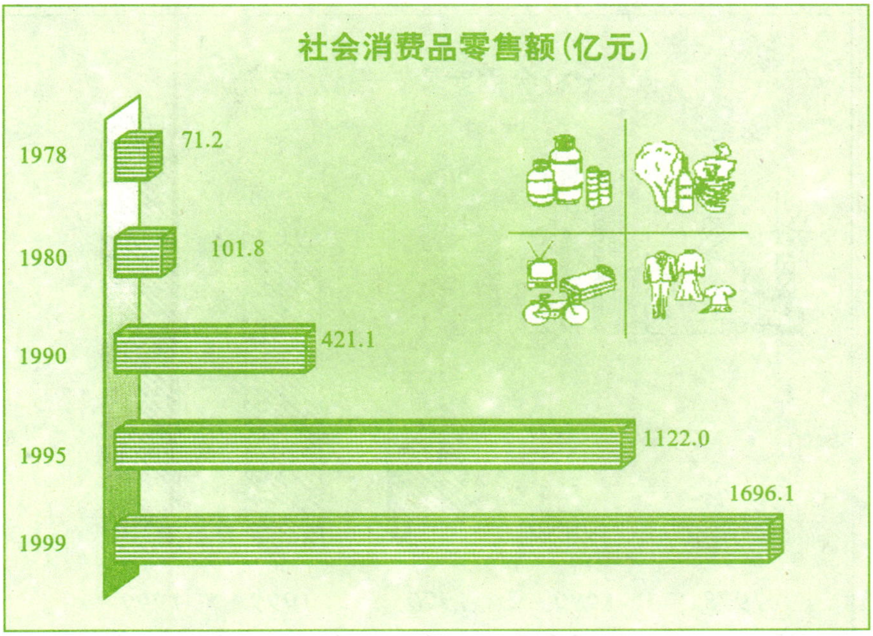

社会消费品零售额(亿元)
1978
71.2
1980
101.8
1990
421.1
1995
1122.0
1999
1696.1

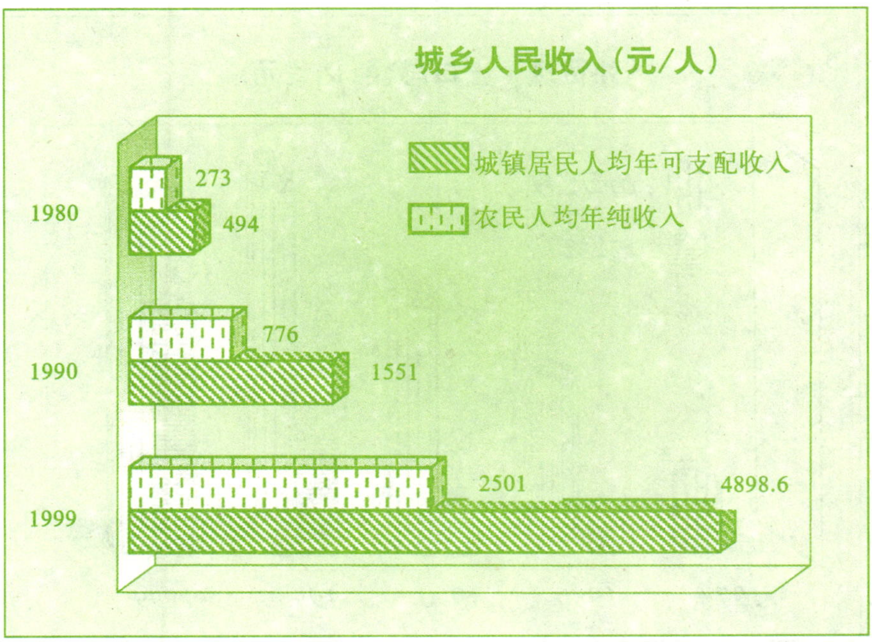

城乡人民收入(元/人)
城镇居民人均年可支配收入
农民人均年纯收入
1980
273
494
1990
776
1551
1999
2501
4898.6

投资 外贸

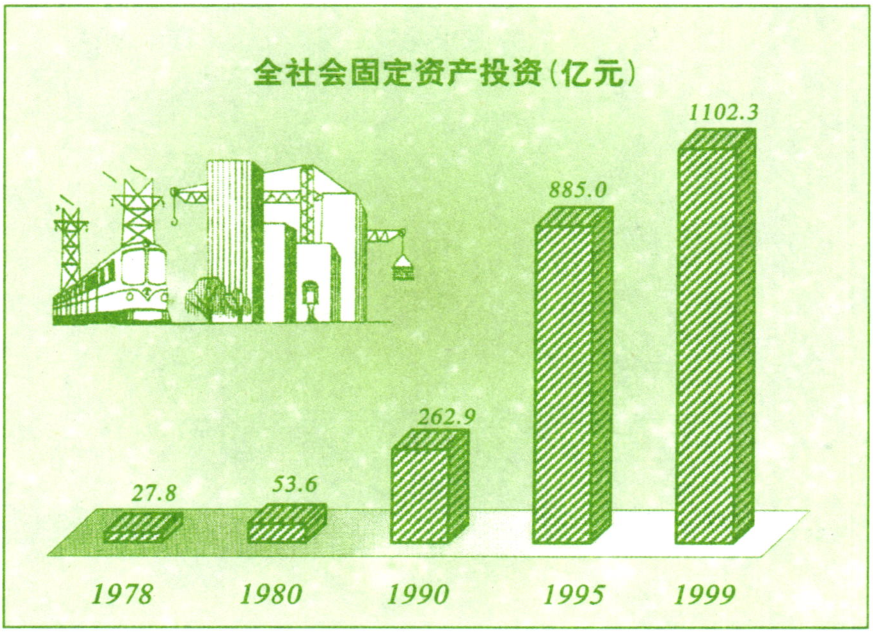

全社会固定资产投资(亿元)
27.8
53.6
262.9
885.0
1102.3
1978
1980
1990
1995
1999

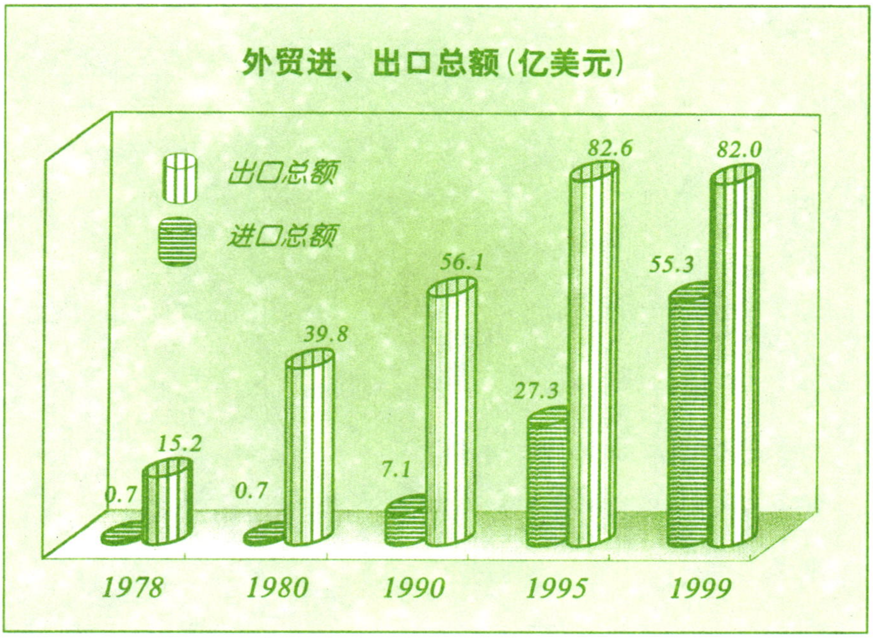

外贸进、出口总额(亿美元)
出口总额
进口总额
0.7
15.2
0.7
39.8
7.1
56.1
27.3
82.6
55.3
82.0
1978
1980
1990
1995
1999

一、行政区划和自然资源

1—1 行　政　区　划

（1999 年末）　　　　单位：个

地　区	县级市	县	自治县	区	镇	#民族镇	乡	民族乡
全　省	**17**	**19**	**8**	**56**	**655**	**31**	**399**	**89**
沈　阳	1	3		9	65	1	66	10
大　连	3	1		6	80	4	27	8
鞍　山	1	1	1	4	66	2	12	
抚　顺		1	2	4	23		23	3
本　溪			2	4	32	4	12	3
丹　东	2		1	3	65	4	5	
锦　州	2	2		3	51	5	45	10
营　口	2			4	43		12	
阜　新		1	1	5	36	2	28	4
辽　阳	1	1		5	30		11	3
盘　锦		2		2	19		20	1
铁　岭	2	3		2	58	2	36	14
朝　阳	2	2	1	2	50		54	5
葫芦岛	1	2		3	37	7	48	28

1—2 县区一览表

地区	县(市)	区
沈阳	新民市、辽中县、康平县、法库县	和平、沈河、大东、皇姑、铁西、东陵、苏家屯 新城子、于洪
大连	瓦房店市、普兰店市、庄河市、长海县	中山、西岗、沙河口、甘井子、旅顺口、金州
鞍山	海城市、台安县、岫岩县(满)	铁东、铁西、立山、旧堡
抚顺	抚顺县、新宾县(满)、清原县(满)	新抚、东洲、望花、顺城
本溪	本溪县(满)、桓仁县(满)	平山、溪湖、明山、南芬
丹东	东港市、凤城市、宽甸县(满)	元宝、振兴、振安
锦州	凌海市、北宁、义县、黑山县	古塔、凌河、太和
营口	大石桥市、盖州市	站前、西市、老边、鲅鱼圈
阜新	阜新县(蒙)、彰武县	海州、新邱、太平、细河、清河门
辽阳	辽阳县　灯塔市	白塔、文圣、宏伟、弓长岭、太子河
盘锦	盘山县、大洼县	双台子、兴隆台
铁岭	铁法市、开原市、铁岭县、西丰县、昌图县	银州、清河
朝阳	北票市、凌源市、朝阳县、建平县、 喀左县(蒙)	双塔、龙城
葫芦岛	兴城市、绥中县、建昌县	连山、南票、葫芦岛

注:县区后加括号的表示民族自治县。

1—3 自然状况及资源

指　　标	1999年	指　　标	1999年
一、自然状况		大小岛屿个数	266个
1.经纬度		有人居住岛屿	30个
东经	118°53′～125°46′	岛屿面积	191.5平方公里
北纬	38°43′～43°26′	海水养殖面积	22.9万公顷
2.气候		滩涂面积	8.3万公顷
平均降水量	502.4毫米	浅海面积	10.7万公顷
平均气温	9.6℃	港湾面积	3.9万公顷
平均无霜期	173天	淡水渔场面积	12.5万公顷
平均日照时数	2 647.5小时	水库面积	7.9万公顷
		小水面积	4.6万公顷
二、土地资源			
土地总面积	14.75万平方公里	**四、水资源**	
山地	8.78万平方公里	地表水：	
平地	4.82万平方公里	河川径流量	150.06亿立米
其他	1.15万平方公里	#辽河流域	52.95亿立米
1.农业用地面积	4.32万平方公里	鸭绿江流域	44.97亿立米
耕地面积	416万公顷	沿海诸河	50.17亿立米
2.林业用地面积	563万公顷	省内流域面积	14.6万平方公里
#有林地面积	451万公顷	#辽河	6.9万平方公里
#用材林	199万公顷	鸭绿江	1.7万平方公里
经济林	137万公顷	沿海诸河	5.8万平方公里
防护林	62万公顷	地下水：	
薪炭林	45万公顷	资源总量	78.53亿立米
特用林	8万公顷	水资源总量	181.98亿立方米
活立木蓄积量	1.7亿立方米	重复计算量	46.61亿立方米
森林覆盖率	31.0%		
3.牧业用地面积	0.38万平方公里	**五、矿产资源**	
4.其他用地面积	4.42万平方公里	铁矿石	110.0亿吨
		煤	63.8亿吨
三、海洋、水产资源		硼矿(B_2O_3)	2 630万吨
海岸线总长度	2920公里	滑石	4 791万吨
大陆岸线长度	2292.4公里	硫铁矿	3 947万吨
岛屿岸线长度	627.6公里	玉石	10.9万吨

1—4 主要城市平均气温

（1999 年）　　　　单位：摄氏度

城　　市	1 月	2 月	3 月	4 月	5 月	6 月	7 月	8 月	9 月	10 月	11 月	12 月	年平均
沈　　阳	－7.8	－4.8	－0.6	10.7	17.4	22.3	26.5	23.8	18.7	9.5	0.3	－8.1	9.0
大　　连	－1.0	0.5	3.5	10.0	17.1	21.7	25.5	25.2	21.6	14.2	6.7	0.1	12.1
鞍　　山	－5.1	－2.4	0.9	11.9	18.2	23.3	26.8	24.5	19.8	11.5	2.7	－4.8	10.6
抚　　顺	－10.2	－6.7	－1.4	9.8	16.0	21.2	25.4	22.3	17.0	7.8	－1.8	10.4	7.4
本　　溪	－8.2	－5.2	－0.2	10.3	16.3	21.6	25.3	22.6	17.7	9.1	0.1	－8.1	8.4
丹　　东	－5.3	－3.2	2.1	10.1	15.4	20.1	24.5	24.3	19.6	11.1	3.4	－4.1	9.8
锦　　州	－4.9	－1.7	0.5	10.6	18.4	22.3	26.8	24.6	20.0	11.5	2.0	－4.3	10.5
营　　口	－5.4	－2.6	0.6	11.0	17.3	22.0	26.5	24.3	19.7	11.4	2.4	－4.5	10.2
阜　　新	－8.3	－4.5	－1.7	10.2	17.8	22.5	26.2	23.4	18.2	8.7	－1.2	－8.1	8.6
辽　　阳	－7.0	－4.0	0.1	11.2	17.8	22.8	26.2	23.7	18.4	10.1	0.8	－6.6	9.5
盘　　锦	－6.0	－3.5	－0.2	10.1	17.2	21.5	26.0	23.8	19.1	10.7	1.8	－5.0	9.6
铁　　岭	－8.4	－5.1	－1.6	10.3	17.0	21.8	25.9	23.1	18.3	9.4	0.1	－8.9	8.5
朝　　阳	－6.0	－2.2	0.5	12.0	18.9	23.2	26.8	24.2	19.3	10.9	1.0	－5.9	10.2
葫 芦 岛	－5.4	－2.2	1.0	10.5	18.3	22.4	26.5	24.5	20.3	11.5	2.4	－4.2	10.5

1—5 主要城市降水量

（1999 年）

单位:毫米

城市	1月	2月	3月	4月	5月	6月	7月	8月	9月	10月	11月	12月	全年
沈阳	0.1	4.7	28.5	31.5	10.0	59.9	131.9	157.1	71.4	17.4	34.2	14.5	561.2
大连	0.0	0.1	11.7	22.9	10.5	57.9	34.8	39.4	18.2	29.5	32.6	0.6	258.2
鞍山	0.0	1.2	39.5	46.7	6.8	39.1	207.1	153.5	25.0	19.9	39.9	9.9	588.6
抚顺	0.9	2.8	47.7	29.0	19.5	48.6	111.7	182.5	17.1	19.3	31.6	11.8	522.5
本溪	0.1	1.2	39.5	41.0	17.5	64.8	227.9	134.2	36.1	24.9	38.0	9.7	634.9
丹东	0.7	0.0	20.1	60.7	60.9	29.7	182.6	248.3	247.6	35.1	34.0	6.3	926.0
锦州	—	—	5.4	22.1	17.4	122.3	46.3	102.1	20.7	17.6	34.2	2.0	390.1
营口	0.0	0.6	25.7	29.3	25.9	36.6	122.0	179.5	33.0	16.4	64.8	7.6	541.4
阜新	0.2	0.0	12.1	18.1	20.5	73.2	27.8	119.0	13.8	18.3	16.7	2.6	322.3
辽阳	—	1.4	36.1	43.4	5.4	49.7	236.4	176.9	49.0	20.7	32.7	10.2	611.9
盘锦	0.0	0.1	15.8	33.1	7.0	71.8	116.0	177.0	13.5	15.4	34.8	3.9	488.4
铁岭	0.0	1.4	35.3	41.2	9.0	85.2	96.1	94.6	5.2	20.0	33.9	7.6	429.5
朝阳	—	0.0	3.8	16.1	26.1	92.1	58.9	74.4	12.2	16.4	26.0	0.4	326.9
葫芦岛	—	—	4.2	19.3	21.5	78.0	97.5	106.4	2.5	22.6	29.0	0.8	381.8

注:本表中 0.0 表示数据不足本表最小单位数。

1—6 主要城市日照时数

（1999 年）

单位：小时

城市	1月	2月	3月	4月	5月	6月	7月	8月	9月	10月	11月	12月	全年
沈阳	156.8	174.3	169.9	170.8	265.7	215.8	193.1	200.4	220.7	196.2	161.9	147.0	2 272.6
大连	207.3	199.2	213.2	229.1	302.2	271.7	277.1	267.0	246.6	227.0	190.9	216.2	2 847.5
鞍山	198.3	210.2	175.2	215.3	285.7	230.9	201.4	214.6	241.3	205.3	177.4	171.4	2 527.0
抚顺	212.2	228.7	197.3	231.0	286.5	258.3	221.7	203.5	242.3	217.5	181.7	183.0	2 663.7
本溪	216.0	222.1	187.2	212.4	294.4	232.5	205.4	190.9	238.8	205.3	182.5	176.5	2 564.0
丹东	209.2	213.4	195.8	215.3	274.7	196.0	183.0	241.5	201.6	222.2	160.3	216.5	2 529.5
锦州	224.6	237.3	194.8	243.5	292.2	248.9	257.3	248.9	231.3	236.5	201.1	215.7	2 832.1
营口	207.0	215.4	184.0	233.7	313.1	234.1	237.8	242.2	256.1	222.1	198.1	199.8	2 743.4
阜新	216.7	222.4	193.7	249.0	303.0	283.2	242.6	242.0	253.1	238.3	199.7	201.8	2 845.5
辽阳	149.3	194.3	157.9	171.0	248.7	209.3	200.6	188.4	223.5	182.9	144.6	135.9	2 206.4
盘锦	228.1	230.0	198.3	239.2	307.0	237.0	249.9	250.6	241.8	236.8	191.7	214.6	2 825.0
铁岭	196.4	222.5	178.6	218.4	262.6	264.1	265.3	233.1	250.6	215.1	170.8	189.6	2 667.1
朝阳	207.6	217.3	179.6	234.1	270.7	258.2	265.4	239.8	215.8	237.7	200.5	183.6	2 710.3
葫芦岛	219.5	227.1	192.0	231.3	303.4	259.9	258.3	236.0	232.1	242.5	199.7	228.7	2 830.5

主要统计指标解释

森林面积　指生长着乔木和竹林，郁闭度在0.3以上(不包括0.3)的林地面积，即有林地面积。它是反映森林资源总面积的重要指标。森林面积包括天然林面积和人工林面积。但不包括灌木林地和疏林面积。

森林覆盖率　通常是指森林面积占土地总面积之比，一般用百分数表示。但国家规定在计算森林覆盖率时，森林面积还包括灌木林面积、农田林网树占地面积以及四旁树木的覆盖面积。森林覆盖率，是反映一个国家或地区森林资源和绿化水平的重要指标。计算公式：

$$\text{森林覆盖率}(\%)=\frac{\text{森林面积}}{\text{土地总面积}}\times 100\%$$

本《年鉴》内所列森林覆盖率是按有林地面积计算的。

活立木总蓄积量　指全部土地上树木蓄积的总量。包括森林蓄积、疏林蓄积、散生木蓄积和四旁树蓄积。

森林蓄积量　指森林面积上生长着的林木树干材积总量。它是反映一个国家或地区森林资源总规模和水平的重要指标。

草地面积　指牧区或农区用于放牧牲畜或割草，植被盖度在5%以上的草原、草坡、草山等面积。包括天然的和人工种植或改良的草地面积。

草地面积　指牧区和农区用于放牧牲畜或割草，植被盖度在5%以上的草原、草坡、草山等面积。包括天然的和人工种植或改良的草地面积。

矿产保有储量　指探明的矿产储量(包括工业储量和远景储量)扣除已开采部分和地下损失量后的年底实有储量。它反映全省矿产资源的现状。

二、综　　　　合

2—1 全省法人、产业活动单位数

（1999年末）　　　　单位：个

行业	法人单位数			多产业法人单位所属的产业活动单位数
	小计	单产业法人单位	多产业法人单位	
总计	**192 661**	**181 503**	**11 158**	**73 565**
农、林、牧、渔业	5 740	5 433	307	2 856
采掘业	4 883	4 842	41	344
制造业	58 787	58 014	773	4 682
电力、煤气及水的生产和供应业	548	526	22	372
建筑业	7 007	6 809	198	1 437
地质勘查业、水利管理业	1 155	1 094	61	381
交通运输、仓储及邮电通信业	2 963	2 652	311	2 921
批发和零售贸易、餐饮业	44 304	41 417	2 887	19 842
金融、保险业	2 891	1 664	1 227	9 633
房地产业	2 003	1 923	80	284
社会服务业	8 185	7 794	391	3 613
卫生、体育和社会福利业	4 556	4 343	213	2 235
教育、文化艺术及广播电影电视业	8 038	6 585	1 453	15 223
科学研究和综合技术服务业	2 944	2 845	99	417
国家机关、政党机关和社会团体	36 711	33 736	2 975	9 049
其他行业	1 946	1 826	120	276

指标	单位	总量指标				
		1985年	1990年	1995年	1998年	1999年
人口与就业						
人口						
年底总人口	万人	3 686.2	3 917.3	4 034.0	4 090.4	4 103.2
市镇人口	万人	2 481.4	2 880.8	3 419.3	3 577.9	3 668.9
乡村人口	万人	1 204.8	1 036.5	614.7	512.5	434.3
男性人口	万人	1 883.2	1 999.1	2 056.9	2 083.1	2 088.4
女性人口	万人	1 803.0	1 918.2	1 977.1	2 007.3	2 014.8
就业						
从业人员数	万人	1 769.1	1 897.3	2 027.8	1 958.8	1 994.4
#职工人数	万人	920.9	1 012.2	1 021.0	917.4	866.6
城镇登记失业人数	万人	19.7	23.7	30.4	40.0	39.8
宏观经济						
国内生产总值(现价)	亿元	518.6	1 062.7	2 793.4	3 881.7	4 171.7
第一产业	亿元	74.9	168.6	392.2	531.5	520.8
第二产业	亿元	328.1	540.8	1 390.0	1 855.2	2 001.5
第三产业	亿元	115.6	353.3	1 011.2	1 495.1	1 649.4
固定资产投资						
全社会固定资产投资总额	亿元	142.2	262.9	885.0	1 052.6	1 102.3
#国有单位	亿元	110.4	217.9	584.4	651.2	662.9
集体单位	亿元	15.7	22.1	95.5	118.1	108.2
个体经济	亿元	16.1	22.8	48.9	83.5	107.4
财政						
地方财政收入	亿元	85.2	129.3	184.4	264.6	279.6
地方财政支出	亿元	56.9	122.2	273.8	390.3	457.9
物价总指数(上年=100)						
商品零售价格总指数	%	110.0	102.7	114.0	97.6	96.1
居民消费价格总指数	%	110.7	103.3	116.1	99.3	98.6
农产品收购价格总指数	%	111.9	99.8	132.1	96.7	90.3
利用外资						
签订利用外资协议额	亿美元	2.4	8.5	46.7	50.7	50.6
实际利用外资额	亿美元	0.4	7.9	19.1	31.4	30.4
能源生产与消费(标准煤)						
能源生产总量	万吨	4 953.2	5 958.9	6 239.3	6 422.5	5 649.5
能源消费总量	万吨	6 325.1	7 170.8	9 381.8	8 873.7	10 362.0
产业						
农业						
耕地面积	千公顷	3 586.3	3 467.2	3 389.7	4 162.6	4 163.6
农林牧渔业劳动力	万人	858.4	869.4	903.0	933.2	938.8
农林牧渔业总产值(现价)	亿元	118.1	273.7	761.8	969.8	977.1
主要农产品产量						
粮食	万吨	976.0	1 494.7	1 423.5	1 828.9	1 648.8

发展总量与速度指标

速度指标(%)						
指数(1999为以下各年)				平均增长速度		
1985年	1990年	1995年	1998年	1986年—1990年	1991年—1995年	1996年—1999年
111.3	104.7	101.7	100.3	1.2	0.6	0.4
147.9	127.4	107.3	102.5	3.0	3.5	1.8
36.0	41.9	70.7	84.7	−3.0	−9.9	−8.3
110.9	104.5	101.5	100.3	1.2	0.6	0.4
111.7	105.0	101.9	100.4	1.2	0.6	0.5
112.7	105.1	98.4	101.8	1.4	1.3	−0.4
94.1	85.6	84.9	94.5	1.9	0.2	−4.0
202.0	167.9	130.9	99.5	3.8	5.1	7.0
323.9	225.6	138.6	108.2	7.5	10.2	8.5
241.9	174.4	135.5	105.1	6.8	5.2	7.9
296.4	233.5	139.1	108.5	4.9	10.9	8.6
466.9	238.4	139.1	108.9	14.4	11.4	8.6
775.2	419.3	124.6	104.7	13.1	27.5	5.6
600.5	304.2	113.4	101.8	14.6	21.8	3.2
689.2	489.6	113.3	91.6	7.1	34.0	3.2
667.1	471.1	219.6	128.6	7.2	16.5	21.7
328.2	216.2	151.6	105.7	8.7	7.4	11.0
804.7	374.7	167.2	117.3	16.5	17.5	13.7
288.3	171.9	99.9	96.1	10.9	11.5	−0.1
344.4	204.0	108.9	98.6	11.0	13.4	2.2
291.1	180.1	84.3	90.3	10.1	16.4	−4.2
2 108.3	595.3	108.4	99.8	28.8	40.6	2.0
7 600.0	384.8	159.2	96.8	81.6	19.3	12.3
114.1	94.8	90.5	88.0	3.8	0.9	−2.5
163.8	144.5	110.4	116.8	2.5	5.5	2.5
116.1	120.1	122.8	100.0	−0.7	−0.5	5.3
109.4	108.0	104.0	100.6	0.3	0.8	1.0
309.2	224.7	146.5	103.3	6.6	8.9	10.0
168.9	110.3	115.8	90.2	8.9	−1.0	3.7

2—2 续表 1

指标	单位	总量指标				
		1985 年	1990 年	1995 年	1998 年	1999 年
棉花	万吨	2.4	1.4	2.4	1.8	0.4
油料	万吨	54.0	17.5	19.8	23.4	19.8
甜菜	万吨	22.7	49.8	50.4	41.6	26.5
水果	万吨	80.7	111.3	220.0	298.6	256.7
肉类	万吨	61.4	90.4	222.4	214.0	224.7
水产品	万吨	58.3	107.3	197.9	312.7	333.8
工业						
工业总产值(现价)	亿元	774.6	1 606.9	5 215.7	6 674.2	7 328.7
主要工业产品产量						
布	亿米	6.2	6.5	5.8	4.7	5.3
机制纸及纸板	万吨	70.4	77.5	97.5	72	58.8
糖	万吨	2.2	3.2	3.8	5.1	4.5
家用电冰箱	万台	1.2	16.4	14.2	8.5	13.2
彩色电视机	万台	14.4	43.9	23.9	170.6	229.3
家用洗衣机	万台	117.9	33.4	19.9	25.3	17.1
原煤	万吨	4 595.0	5 101.0	5 626.4	5 785.7	4 779.3
原油	万吨	922.2	1 368.7	1 552.7	1 452.1	1 430.3
发电量	亿千瓦小时	353.0	435.8	540.1	608.1	610.5
钢	万吨	1 026.2	1 216.3	1 335.9	1 406.5	1 492.2
成品钢材	万吨	706.6	939.9	1 074.2	1 149.2	1 325.6
水泥	万吨	1 030.0	1 092.0	1 911.0	1 663.7	1 711.1
国有及限额以上非国有工业企业财务指标						
固定资产原价	亿元				4 537.0	5 141.1
固定资产净值年平均余额	亿元				2 988.1	3 170.9
利润总额	亿元				—16.5	58.2
建筑业						
建筑业企业人数	万人	69.3	97.1	89.7	98.5	103.2
建筑业总产值	亿元	49.6	126.6	407.3	419.0	489.3
施工房屋面积	万平方米	2 638.5	2 821.9	5 188.2	4 318.7	5 046.3
竣工房屋面积	万平方米	1 171.1	1 669.3	2 318.6	2 275.4	2 693.9
交通运输						
货运量合计	万吨	**68 534**	**76 326**	**88 465**	**83 478**	**84 624**
铁路	万吨	13 885	14 306	13 073	12 100	12 162
公路	万吨	49 160	56 105	68 524	65 481	66 253
水运	万吨	982	1 521	2 649	1 977	2 542
管道	万吨	4 506	4 393	4 216	3 915	3 660
空运	万吨	1	1	3	5	7
客运量合计	万人	**39 568**	**44 547**	**52 228**	**51 140**	**49 239**
铁路	万人	18 728	15 823	13 928	9 960	9 937
公路	万人	20 546	28 367	37 591	40 468	38 382
水运	万人	273	302	533	474	595
空运	万人	21	55	176	238	325

速度指标(%)						
指数(1999为以下各年)				平均增长速度		
1985年	1990年	1995年	1998年	1986年—1990年	1991年—1995年	1996年—1999年
16.7	28.6	16.7	22.2	−10.2	11.4	−36.1
36.7	113.1	100.0	84.6	−20.2	2.5	—
116.7	53.2	52.6	63.7	17.0	0.2	−14.8
318.1	230.6	116.7	86.0	6.6	14.6	3.9
366.0	248.6	101.0	105.0	8.0	19.7	0.3
572.6	311.1	168.7	106.7	13.0	13.0	14.0
620.6	398.0	179.2	113.9	9.3	17.3	15.7
85.5	81.5	91.4	112.8	0.9	−2.3	−2.2
83.5	75.9	60.3	81.7	1.9	4.7	−11.9
204.5	140.6	118.4	88.2	7.8	3.5	4.3
1 100.0	80.5	93.0	155.3	68.7	−2.8	−1.8
1 592.4	522.3	959.4	134.4	25.0	−11.5	76.0
14.5	51.2	85.9	67.6	−22.3	−9.8	−3.7
104.0	93.7	84.9	82.6	2.1	2.0	−4.0
155.1	104.5	92.1	98.5	8.2	2.6	−2.0
172.9	140.1	113.0	100.4	4.3	4.4	3.1
145.4	122.7	111.7	106.1	3.5	1.9	2.8
174.9	131.5	115.0	107.5	5.9	2.7	3.6
166.1	156.7	89.5	102.8	1.2	11.8	−2.7
—	—	—	113.3	—	—	—
—	—	—	106.1	—	—	—
—	—	—	−352.7	—	—	—
148.9	106.3	115.1	104.8	7.0	−1.6	3.6
986.5	386.5	120.1	116.8	20.6	26.3	4.7
191.3	178.8	97.3	116.8	1.4	13.0	−0.7
230.0	161.4	116.2	118.4	7.3	6.8	3.8
123.5	110.9	95.7	101.4	2.2	3.0	−1.1
87.6	85.0	93.0	100.5	0.6	−1.8	−1.8
134.8	118.1	96.7	101.2	2.7	4.1	−0.8
258.9	167.1	96.0	128.6	9.1	11.7	−1.0
81.2	83.3	86.8	93.5	−0.5	−0.8	−3.5
700.0	700.0	233.3	140.0	—	24.6	23.6
124.4	110.5	94.3	96.3	2.4	3.2	−1.5
53.1	62.8	71.3	99.8	−3.3	−2.5	−8.1
186.8	135.3	102.1	94.8	6.7	5.8	0.5
217.9	197.0	111.6	125.5	2.0	12.0	2.8
1 547.6	590.9	184.7	136.6	21.2	26.2	16.6

2—2 续表 2

指标	单位	总量指标				
		1985 年	1990 年	1995 年	1998 年	1999 年
沿海主要港口货物吞吐量	万吨	4 558	5 360	7 572	10 653	12 268
邮电通信业						
邮电业务总量	亿元	1.7	8.4	50.1	132.3	157.9
函件	万件	21 002	21 964	24 288	23 450	18 140
报刊期发数	万份	1 791	1 176	698	745	594
电话机	万部	43.1	75.8	281.3	559.3	655.2
国内商业						
社会消费品零售总额	亿元	195.5	421.1	1 122	1 568.7	1 696.1
对外贸易						
进出口总额	亿美元	53.9	63.2	109.9	127.4	137.3
进口额	亿美元	3.5	7.1	27.3	46.9	55.3
出口额	亿美元	50.4	56.1	82.6	80.5	82.0
国际旅游						
接待旅游人数	万人	9.6	11.4	26.4	41.1	49.1
旅游外汇收入	亿美元	0.2	0.7	1.9	2.6	3.0
金融						
金融机构各项存款	亿元	258.9	865.3	2 619.9	4 666.9	5 242.2
金融机构各项贷款	亿元	360.3	1 140.4	2 881.8	4 439.6	4 833.8
金融机构现金收入	亿元	308.5	972.8	4 385.6	10 171.1	12 223.3
金融机构现金支出	亿元	324.1	1 027.3	4 439.9	10 170.2	12 256.7
教育、科技、文化						
教育						
专任教师数						
普通高等学校	万人	1.9	2.3	2.3	2.3	2.5
中等学校	万人	13.4	15.7	16.3	16.5	16.4
小学	万人	19.2	21.2	19.9	19.3	19.1
在校学生数						
普通高等学校	万人	9.5	12.3	17.9	19.9	23.6
中等学校	万人	208.6	206.5	233.2	224.8	231.3
小学	万人	422.3	407.3	375.2	383	366.6
教育经费支出	亿元	10.2	20.1	44.0	56.3	64.3
科技						
科学家、工程师数	万人	—	2.2	1.8	1.7	1.7
研究与发展经费支出	亿元	—	10.4	16.6	20.9	21.9
技术市场成交额	亿元	—	7.6	22.9	28.1	30.2
文化						
出版数量						
图书	亿册	3.0	2.0	1.8	2.4	2.3
杂志	亿册	2.7	1.4	1.5	1.3	1.3
报纸	亿份	11.8	8.3	9.0	10.5	11.0

速度指标(%)						
指数(1999为以下各年)				平均增长速度		
1985年	1990年	1995年	1998年	1986年—1990年	1991年—1995年	1996年—1999年
269.2	228.9	162.0	115.2	3.3	7.2	12.8
9 288.2	1 879.8	315.2	119.3	37.6	42.9	33.2
86.4	82.6	74.7	77.4	0.9	2.0	−7.0
33.2	50.5	85.1	79.7	−8.1	−9.9	−4.0
1 520.2	864.4	232.9	117.1	12.0	30.0	23.5
867.6	402.8	151.2	108.1	16.6	21.7	10.9
254.7	217.2	124.9	107.8	3.2	11.7	5.7
1 580.0	778.9	202.6	117.9	15.2	30.9	19.3
162.7	146.2	99.3	101.9	2.2	8.0	−0.2
511.5	430.7	186.0	119.5	3.5	18.3	16.8
1 500.0	428.6	157.9	115.4	28.5	22.1	12.1
2 024.8	605.8	200.1	112.3	27.3	24.8	18.9
1 341.6	423.9	167.7	108.9	25.9	20.4	13.8
3 962.2	1 256.5	278.7	120.2	25.8	35.1	29.2
3 781.8	1 193.1	276.1	120.5	26.0	34.0	28.9
131.6	108.7	108.7	108.7	3.9	—	2.1
122.4	104.5	100.6	99.4	3.2	0.8	0.2
99.5	90.1	96.0	99.0	2.0	−1.3	−1.0
248.4	191.9	131.8	118.6	5.3	7.8	7.2
110.9	112.0	99.2	102.9	−0.2	2.5	−0.2
86.8	90.0	97.7	95.7	−0.7	−1.6	−0.6
630.4	319.9	146.1	114.2	14.5	17.0	9.9
—	77.3	94.4	100.0	—	−3.9	−1.4
—	210.6	131.9	104.8	—	9.8	7.2
—	397.4	131.9	107.5	—	24.7	7.2
76.7	115.0	127.8	95.8	−7.8	−2.1	6.3
48.1	92.9	86.7	100.0	−12.3	1.4	−3.5
93.2	132.5	122.2	104.8	−6.8	1.6	5.1

2—2 续表 3

指标	单位	总量指标				
		1985 年	1990 年	1995 年	1998 年	1999 年
家庭、生活、环境						
家庭						
家庭总户数	万户	951.3	1 126.5	1 224.0	1 270.4	1 290.3
城镇居民平均每户家庭人口	人	3.7	3.4	3.2	3.2	3.1
农村居民平均每户家庭人口	人	4.6	4.3	3.9	3.7	3.7
婚姻						
结婚数	万对	42.0	38.4	30.4	26.5	25.8
离婚数	万对	0.9	2.4	3.0	3.5	3.5
居住						
城市居民人均居住面积	平方米	4.3	5.8	7.3	8.3	8.5
农村居民人均居住面积	平方米	15.6	16.5	19.1	21.0	20.9
生活						
城镇居民人均可支配收入	元	704.3	1 551	3 691.4	4 617.2	4 898.6
农村居民人均纯收入	元	485.7	776.4	1 756.5	2 579.8	2 501
城乡储蓄存款余额	亿元	101.0	472.7	1 758.6	3 189.9	3 545.8
工资和福利						
工资总额	亿元	99.7	217.8	496.9	521.3	529.6
职工平均工资	元	1 064	2 180	4 877	5 637	6 067
职工保险福利费	亿元	20.5	76.6	151.9	196.1	212.7
卫生						
医疗机构数	个	7 657	7 863	6 239	6 739	6 614
医生	人	66 151	86 180	94 953	98 489	99 944
医疗床位数	万张	15.3	19.7	20.3	19.6	19.4
市政建设						
自来水供应量	亿吨	11.7	29.5	32.0	31.0	31.1
下水道长度	公里	2 384	5 280	7 357	8 065	8 099
城市煤气和天然气供气量	亿立方米	8.1	16.0	13.5	10.7	10.4
公共汽(电)车总数	辆	3 791	5 051	9 032	11 059	12 266
铺装道路长度	公里	3 855	5 914	8 465	8 904	9 092
绿地面积	公顷	17 514	37 740	51 268	57 232	58 906
环境、灾害						
污染治理项目本年完成投资额	万元	26 751	38 953	61 689	56 133	67 610
环境污染与破坏事故次数	起	77	156	115	175	89
环境污染直接经济损失	万元	—	—	201	204	182
环境污染事故赔罚款金额	万元	—	455	146	234	222
火灾发生数	起	1 609	1 801	5 009	13 494	15 705
火灾损失	万元	920.5	1 996.1	4 341	6 624	6 169
交通事故发生数	起	10 231	10 778	17 036	16 752	14 832
交通事故损失	万元	473	1 233	9 193	9 179	8 800

注:1. 本表总量指标中的价值量指标除邮电业务总量指标外均按当年价格计算。

2. 本表速度指标中,国内生产总值及三次产业、物价指数、农林牧渔业总产值、工业总产值、邮电业务总

3. 邮电业务总量按 1990 年不变价格计算。

速度指标(%)						
指　数(1999为以下各年)				平均增长速度		
1985年	1990年	1995年	1998年	1986年—1990年	1991年—1995年	1996年—1999年
135.6	114.5	105.4	101.6	3.4	1.7	1.3
83.8	91.2	96.9	96.9	−1.7	−1.2	−0.8
80.4	86.0	94.9	100.0	−1.3	−1.9	−1.3
61.4	67.2	84.9	97.4	−1.8	−4.6	−4.0
388.9	145.8	116.7	100.0	21.7	4.6	3.9
197.7	146.6	116.4	102.4	6.2	4.7	3.9
134.0	126.7	109.4	99.5	1.1	3.0	2.3
695.5	315.8	132.7	106.1	17.1	18.9	7.3
514.9	322.1	142.4	96.9	9.8	17.7	9.2
3 510.7	750.1	201.6	111.2	36.2	30.1	19.2
531.2	243.2	106.6	101.6	16.9	17.9	1.6
570.2	278.3	124.4	107.6	15.4	17.5	5.6
1 037.6	277.7	140.0	108.5	30.2	14.7	8.8
86.4	84.1	106.0	98.1	0.5	−4.5	1.5
151.1	116.0	105.3	101.5	5.4	2.0	1.3
126.8	98.5	95.6	99.0	5.2	0.6	−1.1
265.8	105.4	97.2	100.3	20.3	1.6	−0.7
339.7	153.4	110.1	100.4	17.2	6.9	2.4
128.4	65.0	77.0	97.2	14.6	−3.3	−6.3
323.6	242.8	135.8	110.9	5.9	12.3	8.0
235.8	153.7	107.4	102.1	8.9	7.4	1.8
336.3	156.1	114.9	102.9	16.6	6.3	3.5
252.7	173.6	109.6	120.4	7.8	9.6	2.3
115.6	57.1	77.4	50.9	15.2	−5.9	−6.2
—	—	90.5	89.2	—	—	−2.5
—	48.8	152.1	94.9	—	−20.3	11.0
976.1	872.0	313.5	116.4	2.3	22.7	33.1
670.2	309.1	142.1	93.1	16.7	16.8	9.2
145.0	137.6	87.1	88.5	1.0	9.6	−3.4
1 860.5	713.7	95.7	95.9	21.1	49.5	−1.1

量、社会消费品零售总额、城乡居民收入和平均工资指标均按可比价格计算。

2—3 国民经济主要比例关系

单位:%

指　　标	1978年	1985年	1990年	1995年	1998年	1999年
国内生产总值产业比例						
第一产业	14.1	14.4	15.9	14.0	13.7	12.5
第二产业	71.1	63.3	50.9	49.8	47.8	48.0
第三产业	14.8	22.3	33.2	36.1	38.5	39.5
固定资产投资总额资金来源比例						
国家预算		14.7	6.6	2.4	3.5	6.5
国内贷款		19.5	20.7	20.2	18.1	19.6
利用外资		0.8	8.2	12.7	8.9	6.4
自筹		35.9	50.2	48.3	53.6	53.0
其他		29.1	14.3	16.4	15.9	14.5
工农业总产值中农轻重比例						
农业	11.5	13.2	14.6	11.8	12.7	11.8
轻工业	23.3	26.3	27.9	25.8	30.0	31.3
重工业	65.2	60.5	57.5	62.4	57.3	56.9
农业总产值中五业比例						
农业	79.1	64.5	64.8	55.3	55.1	52.3
林业	2.2	3.9	2.9	1.9	1.8	1.9
牧业	14.5	25.9	11.0	29.8	27.8	28.9
渔业	4.2	5.7	7.9	13.0	15.3	16.9
工业总产值中轻重工业比例						
轻工业	26.3	30.4	32.6	33.5	34.3	35.5
重工业	73.7	69.6	67.4	66.5	65.7	64.5
货运周转总量比例						
铁路	66.8	58.7	58.9	48.4	57.4	51.6
公路	3.4	7.8	9.4	9.5	13.2	11.6
水运	0.3	18.9	18.1	32.1	20.1	29.6
民航	…	…	…	…	…	0.1
管道	29.5	14.6	13.6	10.0	9.3	7.1
客运周转总量比例						
铁路	87.6	78.0	69.0	64.8	58.1	58.8
公路	12.4	19.3	26.4	24.3	33.4	30.1
水运	…	1.8	1.6	1.9	1.5	2.4
民航	…	0.9	3.0	9.0	7.0	8.7

2—4 平均每天主要社会经济活动

指标	单位	1978年	1985年	1990年	1995年	1998年	1999年
一、全省每天创造财富							
国内生产总值(现价)	亿元	0.64	1.34	2.65	7.65	10.63	11.43
工农业总产值(现价)	亿元	1.22	2.45	5.15	16.38	20.99	2 276
工业总产值	亿元	0.09	2.12	4.40	14.29	18.29	20.08
农业总产值	亿元	0.13	0.33	0.75	2.09	2.70	2.68
地区财政收入	亿元	—	0.44	0.57	1.24	2.13	2.26
地方预算内财政收入	亿元	—	0.23	0.35	0.51	0.72	0.77
布	万米	128	170	178	158	129	145
纸及纸板	万吨	0.11	0.19	0.21	0.27	0.20	0.16
卷烟	箱	940	1 195	1 386	1 183	1 145	910
啤酒	吨	157.5	943	1 507	3 105	3 537	3 953
原煤	万吨	11.8	12.59	14.0	15.41	15.85	13.09
发电量	亿千瓦小时	0.76	0.97	1.19	1.48	1.72	1.67
原油	万吨	1.04	2.53	3.75	4.25	3.98	3.92
钢	万吨	2.33	2.81	3.33	3.66	3.85	4.09
塑料	吨	69.0	403.8	383.6	1 405	1 959	2 216
水泥	万吨	1.51	2.82	2.99	5.24	4.56	4.69
二、全省每天消费量							
城乡居民消费总额	万元	0.23	5 927	13 364	32 263	43 246	46 775
每人平均消费额	元	0.69	1.61	2.94	7.95	10.49	11.31
三、其他经济活动量							
货物运输总量	万吨	124.0	125.7	209.1	242.4	227.40	231.85
旅客运输总量	万人	72.2	99.0	122.1	143.1	139.73	134.90
港口货物吞吐量	万吨	8.1	12.3	14.7	20.7	29.19	33.61
房屋建筑竣工面积	万平方米	1.22	7.56	8.35	10.0	9.51	10.97
#住宅	万平方米	0.51	5.39	5.79	6.8	5.88	7.36
图书出版	万册	46.6	82.2	54.8	49.3	65.75	63.01
杂志出版	万册	8.2	73.9	38.4	41.1	35.62	35.62
报纸出版	万份	112.3	323.3	227.4	246.6	287.67	301.37
邮寄函件	万件	40.3	57.5	59.8	66.5	65.75	49.70
四、人口变动和婚姻							
出生	人	1 663	1 191	1 544	1 091	884	899
死亡	人	493	530	604	608	649	674
结婚	对	—	1 148	1 052	833	725	707
离婚	对	—	54	67	81	95	96

2—5 按总人口平均的国民经济主要指标

指　　　标	单　位	1978 年	1985 年	1990 年	1995 年	1998 年	1999 年
国内生产总值(现价)	元/人	680	1 413	2 698	6 880	9 415	10 086
工农业总产值(现价)	元/人	1 264	2 432	4 826	14 867	18 760	20 274
工业总产值(现价)	元/人	1 118	2 110	4 124	12 972	16 343	17 889
农业总产值(现价)	元/人	146	322	702	1 895	2 417	2 385
固定资产投资总额	元/人		387.4	674.6	2 201	2 577	2 691
#基本建设投资额	元/人	75.1	152.8	272.0	694.2	853	1 029
地方财政收入	元/人	275.7	232.1	331.8	458.6	648	682
地方财政支出	元/人	92.9	155.0	313.6	681.0	956	1 118
耕地面积	亩/人	1.7	1.5	1.3	1.3	1.5	1.5
粮食产量	公斤/人	329.2	264.8	381.6	344.7	447.8	402.5
油料产量	公斤/人	3.1	14.7	4.5	4.9	5.7	4.8
棉花产量	公斤/人	0.7	0.7	0.3	0.6	0.4	0.1
猪牛羊肉产量	公斤/人		15.5	20.1	43.2	34.0	36.2
水产品产量	公斤/人	13.8	15.8	27.4	49.1	76.6	81.5
水果产量	公斤/人	27.8	22.0	28.6	54.7	73.1	62.7
布产量	米/人	13.8	16.8	16.7	14.4	11.5	12.9
纸及纸板产量	公斤/人	12.3	19.2	19.9	24.2	17.6	14.4
卷烟产量	箱/千人	10.2	11.9	13.0	10.7	10.2	8.1
啤酒产量	公斤/人	1.7	9.4	14.1	28.2	31.6	35.2
钢产量	公斤/人	252.0	279.6	312.1	332.2	344.4	364.2
煤产量	公斤/人	1 276.0	1 251.9	1 309.1	1 399	1 416.7	1 166.6
发电量	千瓦小时/人	825.1	961.7	1 118.4	1 343	1 538.0	1 490.2
原油产量	公斤/人	113.2	251.2	351.3	386	356	349
水泥产量	公斤/人	163.8	280.6	280.2	475	407.4	417.7
社会消费品零售总额	元/人	253.1	630.7	1 180.5	2 790.6	3 841	4 140
出口总额	美元/人	45.1	137.3	143.7	205.4	197.1	200.2
高等学校在校学生	人/万人	15.1	25.9	31.6	44.6	48.8	57.6
中等专业学校在校学生	人/万人	9.4	19.2	26.7	35.0	38.1	38.3
普通中学在校学生	人/万人	1 039.2	508.9	464.7	499.5	461.6	478.8
医疗床位数	张/万人	33.8	41.7	50.6	50.4	47.9	47.3
卫生技术人员数	人/万人	39.2	52.7	57.2	57.9	56.5	55.9
#医生	人/万人	15.5	18.0	22.1	23.6	24.1	24.4
城乡储蓄余额	元/人	35.5	275.1	1 213.1	4 359.4	7 799	8 642

2—6 历年工农业总产值

单位:亿元

年份	工农业总产值	农业	工业	轻工业	重工业
1952	60.8	16.6	44.2	13.4	30.8
1957	115.6	21.2	94.4	22.8	71.6
1962	128.6	21.2	107.4	33.4	74.0
1965	197.0	26.5	170.5	46.2	124.3
1970	264.1	37.7	226.4	55.5	170.9
1975	373.8	48.3	325.5	88.0	237.5
1978	426.0	49.2	376.8	99.2	277.6
1979	455.8	59.8	396.0	108.5	287.5
1980	526.1	73.5	452.6	145.7	306.9
1981	539.7	78.6	461.1	172.8	288.3
1982	567.7	85.4	482.3	178.8	303.5
1983	634.2	106.5	527.7	184.0	343.7
1984	730.1	117.6	612.5	210.1	402.4
1985	892.7	118.1	774.6	235.2	539.4
1986	1 017.0	142.0	875.0	275.6	599.4
1987	1 213.2	169.2	1 044.0	338.9	705.1
1988	1 532.2	227.4	1 304.8	440.4	864.4
1989	1 769.2	222.8	1 546.4	509.6	1 036.8
1990	1 880.7	273.8	1 606.9	524.6	1 082.3
1991	2 131.7	295.9	1 835.8	557.6	1 278.2
1992	2 608.5	330.1	2 278.4	669.9	1 608.5
1993	3 698.1	425.7	3 272.4	831.4	2 441.0
1994	4 647.3	546.8	4 100.5	1 196.8	2 903.7
1995	5 907.5	691.8	5 215.7	1 745.1	3 470.6
1996	6 406.9	804.7	5 602.2	1 853.9	3 748.3
1997	7 333.5	834.7	6 498.8	2 186.4	4 312.4
1998	7 644.1	969.8	6 674.2	2 292.5	4 381.7
1999	8 305.8	977.1	7 328.7	2 603.1	4 725.6

注:本表按当年价格计算。

2—7 工农业总产值指数

（以上年为100）　　单位：%

年份	工农业总产值	农业	工业	轻工业	重工业
1952	134.6	115.0	144.3	124.0	163.8
1953	121.7	100.4	129.6	120.4	136.3
1957	112.0	93.9	115.6	111.1	117.3
1962	94.7	107.8	93.0	101.7	89.8
1965	123.5	112.3	125.5	129.7	123.5
1970	125.1	124.2	125.2	104.0	134.2
1975	107.0	108.4	106.8	108.5	106.2
1978	111.3	106.4	111.9	104.2	115.0
1979	105.9	103.4	106.2	110.3	104.8
1980	110.1	107.5	110.4	129.1	103.2
1981	100.4	102.2	100.2	115.9	92.6
1982	105.6	103.7	105.9	102.9	105.7
1983	110.6	121.0	109.0	110.0	110.3
1984	112.6	104.3	114.0	114.6	113.7
1985	114.6	90.8	118.4	106.6	125.0
1986	109.3	106.9	109.6	114.3	107.4
1987	112.3	105.2	113.1	115.8	111.8
1988	114.9	111.0	115.3	117.8	114.0
1989	104.9	95.7	105.9	105.9	105.9
1990	104.0	115.2	103.0	103.3	102.8
1991	107.7	104.5	108.3	104.6	109.7
1992	116.2	108.0	117.6	117.1	117.9
1993	119.0	113.0	119.9	116.5	121.5
1994	118.1	99.9	120.7	134.1	114.9
1995	116.8	112.0	120.5	131.5	115.0
1996	126.4	115.4	127.7	125.4	129.1
1997	115.7	102.8	117.0	118.6	116.1
1998	106.2	116.1	105.3	104.4	105.9
1999	112.9	103.3	113.9	118.7	111.2

注：本表按可比价格计算。

2—8 工农业总产值指数

（以1952年为100）　　　　单位：%

年份	工农业总产值	农业	工业	轻工业	重工业
1952	100.0	100.0	100.0	100.0	100.0
1957	218.8	112.0	258.5	162.8	328.2
1962	216.8	93.7	263.1	167.2	332.8
1965	352.0	131.4	435.9	247.5	575.8
1970	533.1	158.8	676.4	359.8	913.6
1975	783.5	194.5	1 010.4	571.4	1 334.1
1978	906.9	200.0	1 187.5	668.8	1 570.4
1979	960.9	206.7	1 261.6	737.5	1 645.0
1980	1 057.8	222.2	1 393.0	952.3	1 696.9
1981	1 062.1	227.2	1 395.7	1 104.0	1 570.9
1982	1 121.2	235.6	1 478.0	1 136.2	1 660.4
1983	1 240.0	285.1	1 610.3	1 249.7	1 831.9
1984	1 396.3	297.4	1 836.0	1 432.2	2 082.8
1985	1 600.5	270.0	2 173.9	1 526.1	2 603.8
1986	1 749.9	288.6	2 383.3	1 744.0	2 797.2
1987	1 965.0	303.6	2 696.5	2 019.7	3 126.9
1988	2 257.7	337.0	3 109.1	2 378.7	3 564.8
1989	2 368.5	322.6	3 292.3	2 518.4	3 775.2
1990	2 464.1	371.6	3 389.9	2 602.6	3 879.4
1991	2 653.8	388.2	3 671.3	2 722.3	4 255.7
1992	3 083.7	419.4	4 317.4	3 187.8	5 017.5
1993	3 669.6	474.0	5 176.6	3 713.8	6 096.3
1994	4 333.8	473.4	6 248.2	4 980.2	7 004.6
1995	5 061.9	530.3	7 529.1	6 549.0	8 055.3
1996	6 398.2	611.8	9 614.7	8 212.4	10 399.4
1997	7 402.8	629.2	11 249.2	9 739.9	12 073.7
1998	7 861.7	730.3	11 845.4	10 168.5	12 786.0
1999	8 875.9	754.8	13 491.9	12 070.0	14 218.0

注：本表按可比价格计算。

2—9 工农业总产值构成

单位：%

年份	以工农业总产值为100				以工业总产值为100	
	农业	工业	轻工业	重工业	轻工业	重工业
1952	27.3	72.7	22.0	50.7	30.3	69.7
1957	18.3	81.7	19.8	61.9	24.2	75.8
1962	16.5	83.5	26.0	57.5	31.1	68.9
1965	13.5	86.5	23.5	63.0	27.1	72.9
1970	14.3	85.7	21.0	64.7	24.5	75.5
1975	12.9	87.1	23.5	63.6	27.0	73.0
1978	11.5	88.5	23.3	65.2	26.3	73.7
1979	13.1	86.9	23.8	63.1	27.4	72.6
1980	14.0	86.0	27.7	58.3	32.2	67.8
1981	14.6	85.4	32.0	53.4	37.5	62.5
1982	15.0	85.0	31.5	53.5	37.1	62.9
1983	16.8	83.2	29.0	54.2	34.9	65.1
1984	16.1	83.9	28.8	55.1	34.3	65.7
1985	13.2	86.8	26.3	60.5	30.4	69.6
1986	14.0	86.0	27.1	58.9	31.5	68.5
1987	13.9	86.1	27.9	58.2	32.5	67.5
1988	14.8	85.2	28.7	56.4	33.8	66.2
1989	12.6	87.4	28.8	58.6	33.0	67.0
1990	14.6	85.4	27.9	57.5	32.6	67.4
1991	13.9	86.1	26.2	59.9	30.4	69.6
1992	12.7	87.3	25.7	61.6	29.4	70.6
1993	11.5	88.5	22.5	66.0	25.4	74.6
1994	11.8	88.2	25.8	62.4	29.2	70.8
1995	11.7	88.3	29.5	58.8	33.5	66.5
1996	12.6	87.4	28.9	58.5	33.1	66.9
1997	11.4	88.6	29.8	58.8	33.6	66.4
1998	12.7	87.3	30.0	57.3	34.3	65.7
1999	11.8	88.2	31.3	56.9	35.5	64.5

主要统计指标解释

可比价格　指在不同时期的价值指标对比时，扣除了价格变动的因素，以确切反映物量的变化。按可比价格计算有两种方法：一种是直接用产品产量乘某一年的不变价格计算；另一种是用价格指数换算。

不变价格　指用同类产品的年平均价格作为固定价格，来计算各年产品价值。按不变价格计算的产品价值消除了价格变动因素，不同时期对比可以反映生产的发展速度。新中国成立后，随着工农业产品价格水平的变化，国家统计局先后五次制定了全国统一的工业产品不变价格和农业产品不变价格，从1949年到1957年使用1952年工(农)业产品不变价格，从1957年到1971年使用1957年不变价格，从1971年到1981年使用1970年不变价格，从1981年到1990年使用1980年不变价格，从1990年开始使用1990年不变价格。

平均每年增长速度　在我国计算平均增长速度有两种方法，一种是习惯上经常使用的"水平法"，又称几何平均法，是以间隔期最后一年的水平同基期水平对比来计算平均每年增长(或下降)速度。另一种是"累计法"，又称代数平均法或方程法，是以间隔期内各年水平的总和同基期水平对比来计算平均每年增长(或下降)速度。

在一般正常情况下，两种方法计算的平均每年增长速度比较接近，但在经济发展不平衡，出现大起大落时，两种方法计算的结果差别较大。

本《年鉴》内所列的平均每年增长速度均用"水平法"计算。从某年到某年平均增长速度的年份，均不包括基期年在内。如建国四十三年的平均增长速度是以 1949 年为基期计算的，则写为 1950—1992 年平均增长速度，余类推。

各个计划时期　表内所用各个"时期"代表的年份如下：恢复时期为1950年到1952年；第一个五年计划时期(简称一五时期)为1953年到1957年；第二个五年计划时期(简称二五时期)为1958年到1962年；第三个五年计划时期(简称三五时期)为1966年到1970年；第四个五年计划时期(简称四五时期)为1971年到1975年；第五个五年计划时期(简称五五时期)为1976年到1980年；第六个五年计划时期(简称六五时期)为1981年到1985年；第七个五年计划时期(简称七五时期)为1986年到1990年；第八个五年计划时期(简称八五时期)为1991到1995年；第九个五年计划时期(简称九五时期)为 1996 年到 2000 年。

企业(单位)登记注册类型　是以在工商行政管理机关登记注册的各类企业为划分对象，以工商行政管理部门对企业登记注册的类型为依据，将企业登记注册类型分为内资企业、港澳台商投资企业和外商投资企业三大类。内资企业包括国有企业、集体企业、股份合作企业、联营企业、有限责任公司、股份有限公司、私营公司和其他企业；港澳台商投资企业和外商投资企业分别包括合资经营企业、合作经营企业、独资经营企业和股份有限公司。对不在工商行政管理部门进行登记注册的行政机关、事业单位和社会团体，主要按其经费来源和管理方式进行划分。

国有企业　指企业全部资产归国家所有，并按《中华人民共和国企业法人登记管理条例》规定登记注册的非公司制的经济组织。不包括有限责任公司中的国有独资公司。

集体企业　指企业资产归集体所有，并按《中华人民共和国企业法人登记管理条例》规定登记注册的经济组织。

股份合作企业　指以合作制为基础，由企业职工共同出资入股，吸收一定比例的社会资产投资组建，实行自主经营，自负盈亏，共同劳动，民主管理，按劳分配与按股分红相结合的一种集体经济组织。

联营企业　指两个及两个以上相同或不同所有制性质的企业法人或事业单位法人，按自愿、平等、互利的原则，共同投资组成的经济组织。联营企业包括国有联营企业、集体联营企业、国有与集体联营企业和其他联营企业。

有限责任公司　指根据《中华人民共和国公司登记管理条例》规定登记注册，由两个以上、五十个以下的股东共同出资，每个股东以其所认缴的出资额对公司承担有限责任，公司以其全部资产对其债务承担责任的经济组织。有限责任公司包括国有独资公司以及其他有限责任公司。

(1)国有独资公司：指国家授权的投资机构或者国家授权的部门单独投资设立的有限责任公司。

(2)其他有限责任公司：指国有独资公司以外的有限责任公司。

股份有限公司　指根据《中华人民共和国公司登记管理条例》规定登记注册，其全部注册资本由等额股份构成并通过发行股票筹集资本，股东以其认购的股份对公司承担有限责任，公司以其全部资产对其债务承担责任的经济组织。

私营企业　指由自然人投资设立或由自然人控股，以雇佣劳动为基础的营利性经济组织。包括按照《公司法》、《合伙企业法》、《私营企业暂行条例》规定登记注册的私营有限责任公司、私营股份有限公司、私营合伙企业和私营独资企业。

(1)私营独资企业：指按《私营企业暂行条例》的规定，由一名自然人投资经营，以雇佣劳动为基础，投资者对企业债务承担无限责任的企业。

(2)私营合伙企业：指按《合伙企业法》或《私营企业暂行条例》的规定，由两个以上自然人按照协议共同投资、共同经营、共负盈亏，以雇佣劳动为基础，对债务承担无限责任的企业。

(3)私营有限责任公司：指按《公司法》、《私营企业暂行条例》的规定，由两个以上自然人投资或由单个自然人控股的有限责任公司。

(4)私营股份有限公司：指按《公司法》的规定，由五个以上自然人投资，或由单个自然人控股的股份有限公司。

其他内资企业　指上述企业之外的其他内资经济组织。

三、国民经济核算

3—1 历年国内生产总值

单位:亿元

年份	国内生产总值	第一产业	第二产业	工业	建筑业	第三产业	#运输邮电	#批发和零售贸易餐饮业	人均国内生产总值(元)
1952	41.4	12.0	20.0			9.4			218
1953	52.9	12.3	26.1			14.4			266
1957	78.7	16.0	46.6			16.1			335
1962	74.1	15.8	41.0			17.2			292
1965	103.2	20.2	62.6			20.4			372
1970	136.8	28.5	85.3			23.0			447
1975	198.5	36.0	132.7			29.8			607
1978	229.2	32.4	162.9	155.2	7.7	33.9	12.8	12.6	680
1979	245.0	40.7	163.4	158.0	8.4	37.9	13.1	12.8	717
1980	281.0	46.1	192.2	183.7	9.7	42.6	14.8	14.1	811
1981	288.6	49.1	187.5	174.0	13.5	51.9	14.8	16.1	823
1982	315.1	54.7	199.7	185.6	14.1	60.7	15.2	17.6	884
1983	364.0	72.2	219.7	202.2	17.5	72.1	17.9	20.8	1 012
1984	438.2	80.4	268.2	243.3	24.9	89.6	24.3	26.2	1 203
1985	518.6	74.9	328.1	299.2	28.9	115.6	30.2	35.8	1 413
1986	605.3	92.9	357.8	326.0	31.8	154.6	40.6	49.3	1 633
1987	719.1	109.5	417.0	375.6	41.4	192.6	52.7	61.1	1 917
1988	881.0	141.9	492.5	444.4	48.1	246.6	64.1	71.6	2 285
1989	1 003.8	141.9	545.1	492.6	52.5	316.9	79.6	89.5	2 574
1990	1 062.7	168.6	540.8	482.9	57.9	353.3	83.9	95.4	2 698
1991	1 200.1	180.8	590.1	526.8	63.3	429.2	96.2	124.1	3 027
1992	1 473.0	194.6	741.9	661.2	80.7	536.5	111.5	167.9	3 693
1993	2 010.8	260.8	1 039.3	920.6	118.8	710.8	127.4	237.4	5 015
1994	2 461.8	319.0	1 259.1	1 109.8	149.2	883.8	160.2	287.6	6 103
1995	2 793.4	392.2	1 390.0	1 233.4	156.6	1 011.2	176.9	339.6	6 880
1996	3 157.7	474.1	1 537.7	1 379.1	158.6	1 145.9	194.6	391.3	7 730
1997	3 582.5	474.4	1 743.9	1 567.6	176.3	1 364.2	248.5	490.2	8 725
1998	3 881.7	531.5	1 855.2	1 664.1	191.2	1 495.1	272.0	533.2	9 415
1999	4 171.7	520.8	2 001.5	1 795.7	205.8	1 649.4	314.5	575.8	10 086

3—2 国内生产总值指数

（以上年为100）　　　　单位：%

年份	国内生产总值	第一产业	第二产业	第三产业	人均国内生产总值
1953	130.8	101.6	139.6	151.5	124.9
1957	108.5	92.4	116.2	100.7	104.3
1962	89.7	106.9	87.9	83.4	89.8
1965	122.8	107.6	130.9	114.1	119.2
1970	124.6	126.1	126.8	114.9	122.5
1975	108.2	107.4	109.2	105.1	107.1
1978	110.7	96.9	115.4	103.4	109.3
1979	104.9	106.9	103.3	111.2	103.6
1980	109.2	103.8	110.0	109.9	107.6
1981	98.4	98.1	94.0	119.4	97.2
1982	105.3	106.6	102.5	113.8	103.7
1983	113.3	128.3	108.8	115.2	112.3
1984	116.8	105.0	119.5	119.5	115.4
1985	113.3	84.0	118.7	120.5	112.4
1986	108.3	111.7	103.5	120.5	107.2
1987	114.1	106.0	111.4	124.8	112.7
1988	111.7	106.9	111.7	113.7	108.7
1989	103.1	95.7	101.6	109.3	101.9
1990	100.9	114.5	97.0	104.8	100.1
1991	106.1	104.2	104.0	110.2	105.4
1992	112.1	104.2	113.6	113.6	111.4
1993	114.9	110.7	116.6	114.3	114.3
1994	111.2	102.1	113.8	111.1	111.2
1995	107.1	104.9	107.1	107.8	106.4
1996	108.6	112.6	107.8	108.4	107.9
1997	108.9	101.3	110.5	109.2	108.7
1998	108.3	113.0	107.6	107.9	107.9
1999	108.2	105.1	108.5	108.9	107.9

注：本表按可比价计算。

3—3 国内生产总值指数

（以1952年为100） 单位：%

年份	国内生产总值	第一产业	第二产业	第三产业	人均国内生产总值
1952	100.0	100.0	100.0	100.0	100.0
1953	130.8	101.6	139.6	151.2	124.9
1957	212.8	113.8	297.2	174.9	171.9
1962	161.3	93.8	209.7	152.6	120.9
1965	251.2	134.7	353.4	203.4	172.3
1970	382.9	168.5	588.5	260.9	237.3
1975	578.8	192.8	955.5	359.7	335.3
1978	665.8	173.9	1 178.8	380.1	373.7
1979	698.4	185.9	1 217.7	422.7	387.2
1980	762.7	193.0	1 339.5	464.5	416.6
1981	750.5	189.3	1 259.1	554.6	405.0
1982	790.3	201.8	1 290.6	631.2	419.9
1983	895.4	258.9	1 404.1	727.1	471.6
1984	1 045.8	271.8	1 677.9	868.9	544.2
1985	1 184.9	228.4	1 991.7	1 047.0	611.7
1986	1 283.2	255.1	2 061.4	1 261.6	655.7
1987	1 464.1	270.4	2 296.4	1 574.5	739.0
1988	1 635.4	289.0	2 565.1	1 790.2	803.3
1989	1 686.1	276.6	2 606.1	1 956.7	818.6
1990	1 701.3	316.7	2 528.0	2 050.6	819.4
1991	1 805.1	330.0	2 629.1	2 259.8	863.6
1992	2 023.5	343.9	2 986.6	2 567.1	962.1
1993	2 325.0	380.7	3 482.4	2 934.2	1 099.7
1994	2 585.4	388.7	3 963.0	3 259.9	1 222.9
1995	2 768.9	407.7	4 244.3	3 514.2	1 301.1
1996	3 007.2	459.1	4 575.4	3 809.4	1 403.9
1997	3 274.8	465.1	5 055.8	4 159.9	1 526.0
1998	3 546.7	525.6	5 440.1	4 488.5	1 646.6
1999	3 837.5	552.4	5 902.5	4 888.0	1 776.7

注：本表按可比价计算。

3—4 历年国内生产总值构成

单位：%

年份	国内生产总值	第一产业	第二产业	工业	建筑业	第三产业	#运输邮电	#批发和零售贸易餐饮业
1952	100	29.0	48.3			22.7		
1953	100	23.3	49.5			27.2		
1957	100	20.3	59.3			20.4		
1962	100	21.3	55.4			23.3		
1965	100	19.6	60.7			19.7		
1970	100	20.8	62.4			16.8		
1975	100	18.1	66.9			15.0		
1978	100	14.1	71.1	95.3	4.7	14.8	37.8	38.2
1979	100	16.6	67.9	94.9	5.1	15.5	34.6	36.4
1980	100	16.4	68.4	95.0	5.0	15.2	34.7	32.9
1981	100	17.0	65.0	92.8	7.2	18.0	28.3	31.0
1982	100	17.4	63.4	92.9	7.1	19.2	25.0	29.0
1983	100	19.9	60.3	92.1	7.9	19.8	24.8	28.8
1984	100	18.3	61.2	90.7	9.3	20.5	27.1	29.2
1985	100	14.4	63.3	91.2	8.8	22.3	26.1	31.0
1986	100	15.3	59.1	91.1	8.9	25.6	26.3	31.9
1987	100	15.2	58.0	90.1	9.9	26.8	27.4	31.7
1988	100	16.1	55.9	90.2	9.8	28.0	26.0	29.0
1989	100	14.1	54.3	90.4	9.6	31.6	25.1	28.3
1990	100	15.9	50.9	89.3	10.7	35.2	23.7	27.0
1991	100	15.1	49.2	89.3	10.7	35.7	22.4	28.9
1992	100	13.2	50.4	89.1	10.9	36.4	20.8	31.3
1993	100	13.0	51.7	88.6	11.4	35.3	17.9	33.4
1994	100	13.0	51.1	88.2	11.8	35.9	18.1	32.5
1995	100	14.0	49.8	88.7	11.3	36.2	17.5	33.6
1996	100	15.0	48.7	89.7	10.3	36.3	17.0	34.1
1997	100	13.2	48.7	89.9	10.1	38.1	18.2	35.9
1998	100	13.7	47.8	89.7	10.3	38.5	18.2	35.7
1999	100	12.5	48.0	89.7	10.3	39.5	19.1	34.9

注：99年初进行了第三产业快速调查，本表中97、98年国内生产总值使用的是快速调查数，以前年度未进行调整。

3—5 国内生产总值项目构成

（1999 年）　　　　单位：亿元

项　　目	增加值	劳动者报酬	生产税净额	固定资产折旧	营业盈余
国内生产总值	4 171.69	2 024.25	446.39	709.16	991.89
第一产业	520.80	410.71	19.41	20.62	70.06
第二产业	2 001.48	805.77	241.94	432.34	521.43
工业	1 795.71	669.74	226.67	419.84	479.46
建筑业	205.77	136.03	15.27	12.50	41.97
第三产业	1 649.41	807.77	185.04	256.20	400.40
农林牧渔服务业	12.68	9.57	0.71	0.61	1.79
地质勘探业、水利管理业	8.86	5.16	0.39	1.78	1.53
交通运输、仓储及邮电通讯业	314.48	150.62	29.37	82.74	51.74
批发和零售贸易、餐饮业	575.78	287.89	77.44	35.96	174.49
金融保险业	125.12	40.89	33.18	16.82	34.23
房地产业	89.62	14.84	8.21	53.39	13.17
社会服务业	210.37	90.03	21.74	24.26	74.33
卫生、体育和社会福利业	67.49	30.40	6.12	11.29	19.68
教育、文艺和广播电影电视业	101.06	72.23	1.91	12.18	14.74
科学研究和综合技术服务业	35.54	18.41	3.31	5.76	8.06
国家机关、政党机关和社会团体	95.40	78.35	1.80	9.92	5.32
其他行业	13.01	9.36	0.85	1.48	1.32

注：本表按当年价格计算。

3—6 第三产业增加值

单位:亿元

行业	1990年	1995年	1996年	1997年	1998年	1999年
总计	**353.33**	**1 011.20**	**1 145.92**	**1 364.20**	**1 495.05**	**1 649.41**
农林牧渔服务业	—	6.41	7.75	10.31	11.17	12.68
地质勘探业、水利管理业	—	10.62	11.92	7.04	8.17	8.86
交通运输、仓储及邮电通讯业	83.89	176.86	194.56	248.50	271.96	314.48
交通运输和仓储业	—	147.45	158.21	182.25	193.83	221.15
邮电通信业	—	29.41	36.35	66.25	78.14	93.33
批发和零售贸易、餐饮业	95.44	339.58	391.25	490.24	533.15	575.78
金融保险业	72.69	162.79	175.95	124.21	123.78	125.12
房地产业	15.15	56.37	64.85	70.87	82.60	89.62
社会服务业	18.08	72.12	85.46	161.42	187.70	210.37
卫生、体育和社会福利业	11.66	40.39	44.83	53.40	58.63	67.49
教育、文艺及广播电影电视业	20.04	56.07	65.94	82.38	90.52	101.06
科学研究和综合技术服务业	11.95	20.20	24.34	29.25	31.71	35.54
国家机关、政党机关和社会团体	21.18	60.08	68.49	76.05	84.05	95.40
其他行业	3.25	9.71	10.58	10.53	11.61	13.01

3—7 第三产业增加值构成

单位：%

行　　业	1990年	1995年	1996年	1997年	1998年	1999年
总　　计	**100**	**100**	**100**	**100**	**100**	**100**
农林牧渔服务业	—	0.6	0.7	0.8	0.7	0.8
地质勘探业、水利管理业	—	1.1	1.0	0.5	0.5	0.5
交通运输、仓储及邮电通讯业	23.7	17.5	17.0	18.2	18.2	19.1
交通运输和仓储业	—	83.4	81.3	73.3	71.3	71.3
邮电通信业	—	16.6	18.7	26.7	28.7	28.7
批发和零售贸易、餐饮业	27.0	33.6	34.1	35.9	35.7	34.9
金融保险业	20.6	16.1	15.4	9.1	8.3	7.6
房地产业	4.3	5.6	5.7	5.2	5.5	5.4
社会服务业	5.1	7.1	7.5	11.8	12.6	12.8
卫生、体育和社会福利业	3.3	4.0	3.9	3.9	3.9	4.1
教育、文艺及广播电影电视业	5.7	5.5	5.8	6.0	6.1	6.1
科学研究和综合技术服务业	3.4	2.0	2.1	2.1	2.1	2.1
国家机关、政党机关和社会团体	6.0	5.9	6.0	5.6	5.6	5.8
其他行业	0.9	1.0	0.9	0.8	0.8	0.8

3—8 第三产业增加值指数

（上年＝100） 单位：%

行业	1990年	1995年	1996年	1997年	1998年	1999年
总计	**104.8**	**107.8**	**108.4**	**109.2**	**107.9**	**108.9**
农林牧渔服务业	—	114.8	114.0	114.2	109.1	113.7
地质勘探业、水利管理业	—	109.2	110.0	111.8	116.8	110.1
交通运输、仓储及邮电通讯业	102.9	106.8	108.1	111.0	102.2	110.0
交通运输和仓储业	—	105.5	106.7	109.8	98.6	107.5
邮电通信业	—	117.0	118.1	118.8	118.0	119.1
批发和零售贸易、餐饮业	102.9	112.7	110.7	113.8	111.4	111.1
金融保险业	—	105.3	105.3	95.9	100.2	101.9
房地产业	—	97.7	98.2	112.0	116.8	109.6
社会服务业	—	105.8	112.5	112.4	107.8	104.2
卫生、体育和社会福利业	—	110.2	105.3	109.1	112.3	109.7
教育、文艺及广播电影电视业	—	110.5	111.6	110.3	112.3	108.8
科学研究和综合技术服务业	—	109.7	114.3	117.5	110.7	108.6
国家机关、政党机关和社会团体	—	101.2	108.1	109.5	113.0	109.8
其他行业	—	102.8	103.4	106.6	110.5	105.4

3—9 各 地 区 国

（19

地 区	国内生产总值（亿元）	第一产业	第二产业	#工业	#建筑业	第三产业	#运输邮电业
全 省	**4 171.69**	**520.80**	**2 001.48**	**1 795.71**	**205.77**	**1 649.41**	**314.48**
沈 阳	1 013.19	69.74	444.02	395.75	48.27	499.43	84.61
大 连	1 003.08	103.33	462.47	426.51	35.96	437.28	73.61
鞍 山	524.97	43.97	297.26	268.85	28.41	183.74	32.51
抚 顺	205.79	18.10	120.08	111.59	8.49	67.61	12.35
本 溪	133.29	12.90	70.53	64.09	6.44	49.86	7.02
丹 东	166.07	32.29	60.62	53.50	7.12	73.16	13.26
锦 州	186.73	53.53	64.72	55.39	9.33	68.48	17.62
营 口	154.52	25.77	72.77	65.32	7.45	55.98	14.43
阜 新	64.46	16.40	20.15	15.58	4.57	27.91	6.57
辽 阳	154.72	22.15	70.78	60.20	10.58	61.79	7.39
盘 锦	251.55	34.43	167.90	140.02	27.88	49.22	8.99
铁 岭	118.55	40.38	37.49	30.27	7.22	40.68	6.26
朝 阳	86.08	26.45	25.62	22.02	3.60	34.01	6.16
葫 芦 岛	151.71	23.61	70.74	62.50	8.24	57.36	13.13

内　生　产　总　值

99 年）

#批发和零售贸易、餐饮业	人均国内生产总值（元）	构成（%）			指数（上年=100）			
		第一产业	第二产业	第三产业	国内生产总值	第一产业	第二产业	第三产业
575.78	**10 086**	**12.5**	**48.0**	**39.5**	**108.2**	**105.1**	**108.5**	**108.9**
181.07	14 989	6.9	43.8	49.3	110.0	107.7	111.1	108.7
134.35	18 429	10.3	46.1	43.6	111.2	101.8	113.5	110.5
54.85	15 440	8.4	56.6	35.0	110.0	107.8	110.0	110.6
22.24	9 038	8.8	58.4	32.8	108.9	112.7	107.8	110.5
11.82	8 516.6	9.7	52.9	37.4	107.0	108.6	106.9	106.8
25.63	6 907	19.4	36.5	44.1	106.3	107.7	106.1	105.8
21.94	6 126	28.7	34.7	36.6	106.5	98.3	107.7	110.7
12.44	6 911	16.7	47.1	36.2	110.0	104.9	111.3	110.1
8.82	3 368	25.4	31.3	43.3	100.4	88.5	103.1	105.7
22.4	8 648	14.3	45.8	39.9	107.3	105.3	107.4	107.7
12.12	20 938	13.7	66.7	19.6	107.0	109.2	105.0	111.9
9.82	4 001	34.1	31.6	34.3	106.8	106.3	106.0	108.0
7.69	2 594	30.7	29.8	39.5	97.2	76.5	104.8	109.8
17.06	5 704	15.6	46.6	37.8	105.0	95.0	104.6	111.0

3—10 各地区国内生产总值和指数

地　　区	国内生产总值(亿元)					指数(上年=100)				
	1995 年	1996 年	1997 年	1998 年	1999 年	1995 年	1996 年	1997 年	1998 年	1999 年
沈　阳	682.7	771.8	851.1	938.8	1 013.2	109.9	111.0	110.0	110.9	110.0
大　连	645.1	733.1	820.6	926.3	1 003.1	115.2	113.0	110.2	112.2	111.2
鞍　山	349.9	395.0	437.6	482.7	525.0	109.6	111.3	109.5	109.7	110.0
抚　顺	153.0	168.4	192.9	193.7	205.8	107.6	109.3	109.7	109.5	108.9
本　溪	113.0	111.7	114.2	121.9	133.3	106.5	106.1	107.1	107.6	107.0
丹　东	125.8	140.2	151.9	157.8	166.1	108.2	110.0	107.6	106.2	106.3
锦　州	155.2	165.9	179.6	186.6	186.7	107.7	109.8	108.2	108.6	106.5
营　口	100.7	114.5	127.3	142.3	154.5	106.6	110.4	109.0	110.9	110.0
阜　新	57.7	63.6	62.7	68.5	64.5	107.2	107.0	101.8	107.1	100.4
辽　阳	114.0	132.4	145.1	146.4	154.7	110.1	112.0	109.3	107.2	107.3
盘　锦	175.4	200.2	224.9	231.4	251.6	111.4	111.4	110.1	110.5	107.0
铁　岭	86.0	98.9	104.3	113	118.6	107.9	107.8	104.3	108.1	106.8
朝　阳	98.6	105.0	83.4	91.0	86.1	100.6	108.9	97.0	107.2	97.2
葫芦岛	116.7	126.3	140.8	150.7	151.7	109.9	109.2	110.1	110.1	105.0

3—11 各地区国内生产总值项目构成

（1999 年）

地　　区	国内生产总值（亿元）	劳动者报酬	固定资产折旧	生产税净额	营业盈余
全　　省	**4 171.69**	**2 024.25**	**709.16**	**446.39**	**991.89**
沈　　阳	1 013.19	541.84	94.94	152.87	223.54
大　　连	1 003.08	376.70	174.50	155.26	296.62
鞍　　山	524.97	219.16	72.49	98.96	134.36
抚　　顺	205.79	116.16	36.55	40.37	12.71
本　　溪	133.29	62.68	25.73	26.93	17.95
丹　　东	166.07	96.22	16.50	29.10	24.25
锦　　州	186.73	117.19	19.34	18.68	31.52
营　　口	154.52	81.71	28.59	23.82	20.40
阜　　新	64.46	52.91	8.63	5.77	—2.85
辽　　阳	154.72	76.05	33.29	13.81	31.57
盘　　锦	251.55	81.79	35.84	33.06	100.86
铁　　岭	118.55	87.83	14.99	14.19	1.54
朝　　阳	86.08	56.55	12.28	11.22	6.03
葫 芦 岛	151.71	83.01	32.19	25.17	11.34

3—12 国内生产总值(支出法)

单位:亿元

年份	国内生产总值	最终消费	资本形成总额	净流出	消费率 %	投资率 %
1978	229.20	109.37	62.33	57.50	47.72	27.19
1979	244.96	129.30	64.68	50.98	52.79	26.40
1980	281.00	157.43	56.82	66.75	56.02	20.22
1981	288.61	177.41	53.80	57.40	61.47	18.64
1982	315.07	185.21	67.87	61.99	58.78	21.54
1983	364.02	208.15	86.81	69.06	57.18	23.85
1984	438.17	236.89	127.59	73.69	54.06	29.12
1985	518.59	276.19	174.24	68.16	53.26	33.60
1986	605.33	314.75	215.95	74.63	52.00	35.67
1987	719.12	371.81	256.83	90.48	51.70	35.71
1988	881.24	459.39	335.39	86.24	52.14	38.07
1989	1 003.81	543.60	356.47	103.74	54.15	35.51
1990	1 062.74	574.24	392.74	95.76	54.03	36.96
1991	1 200.10	640.51	452.62	106.97	53.37	37.72
1992	1 472.95	769.94	561.81	141.20	52.27	38.14
1993	2 010.82	962.51	901.26	147.05	47.87	44.82
1994	2 461.78	1 239.61	1 024.66	197.51	50.35	41.62
1995	2 793.37	1 501.84	1 046.60	244.93	53.76	37.47
1996	3 148.23	1 728.74	1 076.26	343.23	54.91	34.19
1997	3 582.46	1 943.35	1 146.95	491.66	54.42	32.02
1998	3 881.73	2 128.05	1 225.99	527.69	54.82	31.58
1999	4 171.69	2 330.53	1 284.31	556.85	55.87	30.79

3—13 国内生产总值结构(支出法)

单位:亿元

年份	资本形成总额		最终消费			
	固定资本形成总额	存货增加	居民消费	农村居民	城镇居民	政府消费
一、绝对数						
1978	33.63	28.70	90.22	40.20	50.02	19.15
1980	42.94	13.88	124.79	53.01	71.78	32.64
1981	43.10	10.70	142.53	59.27	83.26	34.88
1982	63.03	4.84	148.54	60.89	87.65	36.67
1983	71.55	15.26	162.51	67.86	94.65	45.64
1984	92.63	34.96	188.42	80.66	107.76	48.47
1985	130.91	43.33	225.51	90.99	134.52	50.68
1986	158.58	57.37	257.88	100.04	157.84	56.87
1987	210.23	46.60	296.93	113.00	183.93	74.88
1988	260.30	75.09	379.61	131.15	248.46	79.78
1989	241.89	114.58	434.09	148.43	285.66	109.51
1990	262.39	130.35	450.76	140.60	310.16	123.48
1991	323.66	128.96	502.22	156.02	346.20	138.29
1992	405.18	156.63	614.28	200.54	413.74	155.66
1993	731.60	169.66	770.19	240.22	529.97	192.32
1994	887.99	136.67	965.96	302.29	663.67	273.65
1995	884.95	161.65	1 177.59	350.38	827.21	324.25
1996	920.66	155.60	1 327.68	408.76	918.92	401.06
1997	976.45	170.50	1 485.79	425.90	1 059.89	458.06
1998	1 069.57	156.42	1 578.49	462.27	1 116.22	549.56
1999	1 115.82	168.49	1 707.30	491.98	1 215.32	623.23
二、比重(%)						
1978	53.95	46.05	82.49	44.56	55.44	17.51
1979	70.16	29.84	83.19	43.14	56.86	16.82
1980	75.57	24.43	79.27	42.48	57.52	20.73
1981	80.11	19.89	80.34	41.58	58.42	19.66
1982	92.87	7.13	80.20	40.99	59.01	19.80
1983	82.42	17.58	78.07	41.76	58.24	21.93
1984	72.60	27.40	79.54	42.81	57.19	20.46
1985	75.13	24.87	81.65	40.35	59.65	18.35
1986	73.43	26.57	81.93	38.79	61.21	18.07
1987	81.86	18.14	79.86	38.06	61.94	20.14
1988	77.61	22.39	82.63	34.55	65.45	17.37
1989	67.86	32.14	79.85	34.19	65.81	20.15
1990	66.81	33.19	78.50	31.19	68.81	21.50
1991	71.51	28.49	78.41	31.07	68.93	21.59
1992	72.12	27.88	79.78	32.65	67.35	20.22
1993	74.41	25.59	80.02	31.19	68.81	19.98
1994	86.66	13.34	77.92	31.29	68.71	22.08
1995	84.55	15.45	78.41	29.75	70.25	21.59
1996	85.54	14.46	76.80	30.79	78.03	23.20
1997	85.13	14.87	76.44	29.99	70.01	23.56
1998	87.24	12.76	74.18	29.29	70.71	25.82
1999	86.88	13.12	73.26	28.82	71.18	26.74

3—14 各地区国内生产总值(支出法)及构成

(1999年) 单位:亿元

	国内生产总值	最终消费	资本形成总额	净流出	国内生产总值=100	
					最终消费	资本形成总额
沈阳	1 013.19	578.40	264.13	170.66	57	26
大连	1 003.07	401.81	505.63	95.63	40	50
鞍山	524.97	358.80	132.14	34.03	68	25
抚顺	205.79	104.45	96.85	4.49	51	47
本溪	133.31	67.03	54.10	12.18	50	41
丹东	166.07	90.90	41.74	33.43	55	25
锦州	186.72	100.99	56.56	29.17	54	30
营口	149.00	88.77	60.23	0.00	60	40
阜新	62.58	47.02	14.08	1.48	75	22
辽阳	154.70	69.99	79.21	5.50	45	51
盘锦	338.82	79.46	88.70	170.66	23	26
铁岭	118.54	89.45	37.38	−8.29	75	32
朝阳	98.30	60.80	45.30	−7.80	62	46
葫芦岛	152.03	82.63	74.87	−5.47	54	49

3—15 各地区总投资及构成

（1999 年）

地区	资本形成总额（亿元）	固定资本形成总额	存货增加	构成(%) 固定资本形成总额	构成(%) 存货增加
沈阳	264.13	236.74	27.39	90	10
大连	505.63	276.91	228.72	55	45
鞍山	132.14	111.38	20.76	84	16
抚顺	96.85	84.46	12.39	87	13
本溪	54.10	35.71	18.39	66	34
丹东	41.74	37.15	4.59	89	11
锦州	56.56	37.92	18.64	67	33
营口	60.23	41.44	18.79	69	31
阜新	14.08	19.69	—5.61	140	—40
辽阳	79.21	49.09	30.12	62	38
盘锦	88.70	93.41	—4.71	105	—5
铁岭	37.38	31.54	5.84	69	31
朝阳	45.30	22.37	22.93	49	51
葫芦岛	74.87	70.29	4.58	94	6

3—16 总消费

单位:亿元

指标	1978年	1985年	1990年	1995年	1998年	1999年
最终消费	**109.37**	**276.19**	**574.24**	**1 501.84**	**2 128.05**	**2 330.53**
一、居民消费	90.22	225.51	450.76	1 177.59	1 578.49	1 707.30
1.农村居民	40.20	90.99	140.60	350.38	462.27	491.98
自给性消费	16.88	28.66	33.92	113.49	156.32	165.00
商品性消费	21.71	54.17	87.76	179.30	207.76	217.00
文化生活服务性消费	0.58	3.90	11.00	25.98	46.17	55.12
住房及水电消费	1.03	4.26	7.92	31.61	52.02	54.86
# 住房消费	0.66	2.73	5.07	11.68	26.84	28.60
2.城镇居民	50.02	134.52	310.16	827.21	1 116.22	1 215.32
商品性消费	42.80	120.61	261.49	670.97	761.25	797.05
文化生活服务性消费	6.26	11.71	42.05	111.57	279.16	326.19
住房及水电消费	0.96	2.20	6.62	44.67	75.81	92.08
# 住房消费	0.23	0.53	1.59	30.66	25.54	30.70
二、政府消费	19.15	50.68	123.48	324.25	549.56	623.23
三、居民消费水平(元/人)	267	605	1 144	2 900	3 828	4 128
农村居民	173	414	622	1 566	2 073	2 209
城镇居民	476	880	1 849	4 540	5 897	6 366

3—17 各地区消费及构成

（1999年）

地区	最终消费（亿元）	居民消费	农村居民	城镇居民	政府消费	最终消费=100 农村居民	最终消费=100 城镇居民	居民消费=100 农村居民	居民消费=100 城镇居民
沈阳	578.40	449.17	73.35	375.82	129.23	78	22	16	84
大连	401.81	313.17	100.88	212.29	88.64	78	22	32	68
鞍山	358.80	249.76	80.53	169.23	109.04	70	30	32	68
抚顺	104.45	80.23	15.52	64.71	24.22	77	23	19	81
本溪	67.03	48.79	11.18	37.61	18.24	73	27	23	77
丹东	90.90	66.01	31.72	34.29	24.89	73	27	48	52
锦州	100.99	78.60	31.37	47.23	22.39	78	22	40	60
营口	88.77	69.91	34.87	35.04	18.86	79	21	50	50
阜新	47.02	42.13	16.46	25.67	4.89	90	10	39	61
辽阳	69.99	65.55	23.51	42.04	4.44	94	6	36	64
盘锦	79.46	62.05	23.06	38.99	17.41	78	22	37	63
铁岭	89.45	70.80	41.09	29.71	18.65	79	21	58	42
朝阳	60.80	54.70	34.24	20.46	6.10	90	10	63	37
葫芦岛	82.63	72.54	40.87	31.67	10.09	88	12	56	44

3—18 居民消费水平

年份	居民消费水平(元/人)			城镇与农村消费水平对比
	全体居民	农村居民	城镇居民	
1957	163	106	268	2.52：1
1962	179	126	259	2.05：1
1965	179	140	249	1.78：1
1970	195	160	274	1.72：1
1975	215	148	362	2.44：1
1978	267	173	476	2.75：1
1979	315	202	546	2.70：1
1980	355	235	573	2.44：1
1981	400	264	632	2.39：1
1982	410	270	641	2.37：1
1983	443	301	669	2.22：1
1984	510	362	735	2.03：1
1985	605	414	880	2.12：1
1986	686	454	1 012	2.23：1
1987	780	508	1 160	2.28：1
1988	985	589	1 530	2.60：1
1989	1 113	662	1 722	2.60：1
1990	1 144	622	1 849	2.97：1
1991	1 267	687	2 045	2.98：1
1992	1 540	884	2 407	2.72：1
1993	1 921	1 065	3 021	2.84：1
1994	2 397	1 348	3 704	2.75：1
1995	2 900	1 566	4 540	2.90：1
1996	3 250	1 826	4 975	2.73：1
1997	3 619	1 906	5 665	2.97：1
1998	3 828	2 073	5 897	2.84：1
1999	4 128	2 209	6 366	2.84：1

3—19 居民消费水平指数

单位：%

年份	以上年为100			以1952年为100		
	全体居民	农村居民	城镇居民	全体居民	农村居民	城镇居民
1957	103.5	97.9	104.2	122.5	123.7	93.9
1962	118.1	122.4	122.2	112.7	121.4	77.1
1965	101.9	100.9	103.2	123.3	130.7	89.7
1970	122.1	133.3	117.1	128.5	135.4	103.0
1975	101.6	101.9	101.7	138.9	127.2	122.5
1978	108.5	97.6	116.3	170.1	143.4	160.2
1979	115.3	109.7	113.6	196.1	157.2	182.0
1980	107.2	119.1	95.2	210.2	187.3	173.4
1981	108.1	109.1	105.5	227.4	204.2	182.9
1982	101.1	100.8	100.2	229.8	205.9	183.2
1983	106.1	108.6	103.1	243.9	223.6	188.9
1984	111.8	115.9	107.1	272.6	259.1	202.3
1985	106.3	104.7	105.8	289.7	271.3	214.1
1986	107.6	105.7	108.5	311.7	286.6	232.2
1987	106.3	105.1	106.7	331.2	301.1	247.8
1988	107.6	104.6	108.9	356.3	314.8	269.7
1989	122.3	157.4	99.9	435.8	495.7	269.4
1990	83.7	56.8	109.9	364.9	281.7	296.1
1991	105.3	104.5	105.5	384.3	294.4	312.5
1992	112.4	112.9	111.5	431.8	332.5	348.3
1993	108.7	108.9	107.6	469.4	361.9	374.8
1994	108.8	108.9	107.7	476.4	330.8	454.7
1995	106.2	102.3	107.3	505.9	338.4	423.8
1996	106.3	106.1	105.9	537.8	359.0	448.8
1997	110.7	110.2	110.4	595.34	395.62	495.48
1998	107.7	109.9	106.3	641.18	434.79	526.70
1999	108.4	107.0	108.6	749.58	465.23	571.99

3—20 各地区居民消费水平

（1999 年）

地区	居民消费水平（元/人）			居民消费水平指数（上年为 100）		
	全体居民	农村居民	城镇居民	全体居民	农业居民	城镇居民
沈阳	3 658	2 260	5 590	93.4	80.7	102.0
大连	5 754	3 590	8 063	105.9	106.0	105.8
鞍山	7 346	4 765	9 896	110.6	108.9	111.2
抚顺	3 521	1 980	4 329	107.9	99.6	110.2
本溪	3 117	2 037	3 700	99.1	101.6	98.2
丹东	2 746	2 221	3 514	105.0	101.6	108.3
锦州	2 579	1 582	4 433	105.5	99.5	109.5
营口	3 127	2 543	4 021	104.4	105.6	101.9
阜新	2 201	1 543	3 031	103.8	105.0	105.8
辽阳	3 658	2 260	5 590	93.4	80.7	102.0
盘锦	5 165	3 842	6 485	102.3	99.7	104.2
铁岭	2 389	1 976	3 361	103.9	105.4	101.6
朝阳	1 649	1 383	2 430	115.5	113.8	117.2
葫芦岛	2 707	2 118	4 223	100.0	102.2	96.9

主要统计指标解释

国内生产总值　是按市场价格计算的国内生产总值的简称。它是一个国家(地区)所有常住单位在一定时期内生产活动的最终成果。国内生产总值有三种表现形态,既价值形态、收入形态和产品形态。从价值形态看,它是所有常住单位在一定时期内所生产的全部货物和服务价值超过同期投入的全部非固定资产货物和服务价值的差额,即所有常住单位的增加值之和;从收入形态看,它是所有常住单位在一定时期内所创造并分配给常住单位和非常住单位的初次分配收入之和;从产品形态看,它是最终使用的货物和服务减去进口货物和服务。在实际核算中,国内生产总值的三种表现形态表现为三种计算方法,即生产法、收入法和支出法。三种方法分别从不同的方面反映国内生产总值及构成。

国民生产总值　是按市场价格计算的国民生产总值的简称。它是一个国家(或地区)所有常住单位在一定时期内收入初次分配的最终成果。一国常住单位从事生产活动所创造的增加值在初次分配过程中主要分配给该国的常住单位,但也有一部分以生产税及进口税(扣除生产和进口补贴)、劳动者报酬和财产收入等形式分配给该国的非常住单位,同时,国外生产所创造的增加值也有一部分以生产税及进口税(扣除生产和进口补贴)、劳动者报酬和财产收入等形式分配给该国的常住单位。从而产生了国民生产总值概念,它等于国内生产总值加上来自国外的初次分配收入净额。与国内生产总值不同,国内生产总值是一个生产概念,而国民生产总值则是个收入概念。

三次产业　根据社会生产活动历史发展的顺序对产业结构的划分,产品直接取自自然界的部门称为第一产业,对初级产品进行再加工的部门称为第二产业。为生产和消费提供各种服务的部门称为第三产业。它是世界上通用的产业结构分类,但各国的划分不尽一致。我国的三次产业划分是:

第一产业:农林牧渔业(包括农业、林业、畜牧业和渔业)。

第二产业:工业(包括采掘业、制造业、电力煤气及水的生产和供应业)、建筑业。

第三产业:除第一、第二产业以外的其他各业。包括农林牧渔服务业、地质勘查业及水利管理业、交通运输仓储及邮电通信业、批发和零售贸易及餐饮业、金融保险业、房地产业、社会服务业、卫生体育和社会福利业、教育文化艺术及广播电影电视业、科学研究和综合技术服务业、国家机关政党机关和社会团体、其他行业。

最终消费　最终消费是指常住单位在一定时期内对于货物和服务的全部最终消费支出,也就是常住单位为满足物质、文化和精神生产的需要,从本国经济领土和国外购买的货物和服务的支出。它不包括非常住单位在本国经济领土内的消费支出。最终消费分为居民消费和政府消费。

居民消费　居民消费指常住住户在一定时期内对于货物和服务的全部最终消费支出。居民消费除了包括直接以货币形式购买的货物和服务的消费支出外,还包括以其他方式获得的货物和服务的消费支出。

政府消费　政府消费指政府部门为全社会提供的公共服务的消费支出和免费或以较低的价格向居民住户提供的货物和服务的净支出,前者等于政府服务的产出价值减去政府单位所获得的经营收入的价值,政府服务的产出价值等于它的经营性业务支出加上固定资产折旧;后者等于政府部门免费或以较低价格向居民住户提供的货物和服务的市场价值减去向住户收取的价值。

资本形成总额　资本形成总额指常住单位在一定时期内对固定资产和存货的投资支出合计,包括固定资产形成总额和存货增加。

(1)固定资产形成总额:指从常住单位在一定时期内购置、转入和资产自用的固定资产,扣除固定资产的销售和转出后的价值。可分为有形固定资本形成总额和无形固定资产形成总额。

(2)存货增加:存货增加指常住单位在一定时期内存货实物量变动的市场价值,即期末价值减期初价值的差额。存货增加可以是正值,也可以是负值,正值表示存货上升,负值表示存货下降。它包括生产单位购进的原材料、燃料和储备物资等存货,以及生产单位生产的产成品、在制品和半成品等存货等。

货物和服务净出口　指货物和服务出口减货物和服务进口的差额。出口包括常住单位向非常住单位出售或无偿转让的各种货物和服务的价值;进口包括常住单位从非常住单位购买或无偿得到的各种货物和服务的价值。由于服务活动的提供与使用同时发生,因此服务的进出口业务并不发生出入境现象,一般把常住单位从国外得到的服务作为进口,非常住单位从本国得到的服务作为出口。货物的出口和进口都按离岸价格计算。

劳动者报酬 劳动者报酬是指劳动者因从事生产活动所获得的全部报酬。它包括劳动者获得的各种形式工资、奖金和津贴,即包括货币形式的,也包括实物形式的,它还包括劳动者所享受的公费医疗和医药卫生费、上下班交通补贴和单位支付的社会保险费等。单位支付的社会保险费,就是单位直接支付给负责社会保险的政府单位(一般指劳动部门)的社会保险金或为本单位职工离退休、发生死亡、伤残、医疗保险等而支付的保险费。对于个体经济来说,其所有者所获得的劳动报酬和经营利润不易区分,这两部分统一作为劳动者报酬处理。

生产税净额 生产税净额是指生产税减生产补贴后的差额。生产税指政府对生产单位生产、销售和从事经营活动以及因从事生产活动使用某些生产要素,如固定资产、土地、劳动力所征收的各种税、附加费和规费。具体包括销售锐金及附加、增值税、管理费中开支的各种税、应交纳的养路费、排污费和水电费附加、烟酒专卖上缴政府的专项收入等。生产补贴与生产税相反,是政府对生产单位的单方面收入转移,因此视为负生产税处理,包括政策亏损补贴、粮食系统价格补贴、外贸企业出口退税收入等。

固定资产折旧 固定资产折旧是指一定时期内为弥补固定资产损耗按照核定的固定资产折旧率提取的固定资产折旧,或按国民经济核算统一规定的折旧率虚拟计算的固定资产折旧。它反映了固定资产在当期生产中的转移价值。各种类型企业和企业化管理的事业单位的固定资产折旧指实际计提并计入成本费用中的折旧费;不计提折旧的单位,如政府机关、非企业化管理的事业单位和居民住房的固定资产折旧则是按照统一规定的折旧率和固定资产原值计算的虚拟折旧。原则上,固定资产折旧应按固定资产的重置价值来计算,但是我国目前尚不具备对全社会固定资产进行重估价的基础,所以暂时只能采用上述方法来计算。

营业盈余 营业盈余是指常住单位创造的增加值扣除劳动者报酬、生产税净额和固定资产折旧后的余额。它相当于企业的营业利润加上生产补贴,但要扣除从利润中开支的工资和福利等。

四、人　　口

4—1 人　口　数

单位:万人

年份	年末总人口	按性别分		按城乡分		按农业与非农业分	
		男	女	市镇人口	乡村人口	农业人口	非农业人口
1952	1 932.3	1 003.0	929.3	560.1	1 372.2	1 480.0	452.3
1957	2 395.5	1 239.3	1 156.2	950.2	1 445.3	1 511.2	884.3
1962	2 549.0	1 312.6	1 236.4	1 077.9	1 471.1	1 618.0	931.0
1965	2 808.3	1 439.4	1 368.9	1 154.8	1 653.5	1 794.6	1 013.7
1970	3 083.7	1 579.0	1 504.7	1 074.5	2 009.2	2 157.0	926.7
1975	3 282.0	1 679.1	1 602.9	1 178.6	2 103.4	2 252.5	1 029.5
1978	3 394.0	1 735.3	1 658.7	1 242.4	2 151.6	2 316.7	1 077.3
1979	3 442.6	1 756.4	1 686.2	1 360.5	2 082.1	2 277.7	1 164.9
1980	3 486.9	1 779.2	1 707.7	1 419.5	2 067.4	2 250.2	1 236.7
1981	3 534.8	1 803.2	1 731.6	1 465.5	2 069.3	2 245.5	1 289.3
1982	3 592.1	1 832.0	1 760.1	1 509.2	2 082.9	2 252.5	1 339.6
1983	3 629.1	1 852.9	1 776.2	1 546.5	2 082.6	2 249.6	1 379.5
1984	3 654.8	1 866.6	1 788.2	2 001.2	1 653.6	2 207.5	1 447.3
1985	3 686.2	1 883.2	1 803.0	2 481.4	1 204.8	2 183.7	1 502.5
1986	3 726.0	1 904.1	1 821.9	2 570.4	1 155.6	2 217.1	1 508.9
1987	3 777.4	1 930.4	1 847.0	2 680.4	1 097.0	2 225.2	1 552.2
1988	3 825.5	1 955.5	1 870.0	2 783.0	1 042.5	2 232.1	1 593.4
1989	3 876.0	1 979.5	1 896.5	2 841.9	1 034.1	2 251.3	1 624.7
1990	3 917.3	1 999.1	1 918.2	2 880.8	1 036.5	2 272.4	1 644.9
1991	3 938.5	2 009.8	1 928.7	2 967.2	971.3	2 273.1	1 665.4
1992	3 957.9	2 018.9	1 939.0	3 037.2	920.7	2 264.4	1 693.5
1993	3 982.9	2 031.6	1 951.3	3 265.4	717.5	2 247.2	1 735.7
1994	4 007.2	2 043.6	1 963.6	3 357.6	649.6	2 237.7	1 769.5
1995	4 034.0	2 056.9	1 977.1	3 419.3	614.7	2 238.5	1 795.5
1996	4 056.8	2 067.5	1 989.3	3 465.0	591.8	2 236.6	1 820.2
1997	4 077.1	2 076.9	2 000.2	3 517.7	559.4	2 232.7	1 844.4
1998	4 090.4	2 083.1	2 007.3	3 577.9	512.5	2 227.2	1 863.2
1999	4 103.2	2 088.4	2 014.8	3 668.9	434.3	2 226.3	1 876.9

注:本表至 4—6 表为公安户籍统计数。

4—2 人口构成

单位:%

年份	总人口	按性别分		按城乡分		按农业与非农业分	
		男	女	市镇人口	乡村人口	农业人口	非农业人口
1952	100.0	51.9	48.1	29.0	71.0	76.6	23.4
1957	100.0	51.7	48.6	39.7	60.3	63.1	36.9
1962	100.0	51.5	48.5	42.3	57.7	63.5	36.5
1965	100.0	51.3	48.7	41.1	58.9	63.9	36.1
1970	100.0	51.2	48.8	34.9	65.1	70.0	30.0
1975	100.0	51.2	48.8	35.9	64.1	68.6	31.4
1978	100.0	51.2	48.8	36.6	63.4	68.3	31.7
1979	100.0	51.0	49.0	39.5	60.5	66.2	33.8
1980	100.0	51.0	49.0	40.7	59.3	64.5	35.5
1981	100.0	51.0	49.0	41.5	58.5	63.5	36.5
1982	100.0	51.0	49.0	42.0	58.0	62.7	37.3
1983	100.0	51.1	48.9	42.6	57.4	62.0	38.0
1984	100.0	51.1	48.9	54.8	45.2	60.4	39.6
1985	100.0	51.1	48.9	67.3	32.7	59.2	40.8
1986	100.0	51.1	48.9	69.0	31.0	59.5	40.5
1987	100.0	51.1	48.9	71.0	29.0	58.9	41.1
1988	100.0	51.1	48.9	72.8	27.2	58.4	41.6
1989	100.0	51.1	48.9	73.3	26.7	58.1	41.9
1990	100.0	51.0	49.0	73.5	26.5	58.0	42.0
1991	100.0	51.0	49.0	75.3	24.7	57.7	42.3
1992	100.0	51.0	49.0	76.7	23.3	57.2	42.8
1993	100.0	51.0	49.0	82.0	18.0	56.4	43.6
1994	100.0	51.0	49.0	83.8	16.2	55.8	44.2
1995	100.0	51.0	49.0	84.8	15.2	55.5	44.5
1996	100.0	51.0	49.0	85.4	14.6	55.1	44.9
1997	100.0	50.9	49.1	86.3	13.7	54.8	45.2
1998	100.0	50.9	49.1	87.5	12.5	54.4	45.6
1999	100.0	50.9	49.1	89.4	10.6	54.3	45.7

4—3 人口出生率、死亡率、自然增长率

单位:‰

年份	全省			市			县		
	出生率	死亡率	自然增长率	出生率	死亡率	自然增长率	出生率	死亡率	自然增长率
1957	41.9	9.4	32.5	57.4	10.7	46.7	34.8	8.9	25.9
1962	34.1	8.5	25.6	38.0	8.0	30.0	32.0	8.8	23.2
1965	36.2	7.1	29.1	29.9	5.1	24.8	39.3	8.1	31.2
1970	26.6	5.1	21.5	20.2	4.4	15.8	29.1	5.4	23.7
1975	15.9	6.1	9.7	10.6	5.3	5.3	17.9	6.5	11.4
1978	18.0	5.3	12.7	16.4	5.0	11.4	18.3	5.5	13.1
1979	17.0	5.0	12.0	15.1	4.7	10.4	17.8	5.1	12.7
1980	14.1	5.4	8.7	12.3	4.9	4.9	14.9	5.6	9.3
1981	16.6	5.3	11.3	16.2	4.8	11.5	16.8	5.5	11.3
1982	18.9	5.4	13.4	21.1	5.0	16.1	17.7	5.7	12.1
1983	13.4	5.0	8.4	15.2	4.6	10.6	12.5	5.3	7.3
1984	10.8	5.0	5.8	12.5	4.7	7.8	9.9	5.2	4.7
1985	11.9	5.3	6.6	12.7	5.0	7.7	11.2	5.5	5.7
1986	14.8	5.2	9.6	14.7	5.0	9.7	14.9	5.1	9.8
1987	17.3	5.3	12.0	17.1	5.0	12.1	17.4	5.5	11.9
1988	15.4	5.2	10.2	15.7	5.1	10.6	15.1	5.4	9.7
1989	14.6	5.2	9.4	14.1	5.1	9.0	15.1	5.3	9.8
1990	14.5	5.7	8.8	12.8	5.5	7.3	16.1	5.8	10.3
1991	9.9	5.2	4.7	8.8	5.0	3.8	11.1	5.4	5.7
1992	10.2	5.4	4.8	9.7	5.2	4.5	10.7	5.5	5.2
1993	10.0	5.6	4.4	10.4	5.9	4.5	9.5	5.0	4.5
1994	10.7	5.8	4.9	10.3	5.8	4.5	—	—	—
1995	9.9	5.5	4.4	9.3	5.5	3.8	11.3	5.5	5.8
1996	9.5	5.8	3.7	8.7	5.7	3.0	11.2	6.0	5.2
1997	8.9	5.7	3.2	8.3	5.7	2.6	10.1	5.7	4.4
1998	7.9	5.8	2.1	7.3	5.8	1.5	9.2	5.8	3.4
1999	8.0	6.0	2.0	7.4	6.1	1.3	9.5	5.9	3.6

4—4 各地区年末总户数及总人口

单位:万户、万人

地区	总户数		总人口		男性人口		女性人口	
	1998年	1999年	1998年	1999年	1998年	1999年	1998年	1999年
全省	**1 270.4**	**1 290.3**	**4 090.4**	**4 103.2**	**2 083.1**	**2 088.4**	**2 007.3**	**2 014.8**
沈阳	207.9	212.6	674.9	677.1	341.6	342.4	333.2	334.7
大连	176.7	180.7	543.2	545.3	275.6	276.3	267.6	269.0
鞍山	102.4	104.9	339.6	340.3	173.5	173.8	166.2	166.5
抚顺	72.0	71.7	227.1	226.9	115.0	114.9	112.1	112.0
本溪	48.3	49.3	156.3	156.7	79.3	79.5	77.0	77.2
丹东	72.5	73.2	240.3	240.5	121.9	121.9	118.5	118.6
锦州	95.8	96.7	304.2	305.4	154.4	155.0	149.7	150.4
营口	70.4	71.2	222.9	224.3	114.2	114.8	108.7	109.5
阜新	56.9	57.2	191.3	191.4	96.6	96.6	94.7	94.8
辽阳	58.2	59.5	178.6	179.2	91.5	91.7	87.1	87.5
盘锦	39.7	40.3	119.5	120.8	61.2	61.8	58.3	59.0
铁岭	90.1	91.9	295.6	297.0	151.5	152.0	144.1	145.0
朝阳	98.6	98.9	331.4	332.2	170.4	170.9	161.1	161.3
葫芦岛	80.9	82.2	265.3	266.2	136.4	136.9	128.9	129.3

4—4 续表

地区	农业人口		非农业人口		市镇人口		乡村人口	
	1998年	1999年	1998年	1999年	1998年	1999年	1998年	1999年
全省	**2 227.2**	**2 226.3**	**1 863.2**	**1 876.9**	**3 577.9**	**3 668.9**	**512.5**	**434.3**
沈阳	250.7	250.6	424.2	426.5	615.7	619.8	59.2	57.3
大连	277.6	275.6	265.6	269.7	539.2	541.3	4.0	4.0
鞍山	168.7	168.9	170.9	171.4	317.3	325.3	22.3	15.0
抚顺	78.5	78.2	148.6	148.7	190.3	195.0	36.8	31.9
本溪	54.9	54.8	101.4	101.9	144.9	145.3	11.4	11.4
丹东	142.9	142.6	97.4	97.9	224.8	236.8	15.5	3.7
锦州	198.1	198.4	106.1	107.0	267.1	268.3	37.1	37.1
营口	136.9	137.2	86.0	87.1	222.9	224.3	—	—
阜新	106.7	106.7	84.6	84.7	145.9	146.0	45.4	45.4
辽阳	104.0	104.0	74.6	75.2	172.5	173.1	6.1	6.1
盘锦	59.5	60.8	60.0	60.0	80.4	96.4	39.1	24.4
铁岭	207.8	207.9	87.8	89.1	232.5	238.5	63.1	82.9
朝阳	247.7	247.6	83.7	84.6	234.3	262.6	97.1	69.0
葫芦岛	193.0	193.0	72.3	73.2	190.0	196.2	75.3	70.0

4—5 各地区人口自然变动情况

地区	平均人口(万人)		人口出生率(‰)		人口死亡率(‰)		人口自然增长率(‰)	
	1998年	1999年	1998年	1999年	1998年	1999年	1998年	1999年
全　　省	**4 083.8**	**4 096.8**	**7.9**	**8.0**	**5.8**	**6.0**	**2.1**	**2.0**
沈　　阳	674.3	676.0	6.5	6.5	6.4	6.6	0.1	-0.1
大　　连	541.8	544.3	7.2	7.0	6.1	7.0	1.1	—
鞍　　山	339.4	339.9	8.0	8.4	6.2	6.2	1.8	2.2
抚　　顺	227.1	227.0	6.6	6.0	5.7	6.4	0.9	-0.4
本　　溪	156.3	156.5	7.7	8.3	5.8	6.6	1.9	1.7
丹　　东	240.1	240.4	7.9	7.7	6.2	6.4	1.7	1.3
锦　　州	303.8	304.8	7.9	8.4	6.9	5.8	1.0	2.6
营　　口	222.3	223.6	7.6	7.7	4.9	4.9	2.7	2.8
阜　　新	191.1	191.3	7.3	7.6	5.8	6.4	1.5	1.2
辽　　阳	178.2	178.9	8.4	9.0	4.5	5.8	3.9	3.2
盘　　锦	118.2	120.1	11.8	12.1	3.8	4.8	8.0	7.3
铁　　岭	294.9	296.3	7.8	8.1	5.4	5.4	2.4	2.7
朝　　阳	331.1	331.8	11.2	11.0	5.1	4.9	6.1	6.1
葫 芦 岛	264.9	265.8	8.3	8.8	5.3	5.1	3.0	3.7

4—6 各地区及市、镇、县人口数

（1999 年）　　单位：万人

地　区	合　计	#非农业人口	市人口	镇	#非农业人口	县	#非农业人口
全　省	**4 103.2**	**1 876.9**	**2 885.1**	**783.8**	**194.9**	**434.3**	**24.0**
沈　阳	677.1	426.5	549.0	70.8	21.0	57.3	3.4
大　连	545.3	269.7	536.5	4.9	2.0	3.9	0.5
鞍　山	340.3	171.4	254.9	70.4	15.7	15.0	0.8
抚　顺	226.9	148.7	139.2	55.8	18.7	31.9	5.6
本　溪	156.7	101.9	96.6	48.7	18.1	11.4	0.7
丹　东	240.5	97.9	195.8	41.0	11.4	3.7	0.4
锦　州	305.4	107.0	197.3	70.9	19.6	37.2	1.1
营　口	224.3	87.1	224.3	—	—	—	—
阜　新	191.4	84.7	77.8	68.1	14.4	45.4	2.0
辽　阳	179.2	75.2	119.9	53.2	8.8	6.1	0.3
盘　锦	120.8	60.0	54.3	42.1	10.9	24.4	1.4
铁　岭	297.0	89.1	122.9	115.6	24.1	58.5	2.7
朝　阳	332.2	84.6	171.6	91.0	17.1	69.6	2.9
葫芦岛	266.2	73.2	145.1	51.2	13.2	69.9	2.3

4—7 全省历年人口变动抽样调查推算数

年　　份	总人口（万人）	出生率（‰）	死亡率（‰）	自然增长率（‰）	文盲率（%）	家庭户规模（人/户）
1990	3 946	15.60	6.01	9.59	11.51	3.59
1991	3 990	12.10	6.64	5.46	—	3.60
1992	4 016	12.57	6.11	6.46	—	3.57
1993	4 042	12.43	6.11	6.32	—	3.53
1994	4 067	12.26	6.03	6.23	10.46	3.48
1995	4 092	12.17	6.15	6.02	9.31	3.49
1996	4 116	12.15	6.20	5.95	8.86	3.44
1997	4 138	11.78	6.38	5.40	8.21	3.31
1998	4 157	11.39	6.81	4.58	8.17	3.27
1999	4 171	10.38	7.05	3.30	7.18	3.24

注:文盲率指成人文盲率(文盲、半文盲占15岁及以上人口的比重)

4—8 全省历年人口变动抽样调查年龄构成指数

单位:%

年　　份	0—14岁所占人口比重	15—64岁所占人口比重	65岁及以上所占人口比重	总负担系数	负担少儿系数	负担老年系数
1990	23.22	71.10	5.68	40.65	32.66	7.99
1991	23.33	70.48	6.19	41.88	33.10	8.78
1992	22.78	70.62	6.60	41.60	32.25	9.35
1993	22.00	71.21	6.79	40.44	30.90	9.54
1994	22.26	71.20	6.54	40.45	31.27	9.18
1995	21.37	71.61	7.02	40.15	29.96	10.19
1996	20.61	72.47	6.92	37.98	28.44	9.54
1997	19.12	73.63	7.25	36.62	25.95	10.67
1998	18.51	73.94	7.55	35.24	25.03	10.21
1999	18.48	73.71	7.81	35.67	25.08	10.60

主要统计指标解释

人口数　指一定时点、一定地区范围内的有生命的个人的总和。

年度统计的年末人口数是指每年 12 月 31 日 24 时的人口数。

市镇总人口和乡村总人口　一般是按户籍人口划分的。

市镇总人口　指市辖区(含县级市)、县辖镇的全部人口。

乡村总人口　指县(不含镇)的全部人口。

出生率(又称粗出生率)　指在一定时期内(通常为一年)平均每千人所出生的人数的比率，一般用千分率表示。计算公式：

$$出生率=\frac{年出生人数}{年平均人数}\times 1000‰$$

出生人数是指活产婴儿，即胎儿脱离母体时(不管怀孕月数)，有过呼吸或其他生命现象。

年平均人数是指年初、年末人口数的平均数，也可用年中人口数代替。

死亡率(又称粗死亡率)　指在一定时期内(通常为一年)某地区的死亡人数与同期平均人数(或期中人数)之比，一般用千分率表示。计算公式：

$$死亡率=\frac{年死亡人数}{年平均人数}\times 1000‰$$

人口自然增长率　指在一定时期内(通常为一年)人口自然增加数(出生人数减死亡人数)与该时期内平均人数(或期中人数)之比，一般用千分率表示。计算公式：

$$人口自然增长率=\frac{本年出生人数-本年死亡人数}{年平均人数}\times 1000‰$$

$$人口自然增长率=人口出生率-人口死亡率$$

五、从业人员和职工工资

5—1 就业基本情况

指　　标	单　位	1990年	1995年	1998年	1999年
年末从业人员	**万人**	**1 897.3**	**2 027.8**	**1 958.8**	**1 994.4**
第一产业	万人	650.6	632.7	657.9	651.5
第二产业	万人	778.2	787.5	684.7	658.3
第三产业	万人	468.5	607.6	616.2	684.6
按城乡分从业人员					
城镇从业人员	万人	1 080.1	1 161.8	1 112.5	1 093.2
国有经济单位	万人	669.7	690.6	612.2	575.1
集体经济单位	万人	322.9	302.2	226.4	203.7
其他内资	万人	14.9	28.9	61.4	72.8
外商投资经济单位	万人	4.5	15.2	20.8	19.5
港澳台投资经济单位	万人	0.1	6.8	10.2	11.1
其他	万人	21.1	0.1	—	—
私营企业	万人	5.0	32.6	57.8	69.1
个体	万人	41.9	85.4	123.7	141.9
乡村从业人员	万人	817.2	866.0	846.3	901.2
职工人数	万人	1 012.2	1 021.0	917.4	866.6
国有经济单位	万人	669.7	678.5	604.0	565.1
城镇集体经济单位	万人	322.9	292.4	222.7	200.9
其他经济单位	万人	19.6	50.1	90.7	100.6
城镇新就业人数	万人	40.5	29.2	37.7	51.5
城镇登记失业人数	万人	29.6	30.4	40.0	39.8
#失业女性	万人	12.8	16.8	21.0	21.5
城镇登记失业率	%	2.7	2.6	3.4	3.5

5—2 按三次产业分的从业人员

（年末数）

年份	从业人员合计（万人）	第一产业	第二产业	第三产业	构成(以合计为100) 第一产业	第二产业	第三产业
1952	707.1	506.9	113.6	86.6	71.7	16.1	12.2
1953	713.9	484.3	130.9	98.7	67.8	18.4	13.8
1957	770.2	484.6	154.1	131.5	62.9	20.0	17.1
1958	913.0	437.2	301.1	174.7	47.9	33.0	19.1
1959	813.9	370.2	262.9	180.8	45.5	32.3	22.2
1960	904.9	380.4	295.4	229.1	42.0	32.7	25.3
1961	854.0	473.9	216.9	163.2	55.5	25.4	19.1
1962	819.3	517.5	174.4	127.4	63.2	21.3	15.5
1963	815.9	517.8	169.2	128.9	63.5	20.7	15.8
1964	818.0	502.9	179.9	135.2	61.5	22.0	16.5
1965	846.6	510.4	181.9	154.3	60.3	21.5	18.2
1969	967.0	610.5	207.2	149.3	63.2	21.4	15.4
1970	1 047.4	…	…	…	…	…	…
1971	1 113.6	622.0	284.9	206.7	55.9	25.6	18.5
1972	1 105.8	588.6	314.2	203.0	53.2	28.4	18.4
1973	1 114.9	599.3	316.6	199.0	53.8	28.4	17.8
1974	1 085.9	553.4	336.3	196.2	51.0	31.0	18.0
1975	1 125.4	542.4	371.8	211.2	48.2	33.0	18.8
1976	1 141.1	525.0	399.5	216.6	46.0	35.0	19.0
1977	1 180.6	571.4	407.5	201.7	48.4	34.5	17.1
1978	1 254.1	595.3	433.4	225.4	47.4	34.6	18.0
1979	1 321.5	590.2	486.1	245.2	44.7	36.8	18.5
1980	1 441.7	597.1	564.7	279.9	41.4	39.2	19.4
1981	1 505.1	610.8	593.7	300.6	40.6	39.4	20.0
1982	1 571.6	639.0	600.4	332.2	40.7	38.2	21.1
1983	1 638.6	669.9	619.2	349.5	40.9	37.8	21.3
1984	1 680.7	645.6	656.8	378.3	38.4	39.1	22.5
1985	1 769.1	634.3	726.4	408.4	35.9	41.0	23.1
1986	1 799.2	640.4	735.3	423.5	35.6	40.9	23.5
1987	1 835.4	630.7	770.7	434.0	34.4	42.0	23.6
1988	1 858.6	625.1	784.2	449.3	33.6	42.2	24.2
1989	1 874.8	638.2	777.1	459.5	34.0	41.5	24.5
1990	1 897.3	646.0	778.2	473.1	34.0	41.0	25.0
1991	1 938.3	666.3	788.5	483.5	34.4	40.7	24.9
1992	1 957.8	652.6	797.4	507.8	33.3	40.7	26.0
1993	2 006.1	640.3	827.4	538.4	31.9	41.3	26.8
1994	2 009.3	627.7	773.3	608.3	31.2	38.5	30.3
1995	2 027.8	632.7	787.5	607.6	31.2	38.8	30.0
1996	2 031.8	644.7	751.8	635.3	31.7	37.0	31.3
1997	1 967.1	639.7	716.7	610.7	32.5	36.4	31.1
1998	1 958.8	657.9	684.7	616.2	33.6	35.0	31.4
1999	1 994.4	651.5	658.3	684.6	32.7	33.0	34.3

5—3 全省劳动力资源与分配情况

单位:万人、%

年份	资源				分配					从业人员占劳动力资源比重
	资源总数	劳动年龄内人口数	当年进入劳动年龄的人口数	当年退出劳动年龄的人口数	从业人员	城镇失业人员	16岁以上在校学生	家务劳动者	其他	
1980	2 155.9	2023.2	102.0	21.1	1 441.7	44.7	141.2	347.5	7.0	66.9
1981	2 198.3	2092.8	92.7	23.1	1 505.1	40.5	109.1	347.0	6.8	68.5
1982	2 252.0	2154.3	86.1	24.6	1 571.6	37.5	100.0	346.5	6.8	69.8
1983	2 295.5	2199.7	70.8	25.4	1 638.6	30.7	93.1	346.0	6.8	71.4
1984	2 351.7	2300.4	83.3	26.6	1 680.7	21.0	91.4	345.7	6.8	71.5
1985	2 397.3	2350.7	84.7	27.2	1 769.1	19.7	99.1	321.2	7.0	73.4
1986	2 425.1	2398.1	82.2	27.2	1 799.2	20.2	106.4	325.0	…	74.2
1987	2 466.7	2439.9	78.9	28.9	1 835.4	25.4	105.6	300.9	…	74.4
1988	2 505.1	2475.9	73.9	29.7	1 858.6	25.8	107.1	295.7	…	74.2
1989	2 574.1	2504.9	69.7	30.8	1 874.8	28.3	98.7	244.1	…	72.8
1990	2 659.4	2570.0	66.1	32.3	1 897.3	23.7	104.8	176.3	…	71.3
1991	2 648.8	2590.6	58.9	31.0	1 938.3	24.9	100.3	170.9	6.5	73.2
1992	2 668.9	2608.2	54.0	31.3	1 957.8	26.7	100.2	172.5	6.5	73.4
1993	2 687.7	2 596.7	52.9	32.0	2 006.1	28.5	100.6	173.9	6.5	74.6
1994	2 995.0	3 093.4	59.7	—	2 009.3	30.0	102.0	318.6	535.1	67.1
1995	3 056.8	3 162.9	72.1	—	2 027.8	30.4	104.5	211.9	682.2	66.3
1996	3 090.4	3 219.4	61.0	—	2 031.8	40.8	119.6	312.0	586.3	65.7
1997	3 158.9	3 252.3	54.7	—	1 967.1	43.5	109.3	289.5	749.5	62.3
1998	3 203.1	3 297.2	71.7	—	1 958.8	39.8	107.9	293.4	749.5	61.2

说明:从 1994 年开始取消了劳动力年龄上线,故当年退出劳动年龄人口数无资料。

5—4 分行业从业人员

（年末数）　　单位：万人

行　　业	1985 年	1990 年	1995 年	1998 年	1999 年
总　　计	**1 769.1**	**1 897.3**	**2 027.8**	**1 958.8**	**1 994.4**
农、林、牧、渔业	83.6	648.5	632.7	657.9	651.5
采　掘　业	110.3	84.2	61.3	55.6	51.9
制　造　业	832.6	565.1	570.4	486.0	466.1
电力、煤气及水的生产和供应业	21.9	12.2	17.4	20.3	19.9
建　筑　业	137.2	115.7	138.3	122.8	120.5
地质勘查业、水利管理业	16.7	9.9	8.3	7.9	7.8
交通运输、仓储及邮电通信业	94.7	78.7	98.4	99.4	102.9
批发和零售贸易、餐饮业	199.6	180.4	254.7	251.6	257.3
金融、保险业	12.3	11.1	15.0	16.3	17.7
房地产业	9.2	6.1	7.9	8.8	8.7
社会服务业	50.9	35.1	59.0	64.8	63.4
卫生、体育和社会福利业	35.7	25.7	23.1	24.2	24.2
教育、文化艺术和广播电影电视业	84.7	62.5	62.3	61.0	60.6
科学研究和综合技术服务业	14.2	9.5	10.4	9.6	9.3
国家机关、政党机关和社会团体	65.5	52.6	42.2	40.9	40.8
其他行业	—	—	26.4	31.7	91.8

5—5 按经济类型分的各行业从业人员

（1999年末）　　单位:万人

行　　业	合　计	国有单位职　工	城镇集体单位职工	其他单位职工	城镇私营从业人员个体劳动者	乡村劳动者	其　他
总　　计	**1 994.4**	**565.1**	**200.9**	**100.6**	**211.0**	**901.2**	**15.6**
农、林、牧、渔业	651.5	31.6	0.7	0.4	1.6	617.2	…
采　掘　业	51.9	33.9	12.2	5.4	0.4	—	0.1
制　造　业	466.1	185.0	100.6	67.7	35.3	73.7	3.8
电力、煤气及水的生产和供应业	19.9	15.2	1.5	3.1	—	—	0.1
建　筑　业	120.5	32.1	30.5	3.7	2.9	49.6	1.6
地质勘查业、水利管理业	7.8	7.6	0.2	…	—	—	…
交通运输、仓储及邮电通信业	102.9	39.5	7.6	4.1	16.2	34.4	1.1
批发和零售贸易、餐饮业	257.3	46.2	30.9	10.0	123.9	45.2	1.0
金融、保险业	17.7	11.2	3.6	1.3	—	—	1.6
房　地　产　业	8.7	6.7	0.5	1.0	—	—	0.5
社会服务业	63.4	24.1	8.1	3.4	26.5	—	1.2
卫生、体育和社会福利业	24.2	21.3	2.3	0.2	—	—	0.5
教育、文化艺术和广播电影电视业	60.6	57.4	0.6	0.1	—	—	2.6
科学研究和综合技术服务业	9.3	8.5	0.3	0.1	—	—	0.3
国家机关、政党机关和社会团体	40.8	40.0	…	—	—	—	0.8
其　他　行　业	91.8	4.8	1.3	0.1	4.2	81.1	0.4

5—6 城镇私营企业和个体分行业从业人数

（年末数）　　单位：人

行　　业	1990 年	1995 年	1996 年	1997 年	1998 年	1999 年
总　　计	**522 883**	**1 200 452**	**1 414 825**	**1 502 582**	**1 814 545**	**2 109 776**
农、林、牧、渔业	—	6 137	10 235	18 177	14 566	15 575
采　掘　业	—	2 605	2 742	3 956	3 112	3 918
制　造　业	118 723	151 221	183 710	197 520	283 557	353 195
电力、煤气及水的生产和供应业	—	—	—	—	—	—
建　筑　业	8 108	12 210	13 536	15 172	22 455	28 775
地质勘查业、水利管理业	—	—	—	—	—	—
交通运输、仓储及邮电通信业	45 927	90 461	114 219	113 515	136 891	162 417
批发和零售贸易、餐饮业	223 222	747 735	911 086	957 958	1 094 542	1 239 001
金 融、保 险 业	—	—	—	—	—	—
房 地 产 业	—	—	—	—	—	—
社 会 服 务 业	122 442	156 872	150 231	169 521	215 790	265 108
卫生、体育和社会福利业	—	5 252	—	—	—	—
教育、文化艺术和广播电影电视业	—	10 455	—	—	—	—
科学研究和综合技术服务业	—	4 377	—	—	—	—
国家机关、政党机关和社会团体	—	—	—	—	—	—
其 他 行 业	4 461	13 127	29 066	26 763	43 632	41 787

5—7 各地区个体从业人员

（1999年末） 单位：户、人

地区	合计	
	户数	从业人数
总计	**1 341 915**	**2 445 504**
沈阳	222 216	475 108
大连	236 686	364 402
鞍山	88 768	150 330
抚顺	52 086	120 742
本溪	53 347	109 474
丹东	91 795	171 336
锦州	141 861	225 343
营口	51 522	104 364
阜新	59 610	106 403
辽阳	60 150	143 891
盘锦	30 749	45 672
铁岭	107 730	190 681
朝阳	62 419	110 147
葫芦岛	82 976	127 611

5—8 各地区私营企业从业人员

（1999年末）　　单位：户、人

地区	合计	
	户数	从业人员
总计	**65 547**	**1 040 676**
沈阳	19 414	295 114
大连	21 125	286 076
鞍山	3 414	47 955
抚顺	2 065	66 029
本溪	2 643	64 453
丹东	3 594	49 235
锦州	3 765	37 604
营口	2 036	37 011
阜新	732	13 850
辽阳	1 611	31 722
盘锦	498	12 567
铁岭	1 724	26 003
朝阳	1 309	44 409
葫芦岛	1 617	28 648

5—9 分行业职工人数

（年末数） 单位：万人

行业	1985 年	1990 年	1995 年	1998 年	1999 年
总计	**920.9**	**1 012.2**	**1 021.0**	**917.4**	**866.6**
农、林、牧、渔业	43.5	42.8	38.9	35.6	32.6
采掘业	57.4	68.9	59.2	52.9	51.4
制造业	433.4	461.8	444.3	379.1	353.2
电力、煤气及水的生产和供应业	11.4	10.0	17.3	20.2	19.8
建筑业	71.4	77.7	86.7	71.4	66.4
地质勘查业、水利管理业	8.7	10.0	8.3	7.9	7.8
交通运输、仓储及邮电通信业	49.3	54.5	57.2	52.8	51.2
批发和零售贸易、餐饮业	103.9	116.4	118.5	98.9	87.2
金融、保险业	6.4	10.5	14.8	16.2	16.1
房地产业	4.8	6.2	7.6	8.5	8.2
社会服务业	26.5	27.3	35.6	35.4	35.7
卫生、体育和社会福利业	18.6	21.4	22.6	23.8	23.7
教育、文化艺术和广播电影电视业	44.1	52.2	56.3	57.9	58.0
科学研究和综合技术服务业	7.4	8.9	10.0	9.3	9.0
国家机关、政党机关和社会团体	34.1	43.6	41.2	40.0	40.1
其他行业	—	—	2.5	7.5	6.2

5—10 分行业职工人数

（1999年末） 单位：万人

行业	全部职工	在岗职工	不在岗职工
总计	**866.6**	**631.0**	**235.6**
农、林、牧、渔业	32.6	30.8	1.8
采掘业	51.4	37.1	14.3
制造业	353.2	217.5	135.7
电力、煤气及水的生产和供应业	19.8	18.4	1.4
建筑业	66.4	46.6	19.8
地质勘查业、水利管理业	7.8	7.0	0.8
交通运输、仓储及邮电通信业	51.2	40.8	10.4
批发和零售贸易、餐饮业	87.2	46.1	41.1
金融、保险业	16.1	16.0	0.1
房地产业	8.2	7.4	0.8
社会服务业	35.7	30.1	5.6
卫生、体育和社会福利业	23.7	22.9	0.8
教育、文化艺术和广播电影电视业	58.0	56.9	1.1
科学研究和综合技术服务业	9.0	8.6	0.4
国家机关、政党机关和社会团体	40.1	39.5	0.6
其他行业	6.2	5.3	0.9

注：不在岗职工是离开本单位仍保留劳动关系的职工（下同）。

5—11 各地区分行业

(1999

行业	沈阳	大连	鞍山	抚顺	本溪	丹东
总计	**1 266 289**	**911 000**	**623 891**	**441 115**	**302 104**	**243 005**
农、林、牧、渔业	18 355	23 906	10 103	11 775	3 422	6 454
采掘业	19 617	10 564	8 605	57 608	7 791	5 180
制造业	488 034	363 402	312 989	155 485	152 015	79 981
电力、煤气及水的生产和供应业	32 080	21 770	14 261	18 359	8 770	11 083
建筑业	85 485	42 345	73 905	56 051	28 725	13 032
地质勘查业、水利管理业	6 407	3 629	2 526	1 502	1 503	2 194
交通运输、仓储及邮电通信业	55 483	70 309	20 569	11 732	12 416	11 605
批发和零售贸易、餐饮业	135 701	83 237	33 144	21 419	14 843	19 770
金融、保险业	29 933	29 124	14 450	10 774	6 092	9 699
房地产业	18 468	14 665	5 183	3 185	4 173	2 520
社会服务业	76 143	65 727	29 975	22 607	11 535	9 018
卫生、体育和社会福利业	53 314	34 042	14 956	10 985	8 186	12 535
教育、文化艺术和广播电影电视业	124 552	83 706	48 444	31 481	22 118	31 880
科学研究和综合技术服务业	37 266	12 751	6 457	4 542	1 807	3 692
国家机关、政党机关和社会团体	76 642	48 989	27 466	23 249	18 599	23 103
其他行业	8 809	2 834	858	361	109	1 259

在　岗　职　工　人　数

年末）　　　　单位:人

锦州	营口	阜新	辽阳	盘锦	铁岭	朝阳	葫芦岛
331 605	**218 501**	**260 800**	**232 534**	**422 135**	**289 260**	**291 626**	**268 077**
30 020	5 750	5 165	5 014	135 892	19 985	22 640	9 965
493	5 008	78 200	952	83 465	48 551	19 492	24 424
102 558	68 462	46 855	94 454	63 135	44 815	87 381	109 390
15 871	8 310	10 494	6 155	4 944	17 133	8 796	5 755
26 673	9 330	17 150	34 200	32 391	15 999	11 664	12 677
2 020	2 423	1 670	2 439	36 664	3 176	1 516	2 206
20 658	18 082	11 401	8 765	10 841	12 476	9 662	11 764
22 348	14 081	16 726	13 599	10 787	31 783	26 687	15 683
10 263	8 714	6 352	6 592	4 171	8 465	7 603	7 815
4 022	2 999	1 107	3 783	1 007	2 373	1 772	1 298
13 912	10 892	8 285	6 811	7 225	7 000	8 475	7 130
16 997	10 650	8 486	7 482	5 562	13 178	12 475	11 947
36 921	27 644	26 660	20 817	11 204	32 962	40 841	24 788
3 895	2 837	1 115	2 065	1 712	2 753	1 968	2 113
23 338	21 648	19 657	17 903	13 048	27 448	29 612	20 286
1 616	1 671	1 477	1 503	87	1 163	1 042	836

5—12 各 地 区 分 行 业

（1999

行　　业	沈　阳	大　连	鞍　山	抚　顺	本　溪	丹　东
总　　计	**488 575**	**118 229**	**253 791**	**298 455**	**150 665**	**160 962**
农、林、牧、渔业	1 067	3 154	488	218	742	356
采　掘　业	8 765	1 928	7 793	38 030	13 783	6 084
制　造　业	323 116	54 929	154 996	158 465	91 020	108 420
电力、煤气及水的生产和供应业	2 630	1 007	1 884	676	791	565
建　筑　业	40 554	10 238	28 583	45 603	14 070	10 612
地质勘查业、水利管理业	1 006	190	459	784	166	701
交通运输、仓储及邮电通信业	10 849	10 445	14 331	8 939	7 663	3 121
批发和零售贸易、餐饮业	69 552	27 796	34 007	34 687	19 954	27 773
金融、保险业	283	136	104	122	78	97
房地产业	1 961	754	349	1 511	72	283
社会服务业	17 785	4 032	8 000	6 789	1 603	1 750
卫生、体育和社会福利业	1 958	358	620	1 284	182	212
教育、文化艺术和广播电影电视业	4 152	1 911	696	349	241	383
科学研究和综合技术服务业	1 833	530	682	349	111	236
国家机关、政党机关和社会团体	1 034	492	715	466	189	156
其他行业	2 030	329	84	183	—	213

不 在 岗 职 工 人 数

年末）

单位：人

锦州	营口	阜新	辽阳	盘锦	铁岭	朝阳	葫芦岛
155 102	**123 552**	**123 039**	**80 934**	**39 730**	**152 580**	**117 549**	**87 892**
3 784	736	359	144	3 010	934	176	2 568
1 532	1 889	28 536	802	1 302	4 914	10 867	17 044
95 912	73 683	57 226	51 987	13 842	80 706	60 523	32 508
1 008	547	853	449	558	1 963	795	208
5 538	1 789	8 260	8 841	4 481	5 785	9 729	3 817
1 001	753	169	1	746	1 005	459	628
7 881	7 751	5 151	4 143	3 735	7 130	3 477	7 541
33 733	30 399	18 148	12 380	11 176	45 295	25 565	20 016
171	127	38	5	67	52	53	32
846	614	40	355	—	84	202	699
1 832	2 826	2 361	877	613	2 109	4 040	1 002
501	720	119	249	61	1 400	521	334
612	432	34	416	64	367	488	652
180	103	55	73	6	44	5	89
483	272	32	161	69	451	563	514
88	911	1 658	51	—	341	86	240

5—13 分细行业在岗职工人数

（1999年末） 单位：人

项目	在岗职工人数合计	国有经济单位	城镇集体经济单位	其他经济单位
全省总计	**6 310 058**	**4 372 482**	**1 113 039**	**824 537**
按隶属关系分组				
中央	1 232 850	1 232 850	—	—
省属	307 732	307 732	—	—
市属	1 538 498	1 538 498	—	—
县及县以下	1 293 320	1 293 320	—	—
其他	82	82	—	—
按企、事业和机关分组				
企业	4 680 419	2 780 901	1 075 658	823 860
#地方	3 577 180	1 677 662	1 075 658	823 860
事业	1 240 468	1 204 873	34 918	677
#地方	1 139 253	1 103 658	34 918	677
机关	389 171	386 708	2 463	—
#地方	360 775	358 312	2 463	—
按国民经济行业分组				
农、林、牧、渔业	308 446	299 320	5 644	3 482
农业	216 272	214 512	1 560	200
林业	19 168	18 957	156	55
畜牧业	14 163	13 898	255	10
渔业	15 506	12 142	400	2 964
农林牧渔服务业	43 337	39 811	3 273	253
采掘业	370 479	263 739	58 789	47 951
制造业	2 175 191	1 128 197	508 277	538 717
电力、煤气及水的生产和供应业	183 781	140 889	13 688	29 204
建筑业	466 208	229 408	209 313	27 487
土木工程建筑业	351 159	177 761	151 942	21 456
线路管道和设备安装业	109 431	50 737	55 292	3 402
建筑物的装修装饰业	5 618	910	2 079	2 629
地质勘查、水利管理业	69 875	68 639	1 223	13
地质勘查业	46 014	45 179	822	13
水利管理业	23 861	23 460	401	—
交通运输、仓储及邮电通信业	408 194	329 128	41 129	37 937

项　　目	在岗职工人数合计	国有经济单位	城镇集体经济单位	其他经济单位
铁路运输业	123 454	99 378	6 179	17 897
公路运输业	60 749	36 458	17 437	6 854
管道运输业	5 018	4 736	252	30
水上运输业	12 237	10 584	522	1 131
航空运输业	9 786	8 448	1 287	51
交通运输辅助业	90 663	76 251	7 307	7 105
其他交通运输业	3 657	2 693	895	69
仓　储　业	51 723	45 190	4 681	1 852
邮电通信业	50 907	45 390	2 569	2 948
批发零售贸易和餐饮业	461 210	238 587	142 268	80 355
食品饮料烟草和家庭用品批发业	105 307	75 713	18 349	11 245
能源材料和机械电子设备批发业	72 751	42 453	22 791	7 507
其他批发业	47 022	27 717	16 234	3 071
零　售　业	203 300	79 337	76 213	47 750
商业经济与代理业	4 164	3 580	227	357
餐　饮　业	28 666	9 787	8 454	10 425
金融、保险业	160 105	111 179	35 558	13 368
金　融　业	148 117	100 114	35 490	12 513
保　险　业	11 988	11 065	68	855
房地产业	73 981	60 607	4 113	9 261
房地产开发与经营业	26 885	18 843	2 473	5 569
房地产管理业	46 519	41 202	1 625	3 692
房地产代理与经纪业	577	562	15	—
社会服务业	301 350	212 363	57 046	31 941
公共服务业	143 338	133 029	7 351	2 958
居民服务业	30 913	11 546	17 670	1 697
旅　馆　业	46 764	25 349	7 497	13 918
租赁服务业	921	239	487	195
旅　游　业	4 481	3 650	375	456
娱乐服务业	4 071	929	857	2 285
信息咨询服务业	11 186	7 989	1 736	1 461
计算机应用服务业	3 814	1 261	429	2 124

（1999 年末）　　单位：人

项　　目	在岗职工人数合计	国有经济单位	城镇集体经济单位	其他经济单位
其他社会服务业	55 862	28 371	20 644	6 847
卫生体育和社会福利业	228 620	207 161	19 720	1 739
卫　　生	211 908	191 338	18 955	1 615
体　　育	5 164	5 040	—	124
社会福利保障业	11 548	10 783	765	—
教育、文化艺术和广播电影电视业	569 206	563 775	4 675	756
教　　育	520 074	515 808	3 520	746
#普通高等学校	65 886	65 703	—	183
普通中学	170 480	170 252	—	228
小学校	202 261	202 123	39	99
文化艺术业	29 866	29 172	684	10
广播、电影、电视业	19 266	18 795	471	—
科学研究和综合技术服务业	85 559	81 515	2 886	1 158
科学研究业	35 950	35 645	251	54
自然科学研究	26 180	26 121	59	—
社会科学研究	1 155	1 155	—	—
其他科学研究	8 615	8 369	192	54
综合技术服务业	49 609	45 870	2 635	1 104
气　　象	1 726	1 714	—	12
地　　震	662	662	—	—
测　　绘	1 692	1 687	5	—
技术监督	10 837	10 336	266	235
海洋环境	369	369	—	—
环境保护	4 339	4 113	226	—
技术推广和科技交流服务业	4 899	4 384	390	125
工程设计业	14 692	13 399	877	416
其他综合技术服务业	10 051	8 773	862	316
国家机关、政党机关和社会团体	395 186	395 026	160	—
#国家机关	361 955	361 795	160	—
政党机关	21 186	21 186	—	—
其　　他	52 667	42 949	8 550	1 168
#企业管理机构	17 011	10 383	6 355	273

5—14 分行业不在岗职工人数

（年末数） 单位:万人

行业	1996年	1997年	1998年	1999年
总计	**117.9**	**178.3**	**227.6**	**235.6**
农、林、牧、渔业	1.0	1.7	2.0	1.8
采掘业	6.0	8.7	11.0	14.3
制造业	73.8	106.6	132.9	135.7
电力、煤气及水的生产和供应业	0.4	0.8	1.1	1.4
建筑业	8.8	13.4	18.2	19.8
地质勘查业、水利管理业	0.4	0.5	0.8	0.8
交通运输、仓储及邮电通信业	3.4	6.7	9.7	10.4
批发和零售贸易、餐饮业	21.7	35.2	42.4	41.1
金融、保险业	…	…	…	0.1
房地产业	0.2	0.4	0.9	0.8
社会服务业	1.8	3.3	5.1	5.6
卫生、体育和社会福利业	0.1	0.2	0.8	0.9
教育、文化艺术和广播电影电视业	0.1	0.3	0.8	1.1
科学研究和综合技术服务业	0.2	0.2	0.4	0.4
国家机关、政党机关和社会团体	…	0.1	0.5	0.5
其他行业	…	0.2	1.0	0.9

5—15 各地区国有经济单位

(1999

行　业	沈　阳	大　连	鞍　山	抚　顺	本　溪	丹　东
总　计	**839 521**	**525 106**	**427 355**	**281 351**	**213 547**	**176 631**
农、林、牧、渔业	17 872	20 163	8 826	11 610	3 365	6 322
采　掘　业	19 240	10 368	1 154	42 730	6 318	3 907
制　造　业	239 625	115 611	203 507	77 394	94 374	40 393
电力、煤气及水的生产和供应业	22 490	18 247	12 748	13 413	3 787	9 959
建　筑　业	43 331	17 638	36 500	20 129	14 859	7 181
地质勘查业、水利管理业	6 150	3 599	2 259	1 450	1 286	2 194
交通运输、仓储及邮电通信业	41 556	54 584	16 481	8 223	10 402	9 935
批发和零售贸易、餐饮业	67 532	37 344	17 282	11 717	8 276	10 618
金融、保险业	21 417	20 634	9 163	7 524	4 319	6 107
房地产业	14 023	10 793	4 169	2 332	3 574	2 111
社会服务业	56 385	38 489	19 213	15 685	10 403	7 504
卫生、体育和社会福利业	49 362	32 506	13 717	9 897	7 734	10 891
教育、文化艺术和广播电影电视业	123 507	82 643	47 909	31 320	21 604	31 679
科学研究和综合技术服务业	34 916	11 967	6 226	4 371	1 647	3 603
国家机关、政党机关和社会团体	76 642	48 989	27 466	23 249	18 599	23 103
其他行业	5 473	1 531	735	307	—	1 124

分行业在岗职工人数

年末）　　　　单位：人

锦州	营口	阜新	辽阳	盘锦	铁岭	朝阳	葫芦岛
225 736	**163 964**	**186 015**	**164 206**	**369 830**	**180 398**	**241 382**	**199 288**
29 693	5 612	4 833	4 946	134 574	19 690	22 000	9 814
410	5 008	52 327	555	79 919	2 046	18 598	20 723
42 792	31 294	27 448	53 372	35 536	21 337	68 050	71 229
10 708	7 089	8 763	5 799	4 705	9 283	7 449	3 449
9 734	6 214	6 300	21 533	23 673	7 245	5 340	3 434
1 835	2 423	1 670	2 411	36 569	3 071	1 516	2 206
14 325	17 016	8 470	8 194	8 631	9 590	8 683	10 380
13 972	8 562	9 769	5 371	4 181	20 719	14 187	8 192
7 971	6 926	4 326	4 968	3 598	4 974	4 395	4 809
3 762	2 777	949	3 328	993	2 373	1 766	1 298
10 091	9 191	6 088	5 417	6 100	5 346	5 299	6 018
15 179	9 019	7 715	6 758	5 490	11 059	11 339	10 150
36 690	27 412	26 541	20 522	11 204	32 614	40 557	24 749
3 895	2 837	1 106	2 013	1 609	2 736	1 917	2 098
23 338	21 648	19 569	17 903	13 048	27 405	29 583	20 286
1 341	936	141	1 116	—	910	703	453

5—16 各地区国有单位分行

(1999

行业	沈阳	大连	鞍山	抚顺	本溪	丹东
总计	**261 627**	**69 546**	**123 597**	**132 782**	**68 587**	**95 683**
农、林、牧、渔业	1 053	3 026	322	189	719	329
采掘业	8 005	1 887	1 145	16 168	3 183	3 989
制造业	164 832	28 531	69 276	75 252	41 159	62 511
电力、煤气及水的生产和供应业	1 269	988	1 423	289	640	554
建筑业	26 506	5 702	16 668	13 126	3 445	7 009
地质勘查业、水利管理业	963	190	283	567	130	701
交通运输、仓储及邮电通信业	6 714	7 905	8 681	2 981	5 006	1 464
批发和零售贸易、餐饮业	33 931	15 377	19 027	18 600	12 433	16 346
金融、保险业	257	73	69	72	50	23
房地产业	1 383	611	282	1 189	8	212
社会服务业	7 910	2 228	4 184	2 285	1 238	1 440
卫生、体育和社会福利业	1 531	319	235	755	146	208
教育、文化艺术和广播电影电视业	4 003	1 714	560	312	170	343
科学研究和综合技术服务业	1 581	481	659	349	71	211
国家机关、政党机关和社会团体	1 034	492	715	466	189	156
其他行业	655	22	68	182	—	187

业不在岗职工人数

年末）

单位:人

锦州	营口	阜新	辽阳	盘锦	铁岭	朝阳	葫芦岛
91 383	**80 708**	**61 882**	**43 460**	**28 833**	**85 568**	**72 269**	**57 848**
3 616	736	27	133	3 010	736	144	2 543
1 365	1 889	13 345	802	1 302	1 189	10 224	9 950
55 730	46 697	31 884	25 412	10 658	46 447	40 875	22 275
963	489	748	443	551	1 514	546	89
1 601	1 248	2 028	4 334	2 462	1 654	4 620	2 291
1 001	753	169	1	703	729	459	628
4 848	6 259	3 506	3 290	3 424	2 222	1 693	6 508
18 262	18 328	8 563	7 486	5 896	27 565	11 397	10 353
171	127	38	5	50	45	49	14
816	551	11	265	—	84	202	699
1 272	2 294	1 363	570	579	1 527	671	947
395	609	88	109	61	702	258	191
592	377	34	369	64	334	488	641
180	67	46	73	4	44	5	89
483	272	32	161	69	451	563	514
88	12	—	7	—	325	75	116

5—17 国有经济单位分行业职工人数

（年末数） 单位:万人

行业	1990年	1995年	1996年	1997年	1998年	1999年
总计	669.7	**678.5**	**668.4**	**651.3**	**604.0**	**565.1**
农、林、牧、渔业	40.9	37.0	36.8	36.2	34.3	31.6
采掘业	53.6	47.0	43.7	42.6	41.3	33.9
制造业	262.6	256.0	246.9	232.4	200.7	185.0
电力、煤气及水的生产和供应业	9.3	15.1	16.6	16.9	16.2	15.2
建筑业	37.5	36.9	36.3	34.1	33.5	32.1
地质勘查业、水利管理业	9.7	8.1	7.7	7.8	7.6	7.6
交通运输、仓储及邮电通信业	43.5	46.3	44.2	45.7	41.0	39.5
批发和零售贸易、餐饮业	61.1	62.3	63.0	59.9	54.1	46.2
金融、保险业	7.5	10.6	10.9	11.0	11.2	11.2
房地产业	5.3	6.4	6.2	6.1	6.8	6.7
社会服务业	19.2	25.2	25.9	26.3	23.9	24.1
卫生、体育和社会福利业	18.6	20.4	20.9	21.2	21.1	21.3
教育、文化艺术和广播电影电视业	50.9	55.6	56.6	57.4	57.2	57.4
科学研究和综合技术服务业	8.3	9.3	9.2	9.1	8.8	8.5
国家机关、政党机关和社会团体	41.7	41.2	42.0	42.9	40.0	40.0
其他行业	—	1.1	1.5	1.7	6.3	4.8

5—18 国有分行业职工人数

（1999年末）　　单位：万人

行　　业	全部职工	在岗职工	不在岗职工
总　　计	**565.1**	**437.2**	**127.9**
农、林、牧、渔业	31.6	29.9	1.7
采　掘　业	33.9	26.4	7.5
制　造　业	185.0	112.8	72.2
电力、煤气及水的生产和供应业	15.2	14.1	1.1
建　筑　业	32.1	22.9	9.2
地质勘查业、水利管理业	7.6	6.9	0.7
交通运输、仓储及邮电通信业	39.5	32.9	6.6
批发和零售贸易、餐饮业	46.2	23.9	22.3
金融、保险业	11.2	11.1	0.1
房地产业	6.7	6.1	0.6
社会服务业	24.1	21.2	2.9
卫生、体育和社会福利业	21.3	20.7	0.6
教育、文化艺术和广播电影电视业	57.4	56.4	1.0
科学研究和综合技术服务业	8.5	8.1	0.4
国家机关、政党机关和社会团体	40.0	39.5	0.5
其他行业	4.8	4.3	0.5

. 5—19 各地区集体经济单位

(1999

行业	沈阳	大连	鞍山	抚顺	本溪	丹东
总计	**224 715**	**113 810**	**164 098**	**108 413**	**50 555**	**45 688**
农、林、牧、渔业	243	779	1 259	147	22	59
采掘业	127	159	7 215	14 577	1 110	1 107
制造业	114 513	45 915	91 449	39 316	27 385	22 801
电力、煤气及水的生产和供应业	1 463	237	—	3 400	1 739	589
建筑业	33 636	20 553	35 385	32 286	10 102	5 146
地质勘查业、水利管理业	244	30	267	52	217	—
交通运输、仓储及邮电通信业	8 830	6 957	3 839	2 824	1 770	1 464
批发和零售贸易、餐饮业	38 015	19 015	9 450	6 686	3 642	7 939
金融、保险业	4 134	4 791	3 120	1 235	1 773	3 495
房地产业	1 176	546	332	463	553	167
社会服务业	12 569	10 830	9 726	6 092	1 107	854
卫生、体育和社会福利业	3 763	1 466	1 239	1 088	452	1 644
教育、文化艺术和广播电影电视业	1 031	870	535	161	514	199
科学研究和综合技术服务业	1 940	359	159	32	60	89
国家机关、政党机关和社会团体	—	—	—	—	—	—
其他行业	3 031	1 303	123	54	109	135

分行业在岗职工人数

年末）

单位：人

锦州	营口	阜新	辽阳	盘锦	铁岭	朝阳	葫芦岛
68 566	**25 847**	**72 655**	**53 863**	**41 395**	**47 541**	**38 062**	**57 831**
317	14	332	68	1 318	295	640	151
83	—	25 873	397	3 546	—	894	3 701
31 762	11 026	18 426	28 888	20 579	16 233	10 511	29 473
469	1 221	1 731	356	239	1 257	452	535
15 881	2 753	10 850	11 131	8 055	8 552	6 158	8 825
185	—	—	28	95	105	—	—
4 205	634	2 931	571	2 090	2 651	979	1 384
7 149	4 443	6 569	7 565	3 576	10 523	10 205	7 491
2 213	1 788	1 265	1 624	496	3 491	3 208	2 925
188	61	158	455	14	—	—	—
3 790	1 492	2 197	1 322	1 125	1 654	3 176	1 112
1 818	1 631	771	724	72	2 119	1 136	1 797
231	49	119	295	—	348	284	39
—	—	9	52	103	17	51	15
—	—	88	—	—	43	29	—
275	735	1 336	387	87	253	339	383

5—20 各地区集体经济单位

(1999

行　　业	沈阳	大连	鞍山	抚顺	本溪	丹东
总　　计	**165 221**	**28 293**	**113 461**	**148 642**	**71 282**	**49 881**
农、林、牧、渔业	—	43	166	15	23	17
采掘业	692	18	6 648	21 508	9 199	1 784
制造业	109 994	12 850	71 697	69 450	43 648	32 600
电力、煤气及水的生产和供应业	130	—	—	386	63	9
建筑业	10 891	4 160	11 457	32 047	8 297	3 332
地质勘查业、水利管理业	43	—	176	217	36	—
交通运输、仓储及邮电通信业	3 169	1 161	5 650	5 958	2 561	1 428
批发和零售贸易、餐饮业	29 655	8 850	13 213	13 726	6 861	10 210
金融、保险业	2	—	35	18	28	74
房地产业	66	71	54	246	61	65
社会服务业	8 454	561	3 805	4 504	365	267
卫生、体育和社会福利业	420	39	385	529	36	4
教育、文化艺术和广播电影电视业	149	185	136	37	71	40
科学研究和综合技术服务业	223	48	23	—	33	25
国家机关、政党机关和社会团体	—	—	—	—	—	—
其他行业	1 333	307	16	1	—	26

分行业不在岗职工人数

年末）　　　　单位：人

锦 州	营 口	阜 新	辽 阳	盘 锦	铁 岭	朝 阳	葫芦岛
54 142	**36 660**	**59 610**	**32 212**	**6 824**	**57 126**	**42 480**	**29 785**
168	—	332	11	—	198	32	25
167	—	15 191	—	—	334	643	7 094
30 987	20 832	24 014	21 434	2 140	28 866	18 673	10 226
45	58	105	6	7	32	131	29
3 937	541	6 232	4 405	314	4 131	5 099	1 364
—	—	—	—	43	276	—	—
2 928	1 466	1 645	853	311	4 908	1 784	1 033
15 199	12 068	9 366	4 878	3 956	17 045	12 471	9 663
—	—	—	—	17	7	4	18
30	63	29	90	—	—	—	—
555	531	998	304	34	582	3 369	55
106	111	31	140	—	698	263	143
20	55	—	47	—	33	—	11
—	36	9	—	2	—	—	—
—	—	—	—	—	—	—	—
—	899	1 658	44	—	16	11	124

5—21 城镇集体单位分行业职工人数

（年末数） 单位：万人

行业	1985年	1990年	1995年	1998年	1999年
总计	308.1	**322.9**	**292.4**	**222.7**	**200.9**
农、林、牧、渔业	1.3	1.7	1.6	1.0	0.7
采掘业	12.3	15.3	12.2	11.3	12.2
制造业	175.9	181.1	150.9	112.6	100.6
电力、煤气及水的生产和供应业	1.6	0.6	1.3	1.8	1.5
建筑业	37.6	40.1	47.1	34.8	30.5
地质勘查业、水利管理业	…	0.3	0.2	0.2	0.2
交通运输、仓储及邮电通信业	12.2	10.9	10.4	7.8	7.6
批发和零售贸易、餐饮业	48.6	54.9	50.6	35.7	30.9
金融、保险业	1.6	3.0	3.9	3.7	3.6
房地产业	—	0.9	0.6	0.5	0.5
社会服务业	10.6	7.5	8.7	8.9	8.1
卫生、体育和社会福利业	2.8	2.8	2.2	2.4	2.3
教育、文化艺术和广播电影电视业	1.3	1.3	0.7	0.5	0.6
科学研究和综合技术服务业	0.3	0.6	0.6	0.3	0.3
国家机关、政党机关和社会团体	2.0	1.9	—	—	…
其他行业	—	—	1.4	1.2	1.3

5—22 城镇集体单位分行业职工人数

（1999 年末）　　单位：万人

行业	全部职工	在岗职工	不在岗职工
总计	**200.9**	**111.3**	**89.6**
农、林、牧、渔业	0.7	0.6	0.1
采掘业	12.2	5.9	6.3
制造业	100.6	50.8	49.8
电力、煤气及水的生产和供应业	1.5	1.4	0.1
建筑业	30.5	20.9	9.6
地质勘查业、水利管理业	0.2	0.1	0.1
交通运输、仓储及邮电通信业	7.6	4.1	3.5
批发和零售贸易、餐饮业	30.9	14.2	16.7
金融、保险业	3.6	3.6	…
房地产业	0.5	0.4	0.1
社会服务业	8.1	5.7	2.4
卫生、体育和社会福利业	2.3	2.0	0.3
教育、文化艺术和广播电影电视业	0.6	0.5	0.1
科学研究和综合技术服务业	0.3	0.3	…
国家机关、政党机关和社会团体	…	…	—
其他行业	1.3	0.8	0.5

5—23 其他经济单位分行业职工人数

（年末数）　　单位：万人

行　　业	1990 年	1995 年	1996 年	1997 年	1998 年	1999 年
总　　计	**19.6**	**50.1**	**55.4**	**61.1**	**90.7**	**100.6**
按经济类型分组						
联营经济	—	6.7	6.0	4.6	2.0	5.6
股份制经济	—	21.8	24.6	29.4	29.8	54.6
外商投资经济	—	14.9	16.7	18.6	20.1	18.0
港澳台投资经济	—	6.6	8.0	8.5	9.9	9.8
其他经济	—	0.1	0.1	…	28.9	12.6
按国民经济行业分组						
农、林、牧、渔业	0.2	0.3	0.2	0.2	0.3	0.4
采掘业	—	—	…	0.2	0.3	5.4
制造业	18.1	37.4	41.3	44.7	65.9	67.7
电力、煤气及水的生产和供应业	0.1	0.9	1.1	1.1	2.2	3.1
建筑业	0.1	2.7	3.2	3.4	3.1	3.7
地质勘查业、水利管理业	—	—	—	…	0.1	…
交通运输、仓储及邮电通信业	0.1	0.5	0.7	0.8	4.1	4.1
批发和零售贸易、餐饮业	0.4	5.6	5.9	7.3	9.1	10.0
金融、保险业	—	0.3	0.4	0.6	1.3	1.3
房地产业	…	0.6	0.8	0.8	1.1	1.0
社会服务业	0.6	1.7	1.6	1.8	2.6	3.4
卫生、体育和社会福利业	—	…	…	0.1	0.3	0.2
教育、文化艺术和广播电影电视业	…	…	0.1	…	0.2	0.1
科学研究和综合技术服务业	…	0.1	0.1	0.1	0.1	0.1
国家机关、政党机关和社会团体	—	—	—	—	—	—
其他行业	—	—	—	—	…	0.1

5—24 其他经济单位分行业职工人数

（1999年末）　　　　单位：万人

行　　业	全部职工	在岗职工	不在岗职工
总　　计	**100.6**	**82.5**	**18.1**
农、林、牧、渔业	0.4	0.4	…
采　掘　业	5.4	4.8	0.6
制　造　业	67.7	53.9	13.8
电力、煤气及水的生产和供应业	3.1	2.9	0.2
建　筑　业	3.7	2.8	0.9
地质勘查业、水利管理业	…	…	—
交通运输、仓储及邮电通信业	4.1	3.8	0.3
批发和零售贸易、餐饮业	10.0	8.0	2.0
金融、保险业	1.3	1.3	…
房地产业	1.0	0.9	0.1
社会服务业	3.4	3.2	0.2
卫生、体育和社会福利业	0.2	0.2	…
教育、文化艺术和广播电影电视业	0.1	0.1	…
科学研究和综合技术服务业	0.1	0.1	…
国家机关、政党机关和社会团体	—	—	—
其他行业	0.1	0.1	…

5—25 各 地 区

(1999

地区	全部职工			
	合计	国有单位	城镇集体	其他单位
总计	**866.6**	**565.1**	**200.9**	**100.6**
#沈阳	175.5	110.2	39.0	26.3
大连	102.9	59.4	14.2	29.3
鞍山	87.8	55.1	27.8	4.9
抚顺	73.9	41.4	25.7	6.8
本溪	45.3	28.3	12.1	4.9
丹东	40.4	27.3	9.6	3.5
锦州	48.7	31.7	12.2	4.8
营口	34.2	24.5	6.3	3.4
阜新	38.4	24.8	13.3	0.3
辽阳	31.3	20.7	8.6	2.0
盘锦	46.2	39.9	4.8	1.5
铁岭	44.2	26.6	10.5	7.1
朝阳	40.9	31.3	8.0	1.6
葫芦岛	35.6	25.7	8.8	1.1

职　　工　　人　　数

年末）　　　　单位：万人

在岗职工人数				不在岗职工人数			
合计	国有单位	城镇集体单位	其他单位	合计	国有单位	城镇集体单位	其他单位
631.0	**437.2**	**111.3**	**82.5**	**235.6**	**127.9**	**89.6**	**18.1**
126.6	84.0	22.5	20.1	48.9	26.2	16.5	6.2
91.1	52.5	11.4	27.2	11.8	6.9	2.8	2.1
62.4	42.7	16.4	3.3	25.4	12.4	11.4	1.6
44.1	28.1	10.8	5.2	29.8	13.3	14.9	1.6
30.2	21.4	5.0	3.8	15.1	6.9	7.1	1.1
24.3	17.7	4.6	2.0	16.1	9.6	5.0	1.5
33.2	22.6	6.8	3.8	15.5	9.1	5.4	1.0
21.9	16.4	2.6	2.9	12.3	8.1	3.7	0.5
26.1	18.6	7.3	0.2	12.3	6.2	6.0	0.1
23.3	16.4	5.4	1.5	8.0	4.3	3.2	0.5
42.2	37.0	4.1	1.1	4.0	2.9	0.7	0.4
28.9	18.0	4.8	6.1	15.3	8.6	5.7	1.0
29.2	24.1	3.8	1.3	11.7	7.2	4.2	0.3
26.8	19.9	5.8	1.1	8.8	5.8	3.0	—

5—26 城 镇 新 就 业 人 数

单位:万人

项　　目	1985 年	1990 年	1995 年	1998 年	1999 年
总　　计	**90.3**	**40.6**	**29.2**	**37.7**	**51.5**
一、就业人员按主要来源分					
城镇劳动力	61.6	**20.3**	8.4	4.6	4.2
农村劳动力	19.5	**8.6**	9.3	5.2	4.2
大学、中专、技校毕业生	2.7	**9.1**	9.5	7.8	6.5
其　　他	6.5	**2.6**	2.0	20.1	36.6
二、就业人员按安置去向分					
国有单位	42.1	**19.9**	18.0	16.4	25.0
城镇集体单位	45.7	**14.6**	6.3	4.1	9.0
其他单位	—	**1.1**	4.0	7.6	10.0
从事个体劳动	2.5	**5.0**	0.9	9.6	7.5

5—27 城镇失业人数及失业率

（年末数）

年　　份	城镇失业人数（万人）	#女　　性	女性占城镇失业人数（%）	失业率（%）
1980	44.7			
1985	19.7			1.9
1986	20.2			2.0
1987	25.4			2.4
1988	25.8			2.4
1989	28.3			3.3
1990	23.7			2.7
1991	24.9			2.2
1992	26.7			2.4
1993	28.5			2.6
1994	30.0			2.5
1995	30.4			2.6
1996	40.8	22.5	55.1	3.6
1997	43.5	23.4	53.8	3.7
1998	40.0	21.0	52.5	3.4
1999	39.8	21.5	54.0	3.5

5—28 各地区城镇单位从业人员

（年末数） 单位：万人

地区	1998年			1999年		
	单位全部从业人员	全部职工	其他从业人员	单位全部从业人员	全部职工	其他从业人员
总计	**925.5**	**917.3**	**8.2**	**882.2**	**866.6**	**15.6**
#沈阳	185.7	184.2	1.5	178.9	175.5	3.4
大连	119.5	117.7	1.8	107.3	102.9	4.4
鞍山	91.2	90.5	0.7	88.4	87.8	0.6
抚顺	75.3	74.7	0.6	74.9	73.9	1.0
本溪	47.0	46.9	0.1	45.5	45.3	0.2
丹东	43.6	43.5	0.1	40.9	40.4	0.4
锦州	48.5	48.1	0.4	49.4	48.7	0.7
营口	38.3	37.8	0.5	34.7	34.2	0.5
阜新	38.5	38.4	0.1	38.8	38.4	0.4
辽阳	34.0	33.9	0.1	31.6	31.3	0.3
盘锦	48.3	48.0	0.3	46.6	46.2	0.4
铁岭	45.5	45.2	0.3	44.5	44.2	0.3
朝阳	41.9	41.6	0.3	41.4	40.9	0.5
葫芦岛	36.1	35.7	0.4	36.0	35.6	0.4

5—29 各地区城镇失业人数及失业率

地区	年末失业人数(万人)		失业率(%)	
	1998年	1999年	1998年	1999年
总计	**40.0**	**39.7**	**3.4**	**3.5**
#沈阳	6.2	6.0	2.3	2.2
大连	4.0	7.0	2.3	4.0
鞍山	3.4	3.3	3.4	3.5
抚顺	2.4	2.1	2.6	2.4
本溪	2.3	2.1	4.0	3.5
丹东	2.5	3.2	3.8	4.9
锦州	2.3	2.1	4.1	3.9
营口	1.6	1.6	3.3	4.0
阜新	2.7	2.7	5.9	6.0
辽阳	1.3	1.5	2.8	3.1
盘锦	1.8	1.7	3.6	3.7
铁岭	3.5	3.4	6.9	6.7
朝阳	1.2	1.2	3.0	2.9
葫芦岛	2.1	2.0	4.4	4.2

5—30 职工工资总额及构成

年份、地区	绝对数（亿元）				构成（%）		
	全部工资总额	国有经济单位	城镇集体经济单位	其他经济单位	国有经济单位	城镇集体经济单位	其他经济单位
1978	39.9	32.1	7.8	—	80.5	19.5	—
1980	56.7	43.7	13.0	—	77.1	22.9	—
1981	61.2	45.9	15.3	—	75.0	25.0	—
1982	64.9	48.7	16.2	—	75.0	25.0	—
1983	67.5	49.4	18.1	—	73.2	26.8	—
1984	80.7	55.6	24.1	1.0	68.9	29.9	1.2
1985	99.7	68.6	29.9	1.2	68.8	30.0	1.2
1986	121.5	84.9	35.1	1.5	69.9	28.9	1.2
1987	139.2	97.6	39.6	2.0	70.1	28.5	1.4
1988	172.2	122.4	47.0	2.8	71.1	27.3	1.6
1989	193.9	139.2	51.1	3.6	71.8	26.3	1.9
1990	217.8	158.1	55.3	4.4	72.6	25.4	2.0
1991	242.1	174.8	61.6	5.7	72.2	25.4	2.4
1992	282.0	204.1	70.1	7.8	72.4	24.8	2.8
1993	342.5	248.5	79.1	14.9	72.5	23.1	4.4
1994	439.7	319.4	90.4	29.9	72.6	20.6	6.8
1995	496.9	368.1	97.2	31.6	74.1	19.6	6.3
1996	525.3	394.2	94.6	36.5	75.0	18.0	7.0
1997	544.5	408.1	92.4	44.0	74.9	17.0	8.1
1998	521.3	384.9	71.7	64.7	73.8	13.8	12.4
1999	529.6	388.9	62.1	78.6	73.4	11.7	14.9
沈阳	112.8	79.8	13.7	19.3	70.7	12.2	17.1
大连	99.6	58.9	9.2	31.5	59.2	9.3	31.5
鞍山	46.9	37.7	7.6	1.6	80.3	16.1	3.6
抚顺	34.9	25.8	5.6	3.5	73.9	16.0	10.1
本溪	24.5	18.7	2.5	3.3	76.3	10.3	13.4
丹东	17.1	13.5	2.4	1.2	78.9	13.8	7.3
锦州	23.9	17.3	3.7	2.9	72.6	15.5	11.9
营口	15.6	12.4	1.4	1.8	79.4	8.7	11.9
阜新	15.1	12.6	2.4	0.1	83.6	15.6	0.8
辽阳	19.1	15.4	2.9	0.8	80.2	15.4	4.4
盘锦	36.7	32.8	3.1	0.8	89.3	8.4	2.3
铁岭	19.9	12.0	2.3	5.6	60.2	11.7	28.1
朝阳	18.2	15.5	1.9	0.8	85.1	10.2	4.7
葫芦岛	20.2	15.6	3.4	1.2	77.5	16.8	5.7

5—31 职工工资总额指数

年份	指数(1978=100)			指数(上年=100)			
	全部工资总额	国有经济单位	城镇集体经济单位	全部工资总额	国有经济单位	城镇集体经济单位	其他经济单位
1957		49.8			114.3		
1962		57.3			88.0		
1965		60.1			100.5		
1970		65.7			101.9		
1975		80.4	85.9		104.0		
1978	100	100	100	116.0	117.6	109.9	
1979	116.0	114.6	121.8	116.0	114.6	121.8	
1980	142.1	136.1	166.7	122.5	118.8	136.8	
1981	153.4	143.0	196.2	107.9	105.0	117.7	
1982	162.7	151.7	207.7	106.0	106.1	105.9	
1983	169.2	153.9	232.1	104.0	101.4	111.7	
1984	202.3	173.2	309.0	119.6	112.6	133.1	
1985	249.9	213.7	383.3	123.5	123.4	124.1	120.0
1986	304.5	264.5	450.0	121.9	123.8	117.4	125.0
1987	348.9	304.0	507.7	114.6	115.0	112.8	133.3
1988	431.6	381.3	602.6	123.7	125.4	118.7	140.0
1989	486.0	433.6	655.1	112.6	113.7	108.7	128.6
1990	545.9	492.5	709.0	112.3	113.6	108.2	122.2
1991	606.8	544.5	789.7	111.2	110.6	111.4	129.5
1992	706.8	635.8	898.7	116.5	116.8	113.8	136.8
1993	858.4	774.1	1 014.1	121.5	121.8	112.8	191.0
1994	1 102.0	995.0	1 159.0	128.4	128.5	114.3	200.7
1995	1 245.3	1 146.7	1 246.2	113.0	115.2	107.5	105.7
1996	1 316.5	1 228.0	1 212.8	105.7	107.1	97.3	115.4
1997	1 364.7	1 271.3	1 184.6	103.6	103.5	97.6	120.6
1998	1 306.0	1 198.8	919.2	95.7	94.3	197.6	147.0
1999	1 327.3	1 211.5	796.2	101.6	101.0	86.6	121.5

5—32 分行业职工工资总额

单位:万元

行　　　业	1985 年	1990 年	1995 年	1998 年	1999 年
合　　　计	**997 787**	**2 178 229**	**4 969 111**	**5 213 147**	**5 296 014**
农、林、牧、渔业	31 909	56 036	117 272	126 053	132 280
采　掘　业	65 248	178 125	299 287	322 348	302 149
制　造　业	472 062	967 079	1 996 207	1 824 737	1 770 471
电力、煤气及水的生产和供应业	12 908	27 557	141 453	203 405	208 599
建　筑　业	88 426	191 806	477 698	385 578	370 410
地质勘查业、水利管理业	12 488	26 123	57 504	68 485	74 631
交通运输、仓储及邮电通信业	62 329	135 568	376 822	439 316	448 517
批发和零售贸易、餐饮业	99 943	211 258	416 369	343 059	307 554
金融、保险业	7 017	22 858	110 657	165 350	190 542
房地产业	5 122	13 117	42 581	59 654	63 051
社会服务业	26 994	55 376	181 738	213 815	237 823
卫生、体育和社会福利业	19 420	47 878	123 481	181 466	203 774
教育、文化艺术和广播电影电视业	49 603	122 032	316 709	434 190	489 599
科学研究和综合技术服务业	8 413	21 372	64 027	80 916	88 922
国家机关、政党机关和社会团体	35 905	102 044	235 037	321 506	365 786
其他行业	—	—	12 269	43 269	41 906

5—33 分行业职工平均工资

单位:元

行业	1985 年	1990 年	1995 年	1996 年	1997 年	1998 年	1999 年
全省	**1 101**	**1 583**	**4 877**	**5 269**	**5 591**	**5 637**	**6 067**
农、林、牧、渔业	758	1 236	2 996	3 103	3 209	3 464	4 023
采掘业	1 154	2 238	5 073	5 865	6 268	6 148	5 933
制造业	1 104	1 371	4 505	4 766	4 927	4 732	4 957
电力、煤气及水的生产和供应业	1 172	2 731	8 400	9 255	9 548	10 110	10 564
建筑业	1 241	1 370	5 381	5 533	5 753	5 323	5 405
地质勘查业、水利管理业	1 477	2 621	6 960	7 816	8 473	8 967	9 634
交通运输、仓储及邮电通信业	1 280	2 177	6 646	7 465	8 066	8 183	8 703
批发和零售贸易、餐饮业	974	1 097	3 541	3 737	3 703	3 486	3 492
金融、保险业	1 149	1 701	7 623	8 274	10 070	10 239	11 861
房地产业	1 087	1 898	5 660	6 148	6 418	7 147	7 974
社会服务业	1 049	1 557	5 135	5 703	6 212	6 046	6 638
卫生、体育和社会福利业	1 064	2 030	5 479	6 214	6 760	7 638	8 581
教育、文化艺术和广播电影电视业	1 163	2 334	5 670	6 205	6 845	7 514	8 478
科学研究和综合技术服务业	1 149	2 293	6 310	6 870	7 769	8 657	9 861
国家机关、政党机关和社会团体	1 085	2 272	5 731	6 420	7 096	8 046	9 171
其他行业	—	—	4 848	5 622	5 854	5 873	6 819

5—34 分行业在岗职工工资总额及离岗生活费

(1999 年)　　　　单位:万元

项　目	在岗职工工资总额				离岗职工生活费			
	合　计	国有单位	集体单位	其他单位	合　计	国有单位	集体单位	其他单位
总　计	**5 076 285**	**3 723 416**	**592 010**	**760 859**	**219 729**	**165 787**	**28 987**	**24 955**
农、林、牧、渔业	130 457	123 543	3 051	3 863	1 824	1 762	55	7
采　掘　业	287 566	228 602	15 649	43 314	14 583	12 618	602	1 363
制　造　业	1 650 642	930 005	252 590	468 047	119 829	85 128	16 281	18 420
电力、煤气及水的生产和供应业	203 637	147 249	14 939	41 449	4 962	3 913	98	951
建　筑　业	355 542	212 422	123 723	19 397	14 869	11 204	3 265	399
地质勘查业、水利管理业	73 123	72 493	589	41	1 508	1 487	21	—
交通运输、仓储及邮电通信业	435 799	360 664	23 763	51 372	12 718	10 957	1 011	750
批发和零售贸易、餐饮业	280 280	151 494	62 506	66 281	27 274	19 123	5 797	2 354
金融、保险业	189 654	134 438	35 934	19 282	888	760	90	38
房地产业	61 432	48 811	2 772	9 848	1 619	1 304	72	243
社会服务业	230 383	162 926	36 187	31 271	7 440	5 708	1 363	369
卫生、体育和社会福利业	202 134	189 466	10 147	2 521	1 640	1 541	96	3
教育、文化艺术和广播电影电视业	485 966	482 687	2 462	817	3 633	3 557	76	…
科学研究和综合技术服务业	88 003	84 763	1 990	1 250	920	886	30	4
国家机关、政党机关和社会团体	362 339	362 211	128	—	3 447	3 447	—	—
其他行业	39 328	31 642	5 581	2 105	2 578	2 393	131	54

5—35 各地区在岗职工工资总额及离岗生活费

（1999 年）　　　　单位:万元

地　区	在岗职工工资总额				离岗职工生活费			
	合　计	国有单位	集体单位	其他单位	合　计	国有单位	集体单位	其他单位
总　计	**5 076 285**	**3 723 416**	**592 010**	**760 859**	**219 729**	**165 787**	**28 987**	**24 955**
#沈　阳	1 077 529	764 262	129 299	183 968	50 419	33 675	7 941	8 803
大　连	965 922	568 261	88 769	308 892	30 078	21 181	3 745	5 152
鞍　山	451 302	363 285	72 161	15 856	18 081	13 513	3 488	1 080
抚　顺	330 499	242 972	53 198	34 329	18 664	14 936	2 710	1 018
本　溪	232 541	178 403	23 114	31 024	12 357	8 405	2 116	1 836
丹　东	159 830	126 603	21 993	11 284	11 434	8 532	1 729	1 173
锦　州	226 568	164 145	35 496	26 927	12 102	9 129	1 577	1 396
营　口	147 911	117 475	12 650	17 786	8 147	6 435	872	840
阜　新	139 755	115 940	22 892	923	11 885	10 797	860	228
辽　阳	181 463	146 032	28 204	7 227	9 464	7 175	1 191	1 098
盘　锦	361 920	323 096	30 653	8 171	5 877	5 302	236	339
铁　岭	188 670	111 728	22 601	54 341	10 865	8 337	836	1 692
朝　阳	173 901	147 694	17 992	8 215	7 757	6 897	614	246
葫芦岛	192 376	148 009	32 988	11 379	9 575	8 469	1 072	34

5—36 分行业职工平均工资

（1999 年）

单位：元

行业	在岗职工人均工资				离岗职工人均生活费			
	全部	国有	集体	其他	全部	国有	集体	其他
全省	**7 895**	**8 370**	**5 161**	**9 122**	**955**	**1 328**	**331**	**1 405**
农、林、牧、渔业	4 198	4 096	5 399	10 892	1 010	1 043	529	544
采掘业	7 517	8 275	2 598	9 402	1 151	2 069	99	2 789
制造业	7 372	7 969	4 830	8 521	899	1 197	334	1 369
电力、煤气及水的生产和供应业	11 058	10 453	10 127	14 528	3 726	4 109	681	4 038
建筑业	7 165	8 547	5 627	6 967	786	1 300	348	446
地质勘查业、水利管理业	10 573	10 671	4 877	29 214	1 814	1 978	259	—
交通运输、仓储及邮电通信业	10 577	10 845	5 753	13 465	1 231	1 680	290	2 292
批发和零售贸易、餐饮业	5 936	6 201	4 286	8 076	668	855	351	1 180
金融、保险业	11 917	12 157	10 124	14 763	5 906	6 228	4 633	4 284
房地产业	8 610	8 364	6 981	10 922	2 097	2 073	931	3 691
社会服务业	7 555	7 633	6 059	9 845	1 395	1 908	657	1 370
卫生、体育和社会福利业	8 826	9 129	5 129	14 799	1 940	2 729	344	4 167
教育、文化艺术和广播电影电视业	8 565	8 590	5 240	10 912	3 593	3 817	964	583
科学研究和综合技术服务业	10 252	10 358	6 973	10 879	2 121	2 277	743	946
国家机关、政党机关和社会团体	9 213	9 214	7 932	—	6 185	6 185	—	—
其他行业	7 542	7 455	6 529	18 302	2 768	4 757	310	10 151

5—37 各地区分行业在

（1999

行业	沈阳	大连	鞍山	抚顺	本溪	丹东
总计	**8 357**	**10 259**	**7 122**	**7 190**	**7 338**	**6 464**
农、林、牧、渔业	4 199	9 450	4 947	3 633	5 122	4 797
采掘业	5 849	6 917	1 933	5 258	4 340	6 325
制造业	7 019	10 271	7 335	6 629	7 684	4 746
电力、煤气及水的生产和供应业	11 937	12 958	9 552	14 972	8 867	9 124
建筑业	7 675	9 325	5 814	6 653	6 131	6 260
地质勘查业、水利管理业	7 362	7 086	7 398	7 417	7 655	7 649
交通运输、仓储及邮电通信业	10 915	13 272	6 970	7 588	5 864	8 711
批发和零售贸易、餐饮业	7 067	8 900	4 126	5 549	4 126	4 959
金融、保险业	16 372	13 567	10 434	11 333	9 338	9 711
房地产业	9 098	10 627	6 496	7 748	7 353	6 037
社会服务业	7 383	9 778	6 136	6 830	5 973	6 190
卫生、体育和社会福利业	11 819	8 857	7 833	8 795	7 742	7 969
教育、文化艺术和广播电影电视业	9 673	9 505	8 351	8 969	9 260	7 429
科学研究和综合技术服务业	11 207	11 467	9 524	10 195	8 854	7 140
国家机关、政党机关和社会团体	10 476	9 809	9 573	9 589	9 441	8 592
其他行业	8 187	9 750	8 665	8 111	5 721	6 753

岗 职 工 平 均 工 资

年）

单位:元

锦 州	营 口	阜 新	辽 阳	盘 锦	铁 岭	朝 阳	葫芦岛
6 729	**6 652**	**5 407**	**7 652**	**8 600**	**6 414**	**5 913**	**7 087**
2 499	6 069	4 330	3 300	3 689	3 337	4 471	3 186
2 778	4 886	4 912	5 918	14 041	9 314	4 521	5 439
5 724	5 722	3 754	7 420	9 135	4 001	5 487	7 713
10 661	9 150	10 040	9 792	7 449	10 048	9 925	12 500
7 698	3 860	4 442	8 502	9 343	5 830	7 433	6 136
6 175	6 677	6 306	8 554	13 911	5 720	6 018	5 363
7 335	8 489	5 746	7 230	7 871	6 924	7 563	6 202
3 834	4 208	3 990	3 710	6 436	3 424	3 628	3 718
11 843	9 250	6 568	10 698	12 586	9 781	8 873	10 421
6 877	6 376	7 068	7 253	7 786	5 116	5 262	7 823
6 491	5 976	4 973	6 201	7 847	5 718	5 355	6 275
7 693	7 134	5 815	8 380	8 084	5 479	7 188	6 830
8 495	7 684	7 244	8 393	8 419	7 575	6 329	7 698
9 330	7 718	2 519	9 044	9 560	6 899	8 029	7 965
9 206	8 216	7 967	9 034	9 373	7 928	7 127	8 435
8 513	6 923	5 036	8 636	11 310	8 083	5 632	18 544

5—38 各地区在岗职工平均工资及离岗职工平均生活费

（1999 年）　　单位：元

地　区	在岗职工平均工资				离岗职工平均生活费			
	合　计	国有单位	集体单位	其他单位	合　计	国有单位	集体单位	其他单位
全　省	**7 895**	**8 370**	**5 161**	**9 122**	**955**	**1 328**	**331**	**1 405**
沈　阳	8 357	8 960	5 637	8 887	1 025	1 264	479	1 481
大　连	10 259	10 386	7 390	11 262	2 330	2 802	1 189	2 344
鞍　山	7 122	8 446	4 228	4 820	724	1 099	317	643
抚　顺	7 190	8 260	4 740	6 443	655	1 206	186	678
本　溪	7 338	7 917	4 421	7 896	864	1 349	300	1 790
丹　东	6 464	7 048	4 727	5 324	743	944	357	775
锦　州	6 729	7 183	5 027	7 170	800	1 012	305	1 507
营　口	6 652	7 004	4 828	6 252	666	805	241	1 361
阜　新	5 407	6 328	3 130	4 322	986	1 796	146	1 504
辽　阳	7 652	8 701	5 154	4 953	1 244	1 835	375	2 108
盘　锦	8 600	8 747	7 591	7 378	1 529	1 922	360	789
铁　岭	6 414	6 158	4 241	9 149	758	978	173	1 753
朝　阳	5 913	6 071	4 652	6 762	700	1 037	148	924
葫 芦 岛	7 087	7 338	5 610	10 425	1 181	1 582	392	1 570

5—39 国有单位分行业职工工资总额

单位:万元

行业	1980年	1985年	1990年	1995年	1998年	1999年
合计	**436 979**	**686 425**	**1 581 476**	**3 680 731**	**3 849 054**	**3 889 203**
农、林、牧、渔业	22 241	30 503	52 765	109 107	119 133	125 305
采掘业	49 669	53 460	150 819	264 369	296 711	241 220
制造业	171 039	291 535	625 958	1 323 333	1 066 240	1 015 133
电力、煤气及水的生产和供应业	3 943	11 405	26 100	121 807	161 046	151 162
建筑业	30 930	47 295	107 157	251 899	221 707	223 626
地质勘查业、水利管理业	7 434	12 471	25 747	57 004	67 709	73 980
交通运输、仓储及邮电通信业	24 723	49 042	116 743	340 097	367 792	371 622
批发和零售贸易、餐饮业	50 757	55 959	125 736	238 192	201 477	170 617
金融、保险业	2 181	5 438	17 160	78 691	116 607	135 198
房地产业	3 402	5 122	11 373	34 392	47 167	50 116
社会服务业	7 881	17 056	41 366	131 592	147 316	168 633
卫生、体育和社会福利业	9 405	16 846	42 585	114 643	168 500	191 007
教育、文化艺术和广播电影电视业	27 182	48 437	119 766	313 789	431 187	486 243
科学研究和综合技术服务业	4 494	8 110	20 260	60 341	77 795	85 648
国家机关、政党机关和社会团体	21 698	33 746	97 941	235 037	321 506	365 658
其他行业	—	—	—	6 438	37 161	34 035

5—40 城镇集体单位分行业职工工资总额

单位:万元

行　　业	1980年	1985年	1990年	1995年	1998年	1999年
总　　计	**129 766**	**299 049**	**553 127**	**972 359**	**716 751**	**620 997**
农、林、牧、渔业	583	1 406	2 889	6 292	4 575	3 105
采　掘　业	4 647	11 788	27 306	34 750	24 798	16 251
制　造　业	87 994	168 332	301 714	453 145	314 446	268 871
电力、煤气及水的生产和供应业	121	1 503	1 007	9 071	18 677	15 037
建　筑　业	11 433	41 129	84 300	208 996	146 819	126 988
地质勘查业、水利管理业	—	17	375	500	744	610
交通运输、仓储及邮电通信业	7 207	13 282	18 424	31 117	24 631	24 774
批发和零售贸易、餐饮业	11 754	43 903	84 556	141 563	85 394	68 302
金融、保险业	222	1 580	5 698	29 461	32 067	36 024
房地产业	—	—	1 704	2 751	2 367	2 844
社会服务业	2 153	9 910	12 462	35 060	42 045	37 549
卫生、体育和社会福利业	1 617	2 574	5 293	8 516	10 162	10 244
教育、文化艺术和广播电影电视业	581	1 164	2 260	2 659	2 370	2 538
科学研究和综合技术服务业	64	302	1 036	2 647	2 054	2 021
国家机关、政党机关和社会团体	1 390	2 159	4 103	—	—	127
其他行业	—	—	—	5 831	5 602	5 712

5—41 其他单位分行业职工工资总额

单位:万元

行业	1990 年	1995 年	1996 年	1997 年	1998 年	1999 年
总计	**43 626**	**316 021**	**364 804**	**439 892**	**647 342**	**785 814**
农、林、牧、渔业	382	1 873	2 118	1 942	2 345	3 870
采掘业	—	168	244	1 116	839	44 678
制造业	39 407	219 729	266 504	316 721	444 051	486 468
电力、煤气及水的生产和供应业	450	10 575	12 489	13 316	23 682	42 399
建筑业	348	16 803	14 129	17 466	17 052	19 797
地质勘查业、水利管理业	—	—	—	18	32	41
交通运输、仓储及邮电通信业	402	5 608	6 291	7 675	46 893	52 121
批发和零售贸易、餐饮业	966	36 614	38 172	50 322	56 188	68 635
金融、保险业	—	2 505	3 167	5 594	16 676	19 320
房地产业	40	5 438	6 729	7 337	10 120	10 091
社会服务业	1 548	15 086	13 287	16 687	24 454	31 640
卫生、体育和社会福利业	—	322	359	346	2 804	2 523
教育、文化艺术和广播电影电视业	7	261	483	474	633	818
科学研究和综合技术服务业	76	1 039	832	878	1 067	1 254
国家机关、政党机关和社会团体	—	—	—	—	—	—
其他行业	—	—	—	—	506	2 159

5—42 分行业离岗职工生活费

单位:万元

行　　业	1996年	1997年	1998年	1999年
总　　计	**63 321**	**103 773**	**168 141**	**219 729**
农、林、牧、渔业	516	482	1 352	1 824
采　掘　业	7 066	9 531	9 890	14 583
制　造　业	37 718	60 758	89 650	119 830
电力、煤气及水的生产和供应业	676	1 821	3 099	4 962
建　筑　业	4 299	7 062	11 172	14 869
地质勘查业、水利管理业	506	523	1 113	1 508
交通运输、仓储及邮电通信业	1 809	5 202	10 583	12 718
批发和零售贸易、餐饮业	8 095	13 891	25 653	27 274
金融、保险业	43	64	92	888
房地产业	284	503	1 395	1 619
社会服务业	1 784	2 781	6 259	7 439
卫生、体育和社会福利业	159	125	876	1 638
教育、文化艺术和广播电影电视业	99	390	2 102	3 632
科学研究和综合技术服务业	183	251	746	919
国家机关、政党机关和社会团体	65	318	2 620	3 447
其他行业	19	70	1 539	2 579

主要统计指标解释

劳动力资源总数　指在劳动年龄内，具有劳动能力，在正常情况下，可能或实际参加社会劳动的人口数。

从业人员　指从事一定社会劳动并取得劳动报酬或经营收入的全部劳动力。包括：

(1)全部职工

(2)城镇私营企业从业人员

(3)城镇个体劳动者

(4)农村社会劳动者

(5)其他社会劳动者

这一指标反映了一定时期内全部劳动力资源的实际利用情况，是研究国情国力的重要指标。

各单位的从业人员是指在各级国家机关、政党机关、社会团体及企业、事业单位中工作，并取得劳动报酬的全部人员。包括职工、再就业的离退休人员、民办教师以及在各单位中工作的外方人员和港、澳、台方人员。

各单位的从业人员反映了各单位实际参加生产或工作的全部劳动力。

在岗职工　是指在本单位工作并由单位支付劳动报酬的在岗职工。在岗职工可分为在岗长期职工和在岗临时职工。包括由单位派出学习、劳务及病伤产假并由单位支付劳动报酬的人员。

使用的农村劳动力　指国有经济、城镇集体经济、联营经济、股份制经济、外商和港、澳、台投资经济、其他经济单位的职工中，现仍保留农村户籍关系的人员。

在岗长期职工　指用工期限在一年以上(含一年)的职工。包括原固定职工、合同制职工、长期临时工以及国有单位使用的城镇集体所有制单位的人员和其他使用期限在一年以上的原计划外用工。

在岗临时职工　指用工期限不超过一年的职工。包括各单位根据国家有关规定招用的，签订一年以内的劳动合同或使用期不超过一年的临时性、季节性用工。

其他从业人员　指劳动统计制度规定不作职工统计，但实际参加社会劳动并取得劳动报酬的人员。

各单位的其他从业人员是指单位中除职工以外的全部参加本单位生产或工作并取得劳动报酬的人员。包括再就业的离退休人员、民办教师以及在各单位中工作的外方人员和港、澳、台方人员。

离岗职工(离开本单位仍保留劳动关系的职工)　指由于各种原因已离开本人的生产或工作岗位，并已不在本单位从事其他工作，但仍与用人单位保留劳动关系的职工。

城镇集体经济单位职工　指在城镇集体经济单位及其管理部门工作，并由其支付工资的各类人员。

其他经济单位职工　指在联营经济、股份制经济、外商投资经济、港、澳、台投资经济单位工作，并由其支付工资的各类人员。

城镇个体劳动者　指经工商行政管理部门核准登记，领取营业执照，参加生产经营活动，户口在城镇的全部人员。

农村社会劳动者　指农村人口中经常参加合作经济组织〔包括乡(镇)办企业事业单位〕和家庭副业生产劳动的劳动力。凡是由合作经济组织分配劳动任务或承包各种生产任务，并从中直接取得实物、现金收入和从承包的生产任务中获得实物、现金收入的劳动力，不管从事何种劳动，都要统计为农村社会劳动者。国家从乡(村)调用的建勤民工；由集体经费支付工资或补贴的乡(村)脱产管理干部；乡(村)劳动力到国有经济单位或城镇集体经济单位工作，其收入交给合作经济组织，并从中取得实物或现金收入的合同工、临时工、亦工亦农人员；自行外出，但户口没有转出的劳动力，都应包括在内。

城镇登记失业人员　指有非农业户口，在一定的劳动年龄内(16岁以上及男50岁以下、女45岁以下)，有劳动能力，无业而要求就业，并在当地就业服务机构进行求职登记的人员。

城镇登记失业率　是城镇登记失业人数与城镇从业人数与城镇失业人数之和的比。计算公式为：

$$城镇登记失业率=\frac{城镇登记失业人数}{城镇从业人数+城镇登记失业人数}\times 100\%$$

从业人员劳动报酬　指各单位在一定时期内直接支付给本单位全部从业人员的劳动报酬总额。包括职工工资总额和本单位其他从业人员劳动报酬两部分。

在岗职工工资总额 指各单位在一定时期内直接支付给本单位全部在岗职工的劳动报酬总额。

在岗工资总额的计算原则应以直接支付给在岗职工的全部劳动报酬为根据。各单位支付给在岗职工的劳动报酬以及其他根据有关规定支付的工资,不论是计入成本的还是不计入成本的,不论是按国家规定列入计征奖金税项目的,还是未列入计征奖金税项目的,不论是以货币形式支付的还是以实物形式支付的,均包括在在岗职工工资总额内。

计时工资 指按计时工资标准(包括地区生活费补贴)和工作时间支付给个人的劳动报酬,以及根据国家法律、法规和政策规定,因病、工伤、产假、计划生育假、婚丧假、事假、探亲假、定期休假、停工学习、执行国家或社会义务等原因按计时工资标准或计时二资标准的一定比例支付的工资。

计件标准工资 是指实行计件二资制的单位按照批准的计件单价和规定的劳动定额或工作量应支付给计件工人的劳动报酬。

计件超额工资 是计件工资的一部分,指计件工人超额完成定额任务后所得的工资。即计件工人实得的全部计件工资减去应得的计件标准工资后的数额。某些企业的工人由于从事生产的工作物等级高于本人工资等级,因而其计件标准工资高于本人标准工资,其计件超额工资也应是全部工资减去应得的计件标准工资后的数额。

奖金 指支付给职工的超额劳动报酬和增收节支的劳动报酬。

津贴和补贴 指为了补偿职工特殊或额外的劳动消耗和因其他特殊原因支付给职工的津贴,以及为了保证职工工资水平不受物价影响支付给职工的物价补贴。

离岗生活费(离开本单位仍保留劳动关系的职工生活费) 指离开本单位仍保留劳动关系的职工,在离开本单位仍保留劳动关系期间从单位领取的生活费。

其他从业人员劳动报酬 指各单位在一定时期内直接支付给本单位其他从业人员的全部劳动报酬。

在岗职工平均工资 指企业、事业、机关单位的在岗职工在一定时期内平均每人所得的货币工资额。它表明一定时期在岗职工工资收入的高低程度,是反映在岗职工工资水平的主要指标。计算公式为:

$$在岗职工平均工资=\frac{报告期实际支付的全部在岗职工工资总额}{报告期全部在岗职工平均人数}$$

在岗职工平均实际工资 指扣除物价变动因素后的在岗职工平均工资。计算公式为:

$$在岗职工平均实际工资=\frac{报告期在岗职工平均工资}{报告期在岗职工生活费价格指数}$$

六、固定资产投资

6—1 全社会固定资产投资

指　　标	1980年	1985年	1990年	1995年	1998年	1999年
一、投资总额(万元)	**535 772**	**1 421 818**	**2 628 791**	**8 849 516**	**10 525 704**	**11 023 220**
1.按经济类型分						
国 有 经 济	461 208	1 104 082	2 179 415	5 843 859	6 512 120	6 629 473
集 体 经 济	74 564	157 306	221 289	954 601	1 180 798	1 081 915
＃ 农　村	51 040	75 855	146 177	594 067	800 819	750 697
个 体 经 济		160 430	228 087	489 205	835 190	1 074 036
＃ 农　村		149 623	175 251	351 000	685 042	917 198
其 他 经 济				1 561 851	1 997 596	2 237 796
按管理渠道分：						
基 本 建 设	325 417	561 451	1 059 678	3 243 415	4 380 704	4 216 966
更 新 改 造	135 791	429 965	683 774	2 169 509	2 598 035	2 609 314
房地产开发	—	—	195 768	1 631 678	1 503 829	1 822 042
国有其他投资	—	100 805	219 195	374 326	165 124	285 303
2.按资金来源分						
国家预算内资金	165 351	208 576	173 234	217 835	366 325	711 031
国 内 贷 款	87 060	277 240	542 955	1 783 371	1 900 260	2 164 963
利 用 外 资	31 154	10 658	216 079	1 124 282	946 149	706 185
自 筹 投 资	212 437	702 146	1 294 335	4 275 574	5 638 756	5 841 725
其 他 投 资	39 770	223 198	402 188	1 448 454	1 674 214	1 599 316
3.按 构 成 分						
建筑安装工程	360 879	885 810	1 627 728	5 361 834	6 419 992	7 187 718
设备、工具、器具购置	148 290	436 338	732 060	2 233 112	2 737 208	2 482 375
其 他 费 用	26 603	99 670	269 003	1 254 570	1 368 504	1 353 127
房屋建筑面积(万平方米)						
施 工 面 积	2 396.5	4 704.0	4 353.9	6 844.0	5 816.4	6 347.2
竣 工 面 积	1 386.1	2 758.0	3 049.0	3 648.6	3 469.5	4 002.4
＃住　宅	967.5	1 970.5	2 112.1	2 477.7	2 144.5	2 686.2
本年新增固定资产(万元)	**537 221**	**986 596**	**2 414 636**	**6 241 654**	**8 644 588**	**7 641 516**

注：从1993年开始，由于投资制度变化，经济类型划分有调整。

6—2 全社会固定资产投资(按经济类型分)

指　　标	总　计	国有经济	集体经济	个体经济	其他经济
投资额(万元)					
1 9 8 0	535 772	461 208	74 564	—	
1 9 8 1	609 086	464 390	67 159	77 537	
1 9 8 2	707 626	556 126	93 420	58 080	
1 9 8 3	742 228	574 664	72 652	94 912	
1 9 8 4	966 777	732 628	106 059	128 090	
1 9 8 5	1 421 818	1 104 082	157 306	160 430	
1 9 8 6	1 781 560	1 386 588	169 847	225 125	
1 9 8 7	2 201 144	1 728 734	232 523	239 887	
1 9 8 8	2 697 653	2 122 491	251 307	323 855	
1 9 8 9	2 534 903	2 013 075	179 539	342 289	
1 9 9 0	2 628 791	2 179 415	221 289	228 087	
1 9 9 1	3 179 559	2 611 543	216 078	351 938	
1 9 9 2	4 368 483	3 628 819	431 861	307 803	
1 9 9 3	7 182 503	4 764 733	985 391	366 566	1 065 813
1 9 9 4	8 879 843	5 929 732	986 235	411 123	1 552 753
1 9 9 5	8 849 516	5 843 859	954 601	489 205	1 561 851
1 9 9 6	8 760 749	5 485 387	1 028 267	593 826	1 653 269
1 9 9 7	9 536 868	6 037 572	973 625	510 407	2 015 264
1 9 9 8	10 525 704	6 512 120	1 180 798	835 190	1 997 596
1 9 9 9	11 023 220	6 629 473	1 081 915	1 074 036	2 237 796
比上年增长速度(%)					
1 9 8 1	13.7	0.7	−9.9		
1 9 8 2	16.2	19.8	39.1	−25.1	
1 9 8 3	4.9	3.3	−22.2	63.4	
1 9 8 4	30.3	27.5	46.0	35.0	
1 9 8 5	47.1	50.7	48.3	25.2	
1 9 8 6	25.3	25.6	8.0	40.3	
1 9 8 7	23.6	24.7	36.9	6.6	
1 9 8 8	22.6	22.8	8.1	35.0	
1 9 8 9	−6.0	−5.2	−28.6	5.7	
1 9 9 0	3.7	8.3	23.3	−33.4	
1 9 9 1	21.0	19.8	−2.4	54.3	
1 9 9 2	37.4	39.0	99.9	−12.5	
1 9 9 3	64.4	31.3	128.2	19.1	
1 9 9 4	23.6	24.5	0.1	12.2	45.7
1 9 9 5	−0.3	−1.4	−3.2	19.0	0.6
1 9 9 6	−1.0	−6.1	7.7	21.4	5.9
1 9 9 7	8.9	10.1	−5.3	−14.0	21.9
1 9 9 8	10.4	7.9	21.3	63.6	−0.9
1 9 9 9	4.7	1.8	−8.4	28.6	12.0

6—3 全社会固定资产投资(按资金来源和构成分)

年份	按资金来源分				按构成分		
	国家投资	国内贷款	利用外资	自筹和其他投资	建筑安装工程	设备工具器具购置	其他费用
投资额(万元)							
1981	161 192	91 932	7 508	348 454	431 193	139 889	38 004
1982	149 410	107 394	4 993	445 829	514 101	149 301	44 224
1983	172 669	86 687	1 602	481 270	530 412	156 286	55 530
1984	218 209	135 025	2 645	610 898	669 521	232 013	65 243
1985	211 446	299 683	10 658	900 031	912 134	384 690	124 994
1986	267 556	413 309	41 493	1 059 202	1 116 069	522 722	142 769
1987	306 084	493 143	120 852	1 281 065	1 330 245	639 065	231 834
1988	251 129	608 964	159 267	1 678 293	1 674 868	740 898	281 887
1989	190 388	459 525	226 110	1 658 880	1 530 087	691 139	313 677
1990	173 234	542 955	216 079	1 696 523	1 627 728	732 060	269 003
1991	169 840	811 754	310 413	1 887 552	1 927 538	925 764	326 257
1992	171 973	1 132 079	250 495	2 813 936	2 757 801	1 084 198	526 484
1993	224 969	1 497 208	667 355	4 792 971	4 625 718	1 784 626	772 159
1994	164 064	1 862 768	1 198 113	5 654 898	5 469 799	2 347 681	1 062 363
1995	217 835	1 783 371	1 124 282	5 724 028	5 361 834	2 233 112	1 254 570
1996	196 686	1 512 638	925 841	6 125 584	5 312 930	2 129 907	1 317 912
1997	293 532	1 633 632	1 334 700	6 275 004	5 836 684	2 314 686	1 385 498
1998	366 325	1 900 260	946 149	7 312 970	6 419 992	2 737 208	1 368 504
1999	711 031	2 164 963	706 185	7 441 041	7 187 718	2 482 375	1 353 127
构成(%)							
1981	26.5	15.1	1.2	57.2	70.8	23.0	6.2
1982	21.1	15.2	0.7	63.0	72.7	21.1	6.2
1983	23.3	11.7	0.2	64.8	71.5	21.1	7.4
1984	22.6	14.0	0.3	63.1	69.3	24.0	6.7
1985	14.9	21.1	0.7	63.3	64.1	27.1	8.8
1986	15.0	23.2	2.3	59.5	62.6	29.3	8.1
1987	13.9	22.4	5.5	58.2	60.4	29.0	10.6
1988	9.3	22.6	5.9	62.2	62.1	27.5	10.4
1989	7.5	18.1	8.9	65.5	60.4	27.3	12.3
1990	6.6	20.7	8.2	64.5	61.9	27.8	10.3
1991	5.3	25.5	9.8	59.4	60.6	29.1	10.3
1992	3.9	25.9	5.7	64.5	63.1	24.8	12.1
1993	3.1	20.8	9.3	66.8	64.4	24.8	10.8
1994	1.8	21.0	13.5	63.7	61.6	26.4	12.0
1995	2.5	20.2	12.7	64.6	60.6	25.2	14.2
1996	2.2	17.3	10.6	69.9	60.6	24.3	15.1
1997	3.1	17.1	14.0	65.8	61.2	24.3	14.5
1998	3.5	18.1	9.0	69.4	61.0	26.0	13.0
1999	6.5	19.6	6.4	67.5	65.2	22.5	12.3

6—4 全社会固定资产投资及构成

（1999 年）

指　　标	总　计	基本建设	更新改造	房地产开发投资	其他投资	城镇工矿区私人建房投资	农村集体单位投资	农村私人投资
一、绝　对　数								
1.投资总额(万元)	11 023 220	4 216 966	2 609 314	1 822 042	550 165	156 838	750 697	917 198
＃住　　宅	2 310 872	472 561	23 821	1 212 776	53 674	120 412	34 529	393 099
(1)按资金来源分								
国家预算内投资	711 031	621 695	50 255	4 979	6 891		27 211	
国内贷款	2 164 963	1 082 880	581 974	366 667	51 954		38 893	42 595
债　　券	83 994	75 433		2 465	6 096			
利用外资	706 185	330 321	237 916	65 197	18 189		54 562	
自筹投资	5 841 725	1 750 208	1 676 200	649 478	390 317		553 626	821 896
其他投资	1 515 322	356 429	62 969	733 256	76 718	156 838	76 405	52 707
(2)按构成分								
建筑安装工程	7 187 718	3 076 875	1 103 581	1 375 213	437 174	156 838	438 701	599 336
设备工器具购置	2 482 375	554 366	1 309 410	51 477	87 927		243 590	235 605
其他费用	1 353 127	585 725	196 323	395 352	25 064		68 406	82 257
2.本年新增固定资产(万元)	7 641 516	2 468 921	1 512 220	1 611 611	320 866	156 838	653 862	917 198
3.房屋建筑面积(万平方米)								
施工面积	6 347.2	1 562.1	162.6	2 614.5	208.7	279.9	390.3	1 129.1
竣工面积	4 002.4	828.9	86.8	1 277.9	149.3	279.9	317.8	1 061.8
＃住宅	2 686.2	460.4	21.2	1 057.6	68.8	228.3	50.6	799.3
二、构　　成(%)								
(1)按资金来源分								
国家预算内投资	6.5	14.7	1.9	0.3	1.3		3.6	—
国内贷款	19.6	25.7	22.3	20.1	9.4		5.2	4.6
债　券	0.8	1.8	—	0.1	1.1		—	—
利用外资	6.4	7.8	9.1	3.6	3.3		7.3	—
自筹投资	53.0	41.5	64.3	35.6	71.0		73.7	89.6
其他投资	13.7	8.5	2.4	40.3	13.9	100.0	10.2	5.8
(2)按构成分								
建筑安装工程	65.2	73.0	42.3	75.5	79.5	100.0	58.4	65.3
设备工具器具购置	22.5	13.1	50.2	2.8	16.0		32.5	25.7
其他费用	12.3	13.9	7.5	21.7	4.5		9.1	9.0
(3)按用途分								
生产性建设								
非生产性建设								
＃住宅	21.0	11.2	0.9	66.6	9.8	76.8	4.6	42.9

6—5 各地区固定资产投资情况

（1999 年）　　单位：万元

地　　区	基本建设	更新改造	其他投资
全　　省	**4 216 966**	**2 609 314**	**550 165**
沈　　阳	970 691	381 869	76 059
大　　连	740 135	242 982	55 763
鞍　　山	150 745	375 331	31 479
抚　　顺	104 639	171 165	8 716
本　　溪	65 926	123 188	2 438
丹　　东	131 745	33 448	17 909
锦　　州	124 243	88 333	33 427
营　　口	95 374	61 351	14 331
阜　　新	52 498	32 144	27 794
辽　　阳	64 016	76 782	13 971
盘　　锦	301 751	343 049	211 620
铁　　岭	108 866	72 939	43 209
朝　　阳	97 468	32 957	6 249
葫 芦 岛	330 909	79 826	7 100

注：其他投资包括国有其他单位投资、城镇集体单位投资和外商及港澳台独资。

6—6 全社会竣工房屋面积

单位:万平方米

年份	总计	城镇			
		合计	基本建设	更新改造	房地产开发
1980	1 386.1	1 008.4	816.2	130.1	
1981	2 961.5	1 144.7	765.6	228.7	
1982	2 835.9	1 205.1	741.2	299.1	
1983	3 732.9	1 148.6	626.8	344.0	
1984	2 817.4	1 353.6	784.0	323.0	
1985	2 758.0	1 408.1	856.1	303.0	
1986	3 828.2	1 817.0	1 001.7	483.1	
1987	3 826.7	1 622.5	708.6	559.6	
1988	3 452.1	1 711.3	743.9	551.3	
1989	3 038.8	1 419.9	673.9	360.3	
1990	3 049.0	1 720.4	661.3	295.6	460.7
1991	3 640.4	1 765.4	730.2	284.7	447.4
1992	3 772.8	2 101.8	831.5	289.0	627.3
1993	3 972.3	2 586.9	915.3	295.9	936.9
1994	4 058.2	2 525.4	873.9	254.2	1 001.9
1995	3 648.6	2 564.0	826.1	261.1	1 113.4
1996	3 536.0	2 274.9	794.3	206.1	891.2
1997	3 254.1	2 140.3	735.9	178.1	924.8
1998	3 469.5	2 419.5	869.7	163.6	1 007.7
1999	4 002.4	2 622.8	828.9	86.8	1 277.9

注:其他单位中包括国有其他、城镇集体及其他经济类型单位。

6—6 续表

单位:万平方米

年份	城镇		农村		
	其他单位	私人建房	合计	集体	个人
1980	62.1				
1981	72.4	78.0	1 816.8	156.2	1 660.6
1982	93.5	71.3	1 630.8	212.3	1 418.5
1983	99.0	78.8	2 584.3	514.7	2 069.6
1984	164.3	82.3	1 463.8	182.1	1 281.7
1985	153.1	95.9	1 349.9	117.6	1 232.3
1986	155.3	176.9	2 011.2	192.2	1 819.0
1987	139.6	214.7	2 204.2	110.2	2 094.0
1988	143.4	272.7	1 740.8	286.0	1 454.8
1989	103.7	282.0	1 618.9	155.2	1 463.7
1990	97.4	205.4	1 328.7	247.7	1 080.9
1991	90.4	212.7	1 875.0	136.0	1 739.0
1992	107.8	246.2	1 671.0	316.0	1 355.0
1993	160.2	278.6	1 385.4	354.4	1 031.0
1994	130.0	265.4	1 532.8	562.2	970.6
1995	64.3	294.1	1 084.6	280.6	804.0
1996	79.0	304.2	1 261.2	308.2	953.0
1997	78.9	222.6	1 113.8	293.8	820.0
1998	121.6	256.9	1 050.0	344.9	705.1
1999	149.3	279.9	1 379.6	317.8	1 061.8

6—7 全社会竣工住宅建筑面积

单位:万平方米

年份	总计	城镇			
		合计	基本建设	更新改造	房地产开发
1980	967.5	589.8	536.2	32.4	
1981	2 328.5	733.3	541.8	92.8	
1982	2 215.9	782.7	540.5	121.3	
1983	2 446.1	719.0	432.7	152.1	
1984	1 982.2	792.5	511.6	133.1	
1985	1 970.5	835.6	565.3	120.7	
1986	2 726.2	1 098.6	622.7	244.1	
1987	2 823.5	883.8	348.3	268.7	
1988	2 227.6	949.4	375.3	240.0	
1989	2 087.0	778.6	316.0	138.9	
1990	2 112.1	1 076.2	318.9	105.0	407.1
1991	2 678.8	1 074.8	370.8	92.2	393.6
1992	2 531.6	1 356.6	425.8	115.7	571.0
1993	2 633.3	1 692.3	475.9	108.4	805.3
1994	2 614.5	1 700.3	483.0	91.2	834.1
1995	2 477.7	1 820.1	465.7	120.6	934.5
1996	2 407.3	1 557.5	428.4	118.8	719.1
1997	2 314.4	1 486.8	429.2	81.5	768.9
1998	2 144.5	1 586.5	438.4	44.7	850.7
1999	2 686.2	1 836.3	460.4	21.2	1 057.6

6—7 续表

单位:万平方米

年份	城镇		农村		
	其他单位	私人建房	合计	集体	个人
1980	21.2				
1981	22.7	76.0	1 595.2	41.1	1 554.1
1982	49.8	71.1	1 433.2	92.2	1 341.0
1983	55.5	78.7	1 727.1	39.9	1 687.2
1984	69.2	78.6	1 189.7	64.3	1 125.4
1985	54.1	95.5	1 134.9	23.0	1 111.9
1986	57.9	173.9	1 627.6	49.6	6 963.4
1987	55.4	211.4	1 939.7	22.1	1 578.0
1988	63.9	270.2	1 278.2	110.0	1 917.6
1989	45.3	278.4	1 308.4	22.2	1 168.2
1990	43.2	202.0	1 035.9	22.5	1 013.4
1991	16.1	202.1	1 604	46.0	1 558.0
1992	23.5	220.6	1 175	46.0	1 129.0
1993	44.5	258.8	940.4	66.4	874.0
1994	51.4	240.6	914.2	75.5	838.7
1995	21.6	277.7	657.6	39.6	618.0
1996	26.8	264.5	849.7	47.7	802.0
1997	18.7	188.5	827.6	43.6	784.0
1998	36.4	216.3	558.0	73.6	484.4
1999	68.8	228.3	849.9	50.6	799.3

6—8 全社会按各种分组的固定资产投资

指　　　标	1980 年	1985 年	1990 年	1995 年	1998 年	1999 年
投资总额(万元)	**535 772**	**1 421 818**	**2 628 791**	**8 849 516**	**10 525 704**	**11 023 220**
按资金来源分						
国家预算内资金	166 756	209 135	173 234	217 835	366 325	711 031
国　内　贷　款	90 033	277 240	542 955	1 783 371	1 900 260	2 164 963
利　用　外　资	31 154	10 658	216 079	1 124 282	946 149	706 185
自　筹　投　资	224 467	552 523	1 294 335	4 275 574	5 638 756	5 841 725
其　他　投　资	23 362	372 262	402 188	1 448 454	1 674 214	1 599 316
按　构　成　分						
建筑安装工程	367 165	885 810	1 627 728	5 361 834	6 419 992	7 187 718
设备、工具、器具购置	130 274	372 670	732 060	2 233 112	2 737 208	2 482 375
其　他　费　用	38 333	163 338	269 003	1 254 570	1 368 504	1 353 127
按建设性质分						
# 新　　　建	116 039	115 053	442 103	1 893 101	2 978 492	3 077 105
扩　　　建	210 451	478 215	1 019 385	3 110 057	3 044 760	3 085 156
改　　　建	128 645	277 047	492 118	1 369 777	1 614 893	1 496 940
按　产　业　分						
第　一　产　业	39 752	14 619	61 945	159 407	380 818	286 713
第　二　产　业	356 507	797 778	1 665 381	4 595 893	4 085 526	4 126 740
第　三　产　业	139 513	609 421	901 465	4 094 216	6 059 360	6 609 767
按国民经济主要行业分						
# 农　　　业	39 752	14 619	61 945	159 407	380 818	286 713
工　　　业	348 534	766 334	1 638 994	4 474 815	3 961 947	3 933 185
#能　源　工　业	105 986	190 814	607 916	1 552 590	1 814 408	1 762 236
运输邮电业	25 217	125 431	213 437	840 417	2 069 742	2 193 510
新增固定资产(万元)	**537 187**	**986 596**	**2 414 636**	**6 241 654**	**8 644 588**	**7 641 516**
房屋建筑面积(万平方米)						
施　工　面　积	2 350.0	4 671.0	4 353.9	6 844.0	5 816.4	6 347.2
竣　工　面　积	1 386.1	2 758.0	3 049.0	3 648.6	3 469.5	4 002.4
# 住　　　宅	967.5	1 970.5	2 112.1	2 477.7	2 144.5	2 686.2

注:①按建设性质分组指标中不包括房地产开发和城乡个人投资,1990 年以前也不包括集体投资②农业包括农林牧渔业(不包括水利)。

6—9 基本建设和更新改造投资

单位:万元

年份	基本建设投资	#国家预算内投资	更新改造投资	#国家预算内投资
1952	78 867	77 639		
1957	141 048	127 083		
1962	41 840	38 518		
1965	73 005	66 565		
1970	123 140	102 381		
1975	307 757	258 754	—	
1978	253 241	218 716	—	—
1979	274 382	203 934	37 926	—
1980	325 417	154 925	135 791	—
1981	269 799	118 522	194 591	38 368
1982	303 286	136 470	252 840	33 948
1983	278 482	166 159	259 599	33 406
1984	388 027	217 433	275 927	41 971
1985	561 451	235 109	429 965	12 940
1986	676 243	293 292	632 160	15 742
1987	862 820	295 085	760 019	38 761
1988	1 033 583	252 370	942 193	24 215
1989	1 064 596	225 400	760 301	14 178
1990	1 059 678	237 977	683 774	7 434
1991	1 280 468	210 439	884 754	10 302
1992	1 709 203	204 597	1 152 826	15 389
1993	2 694 512	194 771	1 776 664	17 674
1994	3 317 160	135 553	2 363 710	8 390
1995	3 243 415	182 180	2 169 509	9 687
1996	3 358 814	170 833	2 008 714	10 696
1997	3 973 384	255 293	2 413 950	15 609
1998	4 380 704	335 067	2 598 035	5 127
1999	4 216 966	621 695	2 609 314	50 255

6—10 按构成和建设性质分的基本建设投资

单位:万元

年 份、地 区	投 资 额	按构成分			按建设性质分	
		建筑安装工程	设备、工器具购置	其他费用	#新 建	#改、扩建
1980	325 417	243 792	61 077	20 548	116 039	203 305
1981	269 799	207 972	36 924	24 903	100 717	168 535
1982	303 286	248 471	36 288	18 527	105 108	193 984
1983	278 482	222 501	37 081	18 900	90 510	183 445
1984	388 027	296 568	54 326	37 133	81 924	261 349
1985	561 451	414 943	81 596	64 912	109 716	359 449
1986	676 243	488 457	107 235	80 551	176 943	426 227
1987	862 820	576 069	164 937	121 814	248 824	540 699
1988	1 033 583	675 787	183 735	174 061	332 998	567 986
1989	1 064 596	643 667	213 158	207 771	373 408	558 867
1990	1 059 678	667 879	245 916	145 883	397 696	608 081
1991	1 280 468	811 449	301 077	167 942	536 936	663 578
1992	1 709 203	1 131 369	297 512	280 322	713 609	866 502
1993	2 694 512	1 792 404	497 370	404 738	1 333 857	1 155 101
1994	3 317 160	2 049 837	769 507	497 816	1 489 848	1 625 765
1995	3 243 415	1 931 769	688 539	623 107	1 295 163	1 694 956
1996	3 358 814	2 043 246	574 413	741 155	1 510 888	1 591 850
1997	3 973 384	2 539 547	744 548	689 289	2 245 391	1 469 516
1998	4 380 704	2 780 617	932 725	667 362	2 288 591	1 715 844
1999	4 216 966	3 076 875	554 366	585 725	2 357 687	1 545 707
沈阳	970 691	633 869	228 537	108 258	538 115	271 995
大连	740 135	549 202	96 160	94 773	421 423	290 718
鞍山	150 745	126 326	12 301	12 118	44 325	93 930
抚顺	104 639	88 478	10 579	5 582	25 818	67 752
本溪	65 926	55 640	5 255	5 031	34 145	28 253
丹东	131 745	77 772	16 856	37 117	107 364	22 471
锦州	124 243	84 153	20 197	19 893	18 723	96 508
营口	95 374	72 814	12 681	9 879	61 977	28 372
阜新	52 498	38 469	6 908	7 121	40 606	5 535
辽阳	64 016	50 542	7 802	5 672	45 590	18 339
盘锦	301 751	275 510	3 775	22 466	79 612	204 379
铁岭	108 866	91 844	7 604	9 418	33 659	42 029
朝阳	97 468	58 551	6 765	32 152	69 460	18 520
葫芦岛	330 909	143 989	97 546	89 374	269 077	54 389

6—11 按资金来源和隶属关系分的基本建设投资

单位:万元

年份、地区	按资金来源分					按隶属关系分	
	国家预算内资金	国内贷款	利用外资	自筹资金	其他投资	中央项目	地方项目
1980	154 925	19 333	30 796	109 092	11 271	162 898	**162 519**
1981	118 522	35 649	7 391	108 237	—	140 384	129 415
1982	130 950	35 311	912	121 053	15 060	163 155	140 131
1983	154 718	16 888	873	92 176	13 827	174 476	104 006
1984	194 051	17 897	1 808	125 718	48 553	218 416	169 611
1985	195 636	39 206	9 466	241 105	76 038	279 702	281 749
1986	247 289	48 206	31 811	237 325	111 612	333 837	342 406
1987	258 847	122 520	95 773	285 593	100 087	466 777	396 043
1988	219 817	170 771	120 763	354 511	167 721	418 642	614 941
1989	169 984	170 589	165 824	424 412	133 787	461 031	603 565
1990	130 776	200 074	174 076	357 150	167 602	528 051	531 627
1991	152 432	239 910	255 231	455 663	177 232	553 632	726 836
1992	139 996	380 585	195 087	736 617	256 918	702 623	1 006 580
1993	194 771	458 272	367 632	1 270 117	403 720	941 504	1 753 008
1994	135 553	758 153	621 804	1 433 517	368 133	1 111 669	2 205 491
1995	182 180	735 191	600 865	1 251 839	473 340	1 333 285	1 910 130
1996	170 833	752 493	363 644	1 506 410	565 434	1 423 283	1 935 531
1997	255 293	783 889	903 870	1 575 171	455 161	1 573 836	2 089 691
1998	335 067	998 251	562 405	1 782 656	620 251	1 646 831	2 562 457
1999	621 695	1 082 880	330 321	1 750 208	356 429	1 634 543	2 338 512
沈阳	138 071	172 717	109 005	419 476	95 089	230 998	594 870
大连	184 438	133 800	95 795	282 379	43 723	258 635	443 202
鞍山	9 019	35 959	1 151	90 105	14 512	23 691	124 789
抚顺	3 350	31 553	1 174	64 147	4 416	27 910	75 489
本溪	8 074	12 564	1 107	39 782	4 400	3 440	61 886
丹东	21 982	2 645	27 452	65 087	6 570	49 297	77 788
锦州	7 110	19 318	3 962	72 350	19 826	20 138	80 286
营口	24 296	12 270	10 727	41 000	7 082	7 547	77 223
阜新	8 849	12 276	238	16 150	14 549	11 319	40 994
辽阳	8 285	8 773	—	31 305	15 654	29 740	34 276
盘锦	22 370	122 219	—	113 679	34 401	166 185	135 096
铁岭	10 693	6 632	1 619	67 041	22 738	15 226	78 966
朝阳	45 259	12 938	7 427	17 193	13 629	8 012	89 198
葫芦岛	12 902	124 628	968	164 808	27 603	224 693	104 201

6—12 基 本 建 设 投 资

指　　　标	1980 年	1985 年	1990 年	1995 年	1998 年	1999 年
一、投资总额（万元）	**325 417**	**561 451**	**1 059 678**	**3 243 415**	**4 380 704**	**4 216 966**
1.按资金来源分						
国家预算内投资	154 925	195 636	160 776	182 180	335 067	621 695
国内贷款	19 333	39 206	200 074	735 191	998 251	1 082 880
利用外资	30 796	9 466	174 076	600 865	562 405	330 321
债　　券		39 473	77 201	8 840	82 074	75 433
自筹投资	109 092	241 105	357 150	1 251 839	1 782 656	1 750 208
其他投资	11 271	36 565	90 401	464 500	620 251	356 429
2.按隶属关系分						
部直属项目	65 659	210 442	444 175	1 333 285	1 646 831	1 634 543
部直供项目	97 239	69 260	83 876	—	—	—
地方项目	162 519	281 749	531 627	1 828 663	2 562 457	2 338 512
3.按构成分						
建筑安装工程	243 792	414 943	667 879	1 931 769	2 780 617	3 076 875
设备、工具、器具购置	61 077	81 596	245 916	688 539	932 725	554 366
其他费用	20 548	64 912	145 883	623 107	667 362	585 725
4.按建设性质分						
#新　　建	116 039	109 716	397 696	1 295 163	2 288 591	2 357 687
扩　　建	203 305※	312 072	543 401	1 574 468	1 312 325	1 121 465
改　　建		47 377	64 680	120 488	403 519	424 242
5.按用途分						
生产性建设	185 899	276 347	805 638	2 295 981	—	—
非生产性建设	139 518	285 104	254 040	947 434	—	—
#住　　宅	103 614	162 600	111 017	352 260	435 009	472 561
6.按大中小型分						
大中型项目	135 274	190 610	687 616	1 654 840	1 642 839	1 410 409
小型项目	190 143	370 841	372 062	1 588 575	2 737 865	2 710 229
7.按国民经济行业分						
#农　　业	16 380	10 941	32 747	19 201	40 317	44 024
工　　业	199 269	253 690	748 126	1 875 163	1 569 114	1 327 942
轻工业	31 025	29 077	145 590	125 060	36 950	120 908
重工业	168 244	224 613	602 536	1 750 103	1 532 164	1 206 467
#能源工业	67 250	124 888	284 077	800 526	1 028 841	912 405
运输邮电业	15 674	81 504	86 864	356 891	1 184 147	1 253 527
二、新增固定资产（万元）	**379 451**	**348 399**	**934 799**	**2 120 894**	**3 362 203**	**2 468 921**
三、建设项目（个）						
施工项目	3 329	3 163	2 473	2 043	2 062	2 061
#大中型项目	59	44	66	65	50	45
全部建成投产项目	1 286	1 342	1 338	1 044	1 153	1 179
#大中型项目	4	3	6	13	12	3
四、房屋建筑面积（万平方米）						
施工面积	1 647.5	2 268.3	1 245.7	1 823.8	1 674.0	1 562.1
#住　　宅	1 053.6	1 441.0	532.8	787.2	686.1	699.7
竣工面积	816.2	856.1	661.3	826.1	869.7	828.9
#住　　宅	536.2	565.3	318.9	465.7	438.4	460.3

注：带※包括改建。

6—13 国民经济各行业按建设性质分的基本建设投资

（1999 年）　　单位:万元

行　　业	投资额	#新　建	#扩　建	#改　建
全　省　总　计	**4 216 966**	**2 357 687**	**1 121 465**	**424 242**
农、林、牧、渔业	44 327	28 743	10 246	5 083
农　　业	16 207	14 758	564	735
林　　业	7 154	4 935	2 219	—
畜　牧　业	2 354	911	1 443	—
渔　　业	680	680	—	—
农、林、牧、渔服务业	17 932	7 459	6 020	4 348
采　掘　业	324 038	6 713	305 935	3 000
煤炭采选业	10 073	4 793	—	3 000
石油和天然气开采业	298 993	—	298 993	—
黑色金属矿采选业	11 455	—	6 055	—
有色金属矿采选业	870	620	200	—
非金属矿采选业	2 647	1 300	687	—
其他矿采选业	1 300	1 300	—	—
木材及竹材采运业	—	—	—	—
制　造　业	420 760	184 186	167 325	35 074
食品加工业	5 260	4 152	1 108	—
食品制造业	18 175	17 605	450	120
饮料制造业	4 129	2 229	200	1 200
烟草加工业	—	—	—	—
纺　织　业	5 221	3 460	1 100	661
服装及纤维制品制造业	1 549	295	1 100	154
皮革毛皮羽绒及制品业	1 263	—	1 263	—
木材加工及竹藤棕草制品业	1 120	1 120	—	—
家具制造业	500	500	—	—
造纸及纸制品业	8 276	6 319	516	—
印刷业记录媒介的复制	1 234	634	600	—
文教体育用品制造业	—	—	—	—
石油加工及炼焦业	71 510	19 075	49 885	—
化学原料及制品制造业	77 549	28 795	46 541	510
医药制造业	6 418	4 130	1 522	160
化学纤维制造业	1 776	—	286	600
橡胶制品业	5 184	4 814	150	220
塑料制品业	2 182	1 081	1 101	—
非金属矿物制品业	6 567	2 837	532	—
黑色金属冶炼及压延加工业	32 969	—	6 718	25 657

6—13 续表 1　　(1999 年)　　单位:万元

行　　业	投资额	#新　建	#扩　建	#改　建
有色金属冶炼及压延加工业	5 083	726	288	—
金属制品业	15 329	14 329	—	1 000
普通机械制造业	16 399	11 392	460	437
专用设备制造业	7 822	5 332	—	2 000
交通运输设备制造业	62 300	3 666	48 279	2 305
电气机械及器材制造业	9 043	5 172	3 705	50
电子及通信设备制造业	16 527	16 269	258	—
仪器仪表及文化办公用机械制造业	4 564	4 564	—	—
其他制造业	21 486	20 986	500	—
电力、煤气及水的生产和供应业	583 144	382 096	135 777	50 045
电力、蒸汽、热水生产和供应业	513 473	337 083	126 434	42 252
煤气的生产和供应业	18 356	6 141	1 651	4 818
自来水的生产和供应业	51 315	38 872	7 692	2 975
建筑业	86 582	57 488	18 638	7 709
土木工程建筑业	83 897	55 814	18 131	7 205
线路、管道和设备安装业	2 106	1 599	570	—
建筑物的装修装饰业	579	75	—	504
地质勘察水利管理业	113 757	87 613	20 703	5 211
地质勘察业	750	—	300	450
水利管理业	113 007	87 613	20 403	4 761
交通运输、仓储及邮电通信业	1 253 527	791 174	136 983	227 815
铁路运输业	327 466	160 000	8 475	158 991
公路运输业	381 918	337 409	4 184	39 388
管道运输业	32 702	9 000	—	—
水上运输业	1 390	—	1 390	—
航空运输业	70 723	113	1 928	—
交通运输辅助业	189 918	90 865	68 557	28 026
其他交通运输业	1 407	847	—	—
仓储业	117 021	81 179	35 732	110
邮电通信业	130 982	111 761	16 721	130
批发和零售贸易餐饮业	238 267	201 454	27 223	8 277
食品饮料烟草和家庭用品批发业	158 421	148 917	6 430	2 344
能源材料和机械电子设备批发业	8 141	6 997	570	574

6—13 续表 2　　(1999 年)　　单位:万元

行　　业	投资额	#新建	#扩建	#改建
其他批发业	2 211	338	250	1 105
零　售　业	67 510	43 855	19 526	4 064
商业经纪与代理业	240	—	50	190
餐　饮　业	1 744	1 347	397	—
金融、保险业	34 038	12 223	15 077	2 116
金　融　业	28 074	9 774	12 645	1 593
保　险　业	5 964	2 449	2 432	523
房地产业	73 810	54 733	604	2 326
房地产开发与经营业	34 828	32 717	—	411
房地产管理业	29 796	13 125	604	1 620
房地产代理与经纪业	9 186	8 891	—	295
社会服务业	402 962	274 695	59 957	41 520
公共服务业	349 541	231 919	53 110	37 932
居民服务业	2 920	1 010	820	970
旅　馆　业	33 694	26 147	4 839	2 618
租赁服务业	109	—	109	—
旅　游　业	610	610	—	—
娱乐服务业	6 176	5 676	500	—
信息、咨询服务业	579	—	579	—
计算机应用服务业	2 300	2 300	—	—
其他社会服务业	7 033	7 033	—	—
卫生体育和社会福利业	40 213	17 912	20 208	1 148
卫　　生	30 559	11 678	16 908	1 028
体　　育	6 648	4 318	2 330	—
社会福利保障业	3 006	1 916	970	120
教育、文化艺术和广播电影电视业	212 563	67 380	108 347	8 067
教　　育	169 364	43 198	91 953	7 257
文化艺术业	17 628	2 447	14 653	110
广播、电影、电视业	25 571	21 735	1 741	700
科学研究和综合技术服务业	53 870	31 855	12 787	1 923
科学研究业	19 841	3 521	10 141	802
综合技术服务业	34 029	28 334	2 646	1 121
国家机关、政党机关和社会团体	276 255	131 244	62 563	22 095
#国家机关	268 466	130 068	58 448	21 305
政党机关	6 377	878	4 026	140
其他行业	58 853	28 178	19 088	2 833

6—14 按项目规模分的基本建设投资及项目个数

年份、地区	项目投资(万元)		施工项目(个)		全部建成投产项目(个)	
	大中型	小型		#大中型		#大中型
1985	190 610	370 841	3 163	44	1 342	3
1986	283 554	392 689	2 884	55	1 480	3
1987	454 097	408 723	2 691	59	1 361	5
1988	491 359	542 224	2 915	49	1 531	9
1989	539 123	525 473	2 470	54	1 334	4
1990	687 616	372 062	2 473	66	1 338	6
1991	715 053	563 980	2 723	64	1 389	11
1992	786 937	922 266	3 343	74	1 769	4
1993	1 308 568	1 385 944	2 727	75	1 489	10
1994	1 488 240	1 822 594	2 392	61	1 235	4
1995	1 654 840	1 588 376	2 043	65	1 044	13
1996	1 538 233	1 820 581	2 177	49	1 237	9
1997	1 700 483	2 272 901	1 981	50	1 117	9
1998	1 642 839	2 737 865	2 062	50	1 153	12
1999	1 410 409	2 710 229	2 061	45	1 179	3
沈阳	100 748	782 568	446	9	224	1
大连	172 186	562 336	256	11	86	—
鞍山	6 055	144 239	140	1	93	—
抚顺	6 653	96 757	105	3	66	—
本溪	5 508	60 418	65	2	42	—
丹东	43 045	88 700	95	1	44	—
锦州	19 407	104 770	142	2	105	1
营口	8 527	86 176	120	3	73	—
阜新	45	52 352	128	1	83	—
辽阳	—	63 929	43	0	27	—
盘锦	163 942	137 229	144	1	113	—
铁岭	—	108 866	136	0	83	—
朝阳	45 955	51 513	130	4	73	—
葫芦岛	240 947	89 807	100	3	64	—

6—15 按国民经济行业

年份、地区	合计	农、林、牧、渔业	采掘业	制造业	电力、煤气及水的生产和供应业	建筑业	地质勘察业水利管理业	交通运输仓储和邮电通信业
1985	561 451	6 581	68 653	119 815	65 222	17 094	5 749	86 152
1986	676 243	6 529	93 890	119 766	89 954	17 004	6 731	102 757
1987	862 820	8 579	148 361	200 749	123 500	7 750	16 236	97 674
1988	1 033 583	9 108	133 650	248 586	179 535	12 899	20 536	108 514
1989	1 064 596	6 631	148 782	361 674	140 469	8 251	20 837	90 864
1990	1 059 678	7 253	145 192	433 247	169 687	10 049	26 580	88 664
1991	1 280 468	9 148	136 047	508 496	217 092	11 306	25 747	85 530
1992	1 709 203	13 018	124 707	497 685	356 659	24 567	37 227	125 287
1993	2 694 512	17 077	161 299	1 018 877	410 941	37 746	56 235	205 709
1994	3 317 160	14 645	266 812	1 099 148	445 568	82 904	65 941	364 504
1995	3 243 415	19 201	277 738	1 144 381	453 044	73 861	70 658	359 769
1996	3 358 814	26 948	317 788	951 209	592 283	70 443	26 653	460 839
1997	3 973 384	70 098	329 221	560 840	894 721	86 416	14 143	787 407
1998	4 380 704	40 317	239 741	573 746	755 627	80 362	66 562	1 253 911
1999	4 216 966	44 327	324 038	420 760	583 144	86 582	113 757	1 253 527
沈阳	970 691	20 790	5 113	105 198	69 300	14 158	11 896	144 083
大连	740 135	201	—	132 820	105 837	9 615	4 988	212 591
鞍山	150 745	910	12 115	25 979	30 254	100	9 860	19 778
抚顺	104 639	357	3 050	18 427	13 671	929	112	14 783
本溪	65 926	1 500	—	9 164	12 751	25 725	—	370
丹东	131 745	6 646	675	5 035	59 623	4 255	8 011	15 576
锦州	124 243	655	—	18 461	12 492	3 092	251	28 153
营口	95 374	640	1 300	11 986	21 565	—	10 102	19 087
阜新	52 498	3 961	2 162	1 675	13 747	895	23	5 709
辽阳	64 016	200	—	11 819	8 963	4 982	1 560	4 219
盘锦	301 751	4 487	163 942	5 941	5 643	19 126	690	6 819
铁岭	108 866	2 376	—	4 872	13 306	504	3 122	14 403
朝阳	97 468	1 226	200	7 590	12 588	591	44 437	11 047
葫芦岛	330 909	378	430	61 793	203 404	2 610	18 705	14 248

分的基本建设投资

单位：万元

批发零售贸易和餐饮业	金融、保险业	房地产业	社会服务业	卫生体育和社会福利业	教育、文化艺术和广播电影电视业	科学研究和综合技术服务业	国家机关政党机关社会团体	其他行业
17 703	3 639	57 457	13 574	14 709	42 075	11 531	27 149	4 348
25 135	6 426	47 814	26 573	18 953	50 395	16 035	40 053	8 228
30 630	7 479	27 466	46 092	19 513	60 992	14 246	38 164	15 389
43 109	8 639	80 762	24 160	27 263	63 284	15 430	41 102	17 006
30 837	6 883	51 198	16 483	27 238	60 788	12 058	29 346	52 257
31 715	6 189	3 429	18 461	13 252	54 242	10 377	35 506	5 835
51 047	6 173	22 052	36 392	18 754	70 067	11 563	53 264	17 790
104 617	23 354	77 688	67 338	26 823	90 218	23 311	81 051	35 653
118 797	39 539	94 409	174 661	34 679	106 597	33 981	167 054	16 911
126 437	78 594	130 588	220 280	56 270	115 519	17 603	182 889	49 458
86 782	49 472	52 914	193 873	63 419	147 713	13 979	153 284	83 327
95 288	61 023	65 560	273 704	48 175	138 245	20 099	179 871	30 686
193 005	46 016	86 254	443 592	52 301	160 811	22 609	218 771	7 179
285 767	67 414	57 006	291 658	54 410	178 230	40 003	262 801	133 149
238 267	34 038	73 810	402 962	40 213	212 563	53 870	276 255	58 853
152 418	9 758	49 795	169 033	15 905	91 081	21 619	66 954	23 590
34 392	200	1 985	87 885	10 612	50 098	21 471	42 099	25 341
1 510	1 510	—	27 715	3 931	9 135	1 466	6 158	324
2 121	1 007	1 739	23 936	1 091	2 638	5 140	14 258	1 380
3 750	—	—	1 000	755	3 995	—	6 916	—
8 893	2 957	4 190	1 249	3 051	3 718	—	7 366	500
6 677	1 298	1 520	22 229	1 674	16 165	670	10 772	134
5 539	315	450	6 530	330	5 776	75	11 219	460
2 546	2 566	2 080	2 329	270	9 214	231	5 060	30
543	2 600	9 518	15 756	87	2 303	400	1 066	—
3 470	3 347	645	38 910	826	5 423	310	40 963	1 209
7 555	6 582	700	4 834	414	5 998	1 081	38 709	4 410
1 018	1 213	955	1 019	550	2 915	40	11 059	1 020
7 835	685	233	537	469	4 104	1 367	13 656	455

6—16 基本建设房屋建筑面积

单位:万平方米

年　份、地　区	施工面积	#住　　宅	竣工面积	#住　　宅
1985	2 268.3	1 404.9	856.1	565.3
1986	1 964.3	1 082.8	1 001.7	622.7
1987	1 567.5	692.1	708.6	348.3
1988	1 599.4	676.5	743.9	375.3
1989	1 358.6	571.6	673.9	316.0
1990	1 245.7	532.8	661.3	318.9
1991	1 483.9	684.0	730.2	370.8
1992	1 940.9	865.1	831.5	425.8
1993	2 242.8	938.4	915.3	475.9
1994	2 216.6	903.4	873.9	483.0
1995	1 823.8	787.2	826.1	465.7
1996	1 563.1	663.8	794.3	428.4
1997	1 582.9	675.7	735.9	429.2
1998	1 674.0	686.1	869.7	438.4
1999	1 562.1	699.7	828.9	460.3
沈阳	468.8	170.8	218.2	118.0
大连	269.9	70.3	94.3	29.3
鞍山	917.9	53.8	56.5	30.8
抚顺	84.7	58.9	54.7	40.9
本溪	28.0	11.3	11.3	4.7
丹东	46.7	21.6	24.3	11.4
锦州	73.6	32.0	58.0	27.7
营口	60.0	17.2	35.5	10.2
阜新	46.2	24.3	33.8	18.6
辽阳	53.2	40.6	30.0	23.3
盘锦	75.1	57.4	57.4	42.5
铁岭	95.2	54.3	67.4	43.3
朝阳	51.2	32.2	27.9	20.6
葫芦岛	90.4	43.8	40.4	29.0

6—17 各地区基本建设施工、投产项目数和新增固定资产

年 份、地 区	施工项目（个）	全部建成投产项目（个）	项目建成投产率（%）	新增固定资产（万元）	固定资产交付使用率（%）
1985	3 163	1 342	42.4	348 399	62.1
1986	2 884	1 480	51.3	535 712	79.2
1987	2 691	1 361	50.6	575 599	66.7
1988	2 915	1 531	52.5	871 070	84.3
1989	2 470	1 334	54.0	804 866	75.6
1990	2 473	1 338	54.1	934 799	88.2
1991	2 723	1 389	51.0	896 369	70.0
1992	3 343	1 769	52.9	1 143 284	66.9
1993	2 727	1 489	54.6	1 624 111	60.3
1994	2 392	1 235	51.6	1 591 674	48.0
1995	2 043	1 044	51.1	2 120 894	65.4
1996	2 177	1 237	56.8	3 111 558	92.6
1997	1 981	1 117	56.4	2 567 280	64.6
1998	2 062	1 153	55.9	3 362 203	76.8
1999	2 061	1 179	57.2	2 468 921	58.5
沈阳	446	224	50.2	590 486	60.8
大连	256	86	33.6	532 188	71.9
鞍山	140	93	66.4	405 011	268.7
抚顺	105	66	62.8	66 399	63.5
本溪	65	42	64.6	66 373	100.7
丹东	95	44	46.3	34 805	26.4
锦州	142	105	73.9	105 124	84.6
营口	120	73	60.8	63 603	66.7
阜新	128	83	64.8	66 316	126.3
辽阳	43	27	62.8	45 304	70.8
盘锦	144	113	78.5	274 645	91.0
铁岭	136	83	61.0	81 272	74.7
朝阳	130	73	56.2	44 026	45.2
葫芦岛	100	64	64.0	57 515	17.4

6—18 国民经济各行业基本建设施工、投产项目个数

(1999年)

行业	施工项目(个)	#新开工	全部建成投产项目(个)	项目建成投产率(%)
全省总计	**2 061**	**1 305**	**1 179**	**57.2**
农、林、牧、渔业	72	55	44	61.1
农业	20	14	8	40.0
林业	12	11	6	50.0
畜牧业	8	7	6	75.0
渔业	4	3	3	75.0
农、林、牧、渔服务业	28	20	21	75.0
采掘业	22	6	13	59.1
煤炭采选业	11	—	8	72.7
石油和天然气开采业	2	2	—	—
黑色金属矿采选业	2	—	—	—
有色金属矿采选业	3	2	3	100.0
非金属矿采选业	4	2	2	50.0
其他矿采选业	1	1	—	—
木材及竹材采运业	—	—	—	—
制造业	228	139	113	49.6
食品加工业	13	6	10	76.9
食品制造业	9	7	3	33.3
饮料制造业	9	7	6	66.7
烟草加工业	—	—	—	—
纺织业	6	5	5	83.3
服装及纤维制品制造业	7	5	3	42.8
皮革毛皮羽绒及制品业	1	1	1	100.0
木材加工及竹藤棕草制品业	3	3	3	100.0
家具制造业	1	1	—	—
造纸及纸制品业	10	7	4	40.0
印刷业记录媒介的复制	3	3	1	33.3
文教体育用品制造业	—	—	—	—
石油加工及炼焦业	7	2	3	42.9
化学原料及制品制造业	29	14	12	41.4
医药制造业	7	5	1	14.3
化学纤维制造业	3	2	3	100.0
橡胶制品业	4	3	3	75.0
塑料制品业	9	6	4	44.4
非金属矿物制品业	10	9	3	30.0
黑色金属冶炼及压延加工业	9	4	3	33.3

6—18 续表 1　　　　　　　　　　(1999 年)

行业	施工项目(个)	#新开工	全部建成投产项目(个)	项目建成投产率(%)
有色金属冶炼及压延加工业	7	3	3	42.9
金属制品业	8	6	6	75.0
普通机械制造业	19	10	10	52.6
专用设备制造业	7	3	6	85.7
交通运输设备制造业	18	9	7	38.9
电气机械及器材制造业	8	5	5	62.5
电子及通信设备制造业	6	3	2	33.3
仪器仪表及文化办公用机械制造业	6	5	2	33.3
其他制造业	4	2	1	25.0
电力、煤气及水的生产和供应业	144	79	59	41.0
电力、蒸汽、热水生产和供应业	93	53	41	44.1
煤气的生产和供应业	15	6	5	33.3
自来水的生产和供应业	36	20	13	36.1
建筑业	67	50	42	62.7
土木工程建筑业	62	46	38	61.3
线路、管道和设备安装业	3	2	3	100.0
建筑物的装修装饰业	2	2	1	50.0
地质勘察水利管理业	33	20	15	45.5
地质勘察业	2	2	—	—
水利管理业	31	18	5	16.1
交通运输、仓储及邮电通信业	180	104	90	50.0
铁路运输业	3	1	1	33.3
公路运输业	34	19	18	52.9
管道运输业	3	2	1	33.3
水上运输业	1	—	—	—
航空运输业	2	—	1	50.0
交通运输辅助业	44	21	19	43.2
其他交通运输业	4	4	3	75.0
仓储业	28	11	6	21.4
邮电通信业	61	46	41	67.2
批发和零售贸易餐饮业	134	83	75	55.9
食品饮料烟草和家庭用品批发业	50	21	24	48.0
能源材料和机械电子设备批发业	14	12	5	35.7

6—18续表2　　　　　　　　　　（1999年）

行　　业	施工项目（个）	#新开工	全部建成投产项目（个）	项目建成投产率（%）
其他批发业	7	4	5	71.4
零　售　业	54	39	34	63.0
商业经纪与代理业	2	1	1	50.0
餐　饮　业	7	6	6	85.7
金融、保险业	45	26	32	71.1
金　融　业	34	20	25	73.5
保　险　业	11	6	7	63.6
房地产业	47	30	31	65.9
房地产开发与经营业	16	12	9	56.3
房地产管理业	28	16	19	67.8
房地产代理与经纪业	3	2	3	100.0
社会服务业	178	121	105	59.0
公共服务业	133	97	82	61.6
居民服务业	11	8	7	63.6
旅　馆　业	20	11	8	40.0
租赁服务业	1	1	1	100.0
旅　游　业	2	1	2	100.0
娱乐服务业	6	2	3	50.0
信息、咨询服务业	1	—	—	—
计算机应用服务业	1	—	1	100.0
其他社会服务业	3	1	1	33.3
卫生体育和社会福利业	81	45	50	61.7
卫　　生	58	35	38	65.5
体　　育	11	2	4	36.4
社会福利保障业	12	8	8	66.7
教育、文化艺术和广播电影电视业	344	200	198	57.6
教　　育	301	183	182	60.5
文化艺术业	24	8	5	20.8
广播、电影、电视业	19	9	11	57.9
科学研究和综合技术服务业	53	29	24	45.3
科学研究业	27	13	13	48.1
综合技术服务业	26	16	11	42.3
国家机关、政党机关和社会团体	392	286	264	67.3
#国家机关	374	276	252	67.4
政党机关	12	6	8	66.7
其他行业	41	32	24	58.5

6—19 国民经济各行业基本建设投资和新增固定资产

（1999 年）

行业	投资额（万元）	新增固定资产（万元）	固定资产交付使用率（%）
全省总计	4 216 966	2 468 921	58.8
农、林、牧、渔业	44 327	28 980	65.4
农业	16 207	3 896	24.0
林业	7 154	3 247	45.4
畜牧业	2 354	2 601	110.5
渔业	680	540	79.4
农、林、牧、渔服务业	17 932	18 696	104.3
采掘业	324 038	431 532	133.2
煤炭采选业	10 073	5 549	55.1
石油和天然气开采业	298 993	163 942	54.8
黑色金属矿采选业	11 455	258 262	225.4
有色金属矿采选业	870	2 819	324.0
非金属矿采选业	2 647	960	36.3
其他矿采选业	1 300	—	—
木材及竹材采运业	—	—	—
制造业	420 760	265 961	61.1
食品加工业	5 260	4 811	91.5
食品制造业	18 175	1 722	9.5
饮料制造业	4 129	4 136	100.2
烟草加工业	—	—	—
纺织业	5 221	6 122	117.3
服装及纤维制品制造业	1 549	1 274	82.2
皮革毛皮羽绒及制品业	1 263	1 263	100.0
木材加工及竹藤棕草制品业	1 120	1 120	100.0
家具制造业	500	—	—
造纸及纸制品业	8 276	5 929	71.6
印刷业记录媒介的复制	1 234	354	28.7
文教体育用品制造业	—	—	—
石油加工及炼焦业	71 510	27 014	3.8
化学原料及制品制造业	77 549	18 240	23.5
医药制造业	6 418	4 130	64.4
化学纤维制造业	1 776	1 600	90.0
橡胶制品业	5 184	5 054	97.5
塑料制品业	2 182	1 765	80.9
非金属矿物制品业	6 567	5 995	91.3
黑色金属冶炼及压延加工业	32 969	29 874	90.6

6—19 续表 1 (1999 年)

行　　业	投资额（万元）	新增固定资产（万元）	固定资产交付使用率（%）
有色金属冶炼及压延加工业	5 083	4 426	87.1
金属制品业	15 329	6 582	42.9
普通机械制造业	16 399	3 009	18.4
专用设备制造业	7 822	5 720	73.1
交通运输设备制造业	62 300	55 301	88.8
电气机械及器材制造业	9 042	4 984	55.1
电子及通信设备制造业	16 527	7 145	43.2
仪器仪表及文化办公用机械制造业	4 562	3 366	73.8
其他制造业	21 486	35 352	164.5
电力、煤气及水的生产和供应业	583 144	263 380	45.2
电力、蒸汽、热水生产和供应业	513 473	241 804	47.1
煤气的生产和供应业	18 356	13 897	75.7
自来水的生产和供应业	51 315	7 679	14.9
建筑业	86 583	67 721	78.2
土木工程建筑业	83 897	65 208	77.7
线路、管道和设备安装业	2 106	2 009	95.4
建筑物的装修装饰业	579	504	87.0
地质勘察水利管理业	113 757	42 994	37.8
地质勘察业	750	300	40.0
水利管理业	113 007	42 694	37.8
交通运输、仓储及邮电通信业	1 253 527	365 168	29.1
铁路运输业	327 466	14 704	4.5
公路运输业	381 918	78 907	20.7
管道运输业	32 702	21 240	65.0
水上运输业	1 390	4 675	336.3
航空运输业	70 723	71 410	101.0
交通运输辅助业	189 918	121 816	64.1
其他交通运输业	1 407	735	52.2
仓储业	117 021	8 991	7.7
邮电通信业	130 982	42 690	3.6
批发和零售贸易餐饮业	238 267	159 571	67.0
食品饮料烟草和家庭用品批发业	158 421	43 175	27.3
能源材料和机械电子设备批发业	8 141	1 282	15.7

6—19 续表 2 (1999 年)

行业	投资额（万元）	新增固定资产（万元）	固定资产交付使用率（%）
其他批发业	2 211	2 166	97.9
零售业	67 510	111 167	164.7
商业经纪与代理业	240	175	72.9
餐饮业	1 744	1 607	92.1
金融、保险业	34 038	51 660	151.8
金融业	28 074	40 057	142.7
保险业	5 964	11 603	194.6
房地产业	73 810	43 076	58.4
房地产开发与经营业	34 828	14 674	42.1
房地产管理业	29 796	19 206	64.5
房地产代理与经纪业	9 186	9 196	100.1
社会服务业	402 962	306 979	76.2
公共服务业	349 540	225 155	64.4
居民服务业	2 920	3 005	102.9
旅馆业	33 694	68 590	203.6
租赁服务业	109	109	100.0
旅游业	610	610	100.0
娱乐服务业	6 176	3 721	60.2
信息、咨询服务业	579	179	30.9
计算机应用服务业	2 300	2 000	86.9
其他社会服务业	7 033	3 610	51.3
卫生体育和社会福利业	40 213	38 694	96.2
卫生	30 559	23 762	77.8
体育	6 648	11 847	178.2
社会福利保障业	3 006	3 085	102.6
教育、文化艺术和广播电影电视业	212 563	140 007	65.9
教育	169 364	126 890	74.9
文化艺术业	17 628	4 758	27.0
广播、电影、电视业	25 571	8 359	32.7
科学研究和综合技术服务业	53 870	20 922	38.8
科学研究业	19 840	12 362	62.3
综合技术服务业	34 029	8 560	25.2
国家机关、政党机关和社会团体	276 255	213 285	77.2
#国家机关	268 466	209 892	78.2
政党机关	6 377	2 671	41.9
其他行业	58 853	37 991	64.6

6—20 基本建设新增主要产品生产能力

能力名称	单位	1995年	1996年	1997年	1998年	1999年
原煤开采	万吨/年	—	—	90	245	—
天然原油开采	万吨/年	283	200	230	175	142
天然气开采	万吨/年	—	—	—	1	1
石油加工	万吨/年	170	—	—	570	—
炼铁	万吨/年	—	—	—	—	—
炼钢	万吨/年	1	—	—	—	—
发电机组容量	万千瓦	38	103	10	148	4
输电线路(11万伏及以上)	公里	54	71	173	115	102
变电设备能力(11万伏及以上)	万千伏安	30	39	180	60	12
水泥	万吨/年	—	—	—	—	—
平板玻璃	万产量箱/年	—	320	—	—	—
合成氨	吨/年	—	2 000	—	—	—
农用化肥	吨/年	—	—	—	1 500	—
乙烯	吨/年		—	—	50 000	—
原盐	万吨/年	—	—	—	—	—
塑料树脂及其聚物	吨/年	—	—	—	1 500	—
新建铁路主线正线交付运营里程	公里	19	—	—	—	—
新建公路	公里	154	224	13	331	13
改建公路	公里	139	181	82	272	134
新(扩)建港口码头年吞吐量	万吨	240	19	795	120	235
新建微波电路	公里	—	—	—	—	—
市内电话自动交换机	门	450	32 024	55 000	146 000	—
长途电缆	延长公里	100	4 714	—	—	—
造林面积	万亩	20	15	20	26	53
有效灌溉面积	万亩	—	—	1	9	24
除涝面积	万亩	5	2	2	6	7
商业冷藏库	万吨	—	—	—	—	—
粮食仓库	万公斤	300	2 550	600	1 730	16 340
	平方米	830	28 954	6 000	2 800	34 581
商业饮食服务网点	处	174	249	154	160	—
	万平方米	18.8	10.5	13.2	32.3	—
各类学校学生席位	个	82 671	89 749	77 349	86 276	66 571
医院病床床位	张	2 670	2 815	4 565	871	1 143
城市自来水供水能力	万吨/日	47	15	60	131	4
城市排水管道长度	公里	15	18	117	23	35
城市污水处理能力	万吨/日	4	—	—	—	10
城市永久性桥梁	座	10	1	29	14	7

6—21 更新改造投资主要指标

指　　标	1980年	1985年	1990年	1995年	1998年	1999年
一、投资总额(万元)	**135 791**	**429 965**	**683 774**	**2 169 509**	**2 598 035**	**2 609 314**
1.按资金来源分						
国家预算内投资	26 774	16 444	8 765	9 687	5 127	50 255
国内贷款	20 277	174 704	192 658	478 686	480 798	581 974
利用外资	14	11 134	35 874	188 278	137 644	237 916
自筹投资	81 854	229 034	417 763	1 420 674	1 909 561	1 676 200
其他投资	6 872	8 649	28 714	69 249	64 905	62 969
2.按构成分						
建筑安装工程	68 332	196 114	309 332	908 990	1 175 448	1 103 581
设备、工具、器具购置	62 930	207 705	312 909	1 072 375	1 211 504	1 309 410
其他费用	4 529	26 146	61 533	188 144	211 083	196 323
3.按建设性质分						
#新建		5 377	39 395	89 671	89 285	186 523
扩建		166 143	245 686	906 120	1 407 435	1 493 116
改建		229 670	380 131	1 138 950	995 273	858 382
4.按用途分						
生产性建设	122 556	357 266	591 405	1 977 061	—	—
非生产性建设	13 235	72 699	92 369	192 448	—	—
#住宅	4 225	29 899	37 672	116 843	42 394	23 821
增产	51 431	141 341	267 216	831 591	855 571	866 322
节约能源	10 837	17 899	26 166	65 035	83 166	65 208
其他节约	3 061	1 134	3 147	2 020	37 276	23 053
增加品种		54 309	98 580	203 649	251 955	290 763
提高产品质量	7 390	26 681	33 998	170 885	316 768	264 394
三废治理		17 874	12 616	25 971	48 669	63 887
其他生产性	63 072	170 727	242 051	870 358	1 004 630	1 035 687
二、新增固定资产(万元)	**89 105**	**284 316**	**674 744**	**1 788 344**	**2 221 987**	**1 512 220**
三、房屋建设面积(万平方米)						
施工面积	252.3	647.7	550.7	575.3	264.8	162.6
#住宅	50.5	241.2	192.6	217.6	51.8	22.8
竣工面积	130.1	302.0	295.6	261.1	163.6	86.8
#住宅	32.4	120.7	105.0	120.6	44.7	21.2

6—22 按构成和建设性质分的更新改造投资

单位:万元

年份、地区	投资额	按构成分			按建设性质分		
		建筑安装工程	设备、工器具购置	其他费用	#新建	#扩建	#改建
1985	429 965	196 114	207 705	26 146	5 337	166 143	229 670
1986	632 160	278 149	315 604	38 407	7 931	256 041	335 344
1987	760 019	360 817	318 374	80 828	14 107	275 838	404 931
1988	942 193	481 905	385 489	74 799	22 888	359 811	527 089
1989	760 301	358 576	336 554	65 171	13 170	263 414	466 403
1990	683 774	309 332	312 909	61 533	39 395	245 686	380 131
1991	884 754	358 121	442 624	84 009	40 997	350 634	461 527
1992	1 152 826	514 582	512 245	125 999	70 439	429 007	621 622
1993	1 776 664	830 867	789 672	156 125	207 352	749 379	789 309
1994	2 363 710	994 824	1 167 152	201 734	106 040	1 086 671	1 116 594
1995	2 169 509	908 990	1 072 375	188 144	89 671	906 120	1 138 950
1996	2 008 714	869 171	947 934	191 609	127 396	1 007 539	835 369
1997	2 413 950	1 150 242	1 045 082	218 626	100 564	1 214 537	1 017 974
1998	2 598 035	1 175 448	1 211 504	211 083	89 285	1 407 435	995 273
1999	2 609 314	1 103 581	1 309 410	196 323	186 523	1 493 116	858 382
沈阳	381 869	107 005	247 687	27 177	108 664	179 412	85 199
大连	242 982	101 970	128 718	12 294	1 320	115 622	79 306
鞍山	375 331	123 471	216 679	35 181	6 508	134 522	230 041
抚顺	171 165	64 312	77 724	29 129	—	50 409	119 942
本溪	123 188	45 901	53 621	23 666	9 223	67 573	44 494
丹东	33 448	13 902	18 471	1 075	8 009	15 508	9 406
锦州	88 333	42 366	35 795	10 172	2 853	74 715	9 510
营口	61 351	21 514	31 880	7 957	22 055	19 823	18 373
阜新	32 144	16 006	15 739	399	—	15 275	16 869
辽阳	76 782	32 670	37 426	6 686	5 100	29 197	42 485
盘锦	343 049	338 439	4 290	320	2 778	333 102	7 169
铁岭	72 939	17 331	52 272	3 336	12 546	20 851	34 452
朝阳	32 957	12 531	17 981	2 445	5 520	20 081	6 394
葫芦岛	79 826	32 035	44 138	3 653	1 947	68 753	9 065

6—23 按资金来源分的更新改造投资

单位:万元

年份、地区	按资金来源分				
	国家预算内资金	国内贷款	利用外资	自筹资金	其他投资
1985	12 940	174 704	1 134	161 696	12 153
1986	15 742	260 304	5 043	330 794	20 277
1987	38 761	246 246	10 640	406 610	57 762
1988	24 215	320 451	34 068	520 962	42 497
1989	14 178	209 571	54 498	437 392	44 662
1990	7 434	192 658	35 874	417 763	30 045
1991	10 302	409 796	49 750	390 583	24 323
1992	15 389	419 530	32 197	626 479	59 231
1993	17 674	573 666	61 689	1 020 613	77 356
1994	8 390	590 589	239 220	1 424 774	85 903
1995	9 687	478 686	188 278	1 420 674	69 249
1996	13 466	373 889	138 176	1 282 463	103 440
1997	15 068	360 482	77 409	1 875 086	66 571
1998	5 127	480 798	137 644	1 909 561	64 905
1999	50 255	581 974	237 916	1 676 200	62 969
沈阳	2 050	65 936	112 467	154 549	16 478
大连	4 400	16 811	984	221 202	1 153
鞍山	39 753	160 733	101 204	132 209	2 645
抚顺	275	19 568	—	130 322	50
本溪	—	2 400	4 814	94 744	31
丹东	1 076	19 167	—	17 279	—
锦州	—	25 233	4 997	53 741	3 451
营口	—	9 249	6 825	44 891	3 920
阜新	—	4 881	—	25 573	—
辽阳	6 710	3 529	986	59 665	3 770
盘锦	220	450	—	343 859	—
铁岭	3 629	13 436	7 737	29 051	18 633
朝阳	600	12 880	403	23 236	2 411
葫芦岛	—	40 618	19 637	35 149	722

6—24 按国民经济行业

年份、地区	合计	农、林、牧、渔业	采掘业	制造业	电力、煤气及水的生产和供应业	建筑业	地质勘察业水利管理业	交通运输仓储和邮电通信业
1985	429 965	—	—	—	—	—	—	—
1986	632 160	5 167	47 276	430 285	37 321	6 830	237	57 359
1987	760 019	5 114	51 568	513 553	29 508	8 204	180	50 803
1988	942 193	9 039	70 643	679 377	32 393	19 840	146	60 788
1989	760 301	9 034	92 279	524 435	24 405	11 577	255	50 281
1990	683 774	3 375	62 693	457 342	29 514	12 792	534	72 559
1991	884 754	6 603	93 651	580 823	25 904	5 630	175	107 466
1992	1 152 826	3 909	94 749	776 028	26 017	17 165	95	153 891
1993	1 776 664	3 914	197 079	1 080 611	44 311	9 594	19	285 804
1994	2 363 710	3 322	139 519	1 439 160	59 723	16 543	226	578 230
1995	2 169 509	2 089	148 906	1 354 984	100 531	14 679	2 031	435 885
1996	2 008 714	1 951	167 869	1 255 636	104 964	10 683	1 548	384 574
1997	2 413 950	4 515	414 306	1 232 966	77 753	15 117	20	546 423
1998	2 598 035	11 915	511 727	1 193 345	53 070	9 662	—	754 580
1999	2 609 314	2 768	397 093	1 182 460	112 959	8 938	65	862 922
沈阳	381 869	—	6 559	286 174	3 925	—	—	81 635
大连	242 982	1 843	269	106 232	4 517	233	—	118 774
鞍山	375 331	675	—	317 915	6 603	—	—	41 869
抚顺	171 165	—	16 776	111 848	29 641	50	—	12 850
本溪	123 188	—	—	105 907	5 255	—	—	10 453
丹东	33 448	—	—	12 831	10 130	—	—	9 123
锦州	88 333	—	281	42 712	23 120	—	—	19 387
营口	61 351	50	254	40 550	2 618	—	—	16 788
阜新	32 144	—	10 310	3 714	6 331	—	65	11 027
辽阳	76 782	—	—	38 217	8 839	8 148	—	20 630
盘锦	343 049	—	330 059	7 237	—	507	—	4 203
铁岭	72 939	—	13 784	24 729	9 727	—	—	18 441
朝阳	32 957	200	1 124	21 522	110	—	—	8 415
葫芦岛	79 826	—	133	62 872	2 143	—	—	12 948

分的更新改造投资

单位:万元

批发零售贸易和餐饮业	金融、保险业	房地产业	社会服务业	卫生体育和社会福利业	教育、文化艺术和广播电影电视业	科学研究和综合技术服务事业	国家机关政党机关社会团体	其他行业
—	—	—	—	—	—	—	—	—
13 255	1 463	8 106	14 101	2 917	1 860	2 324	2 914	725
23 189	1 566	33 519	19 726	2 268	1 845	4 163	6 657	8 156
30 973	1 849	6 945	13 393	2 847	1 836	1 787	7 251	3 086
14 921	2 463	2 395	12 583	3 468	2 240	869	4 550	4 546
19 851	1 315	2 390	9 526	2 696	1 826	1 295	4 911	1 155
30 503	937	3 878	20 582	1 978	856	1 379	3 040	1 350
47 724	717	754	18 816	416	1 255	2 258	890	8 142
70 914	3 045	1 650	71 718	625	1 791	2 151	2 841	597
59 640	5 714	2 395	51 070	298	1 269	734	1 634	4 233
53 826	1 550	239	51 563	8	604	936	1 672	6
34 058	636	30	39 240	—	550	1 584	4 991	400
30 488	2 162	450	84 223	—	636	1 184	3 707	—
11 416	2 500	1 020	38 787	—	1 300	1 072	7 411	230
11 072	3 954	1 387	15 472	96	620	4 856	3 288	1 364
2 024	—	—	50	—	350	1 052	100	—
1 542	3 954	—	5 348	—	270	—	—	—
2 881	—	—	5 388	—	—	—	—	—
—	—	—	—	—	—	—	—	—
—	—	—	1 573	—	—	—	—	—
—	—	—	—	—	—	—	—	1 364
781	—	—	1 676	—	—	—	376	—
100	—	—	191	—	—	—	800	—
697	—	—	—	—	—	—	—	—
—	—	—	975	—	—	—	—	—
90	—	—	—	—	—	—	953	—
1 987	—	—	98	34	—	3 804	335	—
800	—	—	—	62	—	—	724	—
170	—	1 387	173	—	—	—	—	—

6—25 国民经济各行业按建设性质分的更新改造投资

（1999 年） 单位:万元

行业	投资额	#新建	#扩建	#改建
全省总计	**2 609 314**	**186 523**	**1 493 116**	**858 382**
农、林、牧、渔业	2 768	115	310	1 843
农业	165	115	50	—
林业	—	—	—	—
畜牧业	260	—	260	1 843
渔业	1 843	—	—	—
农、林、牧、渔服务业	500	—	—	—
采掘业	397 093	—	347 367	49 092
煤炭采选业	45 137	—	15 878	29 259
石油和天然气开采业	330 059	—	330 059	—
黑色金属矿采选业	17 758	—	110	17 544
有色金属矿采选业	2 426	—	971	1 455
非金属矿采选业	1 713	—	349	834
其他矿采选业	—	—	—	—
木材及竹材采远业	—	—	—	—
制造业	1 182 460	171 024	446 465	521 567
食品加工业	22 873	9 451	7 875	4 554
食品制造业	6 869	2 069	3 110	250
饮料制造业	20 157	3 220	13 114	3 563
烟草加工业	6 067	—	2 354	3 713
纺织业	15 058	—	1 513	11 602
服装及其他纤维制品制造	1 250	200	350	200
皮革、毛皮羽绒及其制品业	—	—	—	—
木材加工及竹藤棕草制品业	3 829	360	1 258	2 091
家俱制造业	2 426	390	1 994	42
造纸及纸制品业	3 432	1 484	1 198	750
印刷业记录媒介的复制	8 209	302	4 700	2 272
文教体育用品制造业	1 284	—	1 284	—
石油加工及炼焦业	140 425	1 858	38 756	97 745
化学原料及制品制造业	120 366	4 914	72 574	27 397
医药制造业	9 087	—	4 458	4 578
化学纤维制造业	24 331	10 259	7 779	6 293
橡胶制品业	15 002	—	12 928	—
塑料制品业	4 296	1 165	1 600	1 207
非金属矿物制品业	16 446	1 342	8 271	5 527
黑色金属冶炼及压延加工业	418 323	10 203	154 718	253 402

6—25 续表 1　　(1999 年)　　单位:万元

行　　业	投 资 额	#新　建	#扩　建	#改　建
有色金属冶炼及压延加工业	18 193	9 800	2 280	5 213
金 属 制 品 业	26 989	757	5 693	14 421
普通机械制造业	142 623	88 148	15 222	34 195
专用设备制造业	13 219	1 476	2 902	7 357
交通运输设备制造业	67 000	8 885	37 478	20 474
电气机械及器材制造业	35 010	3 294	23 779	7 937
电子及通信设备制造业	32 943	9 200	17 848	3 857
仪器仪表文化办公用机械	2 459	—	1 329	980
其 他 制 造 业	610	300	100	210
电力、煤气及水生产供应业	112 959	1 000	32 992	76 715
电力、蒸气、热水生产和供应业	109 210	—	31 975	74 983
煤气的生产和供应业	2 760	1 000	257	1 503
自来水的生产和供应业	989	—	760	229
建　筑　业	8 938	—	183	8 653
土木工程建筑业	8 705	—	—	8 653
线路、管道和设备安装业	233	—	183	—
建筑物的装修装饰企业	—	—	—	—
地质勘查水利管理业	65	—	65	—
地 质 勘 查 业	—	—	—	—
水 利 管 理 业	65	—	65	—
交通运输、仓储及邮电通信业	862 922	11 967	652 151	179 287
铁 路 运 输 业	94 432	—	16 658	77 774
公 路 运 输 业	17 905	—	3 625	177
管 道 运 输 业	19 108	—	—	19 108
水 上 运 输 业	2 811	—	—	—
航 空 运 输 业	—	—	—	—
交通运输辅助业	41 034	—	2 090	38 944
其他交通运输业	1 740	—	640	—
仓　储　业	200	—	—	200
邮 电 邮 信 业	685 692	11 967	629 138	43 084
批发和零售贸易餐饮业	11 072	830	5 291	4 627
食品饮料烟草和家庭用品批发业	7 388	800	2 638	3 800
能源材料和机械电子设备批发业	270	—	170	—

6—25 续表 2　　　　　　(1999 年)　　　　　　单位:万元

行业	投资额	#新建	#扩建	#改建
其他批发业	297	—	—	297
零售业	1 936	30	1 302	530
商业经纪与代理业	—	—	—	—
餐饮业	1 181	—	1 181	—
金融、保险业	3 954	—	2 454	1 500
金融业	3 954	—	2 454	1 500
保险业	—	—	—	—
房地产业	1 387	—	—	1 387
房地产开发与经营业	1 387	—	—	1 387
房地产管理业	—	—	—	—
房地产代理与经纪业	—	—	—	—
社会服务业	15 472	1 553	3 271	7 274
公共服务业	9 257	—	3 098	2 933
居民服务业	—	—	—	—
旅馆业	6 067	1 553	173	4 341
租赁服务业	—	—	—	—
旅游业	—	—	—	—
娱乐服务业	—	—	—	—
信息、咨询服务业	98	—	—	—
计算机应用服务业	50	—	—	—
其他社会服务业	—	—	—	—
卫生体育和社会福利业	96	34	—	—
卫生	96	34	—	—
体育	—	—	—	—
社会福利保障业	—	—	—	—
教育、文化艺术和广播电影电视业	620	—	270	—
教育	270	—	270	—
文化艺术业	—	—	—	—
广播、电影、电视业	350	—	—	—
科学研究和综合技术服务业	4 856	—	—	4 806
科学研究业	—	—	—	—
综合技术服务业	4 856	—	—	4 806
国家机关、政党机关和社会团体	3 288	—	933	1 631
#国家机关	3 288	—	933	1 631
政党机关	—	—	—	—
其他行业	1 364	—	1 364	—

6—26 国民经济各行业更新改造施工、投产项目个数

（1999年）

行　　业	施工项目（个）	#新开工	全部建成投产项目（个）	项目建成投产率（%）
全　省　总　计	**2 460**	**2 007**	**1 822**	**74.1**
农、林、牧、渔业	5	4	—	—
农　　业	2	2	—	—
林　　业	—	—	—	—
畜　牧　业	2	2	—	—
渔　　业	1	—	—	—
农、林、牧、渔服务业	—	—	—	—
采　掘　业	162	132	126	77.8
煤炭采选业	136	116	108	79.4
石油和天然气开采业	1	1	1	100.0
黑色金属矿采选业	8	3	5	62.5
有色金属矿采选业	11	8	8	72.7
非金属矿采选业	6	4	4	66.7
其他矿采选业	1	1	1	100.0
木材及竹材采远业	—	—	—	—
制　造　业	917	674	549	59.9
食品加工业	41	34	32	78.0
食品制造业	16	13	11	68.8
饮料制造业	29	20	9	31.0
烟草加工业	4	3	2	50.0
纺　织　业	24	16	11	45.8
服装及其他纤维制品制造	3	2	1	33.3
皮革、毛皮羽绒及其制品业	—	—	—	—
木材加工及竹藤棕草制品业	8	7	6	75.0
家俱制造业	5	3	2	40.0
造纸及纸制品业	13	12	9	69.2
印刷业记录媒介的复制	9	7	8	88.9
文教体育用品制造业	1	—	1	100.0
石油加工及炼焦业	105	80	70	66.7
化学原料及制品制造业	132	107	83	62.9
医药制造业	12	7	6	50.0
化学纤维制造业	11	10	1	9.1
橡胶制品业	8	3	4	50.0
塑料制品业	12	11	8	66.7
非金属矿物制品业	39	28	22	56.4
黑色金属冶炼及压延加工业	159	126	104	65.4

6—26 续表 1　　(1999 年)　　单位:万元

行　　业	施工项目(个)	#新开工	全部建成投产项目(个)	项目建成投产率(%)
有色金属冶炼及压延加工业	19	10	13	68.4
金属制品业	19	16	6	31.6
普通机械制造业	44	21	21	47.7
专用设备制造业	34	21	15	44.1
交通运输设备制造业	88	55	49	55.7
电气机械及器材制造业	29	19	17	58.6
电子及通信设备制造业	19	12	10	52.6
仪器仪表文化办公用机械	5	3	2	40.0
其他制造业	3	3	2	66.7
电力、煤气及水生产供应业	308	262	218	70.8
电力、蒸气、热水生产和供应业	298	253	211	70.8
煤气的生产和供应业	6	5	4	66.7
自来水的生产和供应业	4	4	3	75.0
建筑业	38	34	35	92.1
土木工程建筑业	37	34	34	91.9
线路、管道和设备安装业	1	—	1	100.0
建筑物的装修装饰企业	—	—	—	—
地质勘查水利管理业	1	—	—	—
地质勘查业	—	—	—	—
水利管理业	1	—	—	—
交通运输、仓储及邮电通信业	881	777	790	89.7
铁路运输业	94	87	83	88.3
公路运输业	2	2	1	50.0
管道运输业	100	99	99	99.0
水上运输业	—	—	—	—
航空运输业	—	—	—	—
交通运输辅助业	107	84	94	87.9
其他交通运输业	2	2	1	50.0
仓储业	1	1	1	100.0
邮电邮信业	575	502	511	88.9
批发和零售贸易餐饮业	33	25	22	66.7
食品饮料烟草和家庭用品批发业	12	11	10	83.3
能源材料和机械电子设备批发业	2	1	2	100.0

6—26 续表 2　　(1999 年)　　单位:万元

行业	施工项目(个)	#新开工	全部建成投产项目(个)	项目建成投产率(%)
其他批发业	2	1	1	50.0
零售业	12	8	5	41.7
商业经纪与代理业	—	—	—	—
餐饮业	5	4	4	80.0
金融、保险业	3	2	2	66.7
金融业	3	2	2	66.7
保险业	—	—	—	—
房地产业	4	3	4	100.0
房地产开发与经营业	4	3	4	100.0
房地产管理业	—	—	—	—
房地产代理与经纪业	—	—	—	—
社会服务业	57	54	54	94.7
公共服务业	51	51	50	98.0
居民服务业	—	—	—	—
旅馆业	6	3	4	66.7
租赁服务业	—	—	—	—
旅游业	—	—	—	—
娱乐服务业	—	—	—	—
信息、咨询服务业	—	—	—	—
计算机应用服务业	—	—	—	—
其他社会服务业	—	—	—	—
卫生体育和社会福利业	1	1	—	—
卫生	1	1	—	—
体育	—	—	—	—
社会福利保障业	—	—	—	—
教育、文化艺术和广播电影电视业	1	1	1	100.0
教育	1	1	1	100.0
文化艺术业	—	—	—	—
广播、电影、电视业	1	1	1	100.0
科学研究和综合技术服务业	34	25	10	29.4
科学研究业	—	—	—	—
综合技术服务业	34	25	10	29.4
国家机关、政党机关和社会团体	14	12	11	78.6
#国家机关	14	12	11	78.6
政党机关	—	—	—	—
其他行业	1	1	—	—

6—27 国民经济各行业更新改造投资和新增固定资产

(1999 年)

行业	投资额（万元）	新增固定资产（万元）	固定资产交付使用率（%）
全省总计	**2 609 314**	**1 512 220**	**58.0**
农、林、牧、渔业	2 768	2 591	93.6
农业	165	—	—
林业	—	—	—
畜牧业	260	—	—
渔业	1 843	2 091	—
农、林、牧、渔服务业	500	500	113.5
采掘业	397 093	355 217	100.0
煤炭采选业	45 137	38 446	89.5
石油和天然气开采业	330 059	291 722	85.2
黑色金属矿采选业	17 758	20 897	88.4
有色金属矿采选业	2 426	2 870	117.7
非金属矿采选业	1 713	1 282	118.3
其他矿采选业	440	440	100.0
木材及竹材采远业	—	—	—
制造业	1 182 460	548 049	46.3
食品加工业	22 873	16 744	73.2
食品制造业	6 869	5 790	84.3
饮料制造业	20 157	10 163	50.4
烟草加工业	6 067	5 230	86.2
纺织业	15 058	6 477	43.0
服装及其他纤维制品制造	1 250	700	56.0
皮革、毛皮羽绒及其制品业	—	—	—
木材加工及竹藤棕草制品业	3 829	2 398	62.6
家俱制造业	2 426	1 540	63.5
造纸及纸制品业	3 432	2 138	62.3
印刷业记录媒介的复制	8 209	7 456	90.8
文教体育用品制造业	1 284	3 984	310.3
石油加工及炼焦业	140 425	112 269	79.9
化学原料及制品制造业	120 366	44 295	36.8
医药制造业	9 087	7 944	87.4
化学纤维制造业	24 331	8 668	35.6
橡胶制品业	15 002	12 969	86.4
塑料制品业	4 296	3 864	89.9
非金属矿物制品业	16 446	35 072	213.3
黑色金属冶炼及压延加工业	418 323	81 274	19.4

6—27 续表 1　　　　　　　　（1999 年）

行　　　　业	投　资　额 （万元）	新增固定资产 （万元）	固定资产 交付使用率 （%）
有色金属冶炼及压延加工业	18 193	16 705	91.8
金属制品业	26 989	24 886	92.2
普通机械制造业	142 623	34 876	24.5
专用设备制造业	13 219	11 101	84.0
交通运输设备制造业	67 000	44 278	66.1
电气机械及器材制造业	35 010	14 318	40.9
电子及通信设备制造业	32 943	28 562	86.7
仪器仪表文化办公用机械	2 459	570	23.2
其他制造业	610	610	100.0
电力、煤气及水生产供应业	112 959	63 345	56.1
电力、蒸气、热水生产和供应业	109 210	61 047	55.9
煤气的生产和供应业	2 760	1 835	66.5
自来水的生产和供应业	989	463	46.8
建筑业	8 938	8 757	98.0
土木工程建筑业	8 705	8 524	97.9
线路、管道和设备安装业	233	233	100.0
建筑物的装修装饰企业	—	—	—
地质勘查水利管理业	65	65	100.0
地质勘查业	—	—	—
水利管理业	65	65	100.0
交通运输、仓储及邮电通信业	862 922	471 552	54.6
铁路运输业	94 432	81 418	86.2
公路运输业	17 905	29 110	162.6
管道运输业	19 108	18 530	97.0
水上运输业	2 811	2 811	100.0
航空运输业	—	—	—
交通运输辅助业	41 034	35 437	86.4
其他交通运输业	1 740	1 540	88.5
仓储业	200	200	100.0
邮电邮信业	685 692	302 506	44.1
批发和零售贸易餐饮业	11 072	15 839	143.1
食品饮料烟草和家庭用品批发业	7 388	6 438	87.1
能源材料和机械电子设备批发业	270	674	249.6

6—27 续表 2 （1999 年）

行业	投资额（万元）	新增固定资产（万元）	固定资产交付使用率（%）
其他批发业	297	223	75.1
零售业	1 936	7 904	408.3
商业经纪与代理业	—	—	—
餐饮业	1 181	600	50.8
金融、保险业	3 954	3 290	83.2
金融业	3 954	3 290	83.2
保险业	—	—	—
房地产业	1 387	1 387	100.0
房地产开发与经营业	1 387	1 387	100.0
房地产管理业	—	—	—
房地产代理与经纪业	—	—	—
社会服务业	15 472	34 365	222.1
公共服务业	9 257	7 286	78.7
居民服务业	—	—	—
旅馆业	6 067	26 931	443.9
租赁服务业	—	—	—
旅游业	—	—	—
娱乐服务业	—	—	—
信息、咨询服务业	98	98	100.0
计算机应用服务业	50	50	100.0
其他社会服务业	—	—	—
卫生体育和社会福利业	96	62	64.6
卫生	96	62	64.6
体育	—	—	—
社会福利保障业	—	—	—
教育、文化艺术和广播电影电视业	620	620	100.0
教育	270	270	100.0
文化艺术业	—	—	—
广播、电影、电视业	350	350	100.0
科学研究和综合技术服务业	4 856	4 856	100.0
科学研究业	—	—	—
综合技术服务业	4 856	4 856	100.0
国家机关、政党机关和社会团体	3 288	2 225	67.7
#国家机关	3 288	2 225	67.7
政党机关	—	—	—
其他行业	1 364	—	—

6—28 各地区更新改造施工、投产项目数和新增固定资产

年份、地区	施工项目（个）	全部建成投产项目（个）	项目建成投产率（%）	新增固定资产（万元）	固定资产交付使用率（%）
1985	5 875	3 398	57.8	284 316	66.1
1986	6 550	3 921	59.8	455 525	72.1
1987	5 998	3 683	61.4	596 001	78.4
1988	5 701	3 461	60.7	60 460	64.1
1989	3 803	2 319	61.7	597 293	78.6
1990	3 561	2 199	61.8	674 744	98.6
1991	4 350	2 783	64.0	761 000	86.0
1992	4 974	3 313	66.6	850 229	73.8
1993	3 846	2 534	65.9	1 274 192	71.7
1994	3 632	2 485	68.4	1 660 486	70.2
1995	3 030	2 159	71.3	1 788 344	82.4
1996	2 685	1 797	66.9	1 502 488	74.8
1997	2 467	1 677	68.0	2 149 561	89.0
1998	2 289	1 520	66.5	2 221 987	85.5
1999	2 460	1 822	74.1	1 512 220	58.0
沈阳	391	247	63.2	208 072	54.5
大连	395	319	80.8	320 100	131.7
鞍山	192	139	72.4	94 484	25.2
抚顺	220	115	52.3	63 284	37.0
本溪	112	67	59.8	44 764	36.3
丹东	29	14	48.3	22 756	68.0
锦州	205	181	88.3	61 229	69.3
营口	85	61	71.8	52 279	85.2
阜新	134	115	85.8	27 074	84.2
辽阳	237	223	94.1	88 639	115.4
盘锦	27	15	55.6	301 342	87.8
铁岭	170	142	83.5	65 223	89.4
朝阳	57	35	61.4	19 224	58.3
葫芦岛	68	53	77.9	26 290	32.9

6—29 按用途分的更新改造投资和房屋建筑面积

年份、地区	更新改造投资额(亿元)						房屋建筑面积(万平方米)			
	增产	节约措施	增加品种	提高产品质量	三废治理	其他	施工面积	#住宅	竣工面积	#住宅
1985	14.13	1.90	5.43	2.67	1.79	17.08	647.7	241.2	303.0	120.7
1986	19.91	3.64	9.67	6.52	1.31	22.17	946.3	435.2	483.0	244.1
1987	23.85	4.00	9.86	5.12	1.02	31.42	1 075.9	502.4	559.6	268.7
1988	40.91	3.69	11.30	5.51	1.50	26.14	1 045.5	427.2	551.3	240.0
1989	34.28	2.53	9.97	3.25	1.37	23.64	709.1	261.5	360.3	138.9
1990	26.72	3.93	9.86	3.40	1.26	23.21	550.7	192.6	295.6	105.0
1991	29.45	2.54	13.19	6.39	2.13	34.78	576.6	194.4	284.7	92.2
1992	38.91	2.29	16.47	6.79	2.56	48.26	692.8	235.4	289.0	115.7
1993	65.80	3.91	21.35	11.23	2.31	72.56	679.8	204.5	295.9	108.6
1994	86.61	12.05	24.60	14.79	3.75	94.95	635.3	186.4	254.2	91.2
1995	83.10	6.60	24.00	17.00	2.60	87.7	575.3	217.6	161.1	120.6
1996	84.59	3.88	30.90	11.90	3.45	66.15	216.9	88.0	107.9	57.4
1997	91.25	6.60	21.88	16.12	4.44	101.09	213.0	83.5	99.3	52.9
1998	85.56	12.04	25.19	31.67	4.87	100.46	264.8	51.8	163.6	44.7
1999	86.63	8.83	29.08	26.44	6.39	103.57	162.6	22.8	86.8	21.2
沈阳	19.32	0.63	5.92	2.10	0.12	10.10	58.00	—	20.73	—
大连	2.41	0.09	2.11	1.16	0.98	17.54	26.4	1.4	13.08	1.4
鞍山	1.51	1.35	8.22	19.17	1.45	5.82	5.1	1.3	3.9	1.3
抚顺	6.86	4.37	0.36	2.03	1.21	2.29	5.3	1.9	3.6	1.6
本溪	6.37	0.67	0.61	0.17	1.72	2.76	4.0	0.4	1.8	0.4
丹东	2.24	1.04	—	—	0.07	0.01	1.0	—	—	—
锦州	2.83	0.25	0.75	0.48	0.10	4.41	9.63	—	4.32	—
营口	2.88	0.06	0.32	0.58	0.15	2.14	3.1	—	2.0	—
阜新	1.29	0.16	0.19	0.22	0.02	1.33	5.2	0.4	2.4	0.4
辽阳	4.23	—	—	0.13	0.06	3.27	3.4	—	3.3	—
盘锦	22.99	0.14	10.26	0.23	0.04	0.64	0.6	—	0.5	—
铁岭	5.13	0.05	0.19	0.07	0.26	1.60	10.9	0.2	7.2	0.2
朝阳	2.54	—	0.13	0.10	—	0.52	5.1	2.1	2.0	0.8
葫芦岛	6.01	0.01	—	—	0.20	1.75	6.2	2.3	3.5	2.3

6—30 更新改造新增主要产品生产能力

能力名称	单位	1995年	1996年	1997年	1998年	1999年
原煤开采	万吨/年	—		15		9
原油开采	万吨/年	—	5	—		—
天然气开采	亿立方米/年	—		—		—
石油加工	万吨/年	85		—		50
炼铁	万吨/年	50		—		—
炼钢	万吨/年	84	24	—		6
钢材	万吨/年	57	22	70	20	302
发电机组容量	万千瓦/年	—	20	20		1
11万伏输电线路	公里	12	26	54	41	—
11万伏输变电设备	万千伏安/年	—	7	40	7	6
水泥	万吨/年	—	75	21		53
平板玻璃	万重量箱/年	30	44	216		—
合成氨	吨/年	643 854	5 050		15 000	
化学农药	吨/年	60			500	
乙烯	吨/年	—	25 000		60 000	
塑料树脂及共聚物	吨/年	300		8 200	450	
轮胎外胎	万条/年	3				90
轮胎内胎	万条/年	28	28			70
金属切削机床	台/年	1 266		6 080		
汽车制造	辆/年	4 004				
化学纤维	吨/年	2 000	12 000	1 000	8 750	
棉纺锭	锭	20 000				22 000
毛纺锭	锭	—				
原盐	万吨/年	24				
啤酒	吨/年	100 000	103 000	133 000	40 500	20 000
机制纸及纸板	万吨/年	—		6	2	
新建公路	公里	—	—			
改建公路	公里	—	3			126
新(扩)建港口码头	年吞吐量万吨	—		2	20	
市内电话自动交换机	门	1 135 968	953 600	739 576	527 845	650 000
长途自动电话交换设备	路端	48 114	44 400	10 000	6 600	
商业冷藏库	万吨	—				
商业饮食服务网点	处	26	13	26	4	—
	平方米	172 356	32 402	5 837	102 034	—
各类学校学生席位	个	2 830	2 150	3 330		—

6—31 国有单位其他固定资产投资

指　　标	1985年	1990年	1995年	1998年	1999年
一、投资额(万元)	**112 666**	**219 195**	**374 326**	**165 124**	**285 303**
1.按资金来源分					
国家预算内投资		29	1 057	2 927	5 253
国内贷款		419	1 850	7 894	10 514
利用外资		—	—	—	—
自筹投资		217 487	365 801	153 971	257 611
其他投资		1 260	5 618	332	11 925
2.按构成分					
建筑安装工程	79 804	173 714	352 187	154 913	280 180
设备、工具、器具购置	29 534	32 881	21 405	6 063	1 465
其他费用	3 328	12 600	734	4 148	3 658
3.按用途分					
生产性建设	88 551	21 806	270 624		
非生产性建设	24 115	1 129	103 702		
#住宅	2 497	218	5	—	26 534
二、房屋建设面积(万平方米)					
施工面积	52.99	139.91	1.6	1.6	42.3
竣工面积	39.50	83.39	1.3	1.6	42.3
#住宅	9.70	41.89	0.5	—	33.3

6—32 按构成和用途分的各地区国有单位其他投资

(1999年)

地区	投资额(万元)	按构成分			按建设性质分		
		建安工程	设备工具购置	其他	新建	扩建	改建
全省	**285 303**	**280 180**	**1 465**	**3 658**	**2 261**	**201 126**	**81 387**
沈阳	1 323	1 323	—	—	1 323	—	—
大连	—	—	—	—	—	—	—
鞍山	—	—	—	—	—	—	—
抚顺	4 138	3 982	156	—	—	3 982	—
本溪	48	—	48	—	—	—	—
丹东	10 897	10 897	—	—	—	—	10 897
锦州	18 112	18 112	—	—	—	—	18 112
营口	6 254	6 254	—	—	—	—	6 254
阜新	15 099	12 872	721	1 506	—	1 050	13 713
辽阳	—	—	—	—	—	—	—
盘锦	192 202	192 002	200	—	50	191 952	200
铁岭	34 032	31 629	251	2 152	788	1 623	31 621
朝阳	2 608	2 519	89	—	—	2 519	—
葫芦岛	590	590	—	—	—	—	590

6—33 城镇集体固定资产投资主要指标

	1990 年	1995 年	1996 年	1997 年	1998 年	1999 年
一、投资总额(万元)	**75 112**	**121 110**	**122 832**	**143 733**	**157 621**	**137 201**
1.按资金来源分						
国家预算内投资	644	746	887	1 064	52	1 595
国内贷款	25 811	32 292	27 645	38 703	31 430	26 921
利用外资	4 940	1 818	1 961	1 531	754	819
自筹投资	38 270	72 408	71 690	85 022	97 622	71 932
其他投资	5 447	13 846	12 432	17 413	27 763	35 934
2.按构成分						
建筑安装工程	39 474	64 745	69 038	81 414	110 589	94 441
设备、工具、器具购置	32 210	43 128	44 465	38 733	34 003	32 753
其他费用	3 428	13 237	9 329	23 586	13 029	10 007
3.按用途分						
生产性建设	58 730	93 888	99 157	113 575	—	
非生产性建设	16 382	27 222	23 675	30 158	—	
#住宅	11 192	11 736	12 836	13 774	28 072	17 885
4.按建设性质分						
新建	4 524	25 173	37 311	44 692	50 779	58 184
扩建	28 295	55 268	33 029	51 739	59 976	38 264
改建	30 603	25 459	34 127	32 915	28 642	31 785
二、本年新增固定资产(万元)	**74 205**	**78 224**	**84 441**	**106 524**	**132 270**	**116 932**
三、建设项目(个)						
施工项目	904	553	446	363	330	265
建成投产项目	563	388	273	226	240	173
四、房屋建筑面积(万平方米)						
施工面积	139.9	89.8	98.3	101.7	154.4	103.4
竣工面积	83.4	42.1	48.4	55.1	104.2	63.4
#住宅	41.9	16.0	16.8	17.6	32.3	23.8

6—34 各地区城镇集体单位按国民

(19

地区	合计	农、林、牧、渔业	采掘业	制造业	电力、煤气及水的生产和供应业	建筑业	地质勘察业水利管理业	交通运输仓储和邮电通信业
全省	**137 201**	**22 991**	**3 001**	**52 806**	**100**	**10 744**	**325**	**2 176**
沈阳	34 902	22 691	—	3 625	—	3 514	—	—
大连	26 905	—	—	7 474	—	670	—	1 540
鞍山	17 512	—	538	10 216	100	310	300	606
抚顺	805	—	—	230	—	310	25	—
本溪	850	—	380	320	—	—	—	—
丹东	5 022	—	610	829	—	798	—	—
锦州	13 090	—	—	5 795	—	3 050	—	—
营口	6 158	—	—	3 309	—	559	—	—
阜新	3 629	—	53	2 045	—	188	—	—
辽阳	5 839	300	—	3 698	—	445	—	—
盘锦	9 551	—	—	8 951	—	—	—	—
铁岭	9 177	—	1 420	3 762	—	900	—	—
朝阳	2 022	—	—	1 252	—	—	—	30
葫芦岛	1 739	—	—	1 300	—	—	—	—

经济行业分的固定资产投资

99 年）

单位：万元

批发零售贸易和餐饮业	金融、保险业	房地产业	社会服务业	卫生体育和社会福利业	教育、文化艺术和广播电影电视业	科学研究和综合技术服务事业	国家机关政党机关社会团体	其他行业
20 305	**6 006**	**3 192**	**8 755**	**606**	**1 582**	**720**	**1 630**	**2 262**
1 390	—	—	1 030	—	1 310	620	290	432
6 616	—	1 180	6 785	—	100	—	860	1 680
4 112	930	—	400	—	—	—	—	—
90	—	—	—	—	—	—	—	150
70	80	—	—	—	—	—	—	—
1 300	1 065	—	420	—	—	—	—	—
1 179	626	1 840	—	600	—	—	—	—
2 290	—	—	—	—	—	—	—	—
1 042	220	—	—	6	75	—	—	—
1 396	—	—	—	—	—	—	—	—
600	—	—	—	—	—	—	—	—
220	2 606	172	—	—	97	—	—	—
—	360	—	—	—	—	—	380	—
—	119	—	120	—	—	100	100	—

6—35 按用途、构成分的各地区城镇集体单位固定资产投资

(1999 年)

地区	投资额合计(万元)	按建设性质分			按构成分		
		新建	扩建	改建	建筑安装工程	设备工具器具购置	其他费用
全省	**137 201**	**58 184**	**38 264**	**31 785**	**94 441**	**32 753**	**10 007**
沈阳	34 902	26 791	6 751	950	31 458	1 340	2 104
大连	26 905	6 558	8 675	10 950	20 137	4 432	2 336
鞍山	17 512	4 303	5 692	5 821	9 912	6 807	793
抚顺	805	375	—	305	665	140	—
本溪	850	—	150	220	330	520	—
丹东	5 022	3 782	1 160	80	4 122	900	—
锦州	13 090	—	7 115	5 025	9 425	1 164	2 501
营口	6 158	5 036	467	590	4 269	1 349	540
阜新	3 629	1 893	1 033	703	1 816	1 540	273
辽阳	5 839	4 376	1 463	—	3 931	814	1 094
盘锦	9 551	392	800	5 451	1 058	8 493	—
铁岭	9 177	4 017	2 826	722	5 605	3 290	282
朝阳	2 022	222	832	968	1 384	604	34
葫芦岛	1 739	439	1 300	—	329	1 360	50

6—36 分地区的城镇集体单位施工面积和项目个数

(1999 年)

单位:万 m²、个

地区	施工面积	住宅	竣工面积	住宅	施工项目个数	投产项目个数
全省	**103.4**	**33.6**	**63.4**	**23.8**	**265**	**173**
沈阳	20.5	6.3	9.3	3.6	35	24
大连	21.3	5.2	12.8	2.1	33	16
鞍山	13.0	2.1	7.8	2.1	45	31
抚顺	1.7	1.2	0.5	—	11	5
本溪	0.4	0.2	0.3	0.2	4	3
丹东	5.0	3.5	4.0	3.0	14	11
锦州	19.1	8.9	13.6	8.7	17	14
营口	5.0	1.0	3.4	0.8	12	7
阜新	2.0	0.5	1.2	0.2	21	15
辽阳	3.9	0.5	3.9	0.5	9	8
盘锦	1.2	0.1	1.2	0.1	25	14
铁岭	7.2	2.8	3.8	2.2	22	15
朝阳	2.6	1.5	1.3	0.3	11	8
葫芦岛	0.3	—	0.2	—	6	2

6—37 城镇和工矿区私人建房情况

年份	竣工房屋面积（万平方米）	住宅	竣工房屋价值（万元）	住宅	城镇工矿区个数（个）	建房户数（户）
1981	78.0	76.0	5 431	5 355	—	—
1982	71.3	71.1	6 090	6 074	93	—
1983	78.8	78.7	6 932	6 896	124	15 121
1984	82.3	78.6	7 108	6 892	89	14 982
1985	95.9	95.5	10 807	10 767	106	18 770
1986	176.9	173.9	22 971	22 609	169	30 524
1987	214.7	211.4	34 657	33 753	271	34 138
1988	272.7	270.2	54 307	53 780	215	42 343
1989	282.0	278.4	65 370	64 269	207	40 993
1990	205.4	202.0	52 836	52 249	218	31 415
1991	212.7	202.1	60 227	56 911	223	31 896
1992	246.2	220.6	77 803	70 278	222	33 367
1993	278.6	258.8	141 727	129 396	224	41 061
1994	265.4	240.6	124 869	105 684	239	31 539
1995	294.1	277.7	138 205	127 142	254	37 191
1996	304.2	264.5	173 362	141 515	276	37 627
1997	222.6	188.5	152 892	108 616	292	25 753
1998	256.9	216.3	150 148	124 145	273	27 525
1999	279.9	228.3	156 838	120 412	277	27 539

6—38 农村集体固定资产投资主要指标

指　　　标	1995 年	1996 年	1997 年	1998 年	1999 年
一、投　资　总　额(万元)	**594 067**	**702 545**	**632 185**	**800 819**	**750 697**
1.按资金来源分					
国　家　资　金	8 292	6 991	8 168	12 620	27 211
国　内　贷　款	100 648	92 337	75 110	49 940	38 893
引　进　外　资	73 745	123 915	99 065	112 150	54 562
自　筹　资　金	353 521	397 167	362 157	538 776	553 626
群　众　集　资	23 184	31 408	34 315	30 213	29 345
其　他　资　金	34 677	50 727	53 370	57 120	47 060
2.按　构　成　分					
建筑安装工程	343 283	394 362	348 375	463 378	438 701
设备、工具、器具购置	219 342	282 179	225 906	269 375	243 590
其　他　费　用	31 442	26 004	57 904	68 066	68 406
3.按建设性质分					
#新　　　建	312 185	461 652	333 847	488 884	417 077
扩　　　建	202 159	152 102	174 549	148 750	204 467
改　　　建	55 192	63 501	92 210	124 732	83 391
二、新增固定资产(万元)	**524 409**	**629 846**	**577 018**	**749 290**	**653 862**
三、项　目　个　数(个)					
本年施工项目	4 826	5 441	5 743	10 370	5 585
#新开工	4 448	5 028	5 507	10 105	5 288
本年投产项目个数	4 443	4 964	5 480	10 012	5 158
四、房屋建设面积(万平方米)					
施　工　面　积	313.2	346.2	316.5	360.8	390.3
#住　　　宅	44.8	56.8	53.0	78.2	60.0
竣　工　面　积	280.6	308.2	293.8	344.9	317.8
#住　　　宅	39.6	47.7	43.6	73.6	50.6

6—39 农村个人固定资产投资和建房

年份	投资总额（万元）	非生产性投资	#住宅	生产性固定资产投资	竣工房屋建筑面积（万平方米）	#住宅
1981	72 106	72 106	67 481	—	1 660.6	1 554.1
1982	51 990	51 990	49 521	—	1 418.5	1 341.0
1983	87 980	84 980	71 704	3 000	2 069.6	1 687.2
1984	120 982	71 719	64 231	49 263	1 281.7	1 125.4
1985	149 623	85 955	79 438	63 668	1 232.3	1 111.9
1986	202 154	149 906	119 793	52 248	1 819.0	1 578.0
1987	205 230	149 574	120 083	55 656	2 094.0	1 917.6
1988	269 548	173 468	148 363	96 080	1 454.8	1 168.2
1989	276 919	200 609	186 550	76 310	1 463.7	1 286.2
1990	175 251	124 873	120 798	50 378	1 080.9	1 013.4
1991	291 711	230 519	223 903	61 192	1 739.0	1 558.0
1992	230 000	171 157	154 199	58 843	1 355.0	1 129.0
1993	224 839	115 837	111 490	109 002	1 031.0	874.0
1994	286 254	193 310	176 292	92 944	970.6	838.7
1995	351 000	235 960	193 767	115 040	804.0	618.0
1996	420 464	264 306	219 248	156 158	953.0	802.0
1997	357 515	224 736	192 938	132 779	820.0	784.0
1998	685 042	430 622	244 074	254 420	705.1	484.4
1999	917 198	426 786	393 099	490 412	1 061.8	799.3

注：本表为抽样调查推算数。

6—40 按资金来源分房地产开发建设投资

指　　标	1990年	1995年	1996年	1997年	1998年	1999年
一、投资总额(万元)	**195 678**	**1 631 678**	**1 354 493**	**1 399 122**	**1 503 829**	**1 822 042**
1.国家预算内资金	162	14 712	7 195	10 790	10 639	4 979
2.国　内　贷　款	50 780	391 849	275 031	316 842	296 714	366 667
3.利　用　外　资	784	92 275	105 113	1 172 258	90 596	65 197
4.自筹和其它投资	144 042	1 132 842	967 154	954 232	1 105 880	1 385 199
二、构　　成(%)						
1.国家预算内投资	0.1	0.9	0.5	0.8	0.7	0.3
2.国　内　贷　款	26.0	24.0	20.3	22.6	19.7	20.1
3.利　用　外　资	0.3	5.7	7.8	8.4	6.0	3.6
4.自筹和其他投资	73.6	69.4	71.4	68.2	73.6	76.0

6—41 房地产开发建设房屋建筑面积及竣工率

单位:万平方米

指　　标	1990年	1995年	1996年	1997年	1998年	1999年
施　工　面　积	864.4	2 876.5	2 400.0	2 216.8	2 371.7	2 614.5
#住　　宅	757.4	2 026.9	1 648.8	1 586.5	1 752.4	1 929.6
竣　工　面　积	460.7	1 118.4	891.2	924.8	1 007.7	1 277.8
#住　　宅	407.1	934.5	719.1	768.9	850.7	1 057.6
全部房屋竣工率(%)	53.3	38.9	37.1	41.7	42.5	48.9
#住　　宅	53.7	46.1	43.6	48.5	48.5	54.8

6—42 房地产开发建设基本情况

单位:万元

指　　　　标	1990 年	1995 年	1996 年	1997 年	1998 年	1999 年
1.房地产开发投资额	195 768	1 631 678	1 354 493	1 399 122	1 503 829	1 822 042
商品房屋开发投资额	195 768	1 280 379	1 125 755	1 079 309	1 182 347	1 467 923
土地开发投资额	—	174 746	93 102	118 385	143 167	164 817
2.土地开发面积(万平方米)	131	1 234	299.4	326.1	364.4	463.1
3.商品房屋竣工价值	166 268	940 813	874 154	854 052	924 671	1 249 686
# 住　　　宅	155 355	694 327	559 273	631 120	731 691	952 592
4.商品房屋销售额	—	857 012	747 950	755 266	1 198 862	1 479 449
# 住　　　宅	—	595 574	277 359	609 862	971 718	1 178 600
5.商品房屋销售面积(万平方米)	194.5	491.9	512.0	460.0	664.7	770.9
# 住　　　宅	185.9	421.8	219.0	401.7	577.2	671.9
6.资 本 金 合 计	—	1 014 137	1 249 751	1 655 344	1 503 077	1 556 418
7.资　产　总　计	—	5 591 101	5 677 527	6 684 182	7 207 508	7 828 546
8.负　债　总　计	—	4 547 958	4 587 081	5 392 904	6 006 668	6 347 925
9.所 有 者 权 益	—	1 043 143	1 090 446	1 291 278	1 200 840	1 480 621
10.经 营 总 收 入	—	937 495	852 940	947 944	1 270 884	1 514 719
①土地转让收入	—	18 912	18 041	11 740	16 176	21 246
②商品房销售收入	—	857 012	779 087	873 343	1 177 986	1 419 063
③其 他 收 入	—	61 571	53 113	59 135	57 130	63 074
11.经营税金与利润	—	68 032	−11 731	−99 576	−30 087	7 792

6—43 按构成分房地产开发建设投资

年份	绝对数(万元)			比重(以投资总额为100)		
	建筑安装工程	设备、工具器具购置	其他费用	建筑安装工程	设备、工具器具购置	其他费用
1990年	172 746	1 581	21 441	88.2	0.8	11.0
1991年	192 213	1 193	29 927	86.1	0.5	13.4
1992年	381 731	2 800	72 174	83.6	0.6	15.8
1993年	968 190	13 229	149 767	85.6	1.2	13.2
1994年	1 209 700	32 809	259 860	80.5	2.2	17.3
1995年	1 242 186	37 311	352 181	76.1	2.3	21.6
1996年	1 044 825	52 924	256 744	77.1	3.9	19.0
1997年	1 053 230	50 076	295 816	75.3	3.6	21.1
1998年	1 138 002	69 389	296 438	75.7	4.6	19.7
1999年	1 375 213	51 477	395 352	75.5	2.8	21.7

6—44 按用途分房地产开发建设投资

年份	绝对数(万元)			比重(以投资总额为100)		
	生产性建设	非生产性建设	#住宅	生产性建设	非生产性建设	#住宅
1990年	19 070	176 698	141 742	9.7	90.3	72.4
1991年	8 712	214 621	188 827	3.9	96.1	84.5
1992年	20 853	435 852	382 054	4.6	93.4	83.7
1993年	119 249	1 011 937	818 094	10.5	89.5	72.3
1994年	223 639	1 278 730	896 233	14.9	85.1	59.7
1995年	370 324	1 261 354	916 143	22.7	77.3	56.1
1996年	233 911	1 120 582	753 373	17.3	82.7	55.6
1997年	236 173	1 162 949	825 217	16.9	83.1	59.0
1998年	266 815	1 237 014	988 421	17.7	82.3	65.7
1999年	318 029	1 504 013	1 212 776	17.5	82.5	66.6

6—45 各地区房地产开发企业基本情况

（1999 年）

地区	开发公司个数（个）	#国有经济	#集体经济	#外商投资经济	#港澳台投资经济	年平均职工人数（人）
全省	**1 222**	**356**	**186**	**70**	**109**	**40 694**
沈阳	326	87	16	30	48	8 805
大连	390	102	86	31	46	11 072
鞍山	83	25	13	1	6	2 683
抚顺	47	21	5	1	2	1 028
本溪	32	14	4	—	1	2 521
丹东	57	15	14	2	3	3 007
锦州	41	11	13	1	—	1 209
营口	81	19	17	2	2	3 322
阜新	26	19	3	—	1	901
辽阳	49	11	3	—	—	1 043
盘锦	9	4	—	—	—	555
铁岭	31	13	5	—	—	1 041
朝阳	22	8	3	1	—	1 693
葫芦岛	28	7	4	1	—	1 814

6—46 各地区房地产开发经营情况

（1999 年）　　单位：万元

地区	经营总收入	土地转让收入	商品房屋销售收入	房屋出租收入	其他收入	经营税金及附加	利润总额
全省	**1 514 719**	**21 246**	**1 419 063**	**11 336**	**63 074**	**67 344**	**−59 552**
沈阳	347 649	2 103	327 738	6 463	11 345	18 224	−16 268
大连	619 176	13 184	569 084	3 084	33 824	25 162	−21 943
鞍山	81 879	—	80 978	138	763	3 049	−2 817
抚顺	34 042	128	33 873	—	41	1 443	232
本溪	38 794	483	29 359	90	8 862	1 908	−6 374
丹东	107 779	—	105 993	—	1 786	3 047	1 693
锦州	71 086	4 226	65 236	1 495	129	3 512	−96
营口	51 828	—	51 118	44	666	3 331	−7 977
阜新	37 927	150	36 985	14	778	1 452	−2 296
辽阳	34 710	198	33 688	—	824	1 730	−141
盘锦	8 470	—	8 230	—	240	744	−1 928
铁岭	23 467	289	22 874	—	304	1 127	−708
朝阳	17 454	309	16 875	8	262	891	−383
葫芦岛	40 458	176	37 032	—	3 250	1 724	−546

6—47 各地区商品房屋销售情况

(1999 年)

地区	实际销售商品房屋面积(平方米)	#住宅	个人购买商品住宅(平方米)	商品房屋销售额(万元)	#住宅
全省	**7 709 590**	**6 718 653**	**5 225 186**	**1 479 449**	**1 178 600**
沈阳	1 491 007	1 196 503	896 494	416 313	291 585
大连	2 409 717	2 198 173	1 722 154	561 184	483 371
鞍山	505 751	462 327	310 798	82 090	69 157
抚顺	266 159	243 550	86 460	36 047	29 640
本溪	205 392	194 384	63 586	33 465	30 230
丹东	345 375	300 892	232 857	49 760	40 543
锦州	507 682	434 484	434 484	77 757	61 884
营口	599 055	520 587	451 360	65 354	52 600
阜新	224 844	201 647	191 818	26 011	20 361
辽阳	253 450	216 326	208 546	33 688	25 733
盘锦	115 120	95 450	34 750	11 383	8 019
铁岭	254 244	221 968	221 968	24 327	19 849
朝阳	161 715	147 033	126 612	16 950	15 142
葫芦岛	370 079	285 329	243 299	45 120	30 486

6—48 各地区房地产开发建设总规模及完成情况

(1999 年)　　单位:万元

地区	计划总投资	实际需要总投资	自开始建设至本年底累计完成投资	#本年完成
全省	**6 182 166**	**7 328 005**	**4 363 263**	**1 822 042**
沈阳	2 063 850	2 378 812	1 624 867	517 519
大连	2 886 319	3 637 293	1 827 654	675 750
鞍山	251 795	268 723	180 856	101 424
抚顺	132 044	141 850	80 932	51 532
本溪	160 664	169 642	98 329	54 427
丹东	92 402	107 618	83 771	58 329
锦州	138 489	140 297	108 575	84 701
营口	146 865	155 230	120 342	94 803
阜新	51 982	54 468	41 274	35 445
辽阳	47 027	47 887	33 883	30 214
盘锦	27 405	27 765	18 751	18 751
铁岭	49 235	55 017	43 251	35 502
朝阳	29 674	32 338	24 152	18 245
葫芦岛	104 415	111 065	76 626	45 400

6—49 各地区房地产开发建设房屋建筑面积和造价

(1999 年)

地区	施工房屋面积（平方米）	竣工房屋面积（平方米）	房屋建筑面积竣工率（%）	竣工房屋价值（万元）	竣工房屋造价（元/平方米）
全省	**26 144 934**	**12 778 559**	**48.9**	**1 249 686**	**978**
沈阳	7 199 307	3 261 431	45.3	372 802	1 013
大连	8 154 786	3 388 976	41.6	370 419	1 093
鞍山	1 656 736	779 924	47.1	81 809	1 049
抚顺	1 208 822	548 512	45.4	44 524	812
本溪	815 555	388 335	47.0	45 438	1 170
丹东	949 609	423 991	44.6	39 354	928
锦州	1 369 022	1 073 793	78.4	76 812	715
营口	1 610 664	918 051	57.0	62 440	680
阜新	675 666	390 914	57.9	30 470	779
辽阳	420 343	309 640	76.7	19 626	634
盘锦	281 199	169 669	59.3	14 648	863
铁岭	535 605	399 882	74.7	30 251	756
朝阳	328 825	188 697	57.4	13 147	697
葫芦岛	938 795	536 744	57.2	47 946	893

主要统计指标解释

全社会固定资产投资 固定资产投资是社会固定资产再生产的主要手段。通过建造和购置固定资产的活动，国民经济不断采用先进技术装备，建立新兴部门，进一步调整经济结构和生产力的地区分布，增强经济实力，为改善人民物质文化生活创造物质条件。这对我国的社会主义现代化建设具有重要意义。

固定资产投资额是以货币表现的建造和购置固定资产活动的工作量，它是反映固定资产投资规模、速度、比例关系和使用方向的综合性指标。全社会固定资产投资包括国有经济单位投资、城乡集体经济单位投资、各种经济类型的单位投资和城乡居民个人投资。按照我国现行计划管理体制，国有经济单位固定资产投资总额分为基本建设、更新改造、商品房屋建设投资和其他固定资产投资四个部分；城乡集体经济单位投资包括城镇集体所有制单位投资和农村集体所有制单位投资；各种经济类型的单位投资包括联营经济、股份制经济、中外合资经营、中外合作经营、外资、与大陆合资经营、与大陆合作经营、港澳台独资及其他经济类型的单位投资。城镇居民个人投资包括城市、县城、镇、工矿区所辖范围内的个人建房和农村个人建房及购买生产性固定资产的投资。

基本建设投资 基本建设是国有企业、事业单位以扩大生产能力或工程效益为主要目的的新建、扩建工程及有关工作。包括工厂、矿山、铁路、桥梁、港口、农田水利、商店、住宅、学校、医院等工程的建造和机器设备、车辆、船舶、飞机等的购置。

基本建设投资额是以货币表现的基本建设完成的工作量，是反映一定时期内基本建设规模和建设进度的综合性指标。它是根据工程的实际进度按预算价格(预算价格是编制施工图预算时所用的价格)计算的工作量，没有形成工程实体的建筑材料和没有开始安装的设备，都不计算投资完成额。

更新改造投资 更新改造是指国有企业、事业单位对原有设施进行固定资产更新和技术改造，以及相应配套的工程和有关工作(不包括大修理和维护工程)。更新改造投资是以货币表现的更新改造完成的工作量。根据我国现行统计制度，基本建设和更新改造的划分是：(1)列入基本建设计划的项目作为基本建设投资，列入更新改造计划的项目作为更新改造投资；(2)更新改造计划与基本建设计划结合安排的项目及未列入计划的项目，根据工程性质分别作为基本建设投资或更新改造投资。属于对企业、事业单位原有设施进行技术改造或更新的项目和增建主要生产车间、分厂等，其新增生产能力或效益尚未达到大中型标准的项目，以及由于城市环境保护和安全生产的需要而进行的迁建工程，作为更新改造投资。

其他固定资产投资 是指按照国家规定不纳入基本建设和更新改造计划管理，其总投资在五万元以上的固定资产投资。具体包括：国有经济单位用油田维护费和石油开发基金进行的油田维护和开发工程；煤炭、铁矿、森林工业等采掘采伐业用维检费进行的开拓延伸工程；交通部门用公路养路费对原有公路、桥梁进行改建的工程；商业部门用简易建筑费建造的仓库工程。

固定资产投资的资金来源 根据固定资产投资的资金来源不同，分为上年末结余资金、本年资金来源小计和各项应付款。其中本年资金来源小计又分为国家预算内资金、国内贷款、股票、债券、利用外资、自筹资金和其他资金来源七种：

(1)国家预算内资金 指国家预算、地方财政、主管部门和国家专业投资公司拨给或委托银行贷给建设单位的基本建设拨款和中央基本建设基金，拨给企业单位的更新改造拨款，以及中央财政安排的专项拨款中用于基本建设的资金。

(2)国内贷款 指报告期企、事业单位向银行及非银行金融机构借入的用于固定资产投资的各种国内借款。国内贷款包括：银行利用自有资金及吸收的存款发放的贷款、上级主管部门拨入的国内贷款、国家专项贷款(包括煤代油贷款、劳改煤矿专项贷款等)，地方财政专项资金安排的贷款、国内储备贷款、周转贷款等。

(3)股票 是股份制企业通过发行股票筹集到的，用于固定资产投资的资金。

(4)债券 是企业(公司)或金融机构通过发行各种债券筹集到的用于固定资产投资的资金，包括由银行代理国家专业投资公司发行的重点企业债券和重点建设债券。

(5)利用外资 指报告期收到的用于固定资产投资的国外资金，包括统借统还、自借自还的国外贷款，中外合资项目中的外资，以及无偿捐赠等。其中，国家统借统还的外资，是指由我国政府出面同外国政府、团体或金融组织签订贷款协议、并负责偿还本息的国外贷款。

(6)自筹资金　指建设单位报告期收到的，用于进行固定资产投资的上级主管部门、地方和本单位自筹资金。

(7)其他资金来源　指报告期收到的除以上各种拨款、借款、自筹资金之外，其他用于固定资产投资的资金。

固定资产投资按国民经济行业分　建设项目归哪个行业，按其建成投产后的主要产品或主要用途及社会经济活动性质来确定。基本建设按建设项目划分国民经济行业，更新改造、国有经济单位其他固定资产投资及城镇集体投资根据整个企业、事业单位所属的行业来划分。一般情况下，一个建设项目或一个企业、事业单位只能属于一种国民经济行业。为了更准确地反映国民经济各行业之间的比例关系，联合企业(总厂)所属分厂属于不同行业的，原则上按分厂划分行业。

固定资产投资按建设性质分　建设项目的性质一般分为新建、扩建、改建、迁建、恢复。基本建设按建设项目划分建设性质，更新改造、国有经济单位其他固定资产投资及城镇集体投资按整个企业、事业单位的建设情况确定建设性质。目前基本建设和更新改造是根据我国现行的计划管理体制区分的，所以基本建设和更新改造都可以分别按新建、扩建等划分。

(1)新建　一般是指从无到有、“平地起家”新开始建设单位。有的单位原有的基础很小，经过建设后其新增加的固定资产价值超过原有固定资产价值(原值)三倍以上的也算新建。

(2)扩建　一般是指为扩大原有产品的生产能力，在厂内或其他地点增建主要生产车间(或主要工程)、独立的生产线或总厂之下的分厂的企业；事业单位和行政单位在原单位增建业务用房(如学校增建教学用房、医院增建门诊部或病床用房、行政机关增建办公楼等)也作为扩建。

(3)改建　一般是指现有企业、事业单位为了技术进步，提高产品质量，增加花色品种，促进产品升级换代、降低消耗和成本，加强资源综合利用和三废治理、劳保安全等，采用新技术、新工艺、新设备、新材料等对现有设施、工艺条件进行技术改造或更新(包括相应配套的辅助性生产、生活福利设施)。有的企业为充分发挥现有生产能力，进行填平补齐而增建不增加本单位主要产品生产能力的车间等，也属于改建。

固定资产投资按用途分　固定资产投资按工程的经济用途分为用于第一产业、第二产业、第三产业和住宅四部分的建设，是研究不同用途的固定资产投资之间比例关系的重要指标。基本建设投资、国有经济单位其他固定资产投资及城镇集体投资的用途按单项工程确定，现有企业、事业单位更新改造投资的用途按更新改造项目确定。

固定资产投资按构成分　固定资产投资活动按其工作内容和实现方式分为建筑安装工程，设备、工具、器具购置，其他费用三个部分。

(1)建筑安装工程(建筑工作量)　指各种房屋、建筑物的建造工程和各种设备、装置的安装工程。包括各种房屋建造工程，各种用途设备基础和各种工业窑炉的砌筑工程；为施工而进行的各种准备工作和临时工程以及完工后的清理工作等；铁路、道路的铺设，矿井的开凿及石油管道的架设等；水利工程；防空地下建筑等特殊工程；以及各种机械设备的安装工程；为测定安装工程质量，对设备进行的试行工作。在安装工程中，不包括被安装设备本身的价值。

(2)设备、工具、器具购置　指购置或自制达到固定资产标准的设备、工具、器具的价值，固定资产的标准按财务部门规定。新建单位、扩建单位的新建车间按照设计和计划要求购置或自制的全部设备、工具、器具，不论是否达到固定资产标准均计入“设备、工具、器具购置中”。

(3)其他费用　指除建筑安装工程和设备、工具、器具购置以外的投资完成额。它包括两种性质的费用，一种是属于增加固定资产的费用，主要有：建设单位管理费，土地、青苗等补偿费和安置补助费、勘察设计费、研究实验费、农林单位牲畜购置费、各种经济林木的营造费、办公和生活家具、器具购置费、引进技术和进口设备项目的其他费用、联合试运转费等；一种是属于不增加固定资产的费用，主要有：施工机械转移费、生产职工培训费、农业开荒费用及报废工程损失费等。

基本建设项目按大中小型划分　基本建设划分大中小型项目原则上应按照上级批准的设计任务书或初步设计所确定的总规模或总投资划分，没有正式批准设计任务书或初步设计的，按国家或省、自治区、直辖市年度基本建设投资计划中所列的总规模或总投资划分。上述两条均不具备的，按本年计划施工工程的建设总规模或总投资划分。生产单一产品的工业项目，按产品的设计能力划分的；生产多种产品的工业项目，按其主要产品的设计能力划分。品种繁多，难以按生产能力划分的，按全部计划投资额划分。划分标准以国家颁发的《大中小型建设项目划分标准》依据。国家曾在1958年、1962年、1977年和1979年先后五次修订《大中小型建设项目划分标准》，因此各历史时期的大中型项目数不完全可比。

施工项目　指报告期内曾进行建筑或安装工程施工活动的建设项目。包括报告期内新开工项目、报告期以前开工跨入报告期继续施工的项目以及报告期施过工并在报告期内全部建设投产或停缓建的项目。

全部建成投产项目　工业项目是指设计文件规定形成生产能力的主体工程及其相应配套的辅助设施全部建成，经负荷试运转，证明具备生产设计规定合格产品的条件，并经过验收鉴定合格或达到竣工验收标准，与生产性工程配套的生产福利设施可以满足近期正常生产的需要，正式移交生产的建设项目。非工业项目是指设计文件规定的主体工程和相应的配套工程全部建成，能够发挥设计规定的全部效益，经验收鉴定合格或达到竣工验收标准，正式移交使用的建设项目。

新增生产能力　指通过固定资产投资活动而增加的设计能力或工程效益，它是用实物形态表示的固定资产投资的成果。新增生产能力的计算，是以能独立发挥生产能力或效益的单项工程(或项目)为对象，当单项工程(或项目)建成，经有关部门鉴定合格，正式移交投入生产，即可计算新增生产能力。

新增生产能力或工程效益有以下几种表现形式：

(1)以建设项目或单项工程建成后的年产能力表示。如煤炭开采、石油开采等。

(2)以建设项目或单项工程建成后处理原料的能力表示。如选矿工程的年处理矿石能力，洗煤厂年洗原煤能力等。

(3)以新增的主要设备数量或容量表示。如棉纺绽枚数、发电机组容量等。

(4)以建筑物容积、容量、面积或长度表示。如水库容量、铁路公路里程等。

新增生产能力的数量一般按设计能力计算。设计能力是指设计文件中规定的在正常情况下能够达到的生产能力，而不论投产后的实际产量如何。以设备数量、建筑物容积、面积、长度等表示的新增生产能力(或效益)，则按建成的实际数量计算。

施工和竣工房屋建筑面积　房屋建筑面积是从房屋外墙线算起的各层平面面积的总和，包括房屋结构(如柱、墙)占用的面积和地下室面积。多层建筑按各自然层面积总和计算，包括房屋内的楼隔层，突出墙面的眺望间、门斗、有柱雨罩的面积。不包括突出墙面结构的构件、艺术装饰等所占的面积，如台阶等。凹阳台、挑阳台按其水平投影面积一半计算建筑面积。

竣工面积　指在报告期内房屋建筑按照设计要求已全部完工，达到住人和使用条件，经验收鉴定合格，正式移交使用单位的建筑面积。

房屋建筑面积竣工率　指一定时间内房屋竣工面积占同期房屋施工面积的比率。它是从房屋建筑施工速度的角度反映投资效果和建筑业经济效益的指标。

新增固定资产　指通过投资活动所形成的新的固定资产价值。包括已经建成投入生产或交付使用的工程价值和达到固定资产标准的设备、工具、器具的价值及有关应摊入的费用。它是以价值形式表示的固定资产投资成果的综合性指标，可以综合反映不同时期、不同部门、不同地区的固定资产投资成果。

建设项目投资率　指一定时期内全部建成投入生产项目个数占同期正式施工项目个数的比率。它是从项目建设速度的角度反映投资效果的指标。

固定资产交付使用率　指一定时期新增固定资产与同期完成投资额的比率。它是反映各个时期固定资产动用速度，衡量建设过程中投资效果的一个综合性指标。

未完工程占用率　指年末未完工程累计完成投资额占全年实际完成投资额的比率。它反映未完工程的相对规模，并可从资金占用的角度反映固定资产投资效果。由于未完工程是指已经开工，但尚未建成交付使用的工程，有个跨年度问题，因此未完工程占用率会出现大于1的情况。

七、能 源 和 物 资

7—1 能源生产总量及构成

年份	能源生产总量（万吨标准煤）	占能源生产总量的%			
		原煤	原油	天然气	水电
1952	899.4	93.4	3.7	—	2.9
1957	1 803.2	90.5	4.4	—	5.1
1962	1 792.5	90.8	3.6	—	5.6
1965	1 796.8	90.4	4.1	—	4.2
1970	2 988.4	94.6	1.9	0.9	2.6
1975	3 536.8	80.6	12.4	3.9	3.1
1978	3 890.7	78.9	14.0	5.6	1.5
1979	4 010.1	74.6	16.9	5.7	2.9
1980	3 765.8	70.8	20.2	6.3	2.7
1981	3 460.8	69.6	21.7	5.9	2.8
1982	3 636.4	70.9	21.8	4.6	2.7
1983	3 879.4	69.3	23.4	4.3	3.0
1984	4 492.9	68.3	24.9	4.1	2.7
1985	4 953.2	66.2	26.6	4.1	3.1
1986	5 011.4	63.4	29.1	4.0	3.5
1987	5 094.9	60.5	32.1	4.1	3.3
1988	5 410.9	60.6	33.5	4.0	2.0
1989	5 766.6	61.7	33.3	4.0	2.0
1990	5 958.9	61.1	32.8	3.9	2.2
1991	6 082.4	61.4	32.3	3.9	2.4
1992	6 233.4	61.8	31.8	4.5	1.9
1993	6 327.2	62.8	32.1	4.6	0.5
1994	6 384.8	61.6	33.6	4.4	0.4
1995	6 239.3	59.5	35.6	4.1	0.8
1996	6 610.8	63.0	32.5	3.6	0.9
1997	6 638.7	63.3	32.4	3.8	0.5
1998	6 422.5	64.3	32.3	2.9	0.5
1999	5 649.5	60.4	36.2	3.0	0.4

7—2 分行业能源消费总量

(1 9

行　　业	能源消费总量（万吨标准煤）	煤炭消费量（万吨）	焦炭消费量（万吨）	原油消费量（万吨）
消　费　总　量	**8 859.47**	**9 732.42**	**877.58**	**3 334.39**
农、林、牧、渔业	149.31	33.67	—	—
工　　业	7 411.21	8 662.44	876.32	3 332.88
采　掘　业	902.69	1 899.94	1.83	217.51
煤炭采选业	604.67	1 854.24	0.14	—
石油和天然气开采业	235.73	22.45	0.01	217.51
黑色金属矿采选业	26.73	1.63	0.05	—
有色金属矿采选业	13.96	5.41	1.49	—
非金属矿采选业	21.30	16.20	0.14	—
其他矿采选业	0.20	0.01	—	—
木材及竹材采运业	0.09	—	—	—
制　造　业	4 837.44	3 474.29	868.56	3 115.24
食品加工业	47.10	58.57	0.16	—
食品制造业	23.87	17.96	—	—
饮料制造业	37.66	35.13	—	—
烟草加工业	5.12	3.41	—	—
纺　织　业	62.79	57.14	—	—
服装及其他纤维制品制造	8.87	9.54	—	—
皮革、毛皮羽绒及其制品业	3.98	3.48	—	—
木材加工及竹藤棕草制品业	6.03	6.42	—	—
家俱制造业	1.29	1.02	—	—
造纸及纸制品业	76.88	108.00	—	—
印刷业记录媒介的复制	6.37	2.95	—	—
文教体育用品制造业	0.86	0.96	0.02	—
石油加工及炼焦业	752.34	189.08	—	2 766.78
化学原料及制品制造业	610.93	337.57	10.35	344.56

注：能源消费总量中电、热按当量值计算。

和主要能源品种消费量

99年）

汽油消费量（万吨）	煤油消费量（万吨）	柴油消费量（万吨）	燃料油消费量（万吨）	天然气消费量（亿立方米）	电力消费量（亿千瓦小时）
74.42	**20.71**	**141.85**	**304.45**	**18.75**	**714.51**
22.01	—	49.03	—	—	17.36
17.64	1.74	35.83	292.25	18.75	543.63
3.75	0.05	10.84	29.04	5.44	83.10
0.78	0.01	1.12	—	—	27.69
2.30	—	8.53	29.04	5.44	23.69
0.30	0.01	0.70	—	—	19.57
0.22	0.03	0.18	—	—	6.53
0.14	—	0.31	—	—	5.49
0.01	—	—	—	—	0.15
—	—	—	—	—	0.07
12.42	1.67	22.47	250.82	13.14	336.42
0.32	0.05	0.25	0.01	—	3.39
0.24	—	0.22	0.58	—	2.75
0.40	0.02	0.27	0.18	—	3.69
0.02	—	0.03	—	—	2.12
0.33	—	0.19	0.55	0.02	9.24
0.15	—	0.15	—	—	1.11
0.04	—	0.24	—	—	0.85
0.07	0.03	0.05	0.01	—	0.98
0.05	—	0.09	—	—	0.29
0.18	—	0.18	1.16	—	8.74
0.09	—	0.19	1.51	—	1.16
0.01	—	0.01	—	—	0.09
0.57	0.05	0.73	100.71	0.02	37.06
1.27	0.19	1.08	30.64	12.97	34.38

行业	能源消费总量（万吨标准煤）	煤炭消费量（万吨）	焦炭消费量（万吨）	原油消费量（万吨）
医药制造业	42.04	45.37	0.05	—
化学纤维制造业	40.77	33.52	—	—
橡胶制造业	30.79	36.02	—	—
塑料制造业	8.06	5.50	—	—
非金属矿物制品业	392.33	394.67	32.97	3.66
黑色金属冶炼及压延加工业	2 190.66	1 753.83	777.77	0.06
有色金属冶炼及压延加工业	160.66	122.81	11.41	—
金属制品业	22.65	8.93	2.87	—
普通机械制造业	121.46	98.27	27.81	0.06
专用设备制造业	34.90	28.54	2.28	0.12
交通运输设备制造业	63.04	55.43	1.97	—
武器弹药制造业	10.11	11.67	—	—
电气机械及器材制造业	29.32	28.34	0.66	—
电子及通信设备制造业	12.66	7.01	0.07	—
仪器仪表文化办公用机械	6.44	7.58	0.01	—
其他制造业	27.32	5.12	0.16	—
电力煤气及水生产供应业	1 671.10	3 288.21	5.93	0.13
电力、蒸气热水生产供应业	1 610.39	3 217.52	—	0.13
煤气的生产和供应业	43.18	66.13	5.93	—
自来水的生产和供应业	17.53	4.56	—	—
建筑业	67.23	64.15	0.32	0.01
交通运输、仓储及邮电通信业	296.89	218.39	0.29	0.16
批发和零售贸易餐饮业	57.47	31.99	—	—
其他行业	211.43	179.82	0.65	1.34
生活消费	666.23	541.96	—	—

9 9 年）

汽油消费量（万吨）	煤油消费量（万吨）	柴油消费量（万吨）	燃料油消费量（万吨）	天然气消费量（亿立方米）	电力消费量（亿千瓦小时）
0.18	0.09	0.11	1.70	—	2.47
0.05	0.02	0.10	0.32	—	14.74
0.27	0.02	0.11	—	—	2.17
0.31	—	0.22	—	—	2.59
0.90	0.08	2.91	22.47	0.03	26.73
1.92	0.01	8.70	79.78	0.07	84.70
0.24	1.06	1.11	3.50	—	37.44
0.38	—	0.88	0.79	—	7.68
0.99	0.02	1.41	1.75	—	10.98
0.43	—	0.48	0.65	—	8.12
0.85	0.02	2.04	3.27	—	7.02
0.06	0.01	0.03	0.25	—	1.04
0.37	0.02	0.28	0.99	0.03	3.01
1.01	0.02	0.18	—	—	3.56
0.10	—	0.03	—	—	0.52
0.80	—	0.20	—	—	17.80
1.47	—	2.52	12.39	0.17	124.11
0.87	—	2.34	10.38	—	112.03
0.12	—	0.09	2.01	0.17	1.16
0.48	—	0.09	—	—	10.92
3.01	—	4.99	0.22	—	4.67
7.89	18.97	48.04	7.01	—	18.40
—	—	3.90	0.01	—	15.72
23.87	—	0.06	4.96	—	33.90
—	—	—	—	—	80.83

7—3 能源消费总量及构成

年份	能源消费总量（万吨标准煤）	占能源消费总量的%			
		原煤	原油	天然气	水电
1952	876.1	96.9	0.0	…	2.9
1957	1 927.8	95.0	0.2	…	4.8
1962	2 481.7	91.4	4.5	…	4.1
1965	2 711.7	87.9	8.5	0.8	2.8
1970	…	…	…	…	…
1975	4 806.6	65.4	29.4	2.9	2.3
1978	5 261.5	64.6	30.2	4.2	1.0
1979	5 304.6	66.2	27.3	4.3	2.2
1980	5 272.1	67.8	25.8	4.5	1.9
1981	5 033.2	75.0	23.9	3.1	2.0
1982	4 111.3	73.0	21.7	3.3	2.0
1983	5 348.2	74.2	20.6	3.2	2.0
1984	5 454.4	75.9	18.8	3.3	2.0
1985	6 325.1	78.7	15.2	3.7	2.4
1986	6 360.3	79.4	14.6	3.2	2.8
1987	6 475.8	81.5	12.7	3.2	2.6
1988	6 824.6	83.0	12.3	3.1	1.6
1989	7 000.1	83.1	12.8	3.3	0.8
1990	7 170.8	82.2	12.8	3.3	1.7
1991	7 218.0	83.7	12.7	3.3	2.0
1992	7 191.6	83.7	10.7	3.9	1.7
1993	8 695.57	72.4	21.8	3.3	0.3
1994	9 204.67	76.0	21.0	2.8	0.2
1995	9 381.75	76.7	22.7	0.2	0.4
1996	9 417.66	75.3	24.1	0.2	0.4
1997	9 191.67	73.6	23.3	2.7	0.4
1998	8 873.74	72.9	24.2	2.6	0.3
1999	8 869.90	51.7	45.9	2.2	0.2

7—4 能源生产弹性系数

年份	能源生产比上年增长（%）	电力生产比上年增长（%）	国内生产总值	能源生产弹性系数	电力生产弹性系数
1985	10.3	8.8	13.3	0.84	0.72
1990	3.3	3.6	1.1	3.30	3.60
1991	2.1	3.0	6.1	0.50	0.70
1992	0.5	9.5	12.1	0.40	0.80
1993	11.0	5.2	14.9	0.75	0.35
1994	0.9	—2.2	11.2	0.08	—
1995	—2.1	1.3	7.1	—	0.18
1996	6.0	8.4	8.6	0.70	0.98
1997	0.4	8.9	8.9	0.45	1.00
1998	—3.3	—8.5	8.3	—	—
1999	—12.03	—3.51	8.2	—	—

7—5 能源消费弹性系数

年份	能源消费比上年增长（%）	电力消费比上年增长（%）	国内生产总值	能源消费弹性系数	电力消费弹性系数
1985	6.8	7.6	13.3	0.55	0.62
1990	1.4	2.6	1.1	1.40	2.60
1991	0.6	6.0	6.1	0.10	1.30
1992	1.0	10.0	12.1	0.10	0.90
1993	11.0	10.6	14.9	0.75	0.72
1994	8.2	—1.8	11.2	0.73	—
1995	2.5	4.8	7.1	0.35	0.68
1996	0.38	8.4	8.6	0.04	0.98
1997	—2.5	7.6	8.9	—	0.85
1998	—3.46	—5.2	8.3	—	—
1999	0.12	12.09	8.2	0.14	1.47

7—6 能源加工转换效率

单位：%

年份	总效率	发电及电站供热	炼焦	炼油
1985	79.1	37.2	94.5	98.6
1990	82.7	48.1	97.1	98.0
1991	82.2	49.1	98.5	98.9
1992	81.0	48.3	97.5	86.3
1993	80.6	48.1	83.0	99.0
1994	75.2	46.0	72.6	97.0
1995	80.2	50.3	98.6	97.4
1996	77.6	46.0	90.6	98.0
1997	75.9	43.8	91.7	97.8
1998	76.9	44.9	96.0	99.6
1999	76.0	44.8	97.14	95.6

7—7 平均每天各种能源消费量

能源品种	单位	1985年	1990年	1995年	1997年	1998年	1999年
煤炭	万吨	10.53	6.21	22.61	26.13	27.70	26.66
焦炭	万吨	1.95	2.04	2.43	2.38	2.44	2.40
原油	万吨	6.34	0.08	6.44	7.18	8.09	9.13
燃料油	万吨	2.35	1.12	1.76	1.04	0.99	0.83
汽油	万吨	0.09	0.11	0.28	0.24	0.20	0.20
煤油	万吨	0.006	0.01	0.02	0.03	0.05	0.06
柴油	万吨	0.09	0.10	0.38	0.44	0.39	0.39
天然气	亿立方米	0.04	0.03	0.06	0.05	0.05	0.05
电力	亿千瓦小时	0.81	0.763	1.27	1.03	1.73	1.95

注:能源消费量包括加工转换量。

7—8 综合能源平衡表

单位:万吨标准煤

指　　标	1995年	1996年	1997年	1998年	1999年
一、可供本地区消费的能源量	9 379.31	9 429.35	9 291.67	8 909.19	8 869.87
1.年初库存量	973.78	1 156.06	1 071.04	1 390.42	1 240.52
2.一次能源生产量	6 239.33	6 610.83	6 638.70	6 422.47	5 649.68
3.回收能	605.14	721.63	811.08	798.43	137.72
4.外省(区、市)调入量	4 872.69	4 534.12	4 929.71	4 351.19	6 120.75
5.进口量	190.23	283.56	621.63	405.19	605.65
6.我轮、机在外国加油量	2.32	—	10.37	10.39	10.54
7.本省(区、市)调出量(—)	—2 105.55	—2 834.78	—3 257.06	—3 165.53	—3 341.64
8.出口量(—)	—226.29	—220.97	—128.74	—81.45	—212.30
9.外轮、机在我国加油量(—)	—7.69	—5.83	—14.64	—14.49	—14.07
10.年末库存量(—)	—1 164.66	—815.27	—1 390.42	—1 207.44	—1 326.97
二、加工转换投入(—)产出(+)量	—1 482.55	—2 021.74	—2 419.76	—2 208.01	—2 422.31
1.火力发电	—1 148.88	—1 353.23	—1 702.29	—1 502.93	—1 511.79
2.供热	—93.29	—149.59	—142.97	—183.87	—202.42
3.洗选煤	—127.53	—328.48	—477.33	—471.66	—456.14
4.炼焦	—14.54	—98.02	—17.73	—35.71	—27.00
5.炼油	—91.38	—76.11	—97.18	—1.75	—214.47
6.制气	0.25	—10.28	—17.71	—12.09	—10.49
三、损失量	92.64	116.96	197.00	101.70	99.96
#运输和输配损失	89.47	65.07	45.21	96.87	95.15
四、终端消费量	7 804.11	7 290.64	6 676.59	6 549.46	6 347.63
(一)第一产业	123.65	149.23	141.28	145.74	149.31
1.农、林、牧、渔业	123.65	149.23	141.28	145.74	149.31
(二)第二产业	6 279.03	5 692.84	5 309.24	5 196.88	4 966.30
1.工业	6 231.99	5 645.73	5 239.18	5 129.16	4 899.05
2.建筑业	47.04	47.12	70.07	67.72	67.23
(三)第三产业	562.52	566.26	553.80	553.71	565.82
1.交通运输、仓储及邮电通讯业	249.47	199.51	295.94	298.17	296.89
2.批发和零售贸易业、餐饮业	66.26	73.03	57.22	53.33	57.47
3.其他	246.80	293.71	200.64	202.20	211.43
(四)生活消费	838.87	882.29	672.27	653.14	666.23
城镇	665.16	700.97	538.76	527.69	523.54
乡村	173.71	181.82	133.51	125.44	142.59
五、平衡差额	—	—	—	—	—

注:电、热按当量值计算。

主要统计指标解释

能源生产总量　指一定时期内全省一次能源生产量的总和，是观察全省能源生产水平、规模、构成和发展速度的总量指标。一次能源生产量包括原煤、原油、天然气、水电及其他动力能(如风能、地热能等)发电量。不包括低热值燃料生产量、生物质能、太阳能等的利用和由一次能源加工转换而成的二次能源产量。

能源消费总量　指一定时期内全省物质生产部门、非物质生产部门和生活消费的各种能源的总和，是观察能源消费水平、构成和增长速度的总量指标，能源消费总量包括原煤和原油及其制品、天然气、电力。不包括低热值燃料、生物质能和太阳能等的利用。能源消费总量分为三部分，即终端能源消费量、能源加工转换损失量和损失量。

(1)终端能源消费量　指一定时期内全省物质生产部门、非物质生产部门和生活消费的各种能源在扣除了用于加工转换二次能源消费量和损失量以后的数量。

(2)能源加工转换损失量　指一定时期内全省投入加工转换的各种能源数量之和与产出各种能源产品之和的差额。它是观察能源在加工转换过程中损失量变化的指标。

(3)能源损失量　指一定时期内能源在输送、分配、储存过程中发生的损失和由客观原因造成的各种损失量。不包括各种气体能源放空、放散量。

能源生产弹性系数　是研究能源生产量的增长与国民经济增长之间关系的指标。计算公式：

$$能源生产弹性系数=\frac{能源生产总量年平均增长速度}{国民经济年平均增长速度}$$

国民经济年平均增长速度，可根据不同的目的或需要，用国内生产总值等指标来计算，本资料是采用国内生产总值指标计算的。

电力生产弹性系数　是研究电力生产量的增长与国民经济增长之间关系的指标。一般来说，电力的发展应当快于国民经济的发展，也就是说电力应超前发展。计算公式：

$$电力生产弹性系数=\frac{电力生产量年平均增长速度}{国民经济年平均增长速度}$$

能源消费弹性系数　是反映能源消费增长速度与国民经济增长速度之间的比例关系的指标。计算公式：

$$能源消费弹性系数=\frac{能源消费量年平均增长速度}{国民经济年平均增长速度}$$

电力消费弹性系数　是反映电力消费增长速度与国民经济增长速度之间比例关系的指标。计算公式：

$$电力消费弹性系数=\frac{电力消费量年平均增长速度}{国民经济年平均增长速度}$$

能源加工转换效率　指一定时期内能源经过加工转换后，产出的各种能源产品的数量与同期内投入加工转换的各种能源数量的比率。它是观察能源加工转换装置和生产工艺先进与落后、管理水平高低等的重要指标。计算公式：

$$能源加工转换效率=\frac{加工转换产出量}{加工转换投入量}\times 100\%$$

八、财　　政

8—1 地区财政收入

单位:亿元

年份	地区财政收入合计	预算内收入	中央(境内)	地方	预算外收入	中央	地方
1981	149.4	100.1	79.2	20.9	49.3	9.6	39.7
1982	158.0	99.8	79.9	19.9	58.2	15.7	42.5
1983	187.8	117.1	97.2	19.9	70.7	20.7	50.0
1984	217.7	130.1	108.4	21.7	87.6	27.0	60.6
1985	292.2	166.0	119.8	46.2	126.2	37.3	88.9
1986	312.8	176.5	122.9	53.6	136.3	34.6	101.7
1987	341.9	189.1	129.6	59.5	152.8	45.8	107.0
1988	371.7	198.5	135.0	63.5	173.2	53.3	119.9
1989	416.3	228.0	148.4	79.6	188.3	62.2	126.1
1990	409.7	207.3	134.3	73.0	202.4	65.1	137.3
1991	508.6	273.9	172.1	101.8	234.7	90.2	144.5
1992	542.6	252.4	160.6	91.8	290.2	136.8	153.4
1993	411.0	316.5	163.0	153.5	94.5	6.8	87.7
1994	507.0	400.0	302.0	98.0	107.0	8.3	98.7
1995	585.1	453.6	326.2	127.4	131.5	11.5	120.0
1996	668.9	520.8	363.3	157.5	148.1	7.6	140.5
1997	706.0	580.8	407.5	173.3	125.2	8.6	116.6
1998	779.0	647.4	438.4	209.0	131.6	13.1	118.5
1999	825.2	677.1	452.4	224.7	148.1	18.5	129.6

注:从 1994 年开始,预算外收入不包括国有企业及主管部门管理的收入,1994 年地方财政收入为分税制口径,与 1993 年不可比,使用时请注意。

8—2 中央财政收入与支出

单位:亿元

指标	1980 年	1985 年	1990 年	1995 年	1998 年	1999 年
财政收入合计(境内)	**81.6**	**119.8**	**134.3**	**326.2**	**438.4**	**452.4**
中央金库收入	65.6	93.3	101.3	229.2	290.0	308.9
#地方财政上缴	61.3	39.0	56.3	57.0	55.7	55.0
中央企业利税	6.6	35.9	22.7	154.0	205.9	216.1
能源交通建设基金		8.8	8.3	0.4	—	—
烧油特别税		4.2	3.0	—	—	—
关税	0.3	5.2	6.0	15.1	18.1	26.9
中央直属企业上缴收入	16.0	22.8	22.5	12.5	17.0	11.0
#铁路	5.0	5.8	2.0	—	—	1.9
输油	4.1	2.8	1.4	1.2	4.4	0.2
邮电	0.1	0.1	1.1	2.7	6.7	1.5
民航	0.9	1.3	0.6	3.4	2.4	4.0
金融保险	5.1	12.5	17.4	5.2	3.5	3.4
债务类收入		3.8	10.5	84.5	131.4	132.5
财政支出合计		**26.8**	**40.5**	**70.2**	**79.9**	**86.4**
基本建设支出		19.0	25.1	21.6	36.4	31.7
挖潜改造支出		1.1	0.5	0.3	0.7	0.8
科技三项费用		1.1	0.5	1.2	5.9	3.6
增补流动资金		0.3	…	0.8	0.4	1.5
工、交、商事业费		0.4	…	…	…	…
农、林、水、气事业费		…	…	0.2	…	…
科学文教卫生事业费		3.7	5.7	10.2	11.4	13.6
行政管理费		0.6	0.5	2.4	4.3	4.2
其他支出		0.6	8.1	33.5	22.2	31.0

8—3 地方财政收入情况

单位:亿元

年份	收入合计	#企业收入	#工业企业	各项税收
1952	3.3	1.3	1.1	1.2
1957	5.2	3.5	2.3	1.3
1962	16.4	3.8	3.1	12.4
1965	23.4	6.9	5.5	16.3
1970	37.7	11.8	8.5	25.9
1975	76.9	41.6	40.6	35.2
1978	92.6	51.6	49.1	41.0
1979	87.3	45.0	47.8	40.1
1980	86.9	43.2	46.0	41.6
1981	77.7	35.2	40.3	42.3
1982	75.7	29.2	37.1	46.2
1983	64.8	14.6	22.0	49.9
1984	77.1	14.9	22.6	59.1
1985	85.2	7.8	18.7	75.7
1986	98.9	11.3	16.9	83.8
1987	108.0	9.2	16.0	92.8
1988	115.9	—1.8	14.2	106.9
1989	133.2	—11.0	9.4	128.4
1990	129.3	—14.8	8.2	126.1
1991	161.5	—13.8	8.6	140.1
1992	151.6	—15.0	2.4	158.4
1993	213.7	—17.3	0.4	219.5
1994	153.7	2.0	4.9	128.9
1995	184.4	5.0	4.8	151.5
1996	211.7	6.3	2.6	175.7
1997	228.2	12.2	2.2	191.4
1998	264.6	19.5	1.1	208.2
1999	279.6	26.1	0.7	212.6

注:本表为当年财政口径。

8—4 各　　项　　税　　收

单位:亿元

年份	合计	#工商税收	#烧油特别税	#盐税	#关税	#农牧业税	#建筑税
1952	1.2	0.7					
1957	1.3	0.2				0.2	
1962	12.4	9.2		1.1		0.8	
1965	16.3	13.0		0.7		0.8	
1970	25.9	23.6		1.3		1.0	
1975	35.2	28.5		1.4		1.0	
1978	41.0	33.3		1.6		1.0	
1979	40.1	34.5		1.0		1.0	
1980	41.6	36.3		1.0		1.0	
1981	42.3	37.6		1.1		1.0	
1982	46.2	40.7		1.2		1.0	
1983	49.9	42.7		1.1		1.1	
1984	101.3	63.8	4.8	1.2	1.7	1.0	
1985	150.1	94.5	4.2	0.7	5.2	0.8	2.5
1986	156.6	101.9	4.2	1.0	4.8	1.3	2.2
1987	165.6	108.7	3.9	0.6	5.6	1.8	2.4
1988	172.4	120.9	3.4	0.7	3.8	2.6	2.4
1989	189.9	143.9	2.7	0.8	5.9	3.2	2.7
1990	182.3	143.0	3.0	0.6	6.0	3.7	2.7
1991	205.8	156.2	2.5	0.9	7.1	3.7	2.8
1992	207.0	161.5	1.9	0.8	9.4	4.9	…
1993	266.7	226.7	0.5	0.8	9.9	5.0	—
1994	319.7	263.0	—	—	13.4	6.2	—
1995	350.0	285.7	—	—	15.1	7.7	—
1996	381.7	316.3	—	—	15.4	10.2	—
1997	434.9	363.5	—	—	18.1	10.9	—
1998	464.6	392.0	—	—	18.1	13.6	—
1999	498.2	402.8	—	—	26.9	13.5	—

注:1983 年以前各项税收数为地方税收数,1984 年以后各项税收数为中央和地方税收合计数;1984 年以后工商税收数包含建筑税、烧油特别税及盐税。

8—5 地方财政支出情况

单位：亿元

年份	支出合计	#基本建设	#企业挖潜改造	#科技三项费用	#支援农业
1952	3.6	1.7			0.2
1957	4.1	0.9			0.4
1962	6.5	1.2			1.5
1965	9.7	2.8			1.4
1970	13.8	5.7		0.7	0.6
1975	26.7	8.9		0.7	2.0
1978	31.3	8.4	2.3	0.7	3.0
1979	34.6	7.2	4.7	0.6	3.3
1980	34.1	5.9	6.6	0.4	3.2
1981	26.7	3.4	3.2	0.3	2.8
1982	30.7	4.2	2.0	0.4	3.5
1983	34.2	4.8	2.0	0.7	1.8
1984	39.3	7.0	2.4	0.8	3.6
1985	56.9	12.4	1.3	0.7	4.9
1986	75.5	14.1	0.9	0.8	5.9
1987	80.4	10.7	0.9	0.7	5.6
1988	95.2	9.4	1.5	0.8	6.3
1989	114.3	9.0	2.0	1.0	8.2
1990	122.2	8.5	2.6	1.3	8.4
1991	151.5	10.6	5.1	1.5	9.8
1992	148.5	11.1	14.8	2.0	11.6
1993	181.1	11.8	26.9	2.0	13.8
1994	223.6	17.1	30.0	2.8	15.6
1995	273.8	24.5	36.7	3.5	17.1
1996	314.8	29.7	36.0	4.6	19.2
1997	340.6	39.0	40.6	5.1	21.0
1998	390.3	46.9	36.1	6.3	21.9
1999	457.9	46.4	35.6	7.6	22.2

注：本表为当年财政口径，支援农业含农林水气部门事业费。

8—5 续表 单位:亿元

年份	#科教文卫事业费	#工交商事业费	#流动资金	#城市维护费	#抚恤和社会救济	#行政管理费
1952	1.0				0.1	0.6
1957	1.6				0.1	1.0
1962	2.0				0.4	1.1
1965	2.5			0.9	0.3	1.2
1970	2.6	0.1	0.9	0.5	0.3	1.2
1975	4.3	0.5	2.4	1.0	1.9	2.0
1978	5.3	0.4	3.2	0.8	1.3	2.4
1979	5.6	0.5	2.9	2.9	0.8	2.6
1980	6.6	0.5	2.0	2.8	0.7	2.9
1981	6.9	0.5	1.0	2.7	0.9	2.8
1982	8.5	0.6	1.0	3.6	1.1	3.1
1983	9.6	0.7	0.5	4.4	1.2	3.9
1984	10.8	0.8		4.9	1.2	4.7
1985	14.0	1.3	0.5	4.7	1.9	5.0
1986	16.6	1.5	0.5	5.7	2.2	6.0
1987	16.9	1.1	0.4	7.0	1.9	6.3
1988	20.8	1.3	0.4	8.9	2.0	6.3
1989	24.8	1.6	0.5	10.4	2.4	7.8
1990	27.1	1.7	0.3	10.3	2.7	9.4
1991	30.4	1.9	0.1	9.4	2.8	10.6
1992	34.2	2.3	0.2	10.7	3.1	12.5
1993	38.7	2.5	0.4	16.7	3.5	14.1
1994	50.8	3.4	0.1	21.2	4.8	17.3
1995	58.4	3.8	0.2	20.2	7.1	19.6
1996	62.8	4.8	—	22.6	6.6	27.1
1997	69.8	5.8	—	25.9	7.9	22.9
1998	77.3	4.1	—	26.5	7.6	24.5
1999	84.0	4.8	—	28.7	10.9	27.1

8—6 各地区地方财政一般预算收入

（1999 年）　　单位：万元

地　区	收入合计	增值税	营业税	个人所得税	城市维护建设税	农业五税	企业收入	其他各项收入
沈　阳	553 654	101 412	166 690	41 852	30 186	23 002	52 145	138 367
大　连	709 227	103 207	201 317	75 669	30 883	32 729	86 311	179 111
鞍　山	212 242	21 183	36 751	13 248	17 128	10 585	18 362	94 985
抚　顺	131 942	16 508	20 612	11 843	16 114	7 831	17 654	41 380
本　溪	109 218	16 951	16 616	5 862	7 465	3 210	13 422	45 692
丹　东	103 219	15 191	23 182	6 669	4 784	10 524	8 861	34 008
锦　州	106 127	10 738	29 727	6 282	7 664	9 621	6 372	35 723
营　口	88 821	14 484	16 284	7 550	4 728	7 027	5 678	33 070
阜　新	48 006	11 530	10 320	2 452	3 500	3 602	2 925	13 677
辽　阳	97 880	11 641	14 329	11 598	7 232	5 096	9 250	38 734
盘　锦	95 650	9 623	18 470	5 319	16 097	4 930	2 494	38 717
铁　岭	73 782	14 987	14 406	4 085	4 223	8 467	2 409	25 205
朝　阳	54 567	11 170	10 328	3 101	3 628	4 225	1 163	20 952
葫芦岛	81 331	10 121	20 738	5 223	7 996	4 416	5 472	27 365

8—7 各地区地方财政一般预算支出

（1999 年）　　　　单位：万元

地区	支出合计	基本建设支出	支援农村生产支出	农林水气事业费	教育事业费	社会保障补助支出	行政管理费	公检法司支出	其他各项支出
沈阳	780 291	24 000	12 301	15 233	105 069	103 086	43 879	66 670	410 053
大连	846 809	231 184	24 305	7 206	78 890	47 661	35 263	37 481	384 819
鞍山	346 392	10 842	16 477	6 118	41 194	34 086	21 345	22 130	194 200
抚顺	240 965	19 775	6 146	4 071	28 981	27 139	14 905	13 491	126 457
本溪	180 449	14 715	6 137	4 473	29 205	22 786	17 788	12 597	72 748
丹东	175 102	8 238	6 605	8 073	33 450	25 689	11 034	14 114	67 899
锦州	175 985	7 419	6 630	6 196	24 700	17 941	16 024	12 870	84 205
营口	145 331	5 764	5 323	4 130	18 641	19 639	13 543	10 012	68 279
阜新	120 926	3 633	4 793	3 218	17 328	7 890	9 721	7 978	66 365
辽阳	132 302	8 651	4 169	3 437	17 133	7 453	10 038	8 911	72 510
盘锦	138 700	15 009	3 027	5 590	9 716	2 863	7 723	8 730	86 042
铁岭	142 782	7 350	5 951	5 443	21 987	10 313	20 058	10 356	61 324
朝阳	141 628	5 830	9 747	6 822	24 323	6 055	16 442	8 958	63 451
葫芦岛	136 536	6 992	7 590	5 060	18 893	5 406	13 477	11 343	67 775

8—8 全省财政用于教育的支出

单位:万元

年份	合计	教育事业费	教育基建投资	各部门事业费中用于教育的支出	教育费附加支出	农林水气等部门用于教育支出
1980	45 837	40 235	2 932	1 947		723
1981	48 662	42 226	2 720	2 617		1 099
1982	57 236	49 757	3 311	2 904		1 264
1983	64 966	55 770	4 360	3 370		1 466
1984	73 961	61 431	6 658	4 206		1 666
1985	102 450	79 152	12 449	9 010		1 839
1986	123 383	92 596	13 703	11 500	3 392	2 192
1987	124 532	94 131	9 387	10 610	8 251	2 153
1988	155 617	119 062	8 801	13 089	11 887	2 778
1989	194 395	143 139	9 710	15 600	22 923	3 023
1990	201 077	158 297	7 996	17 127	14 408	3 249
1991	229 033	174 005	8 010	19 670	23 560	3 788
1992	254 712	197 994	4 538	22 280	25 500	4 400
1993	305 120	231 281	14 933	23 789	30 162	4 955
1994	398 399	311 079	11 147	22 777	46 576	6 820
1995	439 517	336 291	13 207	25 015	53 855	8 494
1996	496 190	385 138	15 288	32 755	53 840	9 169
1997	546 883	423 700	11 777	35 891	65 114	10 401
1998	562 771	489 366	9 627	4 148	56 172	3 458
1999	642 559	555 847	22 798	4 947	56 027	2 940

8—9 全省财政用于农业的支出

单位:万元

年份	农业支出	支援农业生产支出和各项农业事业费	基本建设支出	流动资金	科技三项费用	其他	农业支出占财政支出%
1980	49 273	32 435	12 920	3 330	434	154	14.4
1981	36 485	27 695	7 218	1 037	368	167	13.5
1982	43 777	35 041	7 206	965	455	110	14.3
1983	46 815	36 064	9 111	846	653	141	13.7
1984	45 749	36 186	8 662	—	563	338	11.7
1985	59 623	48 648	10 192	—	560	223	10.5
1986	73 276	59 059	13 325	—	673	219	9.7
1987	67 542	56 330	10 479	—	635	98	8.5
1988	76 238	62 696	12 804	—	514	224	8.0
1989	100 914	82 601	17 100	—	840	373	8.8
1990	100 709	83 618	15 576	—	1 243	272	8.3
1991	116 623	98 038	17 056	—	1 174	355	7.7
1992	120 690	106 965	10 872	—	1 966	887	8.1
1993	152 377	138 435	10 584	—	2 090	1 268	8.4
1994	180 595	155 684	14 442	—	3 571	6 898	8.1
1995	224 122	170 634	45 569	—	3 255	4 664	8.2
1996	263 539	191 919	48 701	—	4 171	18 748	8.4
1997	274 798	210 243	55 604	—	4 397	4 554	8.1
1998	283 009	219 495	56 168	—	4 678	2 668	7.3
1999	305 271	222 340	75 388	—	5 740	1 803	6.7

8—10 全省财政用于抚恤和社会福利支出

单位:万元

年份	合计	#抚恤支出	社会福利救济费	#农村社会救济费	自然灾害救济费
1980	7 332	3 469	2 719	1 153	1 144
1981	7 384	1 551	2 783	1 122	3 050
1982	9 279	1 887	3 508	1 408	3 884
1983	9 480	2 298	4 490	1 625	2 692
1984	9 248	2 525	5 368	1 535	1 355
1985	14 338	2 967	5 287	1 550	6 084
1986	16 701	3 318	5 566	1 462	7 817
1987	12 795	3 573	5 689	1 181	3 533
1988	12 624	4 247	6 343	1 261	2 034
1989	14 747	5 276	6 496	1 188	2 975
1990	17 750	6 646	7 115	1 122	3 989
1991	17 202	6 615	7 678	1 180	2 909
1992	17 999	6 856	8 284	1 309	2 859
1993	19 780	7 478	9 458	1 380	2 844
1994	26 606	9 131	11 898	1 713	5 577
1995	48 079	10 743	15 636	1 766	21 700
1996	46 281	13 346	21 850	2 005	11 085
1997	79 478	14 153	32 842	2 410	9 546
1998	76 079	15 073	22 850	2 314	9 082
1999	109 080	18 075	49 323	2 712	7 247

8—11 财政价格补贴

单位:万元

年份	合计	粮棉油价格补贴	调整肉价增加补贴	其他价格补贴
1985	48 312	22 752	25 560	—
1986	149 657	79 328	35 880	34 449
1987	185 677	106 027	42 467	37 183
1988	210 306	117 516	52 076	40 714
1989	254 734	141 381	49 973	63 380
1990	250 324	144 607	50 298	55 419
1991	252 141	151 158	51 726	49 257
1992	163 471	103 145	32 806	27 520
1993	65 144	11 921	30 857	22 366
1994	97 064	56 270	23 779	17 015
1995	89 193	52 709	18 857	17 627
1996	170 862	133 048	17 924	19 890
1997	148 847	129 660	16 200	2 987
1998	149 701	104 490	12 335	32 876
1999	240 957	159 646	11 840	69 471

主要统计指标解释

财政总收入 是国家通过财政各个环节筹集的财政资金的总称，它是保证国家行使其职能不可缺少的财力。主要包括：各项税收、企业收入、债务收入及其他收入。

(1)**各项税收** 是国家按法律规定对经济单位和个人无偿征收的实物和货币，是财政收入的主要来源。我国现行的税收主要有工商税收，包括产品税、增值税、营业税、所得税、城市维护建设税、房产税、车船使用税、资源税、印花税、建筑税、盐税、烧油特别税等；关税，包括关税和进口调节税；农牧业税和耕地占用税；国有企业所得税；国有企业调节税。

(2)**企业收入** 包括各部门所属国有企业及事业单位上交国家的利润和事业收入。1985年实行国有企业第二步利改税办法，企业利润主要以税收形式上交后，只有尚未实行利改税办法的企业和少数实行利润包干企业上交的收入。

(3)**债务收入** 包括国外借款，国内公债收入、国库券收入以及专业银行购买财政专项债券等。

(4)**其他收入** 包括专款收入、基本建设贷款归还收入、国家能源交通重点建设基金收入等。

财政总支出 是国家政权为行使其职能，对筹集的财政资金进行有计划的分配使用的总称。财政支出，体现政府的活动范围和方向，反映财政资金的分配关系。财政支出主要包括基本建设支出、增拨企业流动资金、企业挖潜改造资金、新产品试制费、地质勘探费、工交商部门事业费、支援农村生产支出和各项农业事业费、文教科学卫生事业费、抚恤和社会救济费、国防费、行政管理费及债务支出。

(1)**基本建设支出** 是指国家预算内的基本建设拨款，不包括国家预算外自筹的各种基本建设资金。为加强基本建设投资规模的控制，提高这部分财政资金的使用效益，从1985年起，对预算内基本建设拨款实行拨款改贷款的新管理办法，即由原来直接无偿的拨给建设单位，改为拨给建设银行视同信贷基金管理，建设银行根据国家预算安排的基建项目，给予有偿贷款，用投产后新增利润还本付息。从1988年起，为了进一步提高投资效益，使投资活动的管理符合发展市场经济的要求，并保证重点建设有稳定的资金来源，国家建立了中央基本建设基金制，实行专款专用，每年在国家预算内列收列支。基本建设基金分为经营性的和非经营性的两部分。各专业投资公司对经营性建设项目执行基本建设基金贷款，各主管部门对非经营性建设项目执行基本建设基金拨款。

(2)**增拨企业流动资金** 是指国家预算增拨各部门所属国有企业的流动资金和增拨银行的信贷资金。

(3)**企业挖潜改造资金** 是指国家预算安排用于企业挖潜、革新、改造方面的资金。企业用挖潜、革新、改造方面的资金，主要来自企业的更新改造资金、大修理基金等自有资金及银行贷款，国家预算安排的挖潜、革新、改造资金主要用于支持重点行业的技术改造。

(4)**文教、科学、卫生事业费** 是指国家预算用于科学、文化、教育、卫生、公费医疗、体育、通讯和广播、地震、海洋、文物、计划生育等方面的事业费。

中央财政和地方财政 财政是国家为了实现其职能，凭借政治权力，对一部分社会产品进行分配和再分配的经济活动。中央财政和地方财政，是指财政体制上划分中央政府和地方政府以及地方各级政府之间财政管理权限的一项根本制度，它是经济管理体制的重要组成部分，它在财政管理体制中居于主导地位。它具体规定了各级政府筹集资金、支配使用资金的权力、范围和责任，使各级政府在财政管理上有责有权。这对于正确处理中央和地方之间，以及地方各级之间的分配关系，充分发挥各级政府的积极性，更好地完成国家财政收支任务，促进社会主义建设的发展有着极其重要的意义。中央财政收入和地方财政收入，是指中央和地方各级负责组织征收的收入，不是按财政体制计算的收入分成数。其收入中还包括了国外借款。

预算外资金 是指不纳入国家财政预算，由各地方、各部门、各企业、事业、行政单位，按国家规定范围自行筹集和使用的资金。它是国家财政预算内资金的补充财力。其收入来源，主要包括地方财政机关掌握使用的自筹资金，如工商税附加、农业税附加、城市公用事业附加等；事业行政单位自收自支和以收抵支未纳入预算管理的各项资金，如养路费、学杂费等。这些资金一般都有特定用途，主要是：基本建设或更新改造固定资产，增加流动资金，简易建设、大修理、科技三项费用，支付养路费、城市维护费，职工福利和奖励支出，补充事业、行政经费，上交财政能源交通重点建设基金、预算调节基金等。预算外资金的使用，也要纳入计划管理的轨道，不得擅自扩大使用范围。

国家财政用于农业的支出　指国家财政预算内资金安排用于农业和各项投资支出。包括：(1)对农垦、农业、畜牧、林业、农机管理、水利、水产、气象等部门和各项事业经费和基本建设、流动资金、科技三项费用等专项拨款；(2)支援农村集体(户)的各项生产支出，如小型农田水利和水土保持补助费、扶持农业经济困难的乡镇企业、农业生产队(组、户)改善生产基本条件的资金和农村开荒补助费、农村草场和畜禽保护补助费、农村造林和林木保护补助费、农村水产补助费、农业发展和发展粮食生产专项资金支出等；(3)农村社会救济费。

九、物　　价

9—1 各种物价总指数

（上年＝100）　　单位：%

年份	商品零售价格总指数	居民消费价格总指数	城市居民消费价格总指数	农村居民消费价格总指数	农副产品收购价格总指数	农村工业品零售价格总指数	工农业商品综合比价指数（以农副产品收购价格总指数为100）
1980	105.9	—	104.4	—	108.6	101.2	93.2
1981	101.6	—	102.0	—	107.1	101.1	94.4
1982	101.2	—	101.4	—	98.7	101.0	102.3
1983	101.5	—	101.7	—	112.8	101.0	89.5
1984	103.9	—	103.6	102.1	97.4	104.0	106.8
1985	110.0	110.7	111.4	106.7	111.9	103.5	92.5
1986	106.0	106.7	107.0	105.0	107.7	103.2	95.8
1987	109.0	108.6	109.8	105.6	112.3	106.8	95.1
1988	119.3	119.3	119.6	115.9	114.9	115.6	100.6
1989	118.4	118.2	117.2	120.1	116.5	120.4	100.3
1990	102.7	103.3	103.1	104.1	99.8	106.6	106.8
1991	104.1	105.6	106.0	104.2	101.9	104.3	102.4
1992	106.0	106.7	108.1	102.3	101.7	103.0	101.3
1993	113.5	115.2	116.7	110.9	113.0	110.6	97.9
1994	120.6	124.3	126.1	120.9	138.1	115.5	83.6
1995	114.0	116.1	116.1	116.0	132.1	112.1	84.5
1996	105.4	107.9	108.2	106.8	103.7	106.3	102.5
1997	101.0	103.1	103.8	102.1	92.7	100.5	108.4
1998	97.6	99.3	99.8	98.7	96.7	97.1	100.4
1999	96.1	98.6	98.7	98.3	90.3	96.5	106.9

9—2 各种物价总指数

（1978年＝100）　　单位：%

年份	商品零售价格总指数	城市居民消费价格总指数	农副产品收购价格总指数	农村工业品零售价格总指数	工农业商品综合比价指数（以农副产品收购价格总指数为100）
1979	101.4	101.7	117.6	100.2	85.2
1980	105.4	106.2	129.0	101.4	78.6
1981	108.8	112.3	138.4	102.5	74.2
1982	110.1	113.9	136.4	103.5	75.9
1983	111.8	115.8	153.8	104.5	67.9
1984	116.2	120.0	149.8	108.7	72.6
1985	127.8	133.7	167.6	112.5	67.1
1986	135.5	143.1	180.5	116.1	64.1
1987	147.7	157.1	202.7	124.0	61.0
1988	176.2	187.9	232.9	143.3	61.4
1989	208.6	220.2	271.3	172.5	63.4
1990	214.3	227.0	270.8	183.9	67.8
1991	223.0	240.6	275.9	191.4	69.4
1992	236.4	260.1	280.6	197.1	70.2
1993	268.3	303.6	317.1	217.8	68.7
1994	323.6	382.8	437.9	251.6	57.5
1995	368.9	444.4	578.5	282.0	48.7
1996	388.8	480.8	599.9	299.8	49.8
1997	392.7	499.1	556.1	301.3	53.9
1998	383.3	498.1	537.7	292.6	54.1
1999	368.4	491.6	487.8	282.4	58.0

9—3 零售物价分类指数

（上年＝100）　　　　单位：%

年份	总指数	消费品	食品类	服装鞋帽类	日用品类	文化体育用品类	书报杂志类	中西药品类	燃料类	农业生产资料
1952	105.3	104.8	107.4	106.8	103.2	103.2		79.5	97.9	115.7
1957	103.2	103.3	105.4	100.1	104.4	103.3		124.3	105.7	100.4
1962	103.0	103.0	96.2	108.6	113.3	101.3		100.2	100.0	100.9
1965	95.0	96.8	93.1	94.0	90.5	90.7		92.8	115.6	93.6
1970	98.5	98.4	99.9	100.0	100.0	100.2		73.1	99.8	100.0
1975	100.1	100.2	100.3	99.9	99.8	100.4		99.7	99.9	99.2
1978	100.3	100.3	100.6	99.8	100.2	100.3		100.2	100.0	99.8
1979	101.1	101.4	102.1	98.7	101.0	100.3		102.7	100.0	100.0
1980	105.9	104.1	105.2	102.3	103.8	100.0		102.2	100.4	100.6
1981	101.6	101.7	101.9	100.0	101.3	100.4		100.0	101.0	101.2
1982	101.2	101.2	102.7	98.4	98.9	100.5		100.6	100.0	100.1
1983	101.5	101.5	102.9	99.8	99.8	98.7		103.7	100.0	101.7
1984	103.9	103.3	105.1	100.8	100.5	100.1		104.3	100.1	109.3
1985	110.0	110.6	116.3	102.1	104.0	102.7		104.9	102.7	104.9
1986	106.0	106.0	107.9	104.5	105.3	100.7	122.4	102.1	103.3	102.0
1987	109.0	108.9	111.2	105.9	106.5	102.4	104.1	107.5	109.8	109.0
1988	119.3	119.5	120.6	120.1	113.7	122.5	114.0	121.4	102.6	118.0
1989	118.4	118.2	116.2	122.2	116.5	113.9	170.2	122.8	109.9	120.8
1990	102.7	102.3	101.9	106.4	101.2	96.6	107.7	106.7	124.6	107.7
1991	104.1	104.2	104.8	103.6	101.8	96.5	103.6	102.7	145.6	103.1
1992	106.0	106.2	107.9	105.0	102.9	96.0	106.0	105.7	121.8	103.5
1993	113.5	113.6	115.1	111.6	108.2	102.1	107.8	110.3	143.2	111.7
1994	120.6	—	132.4	121.4	113.1	110.5	134.7	109.2	110.4	121.5
1995	114.0	—	123.1	115.9	108.7	107.2	109.1	110.3	105.5	128.7
1996	105.4	—	105.8	109.1	104.8	106.2	141.5	108.2	102.4	109.0
1997	101.0	—	100.3	104.1	101.1	101.3	114.7	102.8	103.9	99.2
1998	97.6	—	97.2	99.0	97.8	97.2	103.0	101.9	98.7	95.6
1999	96.1	—	95.2	95.9	96.5	96.1	104.5	100.6	101.0	94.4

9—4 居民消费价格指数

(1999年,上年=100)　　单位:%

项　　目	全省	城市	农村	项　　目	全省	城市	农村
总　指　数	98.6	98.7	98.3	2.室内装饰品	98.0	98.1	96.8
一、食　　品	95.1	94.7	96.3	3.床上用品	98.5	100.3	95.1
1.粮　　食	95.6	95.1	96.4	4.家庭日用杂品	95.4	95.1	95.8
2.淀粉及薯类	96.3	95.7	98.0	5.其他日用品	98.0	99.0	95.2
3.干豆类及豆制品	87.1	87.2	87.1	四、医疗保健	100.9	101.3	100.0
4.油 脂 类	91.4	91.9	90.2	1.医疗器具及保健用品	101.0	101.0	101.1
5.肉禽及其制品	86.4	86.1	87.5	2.中药材及中成药	108.5	109.0	107.3
6.蛋　　类	91.8	91.8	91.8	3.西　　药	96.3	96.6	95.5
7.水产品类	93.5	93.8	92.9	五、交通和通讯工具	94.7	94.9	94.5
8.菜　　类	103.8	102.9	106.7	1.交通工具	96.2	97.6	95.1
#鲜　　菜	103.4	102.7	106.5	2.通讯工具	92.9	93.1	90.7
#干　　菜	105.0	105.0	104.2	六、娱乐教育文化用品	96.1	95.3	97.8
9.调 味 品	98.2	97.7	99.0	1.文娱用耐用消费品	90.8	88.8	94.7
10.糖　　类	92.6	93.4	90.7	2.教材及参考书	105.6	106.1	104.7
11.烟 草 类	95.5	94.3	98.6	3.文化娱乐用品	100.1	99.9	100.7
12.酒和饮料	98.6	98.7	98.4	七、居　　住	103.9	106.4	99.1
13.干鲜瓜果类	99.0	98.6	101.5	1.住　　房	104.3	108.6	97.3
14.糕 点 类	100.7	100.8	100.7	2.水、电、燃料	103.7	105.0	100.5
15.奶及奶制品	98.7	99.1	98.5	八、服务项目	114.1	114.4	111.1
16.其他食品	102.1	101.5	103.0	1.电 讯 费	98.9	98.9	98.5
17.饮 食 业	98.1	98.3	97.4	2.邮　　费	128.3	128.3	128.3
二、衣 着 类	96.3	95.9	97.3	3.交 通 费	101.8	102.1	101.1
1.服　　装	95.8	95.5	96.6	4.洗理美容费	101.4	101.6	100.2
2.衣着材料	96.6	94.8	97.8	5.文 娱 费	104.3	104.8	101.8
3.鞋袜帽及其他衣着	97.2	96.9	97.7	6.学杂保育费	128.0	129.5	115.3
三、家庭设备及用品	97.0	97.2	96.8	7.修理及其他服务费	101.9	102.0	101.5
1.耐用消费品	97.0	96.4	98.1	8.医疗保健服务	117.7	114.3	123.1

9—5 各市居民消费价格分类指数

（1999年，上年＝100）

市名称	居民消费价格指数	食品	#粮食	#油脂	#肉禽及其制品	#蛋类	#水产品	#菜类	#酒和饮料
全省	**98.6**	**95.1**	**95.6**	**91.4**	**86.4**	**91.8**	**93.5**	**103.8**	**98.6**
沈阳市	97.6	93.7	94.8	92.4	85.4	92.1	91.0	101.4	99.1
大连市	99.5	96.0	99.5	95.8	87.8	92.4	102.8	99.1	99.3
鞍山市	100.0	95.3	93.6	89.7	85.1	90.6	86.4	105.5	103.7
抚顺市	97.7	94.7	93.7	89.6	86.3	91.3	85.4	105.7	92.9
本溪市	100.1	97.3	94.3	90.1	87.6	90.8	90.3	108.0	100.2
丹东市	99.6	94.5	95.4	90.9	92.6	93.2	89.0	96.4	103.1
锦州市	97.8	94.9	94.9	91.0	86.1	89.6	94.5	104.2	100.8
营口市	100.4	93.4	95.1	88.9	84.1	92.4	92.8	104.2	94.2
阜新市	97.9	93.8	95.9	90.8	87.0	91.0	88.5	105.3	93.7
辽阳市	98.7	95.2	94.5	92.5	89.2	92.7	97.8	95.8	98.8
盘锦市	97.6	93.1	92.5	89.5	80.0	91.8	92.3	106.5	96.0
铁岭市	98.6	97.0	94.2	92.1	87.4	92.1	94.5	110.1	95.6
朝阳市	98.0	96.7	98.2	92.1	87.4	92.2	98.0	104.6	98.4
葫芦岛市	99.3	94.8	94.3	89.4	80.8	89.2	92.4	106.5	98.2

9—5 续表

市名称	#干鲜瓜果	#饮食业	衣着	家庭设备及用品	医疗保健	交通和通讯工具	娱乐教育文化用品	居住	服务项目
全省	**99.0**	**98.1**	**96.3**	**97.0**	**100.9**	**94.7**	**96.1**	**103.9**	**114.1**
沈阳市	96.3	99.5	94.5	96.2	101.3	89.5	94.8	108.8	107.9
大连市	99.8	94.9	92.8	96.9	103.4	93.8	93.5	105.9	113.5
鞍山市	99.9	101.9	93.5	97.3	102.3	99.4	89.2	107.4	126.2
抚顺市	101.4	98.5	95.8	98.2	96.7	94.1	95.9	102.7	110.5
本溪市	106.5	98.1	101.0	99.0	99.7	98.8	98.9	109.2	105.8
丹东市	95.8	99.2	99.3	96.9	108.4	96.1	99.1	99.9	124.3
锦州市	95.7	102.2	99.6	97.1	102.5	98.3	99.8	102.5	101.9
营口市	96.2	95.4	101.8	98.2	99.6	93.2	95.4	102.7	125.8
阜新市	98.4	100.7	100.1	98.6	105.5	98.9	101.1	101.1	107.2
辽阳市	97.2	99.3	91.9	99.1	101.3	96.6	99.3	106.2	120.6
盘锦市	96.3	104.2	103.8	97.3	88.4	103.1	102.7	104.8	105.4
铁岭市	104.9	100.0	93.6	97.1	94.5	94.9	93.3	107.2	115.6
朝阳市	94.9	100.9	91.8	96.2	103.6	93.4	96.5	104.1	109.0
葫芦岛市	114.3	101.3	102.6	99.0	99.9	95.6	93.7	103.2	116.4

9—6 居民消费价格分类指数

（上年＝100）

单位:%

年份	总指数	消费品类	服务项目类	房租	水电燃料费	交通费	邮费	医疗保健服务	学杂保育费	文娱费	修理及其他服务费
1978	100.3	100.3	100.3								
1979	101.7	101.7	101.6								
1980	104.4	104.6	102.8								
1981	102.0	102.1	100.8								
1982	101.4	101.4	101.2								
1983	101.7	101.6	103.2	100.0	100.4	109.6	104.1	119.6	101.7	100.1	104.3
1984	103.6	103.7	102.4	100.0	100.4	100.0	120.6	100.1	110.3	102.7	102.4
1985	111.4	111.8	106.5	100.7	100.0	112.5	100.0	113.2	113.1	113.3	109.8
1986	107.0	106.8	109.3	100.5	113.4	107.9	101.3	115.8	105.5	114.1	118.0
1987	109.8	109.9	108.2	100.6	114.3	102.9	101.2	105.2	105.9	130.8	111.4
1988	119.6	120.0	115.2	101.0	108.7	102.6	102.8	140.0	122.8	138.3	117.6
1989	117.2	117.1	117.4	100.4	105.1	111.0	102.3	128.9	132.0	129.7	121.2
1990	103.1	102.1	114.4	100.0	112.8	135.7	143.1	105.8	114.7	124.1	113.7
1991	106.0	104.6	118.9	101.0	157.7	109.3	130.2	105.7	104.0	142.3	107.6
1992	108.1	107.5	113.1	101.0	119.0	105.2	100.1	118.8	106.1	128.7	120.7
1993	115.2	113.5	129.3	136.3	137.4	126.5	110.3	134.7	123.5	143.3	124.9
1994	124.3	—	134.1	159.5	117.2	114.6	—	116.4	153.3	141.4	122.4
1995	116.1	—	113.9	121.0	105.5	108.3	—	105.0	116.1	123.6	115.5
1996	107.9	—	114.2	156.2	115.9	120.7	—	106.0	116.1	119.8	108.5
1997	103.1	—	114.1	133.9	113.7	107.5	198.5	110.8	110.6	112.7	107.9
1998	99.3	—	108.0	115.1	105.8	107.9	100.7	120.0	109.7	110.6	102.5
1999	98.6	—	114.1	114.8	103.7	101.8	128.3	117.7	128.0	104.3	101.9

9—7　各市居民服务项目价格分类指数

（1999年，上年＝100）　　单位：%

市　名　称	服务项目	1.电讯费	2.邮费	3.交通费	4.洗理美容费	5.文娱费	6.学杂保育费	7.修理及其他服务费	8.医疗保健服务
沈阳市	107.9	98.9	127.2	100.6	100.0	105.1	115.0	97.8	113.9
大连市	118.5	99.0	127.8	100.1	103.9	100.0	155.0	101.8	110.8
鞍山市	126.2	100.0	150.8	104.3	100.0	106.5	147.9	118.6	108.9
抚顺市	110.5	100.0	135.0	106.3	100.0	101.5	123.3	100.0	112.3
本溪市	105.8	100.0	140.0	100.0	100.0	99.5	111.2	97.7	121.6
丹东市	124.3	99.1	136.6	101.1	100.4	105.0	144.0	97.0	137.3
锦州市	101.9	97.7	117.7	100.0	102.3	121.2	100.6	100.3	109.2
营口市	125.8	98.2	106.7	121.8	98.6	113.0	142.7	102.2	118.2
阜新市	107.2	92.8	121.1	112.1	109.8	97.7	111.1	101.0	128.5
辽阳市	120.6	99.3	148.8	100.9	100.2	113.1	138.8	102.8	104.3
盘锦市	105.4	100.0	125.1	103.4	100.0	100.0	107.9	100.0	125.6
铁岭市	115.6	100.0	126.5	103.7	98.2	100.0	131.6	101.1	108.5
朝阳市	109.0	98.2	120.0	102.0	118.1	103.3	114.2	101.6	128.4
葫芦岛市	116.4	96.6	127.0	100.0	100.4	108.5	144.9	97.7	116.3

9—8 各市零售价格分类指数

（1999年，上年＝100）　　单位：%

市名称	总指数	食品类	饮料、烟酒类	服装、鞋帽类	纺织品类	中、西药品类
沈阳市	95.4	94.5	97.2	96.6	93.1	99.2
大连市	95.3	95.8	95.1	91.3	93.0	102.9
鞍山市	96.8	94.9	101.4	93.7	99.5	102.6
抚顺市	95.8	93.7	91.9	98.0	98.1	98.3
本溪市	97.7	95.8	99.6	101.2	97.0	98.6
丹东市	96.9	94.6	97.4	99.1	98.5	102.3
锦州市	96.9	94.5	99.7	100.9	96.6	101.0
营口市	96.1	93.4	96.0	102.0	99.3	98.6
阜新市	97.5	94.4	89.1	101.0	100.4	106.8
辽阳市	97.2	95.4	98.9	93.2	96.4	101.1
盘锦市	97.1	93.4	96.7	104.0	100.3	88.9
铁岭市	96.5	97.6	95.5	92.5	100.0	94.8
朝阳市	96.4	96.8	99.7	92.1	94.1	102.9
葫芦岛市	98.0	96.3	98.3	102.8	99.4	97.4

9—8 续表

市名称	化妆品类	书报、杂志类	文化体育用品类	日用品类	家用电器类	首饰类	燃料类	建筑装璜材料类	机电产品类
沈阳市	103.8	106.3	92.2	95.1	92.2	91.5	104.2	96.9	94.9
大连市	103.9	102.7	96.3	94.9	91.9	92.1	98.9	95.0	96.4
鞍山市	106.9	103.3	94.0	99.9	90.4	88.8	98.1	104.2	95.9
抚顺市	101.3	104.3	95.3	97.6	94.0	88.0	99.5	99.7	97.8
本溪市	96.5	106.6	99.2	98.6	97.9	91.8	99.8	101.6	94.6
丹东市	100.0	104.6	98.0	97.7	94.4	93.4	104.2	95.0	100.6
锦州市	97.8	104.3	97.4	99.5	94.5	95.5	101.7	99.6	97.9
营口市	100.8	106.5	98.9	99.2	90.2	87.8	99.1	99.3	95.7
阜新市	100.0	103.7	100.8	100.2	97.8	93.0	106.6	100.0	98.9
辽阳市	109.1	103.1	99.6	100.7	99.7	99.9	100.7	99.1	92.5
盘锦市	102.0	103.9	100.0	98.7	98.9	92.2	102.0	99.6	100.9
铁岭市	91.1	107.1	96.8	97.0	92.9	91.8	96.4	98.4	97.0
朝阳市	92.4	101.8	96.1	97.1	95.6	88.6	101.8	96.9	95.9
葫芦岛市	98.0	102.1	99.0	99.2	94.7	92.8	102.7	100.1	92.7

9—9 农贸市场农产品成交价格指数

(1999年,上年=100)　　单位:%

项　　目	指　　数	项　　目	指　　数
农产品成交价格指数	89.6	4.水　产　品	91.5
1.粮　　食	86.8	5.鲜　　菜	94.8
2.油　脂　类	90.9	6.干　　菜	101.0
#植　物　油	92.6	7.鲜　　果	95.7
3.肉　禽　蛋	85.2	8.干　　果	86.8

9—10 农业生产资料价格指数

(1999年,上年=100)　　单位:%

项　　目	指　　数	项　　目	指　　数
农业生产资料价格指数	94.4	6.机械化农具	95.4
1.小　农　具	99.5	7.化学肥料	94.5
2.饲　　料	99.8	8.农药及农药械	96.0
3.幼禽家畜	62.4	#化学农药	95.8
4.大　牲　畜	98.3	9.农机用油	99.9
5.半机械化农具	99.5	10.其　　他	95.8

9—11 各地区农民消费价格分类指数

（1999 年，上年＝100）　　　　单位：%

项　　目	昌　图	绥　中	瓦房店	凤　城	新　宾	辽　中	建　平	海　城	北　票
总　指　数	96.9	96.0	97.3	99.8	100.4	98.8	98.5	98.6	98.1
一、食　　品	96.2	94.5	96.7	98.7	96.6	96.8	95.8	95.3	94.8
二、衣　着　类	98.0	96.1	95.6	96.0	98.5	100.1	96.5	98.0	98.3
三、家庭设备及用品	96.0	89.8	93.4	98.1	98.3	99.3	101.0	97.4	96.9
四、医　疗　保　健	92.1	110.3	105.0	98.4	100.6	100.1	102.8	93.7	91.9
五、交通和通讯工具	99.4	93.6	88.6	93.5	96.7	97.3	87.6	97.8	99.4
六、娱乐教育文化用品	95.5	95.2	91.9	98.8	101.3	99.0	103.3	97.5	98.9
七、居　　住	96.6	95.6	101.6	100.3	103.2	98.4	100.1	102.0	98.7
八、服　务　项　目	104.1	100.8	102.9	117.6	118.6	106.6	108.9	120.4	119.1
1.电　讯　费	97.9	100.0	97.3	100.0	100.0	100.0	97.4	98.2	96.9
2.邮　　费	135.0	120.3	130.0	127.5	135.8	120.0	130.0	125.0	137.5
3.交　通　费	100.0	100.0	100.0	102.0	100.0	102.5	100.0	101.4	104.0
4.洗理美容费	100.0	94.3	103.9	102.2	100.3	100.0	100.0	100.1	100.0
5.文　娱　费	100.0	100.0	107.5	112.1	95.3	99.5	100.0	102.2	100.0
6.学杂保育费	100.0	100.0	102.3	128.4	130.9	111.1	106.5	146.3	105.8
7.修理及其他服务费	99.9	104.2	97.8	113.0	100.4	102.0	100.0	98.7	98.8
8.医疗保健服务	118.6	100.0	105.8	114.1	130.7	107.6	125.1	122.2	177.6

9—12 农副产品收购价格分类指数

（上年＝100）　　　　　　　　　　　　　　单位：%

年　份	总指数	粮食类	小　麦	稻　谷	玉　米	高　粱	黄　豆	经济作物类	食用植物油及油料	棉　花
1980	108.6	117.5	100.0	100.0	100.0	100.0	100.0	119.8	130.4	112.3
1981	107.1	116.1	100.0	100.0	100.0	100.0	150.0	102.6	100.2	100.1
1982	98.7	94.1	100.0	100.0	100.0	100.0	100.0	104.3	107.8	101.0
1983	112.8	122.3	100.0	100.0	100.0	100.0	100.0	107.0	111.7	100.8
1984	97.4	89.7	100.0	100.0	100.0	100.0	100.0	96.8	88.9	106.8
1985	111.9	101.3	100.0	99.6	101.3	100.9	108.1	107.7	109.8	90.5
1986	107.7	112.4	118.4	108.5	115.7	126.1	110.0	101.1	102.0	98.9
1987	112.3	111.3	—	103.4	103.6	134.3	103.9	105.5	103.1	102.9
1988	114.9	103.8	—	108.2	102.5	97.1	104.2	130.9	131.2	105.6
1989	116.5	123.3	—	136.3	120.0	119.6	120.5	118.6	119.9	121.7
1990	99.8	104.1	72.3	100.9	104.7	103.8	101.6	107.5	104.7	142.0
1991	101.9	98.7	100.9	104.0	95.4	89.9	106.9	102.1	94.2	123.6
1992	101.7	104.2	88.9	99.0	106.2	104.1	116.6	93.6	91.7	92.6
1993	113.0	112.7	116.0	104.8	114.4	119.9	130.8	121.3	146.6	108.1
1994	138.1	142.3	68.9	151.8	148.7	130.4	113.0	133.9	142.2	137.3
1995	132.1	148.1	126.1	139.1	158.4	143.6	120.4	116.1	94.2	136.0
1996	103.7	102.9	—	104.3	102.0	97.8	118.0	101.5	96.5	103.9
1997	92.7	94.1	70.9	97.3	94.6	88.4	99.8	97.2	110.3	104.8
1998	96.7	99.3	79.5	94.2	100.6	106.9	100.6	97.6	98.6	79.6
1999	90.3	89.3	93.8	90.1	92.7	86.4	70.5	91.7	85.1	89.2

9—12 续表 1　　　　　　　　　　　　　　单位：%

年　份	麻	烟　叶	糖　料	木材类	工业用油漆类	禽畜产品类	肉　畜	禽　蛋
1980	100.0	108.3	100.0	191.8	100.0	105.2	105.2	106.8
1981	86.4	130.4	100.0	176.7	100.0	100.2	100.0	105.9
1982	100.0	100.0	100.0	100.0	100.0	101.8	101.8	100.6
1983	103.4	100.0	100.0	100.0	100.0	98.2	98.1	97.9
1984	117.9	100.0	100.0	118.8	100.0	102.4	102.8	102.6
1985	125.9	118.9	111.3	129.3	—	119.9	119.5	120.2
1986	88.6	104.2	100.0	100.3	103.2	106.7	106.5	115.4
1987	100.5	118.1	101.6	109.1	100.0	118.3	119.0	124.2
1988	118.0	134.8	177.0	165.0	133.2	132.6	139.3	126.7
1989	—	100.9	106.3	95.7	242.7	115.2	116.7	93.2
1990	120.0	113.9	135.9	82.8	109.4	96.9	99.2	110.9
1991	107.8	105.3	99.2	91.2	91.0	99.1	101.7	87.6
1992	—	102.4	103.3	103.4	98.9	100.7	100.0	97.6
1993	—	119.2	101.4	106.9	—	115.0	118.1	110.8
1994	—	100.8	133.5	111.4	—	144.9	160.6	124.4
1995	—	175.9	144.1	105.9	—	116.1	113.6	117.3
1996	—	92.4	112.5	105.5	—	96.0	87.7	111.7
1997	—	52.0	101.1	80.7	—	98.6	113.1	85.4
1998	—	148.5	—	110.6	—	90.4	85.1	102.4
1999	—	164.9	—	126.5	—	77.8	73.0	85.1

9—12 续表 2

单位：%

年份	皮张	鬃毛	蚕茧蚕丝类	干鲜果类	干鲜菜及调味品类	#鲜菜	药材类	土副产品类	水产品类
1980	109.2	100.1	100.0	103.0	103.6	100.2	105.5	98.3	102.1
1981	100.2	100.0	100.0	99.6	107.5	103.3	99.8	96.8	101.6
1982	98.7	104.5	100.0	98.5	100.8	100.6	101.6	100.3	101.9
1983	100.0	99.8	100.0	119.6	102.3	102.3	106.2	100.0	138.1
1984	94.6	98.9	100.0	140.1	112.0	108.7	100.0	99.0	101.6
1985	131.9	117.6	101.0	147.2	139.5	166.5	117.0	102.7	135.5
1986	138.6	93.1	93.3	103.8	99.4	89.2	94.5	125.6	102.7
1987	113.0	111.9	129.2	118.2	109.6	107.7	98.4	90.8	141.6
1988	104.8	126.5	137.6	119.2	120.4	124.7	114.4	96.5	119.9
1989	128.5	112.0	131.0	112.9	112.9	112.9	102.5	121.6	94.7
1990	81.5	68.2	92.6	88.2	89.2	90.9	73.3	95.3	84.2
1991	104.5	98.8	99.4	140.9	108.9	110.2	141.9	101.5	98.3
1992	112.9	109.5	127.1	77.9	113.2	108.0	116.5	104.3	104.2
1993	102.3	117.7	100.6	101.0	117.3	108.8	77.0	121.8	110.4
1994	115.4	117.6	196.3	130.9	116.4	123.0	73.6	130.6	135.6
1995	151.8	114.1	136.9	96.1	92.6	84.4	288.6	143.6	108.8
1996	106.8	100.1	61.7	88.8	107.0	115.4	175.1	100.8	126.4
1997	79.5	87.5	110.2	56.8	98.0	99.3	88.1	92.1	94.9
1998	92.6	81.6	76.4	91.4	96.4	95.3	79.8	92.6	91.2
1999	89.5	76.4	161.5	136.3	100.5	105.7	120.2	96.6	86.9

9—13 农副产品收购价格分类指数

（1978 年＝100）　　单位：%

年份	总指数	粮食类	小麦	稻谷	玉米	高粱	黄豆	经济作物类	食用植物油及油料	棉花
1979	117.6	112.5	119.5	118.8	112.6	123.4	115.0	125.9	141.2	119.7
1980	129.0	143.9	119.5	118.8	112.6	123.4	115.0	150.8	184.1	134.4
1981	138.4	167.1	119.5	118.8	112.6	123.4	172.5	154.7	184.5	134.5
1982	136.4	157.2	119.5	118.8	112.6	123.4	172.5	161.4	198.9	135.8
1983	153.8	192.3	119.5	118.8	112.6	123.4	172.5	172.7	222.2	136.9
1984	149.8	172.5	119.5	118.8	112.6	123.4	172.5	167.2	197.5	146.2
1985	167.6	174.7	119.5	118.8	114.1	124.5	186.5	180.0	216.9	132.3
1986	180.5	196.4	141.5	128.4	132.0	157.0	205.2	182.0	221.2	130.8
1987	202.7	218.6	—	132.7	136.8	210.9	213.2	192.0	228.1	134.6
1988	232.9	226.8	—	143.6	140.2	204.8	222.2	251.3	299.3	142.1
1989	271.3	279.6	—	195.7	168.2	244.9	267.8	298.0	358.9	172.9
1990	270.9	291.1	—	197.5	176.1	254.2	272.1	320.4	375.8	245.5
1991	275.9	283.3	—	205.4	168.0	228.5	290.9	327.1	364.0	303.4
1992	280.6	299.4	—	203.3	178.4	237.9	339.2	306.2	324.6	231.0
1993	317.1	337.4	—	213.1	204.1	286.2	443.6	371.4	475.9	303.7
1994	437.9	480.1	—	323.4	303.5	371.9	501.3	497.3	676.7	417.0
1995	578.5	711.1	—	450.0	480.8	534.1	603.6	577.4	637.5	567.2
1996	599.9	731.7	—	469.4	490.4	522.3	712.2	586.1	615.2	589.3
1997	556.1	688.5	—	456.7	463.9	461.7	710.8	569.7	678.6	617.6
1998	537.7	683.7	—	430.2	466.7	493.6	715.1	556.0	669.1	491.6
1999	487.8	610.5	—	387.6	432.6	426.5	504.1	509.9	569.4	438.5

9—13 续表 1　　单位：%

年份	麻	烟叶	糖料	木材类	工业用油漆类	禽畜产品类	肉畜	禽蛋
1979	107.1	100.0	125.0	116.7	131.6	117.7	117.5	129.5
1980	107.1	108.3	125.0	223.8	131.6	123.8	123.6	138.3
1981	92.5	141.2	125.0	395.5	131.6	124.0	123.6	146.5
1982	92.5	141.2	125.0	395.5	131.6	126.2	125.8	147.4
1983	95.6	141.2	125.0	395.5	131.6	123.9	123.4	144.3
1984	112.7	141.2	125.0	469.9	131.6	126.9	126.9	148.1
1985	141.9	167.9	139.1	607.6	—	152.2	151.6	178.0
1986	125.7	175.0	139.1	609.7	—	162.4	161.5	205.4
1987	126.3	206.7	141.3	665.2	—	192.1	192.2	255.1
1988	149.0	278.6	250.1	1 097.6	—	254.7	267.7	323.2
1989	—	281.1	265.9	1 050.4	—	293.4	308.9	301.2
1990	—	320.2	361.4	869.7	—	284.3	306.4	334.0
1991	—	337.2	358.5	793.2	—	281.7	311.6	292.6
1992	—	345.3	370.3	820.1	—	283.7	311.6	285.6
1993	—	411.6	375.5	876.7	—	326.3	368.9	316.4
1994	—	414.8	501.3	976.7	—	472.8	591.0	393.6
1995	—	729.7	722.4	1 034.3	—	548.9	671.4	461.7
1996	—	674.2	812.7	1 091.2	—	526.9	588.8	515.7
1997	—	350.6	821.6	880.6	—	519.5	665.3	440.4
1998	—	520.6	—	973.9	—	469.6	566.2	451.0
1999	—	858.5	—	1 231.9	—	365.3	413.3	383.8

9—13 续表 2

单位：%

年份	皮张	鬃毛	蚕茧蚕丝类	干鲜果类	干鲜菜及调味品类	#鲜菜	药材类	土副产品类	水产品类
1979	126.9	100.1	119.3	101.1	112.9	113.1	99.9	112.6	118.2
1980	138.6	100.2	119.3	104.1	117.0	113.3	105.4	110.7	120.7
1981	138.6	100.2	119.3	103.7	125.8	117.0	105.2	107.2	122.6
1982	138.6	104.7	119.3	102.1	126.8	117.7	106.9	107.5	124.9
1983	138.6	104.5	119.3	122.1	129.7	120.4	113.5	107.5	172.5
1984	129.4	103.4	119.3	171.1	145.3	130.9	113.5	106.4	175.3
1985	170.7	121.6	120.5	251.9	202.7	217.9	132.8	109.3	237.5
1986	236.6	116.2	112.4	261.5	201.5	194.4	125.5	137.3	243.9
1987	267.4	126.7	145.2	309.1	220.8	209.4	123.5	124.7	345.4
1988	280.2	160.3	199.8	368.4	265.8	261.1	141.2	120.3	414.1
1989	360.1	179.5	261.7	415.9	300.1	294.8	144.7	146.3	392.2
1990	293.5	122.4	242.3	366.8	267.7	268.0	106.1	139.4	330.2
1991	306.7	120.9	240.8	516.8	291.5	295.3	150.6	141.5	330.3
1992	346.3	132.4	306.1	402.6	330.0	319.0	175.4	147.6	344.2
1993	354.2	155.9	308.0	406.6	387.1	347.0	135.1	179.7	380.0
1994	408.8	183.3	604.6	532.3	450.6	426.8	99.4	234.7	515.2
1995	620.5	209.1	827.6	511.5	417.2	360.3	286.9	337.1	560.6
1996	662.7	209.3	510.6	454.2	446.4	415.8	502.4	339.8	708.6
1997	526.8	183.1	562.7	258.0	437.5	412.9	442.6	313.0	672.5
1998	487.8	149.4	429.9	235.8	421.8	393.5	353.2	289.8	613.3
1999	436.6	114.1	694.3	321.4	423.9	415.9	424.5	279.9	532.9

9—14 工业品出厂价格分类指数

（上年＝100） 单位：%

类　　别	1994年	1995年	1996年	1997年	1998年	1999年
全部工业产品出厂价格总指数	119.9	109.9	102.8	100.1	95.8	102.0
一、按轻重工业分						
1.轻　工　业	121.4	120.5	104.3	97.8	97.9	98.3
以农产品为原料	125.6	122.0	104.9	97.5	98.1	99.4
以非农产品为原料	107.5	114.8	102.2	98.6	98.1	95.3
2.重　工　业	119.2	104.8	102.0	100.9	95.2	103.2
采掘工业	114.9	108.4	110.1	103.6	95.5	135.5
原料工业	121.3	103.2	100.7	100.8	94.2	98.1
加工工业	112.9	110.7	103.0	100.7	98.1	98.5
二、按两大部类分						
1.生产资料	119.1	106.2	102.2	100.6	95.1	102.7
采掘工业	115.7	108.4	110.1	103.6	98.5	135.5
原料工业	120.9	104.7	101.0	100.4	94.1	97.9
加工工业	113.3	112.4	103.5	100.8	97.9	98.1
2.生活资料	121.8	118.7	104.0	98.3	98.7	99.2
食　品	119.5	119.6	104.8	97.5	99.0	101.2
服　装	134.2	116.4	98.6	101.4	99.3	97.7
一般日用品	115.4	123.8	111.6	99.3	97.3	97.0
耐用消费品	101.9	108.0	98.0	96.1	97.4	97.3
三、按工业部门分						
1.冶金工业	115.8	96.2	96.7	97.0	94.3	95.0
2.电力工业	171.9	100.6	110.4	120.0	104.9	99.5
3.煤炭及炼焦工业	115.1	103.6	113.7	108.6	101.3	98.0
4.石油工业	123.2	117.1	107.5	104.9	91.5	120.5
5.化学工业	110.4	124.7	103.6	95.7	94.8	97.4
6.机械工业	107.5	105.9	100.4	101.0	98.9	98.1
7.建筑材料工业	111.7	101.5	99.7	100.4	97.5	100.3
8.森林工业	102.7	111.0	108.0	90.0	96.5	96.7
9.食品工业	119.6	118.1	104.8	97.0	98.1	100.6
10.纺织工业	134.5	122.1	102.5	94.4	93.4	96.0
11.缝纫工业	111.7	103.4	108.1	111.4	102.2	97.8
12.皮革工业	116.4	111.5	100.8	103.9	104.6	96.1
13.造纸工业	109.7	133.1	109.6	92.4	94.4	97.7
14.文教艺术用品工业	106.1	98.3	95.3	97.9	95.5	89.5
15.其他工业	113.1	125.2	129.3	109.8	109.5	108.3
四、按工业行业分						
1.煤炭采选业	115.7	104.7	111.50	107.3	101.2	97.9
2.有色金属矿采选业	124.0	145.7	102.1	92.8	91.3	96.4
3.建筑材料及其他非金属矿采选业	100.0	99.1	99.2	100.9	101.1	99.5

9—14 续表　　　　单位:%

类　　别	1994 年	1995 年	1996 年	1997 年	1998 年	1999 年
4.采　盐　业	138.8	95.7	96.9	98.5	93.4	102.7
5.自来水生产与供应业	109.5	109.4	154.0	120.6	113.1	113.3
6.食品制造业	119.9	121.7	103.9	96.6	97.8	99.7
7.饮料制造业	124.2	131.8	103.7	97.3	99.8	99.7
8.烟草加工业	113.0	98.5	115.4	102.4	100.4	126.9
9.饲料工业	116.8	146.9	117.2	105.2	100.2	84.3
10.纺　织　业	135.5	124.2	102.5	94.7	95.7	97.8
11.缝　纫　业	111.7	104.9	108.1	111.4	102.2	97.8
12.皮革毛皮及其制品业	116.4	109.5	100.8	103.9	104.8	96.1
13.木材加工及竹藤棕草制品业	104.4	104.1	101.5	89.5	96.5	97.0
14.家具制造业	112.2	99.8	105.3	103.7	98.6	92.9
15.造纸及纸制品业	109.7	134.7	109.6	92.4	94.4	98.6
16.文教体育用品制造业	107.7	108.4	95.7	102.6	97.7	97.2
17.电力、蒸气、热水生产和供应业	171.9	102.0	110.4	120.0	104.9	99.5
18.石油加工业	123.2	114.4	107.3	104.9	90.5	104.1
19.炼焦、煤气及煤制品业	108.8	100.0	134.8	114.6	104.0	103.5
20.化　学　工　业	110.9	127.9	104.6	94.5	93.0	97.2
21.医　药　工　业	109.8	113.3	99.5	96.4	95.3	99.8
22.橡胶制品工业	111.5	127.9	109.3	105.0	102.4	96.7
23.塑料制品业	105.7	139.7	101.4	92.1	94.6	102.9
24.建筑材料及其它非金属矿制品业	111.9	102.3	99.7	100.5	97.1	100.1
25.黑色金属冶炼及压延加工业	116.1	93.1	97.0	97.4	94.5	94.4
26.有色金属冶炼及压延加工业	110.2	122.4	91.2	94.8	93.7	98.3
27.金属制品业	101.1	102.2	97.0	100.1	99.5	96.9
28.机　械　工　业	114.5	101.4	99.5	100.7	100.4	98.4
29.交通运输设备制造业	113.0	105.9	109.9	105.7	99.9	99.1
30.电气机械及器材制造业	106.5	109.4	96.8	99.4	96.0	98.5
31.电子及通讯设备制造业	101.0	106.3	100.0	96.8	89.0	97.8
32.仪器仪表及其它计量器具制造业	104.8	108.5	103.6	113.1	98.7	98.4
33.工艺美术品制造业	105.5	102.0	95.1	105.7	101.0	88.7

9—15 原材料、燃料、动力购进价格分类指数

（上年＝100）　　单位：%

类　　别	1994年	1995年	1996年	1997年	1998年	1999年
全部原材料、燃料、动力购进总指数	118.2	114.2	103.7	103.1	99.3	99.0
1.燃料、动力类	119.0	112.4	108.8	108.4	103.6	100.9
2.黑色金属材料类	108.8	96.4	99.0	98.8	99.1	96.4
3.有色金属材料和电线类	110.4	129.6	84.3	94.8	96.6	98.0
4.化工原料类	111.5	127.7	92.8	96.9	93.4	100.0
5.木材及纸浆类	114.9	101.4	97.8	99.4	99.9	101.6
6.建筑材料类	114.8	96.6	97.4	99.4	100.0	99.0
7.非金属矿类	117.5	97.6	101.7	97.3	94.0	97.5
8.农副产品类	139.8	144.2	94.6	91.1	91.5	95.2
9.纺织原料类	139.3	126.5	87.7	95.4	88.9	99.2

主要统计指标解释

商品零售价格指数:商品零售价格,是指工业、商业、餐饮业和其他零售企业向城乡居民、机关团体出售生活消费品和办公用品的价格。商品零售价格指数,是反映一定时期内商品零售价格变动趋势和变动程度的相对数,利用商品零售价格指数,可以全面掌握市场商品零售价格的变动状况,为国家制定经济政策提供参考依据,同时还可在此基础上编制出其他各种派生价格指数,为研究市场流通、进行国民经济核算提供科学依据。

商品零售价格指数的汇总计算公式为加权算术平均公式,权数资料来源于社会消费品销售额统计和重点调查资料。所选商品为十四个大类,必报商品为304种。

居民消费价格指数:居民消费价格,是指城乡居民支付生活消费品和服务项目消费的价格,是社会产品和服务项目的最终价格。居民消费价格指数,是反映一定时期内居民消费价格变动趋势和变动程度的相对数,利用居民消费价格指数,可以全面观察居民消费价格变动对居民生活的影响,为党政领导和决策部门掌握消费价格状况,研究和制定居民消费政策、价格政策、工资政策、货币政策以及进行国民经济核算提供科学依据。居民消费价格指数还是反映通货膨胀程度的重要指标。

农产品收购价格指数:农产品收购价格,是指各种经济类型的工商企业和其他单位以及个人直接从农民个人和国有农业生产单位收购农产品的价格。农产品收购价格指数,是反映一定时期内农产品收购价格变动趋势和变动程度的相对数,利用这一指数,可以反映农产品收购价格的变动情况及其对农产品生产者、收购者货币收支的影响,为国家制定、检查农产品收购政策,研究收购价格水平,差价政策和比价政策提供科学依据。

农产品收购价格指数的计算公式为加权倒数平均公式,权数资料来源于农村住户主要农村产品出售量、农村住户出售畜禽及渔业产品情况、国家和社会其他农产品收购部门的收购金额或收购量资料、历年农产品收购金额资料等。所选商品为十一个大类,250种商品。

农业生产资料价格指数:农业生产资料价格,是指工商企业、供销合作社和其他单位及个人向农民出售农业生产资料的价格,也是农业生产资料在流通领域中最后一个环节的价格。农业生产资料价格指数,是反映一定时期内农业生产资料价格变动趋势和变动程度的相对数。利用这一指数可以掌握农业生产资料价格的变动情况,为国家制定有关政策,保障农民利益,促进农业发展提供决策参考依据;同时,也为研究市场流通和新国民经济核算体系提供科学依据。1994年以前,农业生产资料价格指数仅仅是商品零售价格指数的一个类别,此后,从商品零售价格指数中单列出来,独立编制。

农业生产资料价格指数的计算公式为加权算术平均公式。权数资料来源于供销合作社等部门的销售统计资料和农村住户调查资料中的农业生产资料购买数量和金额资料。所选商品为十个大类,49种主要商品。

工业品出厂价格指数:是反映工业产品出厂价格水平变动趋势及变动程度的相对数,一般用百分数(%)表示。

固定资产投资价格指数:是反映固定资产投资价格变动趋势和程度的相对数。固定资产投资额是由建筑安装工程投资完成额、设备、工器具购置投资完成额和其它费用投资完成额三部分组成的,编制固定资产投资价格指数应首先分别编制上述三部分投资的价格指数,然后采用加权算术平均法求出固定资产投资价格总指数。

编制固定资产投资价格指数可以准确地反映固定资产投资中涉及的各类投资品和取费项目价格变动趋势和变动幅度,消除按现价计算的固定资产投资指标中的价格变动因素,真实地反映全社会、国民经济各门类及各类工程固定资产投资的规模、速度、结构和效益,为国家及各部门科学地制定、检查固定资产投资计划并提高宏观调控水平,为完善国民经济核算体系提供科学的、可靠的依据。

原材料、燃料和动力购进价格指数:是反映工业企业作为生产投入,而从物资交易市场和能源、原材料生产企业购买原材料、燃料和动力产品时,所支付的价格水平变动趋势和程度的统计指标,是扣除工业企业物质消耗成本中的价格变动影响的重要依据。

十、人 民 生 活

10—1 人民物质文化生活提高情况

项目	单位	1980年	1985年	1990年	1995年	1998年	1999年
就业							
每一农村劳动力负担人数	人	2.56	1.77	1.65	1.46	1.41	1.39
每一城镇就业者负担人数	人	1.75	1.69	1.66	1.66	1.74	1.80
收入							
农民家庭人均纯收入	元	273.0	485.7	776.4	1 756.5	2 579.8	2 501.0
城镇居民家庭人均可支配收入	元	493.9	704.3	1 551.0	3 691.4	4 617.2	4 898.6
职工平均工资	元	779	1 064	2 180	4 877	5 637	6 067
消费水平							
全省居民消费水平	元	343	581	1 072	2 900	3 828	4 128
农民	元	232	405	610	1 566	2 073	2 209
非农业居民	元	545	833	1 700	4 540	5 897	6 366
储蓄							
城乡居民年底储蓄存款余额	亿元	24.6	101.0	472.7	1 758.6	3 189.9	3 545.8
平均每人储蓄存款余额	元	70.9	275.1	1 213.1	4 359.4	7 798.5	8 641.5
住房							
农村平均每人住房面积	平方米	9.7	15.6	16.5	19.1	21.0	20.9
城市平均每人居住面积	平方米	3.8	4.3	5.8	7.3	8.3	8.5
交通、邮电							
城市每万人拥有公共汽车	辆	3.5	3.4	5.0	7.1	7.7	8.0
每人每年函件交寄	件	4.3	5.7	5.6	6.0	5.6	4.3
城市公用事业							
自来水普及率	%	80.1	81.2	87.8	98.2	97.4	97.7
三气普及率	%	36.4	44.0	66.5	81.0	87.8	88.9
文化							
每百户拥有彩色电视机							
城镇	台	—	10.5	63.8	90.5	104.3	109.0
农村	台	—	1.9	10.1	31.6	53.6	58.7
每百人每天有报纸	份	3.7	8.8	5.8	6.1	7.0	7.4
教育							
学龄儿童入学率	%	95.0	98.5	99.4	99.4	99.4	99.3
每万人口有大学生	人	18.0	25.9	31.6	44.6	48.8	57.6
卫生							
每万人拥有医院病床	张	31.5	37.2	44.8	44.7	43.1	42.7
每万人拥有医生	人	18.1	18.0	22.1	23.6	24.1	24.4

10—2 城乡居民家庭人均收入及指数

年份	城镇居民家庭人均可支配收入(元)	指数(1978=100)	农村居民家庭人均纯收入(元)	指数(1978=100)
1978	363.3	100.00	185.2	100.00
1979	—	—	235.0	126.89
1980	493.9	135.95	273.0	147.41
1981	508.1	139.86	306.6	165.55
1982	529.4	145.72	334.3	180.51
1983	548.7	151.03	452.5	244.33
1984	636.1	175.09	477.4	257.78
1985	704.3	193.86	485.7	262.26
1986	881.9	242.75	533.2	287.90
1987	992.4	273.16	599.3	323.60
1988	1 204.0	331.41	699.6	377.75
1989	1 417.3	390.12	740.2	399.68
1990	1 551.0	426.92	776.4	419.22
1991	1 705.6	469.47	896.7	484.18
1992	1 936.0	532.89	995.1	537.31
1993	2 299.5	632.95	1 161.0	626.89
1994	3 047.0	838.70	1 423.4	768.57
1995	3 691.4	1 016.07	1 756.5	948.43
1996	4 185.4	1 152.05	2 150.0	1 160.91
1997	4 518.1	1 243.62	2 301.5	1 242.71
1998	4 617.2	1 270.91	2 579.8	1 393.0
1999	4 898.6	1 348.36	2 501.0	1 350.5

注:1.1978 年可支配收入为推算数。2.1978—1984 年为全省城市数。

10—3 城镇居民家庭基本情况(一)

指　　　标	单位	1980 年	1985 年	1990 年	1995 年	1998 年	1999 年
一、调　查　户　数	户	960	2 350	2 500	3 150	3 350	3 250
二、平均每户家庭人口	人	4.50	3.71	3.37	3.21	3.15	3.12
三、平均每户就业人口	人	2.58	2.19	2.03	1.93	1.81	1.73
四、平均每户就业面	%	57.24	59.08	60.24	60.12	57.46	55.45
五、平均每一就业者负担人数（包括就业者本人）	人	1.75	1.69	1.66	1.66	1.74	1.80
六、平均每人全年实际收入	元	493.92	712.40	1 562.57	3 707.53	4 646.41	4 924.54
#可支配收入	元	493.92	704.34	1 551.00	3 691.41	4 617.24	4 898.61
1.全民所有制职工工资	元		386.84	840.66	2 157.82	2 500.89	2 399.45
2.集体所有制职工工资	元		176.81	249.81	497.16	493.72	449.58
3.职工从工作单位得到的其他收入	元		32.74	110.29	146.05	—	—
4.个体经营劳动者收入	元		7.14	4.72	43.33	119.32	187.59
5.被聘用或留用的离退休人员收入	元			9.27	26.19	27.19	43.52
6.其他就业者收入	元			1.68	4.53	9.22	15.78
7.其他劳动收入	元		10.12	19.57	140.83	337.85	357.74
8.财产性收入	元			9.17	39.27	45.93	50.00
9.转移性收入	元			248.98	571.94	990.60	1 297.24
七、平均每人生活费支出	元	426.24	619.21	1 346.29	3 113.39	3 890.74	3 989.93

注：由于 1980 年没有调查县城数字，所以 1980 年数字均系城市调查数。

10—4 城镇居民家庭基本情况(二)

指 标	单位	1980年	1985年	1990年	1995年	1998年	1999年
调查户数	户	960	2 350	2 500	3 150	3 350	3 250
平均每户家庭人口	人	4.50	3.71	3.37	3.21	3.15	3.12
平均每户就业人口	人	2.58	2.19	2.03	1.93	1.81	1.73
平均每户就业面	%	57.24	59.08	60.24	60.12	57.46	55.45
平均每一就业者负担人数	人	1.75	1.69	1.66	1.66	1.74	1.80
平均每人全年实际收入	元	493.92	712.40	1 562.57	3 707.53	4 646.41	4 924.54
平均每人可支配收入	元	493.92	704.34	1 551.00	3 691.41	4 617.24	4 898.61
平均每人生活费支出	元	426.24	619.21	1 346.29	3 113.39	3 890.74	3 989.93

10—5 城镇居民家庭基本情况

(1999年,按可支配收入等级分组)

指 标	单位	总平均	最低收入户	#困难户	低收入户	中等偏下户	中等收入户	中等偏上户	高收入户	最高收入户
调查户数	户	3 250	325	163	325	650	650	650	325	325
比重	%	100	10	5	10	20	20	20	10	10
平均每户										
家庭人口数	人	3.12	3.45	3.52	3.40	3.25	3.13	3.03	2.89	2.65
就业人口数	人	1.73	1.76	1.80	1.81	1.74	1.78	1.72	1.74	1.55
就业面	%	55.45	51.01	51.14	53.24	53.54	56.87	56.77	60.21	58.49
平均每一就业者负担人数	人	1.80	1.96	1.96	1.88	1.87	1.76	1.76	1.66	1.71
平均每人										
全年实际收入	元	4 925	2 197	1 967	2 907	3 599	4 638	5 865	7 439	10 093
可支配收入	元	4 899	2 163	1 918	2 890	3 580	4 619	5 843	7 410	10 025
生活费支出	元	3 990	2 069	1 890	2 616	3 123	3 936	4 708	5 584	7 121

10—6 城镇居民家庭平均每人全年生活费支出及构成

（1999年，按可支配收入等级分组）

指标	总平均	最低收入户	#困难户	低收入户	中等偏下户	中等收入户	中等偏上户	高收入户	最高收入户
生活费支出(元)	**3 989.9**	**2 069.2**	**1 889.6**	**2 616.5**	**3 123.3**	**3 936.3**	**4 707.6**	**5 584.0**	**7 121.1**
一、食品	1 730.8	1 107.8	1 012.5	1 326.0	1 551.0	1 747.2	1 941.4	2 157.0	2 516.5
#粮食	223.2	199.8	188.5	221.7	224.3	224.5	223.8	228.6	242.4
油脂类	64.6	62.0	57.0	63.6	68.7	66.6	63.8	60.5	60.7
肉禽及制品	354.6	215.0	197.2	261.4	318.0	368.6	410.2	439.7	492.1
蛋类	67.6	53.7	50.6	56.8	65.7	71.4	73.4	67.7	81.9
水产品类	121.9	61.3	52.6	78.7	103.2	124.5	146.9	156.4	200.7
菜类	252.2	185.0	174.0	211.4	236.0	260.0	274.9	291.3	319.8
烟草类	86.8	56.6	49.6	64.2	83.3	87.1	93.6	111.2	121.1
酒和饮料	96.3	47.5	41.6	68.5	87.3	96.7	114.8	123.3	144.8
二、衣着支出	553.9	210.2	182.0	313.0	409.7	571.6	685.7	821.0	1 028.9
#服装	358.3	123.7	103.7	189.4	256.4	368.3	451.2	547.1	688.2
三、设备用品及服务	246.9	58.1	58.0	94.6	121.8	207.9	324.7	452.4	684.6
#耐用消费品	138.9	14.7	18.0	32.9	47.8	110.0	184.1	286.8	462.7
室内装饰品	8.6	2.2	2.3	4.4	4.6	7.2	11.1	17.9	19.7
四、医疗保健	279.8	127.4	120.1	167.8	187.1	270.1	351.3	417.0	558.8
#医药费	234.1	109.0	97.9	150.2	160.6	233.4	290.8	342.4	438.0
五、交通和通讯	239.2	80.2	69.3	110.2	161.2	224.2	290.7	407.7	536.4
#交通	90.2	32.3	34.8	39.8	55.8	78.4	114.9	170.6	198.4
通讯	149.0	48.0	34.4	70.4	105.5	145.8	175.7	237.1	337.9
六、娱乐文教服务	445.2	191.2	173.8	250.8	311.9	434.7	551.0	642.2	919.8
#教育	277.5	157.7	147.9	166.6	219.8	284.6	358.2	332.5	455.3
七、居住	330.2	232.9	221.5	276.4	278.7	333.6	360.7	411.7	486.1
#住房	98.0	61.1	57.4	72.2	66.5	105.6	113.4	135.2	162.2
水电燃料其它	232.3	171.8	164.1	204.2	212.2	228.0	247.2	276.5	323.9
八、杂项商品和服务	163.9	61.3	52.4	77.7	102.0	147.0	202.2	275.1	390.2
#个人消费	142.1	53.5	43.4	68.1	89.8	127.7	181.1	243.9	314.3
生活费支出构成(%)	**100**	**100**	**100**	**100**	**100**	**100**	**100**	**100**	**100**
一、食品	43.3	53.5	53.6	50.7	49.7	44.4	41.2	38.6	35.3
#粮食	5.6	9.7	10.0	8.5	7.2	5.7	4.8	4.1	3.4
二、衣着支出	13.9	10.2	9.6	12.0	13.1	14.5	14.6	14.7	14.4
#服装	9.0	10.0	5.5	7.2	8.2	9.4	9.6	9.8	9.7
三、设备用品及服务	6.2	2.8	3.1	3.6	3.9	5.3	6.9	8.1	9.6
#耐用消费品	3.5	0.7	1.0	1.3	1.5	2.8	3.9	5.1	6.5
四、医疗保健	7.0	6.2	6.4	6.4	6.0	6.9	7.5	7.5	7.8
五、交通和通讯	6.0	3.9	3.7	4.2	5.2	5.7	6.2	7.3	7.5
六、娱乐文教服务	11.2	9.2	9.2	9.6	10.0	11.0	11.7	11.5	12.9
七、居住	8.3	11.3	11.7	10.6	8.9	8.5	7.7	7.4	6.8
#住房	2.5	3.0	2.2	2.8	2.1	2.7	2.4	2.4	2.3
八、杂项商品和服务	4.1	3.0	2.8	3.0	3.3	3.7	4.3	4.9	5.5

10—7 城镇居民家庭平均每人购买的主要商品数量

品名	单位	1980年	1985年	1990年	1995年	1998年	1999年
粮食	千克	146.88	135.00	133.19	107.25	91.9	93.2
鲜菜	千克	183.01	175.45	177.82	146.34	163.3	173.3
食用植物油	千克	3.36	4.17	5.32	7.51	7.7	8.2
猪肉	千克	14.16	14.12	15.88	16.19	15.9	19.3
牛羊肉	千克	1.56	2.28	3.21	2.89	4.7	4.1
家禽	千克	0.48	1.30	2.06		3.9	2.7
鲜蛋	千克	2.52	8.21	11.44	13.40	13.0	13.7
鱼	千克	8.76	6.20	8.59	9.69	10.0	9.5
食糖	千克	0.72	0.88	0.75	0.77	1.1	1.2
卷烟	盒	18.48	31.27	37.36	29.63	32.7	33.2
酒	千克	4.44	11.23	16.62	16.80	15.4	15.4
棉布	米	5.04	3.15	1.16	0.40	0.4	0.4
化纤布	米	1.08	1.25	0.85	0.36	0.3	0.2
呢绒	米	0.24	0.39	0.25	0.11	0.1	0.1
绸缎	米	0.60	0.64	0.48	0.13	0.1	0.1
皮鞋	双	0.72	0.64	0.81	0.89	0.8	0.8
肥皂	块	10.44	9.59	9.81	5.41	5.8	5.0
煤炭	千克	255.12	341.61	146.11	84.02	71.6	73.7

10—8 城镇居民家庭平均每百户年末耐用消费品拥有量

品名	单位	1980年	1985年	1990年	1995年	1998年	1999年
呢大衣	件		117.49	187.15	191.44	194.08	174.26
毛料服装	件		396.55	439.71		—	—
毛毯	条		56.00	92.97	95.90	103.92	106.26
大衣柜	个		82.89	72.26	58.09	57.64	56.89
沙发	个		121.19	121.89	113.66	114.08	100.11
写字台	个		55.79	58.33	52.47	58.48	56.86
组合家具	套		4.89	28.39	43.25	46.17	41.93
沙发床	个		6.00	21.59	35.94	45.73	43.76
自行车	辆		160.77	182.62	171.26	169.05	155.90
缝纫机	架	68.0	59.19	54.14	48.67	46.38	45.44
手表	只	240.0	255.45	283.50	—	—	—
电风扇	台	0.6	22.26	42.28	56.65	65.14	69.03
洗衣机	台	0.2	48.89	79.91	85.04	88.72	85.51
电冰箱	台	—	1.70	44.59	66.67	76.88	78.38
收音机	台	93.0	83.57	32.56	—	—	—
彩色电视机	台	—	10.51	63.75	90.50	104.25	109.04
黑白电视机	台	31.0	74.68	49.78	24.23	—	—
立体声录音机	台	—	14.00	32.52	19.54	—	—
普通录音机	台	3.0	19.96	36.92	47.76	60.43	52.36
照相机	架	3.0	8.04	24.06	31.01	38.44	37.24

注:1980年数系城市数。

10—9 城镇居民家庭人均购买的主要商品数量和平均每百户年底耐用消费品拥有量

（1999 年，按可支配收入等级分组）

品名	单位	总平均	最低收入户	# 困难户	低收入户	中等偏下户	中等收入户	中等偏上户	高收入户	最高收入户
一、平均每人全年购买的主要商品数量										
粮食	公斤	93.2	88.7	84.2	96.1	96.1	93.1	92.4	90.5	93.9
鲜菜	公斤	171.8	141.4	135.7	158.0	165.9	172.8	181.4	188.1	202.0
油脂类	公斤	8.3	8.2	7.6	0.3	8.9	8.5	8.1	7.6	7.6
猪肉	公斤	19.3	13.8	13.0	16.0	17.7	20.3	21.2	22.9	24.5
牛羊肉	公斤	4.1	2.3	1.9	2.9	4.1	4.2	4.9	5.0	5.2
白条鸡	公斤	2.6	1.6	1.4	1.9	2.5	2.5	3.1	2.8	3.3
鸡蛋	公斤	12.8	10.7	10.1	11.2	12.8	13.7	13.6	12.4	14.7
食糖	公斤	1.2	0.9	0.8	1.1	1.2	1.2	1.4	1.2	1.3
卷烟	盒	33.2	26.7	25.8	31.5	35.0	33.1	33.7	36.9	34.4
酒	公斤	14.5	8.9	7.6	12.0	15.6	15.9	18.1	17.3	18.4
棉布	米	0.4	0.2	0.2	0.3	0.3	0.4	0.4	0.6	0.8
化纤布	米	0.2	0.1	0.1	0.1	0.1	0.2	0.2	0.2	0.4
呢绒	米	0.1	0.1	0.1	0.1	0.1	0.1	0.1	0.1	0.1
绸缎	米	0.1	0.1	0.1	0.1	0.1	0.1	0.1	0.1	0.1
风雨衣	件	0.1	0.1	0.1	0.1	0.1	0.1	0.1	0.1	0.1
西服	件	0.1	0.1	0.1	0.1	0.1	0.1	0.1	0.2	0.2
毛线衣	件	0.3	0.2	0.1	0.2	0.3	0.4	0.5	0.6	0.7
衬衫	件	0.6	0.3	0.3	0.4	0.5	0.7	0.7	0.8	1.0
各式童装	件	0.6	0.3	0.3	0.5	0.5	0.5	0.7	0.7	0.8
皮鞋	双	0.8	0.4	0.4	0.5	0.7	0.9	1.0	1.0	1.2
二、平均每百户年末主要消费品拥有量										
呢大衣	件	174.3	123.0	112.5	146.5	161.5	168.9	194.3	205.7	217.9
毛毯	条	106.3	59.1	48.8	81.9	89.1	99.2	129.1	138.9	147.9
大衣柜	个	56.9	50.0	52.4	53.2	51.2	53.9	60.5	66.3	67.6
沙发	个	100.0	55.3	53.8	66.4	82.6	90.3	120.6	137.7	154.7
写字台	个	56.9	38.9	35.3	47.7	54.6	57.7	61.9	66.0	67.6
组合家具	套	41.9	37.0	39.0	42.4	42.8	39.1	46.6	40.0	43.0
沙发床	个	43.8	21.8	21.9	28.4	36.7	45.3	48.8	54.5	71.2
自行车	辆	155.9	138.8	139.0	155.9	159.5	157.9	159.0	153.8	157.8
家用缝纫机	架	45.4	48.1	51.6	43.1	44.5	44.7	43.3	50.9	47.2
录放像机	只	21.6	13.7	8.6	17.9	18.6	21.2	26.7	23.4	27.7
电风扇	台	69.0	55.0	52.4	57.7	66.8	67.8	74.5	77.7	81.7
洗衣机	台	85.5	72.4	69.1	80.5	83.7	83.8	89.6	91.9	96.2
家用电冰箱	台	78.4	57.9	51.6	67.8	72.7	77.7	83.6	92.6	97.5
组合音响	台	16.3	10.9	11.6	10.5	11.8	19.3	18.0	20.6	23.2
彩色电视机	台	109.0	90.7	87.3	101.7	103.5	108.1	114.1	120.0	126.5
录音机	台	52.4	40.5	39.6	50.0	52.0	49.8	57.4	55.7	59.1
照相机	架	37.2	17.3	13.1	23.5	33.0	37.8	43.7	51.3	51.5

注：表中的数据是依照 1992 年指标新口径计算的。

10—10 各地区城市居民平均每人全年家庭收入来源

（1999 年）

单位：元

地　　区	可支配收入	实际收入	国有单位职工工资	集体单位职工工资	其他经济单位职工全部工资	转移收入
全　　省	**4 898.61**	**4 924.54**	**2 399.45**	**449.58**	**118.64**	**1 297.24**
沈　　阳	5 364.29	5 392.87	2 940.25	485.42	327.87	1 007.64
大　　连	6 274.01	6 298.34	2 419.89	480.15	258.99	2 423.07
鞍　　山	5 605.35	5 628.41	3 205.86	903.40	81.81	569.82
抚　　顺	4 869.05	4 897.55	2 246.12	298.69	—	1 797.49
本　　溪	4 345.23	4 353.15	2 011.10	640.12	6.71	1 170.97
丹　　东	4 204.70	4 223.88	2 021.39	252.25	23.93	985.22
锦　　州	4 797.64	4 824.16	2 364.59	433.60	87.05	1 235.02
营　　口	4 739.48	4 759.29	1 559.37	427.00	67.89	1 381.45
阜　　新	3 682.17	3 735.89	1 313.61	314.40	—	1 586.89
辽　　阳	4 622.11	4 642.50	2 401.97	453.66	—	844.52
盘　　锦	6 349.95	6 405.81	4 234.59	398.56	—	1 397.74
铁　　岭	3 987.49	3 998.85	1 594.35	171.27	18.75	1 412.89
朝　　阳	3 925.72	3 926.05	2 311.33	42.62	—	1 170.60
葫 芦 岛	4 955.33	5 052.88	2 471.70	366.50	—	1 736.78

10—11 各地区居民平均每人全年可支配收入和支出

单位:元

地　　区	1985年	1990年	1995年	1998年	1999年
一、可支配收入					
全　　省	**689.30**	**1 458.72**	**3 484.47**	**4 617.24**	**4 898.61**
沈　　阳	720.62	1 534.28	3 720.79	4 931.60	5 364.29
大　　连	784.24	1 676.85	4 776.80	6 092.92	6 274.01
鞍　　山	731.14	1 625.89	3 730.67	5 295.15	5 605.35
抚　　顺	652.01	1 450.03	3 242.97	4 702.38	4 869.05
本　　溪	703.95	1 388.69	3 349.41	4 155.34	4 345.23
丹　　东	658.97	1 496.00	2 777.68	3 840.39	4 204.70
锦　　州	653.15	1 375.79	3 082.72	4 565.61	4 797.64
营　　口	709.73	1 346.41	3 094.13	4 470.56	4 739.48
阜　　新	612.98	1 459.73	2 435.08	3 521.66	3 682.17
辽　　阳	602.04	1 208.36	2 728.83	4 367.71	4 622.11
盘　　锦		1 645.82	4 334.52	6 049.67	6 349.95
铁　　岭	595.67	1 019.38	2 531.88	3 755.04	3 987.49
朝　　阳	619.86	1 284.04	2 779.40	3 641.03	3 925.72
葫 芦 岛			3 681.29	4 886.67	4 955.33
二、生活费支出					
全　　省	**655.08**	**1 411.04**	**3 304.03**	**3 890.74**	**3 989.93**
沈　　阳	688.89	1 481.67	3 766.36	4 639.58	4 652.15
大　　连	738.90	1 619.63	4 613.03	5 521.33	5 530.34
鞍　　山	705.33	1 535.08	3 415.86	4 560.44	4 804.11
抚　　顺	611.16	1 318.47	2 958.05	3 436.90	3 723.49
本　　溪	641.64	1 346.28	3 133.01	3 535.47	3 514.12
丹　　东	626.21	1 508.89	2 699.61	3 246.46	3 449.52
锦　　州	618.55	1 410.66	2 903.65	3 534.13	3 998.41
营　　口	682.43	1 326.99	2 834.70	3 351.68	3 310.48
阜　　新	591.63	1 437.99	2 399.45	2 798.02	2 913.98
辽　　阳	558.87	1 205.72	2 484.58	3 253.75	3 451.81
盘　　锦		1 451.26	3 886.49	4 377.50	4 565.87
铁　　岭	619.09	1 061.13	2 402.50	2 954.94	3 237.94
朝　　阳	596.71	1 181.20	2 501.23	3 018.90	3 078.31
葫 芦 岛			3 291.49	3 634.43	3 320.48

注:1996年前为生活费收入。

10—12 各地区城市居民家庭平均每人年生活消费支出

(1999 年)　　　　单位:元

地区	生活费支出合计	食品	衣着支出	设备用品及服务	医疗保健	交通和通讯	娱乐文教服务	居住	杂项商品和服务
全省	**3 989.9**	**1 730.8**	**553.9**	**246.9**	**279.8**	**239.2**	**445.2**	**330.2**	**163.9**
沈阳	4 652.2	2 000.0	633.1	272.2	267.9	292.4	637.4	317.2	232.0
大连	5 530.3	2 514.7	636.6	444.2	385.2	305.7	576.2	402.2	265.6
鞍山	4 804.1	1 969.0	714.5	221.9	288.4	323.4	568.4	582.9	135.7
抚顺	3 723.5	1 581.9	435.8	389.4	355.4	224.9	367.3	231.4	137.4
本溪	3 514.1	1 536.9	578.0	180.8	244.9	180.6	374.9	283.0	135.0
丹东	3 449.5	1 626.8	381.8	154.3	217.3	171.0	357.8	391.5	149.0
锦州	3 998.4	1 660.9	544.3	335.7	273.2	257.1	458.3	341.3	127.6
营口	3 310.5	1 607.6	403.7	120.8	261.0	186.4	279.3	308.9	142.8
阜新	2 914.0	1 434.9	362.1	117.3	189.9	162.6	249.3	302.1	95.6
辽阳	3 451.8	1 526.8	544.4	140.5	335.9	193.1	353.9	225.3	131.9
盘锦	4 565.9	1 586.1	785.3	370.9	365.9	322.5	627.0	286.3	221.8
铁岭	3 237.9	1 381.8	364.8	286.6	289.9	186.9	341.0	269.2	117.7
朝阳	3 078.3	1 209.6	514.7	120.7	346.6	224.8	299.6	261.0	101.3
葫芦岛	3 320.5	1 533.4	414.0	262.5	250.0	208.2	313.4	241.9	97.0

注:表中的数据是按 1997 年新口径计算的。

10—13 各地区城市居民家庭平均每百户耐用消费品拥有量

(1999 年末)

地区	洗衣机(台)	电风扇(台)	电冰箱(台)	自行车(辆)	电炊具(台)	彩色电视机(台)	录放像机(台)	录音机(台)	照相机(架)	中高档乐器(件)
全省	**86**	**69**	**78**	**156**	**78**	**109**	**22**	**52**	**37**	**5**
沈阳	90	70	87	214	65	112	31	63	58	8
大连	81	81	94	38	59	126	39	62	53	4
鞍山	91	75	95	190	32	116	22	60	47	9
抚顺	88	63	74	86	76	108	21	49	31	6
本溪	73	40	70	32	66	108	7	39	17	1
丹东	86	66	79	177	30	111	21	60	30	3
锦州	88	73	83	187	75	108	12	60	37	5
营口	91	68	86	190	63	109	17	64	22	3
阜新	74	74	65	184	104	95	10	46	19	2
辽阳	89	62	71	162	57	102	23	1	36	5
盘锦	83	83	88	140	41	110	26	48	39	7
铁岭	49	49	59	159	106	104	6	50	19	7
朝阳	74	74	78	217	72	109	15	54	25	3
葫芦岛	68	68	67	141	127	104	8	41	22	2

10—14 城镇居住条件

指标	1990年	1995年	1998年	1999年	比重(%)			
					1990年	1995年	1998年	1999年
调查户数总计(户)	**2 500**	**3 150**	**3 350**	**3 250**	**100**	**100**	**100**	**100**
一、按居住面积分								
1.无房户	30	2	2.0	1.2	1.20	0.06	0.06	0.04
2.拥挤户	273	}258	}61.9	}58.2	10.92	}8.18	}2.39	}1.80
3.不方便户	499				19.96			
4.4—6平方米	714	879	839.9	748.0	28.56	27.90	25.07	23.01
5.6—8平方米	461	801	788.8	736.9	18.44	25.42	23.5	22.67
6.8平方米以上	523	1 210	1 657.4	1 705.7	20.92	38.44	49.5	52.48
二、按自来水使用情况分								
1.无自来水	60	21	7.7	6.5	2.43	0.67	0.23	0.20
2.独用自来水	2 143	2 936	3 189.4	3 123.7	86.76	93.27	95.21	96.11
3.公用自来水	267	191	150.9	118.6	10.81	6.06	4.50	3.65
三、按卫生设备分								
1.无卫生设备	570	648	434.8	385.0	23.08	20.62	12.98	11.85
2.有浴室、厕所	110	583	572.2	714.2	4.45	18.52	17.08	21.98
3.有厕所无浴室	1 304	1 663	2 104.9	1 862.6	52.79	52.83	62.83	57.31
4.公用卫生设备	486	253	236.2	287.0	19.68	8.03	7.05	8.83
四、按取暖设备拥有情况分								
1.无取暖设备	9	14	2.0	1.5	0.36	0.44	0.06	0.05
2.空调设备		3	16.1	33.2		0.09	0.48	1.02
3.暖气	1 684	2 649	2 860.3	2 652.0	68.18	84.14	85.38	81.60
4.火炕、火炉、火盆等	777	483	469.6	562.1	31.46	15.33	14.02	17.30
五、按厨房使用情况分								
1.无厨房	56	48	16.4	22.52	2.27	1.52	0.49	0.69
2.独用厨房	2 184	2 960	3 213.4	3 137.84	88.42	94.03	95.92	96.55
3.公用厨房	230	140	118.2	88.42	9.31	4.45	3.53	2.72

10—15 农民家庭基本情况

指　　　　标	单　位	1980年	1985年	1990年	1995年	1998年	1999年
调　查　户　数	户	490	4 140	1 890	1 890	1 890	1 890
调查户人口							
1.常　住　人　口	人	2 575	19 090	8 055	7 331	7 005	6 961
2.平均每户常住人口	人	5.26	4.61	4.26	3.88	3.70	3.68
3.平均每户整、半劳动力	人	2.05	2.61	2.59	2.65	2.63	2.65
4.平均每个劳动力负担人口(含本人)	人	2.56	1.77	1.65	1.46	1.41	1.39
平均每人全年收入							
1.总　　收　　入	元	299.4	689.6	1 155.8	2 953.5	3 635.7	3 471.7
2.纯　　收　　入	元	273.0	485.7	776.4	1 756.5	2 579.8	2 501.0
3.现　金　收　入	元	163.9	486.2	874.8	1 923.2	2 543.9	2 585.7
按人均纯收入分组的户数占调查户数比重							
200　元　以　下	%	28.8	10.3	2.6	0.5	0.2	0.4
200　—　500	%	64.9	49.6	23.2	3.0	0.8	2.3
500　—　800	%	6.3	26.5	34.2	6.3	2.3	3.8
800　—　1000	%		7.2	16.0	7.8	3.7	3.7
1000　—　1200	%		2.0	7.2	9.5	4.4	4.3
1200　—　1500	%		2.5	9.6	15.9	9.4	8.5
1500　—　1700	%		0.6	2.3	11.0	6.5	6.7
1700　—　2000	%		0.5	2.2	12.6	11.4	11.0
2000　—　2500	%		0.8	2.0	14.9	17.3	15.9
2500　—　3000	%			0.7	8.6	12.5	13.2
3000　—　3500	%				4.8	9.4	9.3
3500　—　4000	%				2.1	7.3	6.5
4000　—　4500	%				1.0	5.3	4.1
4500　—　5000	%				1.0	2.5	3.3
5000元以上	%				1.0	7.0	7.0
平均每人全年支出							
1.总　　支　　出	元	276.3	643.7	1 031.1	2 804.6	2 805.8	2 670.0
家庭经营费用支出	元	26.3	174.8	275.6	982.8	834.2	762.5
生活消费支出	元	228.1	401.6	639.6	1 471.9	1 702.7	1 617.6
其他非生产性支出	元	21.8	11.7	16.8	140.3	73.8	96.2
2.现　金　支　出	元	164.2	471.7	829.6	1 935.7	2 370.5	2 292.8
生产性费用	元	11.0	145.8	218.0	685.1	706.3	670.8
纳税、上交承包、提留摊派支出	元	…	24.0	64.3	149.3	151.6	136.8
生活消费支出	元	132.0	270.4	481.8	942.6	1 246.3	1 208.6

注:现金收入与现金支出均不含储蓄借贷性收支。

10—16 农民家庭平均每人总收入和纯收入

单位:元

指　　标	1998年	1999年	构成(%)	
			1998年	1999年
一、总　收　入	**3 635.7**	**3 471.7**	**100.0**	**100.0**
(一)基　本　收　入	3 529.3	3 366.5	97.1	97.0
1.劳动者的报酬收入	753.0	816.4	20.7	23.5
(1)在集体组织中劳动的报酬	216.8	242.9	6.0	7.0
(2)在企业劳动得到的报酬	321.4	316.0	8.8	9.1
(3)在其他单位劳动得到的报酬	214.8	257.5	5.9	7.4
2.家庭经营收入	2 776.3	2 550.1	76.4	73.5
(二)转移性收入	74.1	78.5	2.0	2.2
(三)财产性收入	32.3	26.7	0.9	0.8
二、纯　收　入	**2 579.8**	**2 501.0**	**100.0**	**100.0**
(一)基　本　收　入	2 482.9	2 404.0	96.2	96.1
1.劳动者的报酬收入	753.0	816.4	29.2	32.6
2.家庭经营纯收入	1 729.9	1 587.6	67.0	63.5
种植业收入	1 235.6	1 114.8	47.9	44.6
林　业　收　入	4.9	7.2	0.2	0.3
牧　业　收　入	205.2	170.8	8.0	6.8
渔　业　收　入	21.3	16.2	0.8	0.7
手工业收入	19.5	13.6	0.7	0.6
采集捕猎收入	15.4	24.9	0.6	1.0
工　业　收　入	21.3	19.2	0.8	0.8
建筑业收入	25.7	31.8	1.0	1.3
运输业收入	36.4	45.9	1.4	1.8
商　业　收　入	93.7	83.1	3.6	3.3
饮食业收入	3.3	5.7	0.1	0.2
服务业收入	17.5	18.4	0.7	0.7
其他家庭经营收入	30.1	36.0	1.2	1.4
(二)转移性收入	64.6	70.3	2.5	2.8
(三)财产性收入	32.3	26.7	1.3	1.1

10—17 各地区农民家庭平均每人纯收入

单位:元

地区	1985 年	1990 年	1995 年	1996 年	1997 年	1998 年	1999 年
全省	**467.7**	**776.4**	**1 756.5**	**2 150.0**	**2 301.5**	**2 579.8**	**2 501.0**
沈阳	548.7	935.3	1 812.5	2 280.1	2 398.4	2 891.8	3 100.2
大连	575.9	1 004.1	2 438.3	2 842.7	3 081.4	3 430.9	3 681.1
鞍山	503.0	1 075.4	2 104.1	2 605.8	3 149.6	3 457.1	3 556.9
抚顺	478.9	642.8	1 450.5	1 809.9	2 235.2	2 701.5	2 755.7
本溪	504.7	795.7	1 560.1	1 965.0	2 300.4	2 600.1	2 736.3
丹东	480.1	794.2	1 950.8	2 318.6	2 579.1	2 818.8	2 920.4
锦州	456.9	741.2	1 850.1	2 281.3	2 400.4	2 582.2	2 394.4
营口	619.5	899.1	1 949.3	2 052.8	2 592.1	2 774.4	2 874.2
阜新	391.2	627.7	1 581.7	2 066.9	1 619.7	2 290.3	1 769.1
辽阳	490.8	832.7	1 454.4	2 126.7	2 475.8	2 782.8	2 884.3
盘锦	599.2	1 018.1	2 680.2	3 161.8	3 283.2	3 469.8	3 494.9
铁岭	340.7	655.6	1 510.2	2 021.1	2 204.7	2 599.8	2 699.8
朝阳	325.8	505.5	1 553.1	1 833.1	1 532.9	1 795.6	1 449.0
葫芦岛		590.1	1 628.8	1 821.8	2 006.7	2 310.6	1 836.6

注:1985 年葫芦岛市未成立,该年数字包括在锦州及朝阳市内。

10—18 各地区农民家庭平均每人按来源分的纯收入

(1999 年)

单位:元

地区	纯收入	一、基本收入	1. 劳动者的报酬收入	2. 家庭经营纯收入	二、转移性收入	三、财产性收入
全省	**2 501.0**	**2 404.0**	**816.4**	**1 587.6**	**70.3**	**26.7**
沈阳	3 100.2	3 040.5	901.4	2 139.1	35.3	24.4
大连	3 681.1	3 305.6	1 533.7	1 771.9	130.8	244.7
鞍山	3 556.9	3 380.4	1 450.8	1 929.6	111.0	65.5
抚顺	2 755.7	2 667.2	974.8	1 692.4	61.0	27.5
本溪	2 736.3	2 551.2	1 224.8	1 326.4	101.8	83.3
丹东	2 920.0	2 769.1	1 019.8	1 749.3	97.3	53.6
锦州	2 394.4	2 286.1	544.4	1 741.7	59.5	48.8
营口	2 874.2	2 801.7	813.4	1 988.3	49.0	23.5
阜新	1 769.1	1 686.2	333.8	1 352.4	47.0	35.9
辽阳	2 884.3	2 750.6	1 262.7	1 487.9	60.6	73.1
盘锦	3 494.9	3 337.4	839.7	2 497.7	56.0	101.5
铁岭	2 699.8	2 661.6	660.3	2 001.3	22.8	15.4
朝阳	1 449.0	1 359.2	436.7	922.5	69.3	20.5
葫芦岛	1 836.6	1 757.0	805.9	951.1	42.4	37.2

10—19 农民家庭平均每人生活消费支出

单位:元

指标	1998年	1999年	构成(%)	
			1998年	1999年
生活消费支出	**1 702.7**	**1 617.6**	**100.0**	**100.0**
1.食品	898.9	817.9	52.8	50.6
主食	312.7	273.5	18.4	19.6
副食	411.1	379.2	24.1	23.4
其他食品	133.8	134.7	7.9	8.3
2.衣着	157.6	144.9	9.3	9.0
服装	85.6	80.6	5.0	5.0
3.居住	230.4	210.4	13.5	13.0
住房	118.9	101.5	7.0	6.3
电费	31.6	33.9	1.8	2.1
燃料	65.4	63.3	3.8	3.9
其他	14.5	11.7	0.9	0.7
4.家庭设备、用品及服务	77.4	71.8	4.5	4.4
耐用消费品	22.6	20.1	1.3	1.2
家庭日用杂品	46.3	44.9	2.7	2.8
5.医疗保健	72.7	81.1	4.3	5.0
6.交通和通讯	69.0	81.2	4.1	5.0
交通通讯工具	26.2	35.0	1.5	2.2
7.文化教育娱乐用品和服务	158.8	172.6	9.3	10.7
8.其他商品和服务	37.9	37.7	2.2	2.3

10—20 各地区农民家庭平均每人生活消费支出

（1999 年）

单位：元

地区	生活消费支出合计	1. 食品	2. 衣着	3. 居住	4. 家庭设备用品及服务	5. 医疗保健	6. 交通和通讯	7. 文教娱乐用品及服务	8. 其他商品和服务
全省	**1 617.6**	**817.9**	**144.9**	**210.4**	**71.8**	**81.1**	**81.2**	**172.6**	**37.7**
沈阳	1 721.5	916.7	169.8	192.4	76.00	65.6	84.2	190.3	26.5
大连	2 583.9	1 255	187.8	471.7	137.4	127.8	122.3	212.1	69.8
鞍山	1 958.2	859.7	269.8	270.7	91.4	97.0	123.7	194.6	51.3
抚顺	1 737.1	829.6	152.7	342.1	49.4	103.6	82.1	158.1	19.5
本溪	1 927.1	1 019.1	180.9	271.8	96.3	80.5	77.1	166.0	35.4
丹东	2 174.7	1 127.8	167.4	307.8	113.7	104.2	105.6	192.3	55.9
锦州	1 478.9	728.4	161.9	198.3	71.5	53.5	78.8	157.6	28.9
营口	1 585.3	770.8	145.5	211.4	64.8	93.9	72.3	186.1	40.5
阜新	1 459.9	739.3	129.7	192.7	93.1	76.5	68.4	114.3	45.9
辽阳	1 419.7	734.4	166.2	142.3	67.2	62.2	71.8	110.7	64.9
盘锦	2 303.9	1 110.7	224.8	308.5	100.4	114.0	152.5	228.8	64.3
铁岭	1 394.2	722.1	144.9	172.3	52.8	53.0	55.4	168.7	25.0
朝阳	1 263.0	635.1	85.6	198.3	56.3	71.4	57.1	144.7	14.5
葫芦岛	1 501.00	719.9	155.6	163.9	99.7	79.2	90.2	158.6	33.9

10—21 农民家庭平均每人主要消费品消费量

品名	单位	1980年	1985年	1990年	1995年	1998年	1999年
粮食（原粮）	公斤	259.7	242.7	271.9	264.1	243.7	227.6
#细粮	公斤	50.6	104.0	131.7	135.0	132.3	130.5
蔬菜	公斤	224.9	188.8	182.9	193.5	204.3	210.0
食油	公斤	3.1	5.4	6.3	6.9	7.1	6.8
肉类	公斤	9.7	11.8	11.7	13.7	14.2	13.3
家禽	公斤	0.29	0.38	0.54	1.15	1.23	1.25
蛋类	公斤	1.95	4.20	3.92	6.52	7.35	7.79
水产品	公斤	1.69	1.96	2.35	4.18	4.70	4.31
食糖	公斤	0.55	0.57	0.59	0.46	0.63	0.94
酒	公斤	1.85	3.71	5.87	9.47	9.72	9.75
棉布	米	4.69	2.78	1.17	0.47	0.49	0.41
化纤布	米	1.47	2.94	1.75	1.73	1.90	1.67
呢绒	米	0.06	0.28	0.19	0.10	0.06	0.05
绸缎	米	0.02	0.08	0.07	0.02	0.01	0.01
毛线及毛线织品	公斤	0.07	0.04	0.09	0.16	0.16	0.19
胶鞋、球鞋、皮鞋	双	0.71	0.65	0.85	0.90	0.84	0.79

10—22 农民家庭平均每百户年末耐用消费品拥有量

品名	单位	1980年	1985年	1990年	1995年	1998年	1999年
自行车	辆	68.98	139.38	156.61	164.97	152.12	155.13
缝纫机	架	55.71	67.91	73.92	73.33	75.66	75.50
钟	只	81.22	87.46	96.08	125.61	104.97	105.98
手表	只	93.06	153.93	201.59	182.43	158.15	161.27
#电子表	只			25.87	42.59	53.12	60.21
电风扇	台		2.45	8.31	25.40	38.62	42.12
洗衣机	台		11.95	29.26	44.97	55.08	56.14
电冰箱	台		0.09	1.38	6.83	13.17	13.12
摩托车	辆		0.86	1.69	5.08	12.96	14.97
沙发	个		24.16	33.07	53.81	56.72	60.53
大衣柜	个		45.18	61.06	51.96	59.52	61.01
写字台	张		21.64	26.46	38.57	41.38	41.96
收音机	台	62.86	65.15	53.12	41.01	33.55	35.93
黑白电视机	台	1.63	40.00	66.67	69.21	54.97	53.59
彩色电视机	台		1.90	10.05	31.64	53.60	58.73
收录机	台		8.82	21.85	35.03	34.44	33.81
照相机	架		0.40	1.53	2.65	4.07	3.81

10—23 各地区农民家庭平均每人主要食品消费量

（1999 年）　　　　单位:公斤

地区	粮食	蔬菜	食油	猪牛羊肉	家禽	蛋类及其制品	水产品	食糖	酒
全省	**227.6**	**210.0**	**6.8**	**15.2**	**1.3**	**7.8**	**4.3**	**0.7**	**9.8**
沈阳	281.3	137.4	8.1	9.6	1.8	6.0	2.7	0.8	10.8
大连	220.8	215.9	7.6	29.7	5.5	11.1	9.4	0.6	11.2
鞍山	234.2	233.6	8.0	17.9	1.7	9.1	3.9	0.8	10.1
抚顺	258.1	217.2	6.0	8.9	2.2	7.1	2.9	0.8	9.5
本溪	245.1	190.7	6.6	27.1	2.2	8.5	3.3	0.8	7.9
丹东	252.9	276.2	10.5	26.7	5.1	12.8	6.9	1.0	11.7
锦州	207.8	172.7	6.1	10.9	1.3	4.7	2.7	0.7	9.4
营口	241.0	180.6	5.1	9.0	1.5	5.1	5.7	0.6	7.0
阜新	209.7	165.6	11.1	21.9	2.0	6.8	2.7	1.0	14.0
辽阳	210.8	173.2	6.4	8.4	1.8	7.0	3.0	0.6	8.6
盘锦	307.6	322.1	9.0	14.3	2.5	8.9	9.0	0.6	9.7
铁岭	219.5	160.8	7.1	8.4	1.7	5.5	2.1	0.5	9.1
朝阳	202.3	176.6	3.7	16.5	1.5	7.3	2.2	0.8	11.2
葫芦岛	241.5	134.2	5.2	11.9	1.3	4.6	3.3	0.7	11.1

10—24 各地区农民家庭平均每人主要衣着消费量

（1999 年）

地区	棉布（米）	化纤布（米）	呢绒（米）	绸缎（米）	毛线及毛线织品（公斤）	胶鞋、球鞋、皮鞋（双）
全省	**0.41**	**1.67**	**0.05**	**0.01**	**0.19**	**0.79**
沈阳	0.40	1.54	0.08	0.02	0.21	0.80
大连	0.51	1.78	0.44	0.04	0.83	0.46
鞍山	0.70	2.20	0.07	—	0.19	0.92
抚顺	0.23	1.29	0.05	—	0.14	1.01
本溪	0.29	2.01	0.01	—	0.19	1.12
丹东	0.28	2.01	0.04	0.03	0.19	1.09
锦州	0.53	1.80	0.07	—	0.19	0.91
营口	0.58	1.42	0.07	—	0.12	0.58
阜新	0.50	1.49	0.03	—	0.20	0.55
辽阳	0.39	0.47	0.04	0.01	0.18	0.64
盘锦	0.46	1.42	0.13	0.02	0.23	0.85
铁岭	0.28	1.38	0.06	0.01	0.15	0.84
朝阳	0.39	1.89	0.02	0.01	0.14	0.66
葫芦岛	0.38	1.65	0.01	0.01	0.22	0.71

10—25 各地区农民家庭平均每百户主要耐用消费品拥有量

（1999年末）

地区	自行车（辆）	缝纫机（架）	手表（只）	#电子表	电风扇（台）	洗衣机（台）	电冰箱（台）
全省	**155.1**	**75.5**	**161.3**	**60.2**	**42.1**	**56.1**	**13.1**
沈阳	165.3	73.7	168.8	61.5	48.0	73.9	18.5
大连	134.6	73.8	158.7	66.3	56.9	49.0	32.0
鞍山	169.0	63.4	167.6	52.1	56.6	54.1	18.3
抚顺	127.4	65.5	171.0	94.1	23.8	42.4	10.7
本溪	144.4	60.0	199.4	119.4	25.0	41.9	16.3
丹东	184.8	74.8	188.3	63.1	44.1	57.9	14.8
锦州	157.3	84.3	151.9	64.9	52.4	77.0	12.2
营口	170.0	77.4	159.5	46.8	54.2	72.6	30.0
阜新	123.9	69.7	125.3	56.0	24.9	55.1	7.8
辽阳	142.7	80.8	133.0	65.8	49.5	58.4	20.4
盘锦	162.6	71.9	116.9	63.3	71.4	76.9	22.6
铁岭	150.2	72.1	123.1	63.6	26.9	49.0	8.6
朝阳	141.0	66.0	112.1	49.9	31.6	32.0	6.4
葫芦岛	135.0	69.0	141.5	41.3	35.3	61.3	15.8

10—25 续表

（1999年末）

地区	摩托车（辆）	收音机（台）	黑白电视机（台）	彩色电视机（台）	收录机（台）	照相机（架）
全省	**15.0**	**35.9**	**53.6**	**58.7**	**33.8**	**3.8**
沈阳	23.5	53.0	37.9	70.8	43.6	8.2
大连	17.6	23.7	40.1	69.0	35.0	7.1
鞍山	14.8	41.7	43.1	69.3	40.0	7.2
抚顺	10.7	34.1	46.6	64.1	39.0	2.4
本溪	6.9	29.4	45.6	64.4	42.5	3.8
丹东	10.0	22.1	48.3	74.1	34.5	4.5
锦州	21.9	55.1	55.1	58.1	46.8	7.0
营口	15.3	38.9	35.8	85.8	37.4	6.3
阜新	28.1	35.1	59.5	48.3	33.2	2.2
辽阳	12.2	42.1	27.0	84.1	40.2	11.5
盘锦	27.6	31.4	26.7	82.6	45.5	7.6
铁岭	11.4	24.0	51.4	61.9	34.3	4.5
朝阳	14.3	29.3	61.4	41.9	21.9	2.0
葫芦岛	16.0	31.3	57.3	49.8	26.8	5.8

10—26 农民家庭房屋使用情况

指　　标	1980年	1985年	1990年	1995年	1998年	1999年
年末使用房屋						
1.使用间数(间/户)	3.22	3.88	4.22	3.58	3.56	3.56
2.使用房屋每间价值(元/间)	396.3	686.1	1 207.0	3 005.9	4 998.0	5 062.9
平均每人年末使用房屋面积(平方米)	11.04	17.01	18.55	19.07	20.99	20.91
生　产　用　房	1.34	1.39	2.06			
生　活　用　房	9.70	15.62	16.49	19.07	20.99	20.91
#砖木结构		12.48	13.58	15.64	13.85	14.18
钢筋混凝土结构		0.50	0.90	2.44	6.00	5.60
本年新建房屋						
1.新建房屋户数(户)	19	263	50	35	46	35
占调查户比重(%)	3.9	6.4	2.6	1.9	2.4	1.9
2.新建房屋间数(间/户)	0.13	0.17	0.11	0.07	0.09	0.08
占使用间数比重(%)	4.0	4.4	2.6	1.9	2.6	2.2
3.新建房屋每间价值(元/间)		1 335.8	2 827.7	3 543.7	7 133.5	7 252.1
每平方米价值(元)		64.6	130.8	180.7	301.7	292.7
平均每人年内新建房屋面积(平方米)		0.88	0.55	0.34	0.59	0.52
#砖　木　结　构		0.68	0.45	0.28	0.29	0.26
钢筋混凝土结构		0.16	0.09	0.06	0.28	0.26
生　活　用　房		0.73	0.48	0.25	0.49	0.43
楼　　　房		0.03	0.02	—	0.06	0.07

主要统计指标解释

城镇居民家庭就业人口 指城镇居民从事社会劳动并取得劳动报酬或经营收入的人口。就业人口包括通过国家统筹规划和指导由劳动部门介绍就业，自愿组织起来就业和自谋职业等方式，在国有制、集体所有制、中外合资、中外合作、外资在华独资的企事业单位和私营企业单位工作或从事个体劳动的有固定性职业或临时性职业的人口。被聘用和留用的离退休人员也计入就业人口。本指标可以反映城镇居民的就业情况，是计算就业面、负担系数的重要资料。

城镇居民家庭全部收入 指被调查城镇居民家庭全部的实际现金收入，包括经常或固定得到的收入和一次性收入。不包括周转性收入，如提取银行存款、向亲友借入款、收回借出款以及其他各种暂收款。

城镇居民家庭可支配收入 指被调查城镇居民家庭在支付个人所得税之后，所余下的实际收入。

城镇居民家庭生活费收入 指被调查的城镇居民家庭全部收入中能用于安排家庭日常生活的实际收入。即城镇居民家庭的全部实际收入除“赡养支出”、“赠送支出”和缴纳的各种税款以及被调查户非本家庭人口的经济用饭人口所交的“搭伙费”。

城镇居民家庭消费支出 指被调查的城镇居民家庭用于日常生活的全部支出，包括购买商品支出和文化生活、服务等非商品性支出。不包括罚没、丢失款和缴纳的各种税款(如个人所得税、牌照税、房产税等)，也不包括个体劳动者生产经营过程中发生的各项费用。

城镇居民家庭购买商品支出 指被调查的城镇居民家庭购买商品的全部支出，包括从商店、工厂、饮食业、工作单位食堂、集市以及直接从农民购买各种商品的开支。共分九类：食品、衣着、日用品、文化娱乐用品、书报杂志、药及医疗用品、房屋及建筑材料、燃料、其他商品。不论自用的或赠送亲友的都包括在内。

农村居民家庭纯收入 指农村常住居民家庭总收入中，扣除从事生产和非生产经营费用支出、缴纳税款和上交承包集体任务金额以后剩余的，可直接用于进行生产性、非生产性建设投资、生活消费和积蓄的那一部分收入。它是反映农民家庭实际收入水平的综合性的主要指标。农民家庭纯收入，既包括从事生产性和非生产性的经营收入，又包括取自在外人口寄回带回和国家财政救济、各种补贴等非经营性收入，既包括货币收入，又包括自产自用的实物收入。但不包括向银行、信用社和向亲友借款等属于借贷性的收入。

农村居民家庭整半劳动力 指农村常住居民家庭成员中有劳动能力并经常参加实际劳动的人员。是生产的基本要素指标之一，是发展生产增加农民家庭收入的重要源泉。按规定，农村男 18 周岁至 50 周岁、女 18 周岁至 45 周岁为整劳动力；男 16 周岁至 17 周岁、51 周岁至 60 周岁、女 16 周岁至 17 周岁、46 周岁至 55 周岁为半劳动力。农民家庭整半劳动力，既包括在上述规定劳动年龄内和在劳动年龄以外有劳动能力并经常参加实际劳动的男女整半劳动力；也包括农民家庭常住人员中属于职工的劳动力。但不包括在劳动年龄内已丧失劳动能力的人员。

农村居民家庭生活消费支出 指农村常住居民家庭年内用于日常生产的全部开支。它是用来反映和研究农民家庭实际生活消费水平高低的重要指标。农民家庭生活消费支出，包括用于吃、穿、住、烧、用等生活消费品开支和文化、生活服务费用开支两大部分。

农村居民家庭商品性生活消费支出 指农村常住居民家庭用其货币收入，在市场上购买食品、衣着、家庭用家具器皿、日用杂品、燃料、耐用消费品，以及文教卫生用品等生活消费总量。包括向国有商店、集体商店和集市贸易市场以及其他流通渠道购买的全部生活消费品。农民家庭商品性生活消费支出，是农民家庭生活消费支出的一个重要组成部分，是用来反映和分析农民家庭生活消费水平的商品化程度，及其由自给性经济向商品经济发展趋势的重要指标，也是研究和预测农民家庭对市场消费品需求，制定商品供应计划的重要依据。

城乡储蓄存款余额 城乡储蓄存款，包括城镇居民储蓄存款和农民个人储蓄存款两部分。不包括居民的手存现金和工矿企业、部队、机关团体等集团存款。储蓄存款余额，是指城乡居民存入银行及农村信用社储蓄的时点数(存入数扣除取出数的余额)，如月末、季末或年末数额。

十一、城 市 建 设

11—1 城市公用事业基本情况

指　　　标	单　位	1980 年	1985 年	1990 年	1995 年	1998 年	1999 年
自来水全年供水总量	亿　吨	9.9	11.7	29.5	32.0	31.0	31.1
#生活用水量	亿　吨	3.2	4.3	7.0	9.5	11.2	10.9
平均每人每天生活用水量	升	122	130.8	152.1	160.2	181.5	175.4
用水普及率	%		81.3	87.8	98.2	97.4	97.7
公共车辆(汽、电车)数	辆	3 009	3 791	5 051	9 032	11 059	12 266
平均每万人拥有	标　台	3.5	3.4	5.0	7.1	7.7	8.0
铺装道路长度	公　里	3 827	3 855	5 914	8 465	8 904	9 092
平均每万人拥有	公　里	4.5	3.4	4.4	5.7	5.8	5.9
铺装道路面积	万平米	3 519	3 850	5 554	8 670	9 459	9 808
平均每万人拥有	万平米	4.1	3.4	4.2	5.9	6.1	6.3
排水管道长度	公　里	2 998	3 384	5 280	7 357	8 065	8 099
平均每万人拥有	公　里	3.5	3.0	3.9	5.0	5.2	5.2
公用煤气、液化气							
人工煤气全年供气量	亿立米	3.9	4.6	6.6	8.5	8.1	8.0
#家庭用量	亿立米	2.3	3.2	3.9	4.3	3.9	3.8
煤气管道长度	公　里	2 079	2 926	3 293	3 765	4 208	4 296
天然气全年供气量	亿立米	0.6	3.5	9.4	5.0	2.6	2.4
液化气家庭用量	万　吨	3.5	6.9	17.0	23.3	26.6	25.7
用气普及率	%		42	66.3	81.0	87.8	88.9
城市绿化							
园林绿地面积	公　顷	13 768	17 514	37 740	51 268	57 232	58 906
平均每万人绿地面积	公　顷	16.0	15.6	28.3	34.8	37.2	38.0
公园、动物园个数	个	57	80	134	200	199	201
公园、动物园面积	公　顷	1 553	1 847	2 742	4 265	4 944	5 063
清洁卫生							
清运垃圾	万　吨	514	503	731.5	920	873	879
清运粪便	万　吨	95	169	189.2	254	152	152
每万人拥有公共厕所	座	1.1	1.7	4.7	6.8	7.3	7.0

注:①人均指标按城市人口中非农业人口计算的。②1990 年以前为系统内的数。

11—2 各市区城市设施水平

（1999 年）

市　名　称	人均居住面　　积（平方米）	城市人口用水普及率（%）	城市“三气”普及率（%）	每万人拥有公共汽（电）车辆（标台）	人均拥有铺装道路面积（平方米）	人均公共绿地面积（平方米）	每万人拥有公共厕所（座）
总　　计	**8.50**	**97.72**	**88.90**	**7.95**	**6.33**	**6.09**	**7.01**
沈阳市	7.94	100.00	97.30	8.66	8.78	6.42	3.38
大连市	8.55	100.00	98.47	18.11	5.90	7.80	0.92
鞍山市	7.09	98.93	99.14	8.48	5.41	7.98	0.79
抚顺市	7.18	97.44	91.87	12.46	3.86	4.83	10.65
本溪市	7.92	91.45	60.92	6.78	3.36	5.86	9.89
丹东市	6.77	98.80	90.69	5.54	5.01	5.32	7.62
锦州市	7.11	100.00	96.13	3.30	6.64	5.88	7.75
营口市	8.12	100.00	86.73	3.22	5.53	4.87	12.90
阜新市	9.99	86.99	56.43	3.37	3.70	4.21	2.55
辽阳市	8.86	100.00	86.52	2.40	7.00	5.94	12.69
盘锦市	8.62	98.15	86.81	5.24	7.21	5.75	7.55
铁岭市	8.17	99.62	92.00	3.04	3.67	5.59	7.62
朝阳市	7.43	98.13	76.67	1.20	6.60	5.13	10.25
葫芦岛市	8.55	98.42	96.99	5.15	7.97	8.13	7.97

注：人均居住面积指标为抽样调查数据。

11—3 城市房屋建筑及住房情况

指　　　标	单　位	1980年	1985年	1990年	1995年	1998年	1999年
建成区面积	平方公里		874.3	1 025.6	1 419.0	1 508.7	1 536.2
国家建设征用土地	平方公里				26.2	8.47	10.71
市区人口密度	人/平方公里			617	1 215	1 202	1 184
年末实有房屋建筑面积	万平方米	11 997	19 187	30 378	47 973	52 653	49 631
年末实有住宅建筑面积	万平方米	5 780	9 520	15 377	26 439	30 500	28 965
年末实有住宅居住面积	万平方米	2 919.1	4 869.7	7 830	13 635	15 376	14 539
解决缺房户	万户			8.0	14.9	8.7	11.2

11—4 城市自来水情况

指　　　标	单　位	1980年	1985年	1990年	1995年	1998年	1999年
年末水厂个数	个	47	55	71	117	121	122
年末供水综合生产能力	万吨/日	291	341.2	961.2	1 286.8	1 396.2	1 389.2
年末供水管道总长度	公　里	8 653	10 593	12 972	15 557	19 936	20 645
全年供水总量	亿　吨	9.9	11.7	29.5	32.0	31.0	31.1
#生活用水	亿　吨	3.2	4.3	7.0	9.5	11.2	10.9
平均每人日生活用水量	升	122	130.8	152.1	160.2	181.5	175.4
用水人口	万　人	707	892.4	1 191.1	1 621.4	1 694.4	1 705.9

11—5 城市煤气、液化气、天然气及集中供热情况

指标	单位	1980年	1985年	1990年	1995年	1998年	1999年
一、人工煤气							
生产能力	万立米/日	95	112.7	173.1	197.4	197.8	198.8
储气能力	万立方米	54	75.4	107.1	133.3	132.8	144.0
管道长度	公里	2 079	2 926	3 293	3 765	4 208	4 296
供气总量	亿立米	3.9	4.6	6.6	8.5	8.1	8.0
#家庭用量	亿立米	2.3	3.2	3.9	4.2	3.9	3.8
二、液化石油气							
储气能力	万吨	0.4	0.6	1.4	1.6	1.6	1.6
供气总量	万吨	3.5	7.1	17.8	28.6	38.9	33.7
#家庭用量	万吨	3.5	6.9	17.0	23.3	26.6	25.7
三、天然气							
储气能力	万立米	9	13.1	52.6	50.7	73.8	75.1
管道长度	公里	383	849	1 984	2 272	2 958	2 876
供气总量	亿立米	0.6	3.5	9.4	5.0	2.6	2.4
#家庭用量	亿立米	0.5	3.3	4.0	2.5	1.7	1.6
四、集中供热							
蒸气供应总量	万吨/年		58.0	1 236.9	1 962.0	3 325	3 191
热水供应总量	万百万千焦/年				5 831	8 374	8 390
热水管道长度	公里		575	1 068	2 242	5 313	5 700
供热面积	万平方米		1 048.9	5 561	5 705	16 446	17 653

11—6 城市公共交通情况

指　　标	单　位	1980 年	1985 年	1990 年	1995 年	1998 年	1999 年
年末营运车辆	辆	3 009	3 791	5 051	9 032	11 059	12 266
平均每万人拥有	标　台	3.5	3.4	5.0	7.1	7.7	8.0
公　共　汽　车	辆	2 165	2 833	3 988	5 296	10 010	12 046
无　轨　电　车	辆	674	780	905	889	1 049	220
有　轨　电　车	辆	170	178	158	159		
附:出　租　汽　车	辆	166	544	7 812	45 903	72 684	75 717
年末营运线路长度	公　里	2 415	3 372	4 826	9 505	5 494	5 724
运　客　总　数	亿人次	20.3	25.2	29.3	25.4	26.8	27.7
平均每日运客数	万人次	555.3	690.9	802.6	695.9	735.2	777.8

11—7 城市市政建设情况

指　　标	单　位	1980 年	1985 年	1990 年	1995 年	1998 年	1999 年
实有道路长度	公　里	3 827	3 855	5 914	8 465	8 904	9 092
#高级次高级道路	公　里	2 596	3 158	4 905	7 564	—	—
实有道路面积	万平方米	3 519	3 850	5 554	8 670	9 459	9 808
#高级次高级道路	万平方米	2 273	3 035	4 777	7 892	—	—
永久性桥梁数	座	413	523	694	1 071	1 209	1 230
防　洪　堤　长　度	公　里	268	354	480	752	886	912
城市下水道总长度	公　里	2 998	3 384	5 280	7 357	8 065	8 099
城市路灯盏数	千　盏	66.4	86.6	118.8	232.8	200.4	247.4

11—8 城市园林绿化情况

指　　标	单　位	1980 年	1985 年	1990 年	1995 年	1998 年	1999 年
城市园林绿地面积	公　顷	13 768	17 514	37 740	51 268	57 232	58 906
#公共绿地	公　顷		2 655	6 709	7 226	9 041	9 437
平均每万人绿地面积	公　顷	16.0	15.6	28.3	34.8	37.5	38.0
建成区绿化覆盖率	%	12.7	15.3	22.8	28.1	30.8	31.1
人均占有的公共绿地面积	平方米	3	2.4	5.0	4.9	5.9	6.1
公园、动物园数	个	57	80	134	200	199	201
公园、动物园面积	公　顷	1 553	1 847	2 742	4 265	4 944	5 063
年　游　园　人　数	万人次		7 148	7 520	5 784	6 028	5 978
全　年　植　树　量	万　株	130	274.2	521.2	381	395	390
苗　圃　面　积	公　顷	861.5	1 150	1 385	1 545	1 737	1 752

11—9 城市维护和建设资金情况

单位:万元

指标	1980年	1985年	1990年	1995年	1998年	1999年
一、城市维护费						
全年收入总额	16 554	118 764	173 223.4	426 688.5	709 781	838 952
全年支出总额	16 468	109 795	77 782.8	406 344.7	657 894	893 020
#用于养护维修	15 075	53 202	44 773.2	165 575.9	204 384	222 688
用于基本建设	1 393	23 309	6 998.7	176 508	304 676	552 587
用于措施投资		31 840	11 321.6	64 260.8	100 154	69 308
二、城市建设投资						
全年完成投资额	12 378	50 916	77 678	239 888	377 181	584 223
基本建设投资	12 378	17 846	37 580	174 559	298 073	511 322
措施投资		33 070	40 098	65 329	79 108	72 901

11—10 城市环境卫生情况

指标	单位	1980年	1985年	1990年	1995年	1998年	1999年
年末职工人数	人	20 050	26 807	30 235	40 412	41 712	43 924
环卫机械数量	辆	642	1 008	2 150	2 817	3 266	3 030
环卫设施							
公共厕所	座	929	1 939	6 244	9 952	11 152	10 862
每万人拥有公共厕所	座	1.1	1.7	4.7	6.8	7.3	7.0
工作量							
清扫面积	万平方米	3 571	5 655	9 804	14 515	15 150	15 739
清运垃圾	万吨	514	502.8	731.5	920	873	879
清运粪便	万吨	95	169	189.2	254	152	152

主要统计指标解释

年底自来水生产能力 指年底城建部门管理的自来水厂和自备水源的社会单位取水、净化、送水、出厂输水干管等环节的实际生产能力。

年底供水管道长度 指从送水泵到用户水表之间所有管道的长度。

全年供水总量 指公用自来水厂和自备水源的社会单位全年的供水总量，包括有效供水量及损失水量。

生活用水量 指居民日常生活与公共福利设施的用水量。包括居民、饮食店、旅馆、医院、理发店、浴池、洗衣店、游泳池、商店、学校、机关、部队等单位的用水量。

城市人口用水普及率 指城市用水的非农业人口数(不包括临时人口和流动人口)与城市非农业人口总数之比。计算公式：

$$用水普及率=\frac{城市用水的非农业人口数}{城市非农业人口数}\times 100\%$$

人工煤气生产能力 指城市煤气厂制气、净化、输送等环节的综合实际生产能力。

全年供气总量 指全年售给各类用户的全部煤气量。包括工业用量、家庭用量和其他用量。

城市用气普及率 指使用煤气(包括人工煤气、液化石油气、天然气)的城市非农业人口数(不包括临时人口和流动人口)与城市非农业人口总数之比。计算公式：

$$城市煤气普及率=\frac{城市用气的非农业人口数}{城市非农业人口总数}\times 100\%$$

城市供热能力 指热电厂、热力公司和达到标准的集中采暖锅炉房向城市输送的供热源的设计能力。每小时向城市输送的蒸汽、热水能力。

城市供热总量 指热电厂、热力公司和达到标准的集中采暖锅炉房全年向城市输送的全部蒸汽、热水量。

城市供热管道长度 指热电厂、热力公司 和达到标准的集中采暖锅炉房管理的集中供热热源到用户之间的全部供气、供热水的管道长度。

年底实有铺装道路长度 指除土路外，路面经过铺装宽度在 3.5 米以上的道路，包括高级、次高级道路和普通道路。

城市桥梁 指城市范围内，修建在河道上的桥梁和道路与道路立交、道路跨越铁路的立交桥，以及人行天桥，包括永久性桥和半永久性桥，不包括临时性桥、铁路桥、涵洞。

城市下水道总长度 指所有排水总管、干管、支管及暗渠、检查井、连接井进出口等长度之和。

城市污水日处理能力 指污水处理厂每昼夜处理污水量的设计能力。

年末实有公共汽(电)车 指年底可参加营运的全部车辆数，包括年底营运车辆数和库存查封未参加营运的车辆，不包括非营运车辆，如架线车、油罐车、工程车、货车及其他专用车辆和借人的客运车辆。

营运线路长度 指设置的固定营运线路长度，包括郊区营运线路长度。不包括临时行驶的线路长度。

城市园林绿地面积 指城市公共绿地、专用绿地、生产绿地、防护绿地、郊区风景名胜区的全部面积。

公共绿地 指供游览休息的各种公园、动物园、植物园、陵园以及花园、游园和供游览休息用的林荫道绿地、广场绿地。不包括一般载植的行道树及林荫道的面积。

十二、农　　业

12—1 农村基层组织和农业基本情况

指　　标	单　位	1995 年	1996 年	1997 年	1998 年	1999 年
乡镇数	个	1 235	1 217	1 198	1 217	1 156
#镇数	个	538	580	592	634	652
村民委员会	个	16 483	16 444	16 372	16 310	16 287
乡村户数	万户	655.5	656.1	660.4	663.8	674.6
乡村劳动力	万人	903.1	907.5	921.4	933.2	938.8
按行业分乡村劳动力						
农林牧渔业	万人	617.5	629.4	624.3	633.3	643.2
工业	万人	89.1	89.7	83.9	78.1	76.8
建筑业	万人	48.9	51.9	49.5	49.2	51.3
交通运输业、仓储及邮电通信业	万人	31.7	32.3	33.1	33.4	35.7
批发零售贸易业餐饮业	万人	39.7	40.7	42.7	43.8	47.3
其他非农行业	万人	76.2	63.5	87.9	95.4	84.5
年末实有耕地面积	千公顷	3389.7	4 162.7	4 162.5	4 162.63	4 163.6
水田	千公顷	468.6	676.6	682	682.62	684.52
旱田	千公顷	2 921.1	3 486.1	3 480.5	3 480.01	3 479.06
年内减少耕地面积	千公顷	26.9	29.7	23.1	9.1	13.54
#国家基建占地	千公顷	2.7	2.6	4.2	2.4	3.88
乡村集体占地	千公顷	1.3	1.0	1.0	0.2	0.31
农民个人建房占地	千公顷	0.7	1.7	1.1	0.6	2.31
农业机械总动力	万千瓦	1 016.87	1 040.26	1 090.51	1 138.13	1 236.49
农用大中型拖拉机	台	31 436	29 717	29518	29 736	31 499
农用大中型拖拉机	万千瓦	129.20	124.88	125.54	254.37	130.21
小型拖拉机	万台	130 240	131 900	134 500	136 836	150 692
小型拖拉机	万千瓦	—	—	—	—	145.94
大中型拖拉机配套农具	万部	47 087	46 700	46 500	46 057	47 901
小型拖拉机配套农具	万部	105 731	118 200	127 100	137 444	163 306
柴油机	台	48 906	48 100	52 000	64 002	—
柴油机	万千瓦	48.64	48.48	—	696.94	708.44
农用载重汽车	辆	32 254	32 269	33 261	33 200	37 062
农用载重汽车	万千瓦	256.45	252.08	253.43	242.9	249.56
渔用机动船	艘	32 437	32 366	31 962	32 766	33 431
渔用机动船	万吨	30.98	31.20	35.60	36.3	—
渔用机动船	万千瓦	64.13	66.65	72.30	75.7	90.30
灌溉面积	千公顷	1 204	1 234	1 277	133.5	1 388.73
化肥施用量(折纯)	万吨	103.1	110.7	113.0	114.1	116.27
乡村办水电站个数	个	120	124	121	—	87
装机容量	千瓦	1 347.2	1 815.3	1 830.0	2 180.0	2 200.0
农村用电量	亿千瓦小时	81.6	91.3	96.0	89.1	95.2
农作物总播种面积	千公顷	3 623.7	3 627.8	3 627.0	3 630.2	3 640.07
粮食	千公顷	3 030.9	3 073.1	3 037.1	3 039.2	3 055.30
谷物	千公顷	2 627.9	2 698.0	2 657.2	2 658.2	2 667.78
#稻谷	千公顷	472.6	478.1	491.7	496.0	501.51
小麦	千公顷	171.3	177.9	167.6	150.2	152.95
玉米	千公顷	1 517.5	1 576.7	1 573.4	1 638.0	1 677.84
豆类	千公顷	273.0	239.2	249.2	273.8	257.06
薯类	千公顷	102.5	110.0	105.6	109.2	130.48
油料	千公顷	131.8	95.1	98.2	122.4	122.14
棉花	千公顷	31.0	12.4	19.5	20.5	6.94
麻类	千公顷	0.8	0.4	0.3	0.2	0.40
糖料	千公顷	30.2	27.2	23.8	17.1	13.75
烟叶	千公顷	16.6	27.3	33.2	15.2	16.99
蔬菜	千公顷	330.6	342.2	354.2	353.2	386.99
果园面积	千公顷	449.7	455.8	469.5	391.7	391.62

12—2 主要农牧渔业生产情况

指　　标	单　位	1995 年	1996 年	1997 年	1998 年	1999 年
农产品产量	万吨	1 423.5	1 660.1	1 313.5	1 828.9	1 648.8
粮食	万吨	1 311.5	1 697.5	1 248.1	1 856.0	1 560.90
谷物	万吨	255.3	366.1	389.4	407.4	415.84
#稻谷	万吨	63.3	59.4	56.5	61.4	59.24
小麦	万吨	804.5	1 047.3	674.7	1 205.3	988.27
玉米	万吨	40.3	43.6	35.1	52.8	41.58
豆米	万吨	35.9	42.6	39.5	47.8	51.03
薯类	吨	197 717	170 003	160 745	233 611	197 797
油料	吨	162 764	134 450	134 136	198 000	165 326
#花生	吨	—	—	—	—	1 505
油菜籽	吨	10 040	5 618	3 901	5 798	4 320
芝麻	吨	23 666	10 813	15 067	17 876	4 574
棉花	吨	1 039	396	294	278	355
麻类	吨	504 147	585 516	400 727	413 781	263 581
甜菜	吨	31 959	56 091	60 890	31 319	32 487
烟叶	吨	21 913	50 344	51 527	26 182	29 938
#烤烟		32 805	29 158	39 532	44 563	28 720
柞蚕茧	万吨	220.0	248.0	264.1	298.6	256.7
水果						
农产品单位面积产量	公斤/公顷	4 990	5 400	4 365	6 987.4	5 850.92
谷物	公斤/公顷	764	870	780	874	659.1
棉花	公斤/公顷	1 723	2 010	1 935	2 176.6	1 869.19
花生	公斤/公顷	—	—	—	—	2 003.99
油菜籽	公斤/公顷	710	870	645	640.9	641.81
芝麻	公斤/公顷	16 720	21 555	16 815	24 128.6	19 175.11
甜菜	公斤/公顷	1 639	2 025	1 785	2 016.5	1 951.88
烤烟	万头	476.4	505.4	366.7	382.1	399.75
大牲畜年末头数	万头	301.6	330.9	193.5	209.3	228.07
#牛	万头	42.2	42.2	39.5	40.6	39.94
驴	万头	92.6	93.5	96.2	95.2	95.83
骡	万头	40.0	38.9	37.5	37.0	35.91
肉猪出栏头数	万头	1 461.6	1 640.6	1 131.0	1 223.9	1 320.32
猪年底头数	万头	1 468.4	1 426.5	953.3	1 039.9	1 123.39
羊年底只数	万只	373.2	403.1	292.6	318.1	347.85
山羊	万只	146.5	164.1	133.7	146.4	159.32
绵羊	万只	226.7	238.9	158.9	171.7	188.53
肉类产量	万吨	222.4	255.1	200.7	213.9	224.7
#猪牛羊肉	万吨	173.9	190.4	126.9	138.9	148.4
猪肉	万吨	141.6	152.9	102.9	112.8	121.8
牛肉	万吨	29.7	34.3	21.6	23.4	23.8
羊肉	万吨	2.6	3.2	2.4	2.7	2.8
奶类	万吨	18.3	18.6	18.7	19.9	20.3
#牛奶	万吨	17.1	17.1	17.1	18.5	18.2
绵羊毛	吨	9 602.7	9 537.6	7 402	7 450	7 909
山羊毛	吨	740.3	728.8	812	858	908
兰绒	吨	293.5	285.2	316	309	322
禽蛋	万吨	102.8	115.9	130.5	131.6	134.4
水产品总产量	万吨	197.9	258	285.1	312.7	333.8
海水产品	万吨	178.4	235.3	258.0	281.4	296.8
淡水产品	万吨	19.5	22.7	27.1	31.3	37.0

注:1995—1999 年粮食产量为抽样调查定产数、分品种产量为全面调查报表数。

12—3 农村基层组织情况

年份、地区	乡镇数（个）	#镇数	村民委员会（个）	乡村户数（万户）	乡村人口数（万人）	乡村劳动力（万人）
1978	1 141	—	15 248	505.5	2 274.1	663.4
1980	1 145	—	16 584	538.1	2 295.8	712.3
1985	1 212	369	16 427	564.2	2 290.2	858.4
1987	1 220	416	15 672	558.9	2 204.2	867.4
1988	1 223	427	15 709	572.9	2 217.7	865.2
1989	1 222	436	16 472	611.3	2 321.6	866.5
1990	1 216	436	16 498	631.4	2 337.5	869.4
1991	1 208	453	16 512	641.4	2 345.5	888.1
1992	1 221	466	16 535	645.0	2 342.9	891.3
1993	1 265	483	16 529	646.9	2 320.0	892.9
1994	1 225	505	16 509	651.6	2 311.7	894.2
1995	1 235	538	16 483	655.5	2 311.1	903.0
1996	1 217	580	16 444	656.1	2 302.9	907.5
1997	1 198	592	16 372	660.4	2 298.8	921.4
1998	1 217	634	16 310	663.8	2 289.9	933.2
1999	1 156	652	16 287	674.6	2 315.5	938.8
沈阳	145	65	2 015	76.6	268.3	106.9
大连	120	82	1 496	90.2	291.9	117.0
鞍山	79	67	1 154	49.1	173.1	59.8
抚顺	51	23	1 073	24.6	84.6	42.0
本溪	46	32	391	15.8	56.5	25.4
丹东	69	64	844	41.2	144.3	61.6
锦州	111	53	1 679	60.4	203.7	79.3
营口	55	43	930	40.8	139.3	54.3
阜新	67	35	837	32.2	114.9	52.3
辽阳	46	29	731	36.4	116.4	40.7
盘锦	38	17	412	20.4	66.7	25.5
铁岭	108	56	1 519	59.7	209.1	67.2
朝阳	110	51	1 696	71.9	251.3	127.5
葫芦岛	111	35	1 510	55.2	195.5	79.4

12—4 乡村劳动力

（年末数） 单位：万人

年份、地区	农林牧渔业	工业	建筑业	交通运输业、仓储及邮电通信业	批发零售贸易业、餐饮业	其他非农行业
1978	581.1	61.0	—	—	—	21.3
1980	582.6	89.5	—	—	—	40.2
1985	614.0	104.7	34.8	59.9	—	45.0
1987	609.5	109.8	39.7	20.7	22.5	65.2
1988	603.8	109.3	41.0	21.2	24.2	59.7
1989	618.9	103.2	37.8	20.4	23.2	63.0
1990	631.2	99.1	34.6	20.0	23.1	61.4
1991	650.6	97.0	33.5	20.2	24.8	62.1
1992	637.0	100.0	36.0	22.3	29.2	67.1
1993	621.2	94.4	43.6	25.6	31.5	76.4
1994	611.3	91.8	47.6	30.3	37.6	75.5
1995	617.5	89.1	48.9	31.7	39.7	76.1
1996	629.4	89.7	51.9	32.3	40.7	63.5
1997	624.3	83.9	49.5	33.1	42.7	87.9
1998	633.3	78.1	49.2	33.4	43.8	95.3
1999	643.2	76.8	51.3	35.7	47.28	84.5
沈阳	71.7	9.4	4.4	4.3	5.6	11.5
大连	72.6	15.1	7.9	4.3	5.8	11.4
鞍山	35.6	8.2	3.6	3.2	4.5	4.6
抚顺	28.7	3.2	2.0	1.7	2.4	4.0
本溪	14.9	2.6	1.6	1.5	1.6	3.1
丹东	42.4	6.3	3.1	2.2	3.5	4.1
锦州	60.0	4.3	4.0	3.1	3.7	4.2
营口	33.4	5.8	3.3	3.0	4.4	4.4
阜新	44.4	1.8	1.7	1.1	1.4	1.9
辽阳	23.4	5.2	2.7	2.2	2.7	4.5
盘锦	16.8	1.9	1.2	1.2	1.8	2.6
铁岭	48.8	2.8	3.6	2.3	2.7	7.0
朝阳	93.5	5.9	7.6	3.2	4.1	13.2
葫芦岛	57.0	4.4	4.5	2.3	3.1	8.2

注：1.本表分行业劳动力是按从事的主行业划分的，如以农业为主、兼营商业的，仍作为农林牧渔业劳动力。
2.工业劳动力中包括村及村以下办的工业劳动力。

12—5 耕　地　面　积

单位:千公顷

年份、地区	年末实有耕地面积	水田	旱地	年内减少耕地面积	其中		
					#国家基建占地	#乡村集体占地	#农民个人建房占地
1978	3 821.3	375.5	3 445.8	45.3	—	20.6	—
1980	3 760.0	388.1	3 371.9	36.8	3.2	6.1	—
1985	3 586.3	477.6	3 108.7	46.2	5.5	3.3	2.3
1986	3 529.5	497.6	3 031.9	59.6	4.7	2.1	2.3
1987	3 492.3	532.7	2 959.6	47.8	6.0	2.1	1.8
1988	3 478.5	541.1	2 937.4	17.3	3.9	1.3	1.5
1989	3 470.4	542.1	2 928.3	14.1	2.3	1.0	1.2
1990	3 467.2	537.0	2 930.2	8.2	1.7	0.8	0.9
1991	3 460.3	542.9	2 917.3	11.2	3.8	1.2	0.9
1992	3 452.3	550.8	2 901.5	14.5	4.1	1.6	0.9
1993	3 429.8	487.8	2 942.0	25.3	6.5	3.0	0.7
1994	3 411.2	460.5	2 950.7	22.5	5.7	1.7	0.7
1995	3 389.7	468.6	2 921.1	26.9	2.7	1.3	0.7
1996	4 162.7	676.6	3 486.1	29.7	2.6	1.0	1.7
1997	4 162.5	682.0	3 480.5	23.1	4.2	1.0	1.1
1998	4 162.6	682.6	3 480.0	9.1	2.4	0.2	0.6
1999	4 163.6	684.5	3 479.1	13.5	3.9	0.3	2.3
沈阳	682.00	163.8	518.20	1.86	0.28	—	0.4
大连	372.17	50.25	321.92	2.38	0.64	0.03	0.22
鞍山	244.49	46.52	197.97	0.78	0.30	—	0.04
抚顺	130.90	28.80	102.10	0.74	0.23	—	0.05
本溪	70.00	7.15	62.85	0.45	0.06	—	0.05
丹东	208.26	60.15	148.11	0.47	0.38	—	0.02
锦州	404.78	22.69	382.09	0.2	0.05	0.05	0.02
营口	120.02	52.69	67.33	0.21	0.04	—	0.04
阜新	376.59	7.08	369.51	0.38	0.03	—	0.02
辽阳	180.27	58.57	121.70	0.08	0.01	—	0.02
盘锦	132.89	114.8	18.09	4.14	1.11	0.18	0.85
铁岭	541.14	65.93	475.21	0.30	0.12	—	0.06
朝阳	474.70	0.63	474.07	0.87	0.02	—	0.49
葫芦岛	225.36	5.48	219.88	0.66	0.61	—	0.01

注:年内减少数包括因各种原因占用的耕地和因灾废弃而实际减少了的耕地。

12—6 农林牧渔业总产值

单位:亿元

年份	农林牧渔业总产值	种植业	其他农业	林业	牧业	渔业
1952	16.6	11.4	2.8	0.1	1.8	0.5
1957	21.2	15.5	1.5	0.7	2.8	0.7
1962	21.2	15.3	2.7	0.2	2.1	0.9
1965	26.5	19.5	2.4	0.7	3.3	0.6
1970	37.7	28.2	3.0	0.6	4.6	1.3
1975	48.3	35.2	2.4	1.3	7.5	1.9
1978	49.2	36.5	2.4	1.1	7.1	2.1
1979	59.9	43.3	2.5	1.4	10.6	2.1
1980	73.5	50.1	5.5	2.5	13.2	2.2
1981	78.6	54.1	2.7	3.2	16.1	2.5
1982	85.4	56.4	3.6	3.4	18.9	3.1
1983	106.5	74.1	6.0	3.5	19.5	3.4
1984	117.6	78.0	7.8	4.1	22.8	4.9
1985	118.1	65.7	8.9	4.2	31.3	8.0
1986	142.0	84.5	10.5	4.2	32.3	10.5
1987	169.2	96.1	12.2	4.9	39.6	16.4
1988	227.4	117.5	14.3	5.0	67.7	22.9
1989	222.8	109.9	15.5	4.8	69.8	22.8
1990	273.8	146.2	17.3	6.6	75.5	28.2
1991	295.9	158.3	17.0	6.9	80.6	33.1
1992	330.1	176.1	17.7	7.5	88.6	40.2
1993	425.7	228.0	17.6	9.4	117.4	53.3
1994	546.8	275.3	18.9	11.0	171.9	69.7
1995	691.8	361.5	21.2	12.9	206.0	90.2
1996	804.7	418.0	31.5	13.9	224.7	116.6
1997	834.7	393.7	40.1	15.2	247.1	138.6
1998	969.8	487.1	47.6	17.4	269.6	148.1
1999	977.1	454.1	56.8	18.5	282.4	165.3

注:本表按当年价格计算。1991—1999年农林牧渔业总产值为与农业普查衔接后国家核定数据。

12—7 农林牧渔业总产值指数

（以 1952 年为 100）　　单位：%

年份	农林牧渔业总产值	种植业	其他农业	林业	牧业	渔业
1952	100.0	100.0	100.0	100.0	100.0	100.0
1957	112.0	110.8	97.8	519.0	113.4	109.6
1962	93.7	91.0	150.2	132.9	71.6	125.4
1965	131.4	130.1	150.2	438.4	128.2	96.2
1970	158.8	160.3	161.6	305.9	149.5	168.7
1975	194.5	190.1	178.0	590.7	198.0	268.2
1978	200.0	200.0	181.0	489.6	189.8	298.3
1979	206.7	207.1	181.7	536.2	199.4	283.2
1980	222.2	208.7	202.4	564.9	209.1	279.9
1981	227.2	214.0	179.6	692.4	285.8	309.8
1982	235.6	210.0	226.8	717.6	340.1	333.5
1983	285.1	266.1	396.8	730.4	343.5	344.9
1984	297.4	267.4	495.6	796.9	372.8	392.6
1985	270.0	204.3	570.6	734.9	465.7	463.2
1986	288.6	227.6	657.6	659.1	444.4	524.0
1987	303.6	235.3	759.6	700.2	441.4	664.2
1988	337.0	244.8	809.8	627.6	591.3	748.9
1989	322.6	198.6	880.5	578.0	571.5	789.6
1990	371.6	274.4	924.0	738.1	603.6	885.5
1991	388.2	285.7	898.1	737.9	637.1	947.0
1992	419.4	304.4	942.8	795.4	699.3	1 044.3
1993	474.0	350.6	936.3	866.5	827.6	1 091.3
1994	473.4	300.1	921.2	939.9	1 008.8	1 126.1
1995	530.3	328.6	1 175.5	1 001.4	1 112.3	1 327.6
1996	611.8	392.0	1 639.6	1 065.5	1 166.8	1 596.0
1997	629.2	358.2	1 828.4	1 137.2	1 283.0	1 802.1
1998	730.3	447.8	2 178.4	1 263.7	1 408.0	1 979.2
1999	754.8	420.9	2 460.0	1 319.6	1 514.9	2 212.8

注：本表按可比价格计算，1991—1999 年农林牧渔业产值指数为调整后的口径。

12—8 农林牧渔业总产值指数

（以上年为100） 单位：%

年份	农林牧渔业总产值	种植业	其他农业	林业	牧业	渔业
1957	93.9	86.3	104.6	106.5	157.5	84.2
1962	107.8	104.5	96.0	91.3	205.2	96.4
1965	112.3	115.0	115.0	112.0	99.8	93.8
1970	124.2	126.5	109.0	77.3	143.9	140.8
1975	108.4	107.8	100.5	94.4	114.7	108.6
1978	106.4	110.7	100.2	84.3	94.0	103.5
1979	103.4	103.5	100.4	109.5	105.1	94.9
1980	107.5	100.8	111.4	105.4	104.9	98.8
1981	102.2	102.5	88.7	122.6	136.7	110.7
1982	103.7	98.1	126.3	103.6	119.0	107.7
1983	121.0	126.7	175.0	101.8	101.0	103.4
1984	104.3	100.5	124.9	109.1	108.5	113.8
1985	90.8	76.4	193.0	92.2	124.9	118.0
1986	106.9	111.4	115.2	89.7	95.4	113.1
1987	105.2	103.4	115.5	106.2	99.3	126.8
1988	111.0	104.0	106.6	89.6	134.0	112.8
1989	95.7	81.1	108.7	92.1	96.7	105.4
1990	115.2	138.2	104.9	127.7	105.6	112.1
1991	104.5	104.1	97.2	100.0	105.6	106.9
1992	108.0	106.5	105.0	107.8	109.8	110.3
1993	113.0	115.2	99.3	108.9	118.3	104.5
1994	99.9	85.6	98.4	108.5	121.9	103.2
1995	112.0	109.5	127.6	106.5	110.3	117.9
1996	115.4	119.3	139.5	106.4	104.9	120.2
1997	102.8	91.4	111.5	106.7	110.0	112.9
1998	116.1	125.0	119.1	111.1	109.7	109.8
1999	103.3	94.0	112.9	104.4	107.6	111.8

12—9 各地区农林牧渔业总产值及指数

（1999年）

地区	农林牧渔业总产值	种植业	其他农业	林业	牧业	渔业
一、绝对数（万元）						
全省	**9 770 506**	**4 541 233**	**568 019**	**184 535**	**2 824 353**	**1 652 366**
沈阳	1 295 418	716 976	39 258	12 119	441 653	85 412
大连	1 879 739	565 699	52 713	13 023	379 970	868 334
鞍山	842 855	369 241	80 928	12 119	363 617	16 950
抚顺	390 388	150 567	39 028	27 728	149 344	23 721
本溪	230 117	84 469	34 997	27 219	63 329	20 103
丹东	546 966	240 226	27 751	24 133	114 519	140 337
锦州	1 049 681	537 375	43 724	10 845	374 263	83 474
营口	429 424	184 161	14 381	1 240	93 696	135 946
阜新	265 103	156 245	3 217	8 136	96 500	1 005
辽阳	424 281	230 892	32 350	3 972	109 271	47 796
盘锦	565 559	282 311	14 505	2 573	53 749	212 421
铁岭	903 210	511 628	54 393	13 137	316 145	7 907
朝阳	481 437	274 460	44 604	22 890	138 622	861
葫芦岛	466 328	166 983	36 170	5 401	179 675	78 099
二、指数（以上年为100）						
全省	**103.3**	**94.0**	**112.9**	**104.4**	**107.6**	**111.8**
沈阳	107.5	106.1	120.4	101.4	108.0	108.4
大连	103.6	88.5	136.5	105.0	101.7	108.6
鞍山	114.8	120.9	104.4	123.0	113.9	123.8
抚顺	108.8	116.4	119.6	138.8	92.0	144.3
本溪	106.3	100.6	109.3	108.8	98.6	154.8
丹东	107.8	113.4	96.7	111.3	98.9	110.5
锦州	94.5	81.2	74.7	114.9	110.0	94.8
营口	106.1	101.2	105.6	92.3	108.8	112.2
阜新	83.3	71.1	87.1	112.8	102.4	100.4
辽阳	104.4	104.7	116.1	100.7	98.2	114.0
盘锦	111.8	103.8	96.4	102.1	103.0	128.4
铁岭	107.0	110.0	103.3	68.2	106.7	114.7
朝阳	79.5	62.3	96.6	101.0	100.8	106.8
葫芦岛	83.1	56.0	127.5	46.2	107.6	106.1

注：绝对数按当年价格计算，指数按可比价格计算。

12—10 农林牧渔业增加值

(1999年)　　单位:万元

指　标	农林牧渔业全省	农业	#种植业	林业	牧业	渔业
一、当年现价产值	9 770 506	5 109 252	4 541 233	184 535	2 824 353	1 652 366
90年不变价产值	5 916 142	2 593 192	2 137 171	137 201	1 896 880	1 288 869
二、农林牧渔业中间消耗	4 562 466	2 020 223	1 820 106	62 840	1 831 179	648 224
1.物质消耗	3 977 966	1 638 731	1 461 381	53 044	1 731 695	554 496
(1)用种量	211 607	150 364	150 364	23 023	38 220	—
(2)饲料、饲草	2 002 311	159 955	159 955	—	1 612 467	229 889
(3)肥料	564 879	555 687	555 687	9 192	—	—
(4)燃料	227 642	116 707	106 190	5 504	9 831	95 600
(5)农药或兽药	104 378	71 648	71 648	2 670	30 060	—
(6)用电量	128 998	107 963	97 847	1 691	11 997	7 347
(7)农用塑料薄膜	84 819	84 819	84 819	—	—	—
(8)其它物质消耗	653 332	391 588	234 871	10 964	29 120	221 660
2.对非物质生产部门劳务支出	584 500	381 492	358 725	9 796	99 484	93 728
三、农林牧渔业增加值	5 208 040	3 089 029	2 721 127	121 695	993 174	1 004 142
中间消耗占总产值(%)	46.7	39.5	40.1	34.1	64.8	39.2
增加值占总产值	53.3	60.5	59.9	65.9	35.2	60.8

12—11 农业机械和农产品加工机械拥有量

机械名称	单位	1997年	1998年	1999年
农业机械总动力	万千瓦	1 090.51	1 138.13	1 236.49
农用大中型拖拉机	台/万千瓦	29 518/125.54	29 736/126.3	31 499/130.21
小型拖拉机	万台/万千瓦	13.45/124.33	13.7/128.1	15.07/145.94
大中型拖拉机配套农具	万部	4.65	4.61	4.79
#机引犁	万部	1.35	1.32	1.38
机引耙	万部	1.01	0.95	0.97
机引播种机	万部	0.52	0.23	0.22
小型拖拉机机引农具	万部	12.71	13.74	16.33
机耕船	艘/万千瓦	89/0.06	74/0.04	47/0.03
机动水稻插秧机	部/万千瓦	2 973/0.78	2 792/0.62	2 419/0.68
农用排灌动力机械	万台/万千瓦	50.02/205.08	57.82/219.56	63.86/231.05
#柴油机	万台/万千瓦	5.20/49.98	6.40/57.03	7.73/69.52
电动机	万台/万千瓦	44.45/153.89	51.04/160.16	55.80/159.20
农用水泵	万台	73.67	82.0	88.25
喷灌机械	套	4 149	5 893	6 619
联合收割机	台	169	462	724
机动收割机	台	1 369	2 711	984
机动脱粒机	万台	11.18	11.78	12.13
种子精选机	台	707	648	512
谷物烘干机	台	11	21.0	50
磨面机、碾米机	万部	10.07	10.4	10.40
轧花机	万部	0.05	0.04	0.04
榨油机	万部	0.33	0.33	0.33
农用载重汽车	辆/万千瓦	33 261/253.43	33 220/242.29	37 062/249.56
机动喷雾(粉)机	万部/万千瓦	1.34/5.40	1.43/4.88	1.59/5.69
饲料粉碎机	万部	2.48	2.49	2.74
牧草收割机	部	—	20	—
渔用机动船	艘/万吨	31 962/35.60	32 766/36.3	33 431/42.26
	万千瓦	72.30	75.71	89.28
推土机	台	623	759	659
贮油设备总容量	万吨	16.70	19.00	19.01
胶轮大车	万辆	72.40	72.03	70.46
胶轮手推车	万辆	113.62	109.93	106.93
手动水稻插秧机	台	4 569	4 933	3 292

12—12 机耕、灌溉面积、化肥施用量、农村小水电站和农村用电量

年　　份	机耕面积（万公顷）	有效灌溉面积（万公顷）	#机电提灌	机电提灌面积占有效灌溉面积比重（%）
1978	204.5	85.3	68.5	80.2
1980	208.4	76.0	59.6	78.4
1981	191.0	71.8	56.7	79.0
1982	186.4	72.3	59.1	81.7
1983	177.2	67.6	54.5	80.6
1984	185.4	69.6	56.4	81.0
1985	187.7	72.4	59.7	82.5
1986	194.5	73.1	60.1	82.2
1987	207.8	76.9	62.8	81.7
1988	219.8	76.3	63.4	83.1
1989	219.2	76.0	62.8	82.6
1990	236.3	105.9	51.6	48.7
1991	251.8	108.9	87.7	80.5
1992	258.1	114.0	91.3	80.1
1993	256.7	117.0	92.7	79.2
1994	250.4	118.4	92.3	78.0
1995	246.3	120.4	94.0	78.1
1996	249.8	123.4	96.6	78.3
1997	260.9	127.7	99.0	77.5
1998	265.0	133.5	100.8	75.5
1999	278.8	138.9	105.0	75.6

12—12 续表 1

年　　份	化肥施用量（万吨）		农村小型水电站		农村用电量（亿千瓦小时）
	实物量	折纯量	个数（个）	装机容量（千瓦）	
1978	205.8		111	33 837	17.3
1980	298.4		57	10 469	23.8
1981	302.4	63.0	72	13 519	25.3
1982	302.3	63.5	73	14 819	26.7
1983	307.4	67.5	70	15 075	31.3
1984	320.0	76.2	74	16 784	31.7
1985	273.4	70.9	75		29.3
1986	264.0	70.1	73		33.8
1987	265.2	67.3	66		38.7
1988	273.6	70.1	111	74 617	50.6
1989	281.8	74.6	113	92 522	46.0
1990	301.1	81.4	116	94 123	51.3
1991	313.4	85.1	114	95 638	54.8
1992	320.6	90.5	115	98 363	63.5
1993	320.7	95.1	115	99 218	73.7
1994	325.7	100.2	116	105 440	72.7
1995	334.9	103.1	120	134 721	81.6
1996	346.5	110.7	124	181 531	91.3
1997	344.2	113.0	121	183 000	96.0
1998	349.1	114.1	—	—	89.1
1979	353.8	116.7	97	100 360	93.7

12—12 续表 2　　单位:万吨

年份	化肥施用量		氮肥		#尿素	
	实物量	折纯量	实物量	折纯量	实物量	折纯量
1978	205.8		147.4		23.6	
1980	298.4		190.2		30.2	
1981	302.4	63.0	176.0	40.6	28.2	13.0
1982	302.3	63.5	173.0	41.1	32.5	15.0
1983	307.4	67.5	185.9	45.1	39.0	17.9
1984	320.0	76.2	194.7	49.8	48.8	22.4
1985	273.4	70.9	178.1	49.2	57.4	26.4
1986	273.6	70.1	180.7	50.0	59.0	27.1
1987	265.2	67.3	172.4	47.6	54.9	25.3
1988	273.6	70.1	180.8	50.0	59.0	27.1
1989	281.8	74.6	187.3	53.7	67.5	31.0
1990	301.1	81.4	196.7	57.4	73.8	34.0
1991	313.4	85.1	208.0	60.9	79.6	36.6
1992	320.6	90.5	214.5	63.8	85.1	39.1
1993	320.7	95.1	214.3	65.4	94.8	43.4
1994	325.7	100.2	212.5	66.2	—	—
1995	334.9	103.1	216.3	67.3	—	—
1996	346.5	110.7	223.0	71.7	—	—
1997	344.2	113.0	218.7	72.1	—	—
1998	349.1	114.1	218.0	72.0	—	—
1999	353.8	116.7	218.2	73.2	—	—

12—12 续表 3　　单位:万吨

年份	磷肥		钾肥		复合肥	
	实物量	折纯量	实物量	折纯量	实物量	折纯量
1978	57.0		1.4			
1980	105.2		0.7		2.3	
1981	120.7	20.4	0.7	0.2	5.0	1.8
1982	122.3	20.4	0.4	0.2	6.6	2.0
1983	111.9	18.8	1.3	0.6	8.3	2.9
1984	108.3	18.2	1.3	0.6	15.7	7.6
1985	70.2	12.4	2.1	0.9	23.0	8.4
1986	71.8	12.1	1.3	0.5	19.7	7.5
1987	74.2	12.8	1.2	0.5	17.4	6.3
1988	71.8	12.1	1.3	0.5	19.7	7.5
1989	68.8	11.9	1.8	0.8	24.0	8.2
1990	73.5	13.2	2.5	1.1	28.4	9.7
1991	74.6	12.8	3.5	1.6	27.4	9.7
1992	69.3	13.1	5.9	2.7	30.8	10.9
1993	61.5	11.5	7.6	3.4	37.2	14.8
1994	60.2	12.2	8.5	3.7	44.4	18.0
1995	61.0	12.5	10.0	4.5	47.7	18.8
1996	59.3	12.3	11.5	5.4	52.8	21.4
1997	53.9	11.5	14.0	6.7	57.6	22.7
1998	55.9	12.0	16.2	7.2	59.0	22.8
1999	54.2	11.3	17.8	7.9	63.6	24.3

12—13 各地区化肥施用量

（1999年）　　单位：万吨

地区	全省		氮肥	
	实物量	折纯量	实物量	折纯量
全省	**353.8**	**116.7**	**218.2**	**73.2**
沈阳	55.5	16.6	32.2	9.9
大连	51.9	13.8	36.2	8.3
鞍山	19.4	7.0	14.7	4.9
抚顺	7.1	1.8	4.6	1.2
本溪	3.4	1.2	2.1	0.9
丹东	17.4	4.9	13.8	3.5
锦州	33.3	13.5	18.1	7.5
营口	17.6	6.2	9.9	3.8
阜新	22.7	8.7	13.0	5.4
辽阳	13.7	4.4	8.7	3.1
盘锦	11.4	4.0	6.8	2.8
铁岭	53.3	17.7	27.4	10.3
朝阳	29.0	10.1	20.5	7.4
葫芦岛	18.0	6.8	10.1	4.2

12—13续表　　（1999年）　　单位：万吨

地区	磷肥		钾肥		复合肥	
	实物量	折纯量	实物量	折纯量	实物量	折纯量
全省	**54.2**	**11.3**	**17.8**	**7.9**	**63.6**	**24.3**
沈阳	9.9	2.0	3.5	1.5	9.9	3.1
大连	5.9	1.1	1.9	1.0	7.9	3.4
鞍山	1.8	0.5	0.6	0.4	2.3	1.1
抚顺	1.0	0.2	0.5	0.2	1.0	0.2
本溪	0.4	0.1	0.1	0.1	0.8	0.1
丹东	1.6	0.3	0.5	0.3	1.5	0.8
锦州	4.2	0.9	2.3	1.1	8.8	4.0
营口	2.8	0.6	1.9	0.6	3.0	1.1
阜新	2.6	0.5	1.1	0.5	6.0	2.3
辽阳	2.9	0.6	0.7	0.3	1.5	0.4
盘锦	3.4	0.8	0.4	0.2	0.8	0.3
铁岭	11.5	2.1	1.8	0.8	12.6	4.5
朝阳	3.7	0.9	0.5	0.2	4.2	1.7
葫芦岛	2.7	0.6	1.9	0.8	3.3	1.1

12—14 灌溉、水库和除涝、治水、治碱情况

指　　标	单　位	1980年	1985年	1990年	1995年	1998年	1999年
年底灌区数	处		148	151	94	92	92
#50万公顷以上	处		1	1	1	1	1
30—50万公顷	处	2	3	1	6	6	6
灌区有效灌溉面积	万公顷		46.2	48.7	47.1	47.9	48.9
#50万公顷以上	万公顷		5.4	5.4	5.4	5.9	5.9
30—50万公顷	万公顷	5.8	4.5	3.1	16.0	16.0	16.0
水库座数	座	1 030	977	908	928	904	943
大型水库	座	22	24	25	26	28	28
中型水库	座	58	56	61	64	65	68
小型水库	座	950	897	822	838	811	847
水库总容量	亿立方米	289.5	292.2	302.2	305.1	328.9	331.2
大型水库	亿立方米	261.0	264.6	274.2	275.4	298.8	299.3
中型水库	亿立方米	17.8	17.1	17.8	19.2	19.8	21.0
小型水库	亿立方米	10.7	10.5	10.2	10.5	10.3	10.9
水库灌溉面积	千公顷	428	426.6	490.9	494.2	421.9	—
大型水库	千公顷	31.1	326.3	388.3	389.2	302.9	—
中型水库	千公顷	54.0	45.2	48.2	50.2	66.9	—
小型水库	千公顷	342.9	55.1	54.4	54.8	52.1	—
易涝面积	千公顷	1 000.7	1 000.7	1 000.7	1 000.9	1 012.9	1 016.1
除涝面积	千公顷	942.0	954.7	969.3	971.6	981.6	984.7
占易涝面积比重	%	94.1	95.4	96.9	97.1	96.9	96.9
水土流失面积	万平方公里	5.46	5.46	5.46	5.45	6.38	6.38
治理水土流失面积	万平方公里	2.59	3.200	3.67	4.21	4.47	4.6
占流失面积比重	%	47.4	54.9	67.2	77.2	70.0	72.1
盐碱耕地面积	千公顷	384.7	384.7	384.7	384.7	395.5	—
治碱面积	千公顷	264.7	278.0	300.7	315.2	325.5	—
占盐碱耕地面积比重	%	68.8	72.3	78.2	81.9	82.3	—
堤防长度	万公里	1.03	0.92	1.76	1.6	1.9	2.0
堤防保护面积	千公顷	1 113.3	1 154.0	1 458.7	1 436.0	1 505.9	1 630.8

注:大型水库为库容1亿立方米以上;中型水库为库容1千万至1亿立方米;小型水库库容10万至1千万立方米。

12—15 各地区农田水利情况及沼气池数

(1999 年)

地区	农田水利情况			
	有效灌溉面积（千公顷）	#机电提灌溉	机电提灌溉面积占灌溉面积(%)	机电井数(眼)
全省	**1 388.73**	**1 049.51**	**75.6**	**119 994**
沈阳	210.76	193.75	91.9	36 556
大连	112.45	71.89	63.9	6 597
鞍山	91.37	78.2	85.6	5 337
抚顺	43.21	10.62	24.6	1 544
本溪	22.41	4.23	18.9	550
丹东	66.47	18.39	27.7	951
锦州	133.26	113.11	84.9	13 321
营口	85.49	71.74	83.9	2 748
阜新	46.73	39.71	85.0	6 806
辽阳	97.17	58.86	59.8	5 674
盘锦	101.33	101.33	100.0	608
铁岭	136.9	96.22	70.3	10 883
朝阳	160.33	133.71	83.4	19 830
葫芦岛	80.85	58.55	72.4	8 589

12—16 各地区水利设施和除涝治碱面积

(1999 年)

地区	水库数（座）	水库总库容量（亿立方米）	除涝面积（万公顷）	除涝面积占易涝面积(%)
全省	**943**	**331.2**	**98.4**	**96.9**
沈阳	54	5.6	30.1	99.8
大连	261	22.1	5.3	99.3
鞍山	30	1.0	12.1	91.4
抚顺	98	24.4	0.4	56.9
本溪	32	58.8	0.3	100.0
丹东	59	158.4	3.3	70.6
锦州	30	2.2	11.0	99.6
营口	39	1.8	4.7	96.9
阜新	72	5.2	3.9	99.9
辽阳	9	15.0	7.4	100.0
盘锦	5	1.3	10.5	99.9
铁岭	81	22.0	8.8	100.0
朝阳	83	2.7	0.04	100.0
葫芦岛	90	10.7	0.8	96.8

12—17 农民家庭平均每户生产性固定资产原值

(年末数)　　单位:元

指　　标	1985年	1990年	1995年	1998年	1999年
合　　计	**743.9**	**1260.9**	**2 530.7**	**3 348.9**	**3 494.2**
1.役畜、产品畜	311.7	379.8	873.9	742.3	813.9
2.大中型铁木农具	38.9	55.6	101.8	113.3	103.9
3.农林牧渔业机械	71.1	204.2	420.7	660.5	823.8
4.工业机械	10.0	34.8	50.7	36.2	26.1
5.运输机械	175.2	307.2	410.5	625.8	631.5
6.生产用房	103.9	235.1	666.7	898.4	945.3
7.其　他	33.1	44.2	6.4	272.4	149.7

12—18 农民家庭平均每百户拥有生产性固定资产数量

(年末数)

名　　称	单　位	1985年	1990年	1995年	1998年	1999年
汽　　车	辆	0.23	0.27	0.37	1.14	1.16
大中型拖拉机	台	0.51	0.66	1.06	2.20	2.35
小型及手扶拖拉机	台	1.64	3.95	6.63	8.41	8.68
机动脱粒机	台	2.89	3.76	4.14	3.44	3.54
胶轮大车	辆	23.25	30.62	34.56	28.89	28.87
胶轮手推车	辆	30.96	32.70	32.20	33.33	34.23
抽水机	台	1.30	0.63	1.27	1.80	2.06
水　泵	台	10.24	23.25	38.15	42.02	43.08
役　畜	头	51.19	59.81	58.01	45.85	49.42
产品畜	头	20.63	22.93	36.83	21.48	30.53

12—19 各地区农民家庭平均每户生产性固定资产原值

（1999年末）　　单位:元

地区	合计	1.役畜、产品畜	2.大中型铁木农具	3.农林牧渔业机械	4.工业机械	5.运输机械	6.生产用房	7.其他
全省	**3 494.2**	**813.9**	**103.9**	**823.8**	**26.1**	**631.5**	**945.3**	**149.7**
沈阳	3 159.1	744.4	106.1	711.8	17.1	487.9	1 023.7	68.1
大连	3 335.9	633.9	183.3	826.1	34.9	827.2	486.6	343.9
鞍山	2 515.0	552.2	201.4	329.4	6.9	933.0	364.8	127.3
抚顺	3 378.8	1 623.4	23.5	771.8	—	447.9	473.5	38.7
本溪	3 214.8	1 262.8	2.5	671.9	31.3	743.7	212.5	290.1
丹东	2 654.9	919.9	58.7	491.9	124.1	303.3	697.5	59.5
锦州	4 845.1	908.0	693.0	1 201.1	68.7	729.4	809.5	435.4
营口	3 547.5	85.4	45.3	508.5	—	2 563.2	53.7	291.4
阜新	6 571.8	1 578.5	292.2	860.1	37.3	1 267.7	2 271.9	264.1
辽阳	2 131.4	686.8	53.3	355.5	2.9	307.8	305.8	419.3
盘锦	2 754.4	282.3	172.8	1 112.9	154.8	610.7	369.1	51.8
铁岭	4 194.2	1 157.2	85.8	999.9	17.6	740.0	979.8	213.9
朝阳	3 194.4	901.7	54.0	721.9	8.9	212.1	969.2	326.6
葫芦岛	2 747.8	553.0	47.1	950.2	41.8	807.5	318.7	29.5

12—20 各地区农民家庭平均每百户拥有生产性固定资产数量

（1999年末）

地区	汽车（辆）	大中型拖拉机（台）	小型和手扶拖拉机（台）	机动脱粒机（台）	胶轮大车（辆）	胶轮手推车（辆）	抽水机水泵（台）	役畜（头）	产品畜（头）
全省	**1.16**	**2.35**	**8.68**	**3.55**	**28.87**	**34.23**	**45.15**	**49.42**	**30.53**
沈阳	0.80	2.30	10.00	5.40	24.40	6.40	32.60	47.80	18.90
大连	0.48	1.29	6.32	1.02	12.22	34.77	41.17	20.74	23.83
鞍山	1.03	0.35	6.21	1.03	21.41	40.34	46.31	33.45	17.24
抚顺	1.03	2.76	11.03	3.79	37.59	16.55	6.90	67.59	78.28
本溪	3.75	1.25	4.38	3.13	17.50	69.38	13.75	47.50	30.00
丹东	0.69	1.03	4.48	2.41	27.24	56.21	22.41	45.17	22.07
锦州	0.75	0.66	10.85	1.98	42.08	14.25	65.75	52.92	27.92
营口	4.21	3.16	8.42	10.00	2.11	35.26	28.95	6.32	2.63
阜新	—	3.75	16.88	2.50	78.13	4.38	78.13	126.88	169.38
辽阳	1.17	.97	3.69	0.58	9.32	25.05	18.06	34.17	28.93
盘锦	1.43	1.90	18.57	21.19	6.90	10.95	28.81	11.43	20.24
铁岭	0.95	2.50	11.67	5.71	28.33	30.48	38.33	47.38	60.00
朝阳	0.86	0.62	5.31	1.48	39.63	54.46	44.44	72.72	72.59
葫芦岛	1.28	1.00	6.15	0.75	22.83	20.85	37.60	29.55	67.13

12—21 农作物播种面积

单位:千公顷

年份	农作物总播种面积	粮食作物	经济作物	其他作物	占总播种面积比重(%) 粮食作物	经济作物	其他作物
1978	4 041.7	3 327.3	381.7	332.8	82.3	9.4	8.3
1980	3 914.8	3 221.1	392.1	301.5	82.3	10.0	7.7
1981	3 846.8	3 139.3	410.4	297.1	81.6	10.7	7.7
1982	3 786.3	3 145.9	344.2	296.2	83.1	9.1	7.8
1983	3 738.6	3 172.1	290.7	275.7	84.8	7.8	7.4
1984	3 737.6	3 099.0	355.4	283.1	82.9	9.5	7.6
1985	3 705.8	2 889.5	532.3	283.9	78.0	14.4	7.6
1986	3 663.7	3 036.9	338.3	288.4	82.9	9.2	7.9
1987	3 620.6	3 130.8	199.3	290.5	86.5	5.5	8.0
1988	3 603.2	3 101.3	203.7	298.1	86.1	5.6	8.3
1989	3 594.5	3 083.5	211.8	299.2	85.8	5.9	8.3
1990	3 618.9	3 121.6	204.9	292.4	86.3	5.7	8.1
1991	3 638.1	3 089.9	257.5	290.7	84.9	7.1	8.0
1992	3 633.1	3 051.5	281.7	299.9	84.0	7.7	8.3
1993	3 630.0	3 049.2	224.6	356.2	84.0	6.1	9.9
1994	3 623.5	3 026.4	226.8	370.3	83.5	6.3	10.2
1995	3 623.7	3 030.9	210.4	382.4	83.6	5.8	10.6
1996	3 627.8	3 073.1	165.8	388.9	84.7	4.6	10.7
1997	3 627.0	3 037.1	181.1	408.8	83.7	5.0	11.3
1998	3 630.2	3 039.2	178.4	412.6	83.7	4.9	11.4
1999	3 643.1	3 055.3	163.3	424.5	83.9	4.5	11.7

12—21续表1

单位:千公顷

年份	粮食作物	水稻	小麦	玉米	高粱	谷子	薯类
1978	3 327.3	376.4	67.7	1 340.7	630.7	211.5	76.7
1980	3 221.1	385.7	40.9	1 416.2	558.3	190.1	42.5
1981	3 139.3	397.3	34.6	1 267.8	594.9	211.3	39.6
1982	3 145.9	405.6	29.5	1 155.5	645.5	272.4	41.1
1983	3 172.1	403.2	21.3	1 219.9	656.3	273.7	54.0
1984	3 099.0	432.2	15.2	1 230.8	593.9	254.6	65.7
1985	2 889.5	480.2	11.8	1 198.0	416.7	210.1	72.3
1986	3 036.9	510.1	20.5	1 258.5	441.3	205.9	65.7
1987	3 130.8	548.4	27.2	1 341.1	448.4	188.7	64.0
1988	3 101.3	553.7	34.4	1 318.0	450.5	179.4	70.6
1989	3 083.5	553.4	55.0	1 313.2	420.3	177.3	73.6
1990	3 121.6	543.3	112.8	1 365.7	395.0	169.3	73.7
1991	3 089.9	542.2	147.2	1 372.4	367.5	147.2	78.8
1992	3 051.5	556.6	165.7	1 384.0	342.0	120.4	88.0
1993	3 049.2	484.1	183.1	1 416.2	326.0	120.1	99.9
1994	3 026.4	458.7	162.4	1 464.6	321.7	109.0	95.9
1995	3 030.9	472.6	171.3	1 517.5	308.3	102.8	102.5
1996	3 073.1	478.1	177.9	1 576.7	300.2	104.9	110.0
1997	3 037.1	491.7	167.9	1 573.4	257.6	106.1	105.6
1998	3 039.2	496.0	150.2	1 638.0	222.8	100.8	109.6
1999	3 055.3	501.5	152.9	1 677.8	202.5	89.6	130.5

12—21 续表 2　　单位:千公顷

年份	大豆	其他杂粮	经济作物	棉花	油料	#花生	芝麻	向日葵
1978	515.9	107.2	381.7	101.5	212.2	43.7	4.8	74.4
1980	472.9	114.7	392.1	38.5	303.2	97.5	12.3	169.6
1981	461.4	132.3	410.4	39.1	320.4	106.7	12.9	184.9
1982	458.4	137.8	344.2	46.5	242.5	121.9	34.3	77.5
1983	408.5	135.1	290.7	54.7	196.1	105.7	38.3	47.0
1984	372.5	134.1	355.4	72.9	252.3	144.4	52.9	49.5
1985	393.0	107.5	532.3	39.1	447.5	251.7	92.7	77.7
1986	410.3	124.6	338.3	17.9	280.6	161.6	22.9	81.5
1987	395.2	117.8	199.3	4.6	151.3	86.6	7.1	50.1
1988	381.5	113.3	203.7	10.3	135.4	83.8	3.3	42.9
1989	370.3	120.5	211.8	16.2	132.0	83.2	5.1	37.4
1990	349.0	112.8	204.9	19.1	125.1	78.0	4.7	37.7
1991	326.2	81.6	257.5	55.4	142.6	92.6	15.0	31.8
1992	302.3	74.8	281.7	74.9	142.7	90.4	24.5	25.5
1993	325.1	94.5	224.6	24.6	141.3	91.6	24.4	21.5
1994	318.6	95.4	226.8	25.7	144.4	102.9	18.1	22.2
1995	273.0	82.9	210.4	31.0	131.8	94.1	14.1	22.0
1996	239.2	86.1	162.4	12.4	95.1	67.1	6.5	20.4
1997	249.2	85.5	181.1	19.5	98.2	69.1	6.1	22.5
1998	249.6	72.2	178.4	20.5	122.4	91.0	9.0	21.9
1999	235.1	65.2	163.4	6.9	122.1	89.0	6.7	25.0

注:其他杂粮是年报中其他谷物加杂豆。

12—21 续表 3　　单位:千公顷

年份	麻类	甜菜	烟叶	#烤烟	其他作物	#蔬菜	绿肥
1978	35.1	9.9	14.2	12.3	332.8	222.3	67.1
1980	25.5	11.1	9.6	8.7	301.5	202.1	67.6
1981	19.9	13.6	12.1	10.5	297.1	212.7	49.1
1982	13.9	19.3	14.2	11.5	296.3	227.2	37.9
1983	3.5	13.7	11.1	8.7	275.7	220.9	27.5
1984	2.2	9.1	11.1	8.7	283.1	218.7	31.1
1985	2.7	13.7	18.6	10.1	283.9	217.3	23.0
1986	2.7	12.9	15.7	7.2	288.4	230.6	19.9
1987	2.5	16.1	14.3	8.4	290.5	234.2	17.6
1988	2.5	25.9	18.6	12.4	298.1	241.5	13.3
1989	1.7	17.0	31.7	24.1	299.2	248.3	11.6
1990	1.8	22.5	26.0	20.3	292.4	253.3	11.9
1991	1.6	25.1	23.0	18.0	290.7	255.0	6.6
1992	1.5	20.8	24.3	19.6	299.9	267.8	6.7
1993	0.9	23.2	24.1	17.5	356.2	294.6	43.4
1994	0.7	28.8	18.7	13.5	370.3	318.3	—
1995	0.8	30.2	16.6	13.4	382.4	330.6	33.4
1996	0.4	27.2	27.3	24.8	388.9	342.2	—
1997	0.3	23.8	33.2	29.0	408.8	354.2	—
1998	0.2	17.1	15.2	13.0	412.6	353.2	—
1999	0.4	13.7	17.0	15.3	424.5	369.9	—

12—22 各地区农作物播种面积

(1999 年)　　单位:千公顷

地区	农作物总播种面积	粮食作物	经济作物	其他作物	占总播种面积比重(%) 粮食作物	经济作物	其他作物
全省	**3 643.1**	**3 055.3**	**163.4**	**424.3**	**83.9**	**4.5**	**11.6**
沈阳	590.4	482.0	20.6	87.8	81.6	3.5	14.9
大连	343.6	298.8	6.5	38.4	86.9	1.9	11.2
鞍山	229.6	194.2	3.9	31.5	84.6	1.7	13.7
抚顺	92.3	75.6	3.5	13.2	81.9	3.8	14.3
本溪	52.4	42.7	1.6	8.2	81.3	3.0	15.7
丹东	188.5	151.0	6.3	31.3	80.1	3.3	16.6
锦州	401.2	327.0	21.9	52.4	81.5	5.4	13.0
营口	109.1	98.7	0.9	9.5	90.5	0.8	8.7
阜新	300.1	268.9	20.8	10.4	89.6	6.9	3.5
辽阳	150.5	124.4	2.1	23.9	82.7	1.4	15.9
盘锦	103.7	93.3	—	10.4	90.0	—	10.0
铁岭	440.6	368.8	13.0	58.8	83.7	2.9	13.3
朝阳	406.7	332.2	46.7	27.8	81.7	11.5	6.8
葫芦岛	234.4	197.9	15.6	20.9	84.4	6.7	8.9

12—22 续表 1　　(1999 年)　　单位:千公顷

地区	粮食作物	水稻	小麦	玉米	高粱	谷子	薯类
全省	**3 055.3**	**501.5**	**152.9**	**1 677.8**	**202.5**	**89.6**	**130.5**
沈阳	482.0	119.9	24.5	281.9	11.0	2.7	13.2
大连	298.8	31.5	14.7	163.3	2.4	3.4	43.4
鞍山	194.2	35.9	2.5	125.1	7.0	1.1	3.6
抚顺	75.6	18.0	—	35.7	0.5	0.3	3.4
本溪	42.7	5.4	0.2	26.0	0.5	0.4	2.0
丹东	151.0	49.2	0.4	73.5	1.6	0.9	6.8
锦州	327.0	20.6	38.1	179.6	49.6	3.1	5.0
营口	98.7	40.5	0.7	32.9	10.8	2.3	3.4
阜新	268.9	6.4	10.9	174.6	32.0	15.4	1.3
辽阳	124.4	41.4	0.9	63.8	2.9	0.4	3.1
盘锦	93.3	78.3	0.6	9.0	0.7	—	—
铁岭	368.8	46.2	21.7	257.5	9.6	0.5	16.7
朝阳	332.2	1.4	27.7	158.3	44.8	47.1	15.2
葫芦岛	197.9	6.8	10.2	96.7	29.1	12.1	13.4

12—22 续表 2　　(1999 年)　　单位：千公顷

地区	大豆	其他杂粮	经济作物	棉花	油料	花生	芝麻	向日葵
全省	**235.1**	**65.2**	**163.4**	**6.9**	**122.1**	**89.0**	**6.7**	**25.0**
沈阳	22.2	6.6	20.6	0.2	18.2	16.3	0.7	0.7
大连	32.6	7.4	6.5	—	6.5	6.5	—	—
鞍山	16.8	2.2	3.9	—	2.2	2.2	—	—
抚顺	17.1	0.6	3.5	—	2.0	1.9	—	0.1
本溪	7.5	0.7	1.6	—	0.7	0.7	—	—
丹东	15.8	2.8	6.3	—	2.5	2.4	—	—
锦州	29.2	1.9	21.9	0.6	21.2	21.0	0.1	—
营口	6.8	1.4	0.9	0.1	0.8	0.8	—	—
阜新	20.1	8.1	20.8	0.3	16.1	12.6	0.9	2.5
辽阳	10.7	1.3	2.1	—	1.4	1.4	—	—
盘锦	4.5	0.1	—	—	—	—	…	—
铁岭	12.9	3.7	13.0	—	7.6	7.2	0.4	0.1
朝阳	17.6	20.1	46.7	5.1	28.2	1.9	4.5	21.6
葫芦岛	21.3	8.3	15.6	0.7	14.8	14.1	0.1	—

12—22 续表 3　　(1999 年)　　单位：千公顷

地区	麻类	甜菜	烟叶	烤烟	其他作物	蔬菜
全省	**0.4**	**13.7**	**17.0**	**15.3**	**424.3**	**369.9**
沈阳	—	1.8	0.2	—	87.8	67.8
大连	—	—	—	—	38.4	36.1
鞍山	0.3	0.5	0.7	0.6	31.5	29.2
抚顺	—	—	1.1	0.9	13.2	11.3
本溪	—	—	—	—	8.2	7.8
丹东	—	…	3.4	3.2	31.3	24.6
锦州	—	0.1	—	—	52.4	49.6
营口	—	—	—	—	9.5	8.1
阜新	—	2.1	2.4	2.4	10.4	9.2
辽阳	—	0.1	—	—	23.9	21.1
盘锦	—	—	—	—	10.4	10.1
铁岭	—	0.1	4.9	4.8	58.8	53.7
朝阳	—	9.1	4.2	3.3	27.8	21.6
葫芦岛	—	—	0.1	—	20.9	19.7

12—23 主要农产品产量

年份	粮食（万吨）	水稻	小麦	玉米	高粱	谷子	薯类	大豆	其他杂粮	棉花（吨）
1952	544.0	29.9	11.4	125.9	193.3	75.9	20.9	55.4	31.3	91 750
1957	587.0	59.6	2.7	149.5	166.1	64.9	33.8	76.7	33.7	40 350
1962	460.2	30.9	4.0	175.3	118.2	34.4	18.6	56.0	22.8	10 150
1965	670.7	88.7	6.5	248.3	163.4	61.1	34.2	44.5	24.0	43 600
1970	870.3	148.9	5.6	270.0	197.1	62.8	40.7	58.0	87.2	38 500
1975	1 119.4	194.5	15.2	436.0	291.2	30.9	8.1	45.2	98.3	36 200
1978	1 117.2	206.8	9.4	560.0	225.2	30.0	18.5	53.5	13.8	23 372
1979	1 194.1	211.9	8.7	628.5	241.2	25.1	13.5	52.9	12.3	15 947
1980	1 221.6	235.3	5.5	653.6	226.8	23.3	10.5	53.6	13.0	21 348
1981	1 160.6	248.8	5.7	581.8	217.4	22.4	9.4	62.4	12.7	22 009
1982	1 151.8	253.8	4.9	558.2	225.9	29.3	9.4	57.8	12.5	23 278
1983	1 485.2	290.3	4.4	736.9	305.7	45.0	15.0	69.3	18.6	52 002
1984	1 425.8	331.0	2.5	715.5	248.6	33.1	17.7	63.4	14.0	66 092
1985	976.0	263.0	2.8	448.1	150.7	29.9	15.8	54.6	11.2	24 166
1986	1 222.2	323.8	4.0	607.3	168.4	27.9	15.3	63.5	12.0	11 647
1987	1 276.2	340.7	5.6	671.5	159.0	25.7	13.5	49.2	11.1	3 337
1988	1 307.2	340.2	8.2	680.6	161.6	20.0	18.8	44.4	13.6	6 381
1989	1 018.2	283.8	15.3	496.7	106.9	16.2	12.1	24.1	13.1	7 808
1990	(1 521.1) 1 494.7	375.7	44.3	812.3	180.8	30.5	19.4	43.5	14.5	13 595
1991	(1 581.4) 1 532.4	403.4	49.8	848.6	181.2	23.3	24.6	37.5	13.1	41 987
1992	(1 588.6) 1 568.4	417.7	65.5	864.5	152.7	18.5	26.2	32.4	11.1	27 949
1993	(1 748.5) 1 696.0	389.6	66.5	989.1	178.1	24.4	34.5	52.2	14.0	19 439
1994	(1 259.1) 1 337.1	297.7	49.5	613.9	181.5	25.5	28.3	48.3	14.4	16 727
1995	(1 390.5) 1 423.5	255.3	63.3	804.5	156.6	22.2	35.9	40.3	12.4	23 666
1996	(1 786.8) 1 660.1	366.1	59.4	1 047.3	183.0	29.1	42.5	43.6	15.8	10 813
1997	(1 325.4) 1 313.5	389.4	56.5	674.7	100.3	18.7	39.5	35.1	11.3	15 067
1998	(1 960.0) 1 828.9	407.5	61.4	1 205.3	141.6	28.6	47.8	52.8	15.0	17 876
1999	1 648.8 (1 653.5)	415.8	59.2	988.3	77.1	13.2	51.0	39.3	9.5	4 574

注：1990～1999 年粮食产量系抽样调查定产数，括号内为全面统计报表数，分品种产量数系全面统计报表数。

12—23 续表

年份	油料（吨）	#花生	芝麻	向日葵	麻类（吨）	甜菜（吨）	烟叶（吨）	#烤烟	蔬菜（万吨）
1952	107 050	100 017	3 117	196	27 800		25 450	22 580	135.2
1957	159 800	155 571	1 826	214	13 550		19 600	18 702	351.1
1962	48 700	46 836	666		8 400	4 782	5 700	5 109	406.3
1965	99 900	93 750	1 600		16 150	17 600	23 700	22 850	442.3
1970	103 700	98 550	1 250		10 800	23 900	20 450	20 450	389.7
1975	105 100	75 950	1 000		97 500	44 250	28 450	27 750	397.7
1978	105 271	44 811	1 471	41 080	14 994	63 376	31 280	29 483	652.0
1979	172 229	87 471	2 708	66 307	11 898	70 664	24 213	22 964	605.9
1980	282 529	137 440	4 059	13 142	9 487	127 239	23 617	22 361	548.7
1981	306 076	170 109	6 808	121 539	7 351	225 611	28 141	24 925	628.9
1982	247 432	174 552	19 101	50 389	5 394	338 453	33 696	28 745	672.6
1983	309 398	227 227	30 155	48 458	1 823	278 045	22 132	17 906	734.6
1984	420 467	326 794	33 203	56 181	1 355	200 774	27 587	22 081	784.6
1985	540 147	402 737	43 717	76 731	2 446	226 775	34 143	18 424	589.5
1986	316 211	221 858	8 899	76 336	2 054	218 267	27 137	10 370	700.9
1987	192 045	130 062	3 070	54 351	1 660	283 685	28 869	15 692	756.1
1988	167 916	133 437	1 362	29 448	2 875	481 603	36 383	22 094	784.8
1989	70 809	46 084	1 365	20 354	2 334	233 945	45 378	31 376	790.0
1990	174 537	133 427	2 879	33 939	2 586	497 538	44 005	31 575	861.3
1991	202 878	153 230	8 895	38 066	2 011	585 929	39 022	28 525	893.5
1992	176 256	129 402	15 415	29 663	2 494	523 226	44 297	32 283	1 003.2
1993	218 478	168 448	18 427	27 973	1 234	538 234	49 878	31 591	1 162.7
1994	244 305	200 079	14 022	29 192	1 050	392 366	35 721	23 534	1 130.6
1995	197 717	162 764	10 040	22 518	1 039	504 147	31 959	21 913	1 268.1
1996	170 003	134 450	5 618	28 367	396	585 516	56 091	50 344	1 438.6
1997	160 745	134 136	3 901	21 826	294	400 727	60 890	51 527	1 492.2
1998	233 611	198 115	5 798	28 422	210	416 120	31 319	26 182	1 588.1
1999	197 797	166 326	4 320	24 736	355	263 581	32 487	29 938	1 650.8

12—24 各地区主要农产品产量

（1999 年）

地区	粮食（万吨）	水稻	小麦	玉米	高粱	谷子	薯类	大豆	其他杂粮	棉花（吨）
全省	**1 653.5**	**415.8**	**59.2**	**988.3**	**77.1**	**13.2**	**51.0**	**39.3**	**9.5**	**4 574.0**
沈阳	343.3	98.4	7.6	216.5	6.7	0.8	6.7	4.9	1.7	335.0
大连	111.3	20.1	6.0	65.0	0.5	0.5	13.8	4.4	1.1	5.0
鞍山	118.8	27.9	0.6	82.4	3.1	0.2	1.4	2.8	0.4	3.0
抚顺	45.5	12.3	—	27.0	0.2	0.1	1.8	4.0	0.2	—
本溪	22.9	3.6	—	16.3	0.2	0.1	0.9	1.6	0.1	—
丹东	91.6	37.3	0.1	47.7	0.5	0.1	2.4	3.0	0.4	—
锦州	125.2	14.0	15.0	69.9	19.2	0.3	2.4	4.1	0.2	447.0
营口	68.2	42.5	0.3	17.1	5.0	0.5	1.1	1.4	0.3	58.0
阜新	130.4	3.8	3.7	99.8	15.1	3.0	0.4	3.3	1.2	162.0
辽阳	80.1	31.5	0.3	42.2	1.4	0.1	1.7	2.5	0.3	4.0
盘锦	89.2	81.1	0.1	6.1	0.4	—	—	1.3	—	—
铁岭	303.6	39.6	6.6	235.8	7.4	0.2	9.1	3.4	1.6	—
朝阳	83.6	0.7	13.6	42.4	12.5	6.9	4.5	1.4	1.7	3 171.0
葫芦岛	39.9	3.0	5.2	20.0	4.7	0.6	4.8	1.3	0.3	389.0

注:全省粮食以抽样调查的 1 648.8 万吨为定产数,1 653.5 万吨系全面统计汇总数。

12—24 续表

（1999 年）

地区	油料（吨）	#花生	#芝麻	#向日葵	麻类（吨）	甜菜（吨）	烟叶（吨）	#烤烟	蔬菜（万吨）
全省	**197 797**	**166 326**	**4 320**	**24 736**	**355**	**263 581**	**32 487**	**29 938**	**1 651**
沈阳	40 398	38 050	927	835	2	59 387	466	—	277
大连	11 487	11 487	—	—	—	—	—	—	203
鞍山	5 057	5 051	6	—	227	20 619	1 176	1 058	123
抚顺	5 388	5 239	33	114	11	180	2 674	2 117	41
本溪	1 986	1 801	24	14	6	—	15	—	34
丹东	6 630	6 537	6	31	48	—	7 323	7 110	103
锦州	38 006	37 744	25	13	—	2 492	22	—	288
营口	1 654	1 652	2	—	14	—	—	—	35
阜新	26 994	22 857	661	3 476	—	20 002	4 192	4 173	31
辽阳	6 309	6 216	19	74	—	3 090	14	—	84
盘锦	82	82	—	—	—	—	—	—	56
铁岭	20 942	20 449	348	145	—	2 301	9 231	9 052	207
朝阳	24 184	1 759	2 258	20 034	41	155 510	7 354	6 428	96
葫芦岛	8 680	7 402	11	—	6	—	20	—	73

12—25 主要农产品单位面积产量

（按播种面积计算） 单位：公斤/亩

年份	粮食	水稻	小麦	玉米	高粱	谷子	薯类	大豆	其他杂粮	棉花
1978	224	367	93	279	238	95	161	69	86	16
1980	253	407	89	308	271	82	165	76	76	37
1981	247	418	109	306	244	71	158	90	64	38
1982	244	417	111	322	234	72	153	84	60	34
1983	312	480	139	403	311	110	185	113	92	64
1984	307	511	112	388	279	87	180	114	70	61
1985	225	365	158	249	241	95	146	93	69	41
1986	268	427	129	322	254	90	155	103	64	43
1987	272	421	136	334	236	91	141	83	63	48
1988	281	419	159	344	239	74	178	78	80	41
1989	220	348	185	252	170	61	110	44	59	32
1990	319(325)	461	262	397	305	120	176	83	86	48
1991	331(341)	491	226	412	329	105	208	77	85	51
1992	343(347)	500	264	416	298	103	199	71	80	25
1993	371(382)	536	242	466	364	135	231	107	99	53
1994	295(277)	433	204	279	376	156	197	101	100	43
1995	313(306)	360	246	353	339	144	233	98	100	51
1996	360(388)	511	222	443	406	185	257	122	122	58
1997	288(291)	528	224	286	259	118	249	94	88	52
1998	401(430)	548	273	491	424	189	291	141	139	58
1999	360(361)	553	258	393	254	98	261	111	97	44

注：1990～1999年粮食单产系抽样调查数，括号内为全面统计报表数。

12—25 续表 （按播种面积计算） 单位：公斤/亩

年份	油料	#花生	#芝麻	#向日葵	麻类	甜菜	烟叶	#烤烟	蔬菜
1978	33	69	20	37	28	428	147	160	1 956
1980	62	94	22	52	25	767	164	171	1 811
1981	64	107	35	44	25	1 104	155	158	1 971
1982	68	96	37	43	26	1 169	158	166	1 974
1983	105	144	52	69	35	1 359	133	138	2 218
1984	111	156	42	76	41	1 474	166	120	2 391
1985	81	107	31	61	59	1 101	122	122	1 808
1986	75	92	26	62	51	1 131	122	96	2 026
1987	85	100	28	72	44	1 178	135	125	2 152
1988	83	106	28	46	76	1 240	130	119	2 167
1989	36	37	18	36	88	917	96	87	2 121
1990	93	114	40	60	97	1 473	113	104	2 267
1991	95	110	39	80	83	1 554	113	106	2 336
1992	82	95	42	78	113	1 674	122	109	2 498
1993	103	123	50	87	93	1 547	138	120	2 631
1994	113	130	52	88	80	908	128	116	2 368
1995	100	115	47	68	91	1 115	128	109	2 557
1996	119	134	58	92	71	1 437	137	135	2 803
1997	109	129	43	65	77	1 121	122	119	2 809
1998	127	145	43	87	88	1 618	137	134	2 998
1999	108	125	43	66	60	1 278	127	130	2 975

12—26 各地区主要农产品单位面积产量

（按播种面积计算，1999 年） 单位：公斤/亩

地区	粮食	水稻	小麦	玉米	高粱	谷子	薯类	大豆	其他杂粮	棉花
全省	**361**	**553**	**258**	**393**	**254**	**98**	**261**	**111**	**97**	**44**
沈阳	475	547	207	512	407	191	338	147	166	99
大连	248	425	274	265	128	91	212	89	99	21
鞍山	408	518	150	439	295	109	251	113	123	100
抚顺	402	456	—	504	299	145	345	156	176	—
本溪	358	444	204	417	321	138	308	142	131	—
丹东	404	505	170	433	222	105	238	126	92	—
锦州	255	455	263	260	258	56	320	94	71	53
营口	461	699	306	347	310	148	228	133	149	40
阜新	323	399	223	381	315	131	208	108	100	43
辽阳	429	507	266	441	329	117	364	156	179	44
盘锦	637	691	138	453	426	—	330	198	148	—
铁岭	549	570	203	611	513	198	364	175	297	—
朝阳	168	334	328	179	186	97	195	52	56	42
葫芦岛	135	292	342	138	108	33	240	41	22	36

注：全省粮食单产抽样调查数为 360 公斤。

12—26 续表 （按播种面积计算，1999 年） 单位：公斤/亩

地区	油料	#花生	#芝麻	#向日葵	麻类	甜菜	烟叶	#烤烟	蔬菜
全省	**108**	**125**	**43**	**66**	**60**	**1 278**	**127**	**130**	**2 975**
沈阳	148	156	84	83	22	2 260	134	—	2 727
大连	118	118	—	—	—	—	—	—	3 739
鞍山	154	154	57	—	55	2 518	114	112	2 813
抚顺	182	184	122	136	67	3 000	160	151	2 409
本溪	179	171	50	133	80	—	111	—	2 906
丹东	179	180	36	207	71	—	146	147	2 801
锦州	120	120	33	51	—	2 443	64	—	3 872
营口	145	146	44	—	104	—	—	—	2 914
阜新	112	121	47	92	—	645	116	115	2 215
辽阳	291	294	115	206	—	2 289	93	—	2 652
盘锦	497	497	—	—	—	—	—	—	3 720
铁岭	183	189	63	158	—	2 191	125	125	2 566
朝阳	57	61	34	62	68	1 133	117	129	2 965
葫芦岛	39	35	9	—	100	—	25	—	2 454

12—27 水果、蚕茧、园参、芦苇生产情况

指标	单位	1980年	1985年	1990年	1995年	1998年	1999年
一、水果							
果园面积	千公顷	244.8	289.4	389.8	449.7	391.7	391.6
#苹果园	千公顷	153.4	165.7	215.6	257.8	217.0	209.0
梨园	千公顷	61.3	59.3	62.2	83.6	82.1	82.5
葡萄园	千公顷	2.5	5.5	8.1	12.9	14.1	20.8
山楂园	千公顷		32.7	73.9	53.8	34.6	31.2
果树株数	万株	9 035.8	12 903.7	21 554.2	27 355	28 823	34 366.9
#苹果	万株	5 207.9	5 245.0	7 552.1	12 172	10 129	9 409.3
梨	万株	2 076.2	1 775.7	1 992.1	3 607	4 287	4 608.6
葡萄	万株	236.1	1 114.4	2 099.7	2 774	4 754	6 638.8
山楂	万株		3 324.1	7 776.3	5 253	3 136	2 690.5
结果株数	万株	3 998.6	5 009.2	7 481.6	12 011	16 341	21 024.4
#苹果	万株	2 180.8	2 492.7	2 633.8	3 620	4 194	4 230.2
梨	万株	1 154.6	1 175.8	1 158.1	1 536	2 025	2 087.3
葡萄	万株	80.4	409.8	1 174.6	1 683	2 907	3 493.9
山楂	万株		360.6	1 673.6	3 195	2 241	2 055.2
水果产量	吨	782 677	806 799	1 112 886	2 199 889	2 985 505	2 566 685
#苹果	吨	610 133	547 791	759 244	1 277 295	1 674 628	1 469 839
梨	吨	109 907	173 077	166 806	402 963	610 898	424 605
葡萄	吨	6 244	20 902	73 567	153 317	275 557	307 453
山楂	吨		14 342	36 562	98 566	85 093	71 638
二、蚕业							
柞坡面积	千公顷	501	518.1	483.5			
#当年放养	千公顷	397.3	357.3	346.1			
柞蚕放养把数	把	102 618	81 558	77 967			
#春蚕	把	17 277	8 894	9 408			
柞蚕茧产量	吨	56 634	26 945	40 641	32 805	44 455	28 720
#春蚕	吨	3 157	2 330	2 647			
桑园面积	公顷	565.5	355.9	372.7			
桑蚕饲养张数	张	3 660	1 508	3 379			
桑蚕茧产量	吨	123	51	131	183	108	40
三、园参							
园参面积	公顷	2 533.3	3 933.3	6 152.3			
园参帘数	万帘		119.4	199.4			
园参产量	吨	775.4	984.6	2 765.9	1 431	1 304	1 297
四、芦苇							
芦苇收割面积	千公顷			72.3			
芦苇产量	万吨			42.2	44.5	52.0	57.1

12—28 水果、蚕茧、园参产量

单位:吨

年份	水果总产量	#苹果	#梨	#葡萄	#山楂	蚕茧总产量	柞蚕茧	桑蚕茧	园参总产量
1952	126 475	84 245	40 805	1 425		47 356	47 317	39	
1957	285 025	166 720	116 365	1 940		29 699	29 510	189	
1962	229 755	170 720	53 425	5 610		5 086	5 019	67	
1965	323 765	190 185	127 675	5 900		28 089	27 918	171	
1970	539 430	394 490	101 915	7 445		28 299	28 157	142	
1975	659 045	484 175	111 940	10 280		27 713	27 611	102	
1978	937 915	656 750	227 700	7 130		40 587	40 521	66	
1979	1 023 981	753 902	213 118	8 013	1 738	42 895	42 767	128	
1980	782 677	610 133	109 907	6 244		56 757	56 634	123	775
1981	923 836	700 655	161 982	10 197		45 370	45 264	106	790
1982	761 164	572 714	128 719	9 765	7 796	30 267	30 159	108	761
1983	1 040 485	758 850	200 714	12 587	10 673	55 708	55 601	107	1 070
1984	955 126	683 926	187 981	19 882	12 108	38 052	38 968	84	902
1985	806 799	547 791	173 077	20 902	14 342	26 996	26 945	51	985
1986	803 832	546 862	171 840	23 521	14 717	24 790	24 760	30	1 302
1987	933 062	637 092	177 808	35 017	21 571	39 137	39 086	51	1 813
1988	958 557	621 544	195 066	53 092	24 643	34 825	34 768	57	2 639
1989	1 003 137	655 737	174 370	72 170	33 395	39 415	39 348	67	2 437
1990	1 112 886	759 244	166 806	73 567	36 562	40 772	40 641	131	2 766
1991	1 011 230	570 542	204 839	89 895	50 659	23 982	23 812	170	2 704
1992	1 527 272	979 434	222 916	121 829	73 918	26 124	25 926	198	2 719
1993	1 888 380	1 196 127	300 099	146 162	97 312	36 486	36 349	137	3 720
1994	1 845 580	1 069 137	323 985	158 210	99 411	27 808	27 720	178	2 073
1995	2 199 889	1 277 295	402 963	153 317	98 566	32 988	32 805	183	1 431
1996	2 480 339	1 505 993	477 330	185 421	80 719	29 411	29 158	253	1 226
1997	2 641 058	1 611 487	471 870	193 380	79 456	39 685	39 532	153	2 141
1998	2 985 505	1 674 628	610 898	275 557	85 093	44 563	44 455	108	1 304
1999	2 566 685	1 469 839	424 605	307 453	71 638	28 760	28 720	40	1 297

12—29 林业生产情况

指标	单位	1980年	1985年	1990年	1995年	1998年	1999年
造林面积	千公顷	310.9	320.5	192.9	201.1	216.2	122.01
#用材林	千公顷	202.8	131.8	86.3	45.7	44.3	35.74
经济林	千公顷	22.5	28.1	18.0	67.7	33.8	31.90
防护林	千公顷	52.2	83.4	45.3	70.3	115.7	45.77
薪炭林	千公顷	…	71.2	42.5	1.7	22.1	8.53
#国营造林	千公顷	…	15.8	9.5	—	—	—
合作造林	千公顷	…	15.7	3.9	—	—	—
集体造林	千公顷	…	131.1	159.8	—	—	—
个人造林	千公顷	…	157.9	19.7	—	—	—
零星植树	万株	18 730.0	9 572.5	6 109.5	6 033.2	6 037	6 259
年末实有育苗面积	千公顷	25.7	19.8	11.9	11.4	9.7	9.42
#当年新育	千公顷	…	13.7	7.6	—	6.9	6.68
幼林抚育实际面积	千公顷	…	183.7	211.4	221.0	233.6	286.26
成林抚育面积	千公顷	…	38.7	34.6	37.6	49.3	68.54
干果产量	吨	…	11 042	17 042	42 690	35 386	—
林木种子采集量	吨	1 976	1 137	1 021	1 381	2 699	1 652
农村集体和个人林木采伐	万立方米	50.9	33.2	77.4	86.4	118	127.27

12—30 主要林产品产量

单位:吨

年份	农村采伐木材(立米)	板栗	核桃	山杏核	文冠果	其它
1978		1 829.8	530.3		6.3	
1979		1 477.7	1 255.0		6.6	
1980	509 000	2 860.7	780.8	1 641.2	4.6	120.8
1981		4 309.8	681.8	2 720.0	6.4	1 234.7
1982	130 112	5 180.5	81.0	898.0	14.0	459.5
1983	331 551	6 482.3	351.5	225.1	30.1	3 780.6
1984	273 999	4 817.1	598.4	887.2		
1985	332 232	6 982.0	58.1	1.932.0		
1986	363 569	4 669	2 358	1 709		
1987	389 046	8 732	1 293	6 085		
1988	318 111	6 980	1 259	7 915		
1989	327 521	7 799	2 120	6 785		5 033
1990	774 242	9 013	925	5 210		1 022
1991	698 308	10 406	465	4 917		563
1992	747 812	8 928	738	4 972		2 703
1993	816 673	10 065	1 398	12 993		3 696
1994	798 217	8 868	1 993	10 035		5 744
1995	864 150	13 140	3 505	14 940	—	5 985
1996	1 025 000	13 525	2 315	18 440	—	8 970
1997	1 133 000	16 887	2 277	22 682		12 054
1998	1 180 000	17 644	2 536	—	—	10 703
1999	1 272 700	23 474	11 276	—	—	24 016

12—31 各地区造林面积

单位:千公顷

地区	造林面积		#用材林		#经济林		#防护林	
	1998年	1999年	1998年	1999年	1998年	1999年	1998年	1999年
全省	**216.2**	**122.01**	**44.3**	**35.74**	**33.8**	**31.9**	**115.7**	**45.8**
沈阳	10.7	13.2	2.3	2.2	1.7	3.2	6.7	7.8
大连	2.2	2.1	—	0.3	0.1	—	2.1	1.7
鞍山	7.9	2.5	4.1	1.0	2.3	1.0	1.3	0.4
抚顺	8.5	7.1	6.6	5.1	1.2	1.3	0.2	0.4
本溪	2.2	3.5	1.1	1.7	0.4	0.7	0.1	0.5
丹东	1.8	3.2	0.8	0.7	0.6	1.9	—	—
锦州	34.4	1.1	3.1	2.9	4.3	3.0	25.2	4.3
营口	6.7	4.8	0.5	2.1	1.6	1.5	3.9	0.8
阜新	13.2	18.0	3.8	5.6	4.2	3.3	5.2	9.0
辽阳	5.4	7.7	1.4	1.2	1.2	—	2.2	2.3
盘锦	1.2	1.0	0.3	0.4	0.1	0.1	0.8	0.6
铁岭	20.2	15.1	6.6	7.8	5.1	3.6	4.4	2.5
朝阳	58.7	27.3	6.3	3.9	7.0	5.4	34.4	11.5
葫芦岛	43.1	8.4	7.4	0.9	3.3	3.7	29.3	3.8

12—32 大牲畜头数

单位:万头

年份	大牲畜年末头数	#役畜	牛	马	驴	骡
1952	281.1	195.3	131.2	17.2	115.6	17.1
1957	240.3	156.8	97.6	29.7	95.7	15.3
1962	209.9	140.9	112.8	29.4	56.1	11.6
1965	246.4	157.2	120.7	40.6	71.6	13.5
1970	297.1	200.2	146.2	54.0	74.2	22.7
1975	293.7	197.4	143.4	56.7	61.2	32.4
1978	287.3	193.7	136.0	61.4	52.7	37.2
1979	283.9	188.3	134.3	61.3	49.9	38.4
1980	279.1	177.3	130.6	61.9	46.9	39.7
1981	265.6	177.3	117.6	59.8	47.9	40.3
1982	255.6	183.5	107.9	57.7	49.5	40.5
1983	261.3	197.4	109.0	55.5	57.7	39.1
1984	284.7	209.9	123.2	56.9	64.6	40.0
1985	303.3	216.4	134.9	56.9	70.3	41.2
1986	313.9	219.5	140.2	56.1	75.3	42.3
1987	315.2	254.6	140.7	53.7	77.9	42.9
1988	319.1	217.4	142.8	51.9	80.8	43.6
1989	323.8	217.3	147.7	49.4	83.1	43.6
1990	326.1	217.2	150.9	47.0	84.4	43.8
1991	326.0	220.1	149.4	46.1	86.6	43.9
1992	331.6	214.2	155.4	45.1	87.5	43.6
1993	368.3	219.3	192.0	44.7	89.0	42.6
1994	438.9	228.6	261.2	44.3	91.2	42.2
1995	476.4	232.3	301.6	42.2	92.6	40.0
1996	505.4	244.4	330.9	42.2	93.5	38.9
1997	366.7	182.2	193.5	39.5	96.2	37.5
1998	382.1	187.9	209.3	40.6	95.2	37.0
1999	399.75	198.85	228.07	39.94	95.83	35.91

注:1998、1999 年为抽样调查数。

12—33 肉类产量和猪羊头数

年　　份	猪牛羊肉产量（万　吨）	肉猪出栏头数（万　头）	猪年末存栏头数（万　头）	羊年末只数（万　只）	山　羊	绵　羊
1952		198.6	409.0	104.2	45.3	58.9
1957		240.6	407.2	157.2	58.7	98.5
1962		135.4	251.6	204.7	89.3	115.4
1965		344.9	492.1	156.8	38.0	118.8
1970		99.6※	533.0	174.0	37.8	136.2
1975		453.5	1 031.8	175.8	39.9	135.9
1978		554.3	1 184.6	138.2	28.1	110.1
1979		592.9	1 188.9	167.1	31.4	135.7
1980	42.9	656.3	1 057.5	194.7	36.6	158.1
1981	49.1	664.3	1 046.2	210.4	36.2	174.2
1982	56.0	711.3	1 069.9	207.8	33.6	174.2
1983	54.9	710.0	993.2	207.7	35.9	171.8
1984	54.9	685.2	892.9	193.9	36.0	157.9
1985	57.0	647.4	1 035.6	193.6	35.5	158.1
1986	58.1	650.9	1 031.7	215.5	39.5	176.0
1987	57.3	626.4	930.4	233.7	47.0	186.7
1988	68.9	691.4	1 065.4	274.2	60.9	213.3
1989	71.9	733.4	1 089.6	294.9	74.3	220.6
1990	78.8	797.2	1 093.5	267.2	73.4	193.8
1991	88.8	865.0	1 137.7	239.5	75.7	163.8
1992	99.7	945.4	1 222.0	247.9	73.7	174.2
1993	115.4	1 020.9	1 228.6	264.4	88.8	175.6
1994	144.5	1 254.4	1 340.1	302.0	115.8	186.2
1995	173.9	1 461.6	1 468.4	373.2	146.5	226.7
1996	190.4	1 640.6	1 426.5	403.1	164.1	238.9
1997	126.9	1 131.0	953.3	292.6	133.7	158.9
1998	138.8	1 223.9	1 039.9	318.1	146.3	171.7
1999	148.4	1 320.3	1 123.4	347.8	159.3	188.5

注：1.※为当年卖给国家的肥猪，1998 年为与农业普查衔接数。

2.1998 年猪牛羊肉产量为新口径数。

12—34 畜牧业生产情况

指　　标	单　位	1980 年	1985 年	1990 年	1995 年	1998 年	1999 年
一、畜产品产量							
1.猪牛羊出栏头数							
肉猪出栏头数	万　头	656.3	647.4	797.2	1 461.6	1 223.9	1 320.3
出售和自宰的牛	万　头	5.3	5.6	22.1	179.3	148.6	162.0
出售和自宰的羊	万　只	21.0	50.5	109.4	185.1	193.8	211.7
2.肉类总产量	万　吨	45.3	61.4	90.4	222.4	214.0	224.7
#猪　　肉	万　吨	42.3	55.7	74.1	141.6	112.8	121.7
牛　　肉	万　吨	0.5	0.7	3.4	29.7	23.4	23.8
羊　　肉	万　吨	0.2	0.6	1.3	2.6	2.6	2.8
禽　　肉	万　吨		4.3	11.2	46.3	74.7	73.2
兔　　肉	万　吨		0.1	0.1	0.4	0.3	0.3
3.其他畜产品产量							
奶　　类	万　吨	6.5	10.2	15.3	18.3	19.9	20.3
#牛　奶	万　吨	5.5	9.1	14.4	17.1	18.5	18.2
山　羊　毛	吨	122.8	154.1	291.2	740.3	858	908
绵　羊　毛	吨	3 249.8	5 138.3	7 803.2	9 602.7	7 450	7 909
羊　　绒	吨	36.1	64.9	134.5	293.5	309	322
蜂　　蜜	吨	1 601.4	2 772.0	2 806.8	3 703.4	4 870	3 490
禽　　蛋	万　吨	11.4	30.4	45.2	102.8	131.6	134.4
鹿　　茸	吨	7.3	8.9	10.0	9.9	—	—
二、牲畜年末头数							
1.大　牲　畜	万　头	279.1	303.3	326.1	476.4	382.1	399.75
#役　　畜	万　头	177.3	216.4	217.2	232.3	187.9	198.85
(1)牛	万　头	130.6	134.9	150.9	301.6	209.3	228.07
(2)马	万　头	61.9	56.9	47.0	42.2	40.6	39.94
(3)驴	万　头	46.9	70.3	84.4	92.1	95.2	95.83
(4)骡	万　头	39.7	41.2	43.8	40.0	37.0	35.91
2.猪	万　头	1 057.5	1 035.6	1 093.5	1 468.4	1 039.9	1 123.4
3.羊	万　只	194.7	193.6	267.2	373.2	318.1	347.8
山　　羊	万　只	36.6	35.5	73.4	146.5	146.3	159.3
绵　　羊	万　只	158.1	158.1	193.8	226.7	171.7	188.5

注：1.1998、1999 年畜牧业有关数字为抽样调查数。

2.全省数为与农业普查衔接数。

12—35 各地区牲畜饲养情况

（1999 年）

地区	大牲畜年末头数（万头）	#役畜	#牛	#乳牛	马	驴	骡
全省	**399.8**	**198.9**	**228.1**	**8.0**	**39.9**	**95.8**	**36.0**
沈阳	41.0	21.7	14.3	1.1	8.3	11.9	6.5
大连	33.6	22.8	24.0	1.3	2.1	3.2	4.2
鞍山	33.6	13.1	26.2	0.2	2.2	3.5	1.8
抚顺	27.8	11.3	24.9	0.3	0.9	0.5	1.6
本溪	15.1	8.5	13.7	0.2	0.6	0.5	0.5
丹东	31.3	19.2	25.4	0.2	1.7	2.5	1.6
锦州	37.2	21.0	14.9	0.6	4.9	14.4	3.0
营口	6.9	3.4	4.5	0.1	0.5	1.1	0.7
阜新	33.0	20.0	9.3	0.2	6.1	14.8	2.7
辽阳	11.0	6.2	7.6	0.5	1.1	1.1	1.2
盘锦	2.6	1.4	1.5	0.2	0.6	0.4	0.1
铁岭	72.7	24.8	58.9	1.0	5.0	5.3	3.5
朝阳	52.7	32.6	17.9	0.2	2.5	27.6	4.7
葫芦岛	33.1	11.8	18.5	0.5	1.8	8.8	4.0

12—35 续表 （1999 年）

地区	肉猪出栏头数（万头）	猪年末头数（万头）	羊年末只数（万只）	山羊	绵羊
全省	**1 320.3**	**1 123.4**	**347.9**	**159.3**	**188.6**
沈阳	197.0	143.0	21.0	6.0	15.0
大连	156.6	139.5	16.5	14.2	2.3
鞍山	134.7	107.7	19.2	16.6	2.6
抚顺	71.0	40.8	20.8	17.6	3.2
本溪	33.7	31.6	24.0	22.1	1.9
丹东	73.8	79.5	22.6	22.5	0.1
锦州	266.4	175.5	34.7	1.7	33.0
营口	52.7	43.5	15.1	13.8	1.3
阜新	109.1	99.0	36.0	1.1	34.9
辽阳	56.5	48.4	14.8	13.5	1.4
盘锦	30.1	29.6	0.4	0.2	0.3
铁岭	157.8	117.9	24.0	14.5	9.6
朝阳	76.4	90.3	64.1	15.1	49.0
葫芦岛	100.9	101.0	44.0	14.5	29.5

12—36 各地区畜产品产量

（1999 年）

地区	肉类总产量（万吨）	猪肉	牛肉	羊肉	奶类（万吨）	# 牛奶
全省	**224.71**	**121.7**	**23.8**	**2.8**	**20.3**	**18.2**
沈阳	30.5	17.0	1.4	0.2	5.1	5.0
大连	22.8	14.4	1.1	0.1	5.9	4.7
鞍山	27.3	12.6	3.8	0.1	0.6	0.6
抚顺	12.9	6.4	3.3	0.3	1.9	1.8
本溪	4.5	3.1	0.6	0.2	0.2	0.2
丹东	9.3	6.6	1.4	0.2	0.5	0.4
锦州	36.1	25.4	2.5	0.4	1.5	1.4
营口	8.2	4.5	0.4	0.1	0.4	0.3
阜新	14.0	10.4	1.8	0.5	0.5	0.5
辽阳	9.0	5.4	0.6	0.1	0.3	0.3
盘锦	4.3	3.0	0.1	—	0.5	0.5
铁岭	29.9	14.3	7.6	0.4	1.0	0.8
朝阳	11.1	7.9	1.5	6.5	0.6	0.5
葫芦岛	15.9	9.7	2.8	0.3	0.5	0.5

12—36 续表　（1999 年）

地区	绵羊毛（吨）	山羊毛（吨）	羊绒（吨）	禽蛋（万吨）	蜂蜜（吨）
全省	**7 909**	**908**	**322**	**134.4**	**3 490**
沈阳	849.0	29.8	2.5	22.5	10.0
大连	164.5	110.2	40.8	14.8	132.0
鞍山	60.5	89.8	44.3	21.5	24
抚顺	198.9	19.5	4.0	6.3	79
本溪	27.7	122.5	47.6	2.6	53
丹东	0.2	155.2	73.8	4.7	24
锦州	1 826.0	7.0	—	23.5	394
营口	35.6	85.8	61.4	6.2	11
阜新	1 325.7	7.4	—	3.4	29
辽阳	21.4	54.0	18.3	4.6	70
盘锦	2.8	—	—	1.8	—
铁岭	249.7	73.0	—	7.0	62
朝阳	2 129.6	74.8	19.0	3.5	1 104
葫芦岛	777.1	79.3	9.5	11.9	498

12—37 水产品生产情况

指标	1997年	1998年	1999年	指标	1997年	1998年	1999年
海水养殖面积(千公顷)	191.9	201.1	229.5	虾蟹类	28.1	31.3	32.3
浅海养殖	30.7	43.4	107.5	贝类	121.8	113.7	130.3
滩涂养殖	89.5	90.6	82.8	藻类	24.6	26.4	29.1
港湾养殖	38.1	37.3	39.2	其他	11.1	24.5	20.5
淡水养殖面积(千公顷)	116.8	121.4	125.4	淡水产品产量	27.1	31.3	37.0
#池塘	31.2	33.9	31.8	#天然生产	2.5	2.8	5.7
水库	74.1	75.8	79.3	人工养殖	24.6	28.5	31.3
水产品产量(万吨)	285.1	312.7	333.8				
海水产品产量	258.0	281.4	296.8	鱼类	23.1	29.6	34.2
#海洋捕捞	145.7	160.6	157.7	虾蟹类	1.1	1.8	1.9
人工养殖	112.3	120.8	139.2	贝类	—	—	—
#鱼类	72.3	85.5	84.6				

12—38 水产品产量

单位:万吨

年份	水产品合计	海水产品		淡水产品		比重(以水产品总量为100)	
			#人工养殖		#人工养殖	海水	淡水
1978	46.9	46.2	10.7	0.7	0.7	98.5	1.5
1980	42.1	41.2	11.3	0.9	0.7	97.9	2.1
1981	44.6	43.5	14.1	1.1	1.0	97.5	2.5
1982	51.3	50.1	15.2	1.2	1.1	97.7	2.3
1983	51.2	49.5	15.9	1.7	1.5	96.7	3.3
1984	55.2	52.7	17.6	2.5	2.2	95.5	4.5
1985	58.3	55.2	16.7	3.1	2.5	94.7	5.3
1986	67.0	63.2	24.5	3.8	3.4	94.3	5.7
1987	80.6	75.9	32.1	4.7	4.5	94.2	5.8
1988	94.7	88.8	43.2	5.9	5.7	93.8	6.2
1989	101.2	94.8	48.1	6.4	6.0	93.7	6.3
1990	107.3	100.7	51.4	6.6	6.0	93.8	6.2
1991	114.1	106.4	54.9	7.7	6.9	93.3	6.7
1992	132.2	122.6	65.5	9.6	8.8	92.7	7.3
1993	151.7	139.7	73.8	12.0	11.3	92.1	7.9
1994	167.8	151.3	76.5	16.5	15.8	90.2	9.8
1995	197.9	178.4	87.3	19.5	15.8	90.1	9.9
1996	258.0	235.3	111.2	22.7	21.6	91.2	8.8
1997	285.1	258.0	112.3	27.1	24.6	90.5	9.5
1998	312.7	281.4	120.8	31.3	28.5	90.0	10.0
1999	333.8	296.8	139.2	37.0	31.3	88.9	11.1

12—39 农民家庭平均每户饲养、出售的畜禽、其他小动物和渔业生产情况

指标	单位	1998年	1999年	1999年比1998年增长	
				绝对数	(%)
一、生产量					
羊毛产量	公斤	0.28	0.17	—0.11	—39.3
牛、羊奶产量	公斤	1.09	0.34	—0.75	—68.8
禽蛋产量	公斤	40.14	40.62	0.48	1.2
蜂蜜产量	公斤	0.08	0.05	—0.03	—37.5
蚕茧产量	公斤	7.05	3.44	—3.61	—51.2
渔业产品产量	公斤	78.26	188.36	110.1	140.7
二、出售量					
肥猪　出售头数	头	1.29	1.73	0.44	34.1
出售和自宰净肉产量	公斤	166.51	203.27	36.76	22.1
菜羊　出售只数	只	0.11	0.03	—0.08	—72.7
出售和自宰净肉产量	公斤	2.68	3.05	0.37	13.8
家禽　出售只数	只	9.42	12.20	2.78	29.5
兔　出售只数	只	0.04	0.03	—0.01	—25.0
出售水产品	公斤	70.73	185.04	114.31	161.6
出售禽蛋	公斤	14.53	20.26	5.73	39.4
出售羊毛	公斤	0.27	0.07	—0.2	—74.1
出售蜂蜜	公斤	0.07	0.05	—0.02	—28.6
出售蚕茧	公斤	5.49	2.58	—2.91	—53.0

注:本表为农村住户抽样调查资料。

12—40 按人口平均的主要农产品产量

单位:公斤/人

产品名称	1978年	1980年	1985年	1990年	1995年	1998年	1999年
粮食	329.2	350.3	264.8	381.6	344.7	447.1	395.3
棉花	0.7	0.6	0.7	0.3	0.6	0.4	0.1
油料	3.1	8.1	14.7	4.5	4.9	5.7	4.7
猪牛羊肉		12.3	15.5	20.1	43.2	33.9	35.6
#猪肉		12.1	15.1	18.9	35.1	27.6	29.2
水产品	13.8	12.1	15.8	27.4	49.1	76.4	80.0

12—41 农业事业机构和人员数

单位:机构:个;人数:人

年份	农业技术推广站		乡镇家畜繁育改良站		乡镇畜牧兽医站		国营种畜场		种子站、种子公司	
	机构	人数	机构	人数	机构	人数	机构	人数	机构	人数
1979	1 289	8 514					70	2 629		
1980					1 210	9 204	69	2 946	48	3 751
1981					1 206	9 725	69	3 273	47	4 126
1982					1 191	8 502	69	3 191	47	3 772
1983					1 209	8 556	70	3 256	47	3 590
1984			156	850	1 222	8 756	71	3 787	46	3 450
1985	1 268	8 390	309	764	1 224	8 479	70	3 959	46	3 346
1986			89	290	1 321	8 738	71	4 025	46	3 300
1987	1 268	8 514	72	226	1 280	8 709	74	4 660	46	3 258
1988	1 276	8 602	63	218	1 323	8 902	76	4 567	46	3 150
1989	1 329	8 552	72	212	1 232	8 327	77	5 072	46	3 070
1990	1 332	8 323	122	418	1 246	8 480	77	4 734	49	3 041
1991	1 337	8 323	122	381	1 234	8 988	78	5 160	49	2 976
1992	1 337	8 268	99	377	1 240	9 975	78	5 370	49	2 898
1993	1 105	6 074	64	207	1 230	10 244	49	2 917	77	4 848
1994	1 122	6 779	58	419	1 233	10 374	49	2 876	82	5 499
1995	1 209	13 065	7	25	1 254	10 597	49	2 897	82	5 499
1996	1 292	7 738	3	18	1 234	10 422	49	2 342	83	5 560
1997	1 337	8 018	3	18	1 240	10 674	49	2 658	88	5 930
1998	1 337	8 018	93	1 301	1 242	9 838	—	—	—	—
1999	1 337	8 400	55	1 196	1 217	9 800	—	—	—	—

12—42 农作物受灾及成灾面积

单位：千公顷

年份	受灾面积	水灾	旱灾	风雹灾	虫灾	粮豆成灾面积	减产三至五成的	减产五至八成的	减产八成以上的
1952	810.0	583.3				688.0			
1957	1 087.3	243.3	333.3			898.0			
1962	1 368.7	624.0	258.0			936.7			
1978	1 314.7	10.0	982.0			339.3			
1979	1 180.7	182.0	430.1			619.8			
1980	1 968.3	14.3	1 022.9			1 032.1			
1981	1 418.7	40.1	876.7	171.2	298.6	893.9	348.6	276.7	268.6
1982	2 773.3	55.3	1 761.3	293.7	609.5	1 599.7	781.8	544.9	272.9
1983	1 188.7	38.8	622.8	261.1	248.4	672.3	432.0	177.2	63.1
1984	2 476.3	193.3	952.7	926.6	336.6	1 343.3	776.7	391.1	175.5
1985	2 683.3	1 257.0	37.5	1 161.3	88.9	1 983.9	918.8	675.8	389.2
1986	1 668.7	758.0	280.3	359.6	141.4	1 068.1	502.9	293.1	272.2
1987	2 254.0	109.9	1 045.5	851.7	183.7	1 353.1	867.4	371.3	114.4
1988	2 706.7	86.7	1 493.8	676.1	390.3	1 676.1	952.6	538.8	184.8
1989	3 419.2	132.1	2 712.3	265.8	234.7	2 448.1	1050.0	868.4	529.7
1990	1 944.7	73.8	635.1	691.8	390.5	1 156.3	776.3	279.5	100.5
1991	1 963.8	386.9	954.5	377.5	156.3	1 207.2	773.7	272.8	160.8
1992	1 978.4	923.7	1 341.4	207.0	231.9	1 431.8	609.0	399.9	203.0
1993	1 440.0	34.9	801.7	317.2	258.3	914.9	632.8	161.8	64.0
1994						1 995.8	907.6	605.4	442.7
1995	—	—	—	—	—	1 500.9	799.5	363.5	337.9
1996	—	—	—	—	—	996.1	702.8	191.0	102.3
1997	—	—	—	—	—	2 249.9	1 148.0	844.5	257.4
1998	—	—	—	—	—	590.4	345.3	141.5	102.9
1999	—	—	—	—	—	1 321	598.4	399.0	323.2

12—43 国营农场基本情况

指标	单位	1997年	1998年	1999年
一、农场数	个	118	118	118
职工人数	万人	30.1	35.8	26.3
二、耕地面积	万公顷	11.6	11.6	11.7
三、农业机械总动力	万千瓦	52.27	47.6	48.5
四、农业机械拥有量				
大中型农用拖拉机	台	1 105	990	992
小型及手扶拖拉机	台	9 490	8 654	8 770
农用排灌动力机械	台	15 549	14 430	15 896
联合收割机	台	8	8	10
农用载重汽车	辆	750	612	483
五、农用化肥施用量(折纯)	万吨	5.10	5.76	59 516
六、农业总产值	亿元	45.03	42.3	42.6
八、盈亏总额	亿元	—0.32	—0.27	+0.44
九、农作物总播种面积	万公顷	12.0	11.95	12.4
# 1.粮食作物	万公顷	10.49	10.45	10.86
2.棉花	公顷	380	139	30
3.油料	公顷	1 510	2 201	2 260
4.糖料	公顷	920	634	280
5.麻类	公顷	—	—	—
年末实有果园面积	公顷	13 837	13 667	12 086
十、主要农产品产量				
1.粮食作物	万吨	75.69	85.1	85.0
2.棉花	吨	100	203	36
3.油料	吨	1 923	3 521	3 235
4.糖料	万吨	2.28	1.57	0.5
5.水果	万吨	8.2	8.6	7.0
十一、畜牧业、渔业生产				
1.大牲畜年末头数	万头	7.98	7.8	7.5
2.猪年末头数	万头	30.71	35.0	32.4
3.羊年末只数	万只	5.09	4.4	5.0
#绵羊	万只	3.16	2.4	2.6
4.畜产品产量				
猪牛羊肉产量	万吨	4.0	3.9	3.9
#猪肉产量	万吨	3.5	3.4	3.1
牛奶产量	万吨	4.8	5.1	5.5
禽蛋产量	万吨	3.1	3.2	2.5
羊毛产量	吨	113	115	130
5.水产品总产量	万吨	6.1	6.4	67 619

注:农业总产值按当年价格计算,速度按可比价格计算。

主要统计指标解释

农业总产值 是以货币表现的农、林、牧、渔业全部产品的总量，它反映一定时期内农业生产的总规模和总成果。

农、林、牧、渔业的统计范围是：

(1)农业 包括农作物种植业和其他农业。

农作物种植业 包括谷物、豆类、薯类、棉、油料、糖料、麻类、烟叶、蔬菜、药材、瓜类和其他农作物的种植，以及茶园、桑园、果园的生产经营。

其他农业 包括采集野生植物的果实、纤维、树胶、树脂、油料以及柴草、野生药材、菌类等及农民家庭兼营的商品性工业。

(2)林业 包括林木的栽培(不包括茶园、桑园和果园的栽培、管理和收获等活动)、林产品的采集和村及村以下合作经济组织和农户的竹木采伐。

(3)牧业 包括除渔业养殖以外的一切动物饲养和放牧以及野生动物的捕猎和饲养。

(4)渔业 包括水生动物和海藻类植物的养殖和捕捞。

从所有制看，包括国有经济的各种专业农(农、林、牧、渔)场以及国家各级机关团体学校、科研机构、部队经营的农业；集体所有制的乡镇村各级办农场；农村各种经济组织经营的农、林、牧、渔业以及工矿企业家属集体经营的农业；农民家庭自营的农林牧渔业及兼营商品性工业等。

农业总产值的计算方法通常是按农林牧渔业产品及其副产品的产量分别乘以各自单位产品价格求得，少数生产周期较长，当年没有产品或产品产量不易统计的，则采用间接方法匡算其产值，然后将四业产品产值相加即为农业总产值。

1957 年以前的农业总产值中包括了厩肥和农民自给性手工业(如农民自制衣服、鞋、袜，自己从事粮食初步加工等)。1958 年及以后的农业总产值，林业中增加了村及村以下竹木采伐产值；牧业中取消费厩肥产值；副业中取消了农民自给性手工业产值，增加了村及村以下办的工业产值；渔业中增加了海洋捕捞水产品产值。1980 年及以后的农业总产值，在副业中增加了农民家庭兼营业商品部分的产值。从 1984 年起村及村以下办工业产值划归工业。从 1993 年起，取消副业。将野生动物的捕猎划入牧业，野生植物采集和农民家庭兼营商品性工业划归农业。

粮食产量 指全社会的产量。包括国有经济经营的、集体统一经营的和农民家庭经营的粮食产量，还包括工矿企业家属办的农场和其他生产单位的产量。粮食除包括稻谷、小麦、玉米、高粱、谷子及其他杂粮外，还包括薯类和大豆。其产量计算方法，豆类按去豆荚后的干豆计算；薯类(包括甘薯和马铃薯，不包括芋头和木薯)1963 年以前按每 4 公斤鲜薯折 1 公斤粮食计算，从 1964 年开始及以后改为按 5 公斤鲜薯折 1 公斤粮食计算。城市郊区作为蔬菜的薯类(如：马铃薯等)按鲜品计算，并且不做为粮食统计。其他粮食一律按脱粒后的原粮计算。

油料产量 指全部油料作物的生产量。包括花生、油菜籽、芝麻、向日葵籽、胡麻籽(亚麻籽)和其他油料。不包括大豆，也不包括木本油料和野生油料。花生以带壳干花生计算。

水产品产量 指人工养殖的水产品和天然生长的水产品的捕捞量。包括海水的鱼类、虾蟹类、贝类和藻类以及内陆水域的鱼类、虾蟹类和贝类，不包括淡水生植物。

猪、牛、羊肉产量 指当年出栏并已屠宰后除去头蹄下水后带骨肉(即胴体重)的重量。

耕地面积 指年初可以用来种植农作物、经常进行耕锄的田地，除包括熟地、当年新开荒地、连续撂荒未满三年的耕地和当年的休闲地(轮歇地)外，还包括以种植农作物为主并附带种植桑树、茶树、果树和其他林木的土地，以及沿海、沿湖地区已围垦利用的"海涂"、"湖田"等面积。但不包括属于专业性的桑园、茶园、果园、果木苗圃、林地、芦苇地、天然或人工草地面积。

农作物播种面积 指实际播种或移植有农作物的面积。凡是实际种植有农作物的面积，不论种植在耕地上还是种植在非耕地上，均包括在农作物播种面积中，同时还包括因遭灾而重新改种和补种的农作物面积，种一公顷算一公顷。

有效灌溉面积 指具有一定水源，地块比较平整，灌溉工程或设备已经配套，在一般年景下当年能够进行正常灌溉的耕地面积。

农用化肥施用量 指本年内实际用于农业生产的化肥数量。包括氮肥、磷肥、钾肥和复合肥。化肥施用量要求按折纯量计算数量。折纯法化肥施用量是把氮肥、磷肥和钾肥分别按含氮、含五氧化二磷、含氧化钾含量的百分比折算。复合肥按其所含主要成分折算。

农业机械总动力 指主要用于农、林、牧、渔业的各种动力机械的动力总和。包括耕作机械、排灌机械、收获机械、农产品加工机械、运输机械、植物保护机械、牧业机械、林业机械、渔业机械和其他农业机械〔内燃机按引擎马力折成瓦(特)计算，电动机按功率折成瓦(特)计算〕。不包括专门用于乡、镇、村、组办工业、基本建设、非农业运输、科学试验和教学等非农业生产方面用的动力机械与作业机械。

农林牧渔业劳动力 指直接参加农林牧渔业生产劳动的劳动力。

谷物 指籽实主要供作粮食的作物。这类作物包括稻谷、小麦、玉米、谷子、高粱和其他谷物，不包括豆类和薯类作物。

十三、工　业

13—1 工业企业单位数

单位:个

分　　类	1990年	1995年	1996年	1997年	1998年	1999年
总　　计	**21 211**	**29 497**	**31 410**	**29 911**	**6 249**	**5 816**
在总计中:						
国有经济	3 424	4 292	4 374	4 045	2 835	2 235
中央企业	213	318	351	399	300	246
地方企业	3 211	3 974	4 023	3 646	2 535	1 989
集体企业	17 526	23 107	23 821	22 236	1 587	1 324
股份合作企业	—	—	—	—	208	220
联营经济	166	142	225	199	42	50
有限责任公司	—	—	—	—	120	248
股份有限公司	—	192	271	367	124	141
私营企业	—	69	946	1 220	482	690
港澳台投资企业	1	645	580	563	248	273
合资经营企业(港或澳台)	—	565	482	465	198	212
合作经营企业(港或澳台)	—	32	43	36	10	12
港澳台商独资经营企业	1	48	55	62	35	45
港澳台商投资股份有限公司	—	—	—	—	5	4
外商投资经济	76	1 042	1 184	1 268	597	632
中外合资经营企业	70	769	822	853	353	372
中外合作经营企业	—	71	96	99	33	42
外资企业	6	202	266	316	204	215
外商投资股份有限公司	—	—	—	—	7	3
其他工业	18	8	9	13	6	3
在总计中:						
国有控股企业	3 424	4 542	4 679	4 336	3 117	2 608
在总计中:						
轻工业	8 948	11 223	11 664	10 933	2 450	2 248
以农产品为原料	5 985	7 195	7 462	7 026	1 783	1 607
以非农产品为原料	2 963	4 028	4 202	3 907	667	641
重工业	12 263	18 274	19 746	18 978	3 799	3 568
采掘工业	1 215	1 588	1 712	1 773	273	257
原料工业	1 814	3 519	3 565	3 534	1 155	1 084
加工工业	9 234	13 167	14 469	13 671	2 371	2 227
在总计中:大型企业	330	516	530	489	506	393
中型企业	643	1 071	1 018	929	825	454
小型企业	20 238	27 910	29 814	28 457	4 918	4 969

注:1998年以后统计范围:全部国有及年产品销售收入500万元及以上非国有工业企业。

13—2 工业分行业职工人数

单位:万人

行业	1990年	1995年	1996年	1997年	1998年	1999年
全省总计	**563.61**	**591.42**	**592.82**	**551.89**	**355.22**	**312.33**
按登记注册类型分						
国有工业	326.75	326.27	329.48	302.01	217.43	28.80
集体工业	219.11	216.98	207.03	181.01	52.98	44.33
其他经济类型工业	17.75	48.17	56.31	68.87	84.81	239.20
按隶属关系分						
中央工业	84.03	109.37	123.93	109.27	74.27	66.64
地方工业	479.58	482.05	468.89	442.62	280.95	245.69
按轻重工业分						
轻工业	172.53	173.43	172.73	153.19	88.57	74.06
重工业	391.08	417.99	420.09	398.71	266.65	238.28
按行业分						
采掘业						
煤炭采选业	42.31	42.03	35.64	37.31	20.85	23.05
石油天然气开采业	6.29	12.57	12.77	13.08	8.64	8.62
黑色金属矿采选业	2.40	3.67	5.04	3.64	8.39	3.12
有色金属矿采选业	6.62	6.44	6.37	4.88	4.42	3.25
非金属矿采选业	6.19	9.36	7.63	7.19	3.12	3.56
其他矿采选业	0.03	0.05	0.09	0.02	0.05	0.03
木材及竹材采选业	0.06	0.02	0.02	0.01	0.01	0.05
制造业						
食品加工业	7.59	11.58	11.62	11.57	8.79	7.47
食品制造业	8.64	7.19	6.00	6.37	4.02	3.12
饮料制造业	6.62	7.14	6.59	6.04	3.85	3.62
烟草加工业	0.61	0.63	0.62	0.18	0.29	0.39
纺织业	43.58	38.55	33.43	31.90	20.56	15.33
服装及其他纤维制品制造业	14.90	16.66	15.20	14.16	8.21	6.40
皮革、毛皮羽绒及其制品业	4.58	5.03	6.29	5.94	4.04	3.32
木材加工及竹、藤、棕、草制品业	2.48	4.48	3.61	3.51	1.77	1.85
家具制造业	2.74	2.16	2.09	2.05	0.53	0.57
造纸及纸制品业	12.16	12.14	18.52	9.42	5.59	4.36
印刷业、记录媒介的复制	6.43	6.71	6.47	6.83	2.78	2.20
文教体育用品制造业	1.52	1.65	1.50	1.19	0.52	0.53
石油加工及炼焦业	8.61	10.35	10.43	9.25	9.24	7.02
化学原料及化学制品制造业	33.46	37.24	36.59	33.51	23.64	21.78
医药制造业	5.95	8.07	7.98	8.44	5.59	4.74
化学纤维制造业	2.62	3.68	3.72	3.35	2.31	2.10
橡胶制品业	8.14	8.67	7.54	7.65	4.64	4.15
塑料制品业	9.31	9.90	10.62	9.49	3.42	3.46
非金属矿物制品业	47.56	47.09	43.53	40.69	20.91	18.46
黑色金属冶炼及压延加工业	53.52	55.21	54.16	51.12	45.32	40.66
有色金属冶炼及压延加工业	7.54	8.77	8.29	7.37	7.02	7.46
金属制品业	22.43	23.23	24.27	19.19	8.27	7.01
普通机械制造业	49.34	55.48	55.72	52.87	29.87	23.99
专用设备制造业	46.25	32.23	31.33	28.86	16.77	12.05
交通运输设备制造业	28.97	34.04	49.26	41.24	25.28	23.82
电气机械及器材制造业	25.75	27.31	27.50	25.76	13.81	12.16
电子及通信设备制造业	10.54	10.59	10.40	10.69	8.17	7.36
仪器仪表及文化办公用机械	6.41	7.85	8.68	8.47	3.60	2.50
其他制造业	3.18	4.47	4.11	4.89	1.37	1.48
电力煤气及水生产供应业						
电力蒸汽热水生产供应业	7.30	9.91	10.07	17.67	10.88	12.86
煤气的生产和供应业	1.60	2.69	2.66	2.53	2.60	2.28
自来水的生产和供应业	2.67	3.61	3.62	3.68	3.69	3.72

注:1998年以后统计范围:全部国有及年产品销售收入500万元及以上非国有工业企业。

13—3 工业总产值

（按轻重工业分）　　　　单位：亿元、%

年份	全部工业总产值	乡及乡以上工业总产值			比重		村及村以下工业总产值
		合计	轻工业	重工业	轻工业	重工业	
1952年不变价							
1952	45.3	45.3	19.1	26.2	42.2	57.8	
1957	117.1	117.1	31.1	86.0	26.6	73.4	
1957年不变价							
1957	101.9	101.9	29.5	72.4	29.0	71.0	
1962	103.8	103.8	30.4	73.4	29.3	70.7	
1965	172.0	172.0	45.1	126.9	26.2	73.8	
1970	266.9	266.5	64.9	201.6	24.4	75.6	0.4
1971	299.7	299.2	69.3	229.9	23.1	76.9	0.5
1970年不变价							
1971	254.3	253.8	60.9	192.9	24.0	76.0	0.5
1972	269.0	268.5	66.6	201.9	24.8	75.2	0.5
1973	295.0	294.9	73.9	221.0	25.1	74.9	0.9
1974	316.8	315.3	82.8	232.5	26.3	73.7	1.5
1975	338.3	336.8	90.0	246.8	26.7	73.3	1.5
1976	358.9	356.9	97.2	259.7	27.2	72.8	2.0
1977	355.4	352.1	99.4	252.7	28.3	71.7	3.3
1978	397.6	392.5	104.7	287.8	26.7	73.3	5.1
1979	422.4	416.4	115.3	301.1	27.7	72.3	6.0
1980	466.5	456.0	147.6	308.4	32.4	67.6	10.5
1981	467.3	455.9	171.4	284.5	37.6	62.4	11.4
1980年不变价							
1981	463.1	451.4	162.7	288.7	36.0	64.0	11.7
1982	490.4	476.3	168.8	307.5	35.4	64.6	14.1
1983	534.3	516.7	182.2	334.5	35.3	64.7	17.6
1984	609.2	577.7	203.4	374.3	35.2	64.8	31.5
1985	721.3	662.6	209.6	453.0	31.6	68.4	58.7
1986	790.8	705.2	227.1	478.1	32.2	67.8	85.6
1987	894.7	777.4	250.1	527.3	32.2	67.8	117.3
1988	1 031.6	869.7	285.1	584.6	32.8	67.2	162.0
1989	1 092.4	904.9	292.9	612.0	32.4	67.6	187.5
1990	1 124.8	911.7	293.2	618.5	32.2	67.8	213.1
1990年不变价							
1990	1 666.1	1 408.1	416.8	991.3	29.6	70.4	258.0
1991	1 803.6	1 507.1	433.7	1 073.4	28.8	71.2	296.5
1992	2 121.1	1 715.4	468.4	1 247.0	27.3	72.7	405.7
1993	2 543.8	1 930.5	493.2	1 437.3	25.5	74.5	613.3
1994	3 070.7	2 166.0	606.5	1 559.5	28.0	72.0	904.7
1995(原规定)	3 701.5	2 340.3	648.6	1 691.7	27.7	72.3	1 361.2
1995(新规定)	3 603.7	2 275.7	624.0	1 651.7	27.4	72.6	1 328.0
1996	4 602.2	2 516.6	678.3	1 838.3	27.0	73.0	2 085.6
1997	5 384.5	2 769.2	711.8	2 057.4	25.7	74.3	2 615.3
1998	5 672.4	2 705.6	647.9	2 057.6	23.9	76.1	2 966.9
1998(新口径)	5 672.4	2 534.0	599.1	1 934.9	23.6	76.4	3 138.4
1999	6 460.9	2 811.3	671.0	2 140.3	23.9	76.4	3 649.6

注：1998年以后乡及乡以上改为全部国有和年产品销售收入500万元及以上非国有工业企业；村及村以下改为年产品销售收入500万元以下非国有工业企业。

13—4 工业总产值

（按经济类型分） 单位:亿元

年份	工业总产值	#国有及国有控股工业	#集体工业	#个体工业	#其他经济类型工业
1952	44.20	36.64	0.24	2.58	4.74
1957	94.40	83.57	5.93	0.69	4.21
1962	107.40	95.20	9.06	0.18	2.96
1965	170.50	150.98	11.44	0.08	—
1970	226.40	207.25	19.15	—	—
1975	325.50	275.11	50.39	—	—
1978	376.80	313.80	63.00	—	—
1980	452.60	362.0	74.80	0.06	15.80
1981	461.10	362.8	78.75	0.23	19.44
1982	482.30	372.76	85.99	0.41	23.55
1983	527.71	412.39	103.87	0.69	10.76
1984	612.53	464.47	130.85	1.41	15.80
1985	774.57	530.95	163.00	12.18	21.12
1986	874.99	578.69	183.15	25.12	24.95
1987	1 044.03	668.01	213.22	46.15	32.49
1988	1 304.84	798.37	267.13	74.65	46.94
1989	1 546.42	951.87	305.04	90.32	59.18
1990	1 606.92	983.92	305.42	110.44	58.83
1991	1 835.76	1 121.03	341.09	134.87	82.26
1992	2 278.43	1 326.63	426.56	192.16	123.76
1993	3 272.41	1 813.61	551.94	357.78	244.44
1994	4 100.50	1 966.44	692.66	472.97	458.72
1995	4 489.40	1 876.53	716.28	672.64	463.09
1996	5 602.17	2 106.14	804.87	1 240.36	602.69
1997	6 498.81	2 292.03	783.34	1 772.07	821.45
1998	6 674.14	2 109.37	530.13	2 000.56	1 120.09
1999	7 328.62	2 208.77	337.14	2 457.94	1 452.45

注:本表按现价计算。

13—5 工业总产值指数

（按轻重工业分）　　单位：%

年份	以上年为100			以1952年为100		
	工业总产值	轻工业	重工业	工业总产值	轻工业	重工业
1952	144.3	123.8	164.1	100	100	100
1957	115.6	111.3	117.3	258.9	162.8	328.3
1962	93.0	101.7	89.8	263.6	167.2	332.8
1965	125.1	129.7	123.5	436.6	247.5	575.8
1970	125.1	103.2	134.3	675.4	357.6	913.6
1971	112.3	106.6	114.1	759.3	380.7	1 042.8
1972	105.8	109.4	104.7	802.2	416.9	1 090.9
1973	109.8	110.9	109.5	881.1	461.9	1 194.7
1974	106.9	112.1	105.2	942.0	517.6	1 256.8
1975	106.8	108.7	106.1	1 006.2	562.6	1 334.1
1976	106.0	108.1	105.2	1 066.3	607.6	1 403.9
1977	98.7	102.3	97.3	1 051.9	621.9	1 365.5
1978	111.5	105.3	113.9	1 172.6	654.4	1 555.8
1979	106.1	110.1	104.7	1 244.1	720.7	1 627.7
1980	109.5	128.1	102.4	1 362.4	922.6	1 667.7
1981	99.9	116.1	92.2	1 362.1	1 071.4	1 537.9
1982	105.5	103.8	106.5	1 437.2	1 111.5	1 638.1
1983	109.8	107.9	110.8	1 559.1	1 199.8	1 781.9
1984	111.8	111.6	111.9	1 743.2	1 339.4	1 993.9
1985	114.7	103.0	121.1	1 999.3	1 380.2	2 413.2
1986	106.4	108.3	105.5	2 127.9	1 495.4	2 546.9
1987	110.2	110.1	110.3	2 345.7	1 646.9	2 809.0
1988	111.9	114.0	110.9	2 624.3	1 872.3	3 114.2
1989	104.0	102.7	104.7	2 730.4	1 928.5	3 260.2
1990	100.7	100.1	101.0	2 750.7	1 930.5	3 294.3
1991	107.0	104.1	108.3	2 943.2	2 009.7	3 567.7
1992	113.8	108.0	116.2	3 349.4	2 170.4	4 145.7
1993	112.5	105.3	115.3	3 768.1	2 285.5	4 779.9
1994	112.2	122.9	108.5	4 227.8	2 808.8	5 186.3
1995	108.0	106.9	108.5	4 566.0	3 002.6	5 627.1
1996	110.6	108.7	111.3	5 050.0	3 263.8	6 263.0
1997	110.0	104.9	111.9	5 555.0	3 422.9	7 008.3
1998	97.7	91.0	100.0	5 427.2	3 114.8	7 178.0
1999	110.9	112.0	110.6	6 018.8	3 488.6	7 938.9

注：1. 本表统计范围1998年以前为乡及乡以上工业企业；1999年为全部国有及年产品销售收入500万元及以上非国有工业企业。

2. 本表按可比价计算。

13—6 工业总产值指数

（上年＝100） 单位：%

年份	工业总产值	#国有及国有控股企业	#集体企业	#个体企业	#其他经济类型企业
1978	111.9	113.8	100.9	—	—
1979	106.2	106.1	105.9	—	—
1980	110.4	105.2	119.3	—	—
1981	100.2	98.7	105.0	358.7	104.8
1982	105.9	104.8	102.9	151.9	104.6
1983	109.0	106.5	115.4	165.9	121.7
1984	114.0	108.5	121.3	191.2	145.5
1985	118.4	111.1	126.5	924.6	122.7
1986	109.6	104.9	109.4	202.8	118.1
1987	113.1	108.5	113.1	170.4	130.2
1988	115.3	108.7	118.2	151.3	144.6
1989	105.9	102.7	105.7	116.9	116.2
1990	103.0	100.4	101.0	131.8	104.0
1991	108.3	104.5	139.4	124.6	131.1
1992	117.6	109.5	122.2	141.5	136.1
1993	119.9	103.0	119.9	170.6	187.4
1994	120.7	96.2	122.3	131.4	183.0
1995	120.5	105.8	118.4	125.8	110.1
1996	127.7	114.5	112.9	184.7	127.0
1997	117.0	111.4	96.3	141.1	139.5
1998	105.3	99.7	69.0	109.0	148.5
1999	113.9	107.2	95.4	128.7	132.0

13—7 各地区工业企业单位数和工业总产值

(1999年)

地区	企业单位数总计(个)	#全部国有及规模以上非国有	工业总产值(当年价格,亿元)	#全部国有及规模以上非国有	
				1990年不变价	当年价格
全省	**324 867**	**5 816**	**7 328.7**	**2 811.3**	**3 390.3**
沈阳	57 680	1 151	1 523.6	640.5	582.7
大连	41 213	973	1 937.6	736.3	842.6
鞍山	41 417	665	1 077.3	337.6	422.1
抚顺	23 868	314	483.5	174.0	275.8
本溪	9 601	235	207.3	110.8	155.4
丹东	19 433	310	314.5	99.5	94.2
锦州	24 144	303	290.5	90.3	135.9
营口	22 906	426	301.8	130.5	136.5
阜新	5 544	221	69.0	32.3	45.6
辽阳	15 960	310	323.9	146.3	158.8
盘锦	7 163	276	297.5	120.0	245.8
铁岭	19 704	217	162.3	40.6	76.5
朝阳	15 931	253	92.7	51.2	62.5
葫芦岛	20 303	162	247.1	101.4	155.8

注:统计范围为全部国有及年产品销售收入500万元及以上非国有工业企业,下同。

13—8 全部国有及规模以上非国有工业企业单位数和工业总产值

(1999年)

单位:个、亿元

地区	#国有及国有控股工业			#集体工业			#股份合作工业		
	企业单位数	总产值		企业单位数	总产值		企业单位数	总产值	
		1990年不变价	当年价格		1990年不变价	当年价格		1990年不变价	当年价格
全省	**2 608**	**1 660.4**	**2 208.8**	**1 324**	**315.1**	**337.1**	**220**	**56.1**	**59.5**
沈阳	582	368.0	348.2	178	42.2	40.4	44	7.3	8.5
大连	306	402.7	496.0	170	52.0	59.2	42	15.7	17.7
鞍山	188	166.7	233.8	254	81.4	88.0	33	12.4	13.9
抚顺	140	132.3	223.4	93	20.5	25.0	19	3.7	4.1
本溪	134	92.3	137.0	55	5.2	6.3	7	3.6	1.0
丹东	106	54.7	44.8	86	16.5	15.5	14	3.1	3.1
锦州	193	57.7	93.0	73	16.3	17.6	9	3.0	2.5
营口	94	26.7	28.9	134	28.6	29.4	7	0.6	0.7
阜新	165	25.1	35.7	35	3.9	5.7	1	0.1	0.2
辽阳	109	83.1	95.1	69	16.7	16.4	19	3.5	3.9
盘锦	178	95.7	220.0	63	13.6	13.8	12	1.3	2.0
铁岭	152	28.1	62.6	29	5.6	5.8	6	0.5	0.5
朝阳	188	43.3	53.8	34	3.4	3.9	6	0.9	0.8
葫芦岛	73	83.8	136.6	51	9.0	10.0	1	0.4	0.4

13—8 续表 1　　　　(1999 年)　　　　单位:个、亿元

地　区	#外商投资经济工业			#港澳台投资经济工业			轻　工　业			重　工　业		
	企业单位数	总产值		企业单位数	总产值		企业单位数	总产值		企业单位数	总产值	
		1990年不变价	当年价格		1990年不变价	当年价格		1990年不变价	当年价格		1990年不变价	当年价格
全　省	**632**	**423.0**	**468.0**	**273**	**118.4**	**139.9**	**2 248**	**671.0**	**694.7**	**3 568**	**2 140.3**	**2 695.6**
沈　阳	130	82.0	73.8	75	39.1	44.4	442	164.4	154.9	709	476.1	427.8
大　连	315	259.2	300.8	84	30.0	33.0	434	192.9	221.8	539	543.4	620.9
鞍　山	21	10.1	10.8	16	3.4	3.3	186	60.9	62.7	479	276.7	359.4
抚　顺	24	5.9	6.6	18	6.9	11.5	123	39.2	34.7	191	134.7	241.1
本　溪	7	1.5	1.1	6	1.3	0.8	76	10.8	10.6	159	100.1	144.8
丹　东	18	7.3	13.1	8	1.6	1.4	140	46.4	37.2	170	53.2	57.0
锦　州	14	3.0	3.6	13	8.8	18.3	137	22.5	25.2	166	67.7	110.7
营　口	58	37.6	41.5	33	10.6	10.6	166	63.6	69.6	260	66.9	66.9
阜　新	5	1.1	1.6	0	0	0	90	8.4	9.4	131	24.0	36.2
辽　阳	22	8.5	8.0	9	14.1	13.5	123	19.0	21.5	187	127.3	137.4
盘　锦	3	3.0	2.7	2	0.2	0.3	105	13.5	14.3	171	106.5	231.5
铁　岭	3	0.7	0.7	3	1.2	1.2	91	12.7	15.4	126	27.9	61.0
朝　阳	4	0.7	0.6	2	0.3	0.4	87	10.5	10.4	166	40.7	52.1
葫芦岛	8	2.5	3.0	4	0.9	1.3	48	6.2	7.0	114	95.2	148.8

13—8 续表 2　　　　(1999 年)　　　　单位:个、亿元

地　区	大　型　工　业			中　型　工　业			小　型　工　业		
	企业单位数	总产值		企业单位数	总产值		企业单位数	总产值	
		1990 年不变价	当年价格		1990 年不变价	当年价格		1990 年不变价	当年价格
全　省	**392**	**1 694.7**	**2 152.5**	**455**	**225.6**	**245.8**	**4 969**	**891.1**	**992.0**
沈　阳	84	380.9	312.9	68	34.4	35.0	999	225.2	234.8
大　连	132	538.5	614.6	159	62.1	70.3	682	135.7	157.9
鞍　山	29	165.9	222.3	33	23.1	34.5	603	148.6	165.0
抚　顺	22	106.8	201.4	12	17.6	13.3	280	49.6	61.0
本　溪	11	80.4	124.8	17	8.7	9.0	207	21.7	21.6
丹　东	32	46.3	40.7	27	2.0	12.1	267	41.2	41.5
锦　州	22	49.9	93.2	11	2.1	2.2	270	38.2	40.4
营　口	18	33.6	40.7	34	25.5	27.6	374	71.3	68.2
阜　新	10	11.8	19.0	17	7.6	7.1	194	13.0	19.5
辽　阳	12	82.0	91.1	28	13.4	12.8	270	50.9	54.9
盘　锦	9	83.7	201.5	9	3.1	3.7	258	33.2	40.6
铁　岭	7	13.4	35.0	12	4.1	5.5	198	23.1	36.1
朝　阳	9	25.8	29.6	16	6.1	6.3	228	19.3	26.6
葫芦岛	11	75.6	125.8	12	5.8	6.1	139	20.1	23.8

13—9 各地区全部国有及规模以上非国有工业企业主要指标

（1999 年）　　单位：亿元

地区	企业单位数（个）	工业总产值	工业增加值	实收资本	流动资产合计	流动资产年平均余额
全省	**5 816**	**3 390.3**	**935.7**	**1 746.3**	**2 983.0**	**2 741.9**
沈阳	1 151	582.7	155.7	454.0	919.3	852.7
大连	973	842.6	185.0	339.6	574.4	551.9
鞍山	665	422.1	121.9	193.3	352.7	343.2
抚顺	314	275.8	69.4	141.4	180.5	173.3
本溪	235	155.4	46.0	84.8	143.9	142.8
丹东	310	94.2	24.4	82.6	75.0	71.4
锦州	303	135.9	30.1	54.3	88.0	82.4
营口	426	136.5	33.1	50.5	94.7	89.3
阜新	221	45.6	14.9	26.2	46.2	43.6
辽阳	310	158.8	33.0	72.5	105.9	104.9
盘锦	276	245.8	134.7	111.9	157.2	55.6
铁岭	217	76.5	35.0	38.9	51.9	48.2
朝阳	253	62.5	19.9	29.5	72.7	69.7
葫芦岛	162	155.8	32.7	66.8	120.6	113.0

13－9 续表 1　　（1999 年）　　单位：亿元

地区	固定资产小计	固定资产原价合计	固定资产净值年平均余额	流动负债合计	长期负债合计	所有者权益合计
全省	**3 859.1**	**5 141.1**	**3 170.9**	**3 165.2**	**1 300.9**	**2 947.6**
沈阳	761.5	941.8	620.0	808.0	300.5	777.8
大连	680.4	891.3	591.9	621.1	186.8	535.1
鞍山	536.3	656.6	403.4	363.1	185.9	386.7
抚顺	295.1	396.4	258.9	234.6	102.5	166.6
本溪	254.6	301.7	168.3	187.9	109.2	127.1
丹东	121.7	150.5	106.6	103.9	31.4	84.9
锦州	120.2	175.4	107.0	104.0	48.7	70.5
营口	104.0	138.1	98.0	98.6	26.8	92.3
阜新	57.3	77.4	49.9	63.1	22.6	27.1
辽阳	204.4	281.0	193.3	151.3	81.0	91.6
盘锦	395.2	681.0	286.1	130.1	79.0	393.5
铁岭	89.6	123.9	87.4	67.4	45.8	40.1
朝阳	78.3	99.6	58.2	81.4	35.7	41.2
葫芦岛	160.4	226.5	142.0	150.7	45.1	113.2

13—9 续表 2　　(1999年)　　单位:亿元

地区	产品销售收入	产品销售成本	产品销售税金及附加	产品销售利润	利润总额	本年应交增值税	利税总额
全省	**3 429.7**	**2 875.1**	**55.1**	**365.0**	**58.2**	**154.9**	**268.2**
沈阳	724.9	608.7	7.7	79.2	22.8	31.6	62.1
大连	820.5	688.9	9.6	98.0	21.4	26.2	57.2
鞍山	377.0	315.4	4.4	47.7	9.1	20.8	34.3
抚顺	290.8	242.5	8.7	33.5	0.7	10.6	20.0
本溪	190.6	167.9	3.4	16.5	－1.5	9.0	10.9
丹东	88.2	75.6	0.9	8.3	－1.8	4.2	3.3
锦州	130.6	110.7	4.3	12.1	－1.4	5.7	8.6
营口	123.9	101.7	2.5	12.2	4.9	5.0	12.4
阜新	36.4	30.9	0.5	3.7	－2.6	2.3	0.2
辽阳	148.8	125.5	2.1	16.9	－7.9	7.2	1.4
盘锦	224.8	170.7	5.4	11.6	21.2	19.1	45.7
铁岭	53.5	42.8	0.6	8.8	0.5	3.9	5.0
朝阳	55.2	46.0	1.0	6.1	－2.3	3.1	1.8
葫芦岛	164.5	147.9	4.2	10.3	－5.0	6.2	5.4

13—10 全部国有及规模以上非国有工业企业主要指标

（1999 年） 单位：亿元

	企业单位数（个）	工业总产值（现价）	工业增加值	实收资本	资产合计
总　　计	**5 816**	**3 390.3**	**935.7**	**1 746.3**	**7 433.7**
国有经济	2 235	1 600.7	482.3	848.1	3 985.8
中央企业	246	1 029.9	345.1	465.0	2 220.0
地方企业	1 989	570.7	137.2	383.7	1 765.8
集体企业	1 324	337.1	84.5	79.0	338.0
股份合作企业	220	59.5	17.4	15.6	70.0
联营企业	50	10.8	2.8	3.6	20.5
国有联营企业	9	2.6	0.6	1.1	5.3
集体联营企业	14	2.1	0.5	0.2	1.2
国有与集体联营企业	21	4.8	1.4	1.8	9.9
其他联营企业	6	1.3	0.2	6.0	4.2
有限责任公司	248	399.6	91.9	303.9	1 467.6
国有独资	40	210.0	46.1	225.7	1 084.4
其他有限责任公司	208	189.6	45.9	78.2	383.2
股份有限公司	141	165.5	49.9	81.2	381.5
私营企业	690	200.5	51.2	53.1	197.3
私营独资企业	473	121.0	28.8	30.6	107.2
私营合伙企业	29	6.4	1.5	1.4	4.8
私营有限责任公司	156	46.1	10.9	16.5	69.6
私营股份责任	32	27.0	10.0	4.6	15.7
其他企业	3	8.6	2.7	4.0	3.9
港、澳、台投资企业	273	139.9	43.8	89.9	248.4
合资经营企业（港或澳、台资）	212	108.9	34.9	62.4	195.5
合作经营企业（港或澳、台资）	12	8.3	2.6	15.5	19.6
港澳台商独资经营企业	45	20.9	6.0	10.3	30.2
港澳台投资股份有限企业	4	1.8	0.3	1.7	3.1
外商投资企业	632	468.0	109.3	271.4	720.8
中外合资经营企业	372	285.3	71.2	174.0	517.2
中外合作经营企业	42	15.8	3.6	4.2	14.6
外资企业	215	162.2	33.0	90.5	174.8
外商投资股份有限公司	3	4.7	1.5	2.7	14.1
在总计中：轻工业	2 248	694.7	172.1	304.9	1 162.0
以农产品为原料	1 607	473.7	113.0	177.6	700.0
以非农产品为原料	641	221.0	59.1	127.3	461.9
重工业	3 568	2 695.6	763.6	1 441.4	6 271.8
采掘工业	257	261.6	135.6	275.4	1 204.7
原料工业	1 084	1 375.8	362.0	668.2	2 948.9
加工工业	2 227	1 058.1	266.0	497.7	2 118.2
在总计中：特大型企业	34	1 212.8	356.1	667.6	3 199.7
大一型企业	136	673.0	158.0	382.7	1 642.8
大二型企业	223	266.7	68.5	160.4	598.6
中一型企业	146	110.6	28.4	52.3	215.1
中二型企业	308	135.1	34.2	71.4	277.7
小型企业	4 969	992.0	290.5	411.9	1 499.9

13—10 续表 1 （1999 年） 单位：亿元

	流动资产合计	流动资产年平均余额	固定资产合计	固定资产原价	固定资产净值年平均余额
总计	**2 983.0**	**2 741.9**	**3 859.1**	**5 141.1**	**3 170.9**
国有经济	1 424.3	1 287.0	2 290.2	3 176.5	1 878.1
中央企业	709.4	589.2	1 433.9	2 084.7	1 138.1
地方企业	714.9	697.9	856.2	1 091.8	740.1
集体企业	202.6	193.8	112.7	146.3	103.0
股份合作企业	38.7	35.6	26.3	35.7	24.4
联营企业	11.5	10.9	7.5	9.3	6.3
国有联营企业	2.4	2.0	2.4	3.1	2.1
集体联营企业	0.9	0.9	0.3	0.4	0.3
国有与集体联营企业	6.1	5.9	2.8	3.9	2.6
其他联营企业	2.0	2.1	2.0	1.9	1.3
有限责任公司	640.4	591.5	662.1	836.7	494.6
国有独资	441.9	409.3	507.4	642.2	373.6
其他有限责任公司	198.4	182.2	154.7	194.5	121.0
股份有限公司	197.7	188.8	149.2	151.2	99.5
私营企业	91.8	88.6	79.8	96.6	71.4
私营独资企业	48.1	46.1	45.0	56.3	38.6
私营合伙企业	2.2	2.2	2.1	2.8	2.1
私营有限责任公司	31.2	30.1	28.1	32.4	26.4
私营股份责任	10.3	10.2	4.5	5.1	4.3
其他企业	3.5	3.1	0.4	0.4	1.7
港、澳、台投资企业	108.5	97.9	127.8	177.6	122.0
合资经营企业(港或澳、台资)	86.4	81.4	98.9	139.7	95.2
合作经营企业(港或澳、台资)	6.9	5.5	12.6	18.1	12.9
港澳台商独资经营企业	13.8	9.8	14.7	18.0	12.6
港澳台投资股份有限企业	1.4	1.1	1.5	1.7	1.3
外商投资企业	264.1	244.7	403.2	510.9	369.8
中外合资经营企业	165.6	151.7	317.0	373.3	284.9
中外合作经营企业	8.2	7.8	5.5	7.2	5.4
外资企业	80.4	77.9	78.6	129.1	78.4
外商投资股份有限公司	9.9	7.3	2.1	1.2	1.0
在总计中：轻工业	520.6	494.0	529.2	678.0	471.5
以农产品为原料	316.5	295.2	313.9	399.6	281.0
以非农产品为原料	204.0	198.8	215.3	278.4	190.4
重工业	2 462.4	2 247.9	3 329.8	4 463.1	2 699.4
采掘工业	415.3	278.4	666.2	1 047.0	513.9
原料工业	943.0	906.6	1 851.9	2 346.7	1 489.7
加工工业	1 104.1	1 063.0	811.7	1 069.4	695.8
在总计中：特大型企业	1 054.9	898.1	1 923.0	2 701.4	1 515.3
大一型企业	698.7	677.4	836.0	1 034.3	686.4
大二型企业	267.6	257.2	264.1	357.6	236.1
中一型企业	104.2	96.3	95.5	115.2	79.4
中二型企业	134.1	127.7	119.9	154.0	108.8
小型企业	723.5	685.2	620.6	778.5	544.9

13—10续表2　　(1999年)　　单位:亿元

	负债合计	流动负债合计	长期负债合计	所有者权益	产品销售收入	产品销售成本
总　　计	**4 486.1**	**3 165.2**	**1 300.9**	**2 947.6**	**3 429.7**	**2 875.1**
国有经济	2 419.0	1 669.9	743.7	1 566.8	1 545.6	1 290.6
中央企业	1 163.2	782.6	380.6	1 056.8	1 001.6	835.1
地方企业	1 255.8	887.3	363.1	510.0	544.0	455.5
集体企业	236.0	207.8	27.0	102.1	289.2	242.0
股份合作企业	46.9	40.8	5.3	23.1	54.2	44.2
联营企业	15.9	13.0	2.9	4.6	9.7	8.0
国有联营企业	4.4	3.4	0.9	0.9	2.3	2.0
集体联营企业	0.9	0.8	0 1	0.3	2.0	1.6
国有与集体联营企业	7.7	6.7	1.0	2.2	4.2	3.4
其他联营企业	3.0	2.1	0.9	1.2	1.3	1.0
有限责任公司	883.8	576.1	306.4	583.8	599.5	534.2
国有独资	612.8	355.9	256.9	471.6	421.3	385.3
其他有限责任公司	270.9	220.1	49.5	112.2	178.2	148.8
股份有限公司	222.6	168.9	53.7	158.8	153.1	112.5
私营企业	134.3	109.2	21.1	63.0	178.2	148.2
私营独资企业	70.4	56.9	10.1	36.8	104.3	86.1
私营合伙企业	3.3	2.8	0.5	1.4	6.0	4.9
私营有限责任公司	51.0	41.4	9.4	18.7	42.8	35.4
私营股份责任	9.6	8.2	1.1	6.1	25.1	21.9
其他企业	3.2	3.2	—	0.7	11.2	10.8
港、澳、台投资企业	160.5	106.7	52.9	87.9	136.0	106.3
合资经营企业(港或澳、台资)	131.3	84.6	45.8	64.2	105.4	81.9
合作经营企业(港或澳、台资)	9.8	5.8	3.9	9.9	7.9	7.0
港澳台商独资经营企业	18.2	15.0	3.1	12.0	21.0	16.2
港澳台投资股份有限企业	1.3	1.3	—	1.8	1.7	1.2
外商投资企业	363.9	269.6	87.8	356.9	453.2	378.3
中外合资经营企业	267.2	188.7	74.7	250.0	262.1	215.6
中外合作经营企业	10.4	9.8	0.5	4.2	15.0	12.8
外资企业	83.7	68.7	12.3	91.1	171.2	146.7
外商投资股份有限公司	2.6	2.3	0.2	11.6	4.8	3.3
在总计中:轻工业	799.2	618.9	172.1	362.8	649.5	536.1
以农产品为原料	505.5	402.5	99.3	194.5	438.7	367.5
以非农产品为原料	293.7	216.4	72.8	168.3	210.8	168.6
重工业	3 686.9	2 546.3	1 128.8	2 584.8	2 780.2	2 339.1
采掘工业	515.2	319.1	195.7	689.5	418.1	351.6
原料工业	1 768.1	1 115.9	650.1	1 180.8	1 377.2	1 187.6
加工工业	1 403.6	1 111.2	282.9	714.6	984.9	799.8
在总计中:特大型企业	1 671.3	995.9	675.3	1 528.3	1 406.9	1 189.9
大一型企业	1 019.9	761.5	255.9	622.9	677.8	568.8
大二型企业	393.1	284.8	106.7	205.6	250.7	202.8
中一型企业	136.5	105.4	31.1	78.7	105.4	83.8
中二型企业	188.3	149.5	37.8	89.4	127.69	100.8
小型企业	1 077.0	868.2	194.1	422.8	861.1	729.1

13—10续表3　　(1999年)　　单位:亿元

	产品销售税金及附加	产品销售利润	利润总额	本年应交增值税	利税总额
总计	**55.1**	**365.0**	**58.2**	**154.9**	**268.2**
国有经济	35.4	153.9	—10.7	80.2	104.9
中央企业	31.1	91.0	4.2	55.7	91.1
地方企业	4.3	62.9	—15.0	24.5	13.8
集体企业	2.7	31.2	9.3	10.9	22.8
股份合作企业	0.5	7.5	3.1	2.2	5.7
联营企业	0.1	1.2	—0.1	0.4	0.5
国有联营企业	0.1	0.2	—0.1	0.1	0.1
集体联营企业	—	0.2	0.1	0.1	0.2
国有与集体联营企业	—	0.6	—0.1	0.2	0.1
其他联营企业	—	0.2	—	—	—
有限责任公司	5.7	50.3	6.1	27.4	39.2
国有独资	4.6	28.2	6.5	20.1	31.2
其他有限责任公司	1.1	22.1	—0.5	7.4	8.0
股份有限公司	4.1	28.9	19.0	7.5	30.6
私营企业	1.8	19.0	7.4	5.3	14.5
私营独资企业	1.2	11.5	4.8	3.0	9.0
私营合伙企业	0.1	0.7	0.2	0.2	0.6
私营有限责任公司	0.4	4.6	1.4	1.7	3.5
私营股份责任	0.1	2.2	1.1	0.4	1.6
其他企业	0.1	0.2	—	—	0.2
港、澳、台投资企业	1.4	20.6	8.1	7.2	16.8
合资经营企业(港或澳、台资)	1.0	17.4	6.9	5.5	13.4
合作经营企业(港或澳、台资)	—	0.7	0.8	0.7	1.5
港澳台商独资经营企业	0.5	2.1	0.4	0.9	1.7
港澳台投资股份有限企业	—	0.3	0.1	0.1	0.2
外商投资企业	3.4	52.2	16.0	13.7	33.1
中外合资经营企业	3.3	30.3	8.0	12.4	23.7
中外合作经营企业	—	1.1	0.6	0.2	0.8
外资企业	—	19.5	6.4	1.0	7.4
外商投资股份有限公司	—	1.3	1.0	0.1	1.2
在总计中:轻工业	8.8	71.6	8.3	21.2	38.3
以农产品为原料	7.8	43.3	5.6	13.6	27.0
以非农产品为原料	1.0	28.3	2.7	7.6	11.3
重工业	46.3	293.4	49.9	133.7	230.0
采掘工业	6.2	22.9	25.3	30.2	61.7
原料工业	32.2	135.5	1.7	69.6	103.5
加工工业	8.0	134.9	22.8	33.9	64.8
在总计中:特大型企业	34.1	131.3	26.5	81.3	141.9
大一型企业	6.4	77.6	8.7	25.2	40.4
大二型企业	1.7	37.9	9.3	9.5	20.5
中一型企业	4.2	13.3	1.2	4.5	9.9
中二型企业	1.3	19.5	4.4	5.9	11.6
小型企业	7.4	85.4	8.1	28.5	43.9

13—11 按行业分的全部国有及规模以上非国有工业企业主要指标

(1999年)　　单位:亿元

行业	企业单位数(个)	工业总产值(现价)	工业增加值	实收资本	资产总计
煤炭采选业	57	61.4	20.7	76.7	246.0
石油和天然气开采业	3	160.7	113.6	84.0	457.0
黑色金属矿采选业	64	10.6	2.6	2.8	12.1
有色金属矿采选业	62	16.0	5.8	5.5	20.6
非金属矿采选业	70	16.4	5.3	9.6	40.5
其他矿采选业	3	0.1	0.1	—	0.1
木材及竹材采运业	7	0.1	0.1	—	0.2
食品加工业	407	142.8	21.4	34.6	124.5
食品制造业	157	31.9	8.2	15.0	48.1
饮料制造业	121	44.9	18.0	21.7	78.1
烟草加工业	5	7.9	2.9	3.9	14.6
纺织业	236	68.4	14.9	29.3	169.7
服装及其他纤维制品制造业	179	53.8	13.2	16.7	49.7
皮革、毛皮、羽绒及其制品业	73	26.2	5.6	5.0	23.3
木材加工及竹、藤、棕、草制品业	115	26.8	5.8	9.1	28.7
家具制造业	38	9.7	2.9	6.3	17.1
造纸及纸制品业	116	28.3	6.3	10.6	59.2
印刷业、记录媒介的复制	129	13.8	4.5	13.0	44.6
文教体育用品制造业	12	2.5	0.9	0.6	5.8
石油加工及炼焦业	85	427.0	66.7	124.3	494.1
化学原料及化学制品制造业	395	238.6	55.5	128.9	596.2
医药制造业	147	58.3	20.8	29.9	135.2
化学纤维制造业	24	16.2	3.1	11.9	48.4
橡胶制品业	73	34.6	8.2	23.2	83.8
塑料制品业	174	39.5	9.0	14.4	54.9
非金属矿物制品业	540	155.8	37.8	76.4	309.0
黑色金属冶炼及压延加工业	209	433.8	121.2	238.2	1 233.3
有色金属冶炼及压延加工业	139	105.1	18.9	41.7	232.8
金属制品业	265	85.7	22.4	30.5	110.6
普通机械制造业	508	181.6	50.9	91.2	437.9
专用设备制造业	267	81.1	20.9	55.6	230.8
交通运输设备制造业	275	226.3	58.0	99.8	470.4
武器弹药制造业	5	8.4	1.6	9.5	30.9
电气机械及器材制造业	300	130.2	30.3	59.3	250.4
电子及通讯设备制造业	126	180.1	35.5	68.0	227.1
仪器仪表及文化、办公用机械制造业	79	14.1	4.2	10.7	35.7
其他制造业	60	12.2	3.3	8.1	20.0
电力、蒸汽、热水的生产和供应业	184	203.9	104.0	230.8	870.3
煤气生产和供应业	19	9.0	2.1	15.4	34.5
自来水的生产和供应业	88	26.1	8.4	33.7	87.7

13—11 续表 1　　(1999 年)　　单位:亿元

行业	流动资产合计	流动资产年平均余额	固定资产合计	固定资产原价	固定资产净值年平均余额
煤炭采选业	76.6	72.3	141.3	196.6	118.4
石油和天然气开采业	112.4	10.9	332.0	593.1	232.7
黑色金属矿采选业	7.0	6.9	4.3	5.8	3.6
有色金属矿采选业	9.4	9.0	10.5	15.6	9.8
非金属矿采选业	12.6	12.1	22.8	26.5	18.9
其他矿采选业	0.1	0.1	—	0.1	—
木材及竹材采运业	0.1	0.1	—	—	—
食品加工业	61.8	59.5	53.3	67.8	49.9
食品制造业	19.5	15.9	24.6	31.1	20.2
饮料制造业	28.3	27.8	42.3	51.1	39.7
烟草加工业	7.0	6.0	7.5	8.9	6.3
纺织业	69.3	62.9	80.2	104.3	75.8
服装及其他纤维制品制造业	27.6	25.4	18.1	24.5	15.3
皮革、毛皮、羽绒及其制品业	15.0	15.3	6.6	8.4	6.3
木材加工及竹、藤、棕、草制品业	12.0	11.5	13.2	16.3	13.1
家具制造业	9.8	9.2	6.1	8.1	6.0
造纸及纸制品业	29.2	28.0	26.8	34.0	20.3
印刷业、记录媒介的复制	16.4	14.9	19.7	24.5	16.7
文教体育用品制造业	2.5	2.3	3.0	3.3	1.2
石油加工及炼焦业	134.8	126.3	333.1	471.5	289.2
化学原料及化学制品制造业	177.6	175.9	358.8	460.3	304.9
医药制造业	72.5	70.2	45.6	54.5	37.8
化学纤维制造业	15.4	15.3	25.8	32.8	21.4
橡胶制品业	41.1	39.0	29.7	36.4	22.7
塑料制品业	23.2	23.1	28.1	34.0	24.9
非金属矿物制品业	132.7	131.3	148.9	186.5	134.4
黑色金属冶炼及压延加工业	435.6	429.6	748.4	892.9	514.9
有色金属冶炼及压延加工业	102.1	91.1	110.4	132.9	95.7
金属制品业	59.6	55.5	41.2	57.1	36.9
普通机械制造业	238.1	230.4	157.0	213.1	137.4
专用设备制造业	123.2	120.2	80.1	106.0	70.9
交通运输设备制造业	265.7	252.1	183.4	218.1	141.6
武器弹药制造业	11.4	10.3	18.8	23.4	16.3
电气机械及器材制造业	136.0	134.2	88.5	127.8	82.9
电子及通讯设备制造业	127.8	115.9	73.0	110.3	65.4
仪器仪表及文化、办公用机械制造业	19.8	18.9	11.4	16.5	10.3
其他制造业	7.3	7.1	11.4	12.9	9.5
电力、蒸汽、热水的生产和供应业	311.7	273.6	464.4	617.0	417.6
煤气生产和供应业	9.9	10.1	24.0	31.3	21.0
自来水的生产和供应业	21.1	21.6	64.8	85.9	61.0

13—11 续表 2　　(1999 年)　　单位:亿元

行　　业	负债合计	流动负债合　计	长期负债合　计	所有者权益	产品销售收　入	产品销售成　本
煤炭采选业	163.7	107.7	55.9	82.3	55.9	44.1
石油和天然气开采业	118.2	89.3	28.9	338.8	153.2	110.9
黑色金属矿采选业	9.3	8.4	0.9	2.8	9.1	7.6
有色金属矿采选业	14.1	10.0	3.9	6.5	13.6	10.7
非金属矿采选业	27.2	19.2	7.9	13.3	14.5	10.5
其他矿采选业	0.1	0.1	—	0.1	0.1	0.1
木材及竹材采运业	0.1	0.1	—	0.1	0.1	—
食品加工业	97.5	85.4	10.8	27.0	137.0	124.0
食品制造业	31.0	24.6	6.1	17.1	31.7	25.6
饮料制造业	53.7	37.8	15.7	24.3	42.1	27.1
烟草加工业	9.3	7.4	1.9	5.4	8.5	5.5
纺织业	142.5	109.5	32.5	27.2	58.1	50.9
服装及其他纤维制品制造业	29.1	25.7	3.2	20.6	49.6	41.8
皮革、毛皮、羽绒及其制品业	18.8	16.5	1.9	4.6	24.3	22.0
木材加工及竹、藤、棕、草制品业	17.9	13.6	4.0	10.8	24.7	21.5
家具制造业	11.0	9.5	1.5	6.1	9.4	7.1
造纸及纸制品业	42.9	34.1	8.8	16.3	24.3	21.1
印刷业、记录媒介的复制	25.8	18.2	7.5	18.8	13.7	10.8
文教体育用品制造业	5.2	2.8	2.4	0.6	2.3	1.7
石油加工及炼焦业	282.4	185.3	97.1	211.7	455.1	399.1
化学原料及化学制品制造业	396.9	220.9	175.7	199.3	222.2	185.5
医药制造业	93.2	70.6	22.3	42.1	51.0	32.3
化学纤维制造业	34.0	16.2	17.7	14.4	17.5	15.4
橡胶制品业	60.4	42.6	17.8	23.3	31.5	24.7
塑料制品业	41.9	29.5	11.4	13.1	36.7	31.2
非金属矿物制品业	220.5	162.5	55.0	88.6	132.9	103.5
黑色金属冶炼及压延加工业	750.5	478.2	270.8	482.8	463.4	399.6
有色金属冶炼及压延加工业	157.9	120.1	37.6	74.9	101.7	89.2
金属制品业	77.9	65.1	10.7	32.8	74.7	61.2
普通机械制造业	284.6	227.8	55.6	153.2	173.1	134.8
专用设备制造业	151.2	126.2	24.7	79.6	71.8	56.4
交通运输设备制造业	322.5	263.2	55.6	147.9	218.3	178.9
武器弹药制造业	17.3	12.7	4.6	13.6	8.4	7.4
电气机械及器材制造业	175.4	145.6	29.1	75.0	122.1	102.1
电子及通讯设备制造业	133.6	114.0	19.4	93.5	180.2	153.5
仪器仪表及文化、办公用机械制造业	26.6	21.6	4.9	9.1	13.3	9.6
其他制造业	12.5	7.5	4.9	7.6	10.2	8.5
电力、蒸汽、热水的生产和供应业	386.7	208.3	178.3	483.6	337.4	307.6
煤气生产和供应业	15.2	12.4	2.8	19.3	10.4	10.0
自来水的生产和供应业	27.8	15.2	10.8	59.9	25.5	21.8

13—11 续表 3　　(1999 年)　　单位:亿元

行　　业	产品销售税金及附加	产品销售利　润	利润总额	本年应交增值税	利税总额
煤炭采选业	0.6	10.1	−1.7	4.0	2.8
石油和天然气开采业	4.1	3.9	20.1	16.1	40.3
黑色金属矿采选业	0.3	0.7	—	0.5	0.8
有色金属矿采选业	0.1	2.5	—	0.4	0.5
非金属矿采选业	0.6	2.5	0.1	0.7	1.5
其他矿采选业	—	—	—	—	—
木材及竹材采运业	—	—	—	—	—
食品加工业	0.4	7.9	0.4	1.7	2.5
食品制造业	0.1	3.0	0.3	1.3	1.7
饮料制造业	3.9	7.6	2.4	3.2	9.6
烟草加工业	2.5	0.4	0.2	0.9	3.5
纺织业	0.2	5.6	−1.1	1.9	1.0
服装及其他纤维制品制造业	0.1	5.4	1.8	0.8	2.8
皮革、毛皮、羽绒及其制品业	—	1.5	−0.6	0.1	−0.4
木材加工及竹、藤、棕、草制品业	0.1	2.0	0.4	0.6	1.1
家具制造业	0.1	1.6	0.5	0.2	0.8
造纸及纸制品业	0.1	2.6	−1.0	1.4	0.5
印刷业、记录媒介的复制	0.1	2.4	0.2	0.7	1.0
文教体育用品制造业	—	0.6	—	0.1	0.1
石油加工及炼焦业	23.2	27.2	−6.5	14.7	31.4
化学原料及化学制品制造业	2.8	29.1	−2.0	12.3	13.1
医药制造业	0.2	10.8	2.6	3.2	6.1
化学纤维制造业	0.1	1.8	0.4	0.4	0.9
橡胶制品业	1.2	3.8	0.1	1.4	2.8
塑料制品业	0.1	4.3	0.3	0.9	1.3
非金属矿物制品业	1.5	17.1	1.3	6.7	9.4
黑色金属冶炼及压延加工业	5.3	52.3	0.9	25.5	31.8
有色金属冶炼及压延加工业	0.4	10.5	−0.1	4.0	4.3
金属制品业	0.3	9.9	3.1	2.2	5.7
普通机械制造业	0.8	29.2	4.4	7.6	12.8
专用设备制造业	0.6	12.4	3.4	2.5	6.4
交通运输设备制造业	2.8	29.4	5.4	7.5	15.7
武器弹药制造业	—	1.0	−0.1	0.1	−0.1
电气机械及器材制造业	0.3	14.7	−2.3	3.4	1.4
电子及通讯设备制造业	0.2	19.0	6.2	3.3	9.7
仪器仪表及文化、办公用机械制造业	—	2.9	0.4	0.5	0.9
其他制造业	—	1.1	0.1	0.2	0.4
电力、蒸汽、热水的生产和供应业	1.6	26.4	20.1	22.0	43.7
煤气生产和供应业	—	−0.6	−0.9	0.4	−0.4
自来水的生产和供应业	0.2	2.7	−0.7	1.2	0.7

13—12 按行业分的全部国有及规模以上非国有工业企业主要经济效益指标

（1999 年）

行业	工业增加值率（%）	总资产贡献率（%）	资产负债率（%）	流动资产周转次数（次/年）	工业成本费用利润率（%）	全员劳动生产率（元/人·年）	产品销售率（%）
全省总计	**23.97**	**5.20**	**60.35**	**1.25**	**1.73**	**24 843**	**97.88**
煤炭采选业	29.25	1.94	66.56	0.77	—2.75	3 458	93.92
石油和天然气开采业	60.19	9.62	25.86	14.06	16.23	41 616	99.37
黑色金属矿采选业	22.51	8.20	77.03	1.33	0.15	7 295	97.59
有色金属矿采选业	34.66	4.39	68.40	1.52	0.18	15 078	93.42
非金属矿采选业	29.47	5.61	67.14	1.20	0.90	13 010	86.53
其他矿采选业	42.34	12.07	60.68	1.08	4.41	16 235	76.19
木材及竹材采运业	56.86	8.12	68.12	0.85	9.14	12 098	78.47
食品加工业	14.24	4.16	78.29	2.30	0.28	21 217	101.83
食品制造业	22.76	4.89	64.52	2.00	0.85	25 729	102.69
饮料制造业	34.95	14.00	68.82	1.51	6.74	42 561	97.83
烟草加工业	29.95	24.80	63.19	1.41	2.70	77 427	105.38
纺织业	19.74	1.83	83.96	0.92	—1.89	9 963	95.63
服装及其他纤维制品制造业	23.21	6.84	58.48	1.95	3.78	17 815	96.57
皮革、毛皮、羽绒及其制品业	20.86	0.55	80.39	1.59	—2.32	14 958	97.45
木材加工及竹、藤、棕、草制品业	20.19	5.50	62.46	2.15	1.80	29 093	97.36
家具制造业	28.27	5.36	64.44	1.03	6.01	38 813	91.87
造纸及纸制品业	19.90	2.70	72.53	0.87	—3.79	12 400	97.69
印刷业、记录媒介的复制	28.25	3.83	57.81	0.92	1.40	23 361	97.04
文教体育用品制造业	31.64	4.23	89.69	0.99	—1.19	13 286	91.96
石油加工及炼焦业	13.30	8.60	57.16	3.60	—1.48	41 368	98.41
化学原料及化学制品制造业	20.30	4.41	66.57	1.26	—0.90	23 454	97.08
医药制造业	32.27	6.66	68.90	0.73	5.27	53 361	90.90
化学纤维制造业	16.73	3.26	70.24	1.15	2.06	18 779	100.21
橡胶制品业	21.41	4.94	72.17	0.81	0.46	21 467	96.49
塑料制品业	20.92	4.56	76.19	1.59	0.77	27 099	96.00
非金属矿物制品业	22.24	4.77	71.34	1.01	0.98	18 951	95.28
黑色金属冶炼及压延加工业	22.02	4.02	60.85	1.08	0.20	20 768	99.11
有色金属冶炼及压延加工业	15.51	4.82	67.82	1.12	—0.14	22 877	98.66
金属制品业	24.03	6.79	70.39	1.35	4.33	32 253	97.12
普通机械制造业	24.70	4.45	65.00	0.75	2.57	20 083	97.64
专用设备制造业	23.49	4.39	65.51	0.60	4.67	17 308	95.53
交通运输设备制造业	23.02	5.02	68.56	0.87	2.54	25 028	97.55
武器弹药制造业	17.81	1.68	56.05	0.82	—1.12	4 649	94.18
电气机械及器材制造业	21.17	2.63	70.04	0.91	—1.85	27 917	98.55
电子及通讯设备制造业	18.31	5.32	58.84	1.55	3.52	90 199	98.68
仪器仪表及文化、办公用机械制造业	27.55	4.08	74.48	0.70	3.06	18 410	97.52
其他制造业	25.55	2.81	62.27	1.43	1.45	22 459	89.71
电力、蒸汽、热水的生产和供应业	33.89	6.21	44.43	1.23	6.17	32 031	99.63
煤气生产和供应业	18.94	—0.55	44.04	1.02	—6.70	4 920	99.97
自来水的生产和供应业	30.49	1.65	31.70	1.18	—2.42	9 844	97.56

13—13 国有及国有控股工业企业主要指标

（1999 年） 单位:亿元

行 业	企业单位数（个）	工业总产值（现价）	工业增加值	实收资本	资产总计
总 计	**2 608**	**2 208.8**	**635.3**	**1 245.5**	**5 942.1**
其中:亏 损 企 业	1 086	492.2	74.0	324.4	1 362.7
总计中:中 央 企 业	274	1 160.9	373.2	593.0	2 867.3
地 方 企 业	2 334	1 047.9	262.1	652.5	3 074.7
总计中:轻 工 业	1 050	254.8	62.9	144.4	704.9
以农产品为原料	745	156.9	37.7	75.7	400.0
以非农产品为原料	305	97.9	25.2	68.7	304.9
重 工 业	1 558	1 954.0	572.4	1 101.1	5 237.2
采 掘 工 业	91	230.2	126.1	267.1	1 172.5
原 料 工 业	448	1 130.9	295.9	527.9	2 531.5
加 工 工 业	1 019	592.9	150.3	306.1	1 533.2
总计中:特 大 型 企 业	28	1 170.7	344.0	641.3	3 134.5
大 一 型 企 业	95	491.2	115.1	275.6	1 340.7
大 二 型 企 业	160	161.8	39.1	89.3	442.1
中 一 型 企 业	78	64.3	16.6	31.9	151.3
中 二 型 企 业	115	40.9	9.9	25.0	121.5
小 型 企 业	2 132	279.9	110.4	182.5	752.0
煤 炭 采 选 业	33	58.2	19.5	75.0	239.3
石油和天然气开采业	3	160.7	113.6	84.0	457.0
黑色金属矿采选业	7	0.7	0.1	0.5	2.4
有色金属矿采选业	16	7.9	3.1	3.4	13.8
非金属矿采选业	30	6.0	2.1	7.6	31.5
其 他 矿 采 选 业	1	—	—	—	—
木材及竹材采运业	7	0.1	0.1	—	0.2
食 品 加 工 业	198	39.4	5.0	11.6	54.6
食 品 制 造 业	97	10.1	2.5	5.4	21.8
饮 料 制 造 业	57	11.8	4.9	4.8	30.0
烟 草 加 工 业	5	7.9	2.9	3.9	14.6
纺 织 业	121	37.2	7.8	18.2	134.7
服装及其他纤维制品制造业	31	7.9	2.1	4.1	16.4
皮革、毛皮、羽绒及其制品业	21	1.3	0.2	0.8	5.7
木材加工及竹、藤、棕、草制品业	31	3.1	0.5	1.4	5.5
家 具 制 造 业	6	0.5	0.2	0.2	0.8
造纸及纸制品业	54	17.1	4.1	6.9	47.5
印刷业、记录媒介的复制	108	10.4	3.4	11.2	38.9
文教体育用品制造业	7	2.1	0.8	0.4	5.4
石油加工及炼焦业	28	408.8	63.0	119.4	475.5
化学原料及化学制品制造业	165	190.3	42.6	108.9	531.4
医 药 制 造 业	65	26.2	8.5	9.7	76.8
化学纤维制造业	11	12.0	2.5	10.2	41.8
橡 胶 制 品 业	31	14.1	3.1	8.5	55.4
塑 料 制 品 业	61	7.1	1.3	3.3	22.3
非金属矿物制品业	217	44.8	10.6	33.7	161.4
黑色金属冶炼及压延加工业	59	369.4	108.4	221.3	1 158.7
有色金属冶炼及压延加工业	30	57.4	8.6	23.6	170.7
金 属 制 品 业	79	17.0	7.2	9.3	36.3
普通机械制造业	224	116.5	34.3	65.0	351.2
专用设备制造业	144	35.4	7.9	32.0	170.5
交通运输设备制造业	169	186.2	46.3	80.3	392.3
武器弹药制造业	5	8.4	1.6	9.5	30.9
电气机械及器材制造业	98	39.3	7.8	23.3	131.4
电子及通信设备制造业	68	111.6	19.3	34.9	158.9
仪器仪表及文化办公用机械制造业	44	4.0	1.4	5.4	20.8
其 他 制 造 业	12	0.8	0.1	0.2	1.9
电力、蒸汽、热水生产和供应业	160	142.1	77.3	158.5	712.0
煤气的生产和供应业	18	8.9	2.0	15.4	34.3
自来水的生产和供应业	87	26.0	8.3	33.6	87.4

13—13 续表 1　　(1999 年)　　单位:亿元

行业	流动资产合计	流动资产年平均余额	固定资产合计	固定资产原价	固定资产净值年平均余额
总计	**2 264.2**	**2 064.4**	**3 209.7**	**4 273.1**	**2 557.8**
其中:亏损企业	521.0	516.4	720.0	993.0	608.4
总计中:中央企业	967.4	809.0	1 738.0	2 465.6	1 394.6
地方企业	1 296.8	1 255.4	1 471.7	1 807.5	1 163.2
总计中:轻工业	296.5	284.2	337.7	430.3	294.7
以农产品为原料	174.9	165.1	181.3	230.5	159.1
以非农产品为原料	121.7	119.1	156.4	199.8	135.6
重工业	1 967.7	1 780.2	2 871.9	3 842.8	2 263.2
采掘工业	399.2	262.9	654.8	1 032.9	503.9
原料工业	788.3	763.2	1 611.9	2 034.7	1 259.0
加工工业	780.2	754.0	605.2	775.2	500.0
总计中:特大型企业	1 036.6	879.8	1 877.8	2 618.2	1 468.3
大一型企业	583.8	565.7	665.8	815.6	521.4
大二型企业	199.0	193.3	196.5	262.2	172.1
中一型企业	73.0	67.8	68.6	79.2	55.0
中二型企业	53.3	50.2	59.7	72.6	51.4
小型企业	318.6	307.6	341.3	425.3	289.6
煤炭采选业	73.4	69.4	138.1	193.5	116.2
石油和天然气开采业	112.4	10.9	332.0	593.1	232.7
黑色金属矿采选业	1.5	1.4	0.9	1.4	0.5
有色金属矿采选业	4.8	4.6	8.4	12.4	7.7
非金属矿采选业	9.8	9.4	20.0	23.1	16.2
其他矿采选业	—	—	—	—	—
木材及竹材采运业	0.1	0.1	—	—	—
食品加工业	29.6	30.6	21.0	27.0	19.8
食品制造业	8.2	7.8	11.7	15.5	10.5
饮料制造业	10.5	10.4	15.0	17.4	13.2
烟草加工业	7.0	6.0	7.5	8.9	6.3
纺织业	54.7	49.2	61.9	80.5	57.9
服装及其他纤维制品制造业	10.1	9.3	5.6	7.8	4.4
皮革、毛皮、羽绒及其制品业	3.0	3.0	2.0	2.4	1.9
木材加工及竹、藤、棕、草制品业	2.4	2.3	2.4	3.5	2.4
家具制造业	0.3	0.3	0.4	0.5	0.4
造纸及纸制品业	23.5	22.2	21.8	26.8	15.5
印刷业、记录媒介的复制	13.9	12.5	17.1	20.7	14.3
文教体育用品制造业	2.3	2.2	2.8	3.2	1.1
石油加工及炼焦业	125.2	117.2	324.7	460.9	283.4
化学原料及化学制品制造业	143.9	144.6	332.8	426.3	281.0
医药制造业	40.3	39.5	27.5	32.5	22.2
化学纤维制造业	13.0	13.0	22.4	28.5	18.4
橡胶制品业	29.5	28.8	15.1	19.1	9.4
塑料制品业	9.0	9.0	11.7	13.1	9.4
非金属矿物制品业	64.4	62.8	85.4	100.8	73.4
黑色金属冶炼及压延加工业	390.8	387.3	723.9	862.5	492.9
有色金属冶炼及压延加工业	72.7	63.3	80.8	99.9	68.8
金属制品业	18.6	17.7	15.4	22.4	12.6
普通机械制造业	187.0	181.5	128.6	172.4	109.5
专用设备制造业	89.5	89.5	67.6	90.1	60.0
交通运输设备制造业	218.3	208.8	156.9	181.8	120.0
武器弹药制造业	11.4	10.3	18.8	23.4	16.3
电气机械及器材制造业	68.6	68.6	45.7	63.8	40.9
电子及通信设备制造业	90.0	78.9	47.0	62.0	39.7
仪器仪表及文化办公用机械制造业	11.3	11.2	6.9	10.3	6.3
其他制造业	0.7	0.7	1.1	0.9	0.9
电力、蒸汽、热水生产和供应业	281.7	248.4	339.9	447.7	290.2
煤气的生产和供应业	9.8	10.1	23.9	31.2	20.9
自来水的生产和供应业	21.1	21.6	64.6	85.7	60.8

13—13续表2　　(1999年)　　单位:亿元

行业	负债合计	流动负债合计	长期负债合计	所有者权益	产品销售收入	产品销售成本
总计	**3 562.7**	**2 416.4**	**1 138.5**	**2 379.3**	**2 343.6**	**1 975.7**
其中:亏损企业	984.5	723.3	256.3	378.2	482.1	438.7
总计中:中央企业	1 464.5	944.5	519.8	1 420.8	1 302.8	1 109.5
地方企业	2 098.2	1 471.9	618.8	976.5	1 040.8	866.1
总计中:轻工业	510.6	375.1	131.2	194.3	241.6	197.9
以农产品为原料	314.1	242.3	69.7	85.9	142.7	117.7
以非农产品为原料	196.5	132.8	61.4	108.4	99.0	80.2
重工业	3 052.2	2 041.3	1 007.3	2 185.0	2 102.0	1 777.7
采掘工业	494.2	301.3	192.5	678.4	389.7	328.8
原料工业	1 538.2	946.4	590.4	993.3	1 153.5	998.3
加工工业	1 019.8	793.7	224.5	513.4	558.8	450.6
总计中:特大型企业	1 627.5	983.7	643.8	1 507.0	1 362.7	1 153.9
大一型企业	861.0	629.8	229.4	479.7	514.3	433.4
大二型企业	302.8	219.2	83.1	139.3	154.8	126.7
中一型企业	95.7	70.8	24.8	55.7	62.7	49.0
中二型企业	85.0	63.7	20.4	36.5	42.2	31.4
小型企业	590.8	449.2	137.0	161.2	206.9	181.2
煤炭采选业	159.3	104.9	54.4	80.0	53.1	41.7
石油和天然气开采业	118.2	89.3	28.9	338.8	153.2	110.9
黑色金属矿采选业	1.8	1.5	0.3	0.7	0.4	0.3
有色金属矿采选业	9.7	6.0	3.5	4.1	6.1	4.4
非金属矿采选业	22.4	15.1	7.2	9.1	5.1	3.6
其他矿采选业	—	—	—	—	—	—
木材及竹材采运业	0.1	0.1	—	0.1	0.1	—
食品加工业	48.5	43.1	4.4	6.1	37.2	33.7
食品制造业	16.2	11.1	4.7	5.7	9.8	7.6
饮料制造业	23.9	17.4	6.4	6.0	10.7	6.4
烟草加工业	9.3	7.4	1.9	5.4	8.5	5.5
纺织业	118.7	90.1	28.2	16.0	30.8	27.1
服装及其他纤维制品制造业	9.4	8.4	1.0	7.0	8.3	6.5
皮革、毛皮、羽绒及其制品业	5.0	3.1	1.8	0.7	0.7	0.7
木材加工及竹、藤、棕、草制品业	4.0	2.3	1.7	1.5	3.2	2.7
家具制造业	0.6	0.4	0.3	0.2	0.3	0.3
造纸及纸制品业	36.0	28.2	7.8	11.5	13.5	11.6
印刷业、记录媒介的复制	22.1	15.4	6.8	16.8	10.9	8.7
文教体育用品制造业	5.0	2.6	2.4	0.4	1.9	1.4
石油加工及炼焦业	271.4	175.9	95.5	204.2	437.6	384.9
化学原料及化学制品制造业	356.7	186.0	170.6	174.8	176.9	149.2
医药制造业	57.8	41.1	16.6	19.1	25.4	17.4
化学纤维制造业	30.2	13.5	16.7	11.6	13.6	11.8
橡胶制品业	42.2	25.4	16.8	13.2	13.1	11.0
塑料制品业	19.1	12.7	5.9	3.2	7.0	5.9
非金属矿物制品业	113.0	81.7	31.0	48.4	42.1	33.1
黑色金属冶炼及压延加工业	694.6	426.8	266.5	464.1	405.1	349.2
有色金属冶炼及压延加工业	120.9	90.1	30.8	49.8	60.2	52.5
金属制品业	26.6	19.8	6.5	9.7	15.4	10.6
普通机械制造业	225.4	178.1	47.0	125.7	113.4	86.2
专用设备制造业	125.5	102.7	22.6	45.0	30.2	24.5
交通运输设备制造业	256.1	212.2	43.6	136.1	180.2	148.6
武器弹药制造业	17.3	12.7	4.6	13.6	8.4	7.4
电气机械及器材制造业	100.3	78.9	21.0	31.1	34.7	28.5
电子及通信设备制造业	100.6	84.0	16.6	58.3	110.8	93.5
仪器仪表及文化办公用机械制造业	18.6	14.8	3.8	2.2	3.0	2.1
其他制造业	1.7	1.5	0.2	0.2	0.6	0.5
电力、蒸汽、热水生产和供应业	331.7	184.6	147.0	380.3	276.3	253.9
煤气的生产和供应业	15.1	12.3	2.8	19.2	10.3	9.9
自来水的生产和供应业	27.7	15.2	10.8	59.7	25.5	21.8

13—13 续表 3　　(1999 年)　　单位:亿元

行　　业	产品销售税金及附加	产品销售利润	利润总额	利税总额	本年应交增值税
总　　计	**46.7**	**238.2**	**17.6**	**120.1**	**184.5**
其中:亏损企业	15.3	17.8	−58.9	18.2	−25.4
总计中:中央企业	34.5	112.9	19.7	73.0	127.2
地方企业	12.2	125.3	−2.1	47.1	57.2
总计中:轻工业	5.3	28.7	−4.5	10.2	11.0
以农产品为原料	4.7	14.9	−3.3	6.3	7.7
以非农产品为原料	0.6	13.9	−1.2	3.9	3.3
重工业	41.4	209.4	22.1	109.9	173.5
采掘工业	5.4	19.5	24.5	29.0	58.9
原料工业	31.0	109.7	−8.8	58.3	80.5
加工工业	5.0	80.2	6.4	22.7	34.1
总计中:特大型企业	34.1	124.1	24.6	79.3	138.1
大一型企业	5.4	60.0	4.1	20.9	30.3
大二型企业	1.0	22.1	1.3	5.9	8.1
中一型企业	4.0	7.4	0.1	3.2	7.3
中二型企业	0.4	8.8	2.7	2.5	5.6
小型企业	1.9	15.7	−15.1	8.4	−4.8
煤炭采选业	0.5	9.8	−1.4	3.8	2.9
石油和天然气开采业	4.1	3.9	20.1	16.1	40.3
黑色金属矿采选业	—	0.1	—	—	—
有色金属矿采选业	—	1.5	−0.3	0.2	−0.1
非金属矿采选业	0.3	0.9	−0.7	0.5	0.1
其他矿采选业	—	—	—	—	—
木材及竹材采运业	—	—	—	—	—
食品加工业	0.1	1.9	−0.9	0.5	−0.3
食品制造业	0.1	1.4	—	0.5	0.6
饮料制造业	1.6	1.8	0.1	0.9	2.7
烟草加工业	2.5	0.4	0.2	0.9	3.5
纺织业	0.1	3.1	−1.7	1.3	−0.3
服装及其他纤维制品制造业	—	1.1	0.1	0.3	0.4
皮革、毛皮、羽绒及其制品业	—	—	−0.2	—	−0.2
木材加工及竹、藤、棕、草制品业	—	0.2	—	0.1	0.2
家具制造业	—	—	—	—	—
造纸及纸制品业	0.1	1.5	−1.2	0.9	−0.2
印刷业、记录媒介的复制	—	1.9	0.1	0.6	0.7
文教体育用品制造业	—	0.5	—	0.1	0.1
石油加工及炼焦业	23.0	24.7	−7.4	14.1	29.6
化学原料及化学制品制造业	2.5	22.4	−3.7	10.1	8.9
医药制造业	0.2	6.1	0.6	1.3	2.1
化学纤维制造业	0.1	1.6	0.5	0.4	1.0
橡胶制品业	0.4	1.3	−0.2	0.6	0.8
塑料制品业	—	0.7	−0.3	0.2	−0.1
非金属矿物制品业	0.5	6.4	−0.3	2.8	2.9
黑色金属冶炼及压延加工业	4.9	47.0	−1.0	24.3	28.2
有色金属冶炼及压延加工业	0.3	6.9	−1.3	3.0	2.0
金属制品业	0.1	3.7	1.2	1.0	2.2
普通机械制造业	0.5	20.9	2.5	5.7	8.7
专用设备制造业	0.2	4.3	−2.7	1.4	−1.1
交通运输设备制造业	2.6	22.9	5.9	5.9	14.4
武器弹药制造业	—	1.0	−0.1	0.1	−0.1
电气机械及器材制造业	0.2	4.2	−4.8	1.5	−3.1
电子及通信设备制造业	0.1	11.3	3.3	2.7	6.2
仪器仪表及文化办公用机械制造业	—	0.7	−0.6	0.2	−0.4
其他制造业	—	0.1	—	—	—
电力、蒸汽、热水生产和供应业	1.4	19.8	13.6	16.6	31.6
煤气的生产和供应业	—	−0.6	−0.9	0.4	−0.4
自来水的生产和供应业	0.2	2.7	−0.7	1.2	0.7

13—14 各地区国有及国有

(19

指　　标	沈　阳	大　连	鞍　山	抚　顺	本　溪
企业单位数(个)	582	306	188	140	134
工业总产值(现价)	348.2	496.0	233.8	223.4	137.0
实收资本	331.1	187.7	153.3	114.2	75.4
资产总计	1 544.4	933.8	792.9	443.0	376.6
流动资产合计	731.4	376.9	275.3	151.7	120.8
流动资产年平均余额	676.9	360.2	271.1	146.3	120.9
固定资产合计	635.4	499.5	486.0	266.1	234.5
固定资产原价合计	780.8	620.1	593.6	358.6	278.1
固定资产净值年平均余额	509.8	416.3	356.7	230.8	150.5
流动负债合计	623.2	412.7	280.9	207.3	156.3
长期负债合计	266.0	141.7	171.8	95.1	103.2
产品销售收入	507.9	485.5	216.5	239.8	173.0
产品销售成本	438.1	407.8	178.4	198.0	153.3
产品销售税金及附加	5.4	8.5	2.8	8.4	3.3
产品销售利润	4.9	5.7	3.2	2.9	1.5
利润总额	12.1	11.1	0.9	-1.0	-0.4
本年应交增值税	23.7	19.5	16.7	8.3	8.1
利税总额	41.3	39.0	20.4	15.7	10.9

控股工业企业主要指标

99 年）　　　　单位:亿元

丹　东	锦　州	营　口	阜　新	辽　阳	盘　锦	铁　岭	朝　阳	葫芦岛
106	193	94	165	110	178	152	188	73
44.8	93.0	28.9	35.7	95.1	220.0	62.6	538	136.6
25.7	39.0	14.9	24.0	51.1	105.8	35.3	27.1	60.9
118.6	161.3	73.8	100.3	250.0	573.6	141.2	147.1	285.6
42.3	63.6	30.0	38.9	72.4	142.0	45.5	65.7	107.7
42.6	60.7	29.1	37.0	72.3	41.8	42.8	63.3	99.9
58.7	83.4	33.2	53.3	167.9	383.1	84.2	73.5	150.8
77.9	118.5	44.0	71.9	239.1	665.6	117.3	93.4	214.2
46.2	69.7	27.5	46.1	157.8	276.8	82.6	53.6	133.4
67.2	84.0	35.8	53.9	113.4	114.5	59.9	73.8	133.5
24.4	25.3	17.4	21.7	77.9	73.2	44.7	33.7	42.3
42.6	89.6	28.0	27.3	90.8	204.8	42.3	47.2	148.3
38.1	78.3	22.4	22.7	77.2	155.0	33.1	39.5	133.7
0.4	3.8	2.0	0.3	1.7	5.0	0.4	0.9	3.9
3.3	5.3	3.1	3.4	10.6	9.2	7.7	5.0	8.7
−1.7	−4.0	−0.8	−2.1	−9.6	20.3	0.1	−2.4	−4.9
1.5	3.1	1.6	1.8	5.8	18.5	3.4	2.6	5.4
0.2	3.0	2.8	0.1	−2.1	43.7	3.9	1.1	4.4

13—15 各地区全部国有及规模以上非国有工业企业主要经济效益指标

（1999 年）　　　　单位：亿元

地区	工业增加值率（%）	总资产贡献率（%）	资产负债率（%）	流动资产周转次数（次/年）	工业成本费用利润率（%）	全员劳动生产率（元/人·年）	产品销售率（%）
全省	**23.97**	**5.20**	**60.35**	**1.25**	**1.73**	**24 842.80**	**97.88**
沈阳	21.50	4.26	59.00	0.85	3.20	27 480.28	97.42
大连	19.97	6.12	60.18	1.49	2.67	35 788.08	98.93
鞍山	24.98	5.19	58.81	1.10	2.45	23 812.00	97.51
抚顺	21.64	5.68	66.97	1.68	0.24	18 499.08	98.67
本溪	22.04	3.91	70.09	1.33	−0.77	15 981.49	99.32
丹东	23.22	3.28	61.48	1.23	−2.02	18 615.80	97.05
锦州	19.26	6.45	68.49	1.59	−1.06	14 721.98	97.40
营口	21.73	7.64	57.71	1.39	4.12	24 017.43	96.58
阜新	29.38	1.74	75.99	0.83	−6.62	8 870.59	95.61
辽阳	18.51	3.47	71.76	1.42	−5.20	20 710.88	96.63
盘锦	47.55	8.64	34.72	4.04	11.02	47 197.40	97.88
铁岭	42.81	5.15	73.90	1.11	1.01	15 890.89	93.83
朝阳	28.16	3.23	74.17	0.79	−3.87	13 103.80	97.07
葫芦岛	17.95	4.14	63.42	1.46	−2.96	14 664.23	98.47

13—16 各地区国有及国有控股工业企业主要经济效益指标

（1999 年）

地区	工业增加值率（%）	总资产贡献率（%）	资产负债率（%）	流动资产周转次数（次/年）	工业成本费用利润率（%）	全员劳动生产率（元/人·年）	产品销售率（%）
全省	**24.07**	**4.64**	**59.96**	**1.14**	**0.76**	**22 070**	**98.47**
沈阳	16.89	3.58	57.88	0.75	2.39	17 665	97.91
大连	19.38	6.13	59.38	1.35	2.32	33 896	97.88
鞍山	26.76	4.11	57.14	0.80	0.39	21 122	99.35
抚顺	21.20	5.31	68.34	1.64	−0.42	18 339	99.30
本溪	21.76	4.13	69.08	1.43	−0.26	18 209	99.69
丹东	19.10	1.65	77.27	1.00	−3.75	15 814	96.95
锦州	15.51	3.97	67.78	1.48	−4.28	10 347	98.49
营口	25.81	5.09	72.04	0.96	−2.77	14 946	97.63
阜新	31.60	1.60	75.32	0.74	−6.82	9 279	96.03
辽阳	18.35	2.55	76.54	1.26	−9.99	20 371	98.55
盘锦	50.46	8.63	32.77	4.90	11.65	45 641	98.95
铁岭	48.63	4.65	74.25	1.00	0.25	15 085	94.88
朝阳	29.02	2.85	73.81	0.75	−4.74	13 412	98.04
葫芦岛	16.73	3.97	61.68	1.48	−3.23	16 548	100.24

13—17 “三资”工业企业主要指标

（1999 年）　　单位:亿元

	企业单位数（个）	工业总产值（现价）	工业增加值（现价）	资产总计
总　　计	**905**	**607.9**	**153.1**	**969.2**
轻　工　业	503	240.2	61.5	285.0
以农产品为原料	388	172.3	43.2	197.1
以非农产品为原料	115	68.0	18.3	87.9
重　工　业	402	367.7	91.6	684.2
采掘工业	9	2.3	0.7	3.2
原料工业	94	166.6	49.8	373.8
加工工业	299	198.8	41.1	307.2
特大型企业	8	123.1	33.9	197.7
大一型企业	29	113.8	23.4	223.9
大二型企业	46	59.4	17.2	88.9
中一型企业	33	26.2	6.9	44.6
中二型企业	73	48.4	11.0	69.0
小型企业	716	237.0	60.7	345.1
黑色金属矿采选业	2	—	—	0.1
有色金属矿采选业	2	1.6	0.6	0.9
非金属矿采选业	5	0.7	0.1	2.2
食品加工业	97	51.2	7.9	45.4
食品制造业	28	15.1	4.1	20.4
饮料制造业	13	19.1	8.7	28.9
纺　织　业	47	12.9	3.0	22.4
服装及其他纤维制品制造业	79	25.6	6.0	18.6
皮革、毛皮、羽绒及其制品业	29	22.2	4.4	16.3
木材加工及竹、藤、棕、草制品业	51	8.8	1.3	16.1
家具制造业	24	7.1	2.0	14.4
造纸及纸制品业	9	3.4	1.0	4.5
印刷业、记录媒介的复制	5	1.1	0.3	2.0
文教体育用品制造业	4	0.6	0.2	0.6
石油加工及炼焦业	8	67.3	12.5	81.5
化学原料及化学制品制造业	46	11.4	3.1	18.5
医药制造业	31	20.7	8.6	37.1
化学纤维制造业	6	3.3	0.4	4.6
橡胶制品业	12	13.7	3.3	21.9
塑料制品业	36	10.2	2.7	15.1
非金属矿物制品业	49	18.0	3.2	41.1
黑色金属冶炼及压延加工业	15	4.9	0.7	17.2
有色金属冶炼及压延加工业	17	21.4	4.2	42.4
金属制品业	55	35.9	6.3	43.8
普通机械制造业	52	24.4	4.6	31.1
专用设备制造业	18	10.8	1.8	8.8
交通运输设备制造业	30	17.8	5.4	47.3
电气机械及器材制造业	42	58.9	13.8	79.2
电子及通信设备制造业	42	47.6	9.3	66.5
仪器仪表及文化办公用机械制造业	20	7.0	1.7	8.5
其他制造业	23	6.9	1.8	14.4
电力、蒸汽、热水生产和供应业	8	58.1	30.0	197.4

13—17 续表 （1999 年） 单位：亿元

	负债合计	所有者权益	产品销售收入	利税总额	本年应交增值税
总计					
轻工业	**171.6**	**147.5**	**233.5**	**5.9**	**14.8**
以农产品为原料	127.7	108.6	168.8	3.9	9.8
以非农产品为原料	43.9	38.9	64.7	2.1	5.0
重工业	352.8	228.7	355.7	14.9	35.0
采掘工业	2.2	1.1	2.3	—	—
原料工业	170.0	93.8	156.5	11.5	24.3
加工工业	180.5	133.9	196.9	3.4	10.8
特大型企业	115.1	52.2	121.4	8.0	16.7
大一型企业	88.5	71.0	108.3	2.9	8.0
大二型企业	59.3	40.8	56.0	2.3	5.4
中一型企业	18.2	15.3	25.3	0.4	1.7
中二型企业	38.6	34.5	45.2	1.3	3.4
小型企业	204.7	162.5	233.0	5.9	14.6
黑色金属矿采选业	0.1	0.1	0.1	—	—
有色金属矿采选业	0.5	0.5	1.6	—	—
非金属矿采选业	1.7	0.5	0.6	—	−0.1
食品加工业	33.8	30.0	54.4	0.4	0.4
食品制造业	11.2	9.8	16.0	0.7	0.9
饮料制造业	14.8	10.3	19.5	1.5	4.8
纺织业	16.3	13.1	10.5	0.2	—
服装及其他纤维制品制造业	11.2	10.2	22.9	0.2	1.2
皮革、毛皮、羽绒及其制品业	12.9	12.1	20.8	0.1	−0.4
木材加工及竹、藤、棕、草制品业	11.0	8.9	8.6	0.2	−0.3
家具制造业	9.5	8.5	7.0	0.1	0.5
造纸及纸制品业	2.1	1.7	3.4	0.1	0.3
印刷业、记录媒介的复制	0.9	0.7	1.0	0.1	0.1
文教体育用品制造业	0.3	0.2	0.7	—	0.1
石油加工及炼焦业	63.7	32.5	63.5	4.1	8.0
化学原料及化学制品制造业	9.2	6.7	10.9	0.5	1.1
医药制造业	19.7	17.2	17.8	1.4	3.4
化学纤维制造业	2.3	1.5	3.3	—	—
橡胶制品业	15.5	15.1	13.2	0.7	1.3
塑料制品业	9.8	5.9	10.0	0.3	0.8
非金属矿物制品业	32.5	18.0	18.1	0.7	−0.4
黑色金属冶炼及压延加工业	9.0	6.9	4.7	0.1	—
有色金属冶炼及压延加工业	20.7	16.0	18.2	0.2	0.6
金属制品业	28.7	26.3	32.8	0.4	0.9
普通机械制造业	16.5	13.8	24.7	0.3	1.2
专用设备制造业	4.1	3.8	10.7	0.2	0.9
交通运输设备制造业	27.7	9.4	16.7	0.5	1.6
电气机械及器材制造业	47.1	43.3	58.7	0.7	2.4
电子及通信设备制造业	25.7	23.3	49.8	0.4	3.4
仪器仪表及文化办公用机械制造业	4.2	3.4	7.4	0.2	1.1
其他制造业	7.3	2.8	6.1	0.1	0.3
电力、蒸汽、热水生产和供应业	54.4	23.9	55.5	6.6	15.7

13—18 大中型工业企业主要财务指标

（1999 年）

指　　标	单　位	合　计	大型工业企业	中型工业企业	占全省独立核算工业企业（%）
企业单位数	个	847	392	455	14.6
#亏损企业	个	309	122	187	15.9
全年工业总产值（当年价格）	亿元	2 398.3	2 152.5	245.8	70.7
全年工业总产值（1990 年不变价）	亿元	1 920.3	1 694.7	225.6	68.3
固定资产					
原　值	亿元	4 362.6	4 093.4	269.2	84.9
净　值	亿元	2 846.3	2 511.0	335.3	73.4
流动资产合计	亿元	2 259.5	2 021.2	238.3	75.7
流动资产年平均余额	亿元	2 056.7	1 832.7	224.0	75.0
资产总计	亿元	5 933.9	4 994.0	939.9	79.8
全年产品销售收入	亿元	2 568.6	2 160.6	408.0	74.9
#产品销售税金及附加	亿元	47.7	41.5	6.2	86.5
利润总额	亿元	50.1	38.1	12.0	86.1
亏损企业亏损总额	亿元	51.5	44.1	7.4	59.5
利税总额	亿元	224.3	186.8	37.5	83.6
全部职工全年应付工资总额	亿元	175.3	148.2	27.1	72.5
全部职工年平均人数	万人	186.4	155.3	31.1	59.7

13—18 续表 （1999 年）

指　　标	单　位	合　　计	大型工业企业	中型工业企业
每百元固定资产原价实现的：				
工业总产值（当年价格）	元	55.0	52.6	91.3
工业总产值（1990 年不变价格）	元	44.0	41.4	83.8
利　　润	元	1.7	0.9	4.5
利　润、税　金	元	5.1	4.6	13.9
利　税　率				
按现价总产值计算	%	9.3	8.7	15.2
按不变价总产值计算	%	11.7	11.0	16.6
按销售收入计算	%	8.7	8.6	9.2
固定资产折旧率	%	5.5	5.4	7.8
每百元工业总产值占用流动资金				
按现价计算	元	106.1	106.5	103.1
按不变价计算	元	85.0	83.8	94.7
平均每一职工				
实现的利润、税金	元	12 033	12 028	12 057
占用固定资产原值	元	234 045	263 580	86 559
占用固定资产净值	元	152 698	161 687	107 814
实现工业总产值（当年价格）	元	128 664	138 603	79 035

13—19 规模以下非国有及全部个体经营单位主要指标

（1999 年）　　　　　　　　　　单位：万元

	企业单位数（个）	工业总产值（当年价）	上交税金	实收资本（自有资金）	年末全部从业人数（人）
1998 年					
全省总计	**307 381**	**35 262 832**	**553 242**	**3 921 001**	**390 778**
总计中：轻工业	177 287	16 354 277	254 709	1 792 894	175 579
重工业	130 094	18 908 555	298 533	2 128 106	215 199
总计中：集体企业	28 211	8 899 435	198 765	1 185 143	137 019
股份合作企业	1 352	469 125	15 427	140 249	9 744
私营企业	20 241	5 032 062	96 999	647 860	59 600
联营企业	214	47 400	1 578	26 907	1 447
个体经营	255 026	20 005 568	220 449	1 345 966	137 834
外商及港澳台商投资企业	1 075	578 584	14 793	442 364	10 951
其他企业	1 262	230 658	5 229	132 512	4 183
总计中：农村工业	268 616	30 343 742	382 018	2 565 250	227 933
1999 年					
全省总计	**319 051**	**39 383 863**	**585 205**	**4 194 401**	**321 265**
总计中：轻工业	183 022	19 084 179	253 906	1 854 794	141 426
重工业	136 029	20 299 684	331 299	2 339 607	179 838
总计中：集体企业	23 146	6 840 980	168 533	1 202 803	108 312
股份合作企业	1 198	192 525	9 060	98 490	4 750
私营企业	23 256	6 609 804	109 853	1 071 870	59 449
联营企业	378	112 979	4 005	33 547	1 399
个体经营	269 266	24 579 434	277 599	1 395 371	140 240
外商及港澳台商投资企业	1 274	832 213	12 647	332 008	4 739
其他企业	533	215 927	3 508	60 313	2 377
总计中：农村工业	284 880	34 855 850	482 235	2 993 638	252 137

13—20 历年主要工业产品产量

年份	化学纤维（万吨）	纱（万件）	布（亿米）	毛线（吨）	呢绒（万米）	麻袋（万条）	丝（吨）	机制纸及纸板（万吨）	缝纫机（万架）	自行车（万辆）
1952		25.9	2.6		39.7	1 006	489	5.9	—	2.4
1957	…	26.2	2.7	354	148.0	1 908	2 151	14.8	—	16.4
1962	0.5	7.3	0.6	599	268.0	135	106	12.4	1.9	8.5
1965	0.8	32.1	2.7	929	364.6	1 566	1 736	23.1	4.6	15.9
1970	1.3	52.5	3.9	1 518	580.0	1 694	1 850	29.6	11.1	17.6
1975	2.2	54.4	4.0	1 860	765.5	1 571	1 938	37.1	29.4	48.8
1978	2.5	63.3	4.6	1 839	843.0	2 196	2 051	41.3	36.0	62.3
1979	3.0	70.5	5.1	2 010	657.0	2 749	2 787	44.5	45.7	80.7
1980	6.0	81.4	6.1	2 608	707.9	3 396	3 297	47.9	63.5	103.3
1981	8.4	91.0	6.3	3 472	765.0	2 649	3 535	49.6	78.3	146.6
1982	7.5	97.0	7.2	4 559	833.0	2 951	2 575	53.7	86.3	181.1
1983	7.9	98.3	7.1	4 529	918.2	3 088	1 434	58.4	45.6	199.6
1984	11.7	98.5	6.6	4 526	1 114.1	2 553	1 222	64.0	12.5	145.9
1985	14.1	99.9	6.2	5 267	1 344.1	2 688	2 270	70.4	4.7	167.3
1986	14.1	116.0	6.6	5 051	1 479.9	3 199	2 189	75.5	1.6	198.2
1987	14.5	130.1	6.9	5 853	1 672.7	3 049	2 196	81.3	1.9	215.5
1988	13.5	131.7	7.1	6 888	1 693.5	2 715	2 264	85.1	0.9	171.5
1989	14.9	120.7	6.9	6 755	1 704.0	2 056	2 485	82.1	0.8	129.1
1990	15.6	109.8	6.5	5 087	1 840.0	2 068	2 905	77.5	0.5	97.2
1991	15.8	110.1	6.4	4 099	1 781.1	2 411	2 667	75.1	0.4	85.5
1992	17.1	112.0	6.0	4 981	1 672.7	2 196	1 917	79.1	0.3	125.9
1993	15.7	99.3	5.6	3 524	1 431.4	2 111	2 280	75.4	0.4	195.4
1994	17.9	18.2	5.4	2 785	1 548.6	1 866	3 292	82.3	0.3	190.7
1995	19.8	18.0	5.8	2 725	1 185.0	1 013	3 484	97.5	0.2	112.1
1996	20.7	16.9	4.7	4 449	745.4	231	4 550	95.7	0.2	87.9
1997	28.1	17.2	5.4	1 902	648.5	1 150	3 588	84.2	0.2	55.1
1998	30.5	14.3	4.7	1 970	373.2	1 509	1 996	72.0	0.1	53.1
1999	29.2	15.2	5.3	1 655	606.1	439.9	1 328	58.8	0.1	16.3

注：1994 年以后纱产量的计量单位为万吨。

13—20 续表 1

年　份	手表（万只）	日用精铝制品（万吨）	灯泡（亿只）	合成洗涤剂（万吨）	原盐（万吨）	糖（万吨）	卷烟（万箱）	罐头（万吨）	啤酒（万吨）
1952			0.1		96.0		13.8	0.2	0.9
1957			0.2		173.2		19.7	0.9	2.1
1962			0.3	0.3	141.3		7.6	1.5	1.8
1965			0.3	0.1	225.7		29.1	1.1	2.2
1970	15.3		0.4	0.7	198.7	0.1	31.5	1.9	3.1
1975	72.1		0.4	2.2	227.0	0.8	38.1	3.0	5.0
1978	100.7	0.3	0.4	2.2	230.5	0.5	34.3	3.9	5.8
1979	122.6	0.4	0.5	2.8	153.5	0.6	37.0	3.7	7.8
1980	190.8	0.5	0.6	2.4	229.5	1.0	49.7	3.7	11.0
1981	280.5	0.4	0.6	3.0	243.6	2.1	55.0	4.5	13.9
1982	356.3	0.5	0.7	3.3	231.3	2.4	52.3	5.3	17.8
1983	362.2	0.4	0.8	4.0	217.3	3.7	42.6	6.0	22.2
1984	422.4	0.5	0.9	4.5	205.7	2.0	40.3	6.6	28.3
1985	548.7	0.5	0.8	5.1	114.3	2.2	43.6	7.3	34.4
1986	674.0	0.5	0.9	4.8	165.4	2.4	46.0	7.9	39.6
1987	439.3	0.6	1.0	4.7	136.8	2.8	49.1	7.6	44.3
1988	487.8	0.6	1.1	5.1	205.5	2.8	52.8	10.6	50.4
1989	426.1	0.5	1.1	5.6	337.5	3.2	57.0	10.7	52.3
1990	430.4	0.5	1.2	5.3	129.9	3.2	50.6	5.8	55.0
1991	467.7	0.5	1.5	4.2	240.4	3.6	42.8	7.6	64.3
1992	359.9	0.5	1.5	4.3	293.2	5.4	45.3	8.8	78.5
1993	554.5	0.6	1.1	2.9	282.9	5.2	40.3	4.0	62.8
1994	397.7	0.4	3.3	3.5	275.9	3.8	40.3	7.6	108.0
1995	409.9	0.6	3.7	2.9	230.9	3.8	43.2	8.2	113.4
1996	316.4	0.6	4.3	6.9	232.5	4.0	40.3	8.1	118.8
1997	212.4	0.3	1.4	5.7	286.1	5.3	40.5	6.0	128.7
1998	98.0	0.2	1.3	6.8	190.9	5.1	41.8	4.1	129.1
1999	97.0	0.2	1.1	6.3	282.2	4.5	33.2	2.7	144.3

13—20 续表 2

年份	家用电冰箱（万台）	家用洗衣机（万台）	电风扇（万台）	录音机（万台）	收音机（万台）	电视机（万台）	照相机（万台）	原煤（万吨）	原油（万吨）	天然气（亿立方米）
1952								1 176.6	23.4	
1957					0.2			2 284.4	56.0	
1962					2.8			2 279.8	45.3	
1965					5.9			2 274.5	52.0	1.7
1970					8.1			3 959.6	38.6	2.1
1975					43.2	0.9		3 992.8	306.6	10.3
1978					33.3	2.9		4 298.4	381.3	16.5
1979	0.6	0.2			42.4	11.5		4 182.9	474.8	17.1
1980	0.4	5.5	3.9	6.0	190.8	15.9	3.6	3 732.6	533.1	17.9
1981	0.2	31.2	14.7	13.0	185.3	36.2	7.9	3 370.7	525.1	15.4
1982	…	53.7	21.4	27.6	28.6	38.0	7.0	3 608.5	555.0	12.6
1983	0.1	62.7	16.6	33.0	44.6	42.6	7.5	3 766.2	635.2	12.6
1984	0.6	85.0	19.3		57.6	56.7	7.0	4 300.4	783.0	13.7
1985	1.2	117.9	25.8	38.9	67.7	80.8	1.6	4 595.0	922.2	17.7
1986	4.0	127.9	36.3	36.8	75.2	47.0	0.9	4 446.9	1 021.0	17.7
1987	13.9	127.8	44.2	44.5	79.3	83.4	…	4 351.6	1 146.1	18.1
1988	37.9	87.3	32.8	60.6	62.8	126.3	0.8	4 589.0	1 267.2	18.9
1989	32.9	62.9	30.4	69.1	70.4	147.6	…	4 981.0	1 345.0	20.0
1990	16.4	33.4	47.1	88.8	119.2	115.1	0.2	5 101.0	1 368.7	20.4
1991	11.8	29.3	45.0	56.2	88.82	59.62	—	5 234.7	1 374.2	20.6
1992	10.3	20.5	25.0	43.5	68.6	73.2	—	5 394.6	1 387.8	21.1
1993	12.0	20.7	13.9	15.8	44.4	49.9	—	5 566.8	1 420.1	23.8
1994	12.2	25.0	17.7	4.6	13.3	54.3	—	5 509.3	1 502.5	21.2
1995	14.2	19.9	18.8	—	37.8	47.7	—	5 626.4	1 552.7	21.1
1996	9.4	16.2	10.1	—	1.7	56.7	—	6 040.6	1 504.3	19.6
1997	6.9	25.8	7.8	—	—	73.2	—	5 883.8	1 504.1	19.1
1998	8.5	25.3	9.2	—	—	173.2	—	5 785.7	1 452.1	15.6
1999	13.2	17.1	0.8	1.9	—	229.3	—	4 779.3	1 430.3	14.3

13—20续表 3

年份	发电量（亿千瓦小时）	#水电	生铁（万吨）	钢（万吨）	成品钢材（万吨）	铁合金（万吨）	水泥（万吨）	平板玻璃（万重量箱）	木材（万立方米）	硫酸（万吨）
1952	17.3	5.35	112.4	94.1	58.9	0.67	112.8	117.0	0.1	13.3
1957	52.0	19.1	419.0	338.2	238.5	2.3	249.7	210.6	13.6	32.1
1962	82.0	20.9	402.3	344.0	193.9	3.0	104.6	243.2	11.3	27.5
1965	112.3	18.0	533.2	511.3	324.6	2.3	285.4	278.9	20.8	39.1
1970	164.2	18.6	683.1	613.2	371.3	6.1	357.9	318.0	6.4	49.3
1975	237.0	26.7	785.5	692.2	406.7	7.1	481.3	366.3	22.6	67.8
1978	278.0	14.2	972.9	848.7	496.0	8.8	551.9	416.9	39.0	75.5
1979	296.2	30.0	1 012.4	886.6	550.0	9.8	652.6	485.3	49.6	80.2
1980	299.0	25.9	1 039.9	904.6	562.8	8.8	726.7	496.4	45.0	82.3
1981	280.0	25.3	931.0	872.9	562.4	7.1	729.0	605.9	44.3	74.0
1982	297.1	25.9	963.1	885.6	600.2		812.6	670.3	42.2	76.1
1983	311.2	28.8	980.9	927.2	619.3	7.2	872.1	780.0	45.6	73.6
1984	323.9	30.2	1 003.5	968.6	666.3	9.2	939.1	792.0	68.9	70.1
1985	353.0	40.2	1 026.0	1 026.2	706.6	12.0	1 030.0	734.2	78.5	53.2
1986	347.7	46.9	1 100.1	1 084.0	757.0	12.4	1 150.5	672.9	85.4	60.5
1987	384.4	44.7	1 147.3	1 130.4	802.0	13.0	1 204.2	732.2	84.2	75.3
1988	413.6	28.7	1 191.7	1 207.6	904.0	12.8	1 320.6	774.4	68.5	81.5
1989	448.7	16.6	1 136.7	1 206.8	936.1	15.7	1 239.5	991.6	79.9	79.5
1990	435.8	35.5	1 145.5	1 216.3	939.9	16.0	1 092.0	995.3	85.6	74.1
1991	448.3	40.3	1 227.8	1 262.5	978.8	15.9	1 312.2	1 022.4	91.1	81.2
1992	489.1	32.4	1 262.7	1 349.9	1 082.9	20.3	1 644.4	1 188.5	96.7	86.2
1993	505.3	27.4	1 314.0	1 413.3	1 270.3	21.4	1 947.9	1 350.2	107.6	78.6
1994	504.0	18.5	1 274.1	1 340.6	1 186.9	24.1	1 891.2	1 299.0	121.8	95.8
1995	540.1	41.7	1 337.1	1 335.9	1 074.2	30.4	1 911.0	1 233.3	150.5	106.9
1996	583.9	45.2	1 358.5	1 369.3	1 210.3	30.2	1 743.1	1 591.6	69.6	108.7
1997	615.2	28.8	1 358.1	1 354.9	1 223.5	23.9	1 829.0	1 494.2	163.2	108.7
1998	608.1	21.6	1 419.0	1 406.5	1 149.2	19.5	1 663.7	1 546.9	132.0	100.0
1999	610.5	25.5	1 448.9	1 492.2	1 235.6	14.3	1 711.1	1 536.8	171.7	105.5

13—20 续表 4

年份	纯碱（万吨）	烧碱（万吨）	农用氮、磷、钾化肥（万吨）	#氮肥	#磷肥	化学农药（万吨）	乙烯（万吨）	电石（万吨）	塑料（万吨）	轮胎外胎（万条）
1952	9.8	2.2	11.9	11.9						0.9
1957	30.7	9.8	35.6	33.7	1.9	2.4		0.9		15.7
1962	23.8	6.0	38.2	37.0	1.2	2.1		0.9	0.3	9.5
1965	47.7	14.4	59.9	54.1	5.9	4.2		2.4	1.2	18.3
1970	54.5	17.2	72.9	63.7	9.2	5.2		4.4	1.2	30.4
1975	68.5	19.6	188.3	140.5	47.9	5.9		6.6	2.2	62.6
1978	69.7	21.3	288.2	250.7	37.4	5.8	0.2	8.0	2.5	70.2
1979	70.8	22.7	311.4	274.7	36.7	5.9		8.8	3.0	89.1
1980	71.8	22.8	72.5	60.4	12.1	5.9	3.4	9.0	7.2	90.3
1981	69.6	22.6	69.3	57.2	12.1	6.0		8.5	8.2	53.1
1982	70.1	22.4	62.7	52.5	10.1	4.6	6.6	9.1	9.4	61.1
1983	69.3	21.4	71.7	59.3	12.4	1.8	6.6	10.6	9.7	100.9
1984	70.4	20.9	70.5	60.9	9.5	1.2	7.1	9.3	9.8	120.0
1985	70.6	21.5	52.5	51.1	1.4	0.8	7.2	9.6	14.7	127.2
1986	71.1	22.7	55.1	50.6	4.5	0.8	7.4	10.5	11.3	137.3
1987	71.2	25.2	67.1	58.0	9.1	1.3	7.5	10.6	16.6	163.2
1988	74.3	26.5	64.4	55.0	9.4	1.7	7.1	9.7	12.5	179.7
1989	76.6	26.1	63.6	55.2	8.4	1.7	6.6	9.0	12.9	200.6
1990	76.2	28.3	63.4	55.0	8.3	1.5	8.4	6.4	14.0	191.8
1991	71.2	29.4	60.3	51.4	8.9	1.5	14.9	6.8	24.3	223.5
1992	72.4	29.7	62.8	50.9	11.9	1.5	20.4	5.2	30.0	311.1
1993	74.8	27.8	54.8	49.6	5.2	1.2	25.1	6.1	39.1	426.7
1994	73.9	30.5	79.1	67.0	10.3	1.2	28.8	6.8	42.0	292.4
1995	69.1	26.3	78.2	70.1	7.8	2.3	32.1	8.9	51.3	303.7
1996	71.9	37.5	82.0	73.9	6.9	1.7	35.3	—	58.5	309.5
1997	71.2	33.4	84.7	74.3	8.9	2.1	35.7	3.2	65.7	361.2
1998	69.2	32.5	76.8	70.7	4.2	1.9	38.7	2.6	71.5	472.9
1999	72.1	30.9	87.2	78.5	5.2	2.3	39.7	1.4	80.9	499.6

13—20 续表 5

年　　份	矿山设备（万吨）	金属切削机床（万台）	汽车（万辆）	拖拉机（14.7千瓦及以上）（万台）	小型拖拉机（万台）	铁路机车（台）
1952		0.4				
1957	3.9	0.8				97
1962	1.2	0.4				44
1965	1.0	0.8				25
1970	2.9	2.2	0.1	0.1	0.6	115
1975	4.8	2.2	0.3	0.8	1.3	80
1978	4.5	1.6	0.5	0.8	1.6	100
1979	4.7	1.7	0.6	1.0	1.7	42
1980	3.4	1.8	1.0	0.8	1.0	40
1981	2.0	1.5		0.4	1.0	57
1982	3.2	1.6		0.7	0.8	90
1983	4.1	1.8		1.0	2.1	102
1984	4.4	1.9		1.9	3.1	120
1985	4.1	2.1	3.3	0.3	3.2	145
1986	4.0	2.1	3.0		2.3	167
1987	3.6	2.0	3.8		2.9	186
1988	4.5	2.1	5.7		3.1	200
1989	3.9	2.1	4.9		2.3	
1990	3.6	1.6	2.4		2.3	
1991	3.7	1.8	4.2		2.2	
1992	4.7	2.1	6.1	0.1	2.5	
1993	5.9	2.4	5.1	0.1	3.1	
1994	5.5	1.7	3.0	0.1	0.8	238
1995	7.6	1.4	2.5	0.6	0.1	257
1996	2.8	1.3	2.8	2.5	2.5	300
1997	2.9	1.1	3.9	0.04	3.7	274
1998	2.2	0.9	4.3	0.02	0.8	—
1999	1.7	0.9	5.8	0.03	1.1	—

13—21 工 业 产 品 产 量

产品名称	单位	1997年	1998年	1999年
化学纤维	万吨	28.1	30.5	29.2
#合成纤维	万吨	25.7	27.2	25.8
纱	万吨	17.2	14.3	15.2
布	亿米	5.4	4.7	5.3
#纯棉布	亿米	2.1	1.7	2.0
混纺交织布	亿米	2.0	1.8	1.9
毛线	吨	1 902	1 970.0	1 655
呢绒	万米	648.5	373.2	606.1
亚麻布	万米	137.3	95.0	108.7
麻袋（混合数）	万条	1 259	1 509.0	439.9
丝	吨	3 588	1 996.3	1 328
丝织品	万米	4 066.7	2 968.4	2 777
机制纸及纸板	万吨	84.2	72.0	58.8
缝纫机	万架	0.2	0.1	0.1
自行车	万辆	55.1	53.1	16.3
表	万只	212.4	98.0	97.0
钟	万只	148.6	24.2	11.3
日用陶瓷器	万件	635.8	528.9	512.3
日用精铝制品	吨	2 881	2 357	2 081.9
日用玻璃制品	万吨	14.7	13.0	17.9
自来水笔	万支	248.3	225.2	81.4
灯泡	万只	13 671	12 522	10 500.5
合成洗涤剂	吨	57 224	67 819	63 109.2
肥皂	吨	14 972	13 702	19 959.0
牙膏	万支	2 361.3	1 514.1	2 259.0
原盐	万吨	306.6	190.9	282.2
糖	万吨	5.3	5.1	4.5
卷烟	万箱	40.5	41.8	33.2
罐头	吨	60 305	41 373	26 935.0

13—21 续表 1

产品名称	单位	1997 年	1998 年	1999 年
#白酒	万吨	28.9	32.6	33.0
啤酒	万吨	128.7	129.1	144.3
味精	万吨	2.3	2.7	3.1
食用植物油	万吨	29.4	31.9	39.0
化学原料药	万吨	3.6	1.8	2.3
中成药	吨	3 929.5	3 625.8	2 896.1
塑料制品	万吨	40.9	28.2	30.8
家用电冰箱	万台	6.9	8.5	13.2
家用洗衣机	万台	25.8	25.3	17.1
电风扇	万台	7.8	9.2	0.8
电视机	万部	73.2	173.2	229.3
#彩电	万部	68.1	170.6	229.3
农用化肥	万吨	84.7	76.8	87.2
#氮肥	万吨	74.3	70.7	78.5
磷肥	万吨	8.9	4.2	5.2
化学农药	万吨	2.1	1.9	2.3
乙烯	万吨	35.7	38.7	39.7
合成橡胶	吨	20 732	11 770	20 203
轮胎外胎	万条	361.1	472.9	499.6
矿山设备	吨	29 972	22 476	17 015.6
石油设备	吨	24 370	14 836	9 655.1
化工设备	吨	37 802	35 542	31 109.0
交流电动机	万千瓦	561.2	354.3	436.7
金属切削机床	台	11 026	8 984	9 319

13—21 续表 2

产品名称	单位	1997年	1998年	1999年
大型机床	台	560	358	294
高精度机床	台	70	6	4
数控机床	台	655	728	715
汽车	辆	39 271	42 839	57 923
#载重汽车	辆	12 055	10 195	10 617
摩托车	辆	12 415	8 809	12 482
轴承	万套	10 668.7	8 905.5	7 892.6
拖拉机	台	9 853	8 125	10 779
#小型拖拉机	台	9 469	7 938	10 508
内燃机	万千瓦	1 268	1 398.7	1 670.3
电话机(单机)	部	11 546	24 890	16 835
原煤	万吨	5 883.8	5 785.7	4 779.3
原油	万吨	1 504.1	1 452.1	1 430.3
汽油	万吨	534.7	517.1	595.5
柴油	万吨	916.3	888.4	1 128.9
天然气	亿立方米	19.1	15.6	14.3
发电量	亿千瓦小时	615.2	608.1	610.5
#水电	亿千瓦小时	28.8	21.6	25.5
生铁	万吨	1 358.1	1 419.0	1 448.9
钢	万吨	1 354.9	1 406.5	1 492.2
成品钢材	万吨	1 223.5	1 149.2	1 235.6
#铁道用钢材	万吨	37.2	36.6	38.4
优质型材	万吨	95.4	91.6	88.3
线材	万吨	0.7	134.9	149.2
铁合金	万吨	23.9	19.5	14.3
焦炭	万吨	807.4	801.9	746.9
水泥	万吨	1 829.0	1 663.7	1 711.1
平板玻璃	万重量箱	1 494.2	1 546.9	1 536.8
工业木材	万立方米	77.5	132.0	171.7
硫酸	万吨	108.7	100.0	105.5
纯碱	万吨	71.2	69.2	72.1
烧碱	万吨	33.4	32.5	30.9
合成氨	万吨	108.7	106.1	111.1

主要统计指标解释

工业 指从事自然资源的开采，对采掘品和农产品进行加工和再加工的物质生产部门。具体包括：(1)对自然资源的开采，如采矿、晒盐、森林采伐等(但不包括禽兽捕猎和水产捕捞)；(2)对农副产品的加工、再加工，如粮油加工、食品加工、轧花、缫丝、纺织、制革等；(3)对采掘品的加工、再加工，如炼铁、炼钢、化工生产、石油加工、机器制造、木材加工等，以及电力、自来水、煤气的生产和供应等；(4)对工业品的修理、翻新，如机器设备的修理、交通运输工具(包括小卧车)的修理等。

1984 年以前农村的村及村以下办工业归属农业，1984 年以后的划归工业。

工业统计调查单位 工业统计调查单位分为两类：独立核算法人工业企业和工业活动单位。

(1)独立核算法人工业企业 是指从事工业生产经营活动的单位。独立核算法人工业企业应同时具备以下条件：①依法成立，有自己的名称、组织机构和场所，能够承担民事责任；②独立拥有和使用资产，承担负债，有权与其他单位签订合同；③独立核算盈亏，并能够编制资产负债表。

(2)工业活动单位 是指在一个场所从事一种或主要从事一种工业生产活动的经济单位。它包括独立核算工业企业按主营业务活动(即工业生产活动)划分的主营业务活动单位和非工业企业所属的工业生产活动单位(即原非独立核算工业生产单位)。工业活动单位，一般应同时具备以下三个条件：①具有一个场所，从事一种或主要从事一种工业活动；②单独组织工业生产、经营或业务活动；③单独核算收入和支出。

国有经济工业(即过去的全民所有制工业或国营工业) 指生产资料归国家所有的一种经济类型。包括中央和地方各级国家机关、部队、科研机构、学校、人民团体和国有经济企事业单位等举办的国有经济工业。1957 年以前的公私合营和私营工业，后均改造为国营工业，1992 年改为国有工业，这部分工业的资料不单独分列时，均包括在国有工业内。

集体经济工业 指生产资料归公民集体所有的一种经济类型，是社会主义公有制经济的组成部分。包括城乡所有使用集体投资举办的企业，以及部分个人通过集资自愿放弃所有权并依法经工商行政管理机关认定为集体所有制的企业。

其他经济类型工业 指除国有经济工业、集体经济工业以外的其他经济类型工业企业(单位)。包括私营经济、个体经济、联营经济、股份制经济(股份有限公司，有限责任公司)；外商投资经济(中外合资经营、中外合作经营、外资企业)；港、澳、台投资经济(与大陆合资经营、与大陆合作经营、港、澳、台独资企业)及其他经济类型的工业。

轻工业 指主要提供生活消费品和制作手工工具的工业。按其所使用的原料不同，可分为两大类：(1)以农产品为原料的轻工业，是指直接或间接以农产品为基本原料的轻工业。主要包括食品制造、饮料制造、烟草加工、纺织、缝纫、皮革和毛皮制作、造纸以及印刷等工业；(2)以非农产品为原料的轻工业，是指以工业品为原料的轻工业。主要包括文教体育用品、化学药品制造、合成纤维制造、日用化学制品、日用玻璃制品、日用金属制品、手工工具制造、医疗器械制造、文化和办公用机械制造等工业。

重工业 是指为国民经济各部门提供物质技术基础的主要生产资料的工业。按其生产性质和产品用途，可以分为下列三类：(1)采掘(伐)工业，是指对自然资源的开采，包括石油开采、煤炭开采、金属矿开采、非金属矿开采和木材采伐等工业；(2)原材料工业，指向国民经济各部门提供基本材料、动力和燃料的工业。包括金属冶炼及加工、炼焦及焦炭化学、化工原料、水泥、人造板以及电力、石油和煤炭加工等工业；(3)加工工业，是指对工业原材料进行再加工制造的工业。包括装备国民经济各部门的机械设备制造工业、金属结构、水泥制品等工业，以及为农业提供的生产资料如化肥、农药等工业。

根据上述划分原则，修理业中以重工业产品为修理作业对象的划为重工业，反之划为轻工业。

工业总产值 是以货币表现的工业企业在一定时期内生产的已出售或可供出售工业产品总量，它反映一定时间内工业生产的总规模和总水平。它包括：在本企业内不再进行加工，经检验、包装入库(规定了需包装的产品除外)的成品价值，工业性作业价值，自制半成品、在产品期末初差额价值(生产周期较长的企业计算)。工业总产值采用“工厂法”计算，即以工业企业作为一个整体，按企业工业生产活动的最终成果来计算，企业内部不允许重复计算，不能把企业内部各个车间(分厂)生产的成果相加。但在企业之间、行业之间、地区之间存在着重复计算。

轻重工业总产值的划分也是按“工厂法”计算的，即一个工业企业在正常情况下生产的主要产品的性质属于轻工业，则该企业的全部总产值作为轻工业总产值；一个工业企业生产的主要产品的性质属于重工业，则该企业的全部总产值作为重工业总产值。

工业销售产值 是以货币表现的工业企业在一定时期内销售的本企业生产的工业产品产量。包括已销售的成品、半成品价值，对外提供的工业性作业价值和对本单位基本建设部门、生活福利部门等提供的产品和工业性作业及自制设备的价值。已销售的成品、半成品不论是本期生产的、还是上期生产的，只要是本期销售出去的均包括在内。对外提供的工业性作业是指企业按合同对外提供的工业性劳务。企业为本单位基本建设部门、生活福利部门等提供的产品和工业性作业及自制设备也应视同销售，这部分也作为销售统计。

工业销售产值的计算范围、计算价格和计算方法与工业总产值一致，但两者计算的基础不同：工业销售产值计算的基础是产品销售总量，工业总产值计算的基础是工业产品生产总量。

工业增加值 是指工业企业在报告期内以货币表现的工业生产活动的最终成果。是企业生产产品或提供劳务过程中新增加的价值，是总产出与中间投入之间的差额。

固定资产原值 指企业在建造、购置、安装、改建、扩建、技术改造某项固定资产时所支出的全部货币总额。它一般包括买价、包装费、运杂费和安装费等。

固定资产净值 是指固定资产原价减去历年已提折旧额后的净额。

流动资产 流动资产是指可以在一年或者超过一年的一个营业周期内变现或者耗用的资产，包括现金及各种存款、短期投资、应收及预付货款、存货等。

总资产贡献率 反映企业全部资产的获利能力，是企业经营业绩和管理水平的集中体现，是评价和考核企业盈利能力的核心指标。计算公式为：

$$\text{总资产贡献率}(\%)=\frac{(\text{利润总额}+\text{税金总额}+\text{利息支出})}{\text{平均资产总额}}\times 100\%$$

资产负债率 该指标既反映企业经营风险的大小，也反映企业利用债权人提供的资金从事经营活动的能力。计算公式为：

$$\text{资产负债率}(\%)=\frac{\text{负债总额}}{\text{资产总额}}\times 100\%$$

利税总额 指企业产品销售税金及附加加本年应交增值税加利润总额之和。

资金利税率 指在一定时期内已实现的利润、税金总额与同期的资产(固定资产净值和流动资产)之比。计算公式：

$$\text{资金利税率}(\%)=\frac{\text{报告期累计实现利税总额}}{\text{固定资产净值平均余额}+\text{流动资产平均余额}}\times 100\%$$

资金利税率反映每单位(通常是每万元)资金所提供的利税金额。它是考察和评价部门或企业资金运用的经济效益，分析资金投入效果的主要分析指标。

工业成本利润率 指在一定时期的利润与成本费用之比，是反映工业生产成本及费用投入的经济效益指标，同时也是反映降低成本的经济效益的指标。计算公式：

$$\text{工业成本费用利润率}(\%)=\frac{\text{利润总额}}{\text{成本费用总额}}\times 100\%$$

工业增加值率 指在一定时期内工业增加值占同期工业总产值的比重，反映降低中间消耗的经济效益。计算公式：

$$工业增加值率(\%)=\frac{工业增加值(现价)}{工业总产值(现价)+本年应交销项税额}\times 100\%$$

流动资产周转次数　指在一定时期内流动资产完成的周转次数，反映流动资产的周转速度。计算公式：

$$流动资金周转次数=\frac{产品销售收入}{全部流动资产平均余额}$$

产品销售率　指一定时期内销售产值与同期全部工业总产值之比，反映工业产品生产已实现销售的程度。计算公式：

$$工业产品销售率(\%)=\frac{报告期现价工业销售产值}{报告期现价工业总产值}\times 100\%$$

产品销售收入　指企业销售产品的销售收入和提供劳务等主要经营业务取得的业务收入总额。

产品销售工厂成本　指企业销售产品和提供劳务等主要经营业务的实际成本。

产品销售税金及附加　指企业销售产品和提供工业性劳务等主要经营业务应负担的城市维护建设税、消费税、资源税和教育费附加。

产品销售利润　指企业销售产品和提供工业性劳务等主要经营业务收入扣除其成本、费用、税金后的利润。

利润总额　指企业实现的利润。

应交增值税　指企业在报告期内应交纳的增值税额。

全员劳动生产率　指根据产品的价值量指标计算的平均每一个职工在单位时间内的产品生产量。是考核企业经济活动的重要指标，是企业生产技术水平、经营管理水平、职工技术熟练程度和劳动积极性的综合表现。目前我国的全员劳动生产率是将工业企业的工业增加值除以同一时期全部职工的平均人数来计算的。计算公式：

$$全员劳动生产率=\frac{工业增加值}{全部职工平均人数}$$

为了使各年度的全员劳动生产率数字可以比较，各年的全员劳动生产率均按指数换算成1990年不变价格。

实物劳动生产率　指根据某种产品实物量计算的平均每个职工(或工人)在单位时间内生产的产品数量。这是通过产品实物来反映劳动者在生产中的劳动效率指标。我国目前有全员实物劳动生产率(通常简称全员效率)和工人实物劳动生产率两个指标。计算公式：

$$全员实物劳动生产率(全员效率)=\frac{产品产量}{全部职工平均人数}$$

$$工人实物劳动生产率=\frac{产品产量}{生产工人(包括学徒)平均人数}$$

计算实物劳动生产率的产品产量，是指报告期生产的，并经检验符合质量标准或合同规定的技术要求的合格产品产量。不包括不合格品和废品的数量。

资本金　指企业在工商行政管理部门登记的注册资金合计。企业资本金按投资主体可分为国家资本金、法人资本金、个人资本金和外商资本金等。资本金合计包括企业各种投资主体注册的全部资本金。

总资产　指企业拥有或控制的全部资产。包括流动资产、长期投资、固定资产、无形及递延资产、其他长期资产等，即为企业资产负债表的资产总计项。

(1)流动资产　指企业可以在一年内或者超过一年的一个生产周期内变现或耗用的资产合计。包括现金及各种存款、短期投资、应收及预付款项、存货等。

(2)固定资产　指企业固定资产净值、固定资产清理、在建工程、待处理固定资产损失所占用的资金合计。

(3)无形资产　指企业长期使用而没有实物形态的资产。包括专利权、非专利技术、商标权、著作权、土地使用权、商誉等。

总负债　指企业承担并需要偿还的全部债务。包括流动负债和长期负债等，即为企业资产负债表的负债合计项。

(1)流动负债　指企业在一年内或者超过一年的一个营业周期内需要偿还的债务合计，其中包括短期借款、应付及预收款项、应付工资、应交税金和应交利润等。

(2)长期负债　指企业在一年以上或者超过一年的一个生活周期内需要偿还的债务合计，其中包括长期借款、应付债务、长期应付款项等。

所有者权益　指企业投资人对企业净资产的所有权。企业净资产等于企业全部资产减去全部负债后的余额，其中包括投资者对企业的最初投入，以及资本公积金、盈余公积金和未分配利润，对股份制企业即为股东权益。

十四、建　筑　业

14—1 建筑业企业概况

年份	施工企业	#国有	#城镇集体	附营施工单位	农村建筑队
企业单位数（个）					
1978	331	119	212	—	—
1980	558	149	409	—	—
1985	892	192	700	—	—
1990	1 537	294	1 243	—	1 817
1991	1 509	302	1 207	—	1 623
1992	1 652	340	1 312	—	1 805
1993	2 425	464	1 908	213	2 252
1994	2 757	554	2 130	156	2 581
1995	2 648	568	1 999	41	2 392
1996	2 410	562	1 747	35	1 339
1997	2 387	554	1 712	—	1 162
1998	2 366	557	1 447	—	1 034
1999	2 626	580	1 465	—	1 011
从业人员（万人）					
1978	31.87	24.72	7.15	—	—
1980	39.99	30.47	9.52	—	—
1985	69.26	36.63	32.63	—	34.93
1990	97.07	44.81	52.26	—	25.54
1991	97.34	45.27	52.07	—	27.16
1992	108.55	47.86	60.69	—	30.93
1993	159.70	46.80	63.90	5.72	40.30
1994	135.2	40.08	45.07	1.81	44.91
1995	89.66	37.48	49.49	0.61	39.35
1996	102.69	48.63	52.43	0.20	6.86
1997	107.35	50.39	54.87	—	6.58
1998	98.51	43.88	44.89	—	5.8
1999	103.22	43.08	43.78	—	5.93
总产值（亿元）					
1978	13.9	11.5	2.4	—	—
1980	18.4	14.5	3.9	—	—
1985	49.6	30.4	19.2	—	20.9
1990	126.6	74.5	52.1	—	27.7
1991	144.1	82.6	61.5	—	33.1
1992	217.3	120.5	96.8	—	46.6
1993	318.7	162.5	144.7	25.5	172.2
1994	385.2	209.0	168.5	8.2	260.0
1995	407.3	222.3	176.8	1.4	268.8
1996	400.5	174.3	130.9	0.5	19.3
1997	429.1	245.7	169.5	—	21.5
1998	419.0	216.9	143.8	—	13.7
1999	489.3	224.9	160.0	—	22.5

注：①施工企业总产值即是施工产值，②1996 年建筑业统计范围为资质等级四级以上，③从 1996 年以后，农村建筑队改为建筑业企业资质等级四级以下即非等级企业。

14—2 建　筑　施　工

（1999

地　区	企业个数	按登记注册					
		国有企业	集体企业	股份合作企业	联营企业	有限责任公司	股份有限公司
全　省	**2 626**	**580**	**1 465**	**92**	**9**	**162**	**108**
沈　阳	544	122	235	28	6	41	36
大　连	561	101	303	22	1	46	33
鞍　山	344	70	232	2	1	13	11
抚　顺	157	32	115	—	—	2	5
本　溪	90	19	53	2	—	9	3
丹　东	118	24	53	15	—	8	4
锦　州	76	32	32	—	—	8	1
营　口	88	24	48	3	1	3	3
阜　新	97	27	50	—	—	11	—
辽　阳	128	21	97	3	—	3	2
盘　锦	117	36	62	6	—	6	5
铁　岭	79	18	49	4	—	5	2
朝　阳	89	22	48	5	—	5	1
葫芦岛	79	21	42	1	—	1	2
沈阳铁路局	59	11	46	1	—	1	—

企　业　个　数

年）　　　　单位:个

类型分组				按经济组织类型分组			
私营企业	其他企业	港澳台商投资企业	外商投资企业	独资企业	合作合伙企业	股份有限公司	有限责任公司
131	**—**	**39**	**40**	**2 079**	**117**	**128**	**302**
43	—	16	17	374	38	43	89
25	—	14	16	408	31	38	84
12	—	2	1	304	4	14	22
3	—	—	—	148	—	6	3
4	—	—	—	74	2	3	11
11	—	3	—	77	15	14	54
1	—	1	1	64	—	1	11
3	—	—	3	74	6	3	5
6	—	2	1	77	—	—	20
2	—	—	—	120	3	2	3
2	—	—	—	98	7	5	7
1	—	—	—	67	4	2	6
6	—	1	1	70	5	2	12
12	—	—	—	67	1	4	7
—	—	—	—	57	1	—	1

14—3 建筑施工企业

(1999

指标	单位	合计	按登记注册				
			国有企业	集体企业	股份合作企业	联营企业	有限责任公司
施工企业单位个数	个	2 626	580	1 465	92	9	162
年平均人数	万人	104.8	40.8	44.3	2.7	0.2	8.1
自有固定资产原价	亿元	228.9	134.1	60.8	3.0	0.3	12.6
自有固定资产净价	亿元	151.6	85.1	41.3	2.3	0.2	8.5
自有机械设备台数	万台	26.9	9.7	12.8	0.6	—	1.7
自有机械设备净价	亿元	58.8	29.8	20.1	0.9	0.1	3.3
自有机械设备总功率	万千瓦	578.0	296.2	202.6	10.1	1.2	39.6
总产值	亿元	489.3	224.9	160.0	9.5	1.3	47.7
增加值	亿元	146.1	69.6	50.7	2.3	0.2	10.7
#固定资产本年折旧	亿元	12.5	7.7	2.6	0.2	—	1.0
#主营业务应付工资	亿元	63.8	28.3	24.4	1.2	—	4.6
#主营业务应付福利费	亿元	7.1	3.3	2.6	—	—	0.6
#工程结算税金及附加	亿元	14.4	6.4	5.3	0.3	—	1.1
#管理费用中的税金	亿元	0.9	0.4	0.5	—	—	—
#工程结算利润	亿元	42.0	19.5	14.5	0.6	—	2.9
施工面积	万平方米	5 046.3	1 491.1	2 136.2	140.2	11.5	723.7
竣工面积	万平方米	2 693.9	675.6	1 318.5	89.6	6.0	304.4
利润总额	亿元	3.1	—0.5	2.3	0.3	—	—
利税总额	亿元	18.4	6.3	8.1	0.6	—	1.1
全员劳动生产率							
按总产值计算	元/人	46 701	55 092	36 104	35 448	70 567	59 280
按增加值计算	元/人	13 942	17 046	11 444	8 683	10 845	13 297
技术装备率	元/人	5 701	6 919	4 603	4 294	3 736	5 265
动力装备率	千瓦/人	5.6	6.9	4.6	5.1	3.0	6.3
房屋建筑面积竣工率	%	53	45	62	64	53	42
工程质量优良品率(按面积)	%	39.7	48.3	36.9	40.4	—	43.1
产值利润率	%	0.6	—0.2	1.5	3.1	—0.2	—0.1
产值利税率	%	4	3	5	6	1	2

主 要 经 济 指 标

年）

类 型 分 组					按经济组织类型分组			
股份有限公司	私营企业	其他企业	港澳台商投资企业	外商投资企业	独资企业	合作合伙企业	股份有限公司	有限责任公司
108	131	—	39	40	2 079	117	128	302
4.5	3.0	—	0.4	0.8	85.7	3.1	5.1	10.9
10.0	4.8	—	1.6	1.7	195.4	4.0	10.6	18.9
7.5	4.2	—	1.2	1.2	126.9	3.0	8.0	13.7
0.9	0.8	—	0.2	0.2	22.7	0.7	1.1	2.4
2.5	1.0	—	0.6	0.6	50.1	1.2	2.7	4.9
14.4	9.5	—	1.5	2.9	500.8	12.3	16.4	48.6
22.8	10.6	—	7.2	5.4	386.8	12.4	24.1	66.1
6.5	3.0	—	1.7	1.4	120.9	2.9	6.9	15.4
0.5	0.2	—	0.2	—	10.4	0.2	0.6	1.3
3.0	1.5	—	0.3	0.4	53.0	1.4	3.3	6.2
0.3	0.1	—	—	—	5.9	—	0.3	0.8
0.6	0.4	—	0.2	0.1	11.8	0.3	0.6	1.6
—	—	—	—	—	0.8	—	—	0.1
1.9	0.8	—	0.9	0.7	34.2	0.8	2.1	—
361.8	142.2	—	7.5	32.0	3 658.3	158.3	377.7	852.0
182.7	99.6	—	3.0	14.5	2 016.5	98.7	193.8	385.0
0.5	—	—	0.2	0.2	1.9	0.3	0.5	0.4
1.1	0.4	—	0.4	0.3	14.5	0.6	1.1	2.1
50 221	35 615	—	177 851	65 984	45 149	40 472	47 673	60 066
14 253	10 113	—	41 117	17 362	14 109	9 482	13 715	13 984
6 128	3 599	—	14 866	9 884	5 744	4 517	5 615	5 663
3.4	3.5	—	3.7	5.1	5.7	4.8	3.4	5.7
50	70	—	40	45	55	62	51	45
37.0	20.2	—	—	7.1	40.5	36.7	37.9	37.3
2.0	0.9	—	2.4	4.6	0.5	2.7	2.0	0.5
5	5	—	5	7	4	5	5	3

14—4 建筑业

(1999

地区	建筑业总产值	按登记注册					
		国有企业	集体企业	股份合作企业	联营企业	有限责任公司	股份有限公司
全省	**4 893 444**	**2 249 049**	**1 599 906**	**94 554**	**12 617**	**477 254**	**228 069**
沈阳	1 151 414	477 760	212 827	23 009	11 147	247 846	76 423
大连	1 171 003	373 178	580 563	13 846	360	63 962	69 903
鞍山	393 704	206 437	118 547	12 517	432	14 008	28 912
抚顺	196 601	85 082	94 958	—	—	6 324	8 006
本溪	139 441	65 841	31 948	14 108	—	18 770	4 540
丹东	143 167	54 030	52 540	12 052	—	5 544	1 618
锦州	224 618	145 953	61 832	—	—	14 457	633
营口	113 103	50 208	38 826	1 994	678	11 867	6 179
阜新	103 019	50 380	39 666	—	—	7 964	—
辽阳	415 720	325 757	83 850	1 790	—	2 606	1 652
盘锦	289 065	181 268	72 121	7 083	—	15 851	9 014
铁岭	138 146	62 227	50 080	3 435	—	18 497	3 887
朝阳	99 375	44 334	41 697	2 386	—	6 678	384
葫芦岛	123 378	31 570	67 479	1 008	—	516	16 917

14—5 建筑业

(1999

地区	资产合计	按登记注册					
		国有企业	集体企业	股份合作企业	联营企业	有限责任公司	股份有限公司
全省	**6 334 501**	**3 283 385**	**1 857 862**	**136 814**	**9 282**	**467 368**	**302 361**
沈阳	1 304 145	676 507	186 868	60 192	3 503	202 975	76 783
大连	1 436 262	498 284	645 555	16 704	2 359	63 145	141 862
鞍山	709 929	401 036	230 717	13 253	1 916	21 566	22 841
抚顺	347 408	177 065	155 975	—	—	6 890	4 974
本溪	235 515	101 536	57 569	7 969	—	57 113	6 008
丹东	262 943	111 289	57 253	18 588	—	13 331	1 877
锦州	254 243	168 899	70 038	—	—	12 096	751
营口	131 727	59 120	47 270	5 910	1 504	3 894	6 903
阜新	135 577	85 410	36 898	—	—	6 616	—
辽阳	516 776	394 350	114 884	2 475	—	2 687	2 295
盘锦	359 322	275 579	60 061	5 527	—	10 106	7 117
铁岭	173 956	112 200	33 706	3 681	—	21 541	2 772
朝阳	138 687	75 513	52 494	1 007	—	5 270	292
葫芦岛	139 072	33 789	73 162	720	—	208	27 887

总　　产　　值

年）

单位:万元

类型分组				按经济组织类型分组			
私营企业	其他企业	港澳台商投资企业	外商投资企业	独资企业	合作合伙企业	股份有限公司	有限责任公司
106 391	—	**71 603**	**54 001**	**3 868 217**	**123 529**	**241 027**	**660 671**
29 558	—	55 497	17 347	700 795	39 568	78 240	332 811
27 403	—	13 649	28 139	955 221	22 638	78 724	114 420
8 990	—	116	3 745	326 202	14 049	29 776	23 677
2 231	—	—	—	180 740	—	8 335	7 526
4 234	—	—	—	101 367	14 107	4 540	19 427
16 831	—	552	—	106 570	12 052	1 859	22 686
760	—	113	870	207 785	—	633	16 200
565	—	—	2 786	89 295	3 759	6 179	13 870
2 388	—	1 614	1 007	90 046	—	—	12 973
65	—	—	—	409 671	1 790	1 653	2 606
3 728	—	—	—	253 389	7 409	9 014	19 253
20	—	—	—	112 306	3 435	3 887	18 518
3 728	—	61	107	86 031	2 386	406	10 552
5 888	—	—	—	100 799	1 008	17 783	3 788

企　　业　　资　　产

年）

单位:万元

类型分组				按经济组织类型分组			
私营企业	其他企业	港澳台商投资企业	外商投资企业	独资企业	合作合伙企业	股份有限公司	有限责任公司
151 082	—	**45 696**	**80 651**	**5 159 816**	**161 615**	**314 579**	**698 491**
33 422	—	30 664	33 231	870 980	67 440	80 507	285 218
24 489	—	10 116	33 748	1 145 171	24 261	148 060	118 770
13 415	—	476	4 709	634 840	17 955	23 747	33 387
2 504	—	—	—	333 686	—	5 635	8 087
5 320	—	—	—	163 703	7 969	6 008	57 835
59 330	—	1 275	—	168 541	18 588	2 217	73 597
528	—	145	1 786	238 937	—	751	14 555
1 396	—	—	5 730	106 972	11 055	6 903	6 797
2 610	—	2 761	1 282	122 308	—	—	13 269
85	—	—	—	509 320	2 474	2 295	2 687
932	—	—	—	335 640	5 678	7 117	10 887
56	—	—	—	145 906	3 681	2 772	21 597
3 688	—	258	165	128 007	1 007	371	9 302
3 306	—	—	—	107 582	720	28 197	2 573

14—6 建筑业

(1999

地区	负债合计	按登记注册					
		国有企业	集体企业	股份合作企业	联营企业	有限责任公司	股份有限公司
全省	**4 516 532**	**2 420 875**	**1 237 894**	**100 653**	**4 635**	**385 130**	**213 707**
沈阳	1 038 803	523 316	124 302	48 432	1 347	201 266	83 206
大连	899 380	360 394	380 236	9 068	586	33 584	79 944
鞍山	539 435	319 962	169 567	8 661	1 646	16 813	9 636
抚顺	236 032	119 502	108 866	—	—	3 211	3 052
本溪	168 648	68 922	40 849	5 548	—	43 837	5 329
丹东	172 952	82 341	41 497	15 707	—	5 074	849
锦州	170 499	110 729	50 453	—	—	7 677	425
营口	92 129	40 600	32 619	5 016	1 056	1 732	5 457
阜新	96 521	63 229	25 108	—	—	4 396	—
辽阳	393 819	300 822	87 191	1 380	—	2 101	2 264
盘锦	229 977	174 485	40 409	2 644	—	6 822	5 233
铁岭	142 132	95 686	22 768	3 256	—	18 213	2 159
朝阳	99 968	50 328	43 616	448	—	3 155	181
葫芦岛	92 479	23 032	51 459	385	—	82	15 970

14—7 建筑业企

(1999

地区	实收资本合计	按登记注册					
		国有企业	集体企业	股份合作企业	联营企业	有限责任公司	股份有限公司
全省	**1 475 860**	**681 587**	**498 749**	**30 880**	**2 750**	**109 290**	**65 666**
沈阳	248 494	103 086	52 011	8 461	1 067	39 783	10 446
大连	412 008	120 153	204 339	6 715	1 001	23 109	25 591
鞍山	161 603	84 154	52 639	3 950	270	4 198	11 601
抚顺	89 575	43 838	40 369	—	—	2 508	1 758
本溪	52 339	24 932	11 926	1 528	—	12 589	566
丹东	61 263	27 559	13 651	4 265	—	7 857	832
锦州	61 473	41 244	15 183	—	—	3 722	300
营口	37 175	16 714	14 072	971	414	2 161	1 399
阜新	27 095	12 810	10 155	—	—	2 114	—
辽阳	89 722	63 932	24 153	884	—	574	155
盘锦	97 501	79 903	10 107	2 593	—	3 124	1 661
铁岭	28 562	14 912	9 504	375	—	3 152	612
朝阳	40 014	22 328	12 862	539	—	2 132	110
葫芦岛	38 863	9 756	16 316	299	—	123	10 633

企　　业　　负　　债

年）

单位：万元

类型分组				按经济组织类型分组			
私营企业	其他企业	港澳台商投资企业	外商投资企业	独资企业	合作合伙企业	股份有限公司	有限责任公司
79 663	—	**27 060**	**46 915**	**3 670 992**	**114 001**	**218 425**	**513 114**
17 930	—	19 640	19 364	652 043	52 152	84 772	249 836
14 212	—	4 558	16 798	741 352	11 483	82 508	64 037
8 686	—	419	4 046	491 930	11 665	9 806	26 034
1 401	—	—	—	228 880	—	3 258	3 894
4 163	—	—	—	113 597	5 549	5 329	44 173
26 842	—	642	—	123 838	15 707	941	32 466
326	—	45	844	161 181	—	425	8 893
838	—	—	4 811	73 390	9 083	5 457	4 199
1 423	—	1 379	986	88 337	—	—	8 184
61	—	—	—	388 074	1 380	2 264	2 101
384	—	—	—	214 894	2 786	5 233	7 064
50	—	—	—	118 454	3 256	2 159	18 263
1 797	—	376	67	93 944	448	260	5 316
1 551	—	—	—	74 599	385	16 011	1 484

业　　实　　收　　资　　本

年）

单位：万元

类型分组				按经济组织类型分组			
私营企业	其他企业	港澳台商投资企业	外商投资企业	独资企业	合作合伙企业	股份有限公司	有限责任公司
42 084	—	**15 008**	**29 846**	**1 185 801**	**38 554**	**72 615**	**178 890**
14 500	—	8 046	11 094	157 846	10 352	12 350	67 946
9 123	—	5 464	16 513	325 048	10 270	28 928	47 762
4 386	—	57	348	137 436	5 125	12 336	6 706
1 102	—	—	—	84 342	—	2 213	3 020
798	—	—	—	37 271	1 529	565	12 974
6 478	—	621	—	41 210	4 265	1 032	14 756
200	—	100	724	56 427	—	300	4 746
575	—	—	869	31 210	2 014	1 399	2 552
1 166	—	650	200	22 965	—	—	4 130
24	—	—	—	88 109	884	155	574
113	—	—	—	90 010	2 602	1 661	3 228
7	—	—	—	24 416	375	612	3 159
1 875	—	70	98	35 189	539	161	4 125
1 736	—	—	—	26 593	299	10 901	1 070

14—8 建筑业企业工程结算税金

(1999

地　　区	合　　计	按　登　记　注　册					
		国有企业	集体企业	股份合作企　　业	联营企业	有限责任公　　司	股份有限公　　司
全　　省	**152 726**	**67 699**	**57 266**	**3 042**	**105**	**11 032**	**6 199**
沈　　阳	33 667	13 624	9 972	643	73	4 463	1 713
大　　连	33 688	9 992	17 941	477	12	2 070	1 545
鞍　　山	13 526	7 154	4 111	468	2	438	896
抚　　顺	7 574	3 157	3 413	—	—	219	714
本　　溪	4 968	2 496	993	474	—	700	160
丹　　东	5 305	1 998	1 667	457	—	89	54
锦　　州	7 266	4 713	2 105	—	—	403	7
营　　口	3 516	1 415	1 383	56	18	390	133
阜　　新	3 586	1 689	1 415	—	—	214	—
辽　　阳	13 385	9 993	3 202	66	—	76	47
盘　　锦	7 733	3 794	3 085	180	—	314	300
铁　　岭	4 097	2 038	1 531	90	—	379	58
朝　　阳	3 573	1 586	1 545	50	—	235	13
葫 芦 岛	4 060	1 010	2 231	35	—	17	560

14—9 建　筑　业　企

(1999

地　　区	利润总额	按　登　记　注　册					
		国有企业	集体企业	股份合作企　　业	联营企业	有限责任公　　司	股份有限公　　司
全　　省	**30 791**	**−4 609**	**23 476**	**2 885**	**−28**	**−670**	**4 512**
沈　　阳	−520	−3 278	6 155	249	−2	−5 153	−1 914
大　　连	27 834	−927	19 339	773	2	3 573	4 343
鞍　　山	17	−222	−1 953	503	−44	418	1 110
抚　　顺	−4 171	−4 072	−771	—	—	580	147
本　　溪	−1 657	−1 074	−756	513	—	−378	−20
丹　　东	−1 423	−695	−1 433	778	—	−164	36
锦　　州	3 077	3 290	−269	—	—	−380	10
营　　口	−549	−767	328	2	16	51	33
阜　　新	1 799	799	309	—	—	−3	—
辽　　阳	−3 049	−2 808	−259	−11	—	−10	38
盘　　锦	2 623	988	1 660	−30	—	−2	6
铁　　岭	7 235	6 695	237	−12	—	279	36
朝　　阳	−3 183	−1 988	−1 172	56	—	17	—
葫 芦 岛	69	−1 384	769	—	—	2	685

及附加与管理费用中的税金

年）

单位:万元

类型分组				按经济组织类型分组			
私营企业	其他企业	港澳台商投资企业	外商投资企业	独资企业	合作合伙企业	股份有限公司	有限责任公司
3 982	—	**2 073**	**1 328**	**125 735**	**3 543**	**6 685**	**16 763**
1 096	—	1 509	574	24 027	903	1 775	6 962
788	—	412	451	28 020	587	1 864	3 217
340	—	4	113	11 306	536	955	729
71	—	—	—	6 593	—	721	260
145	—	—	—	3 616	473	160	719
1 022	—	18	—	3 666	457	62	1 120
7	—	4	27	6 818	—	7	441
16	—	—	105	2 800	108	133	475
88	—	124	56	3 104	—	—	482
21	—	—	—	13 197	65	47	76
60	—	—	—	6 880	190	300	363
1	—	—	—	3 569	90	58	380
141	—	2	1	3 130	50	16	377
207	—	—	—	3 300	35	588	137

业利润总额

年）

单位:万元

类型分组				按经济组织类型分组			
私营企业	其他企业	港澳台商投资企业	外商投资企业	独资企业	合作合伙企业	股份有限公司	有限责任公司
998	—	**1 734**	**2 493**	**19 038**	**3 300**	**4 793**	**3 660**
−80	—	2 026	1 477	2 920	281	−1 961	−1 760
820	—	−408	319	18 524	1 163	4 750	3 397
156	—	−61	110	−2 201	461	1 112	645
−55	—	—	—	−4 823	—	71	581
58	—	—	—	−1 794	513	−20	−356
61	—	−6	—	−2 128	778	29	−102
23	—	2	401	3 021	—	10	46
16	—	—	−228	−463	34	33	−153
44	—	234	416	1 108	—	—	691
1	—	—	—	−3 066	−11	38	−10
1	—	—	—	2 649	−30	6	−2
—	—	—	—	6 932	−12	36	279
−42	—	−52	−2	−3 159	56	—	−80
−3	—	—	—	−605	—	686	−12

14—10 建 筑 业

(1999

地 区	增加值	按登记注册					
		国有企业	集体企业	股份合作企业	联营企业	有限责任公司	股份有限公司
全 省	**1 460 874**	**695 879**	**507 140**	**23 160**	**1 939**	**107 056**	**64 728**
沈 阳	297 943	136 330	73 409	6 042	1 308	38 293	14 531
大 连	343 812	94 429	181 158	4 612	230	22 029	24 865
鞍 山	133 770	76 417	40 282	1 889	37	3 544	7 984
抚 顺	80 330	38 160	36 213	—	—	2 705	2 650
本 溪	44 138	23 006	11 370	3 020	—	4 394	1 169
丹 东	45 516	22 434	11 305	3 093	—	4 089	590
锦 州	72 113	48 632	18 904	—	—	3 541	279
营 口	27 418	10 889	10 971	548	363	2 843	891
阜 新	33 391	16 683	12 441	—	—	2 111	—
辽 阳	105 829	79 598	24 645	566	—	610	392
盘 锦	95 604	66 621	20 324	1 560	—	3 273	3 381
铁 岭	45 297	25 689	12 823	708	—	5 009	1 057
朝 阳	33 345	15 915	13 460	548	—	2 174	121
葫芦岛	39 865	10 070	20 967	244	—	142	6 817

14—11 建 筑 业 企

(1999

地 区	利税总额	按登记注册					
		国有企业	集体企业	股份合作企业	联营企业	有限责任公司	股份有限公司
全 省	**183 517**	**63 090**	**80 742**	**5 927**	**77**	**10 362**	**10 711**
沈 阳	33 147	10 346	16 127	892	71	—690	—201
大 连	61 522	9 065	37 280	1 250	14	5 643	5 888
鞍 山	13 543	6 932	2 158	971	—42	856	2 006
抚 顺	3 403	—915	2 642	—	—	799	861
本 溪	3 311	1 422	237	987	—	322	140
丹 东	3 882	1 303	234	1 235	—	—75	90
锦 州	10 343	8 003	1 836	—	—	23	17
营 口	2 967	648	1 711	58	34	441	166
阜 新	5 385	2 488	1 724	—	—	211	—
辽 阳	10 336	7 185	2 943	55	—	66	85
盘 锦	10 356	4 782	4 745	150	—	312	306
铁 岭	11 332	8 733	1 768	78	—	658	94
朝 阳	390	—402	373	106	—	252	13
葫芦岛	4 129	—374	3 000	35	—	19	1 245

增　　　　加　　　　值

年）

单位：万元

类型分组				按经济组织类型分组			
私营企业	其他企业	港澳台商投资企业	外商投资企业	独资企业	合作合伙企业	股份有限公司	有限责任公司
30 210	—	**16 554**	**14 208**	**1 208 780**	**28 940**	**69 341**	**153 813**
9 789	—	12 368	5 873	213 178	8 420	15 435	60 910
8 633	—	2 950	4 906	276 152	6 702	27 991	32 967
2 030	—	56	1 531	116 960	2 492	8 140	6 178
602	—	—	—	74 534	—	2 713	3 083
1 179	—	—	—	35 276	3 020	1 169	4 673
3 770	—	235	—	33 739	3 093	654	8 030
109	—	70	578	67 536	—	279	4 298
177	—	—	736	21 905	1 128	891	3 494
794	—	825	537	29 124	—	—	4 267
18	—	—	—	104 261	566	392	610
445	—	—	—	86 946	1 689	3 381	3 588
11	—	—	—	38 512	708	1 057	5 020
1 028	—	51	48	29 375	549	134	3 287
1 625	—	—	—	31 409	244	7 105	1 107

业　　利　　税　　总　　额

年）

单位：万元

类型分组				按经济组织类型分组			
私营企业	其他企业	港澳台商投资企业	外商投资企业	独资企业	合作合伙企业	股份有限公司	有限责任公司
4 980	—	**3 807**	**3 821**	**144 773**	**6 843**	**11 478**	**20 423**
1 016	—	3 535	2 051	26 947	1 184	−186	5 202
1 608	—	4	770	46 544	1 750	6 614	6 614
496	—	−57	223	9 105	997	2 067	1 374
16	—	—	—	1 770	—	792	841
203	—	—	—	1 822	986	140	363
1 083	—	12	—	1 538	1 235	91	1 018
30	—	6	428	9 839	—	17	487
32	—	—	−123	2 337	142	166	322
132	—	358	472	4 212	—	—	1 173
2	—	—	—	10 131	54	85	66
61	—	—	—	9 529	160	306	361
1	—	—	—	10 501	78	94	659
99	—	−50	−1	−29	106	16	297
204	—	—	—	2 695	35	1 274	125

14—12 各地区国有建筑施工企业总产值及竣工产值

(1999 年)　　单位:万元

地　区	总产值	建筑工程	安装工程	房屋构筑物修理	非标准设备制造	竣工产值
全　省	**2 249 049**	**1 779 688**	**395 808**	**46 375**	**27 178**	**1 600 951**
沈　阳	477 760	403 737	62 026	4 046	7 951	343 775
大　连	373 178	277 822	69 530	24 002	1 824	287 413
鞍　山	206 437	167 737	26 496	10 772	1 432	152 563
抚　顺	85 082	50 346	30 967	2 335	1 434	94 849
本　溪	65 841	51 015	12 920	551	1 355	44 125
丹　东	54 030	48 417	4 271	742	600	29 071
锦　州	145 953	88 585	55 659	899	810	83 922
营　口	50 208	49 571	379	258	—	34 546
阜　新	50 380	46 280	3 006	254	840	46 591
辽　阳	325 757	298 234	20 867	1 621	5 035	180 344
盘　锦	181 268	111 954	64 065	101	5 148	145 239
铁　岭	62 227	35 387	26 840	—	—	32 928
朝　阳	44 334	41 501	2 793	—	40	38 181
葫芦岛	31 570	23 873	6 794	194	709	20 786

14—13 各地区集体建筑施工企业总产值及竣工产值

(1999 年)　　单位:万元

地　区	总产值	建筑工程	安装工程	房屋构筑物修理	非标准设备制造	竣工产值
全　省	**1 599 906**	**1 248 023**	**293 819**	**53 732**	**4 332**	**1 295 763**
沈　阳	212 827	151 210	55 680	5 679	258	173 519
大　连	580 562	521 798	38 006	20 551	207	467 145
鞍　山	118 547	90 784	21 736	4 620	1 407	84 988
抚　顺	94 958	64 498	23 392	6 358	710	62 752
本　溪	31 948	26 167	3 899	1 462	420	25 218
丹　东	52 540	40 504	10 430	1 606	—	34 841
锦　州	61 832	39 776	21 991	20	45	55 435
营　口	38 826	33 838	3 664	1 324	—	29 598
阜　新	39 666	25 781	13 434	435	16	28 923
辽　阳	83 850	63 230	19 535	351	734	76 875
盘　锦	72 121	37 590	30 869	3 190	472	68 965
铁　岭	50 080	39 083	5 618	5 379	—	49 714
朝　阳	41 697	34 338	6 415	944	—	33 433
葫芦岛	67 479	52 872	12 976	1 631	—	53 560

14—14 各地区国有施工企业个数、设备及人数

（1999 年）

地　　区	施工企业个数（个）	年末自有机械设备总功率（万千瓦）	年末自有机械设备净值（万元）	计算建筑业全员劳动生产率的平均人数（万人）	劳动生产率（元/人）
全　　省	**580**	**296**	**298 047**	**41**	**55 092**
沈　　阳	122	57	46 964	8	63 067
大　　连	101	44	42 984	5	73 505
鞍　　山	70	32	38 296	5	42 288
抚　　顺	32	21	17 095	2	33 930
本　　溪	19	13	15 401	2	42 020
丹　　东	24	15	17 768	2	32 213
锦　　州	32	18	11 920	3	52 905
营　　口	24	5	5 084	2	33 330
阜　　新	27	9	6 445	1	35 253
辽　　阳	21	28	46 613	4	82 960
盘　　锦	36	23	25 484	3	65 275
铁　　岭	18	7	5 082	1	56 375
朝　　阳	22	9	8 291	1	35 953
葫 芦 岛	21	4	4 726	1	38 211

14—15 各地区城镇集体施工企业个数、设备及人数

（1999 年）

地　　区	施工企业个数（个）	年末自有机械设备总功率（万千瓦）	年末自有机械设备净值（万元）	计算建筑业全员劳动生产率的平均人数（万人）	劳动生产率（元/人）
全　　省	**1 465**	**203**	**201 496**	**44**	**36 104**
沈　　阳	235	14	14 832	5	45 002
大　　连	303	76	84 475	14	41 972
鞍　　山	232	24	18 343	6	21 528
抚　　顺	115	20	15 926	4	24 964
本　　溪	53	6	6 913	2	20 721
丹　　东	53	6	6 190	1	37 679
锦　　州	32	7	7 565	1	47 490
营　　口	48	6	4 371	1	31 977
阜　　新	50	5	4 422	1	29 560
辽　　阳	97	10	11 643	2	34 761
盘　　锦	62	5	4 969	1	75 925
铁　　岭	49	6	4 589	1	36 326
朝　　阳	48	4	4 785	1	32 043
葫 芦 岛	42	7	8 001	2	32 994

14—16 各地区建筑施工企业房屋建筑面积

（1999 年）

单位：万平方米

地区	国有企业			城镇集体企业		
	施工面积	竣工面积	优良工程竣工面积	施工面积	竣工面积	优良工程面积
全省	**1 491**	**676**	**326**	**2 136**	**1 318**	**487**
沈阳	412	177	77	289	194	42
大连	283	87	52	888	483	246
鞍山	122	44	19	143	97	15
抚顺	63	30	6	126	72	18
本溪	30	8	5	35	22	9
丹东	38	25	3	75	35	13
锦州	135	74	44	77	62	29
营口	85	53	11	63	39	11
阜新	66	38	25	48	28	9
辽阳	39	23	18	96	70	26
盘锦	39	31	6	43	41	11
铁岭	52	22	20	78	64	27
朝阳	50	30	19	71	49	14
葫芦岛	39	17	10	92	53	11

14—17 各地区建筑施工企业单位工程个数

（1999 年）

单位：个

地区	国有企业			城镇集体企业		
	单位工程施工个数	单位工程竣工个数	单位工程优良工程	单位工程施工个数	单位工程竣工个数	单位工程优良工程
全省	**11 610**	**7 381**	**2 512**	**13 699**	**10 993**	**2 763**
沈阳	1 640	1 073	275	1 614	1 256	366
大连	1 864	1 166	410	3 399	2 459	795
鞍山	1 479	909	309	1 232	1 015	131
抚顺	574	434	29	1 137	919	56
本溪	474	239	111	307	238	32
丹东	252	179	51	351	282	53
锦州	937	662	180	412	361	127
营口	282	191	52	353	278	45
阜新	282	218	80	626	491	105
辽阳	1 352	764	362	840	709	300
盘锦	840	520	320	1 331	1 166	170
铁岭	250	144	43	813	751	223
朝阳	606	456	42	410	344	38
葫芦岛	130	89	24	283	174	46

14—18 各地区国有施工企业年末资产负债

(1999 年) 单位:万元

地　　区	流动资产合计	固定资产合计	固定资产原价	固定资产累计折旧	负债合计
全　　省	**2 286 389**	**851 384**	**1 340 782**	**505 646**	**2 420 875**
沈　　阳	518 976	140 711	209 493	78 628	523 316
大　　连	328 723	123 415	209 869	86 823	360 394
鞍　　山	263 202	117 984	188 450	73 716	319 962
抚　　顺	121 514	52 885	83 736	30 851	119 502
本　　溪	67 049	31 624	52 460	20 864	68 922
丹　　东	66 788	39 705	57 567	17 884	82 341
锦　　州	128 438	33 073	52 114	19 042	110 729
营　　口	37 330	18 947	27 324	8 395	40 600
阜　　新	65 861	16 566	23 770	7 205	63 229
辽　　阳	261 195	113 828	166 704	52 876	300 822
盘　　锦	189 584	83 715	149 589	67 823	174 485
铁　　岭	89 171	14 768	26 154	12 041	95 686
朝　　阳	45 168	23 438	32 129	8 691	50 328
葫 芦 岛	20 511	12 760	22 343	9 677	23 032

14—18 续表 (1999 年) 单位:万元

地　　区	无形及递延资产合计	资产总计	流动负债合计	长期负债合计	所有者权益合计
全　　省	**51 492**	**3 283 385**	**2 324 333**	**96 542**	**862 510**
沈　　阳	3 552	676 507	506 936	16 380	153 191
大　　连	27 049	498 283	348 140	12 254	137 889
鞍　　山	3 618	401 036	296 252	23 709	81 074
抚　　顺	734	177 065	117 828	1 674	57 563
本　　溪	2 835	101 536	68 317	605	32 614
丹　　东	1 670	111 289	74 167	8 175	28 948
锦　　州	892	168 899	117 293	—6 565	58 170
营　　口	1 542	59 120	38 556	2 044	18 520
阜　　新	1 073	85 410	60 483	2 746	22 181
辽　　阳	6 440	394 351	294 108	6 713	93 529
盘　　锦	66	275 579	169 760	4 725	101 095
铁　　岭	32	112 200	84 278	11 408	16 514
朝　　阳	1 300	75 513	44 559	5 769	25 185
葫 芦 岛	102	33 789	22 294	738	10 757

14—19 各地区城镇集体施工企业年末资产负债

（1999年） 单位:万元

地区	流动资产合计	固定资产合计	固定资产原价	固定资产累计折旧	负债合计
全省	**1 364 807**	**413 340**	**607 841**	**206 013**	**1 237 894**
沈阳	127 977	45 383	55 662	14 789	124 302
大连	468 696	145 347	223 030	78 665	380 236
鞍山	176 065	44 324	66 928	23 750	169 567
抚顺	119 968	32 341	51 891	19 549	108 866
本溪	45 061	11 444	17 542	6 391	40 849
丹东	40 603	14 896	20 156	5 727	41 497
锦州	54 173	14 360	22 958	8 607	50 453
营口	37 224	9 315	13 479	4 264	32 619
阜新	25 520	10 696	15 564	4 874	25 108
辽阳	81 649	27 984	38 603	10 630	87 191
盘锦	48 362	10 949	14 473	4 799	40 409
铁岭	24 509	8 616	13 322	5 214	22 768
朝阳	38 567	10 743	16 551	6 090	43 616
葫芦岛	51 804	17 020	22 766	7 290	51 459

14—19 续表 （1999年） 单位:万元

地区	无形及递延资产合计	资产总计	流动负债合计	长期负债合计	所有者权益合计
全省	**19 386**	**1 857 862**	**1 202 931**	**34 963**	**619 968**
沈阳	640	186 868	120 455	3 847	62 566
大连	10 955	645 555	365 668	14 568	265 319
鞍山	3 532	230 717	165 636	3 931	61 150
抚顺	373	155 975	106 491	2 376	47 109
本溪	480	57 569	40 564	285	16 720
丹东	277	57 253	40 871	626	15 756
锦州	66	70 039	50 291	162	19 586
营口	102	47 270	31 792	827	14 651
阜新	345	36 898	24 262	846	11 790
辽阳	1 099	114 884	85 182	2 009	27 693
盘锦	120	60 061	38 711	1 699	19 651
铁岭	50	33 706	22 043	726	10 938
朝阳	627	52 494	42 302	1 314	8 878
葫芦岛	303	73 161	50 036	1 423	21 702

14—20 各地区国有施工企业损益及分配

（1999 年）　　单位：万元

地　　区	工程结算收入	工程结算成本	工程结算税金及附加	工程结算利润	其他业务利润
全　　省	**2 242 731**	**1 983 312**	**64 259**	**195 160**	**24 715**
沈　　阳	457 361	405 369	12 923	39 069	2 239
大　　连	343 616	309 614	9 498	24 503	1 202
鞍　　山	197 710	170 172	6 563	20 975	8 676
抚　　顺	81 440	71 999	2 819	6 622	415
本　　溪	65 741	58 971	2 423	4 347	68
丹　　东	68 916	61 315	1 916	5 686	403
锦　　州	146 874	127 601	4 584	14 689	170
营　　口	43 833	40 579	1 320	1 934	455
阜　　新	50 812	44 376	1 602	4 834	579
辽　　阳	335 325	296 782	9 768	28 775	1 725
盘　　锦	214 813	189 385	3 538	21 891	245
铁　　岭	61 925	51 906	1 929	8 090	7 996
朝　　阳	43 901	38 726	1 426	3 749	37
葫 芦 岛	30 562	28 703	984	875	131

14—20 续表　　（1999 年）　　单位：万元

地　　区	管理费用	亏损企业（个数）	营业利润	利润总额	期末拖欠工程款
全　　省	**197 848**	**172**	**—3 247**	**—4 609**	**486 540**
沈　　阳	39 259	46	—2 744	—3 278	99 170
大　　连	28 865	19	—6 027	—927	151 958
鞍　　山	25 603	19	—2 155	—222	44 416
抚　　顺	9 553	13	—3 912	—4 072	20 598
本　　溪	5 484	7	—1 215	—1 074	17 668
丹　　东	5 521	10	—433	—695	7 313
锦　　州	10 899	9	3 730	3 290	24 296
营　　口	2 460	7	—631	—767	17 678
阜　　新	4 521	5	393	799	33 776
辽　　阳	24 312	5	2 953	—2 808	19 109
盘　　锦	17 596	4	1 942	988	28 723
铁　　岭	9 243	9	6 544	6 695	6 598
朝　　阳	3 938	10	—1 300	—1 988	5 222
葫 芦 岛	1 759	8	—1 122	—1 384	6 281

14—21 各地区城镇集体施工企业损益及分配

（1999 年） 单位：万元

地区	工程结算收入	工程结算成本	工程结算税金及附加	工程结算利润	其他业务利润
全省	**1 525 132**	**1 326 852**	**52 890**	**145 390**	**6 961**
沈阳	215 229	173 521	8 209	33 499	141
大连	512 905	447 221	17 111	48 573	1 751
鞍山	116 979	103 525	3 862	9 593	2 923
抚顺	99 579	88 092	3 254	8 232	310
本溪	28 827	25 445	911	2 470	112
丹东	38 539	34 222	1 654	2 662	27
锦州	65 055	58 224	2 078	4 753	84
营口	34 833	31 349	1 285	2 199	167
阜新	38 535	33 949	1 351	3 235	50
辽阳	82 479	74 810	3 061	4 608	339
盘锦	84 537	71 424	2 868	10 245	159
铁岭	45 204	41 855	1 413	1 937	414
朝阳	41 890	36 283	1 261	4 346	216
葫芦岛	67 625	61 878	2 173	3 574	216

14—21 续表 （1999 年） 单位：万元

地区	管理费用	亏损企业（个数）	营业利润	利润总额	期末拖欠工程款
全省	**113 359**	**301**	**28 282**	**23 476**	**421 124**
沈阳	26 014	51	6 360	6 155	23 674
大连	27 539	23	18 215	19 339	203 203
鞍山	13 206	58	−1 565	−1 953	23 852
抚顺	8 698	47	−662	−771	69 852
本溪	2 915	26	−484	−756	8 936
丹东	2 765	15	−443	−1 433	16 691
锦州	4 901	10	−231	−269	10 653
营口	2 135	12	95	328	7 982
阜新	2 806	8	286	309	7 303
辽阳	4 961	20	−448	−259	8 400
盘锦	4 108	7	6 065	1 660	5 466
铁岭	2 103	8	93	237	10 523
朝阳	3 705	12	−375	−1 171	8 292
葫芦岛	3 445	3	15	769	15 163

主要统计指标解释

建筑业统计单位 指从事房屋、构筑物建造和设备安装活动的生产单位，根据不同的组织方式，建筑业统计的调查单位分为法人建筑业企业和附营建筑施工单位。法人建筑业企业是指专门组织的独立核算的法人建筑业企业，它应同时具备的条件是：①依法成立，有自己的名称、组织机构和场所，能够承担民事责任；②独立拥有和使用资产，承担负债，有权与其他单位签订合同；③独立核算盈亏，能够编制资产负债表。另一种调查单位是其他行业的企业、事业单位为完成本单位固定资产建造任务而自行组织的附营建筑施工单位，它应同时具备的条件是：①具有一个场所，从事或主要从事建筑安装活动；②单独组织生产经营活动；③在企业内部单独核算收支。

建筑业总产值(即自行完成施工产值) 指建筑业企业或附属施工单位自行完成的按工程进度计算的建筑安装生产总值。施工产值包括：

①建筑工程产值：指列入建筑工程预算内的各种工程价值。

②设备安装工程产值：指设备安装工程价值。

③房屋、构筑物修理产值：指房屋、构筑物修理所完成的价值，但不包括被修理房屋、构筑物本身的价值和生产设备的修理价值。

④非标准设备制造产值：指加工制造没有定型的、非标准的生产设备的加工费和原材料价值，不论是现场还是附属加工厂为本单位承建工程制造的非标准设备的价值，都应计算产值。

竣工产值 指在报告期内，按照设计所规定的工程内容全部完成，达到了设计规定的交工条件，经有关部门检查验收鉴定合格的单位工程价值之和。

房屋建筑施工面积 指在报告期内施工的全部房屋建筑面积。包括本期内新开工的、上期施工跨入本期继续施工、上期停建本期复工的房屋建筑面积；不包括上期开工后又停工，本期未施工的房屋建筑面积。

房屋建筑竣工面积 指在报告期内，按照设计所规定的工程内容全部完成，达到了设计规定的交工条件，经有关部门检查验收鉴定合格的房屋建筑面积。

住宅竣工面积 指房屋建筑竣工面积中供居住用的房屋建筑竣工面积。

自有机械设备年末总台数 指归本企业(或单位)所有，属于本企业固定资产的生产性机械设备年末总台数。包括施工机械、生产设备、运输设备以及其他设备。

自有机械设备年末总功率 指本企业(或单位)自有施工机械、生产设备、运输设备以及其他设备等列为在册固定资产的生产性机械设备年末总功率，按设定能力或查定能力计算。包括机械本身的动力和为该机械服务的单独动力设备，如电动机等。计量单位用千瓦，动力换算可按1马力＝0.735千瓦折合成千瓦数。电焊机、变压器、锅炉不计算动力。

工程结算收入 指企业(或单位)按工程的分部分项自行完成的建筑产品价值并已与甲方在报告期内办理结算手续的工程价款收入，以及向甲方收取的除工程价款以外的按规定列作营业收入的各种款项，如临时设施费、劳动保险费、施工机械调迁费等以及向甲方收取的各种索赔款。

工程结算利润 指已结算工程实现的利润。如为亏损以"－"号表示。其计算公式为：

工程结算利润＝工程结算收入－工程结算成本－工程结算税金及附加

企业总收入 指与企业生产经营直接有关的各项收入，包括工程结算收入和其他业务收入，即：

企业总收入＝工程结算收入＋其他业务收入

十五、运 输 和 邮 电

15—1 交通运输业基本情况

指　　标	1990年	1995年	1997年	1998年	1999年
运输线路长度(公里)					
铁路营业里程	8 798	8 811	8 813	8 796	8 798
公　　路	40 109	43 434	44 041	44 483	45 020
内　　河	508	508	508	508	813
民　　航	99 545	277 945	179 369	124 089	192 148
# 国际航线	—	—	4 920	12 380	13 598
管道	1 419	1 419	1 415	1 415	1 214
客运量总计(万人)	44 547	52 228	53 430	51 140	49 239
铁　　路	15 823	13 928	10 403	9 960	9 973
国　　家	—	—	—	—	—
地　　方	—	—	—	—	—
公　　路	28 367	37 591	42 276	40 468	38 382
水　　运	302	533	540	474	595
民用航空	55	176	211	238	325
货运量总计(万吨)	76 326	88 464	99 588	83 478	84 625
铁　　路	14 306	13 073	12 972	12 100	12 162
国　　家	—	—	—	—	—
地　　方	—	—	—	—	—
公　　路	56 105	68 524	80 471	65 481	66 253
水　　运	1 521	2 649	2 145	1 977	2 542
民　　航	1.3	3.2	5.0	5.4	7.4
管　　道	4 393	4 215	3 995	3 915	3 660
民用汽车拥有量(万辆)	37.0	63.9	67.5	66.5	87.7
载客汽车辆数(万辆)	10.5	25.9	35.2	35.8	47.9
客位(万客位)	165.0	455.5	516.0	553.1	666.2
载货汽车辆数(万辆)	23.5	34.5	29.3	30.7	38.0
吨　　位(万吨)	105.9	154.2	117.5	129.2	182.3
其他机动车(万辆)	0.9	2.9	3.5	4.8	6.4
公路部门营运车辆(万辆)	1.3	1.2	1.2	1.1	0.7
私人汽车拥有量(万辆)	5.9	13.4	17.4	16.5	24.3
民用运输船舶拥有量(艘)	—	—	—	—	—
# 机动船	646	793	738	720	738
驳　船	77	138	48	68	65
私人运输船舶拥有量(艘)	—	—	—	—	—
# 机动船	161	149	238	266	276
驳　船	6	—	—	—	—
沿海主要港口货物吞吐量(万吨)	5 360	7 572	9 929	10 653	12 268

15—2 运输线路长度

单位:公里

年份	铁路营业长度	#辽宁省	公路通车里程	#高级次高级	内河航道里程	民航通航里程	#国内航线	输油里程	#辽宁省
1957	6 158	2 858	19 338		992				
1960	6 294	2 929	30 730		2 033				
1962	6 294	—	24 319	204	1 148				
1965	6 419	3 003	26 035	355	803				
1970	6 997	3 170	25 129	1 021	887	10 918			
1975	7 342	4 346	29 096	3 143	748	7 385		1 261	1 342
1978	7 736	3 593	30 347	4 601	739	17 625	17 625	2 053	1 215
1979	7 735	3 469	30 578	4 806	567	25 929	24 921	2 053	1 215
1980	7 756	3 487	29 726	4 949	508	24 357	23 349	2 053	1 228
1981	8 302	3 480	29 726	5 153	508	18 769	17 759	2 183	1 432
1982	8 298	3 476	29 725	5 307	508	25 201	24 193	2 183	1 432
1983	8 302	3 533	29 878	5 457	508	28 488	27 480	2 183	1 433
1984	8 357	3 536	31 068	5 986	508	31 379	30 371	2 183	1 347
1985	8 359	3 538	33 006	6 568	508	37 951	36 943	2 252	1 432
1986	8 361	3 539	35 362	6 960	508	41 021	40 013	2 252	1 432
1987	8 773	3 539	37 134	7 563	508	45 042	44 034	2 252	1 432
1988	8 798	3 558	38 049	8 370	508	57 899	51 686	2 252	1 433
1989	8 798	3 558	38 648	9 071	508	72 409	62 063	2 238	1 419
1990	8 798	3 702	40 109	10 172	508	99 545	89 199	2 238	1 419
1991	8 993	3 758	40 195	11 471	508	136 027	129 195	2 238	1 419
1992	8 993	3 758	41 548	13 644	508	204 870	200 822	2 238	1 419
1993	8 993	3 758	41 638	15 382	508	271 841	258 947	2 238	1 419
1994	8 807	3 758	42 763	17 155	508	305 884	242 445	2 238	1 419
1995	8 811	3 568	43 434	18 590	508	277 945	259 264	2 238	1 419
1996	8 811	3 568	43 753	19 365	508	321 207	246 776	2 235	1 415
1997	8 813	3 569	44 041	20 171	508	179 369	166 238	2 235	1 415
1998	8 796	3 558	44 483	21 419	508	124 089	110 587	2 235	1 415
1999	8 798	3 558	45 020	23 023	813	192 148	170 339	2 237	1 195

15—3 旅　客　运　输　量

单位:万人

年　份	总　计	铁　路	公　路	水　运	民　航
1957		5 021	1 188	8	
1962	14 213.04	11 902	2 272	39	0.04
1965	11 817.16	9 342	2 462	13	0.16
1970	15 144.27	10 843	4 291	10	0.27
1975	22 027.99	15 283	6 731	10	3.96
1978	26 358.03	17 545	8 795	12	6.03
1979	27 398.57	17 759	9 618	14	7.57
1980	29 196.85	17 982	11 190	18	6.85
1981	30 275.58	18 129	12 118	20	8.58
1982	32 649.36	19 313	13 298	26	12.36
1983	34 483.40	19 936	14 514	25	8.40
1984	37 024.05	19 890	17 103	19	12.05
1985	39 567.92	18 728	20 546	273	20.92
1986	40 970.76	17 569	23 046	325	30.76
1987	42 585.82	17 939	24 242	361	43.82
1988	48 357.50	19 572	28 366	369	50.51
1989	48 727.00	18 078	30 267	335	47.00
1990	44 547.40	15 823	28 367	302	55.40
1991	46 643	14 733	31 480	355	75
1992	50 908	15 083	35 263	465	97
1993	49 756	15 072	34 050	521	113
1994	50 223	15 366	34 223	502	132
1995	52 228	13 928	37 591	533	176
1996	55 828	11 884	43 193	553	198
1997	53 430	10 403	42 276	540	211
1998	51 140	9 960	40 468	474	238
1999	49 239	9 937	38 382	595	325

注:(1)铁路1977年以前为沈阳、大连、丹东、锦州分局合计数。1978年以后为辽宁省境内数,1988年还包括地方铁路,均为发送量。

(2)公路1983年以前为交通部门数,1984年以后包括个体运输数。1986年以后还包括非交通部门独立核算单位完成的运输量。

(3)水运1984年以前为交通部门数,1985年以后包括交通部直属大连轮船公司,但不包括交通部门组织其他部门完成的运输量。1986年以后,还包括个体运输。

(4)民航为辽宁省辖区内各航站发运量合计数。1987年以后还包括地方与中航联合运输数。

15—4 旅　客　周　转　量

单位:亿人公里

年　　份	总　计	铁　路	公　路	水　运	民　航
1957	74.95	71.5	3.40	0.05	
1962	149.10	143.9	5.03	0.17	
1965	85.21	78.8	6.34	0.07	
1970	119.02	108.1	10.86	0.06	
1975	165.63	147.7	17.88	0.05	
1978	193.80	169.7	23.97	0.08	0.05
1979	171.99	145.4	25.60	0.10	0.89
1980	188.01	157.1	28.80	0.12	1.99
1981	200.06	166.0	31.40	0.13	2.53
1982	206.60	168.0	35.30	0.15	3.09
1983	227.23	185.3	39.30	0.16	2.47
1984	276.40	223.5	48.90	0.14	3.90
1985	321.86	251.1	62.20	5.65	2.91
1986	350.49	264.4	73.90	6.85	5.34
1987	381.30	286.6	80.10	7.10	7.50
1988	441.59	327.7	96.50	7.45	9.94
1989	417.50	300.5	100.84	6.60	9.51
1990	369.30	254.9	97.44	5.93	11.13
1991	392.80	259.1	111.50	6.90	15.30
1992	503.70	285.2	125.90	8.70	19.60
1993	465.90	306.0	121.30	8.70	29.9
1994	471.40	312.8	120.40	7.70	30.5
1995	451.54	292.5	109.90	8.61	40.5
1996	456.97	261.2	149.45	9.42	36.9
1997	460.91	271.5	145.53	9.18	34.7
1998	476.3	276.7	159.1	7.3	33.2
1999	496.4	291.9	149.6	11.9	43.0

注:①铁路1978以前为沈阳、锦州两路局合计数,1979年以后扣除长春分局数,1983年以后为辽宁境内数,1988年以后还包括地方铁路。

②公路、水运口径同客运量。

15—5 货　物　运　输　量

单位:万吨

年　份	总　计	铁　路	公　路	水　运	民　航	管　道
1957	10 295	5 647	4 515	133		
1962			3 046	111	0.06	
1965	10 513.08	6 694	3 732	87	0.08	
1970	18 171.23	9 126	8 972	73	0.23	
1975	37 134.58	11 942	22 273	108	0.27	2 811
1978	45 274.15	13 414	27 874	121	0.30	3 865
1979	47 763 56	13 259	30 464	117	0.38	3 923
1980	50 756.50	12 757	33 863	110	0.50	4 026
1981	50 634.50	12 071	34 377	102	0.50	4 084
1982	54 022.40	12 884	36 927	104	0.40	4 107
1983	57 911.40	13 392	40 235	126	0.40	4 158
1984	63 285.43	13 526	45 292	150	0.43	4 317
1985	68 533.53	13 885	49 160	982	0.53	4 506
1986	73 350.83	13 758	53 833	1 291	0.83	4 468
1987	75 471.10	14 056	55 594	1 354	1.10	4 466
1988	83 037.33	14 959	61 982	1 599	1.33	4 496
1989	78 001.39	14 812	57 211	1 565	1.39	4 412
1990	76 326.30	14 306	56 105	1 521	1.30	4 393
1991	79 057.30	14 624	58 197	1 861	2.30	4 373
1992	81 084.00	14 852	59 739	2 145	2.00	4 346
1993	91 578.00	14 953	69 964	2 325	2.00	4 334
1994	89 876.00	14 096	68 953	2 396	3.00	4 428
1995	88 464.90	13 073	68 524	2 649	3.2	4 216
1996	84 823.00	13 053	65 174	2 472	4.0	4 120
1997	99 588.00	12 972	80 471	2 145	5.0	3 995
1998	83 478	12 100	65 481	1 977	5.4	3 915
1999	84 625	12 162	66 253	2 542	7.4	3 660

注:(1)铁路口径同客运量;
(2)公路 1969 年以前为交通部门数,1970 年以后为全社会数;
(3)水运口径同客运量;
(4)民航为辽宁省辖区内航站合计数;
(5)管道输油量 1980 年以后为辽宁省境内数。

15—6 货物周转量

单位:亿吨公里

年份	总计	铁路	公路	水运	民航	管道
1957	304.09	300.7	2.38	1.01		
1962	340.01	336.0	2.71	1.30		
1965	503.25	498.8	3.15	1.30		
1970	615.83	604.9	9.42	1.51		
1975	948.83	697.0	26.58	3.35		221.90
1978	1 093.18	729.9	37.26	3.68	0.02	322.32
1979	1 139.25	769.5	38.28	2.72	0.04	328.71
1980	1 178.43	785.4	51.18	2.58	0.07	339.20
1981	1 190.47	785.9	53.18	3.81	0.08	347.50
1982	1 272.95	859.7	55.91	6.54	0.08	350.70
1983	962.27	705.8	60.47	10.32	0.08	185.60
1984	1 058.43	758.5	93.25	13.58	0.10	193.00
1985	1 407.72	825.7	109.21	266.78	0.12	205.90
1986	1 463.31	859.4	106.17	291.80	0.14	205.80
1987	1 515.16	883.3	129.86	290.54	0.16	211.30
1988	1 602.83	903.8	178.23	299.69	0.21	220.90
1989	1 667.10	946.8	186.41	316.99	0.21	217.30
1990	1 062.50	943.3	150.77	289.29	0.21	218.90
1991	1 791.10	980.1	174.20	419.60	0.29	216.90
1992	1 947.60	1 023.2	207.60	501.30	0.37	215.10
1993	2 078.80	1 044.1	227.83	593.68	0.55	212.66
1994	2 085.80	1 038.2	221.30	605.79	0.64	219.93
1995	2 090.18	1 011.4	198.50	671.10	0.69	208.49
1996	1 929.02	1 003.6	245.12	479.40	0.94	199.95
1997	1 846.69	1 047.8	297.60	316.11	0.66	191.54
1998	1 568.3	900.7	206.5	314.7	0.9	145.5
1999	1 794.3	926.2	207.7	531.2	1.2	127.9

注:(1)铁路1982年以前为沈阳、锦州两路局合计数,1983年以后为辽宁省境内数,1988年以后还包括地方铁路。

(2)公路1969年以前为交通部门数,1970年以后为全社会数。

(3)水运口径同货运量。

(4)民航为测算数。

(5)管道1982年以前为全局数,1983年以后为辽宁省境内数。

15—7 铁路机车车辆年末实有数

指标	单位	1980年	1985年	1990年	1995年	1998年	1999年
中央铁路							
机车台数总计	台	1 175	1 888	2 058	2 172	2 071	1 710
蒸汽机车	台	945	1 523	1 340	1 118	728	312
内燃机车	台	230	365	718	1 054	1 343	1 398
客车辆数总计	辆	1 715	3 169	3 650	4 263	4 080	4 051
软座车	辆	6	19	20	20	35	35
硬座车	辆	1 158	2 265	2 648	2 691	2 386	2 377
软卧车	辆	44	59	98	138	158	151
硬卧车	辆	168	207	385	817	954	967
软硬座车	辆	30	62	35	16	15	15
代用客车	辆	28	—	—	—	—	—
行李车	辆	106	186	209	255	254	246
餐车	辆	88	143	176	196	188	169
其他	辆	87	128	79	130	88	88
辽宁省境内各分局							
机车台数总计	台	967	996	1 030	1 039	1 006	816
蒸汽机车	台	756	816	574	469	273	135
内燃机车	台	211	180	456	570	733	681
客车辆数总计	辆	1 338	1 507	1 758	1 932	1 917	1 912
软座车	辆	6	12	17	20	20	20
硬座车	辆	918	1 127	1 288	1 193	1 103	1 094
软卧车	辆	36	33	42	58	74	65
硬卧车	辆	113	101	183	386	457	473
软硬座车	辆	22	23	11	12	4	4
代用客车	辆	28	—	—	—	—	—
行李车	辆	87	97	107	124	118	116
餐车	辆	62	64	70	88	83	76
其他	辆	87	50	40	51	59	61

15—8 辽宁省辖区铁路主要站旅客发送量

单位:万人

车站名称	1980年	1990年	1995年	1998年	1999年
总计	**17 982**	**15 823**	**13 928.1**	**9 959.3**	**9 936.4**
开原	152.6	153.2	131.2	108.3	101.4
铁岭	251.5	277.7	241.1	167.2	179.5
沈阳	1 868	2 298.5	1 503.2	1 129.4	1 086.7
苏家屯	485.2	427.7	302.7	204.6	200.7
辽阳	462.9	320.1	293.6	197.3	204.6
黑山	133.7	46.0	—	12.2	10.4
鞍山	618.3	412.3	366.2	281.8	287.6
海城	309.2	249.8	221.2	165.6	172.6
大石桥	145.7	122.3	114.5	87.9	91.6
瓦房店	167.3	191.5	177.8	139.8	147.5
金州	222.5	221.0	201.2	188.1	195.2
南关岭	85.5	33.2	21.4	10.1	7.0
周水子	123.1	127.6	117.4	68.9	58.2
大连	759	654.2	682.1	619.6	666.9
大连西	—	—	—	—	—
皇姑屯	36.5	74.2	41.3	26.0	23.4
大成	27.7	37.0	26.6	13.2	11.7
抚顺	223.9	106.9	87.2	94.9	106.3
大官屯	60.8	20.3	—	4.0	4.9
沈阳东	31.9	77.7	—	1.0	1.2
沈阳北	199.4	1.8	872.8	843.2	949.2
营口	101.5	72.8	45.5	38.3	37.8
甘井子	152.7	31.3	—	—	—
旅顺	28.3	15.0	13.9	7.7	8.5
丹东	173.9	214.7	255.5	191.4	182.3
凤凰城	118.3	131.5	145.2	88.0	79.1
本溪	805.0	983.7	977.5	591.1	560.1
本溪湖	73.1	36.1	51.7	58.4	60.4
安平	30	20.6	23.2	11.8	11.8
沈阳西	—	9.4	6.2	7.0	6.3
锦州	455.4	540.1	517.8	397.4	420.8
锦西	201.6	158.4	133.5	121.2	134.0
大虎山	54.4	76.2	61.1	42.5	46.1
渤海	15.8	17.5	17.8	9.0	8.4
盘锦	58.4	49.2	53.3	47.9	50.2
朝阳	87.2	81.4	95.8	81.5	87.3
阜新	171.3	169.9	130.0	84.0	84.7

15—9 辽宁省辖区铁路主要站货物发送量

单位:万吨

车站名称	1980年	1990年	1995年	1998年	1999年
总计	**12 757**	**14 100**	**13 073.2**	**12 099.7**	**11 261.9**
开原	45.1	60.7	76.9	50.6	49.6
铁岭	35.8	66.2	57.2	53.8	45.1
沈阳	236.5	194	143.3	123.7	106.1
苏家屯	35.6	32.8	34.6	22.5	33.5
辽阳	51.3	53.4	49.1	41.2	54.2
黑山	1 236.1	1 288.7	—	15.6	18.5
鞍山	20.9	35.5	30.4	26.7	26.8
海城	62.7	92.0	137.8	64.5	71.0
大石桥	189.1	224.6	160.6	106.4	107.0
瓦房店	35.0	31.1	26.5	14.6	18.3
金州	23.9	13.9	28.4	101.1	112.2
南关岭	67.7	64.8	49.4	42.6	29.4
周水子	96.5	70.6	29.1	30.7	32.3
大连	—	—	—	—	—
大连西	22.6	45.2	27.2	10.8	14.1
皇姑屯	27.2	25.0	15.9	7.5	7.4
大成	83.2	87.2	105.5	80.7	78.2
抚顺	7.7	16.8	20.9	16.8	14.0
大官屯	1 277.1	1 082.7	861.1	643.2	689.3
沈阳东	48.7	73.9	57.0	39.5	54.0
沈阳北	22.0	—	—	—	—
营口	90.6	122.6	121.1	104.0	105.9
甘井子	632.8	574.1	438.2	501.6	469.5
旅顺	18.8	17.1	13.6	9.3	7.3
丹东	51.8	84.3	92.7	76.4	77.8
凤凰城	16.6	19.4	25.7	14.5	14.2
本溪	505.2	479.8	418.6	377.1	355.8
本溪湖	223.6	253.4	233.8	205.5	192.5
安平	274.5	319.7	278.1	373.5	391.9
沈阳西	—	5.8	16.1	12.1	21.4
锦州	260.3	267.5	247.9	252.2	255.3
锦西	447.0	422.9	355.0	303.9	342.1
大虎山	15.7	16.4	13.1	10.0	24.8
渤海	49.4	165.1	232.6	108.8	126.9
盘锦	56.9	57.2	66.7	68.0	73.8
朝阳	31.5	57.9	54.8	36.7	41.4
阜新	439.6	630.3	557.2	602.3	502.7

15—10 全省民用车辆拥有量

类型	1995年		1998年		1999年	
	辆数	吨(客)位	辆数	吨(客)位	辆数	吨(客)位
一、民用汽车	639 049		665 128		877 109	
1. 载客汽车	259 262	4 555 382	358 229	5 531 379	479 277	6 662 186
大型	25 753	1 339 066	29 212	1 591 001	40 680	2 167 075
小型	—	—	—	—	—	—
2. 普通载货汽车	345 492	1 542 543	279 309	1 291 586	363 169	1 712 262
大型	176 288	1 042 831	131 221	830 260	160 117	964 279
小型	—	—	—	—	—	—
3. 专用载货汽车	15 877	85 049	13 235	93 580	16 481	110 859
4. 其它专用汽车	7 983		5 150	—	5 196	—
5. 特种汽车	10 435		9 205	—	12 986	—
二、轮胎式拖拉机	168 841		133 685	—	173 515	—
#手扶拖拉机	35 507		16 649	—	29 367	—
三、摩托车	561 076		660 961	—	798 411	—
#两轮摩托车	406 679		562 934	—	689 458	—
#轻便摩托车	—		—	—	—	—
四、其它机动力	28 629		477 47	—	64 427	—
五、载货挂车	29 772		16 640	—	17 475	—

15—11 私人民用车辆拥有量

类型	1995年		1998年		1999年	
	辆数	吨(客)位	辆数	吨(客)位	辆数	吨(客)位
一、民用汽车	134 248		165 301		242 769	
1. 载客汽车	77 028	946 831	118 457	1 564 425	171 855	1 788 758
大型	2 918	150 962	2 808	139 084	3 786	186 098
小型	—	—	—	—	—	—
2. 普通载货汽车	56 618	223 661	46 203	255 533	70 008	370 552
大型	32 027	175 099	20 630	121 215	23 674	158 093
小型	—	—	—	—	—	—
3. 专用载货汽车	564	4 612	404	2 742	628	3 176
4. 其它专用汽车	23		74		94	
5. 特种汽车	15		163		184	
二、轮胎式拖拉机	142 322		120 780		161 262	
#手扶拖拉机	30 330		15 616		27 930	
三、摩托车	505 398		577 837		689 167	
#两轮摩托车	373 315		488 061		578 294	
#轻便摩托车	—		—		—	
四、其它机动车	12 076		23 413		36 251	
五、载货挂车	8 638		1 966		2 992	

15—12 公路线路年底到达数

(1999年)　　单位:公里

指　标	公路里程总计	等级公路合计	专用公路 高速	专用公路 一级	一般公路 二级	一般公路 三级	一般公路 四级
本年年底到达数	45 020	44 398	877	739	7 643	19 032	16 107
1.干线公路							
国道	4 404	4 404	789	406	2 529	602	78
省道	4 644	4 644	88	211	2 530	1 717	98
2.县道	11 942	11 850	—	119	2 455	7 803	1 473
3.乡道	22 872	22 343	—	3	69	8 706	13 565
4.专用公路	1 158	1 157	—	—	60	204	893

15—13 公路运输主要经济技术指标

(地方交通部门)

指　标	单位	1985年	1990年	1995年	1998年	1999年
载客汽车完好率	%	92.2	89.5	93.8	96.6	97.0
载客汽车工作率	%	83.4	78.2	76.7	84.6	84.8
载客汽车实载率	%	83.6	70.7	46.7	41.8	44.6
百车公里耗汽油	升	30.0	30.7	25.6	—	24.2
百吨公里耗汽油	升	7.8	8.4	12.3	—	12.5
百车公里耗柴油	升	27.7	28.4	26.7	—	24.4
百吨公里耗柴油	升	5.5	6.2	9.4	—	12.5
载货汽车完好率	%	93.6	91.1	90.1	91.6	92.6
载货汽车工作率	%	71.3	61.4	46.3	44.2	48.9
栽货汽车实载率	%	57.1	55.5	55.5	56.6	56.2
百车公里耗汽油	升	36.1	36.6	36.4	—	35.5
百吨公里耗汽油	升	7.5	7.2	6.5	—	8.0
百车公里耗柴油	升	32.4	37.6	40.3	—	48.8
百吨公里耗柴油	升	5.0	4.7	4.6	—	4.9

15—14 船舶拥有量

指标	单位	1985年	1990年	1995年	1998年	1999年
民用船舶拥有量						
一、水运船舶	艘	820	646	793	720	738
净载重吨	吨	140 970	351 445	1 231 755	902 033	1 267 931
#拖轮	艘	36	29	45	—	33
二、驳船	艘	83	77	138	68	65
净载重吨	吨	12 044	14 184	24 555	18 824	20 305
交通部门船舶拥有量						
运输船舶	艘	80	114	158	86	57
#客轮	艘	7	4	9	7	7
客轮载客量	客位	1 523	800	2 028	1 308	1 308
货轮	艘	48	69	113	35	34
货轮净载重	吨	79 112	187 367	894 107	212 505	120 771
拖轮	艘	6	9	10	5	5
驳船	艘	9	24	18	13	11
帆船	艘	10	8	—	—	—

15—15 全社会水运客货运输量

年份	货运量（万吨）	#交通部门	货运周转量（万吨公里）	#交通部门	客运量（万人）	#交通部门	旅客周转量（万人公里）	#交通部门
1980	113	110	26 148	25 820	18	18	1 202	1 202
1981	106	102	38 698	38 109	20	20	1 315	1 315
1982	109	104	66 197	65 419	26	26	1 527	1 527
1983	133	126	103 828	103 228	25	25	1 561	1 561
1984	150	150	135 815	135 815	19	19	1 418	1 418
1985	982	982	2 667 844	2 667 844	273	273	56 470	56 470
1986	1 291	1 166	2 918 000	2 911 171	325	308	68 523	68 025
1987	1 354	1 212	2 905 438	2 893 028	361	338	71 048	70 732
1988	1 599	1 384	2 996 910	2 988 725	369	362	74 627	74 505
1989	1 565	1 423	3 169 927	3 163 402	335	328	65 953	65 795
1990	1 521	1 433	2 892 885	2 891 254	302	290	59 396	58 990
1991	1 861	1 787	4 196 000	4 194 000	355	342	59 296	58 990
1992	2 145	1 894	5 013 673	4 829 714	465	418	86 880	83 157
1993	2 325	1 843	5 936 798	5 072 678	521	396	86 605	78 167
1994	2 426	1 969	6 152 164	5 314 440	501	379	78 201	70 172
1995	2 649	2 262	6 711 204	5 823 222	533	400	86 146	75 792
1996	2 472	2 136	4 794 110	3 721 911	553	415	94 208	80 454
1997	2 145	1 916	3 161 179	2 360 667	540	404	91 795	76 555
1998	1 977	1 679	3 147 000	2 231 000	474	340	73 000	59 000
1999	2 542	2 270	4 528 000	3 465 000	595	425	119 000	98 000

15—16 沿海港口码头长度和泊位数

港　　　名	1980年	1985年	1990年	1995年	1998年	1999年
港口码头长度(米)	**13 082**	**16 242**	**24 110**	**25 445**	**28 226**	**33 427**
#大　连　港	11 637	14 831	11 328	18 153	19 540	20 806
营　口　港	593	582	2 578	2 831	5 042	5 426
丹　东　港	244	221	631	1 149	1 149	1 588
锦　州　港			651	648	1 386	1 927
港口码头泊位(个)	**134**	**148**	**109**	**128**	**144**	**159**
#大　连　港	101	115	60	65	71	73
营　口　港	10	9	17	18	42	46
丹　东　港	7	8	5	8	8	10
锦　州　港			3	3	6	8

注:(1)码头泊位包括浮筒泊位。

(2)地方港均为生产用码头。

15—17 沿海港口吞吐量

指　　　标	1980年	1985年	1990年	1995年	1998年	1999年
货物吞吐量(万吨)	**3 346**	**4 558**	**5 360**	**7 572**	**10 653**	**12 268**
#大　连　港	3 264	4 381	4 952	6 416.8	7 515	8 505
营　口　港	25	98	237	1 155.6	1 757	1 945
进　　　口	787	1 016	1 277	2 268	3 647	4 351
#外　　　贸	587	808	804	1 325	1 304	1 312
内　　　贸	200	207	475	943	2 343	3 039
出　　　口	2 560	3 543	4 080	5 304	7 006	7 917
#外　　　贸	1 356	2 621	2 887	2 643	3 074	2 318
内　　　贸	1 204	922	1 193	2 661	3 932	5 599
旅客进出港量(万人)	**220**	**357**	**327**	**509.6**	**674.5**	**874.3**
进　　　港	107	174	161	248.8	347.1	427.7
出　　　港	113	183	166	260.8	327.4	446.6

15—18 民用航空运输量

指标	单位	1985年	1990年	1995年	1998年	1999年
(一)客运量	**万人**	**37.12**	**132.7**	**448.5**	**238.4**	**325.1**
国际航线	万人	0.50	1.7	14.8	16.0	27.8
地区航线	万人	0.02	2.3	5.2	6.4	4.8
国内航线	万人	36.60	128.7	428.5	222.0	292.5
(二)旅客周转量	**万人公里**	**43 006**	**190 606**	**46 943.9**	**331 929.0**	**429 712.0**
国际航线	万人公里	694.2	1 554.4	988.7	15 555.0	29 872.8
地区航线	万人公里	48.0	6 226.8	1 104.2	598.0	12 904.8
国内航线	万人公里	42 264	182 825	44 851	315 776.0	386 934.4
(三)货(邮)运量	**吨**	**8 949**	**25 191.6**	**67 168.1**	**53 477.1**	**73 836.4**
国际航线	吨	154	483.7	3 669.6	5 762.6	10 603.5
地区航线	吨	3.8	521.7	1 024.7	53.2	1 057.1
国内航线	吨	8 791	24 186.2	62 473.8	47 661.3	62 175.8
(四)货邮周转量	**万吨公里**	**999.6**	**3 869.4**	**11 632.8**	**9 342.8**	**12 066.9**
国际航线	万吨公里	17.43	44.8	321.0	531.2	1 054.0
地区航线	万吨公里	1.06	142	284.2	7.7	278.4
国内航线	万吨公里	981.1	3 682.6	11 027.6	8 803.9	10 734.5
(五)总周转量	**万吨公里**	**4 095.7**	**17 613**	**58 576.7**	**34 068.1**	**44 042.4**
国际航线	万吨公里	67.9	158.6	1 309.7	1 693.5	3 285.0
地区航线	万吨公里	4.5	608.9	1 388.4	51.9	1 240.8
国内航线	万吨公里	4 023.3	16 846	55 878.6	32 322.8	39 516.6

注:此表为全局数。

15—19 邮电业务基本情况

指　　标	1990年	1995年	1997年	1998年	1999年
邮电业务总量(亿元)	8.4	50.1	88.4	132.2	157.9
函件(亿件)	2.2	2.7	2.2	2.4	1.8
包件(万件)	389.6	483.9	315.5	319.9	303.2
邮政快件(万件)	983.8	1 360.9	916	407.8	—
特快专递(万件)	14.5	214.9	254.2	261.9	315.8
报刊期发数(万份)	1 176	698	700.7	744.5	594.1
电报(万份)	958	384	176.1	141.9	102.3
传真(份)	5.3	35.2	47.4	47.0	30.9
长途电话(万张)	7 537	42 241	58 576	88 135.7	72 727
年末直拨国际及港澳的用户(万户)	—	—	—	—	—
年末市内电话(万户)	35.2	194.8	309.7	366.4	439.3
#住宅电话	8.5	141.5	245.7	295.8	358.7
年末无线寻呼用户(万户)	2.0	159.1	268.0	342.8	302.7
年末移动电话用户(万户)	0.1	19.8	67.2	128.8	207.7
年末农村电话(万户)	7.9	34.3	84.6	110.4	139.9
邮电局、所(处)	1 608	2 064	2 336	3 266	3 033
邮路及农村投递路线总长度(万公里)	16.6	23.5	25.3	23.9	25.3
汽车邮路(公里)	11 362	19 301	23 202	25 973	24 870
铁路邮路(公里)	11 580	8 489	8 609	9 436	5 492
长话电路(路)	7 669	90 553	111 005	130 914	139 290
电报电路(路)	357	385	294	256	211
邮电通信工具拥有量					
市话交换机容量(万门)	50.0	322.0	457.8	516.3	574.4
农话交换机(万门)	16.0	68.1	136.1	165.5	197.1
电话机(部)					
城市电话	647 178	2 437 724	3 873 765	4 454 852	5 120 679
农村电话	111 029	375 209	875 702	1 138 260	1 430 966

15—20 邮电业务量

年份	邮电业务总量（万元）	函件（万件）	报刊期发数（万份）	电报（万份）	长途电话（万张）	市内电话（部）	农村电话（部）
1952	2 270.9	4 734	82	78	231	37 039	1 888
1957	3 636.0	13 200	86	95	148	57 757	5 960
1962	4 992.4	13 526	154	344	420	96 815	42 216
1965	5 002.9	11 554	321	242	461	115 316	44 545
1970	5 467.8	13 387	190	287	450	121 535	56 043
1975	8 662.5	15 140	514	543	1 116	162 313	46 742
1978	9 580.1	14 725	720	576	1 268	190 755	59 573
1979	9 939.1	15 157	799	595	1 381	204 104	59 236
1980	10 576.4	14 908	953	644	1 399	220 654	56 443
1981	11 208.9	14 631	1 235	673	1 472	236 270	66 650
1982	11 775.6	14 743	1 214	672	1 584	254 923	67 983
1983	12 872.0	15 359	1 380	736	1 812	283 457	73 054
1984	14 710.6	17 421	1 773	714	2 152	308 946	83 638
1985	17 302.7	21 002	1 791	874	2 666	353 802	77 470
1986	18 961.6	22 048	1 610	868	2 810	391 320	85 088
1987	21 732.6	24 175	1 752	994	3 353	448 071	92 353
1988	26 878.3	24 464	1 325	1 225	4 640	510 886	97 707
1989	34 519.4	23 146	705	1 123	5 755	571 328	106 648
1990	83 985.9	21 964	1 176	958	7 537	647 178	111 029
1991	108 122.3	19 454	1 123	960	10 217	756 958	121 950
1992	154 880.9	21 281	903	965	16 472	931 168	135 506
1993	242 108.4	23 791	1 163	814	27 064	1 268 064	168 891
1994	322 405.5	25 001	816	555	30 447	1 358 720	196 675
1995	500 819.1	24 288	698	384	42 241	2 437 724	375 209
1996	625 297.2	22 317	630	269	51 556	3 129 927	601 700
1997	883 518.2	21 642	701	176	68 576	3 873 765	875 702
1998	1 322 580.0	23 450	745	142	88 136	4 454 852	1 138 260
1999	1 578 634.5	18 140	594	102	72 727	5 120 679	1 430 966

注：农村电话1984年以前为国营、社营合计数，邮电业务总量按各个时期的不变价格计算。

15—21 邮电通信水平

指标	单位	1985年	1990年	1995年	1998年	1999年
全省邮电通信水平						
平均每百人每年发函件数	件	570	550	606	564	432
平均每百人每年订报刊数	份	48.56	29.64	17.4	17.9	14.1
平均每百人拥有电话机数	部	1.17	1.92	7.5	13.5	15.7
县以上城市装有自动电话交换机比重	%	87.9	100	100	100	—
农村邮电通信水平						
设有邮电局所乡(镇)比重	%	93.2	90.6	92.6	91.8	84.1
每天投递一次的乡(镇)比重	%	99.3	94.0	96.2	100	100
每天投递一次的行政村比重	%	93.8	59.0	—	…	—
当天能看到省报的市(县)比重	%	57.8	35.0	92.9	—	—
开通自动长途电话的县(市)比重	%	95.5	95.0	100	100	100
已通电话的乡(镇)比重	%	100	100	100	100	100
已通电话的行政村比重	%	92.9	88.1	—	94.5	96.4

主要统计指标解释

铁路营业里程 又称营业长度，指办理客货运输业务的铁路正线总长度。凡是全线或部分建成双线及以上的线路，以第一线的实际长度计算；复线、站线、段管线、岔线和特殊用途线以及不计算运费的联络线都不计算营业里程。铁路营业里程是反映铁路运输业基础设施发展水平的重要指标，也是计算客货周转量、运输密度和机车车辆运用效率等指标的基础资料。

铁路正线延展里程 是正线第一线、第二线、第三线和其他正线建筑里程之和，不包括站线、段管线、岔线及特殊用途线的延展里程。它是作为计算铁路线上钢轨、枕木及路基砂石需要量的主要依据。

铁路电气化里程 指在全部铁路营业里程中已安装了供电线路及设备，可以供电力机车牵引列车运行的区段的总里程。电气化里程占铁路营业里程的比重。

铁路自动闭塞里程 为保证列车安全运行，在一个区间，同一时间内，一般只允许一列列车运行，这种保证列车在这个区间安全间隔运行的技术方法称为“闭塞”，自动闭塞里程是指装有列车自动完成闭塞作用设备的铁路里程。自动闭塞里程占铁路营业里程的比重也是反映铁路现代化的重要标志之一。

公路里程 指在一定时期内实际达到《公路工程技术标准 JTJ01－88》规定的等级公路，并经公路主管部门正式验收交付使用的公路里程数。其计算单位为：Km。它包括大中城市的郊区公路以及通过小城镇街道部分的公路里程，也包括桥梁、渡口的长度，但不包括大中城市的街道、厂矿、林区生产用道和农业生产用道的里程。两条或多条公路共同经由同一路段，只计算一次，不得重复计算里程长度。公路里程是反映公路建设发展规模的重要指标，也是计算运输网密度等指标的基础资料。

内河航道里程 也称“内河通航里程”，是反映内河水运网规模、水平和发展情况的主要指标；是指在一定时期内，能通航运输船舶及排筏的天然河流、湖泊水库、运河及通航渠道的长度。包括全年季节性通航累计三个月以上的航道，但不包括仅供零散流放竹、木排的河道。

民用航空航线里程 指民航运输定期班机飞行的航线长度的总和。航线长度按机场之间的距离计算，通常有两种计算方法：将每条航线长度相加称为重复计算航线里程；如将两线或两条以上航线经过同一区段里程，只计算一次航线长度称为不重复计算航线里程。一般常用的是后者，它能确切反映民航运输网的规模，表明民航事业为国民经济服务和方便人民生活程度的主要指标。

输油(气)管道长度 也称“输油(气)里程”，是反映管道运输发展规模和水平的主要指标；是指油品(或天然气)的实际输送距离，一般按输油(气)管道的单线长度计算。若包括复线和备用线长度则称为输油(气)管道延展长度，是指管道辅设的实际长度。我们通常使用的是不包括复线的“输油(气)管道里程”。

货(客)运量 指在一定时期内，各运输部门实际运送的货物(旅客)数量。是反映运输业为国民经济和人民生活服务的数量指标，也是制定和检查运输生产计划，研究运输发展规模和速度的重要指标。货运按吨计算，客运按人计算。货物不论运输距离长短，货物类别，均按实际重要统计；旅客不论行程远近或票价多少，均按一人一次作为客运量统计。半价票、小孩票也按一人统计。

货(客)运密度 指在一定时期内某种运输方式运输线路的某一区段平均每公司线路通过的货物(旅客)运输周转量。计算单位是吨(人)公里/公里。计算公式为：

$$\text{货(客)运密度}=\frac{\text{货物(旅客)周转量}}{\text{营业线路长度}}$$

货(客)运密度是反映交通运输线路上货物(旅客)运输量运输繁忙程度的主要指标。是平衡运输线路运输能力和通过能力，规划线路建设及改造、配备技术设备，研究运输网布局的重要依据。

货物(旅客)周转量 指在一定时期内，由各种运输工具运送的货物(旅客)数量与其相应运输距离的乘积之总和，是反映运输生产总成果的重要指标，也是编制和检查运输生产计划，计算运输效率、劳动生产率以及核算运输单位成本的主要基础资料。通常以吨公里和人公里为计算单位。计算货物周转量通常按发出站与到达站之间的最短距离，也就是计费距离计算。

铁路货车平均静载重 指铁路货车在始发站静止状态下平均每车装载的货物重量，用以分析货车完成装车

时车辆载重力的利用情况。计算单位为“吨”,计算公式为:

$$货车平均静载重(吨)=\frac{货物发送吨数}{装车数}$$

静载重的多少取决于运送货物的性质、种类、车辆的类型和装载技术的高低。根据货车的平均标记载重与静载重进行对比,可以反映货车载重能力的利用程度。计算公式为:

$$货车载重力利用率(\%)=\frac{货车平均静载重}{货车平均标记载重}\times100\%$$

铁路货运机车日产量 指平均每台货运机车在一昼夜内所完成的总重吨公里数。它既包括载运货物的重量,也包括车辆本身的自重,它从时间和牵引能力两方面反映了机车运用效率。计算单位为“吨公里”,计算公式为:

$$货运机车平均日产量(吨公里)=\frac{货运总重吨公里数}{货运机车台日数}$$

沿海主要港口货物吞吐量 指由水运进出沿海主要港区范围,并经过装卸的货物数量,包括邮件及办理托运手续的行李、包裹以及补给运输船舶的燃、物料和淡水。其计量单位为吨。货物吞吐量的货种分类及其主要流向流量,反映了港口在国内外物资交流和对外贸易运输中的地位和作用。吞吐量可以分为进口、出口,又可以分为国内贸易和对外贸易。

邮电业务总量 指以货币表现的邮电部门用于传递信息和提供其他邮电服务的总数量。它综合反映了一定时期邮电工作的总成果,是研究邮电业务量构成和发展趋势的重要指标。根据邮电管理体制不同,分为中央国营业务总量和地方国营业务总量。它用各种邮电分类业务量,如函件件数、电报份数、长话张数、市内电话和农村电话的年均户数、订销报刊累计份数等,分别乘以相应的平均单价(不变价),加总后再加上出租电路和设备的收入、代用户维护电话交换机和线路等设备的收入、其他业务收入求得。

市内电话 指接入县城(包括个别城镇)及县以上城市的市内电话网上,并按市内电话进行经营管理的电话。按计费办法分为包月制和计次制两种。

(1)住宅电话 指话机装在居民住宅里的电话。它包括私人付费、公费和免费三个部分。

(2)私人付费电话 指住宅居民自费安装并自己缴纳通话费的电话。

十六、商　业

16—1 限额以上批发零售贸易、餐饮业基本情况

（1999年末）

行业、经济类型	法人企业（个）	产业活动单位（个）	从业人数（人）
总计	**1 313**	**1 343**	**260 494**
一、批发企业	701	708	109 570
内资企业	691	697	108 507
国有企业	494	496	89 777
集体企业	98	98	9 652
股份合作企业	5	5	202
联营企业	4	4	93
有限责任公司	41	42	3 964
股份有限公司	32	34	3 978
私营企业	17	18	841
其他企业	—	—	—
港、澳、台商投资企业	1	2	95
外商投资企业	9	9	968
二、零售企业	404	414	120 389
内资企业	389	397	114 726
国有企业	182	187	53 950
集体企业	108	109	17 047
股份合作企业	21	21	2 564
联营企业	1	1	49
有限责任公司	19	19	7 127
股份有限公司	29	30	25 803
私营企业	29	30	8 186
其他企业	—	—	—
港、澳、台商投资企业	8	9	2 654
外商投资企业	7	8	3 009
三、餐饮业	208	221	30 535
内资企业	156	159	19 073
国有企业	38	39	5 774
集体企业	27	27	2 147
股份合作企业	8	9	812
联营企业	2	2	465
有限责任公司	18	18	2 331
股份有限公司	15	16	3 228
私营企业	48	48	4 316
其他企业		—	—
港、澳、台商投资企业	21	26	4 616
外商投资企业	31	36	6 846

16—2 社会消费品零售总额

（按地区分）　　单位：亿元

年份、地区	社会消费品零售总额	按地区分			按城乡分	
		市	县	县以下	城镇	乡村
1952	18.2	12.6	5.6	—	13.4	4.8
1957	29.6	20.3	9.3	—	23.0	6.6
1962	34.5	24.2	10.3	—	26.8	7.7
1965	35.7	23.4	12.3	—	27.5	8.2
1970	39.5	23.4	16.1	—	30.2	9.3
1975	59.8	36.2	23.6	—	45.2	14.6
1978	71.2	42.6	19.1	9.5	52.8	18.4
1979	83.1	50.6	18.9	13.6	59.9	23.2
1980	101.8	64.4	20.2	17.2	72.6	29.2
1981	115.5	68.1	20.9	26.5	80.1	35.4
1982	121.5	71.2	21.6	28.7	84.6	36.9
1983	134.3	78.6	24.2	31.5	92.3	42.0
1984	158.1	96.0	27.6	34.5	109.0	49.1
1985	195.5	119.8	34.4	41.3	137.5	58.0
1986	244.3	154.0	41.3	49.0	175.0	69.3
1987	285.9	185.8	46.3	53.8	205.7	80.2
1988	368.0	243.4	60.5	64.1	269.6	98.4
1989	411.7	282.4	60.0	69.3	307.7	104.0
1990	421.1	297.6	56.8	66.7	322.3	98.8
1991	467.3	332.5	66.5	68.3	363.6	103.7
1992	540.6	415.6	52.1	72.9	415.6	125.0
1993	682.1	534.8	54.5	92.8	534.8	147.3
1994	870.5	699.8	57.0	113.7	699.8	170.7
1995	1 122.0	911.5	72.9	137.6	911.5	210.5
1996	1 289.4	1 051.0	79.3	159.1	1 051.0	238.4
1997	1 450.6	1 184.2	86.0	180.4	1 184.2	266.4
1998	1 568.7	1 286.0	87.0	195.7	1 286.0	282.7
1999	1 696.1	1 401.5	92.3	202.3	1 401.5	294.6
沈阳	516.1	487.6	14.2	14.3	487.6	28.5
大连	448.0	411.2	1.2	35.6	411.2	36.8
鞍山	113.5	85.5	8.2	19.8	85.5	28.0
抚顺	103.6	87.5	6.9	9.2	87.5	16.1
本溪	42.7	32.2	6.7	3.8	32.2	10.5
丹东	65.5	38.7	5.8	21.0	38.7	26.8
锦州	86.1	55.9	12.3	17.9	55.9	30.2
营口	52.0	40.2	—	11.8	40.2	11.8
阜新	38.3	28.7	3.6	6.0	28.7	9.6
辽阳	47.9	25.0	8.4	14.5	25.0	22.9
盘锦	42.5	29.4	3.0	10.1	29.4	13.1
铁岭	53.9	28.5	10.3	15.1	28.5	25.4
朝阳	36.7	17.1	5.2	14.4	17.1	19.6
葫芦岛	54.2	36.3	6.6	11.3	36.3	17.9

注：1992 年以后是将县及县以下视为乡村，市为城镇。

16—3 社会消费品零售总额

（按经济类型分）

单位:亿元

年份、地区	国有经济	集体经济	私营	个体	其他
1952	7.2	6.6	—	4.9	0.4
1957	17.5	11.7	—	0.6	1.5
1962	24.3	10.8	—	0.3	2.8
1965	25.3	11.3	—	0.4	1.7
1970	27.1	16.9	—	—	1.6
1975	43.6	24.7	—	—	4.0
1978	53.0	31.5	—	—	0.8
1979	61.5	34.9	—	0.1	1.8
1980	69.9	45.3	—	1.3	3.6
1981	71.5	57.5	—	2.5	5.5
1982	74.5	60.2	—	4.3	6.4
1983	79.4	64.9	—	9.1	7.5
1984	90.2	73.3	—	16.1	9.4
1985	103.6	63.3	—	28.5	14.2
1986	118.9	91.9	—	38.2	34.4
1987	135.5	103.3	—	52.0	44.0
1988	175.3	127.8	—	70.7	57.2
1989	192.6	131.4	—	89.5	74.2
1990	198.4	87.1	—	95.8	78.4
1991	225.8	129.4	—	108.8	92.9
1992	259.1	135.8	—	131.7	124.5
1993	232.0	132.4	3.0	185.4	129.3
1994	229.1	143.1	35.4	296.2	166.7
1995	262.5	163.3	67.2	407.1	221.9
1996	255.8	170.5	95.5	523.1	243.5
1997	246.6	175.2	114.6	631.0	283.2
1998	226.9	157.1	150.6	739.5	294.6
1999	222.7	145.2	181.1	828.6	318.5
沈阳	98.2	64.6	51.4	216.4	85.5
大连	38.0	20.5	68.5	219.4	101.6
鞍山	10.5	7.6	14.8	62.6	18.0
抚顺	18.8	6.4	12.2	53.8	12.4
本溪	3.6	2.6	3.5	20.5	12.5
丹东	5.7	5.4	4.9	42.1	7.4
锦州	5.9	8.8	5.0	41.6	24.8
营口	5.4	2.8	1.1	27.9	14.8
阜新	5.6	3.5	2.2	21.8	5.2
辽阳	3.4	2.6	6.5	34.1	1.3
盘锦	12.5	7.9	0.1	8.2	13.8
铁岭	3.6	4.7	3.4	33.5	8.7
朝阳	6.8	5.6	3.4	16.1	11.6
葫芦岛	4.6	2.2	3.7	36.7	7.0

注:1992年以前为社会商品零售总额。

16—4 社会消费品零售总额

（按行业分）　　单位：亿元

年份	批发零售贸易业	餐饮业	制造业	其他行业
1978	75.2	3.4	4.6	2.1
1979	83.8	4.1	5.8	4.6
1980	98.2	5.4	9.2	7.3
1981	109.3	6.4	11.6	9.7
1982	115.0	7.2	12.2	11.0
1983	127.3	7.8	13.0	12.8
1984	149.6	8.9	15.4	15.1
1985	159.1	10.9	18.5	7.0
1986	206.3	14.2	20.6	25.2
1987	242.6	15.3	24.2	30.9
1988	313.2	20.4	29.7	39.3
1989	349.9	21.2	29.4	50.5
1990	318.9	20.6	29.7	51.9
1991	393.3	21.9	34.9	61.0
1992	446.8	25.6	36.4	80.8
1993	503.0	37.6	39.7	101.8
1994	607.5	60.1	45.5	157.4
1995	782.6	92.3	49.0	198.1
1996	906.2	117.4	52.5	213.3
1997	1 028.6	134.5	57.7	229.8
1998	1 123.9	159.5	52.7	232.6
1999	1 222.3	188.2	51.4	234.2

16—5 各地区社会消

（19

项　　目	沈阳市	大连市	鞍山市	抚顺市	本溪市
社会消费品零售总额	**516.1**	**448.0**	**113.5**	**103.6**	**42.7**
按销售地区分：					
市的零售额	487.6	411.2	85.5	87.5	32.2
县的零售额	14.2	1.2	8.2	6.9	6.7
县以下零售额	14.4	35.7	19.8	9.3	3.9
按经济类型分：					
国有经济	98.2	38.0	10.5	18.8	3.6
集体经济	63.8	20.4	7.6	6.4	2.6
私营经济	51.4	68.5	14.8	12.2	3.5
个体经济	216.4	219.4	62.6	53.8	20.5
联营经济	0.8	0.1	—	—	—
股份制经济	31.6	23.8	3.1	2.3	1.6
外商投资经济	4.8	12.5	0.1	0.2	—
港澳台投资经济	4.5	6.9	0.3	—	—
其他经济	44.7	58.5	14.6	9.8	10.9
按行业分：					
批发零售贸易业	381.1	326.8	75.4	69.4	27.7
餐饮业	58.0	53.4	13.8	14.9	4.9
制造业	24.9	3.3	8.2	5.3	0.2
其他行业	52.1	64.5	16.1	14.0	10.0
#农民对非农业居民零售	44.1	58.5	14.6	9.6	7.8

费　品　零　售　总　额

99年）　　　　　　　　　　　　　　　　　　　　　　　　单位:亿元

丹东市	锦州市	营口市	阜新市	辽阳市	盘锦市	铁岭市	朝阳市	葫芦岛市
65.5	**86.1**	**52.0**	**38.3**	**47.9**	**42.5**	**53.9**	**36.7**	**54.2**
38.7	55.9	40.2	28.7	25.0	29.4	28.5	17.0	36.3
5.8	12.3	—	3.7	8.4	3.0	10.3	5.2	6.6
21.0	17.9	11.8	6.0	14.5	10.1	15.2	14.4	11.3
5.7	5.9	5.4	5.6	3.4	12.5	3.6	6.8	4.6
5.4	8.8	2.8	3.5	2.6	7.9	4.7	5.6	2.2
4.9	5.0	1.1	2.2	6.5	0.4	3.4	3.4	3.7
42.1	41.6	27.9	21.8	34.1	8.2	33.5	16.1	36.7
—	—	—	—	—	—	—	—	—
0.4	4.6	0.7	0.2	0.3	5.5	0.2	0.7	0.7
—	—	—	—	—	0.3	—	—	—
—	—	0.1	—	—	0.2	—	—	0.1
6.9	20.1	13.9	5.0	1.0	7.7	8.6	4.1	6.2
52.5	57.6	32.9	29.8	40.5	28.9	34.2	26.7	43.0
5.5	4.6	4.4	3.2	5.6	5.4	7.7	3.9	4.4
0.5	3.2	0.7	0.3	—	1.0	1.6	1.7	0.6
7.0	20.7	13.9	5.0	1.7	7.2	10.5	4.4	6.2
6.9	20.1	13.9	5.0	1.0	6.9	8.4	3.1	6.1

16—6 城乡集市贸易情况

项　　目	1985年	1990年	1995年	1998年	1999年
集市数(个)	**2 158**	**2 457**	**2 849**	**3 047**	**2 926**
城市	682	1 051	1 462	1 589	2 508
乡村	1 476	1 406	1 387	1 458	1 418
集市贸易成交额(亿元)	**25.7**	**108.0**	**790.9**	**1 173.9**	**1 277.7**
城市	10.2	64.6	512.6	799.0	849.9
乡村	15.5	43.4	278.3	374.9	427.8
#粮油类	2.0	5.4	36.3	53.0	56.6
肉禽蛋类	4.6	19.6	96.6	149.4	149.6
水产品类	1.3	7.6	49.7	86.1	92.8
蔬菜类	4.5	20.0	89.2	127.0	129.5
干鲜果类	1.4	10.3	48.9	55.0	57.2
大牲畜类	1.0	0.8	2.7	2.5	0.8

16—7 限额以上批发零售贸易业商品购进、销售、库存总额

（1999 年）　　单位：万元

经济类型	购进总额	销售总额	批发	零售	年末库存总额
总计	**12 283 424**	**13 198 070**	**11 163 218**	**2 034 852**	**1 470 320**
其中：国有及国有控股	9 905 597	10 617 805	9 333 555	1 284 250	1 181 729
（一）按登记注册类型分组					
内资企业	11 851 203	12 702 942	10 917 344	1 785 598	1 448 239
国有企业	9 284 784	9 870 627	8 971 275	899 352	1 043 371
集体企业	797 674	872 954	711 868	161 086	116 390
股份合作企业	55 699	54 530	11 064	43 466	19 082
联营企业	7 841	16 377	15 030	1 347	2 903
国有联营企业	4 264	3 096	1 749	1 347	2 762
集体联营企业	—	—	—	—	—
国有与集体联营企业	3 577	13 281	13 281	—	141
其他联营企业	—	—	—	—	—
有限责任公司	526 038	569 093	471 958	97 135	99 667
国有独资企业	57 305	63 673	41 574	22 099	7 973
其他有限责任公司	468 733	505 420	430 384	75 035	91 694
股份有限公司	890 302	1 030 639	589 579	441 060	119 011
私营企业	288 864	288 723	146 571	142 152	47 815
私营独资企业	57 020	55 054	12 341	42 712	9 967
私营合伙企业	—	—	—	—	—
私营有限责任公司	174 024	172 737	108 534	64 203	30 755
私营股份有限公司	57 821	60 932	25 695	35 237	7 093
其他企业	—	—	—	—	—
港、澳、台商投资企业	74 441	90 751	6 503	84 248	6 111
合资经营企业(港或澳、台资)	36 647	36 153	3 766	32 387	5 547
合作经营企业(港或澳、合资)	32 153	47 843	—	47 843	—
港、澳、台商独资经营企业	5 641	6 755	2 737	4 018	564
港、澳、台商投资股份有限公司	—	—	—	—	—
外商投资企业	357 781	404 378	239 371	165 007	15 971
中外合资经营企业	105 798	132 975	15 721	117 254	10 347
中外合作经营企业	1 553	9 902	—	9 902	820
外资企业	250 430	261 501	223 650	37 851	4 803
外商投资股份有限公司	—	—	—	—	—

16—7 续表 1　　(1999 年)　　单位:万元

行　　业	购进总额	销售总额	批　发	零　售	年末库存总　额
(二)按国民经济行业分组					
食品、饮料、烟草批发业	1 774 004	1 821 095	1 773 448	47 647	677 089
其中:粮食、食用油批发业	612 950	591 120	576 521	14 599	485 954
烟草及其制品批发业	722 854	761 909	743 294	18 615	152 979
棉、麻、土畜产品批发业	19 032	21 309	21 289	20	6 011
纺织品、服装和鞋帽批发业	539 672	558 247	557 261	987	35 236
日用百货批发业	157 630	153 990	145 888	8 102	15 770
日用杂品批发业	24 161	23 529	19 713	3 817	5 067
五金、交电、化工批发业	101 591	113 655	99 576	14 080	21 558
药品及医疗器械批发业	262 587	293 924	167 162	126 762	47 450
能源批发业	4 561 978	4 893 697	4 831 022	62 676	52 515
其中:石油及制品批发业	4 450 666	4 771 041	4 716 908	54 133	43 385
煤炭及制品批发业	111 312	122 656	114 113	8 543	9 130
化工材料批发业	496 816	500 669	499 485	1 184	32 147
木材批发业	19 386	21 254	21 254	—	337
建筑材料批发业	69 131	75 754	75 747	7	6 371
矿 产 品 批 发 业	117 459	138 151	138 151	—	24 054
金属材料批发业	996 336	1 003 992	1 000 547	3 445	65 390
机械、电子设备批发业	274 084	326 525	305 985	20 540	41 386
汽车、摩托车及零配件批发业	757 034	777 781	689 612	88 169	64 061
其中:汽车批发业	407 155	416 954	387 186	29 768	22 740

16—7 续表 2　　(1999 年)　　单位:万元

行　　业	购进总额	销售总额	批　　发	零　　售	年末库存总　　额
再生物资回收批发业	10 181	11 387	11 180	207	1 751
工艺美术批发业	14 002	17 870	17 870	—	442
图书报刊批发业	82 385	84 050	83 950	100	6 475
农业生产资料批发业	430 111	450 005	445 799	4 206	62 338
其他类未包括的批发业	26 011	29 295	23 080	6 215	3 222
食品、饮料和烟草零售业	102 510	119 779	15 986	103 793	21 673
其中:粮油食品零售业	27 359	30 673	6 030	24 644	8 650
副食品零售业	67 021	79 250	6 675	72 574	12 175
日用百货零售业	1 152 039	1 445 313	170 545	1 274 768	192 267
其中:百货零售业	1 119 516	1 406 659	154 580	1 252 079	182 252
文化体育用品零售业	9 539	15 543	5 755	9 788	6 474
纺织品、服装和鞋帽零售业	69 847	72 626	752	71 874	18 763
日用杂品零售业	876	1 094	—	1 094	225
五金、交电、化工零售业	44 050	53 999	15 892	38 107	11 292
药品及医疗器械零售业	28 144	34 469	1 211	33 258	10 981
图书报刊零售业	71 289	72 165	7 058	65 107	20 682
其他零售业	81 080	82 448	23 758	58 689	25 771
其中:家具零售业	5 958	7 842	5 458	2 384	1 973
汽车、摩托车及其零配件零售业	11 845	13 418	6 586	6 833	3 232
计算机及软件、办公设备零售业	10 206	10 575	2 649	7 926	1 651

16—8 各地区限额以上批发零

（19

经济类型	沈阳	大连	鞍山	抚顺	本溪
总计	**6 861 375**	**3 320 726**	**326 176**	**398 574**	**124 991**
其中：国有及国有控股	5 533 600	2 682 845	282 484	356 205	81 612
(一)按登记注册类型分组					
内资企业	6 614 730	3 138 902	325 704	398 574	124 991
国有企业	5 490 835	2 198 654	286 569	229 925	73 388
集体企业	365 496	257 997	15 547	45 432	367
股份合作企业	30 079	13 180	4 827	—	—
联营企业	2 555	5 286	—	—	—
国有联营企业	1 411	2 853	—	—	—
集体联营企业	—	—	—	—	—
国有与集体联营企业	1 144	2 433	—	—	—
其他联营企业	—	—	—	—	—
有限责任公司	125 390	251 679	—	83 943	32 367
国有独资企业	4 123	38 830	—	4 406	—
其他有限责任公司	121 267	212 849	—	79 537	32 367
股份有限公司	445 796	345 860	17 570	39 274	8 096
私营企业	154 579	66 247	1 192	—	10 773
私营独资企业	48 855	4 413	—	—	—
私营合伙企业	—	—	—	—	—
私营有限责任公司	101 548	39 011	—	—	10 773
私营股份有限公司	4 177	22 823	1 192	—	—
其他企业	—	—	—	—	—
港、澳、台商投资企业	24 483	46 206	472	—	—
合资经营企业(港或澳、合资)	18 842	14 053	472	—	—
合作经营企业(港或澳、合资)	—	32 153	—	—	—
港、澳、台商独资经营企业	5 641	—	—	—	—
港、澳、台商投资有限责任公司	—	—	—	—	—
外商投资企业	222 163	135 618	—	—	—
中外合资经营企业	—	105 798	—	—	—
中外合作经营企业	1 553	—	—	—	—
外资企业	220 611	29 820	—	—	—
外商投资股份有限公司	—	—	—	—	—

售贸易业商品购进总额

99年）　　　　　　　　　　　　　　　　　　　　　　　　单位:万元

丹　　东	锦　　州	营　　口	阜　　新	辽　　阳	盘　　锦	铁　　岭	朝　　阳	葫芦岛
102 961	**301 042**	**123 617**	**73 734**	**83 792**	**152 714**	**96 939**	**83 282**	**233 501**
40 084	238 806	96 732	65 519	74 326	101 228	79 880	64 297	207 981
102 961	297 762	123 617	73 734	83 792	152 714	96 939	83 282	233 501
93 325	225 835	96 732	65 519	72 450	105 941	82 965	54 667	207 981
7 336	38 996	15 531	7 752	9 401	7 090	6 440	10 973	9 317
—	515	324	463	65	5 279	—	967	—
—	—	—	—	—	—	—	—	—
—	—	—	—	—	—	—	—	—
—	—	—	—	—	—	—	—	—
—	—	—	—	—	—	—	—	—
—	—	—	—	—	—	—	—	—
—	5 599	—	—	—	11 237	2 232	13 591	—
—	—	—	—	—	9 946	—	—	—
—	5 599	—	—	—	1 291	2 232	13 591	—
2 300	12 863	7 278	—	1 876	1 243	5 302	2 847	—
—	13 955	3 751	—	—	21 925	—	239	16 204
—	—	3 751	—	—	—	—	—	—
—	—	—	—	—	—	—	—	—
—	—	—	—	—	19 750	—	239	2 704
—	13 955	—	—	—	2 175	—	—	13 500
—	—	—	—	—	—	—	—	—
—	3 280	—	—	—	—	—	—	—
—	3 280	—	—	—	—	—	—	—
—	—	—	—	—	—	—	—	—
—	—	—	—	—	—	—	—	—
—	—	—	—	—	—	—	—	—
—	—	—	—	—	—	—	—	—
—	—	—	—	—	—	—	—	—
—	—	—	—	—	—	—	—	—
—	—	—	—	—	—	—	—	—
—	—	—	—	—	—	—	—	—

行业	沈阳	大连	鞍山	抚顺	本溪
(二)按国民经济行业分组					
食品、饮料、烟草批发业	450 809	756 125	68 286	24 141	31 688
其中:粮食、食用油批发业	111 771	328 046	26 618	—	978
烟草及其制品批发业	223 379	182 058	41 669	24 141	17 426
棉、麻、土畜产品批发业	8 369	8 709	—	—	—
纺织品、服装和鞋帽批发业	25 990	501 480	3 884	—	—
日用百货批发业	42 765	113 245	—	—	—
日用杂品批发业	22 848	1 313	—	—	—
五金、交电、化工批发业	56 676	27 579	1 299	5 037	—
药品及医疗器械批发业	154 164	80 306	232	—	3 244
能源批发业	3 530 486	463 750	51 360	204 823	11 807
其中:石油及制品批发业	3 489 593	427 550	31 360	180 778	11 807
煤炭及制品批发业	40 893	36 200	—	24 045	—
化工材料批发业	139 007	323 341	—	28 849	—
木材批发业	—	19 386	—	—	—
建筑材料批发业	57 249	11 883	—	—	—
矿产品批发业	56 130	61 329	—	—	—
金属材料批发业	619 242	55 635	130 271	—	53 213
机械、电子设备批发业	158 688	96 706	3 231	5 604	—
汽车、摩托车及零配件批发业	587 278	161 777	—	5 668	—
其中:汽车批发业	276 498	124 091	—	5 668	—
再生物资回收批发业	—	10 181	—	—	—
工艺美术批发业	2 819	11 183	—	—	—
图书报刊批发业	80 453	1 932	—	—	—
农业生产资料批发业	239 532	94 064	14 484	3 063	—
其他类未包括的批发业	2 881	20 173	—	—	—
食品、饮料和烟草零售业	41 487	40 873	1 035	2 845	2 135
其中:粮油食品零售业	5 707	15 986	214	1 308	—
副食品零售业	32 759	24 887	821	—	2 135
日用百货零售业	476 948	389 034	29 598	108 635	19 344
其中:百货零售业	455 353	382 457	26 818	108 635	19 344
文化体育用品零售业	7 430	2 109	—	—	—
纺织品、服装和鞋帽零售业	15 719	24 560	4 173	2 257	—
日用杂品零售业	—	—	—	876	—
五金、交电、化工零售业	17 346	12 036	1 768	628	1 178
药品及医疗器械零售业	7 682	—	6 581	4 406	—
图书报刊零售业	31 077	16 986	5 164	1 742	2 383
其他零售业	35 734	17 141	4 810	—	—
其中:家具零售业	1 499	4 460	—	—	—
汽车、摩托车及其零配件零售业	869	1 249	2 263	—	—
计算机及软件、办公设备零售业	3 187	6 259	—	—	—

99 年）

单位:万元

丹东	锦州	营口	阜新	辽阳	盘锦	铁岭	朝阳	葫芦岛
40 212	141 564	36 196	35 234	23 635	38 806	62 744	33 415	31 149
7 858	76 703	3 557	13 680	8 658	18 318	5 250	11 515	—
12 771	33 701	32 638	21 554	14 977	20 489	55 522	11 380	31 149
1 954	—	—	—	—	—	—	—	—
4 098	—	—	—	—	4 220	—	—	—
1 621	—	—	—	—	—	—	—	—
—	—	—	—	—	—	—	—	—
335	1 286	8 460	—	—	—	919	—	—
3 446	4 934	16 261	—	—	—	—	—	—
38 890	58 745	32 051	14 604	34 220	45 115	17 114	14 781	44 233
38 890	51 266	29 356	14 604	34 220	45 115	17 114	14 781	44 233
—	7 479	2 695	—	—	—	—	—	—
—	5 619	—	—	—	—	—	—	—
—	—	—	—	—	—	—	—	—
—	—	—	—	—	—	—	—	—
—	—	—	—	—	—	—	—	—
—	6 591	—	814	4 405	—	5 302	—	120 864
—	4 504	—	—	5 350	—	—	—	—
898	—	—	—	1 413	—	—	—	—
898	—	—	—	—	—	—	—	—
—	—	—	—	—	—	—	—	—
—	—	—	—	—	—	—	—	—
—	—	—	—	—	—	—	—	—
4 524	14 419	3 468	3 949	5 040	21 107	5 634	16 668	4 158
—	—	1 341	—	—	1 617	—	—	—
—	11 702	292	—	—	—	—	2 143	—
—	2 674	292	—	—	—	—	1 179	—
—	6 419	—	—	—	—	—	—	—
1 045	33 201	22 843	13 037	4 677	36 217	712	12 792	3 957
—	32 675	22 843	13 037	4 677	36 217	712	12 792	3 957
—	—	—	—	—	—	—	—	—
2 300	2 790	—	—	—	—	—	—	18 049
—	—	—	—	—	—	—	—	—
600	950	1 206	3 802	—	3 331	—	1 205	—
—	—	—	463	—	—	2 232	—	6 780
—	3 727	1 499	1 831	1 805	2 301	1 607	1 167	—
3 038	11 011	—	—	3 246	—	676	1 112	4 312
—	—	—	—	—	—	—	—	—
—	2 834	—	—	928	—	—	—	3 702
—	760	—	—	—	—	—	—	—

16—9 各地区限额以上批发零

(19

经济类型	沈阳	大连	鞍山	抚顺	本溪
总计	**7 443 050**	**3 467 588**	**358 780**	**452 145**	**141 009**
其中:国有及国有控股	6 015 015	2 774 330	304 863	403 730	94 762
(一)按登记注册类型分组					
内资企业	7 171 378	3 248 656	358 021	452 145	141 009
国有企业	5 936 543	2 225 357	308 521	267 516	78 628
集体企业	390 317	286 918	21 422	50 867	367
股份合作企业	25 255	13 585	4 918	—	—
联营企业	2 031	14 346	—	—	—
国有联营企业	1 087	2 009	—	—	—
集体联营企业	—	—	—	—	—
国有与集体联营企业	944	12 337	—	—	—
其他联营企业	—	—	—	—	—
有限责任公司	141 080	261 008	—	88 254	32 951
国有独资企业	4 592	38 372	—	6 223	—
其他有限责任公司	136 488	222 636	—	82 031	32 951
股份有限公司	522 030	387 415	21 989	45 509	16 022
私营企业	154 123	60 027	1 172	—	13 040
私营独资企业	48 335	2 945	—	—	—
私营合伙企业	—	—	—	—	—
私营有限责任公司	99 524	32 242	—	—	13 040
私营股份有限公司	6 264	24 840	1 172	—	—
其他企业	—	—	—	—	—
港、澳、台商投资企业	31 283	54 943	759	—	—
合资经营企业(港或澳、合资)	24 529	7 099	759	—	—
合作经营企业(港或澳、合资)	—	47 843	—	—	—
港、澳、台商独资经营企业	6 755	—	—	—	—
港、澳、台商投资有限责任公司	—	—	—	—	—
外商投资企业	240 389	163 989	—	—	—
中外合资经营企业	—	132 975	—	—	—
中外合作经营企业	9 902	—	—	—	—
外资企业	230 487	31 014	—	—	—
外商投资股份有限公司	—	—	—	—	—

售贸易业商品销售总额

99年）　　　　　　　　　　　　　　　　　　　　　　　　　单位：万元

丹　东	锦　州	营　口	阜　新	辽　阳	盘　锦	铁　岭	朝　阳	葫芦岛
116 667	**318 688**	**137 390**	**91 089**	**88 490**	**170 736**	**101 364**	**103 639**	**207 437**
44 474	251 086	110 842	82 572	77 564	114 089	81 229	80 394	182 857
116 667	314 922	137 390	91 089	88 490	170 736	101 364	103 639	207 437
107 066	234 278	110 842	82 572	75 770	114 725	83 573	62 379	182 857
7 286	41 909	17 233	7 963	10 416	7 482	8 293	12 739	9 743
—	591	562	555	510	5 312	—	3 242	—
—	—	—	—	—	—	—	—	—
—	—	—	—	—	—	—	—	—
—	—	—	—	—	—	—	—	—
—	—	—	—	—	—	—	—	—
—	—	—	—	—	—	—	—	—
—	5 985	—	—	—	15 898	2 044	21 872	—
—	—	—	—	—	14 486	—	—	—
—	5 985	—	—	—	1 413	2 044	21 872	—
2 315	16 063	4 979	—	1 794	1 780	7 454	3 289	—
—	16 095	3 774	—	—	25 538	—	116	14 836
—	—	3 774	—	—	—	—	—	—
—	—	—	—	—	—	—	—	—
—	—	—	—	—	23 368	—	116	4 446
—	16 095	—	—	—	2 170	—	—	10 390
—	—	—	—	—	—	—	—	—
—	3 766	—	—	—	—	—	—	—
—	3 766	—	—	—	—	—	—	—
—	—	—	—	—	—	—	—	—
—	—	—	—	—	—	—	—	—
—	—	—	—	—	—	—	—	—
—	—	—	—	—	—	—	—	—
—	—	—	—	—	—	—	—	—
—	—	—	—	—	—	—	—	—
—	—	—	—	—	—	—	—	—
—	—	—	—	—	—	—	—	—

行业	沈阳	大连	鞍山	抚顺	本溪
(二)按国民经济行业分组					
食品、饮料、烟草批发业	486 856	750 636	64 684	30 301	34 540
其中:粮食、食用油批发业	127 336	299 092	22 358	1 516	3 969
烟草及其制品批发业	233 123	194 854	42 326	28 785	16 423
棉、麻、土畜产品批发业	9 709	9 362	—	—	—
纺织品、服装和鞋帽批发业	33 338	512 584	3 886	—	—
日用百货批发业	46 980	105 345	—	—	—
日用杂品批发业	21 170	2 359	—	—	—
五金、交电、化工批发业	62 563	30 880	1 418	6 476	—
药品及医疗器械批发业	166 345	94 070	263	—	3 501
能源批发业	3 827 646	432 098	65 829	227 005	14 193
其中:石油及其制品批发业	3 784 041	389 876	65 829	200 390	14 193
煤炭及其制品批发业	43 606	42 222	—	26 615	—
化工材料批发业	152 877	312 878	—	29 474	—
木材批发业	—	21 254	—	—	—
建筑材料批发业	64 083	11 671	—	—	—
矿产品批发业	75 305	62 846	—	—	—
金属材料批发业	624 786	60 786	138 169	—	53 728
机械、电子设备批发业	189 609	117 149	3 738	6 314	—
汽车、摩托车及零配件批发业	594 315	174 638	—	6 695	—
其中:汽车批发业	283 858	125 495	—	6 695	—
再生物资回收批发业	—	11 387	—	—	—
工艺美术批发业	5 637	12 232	—	—	—
图书报刊批发业	81 952	2 098	—	—	—
农业生产资料批发业	243 163	99 396	19 024	2 451	—
其他类未包括的批发业	2 990	22 772	—	—	—
食品、饮料和烟草零售业	44 240	51 948	1 836	3 698	1 981
其中:粮油食品零售业	6 531	18 477	279	1 259	—
副食品零售业	34 549	33 471	1 557	—	1 981
日用百货零售业	599 807	491 671	37 719	125 506	29 637
其中:百货零售业	572 662	484 916	34 666	125 506	29 637
文化体育用品零售业	13 254	2 289	—	—	—
纺织品、服装和鞋帽零售业	19 218	24 312	3 851	4 498	—
日用杂品零售业	—	—	—	1 094	—
五金、交电、化工零售业	18 187	17 606	1 604	673	1 200
药品及医疗器械零售业	10 227	—	6 419	6 223	—
图书报刊零售业	31 540	17 937	5 144	1 737	2 229
其他零售业	30 506	17 673	5 197	—	—
其中:家具零售业	2 384	5 458	—	—	—
汽车、摩托车及其零配件零售业	897	509	2 366	—	—
计算机及软件、办公设备零售业	3 322	6 542	—	—	—

99 年）　　　　单位:万元

丹　东	锦　州	营　口	阜　新	辽　阳	盘　锦	铁　岭	朝　阳	葫芦岛
45 538	137 965	43 645	42 039	25 281	32 792	60 831	37 337	28 650
7 858	70 885	3 485	21 521	9 454	11 937	4 677	7 031	—
14 350	34 039	40 160	50 518	15 827	20 855	54 738	17 261	28 650
2 238	—	—	—	—	—	—	—	—
4 098	—	—	—	—	4 341	—	—	—
1 665	—	—	—	—	—	—	—	—
—	—	—	—	—	—	—	—	—
397	1 315	9 628	—	—	—	978	—	—
5 240	6 799	17 706	—	—	—	—	—	—
43 624	63 239	36 016	18 746	34 886	58 817	19 833	17 761	34 004
43 624	55 734	33 308	18 746	34 886	58 817	19 833	17 761	34 004
—	7 505	2 708	—	—	—	—	—	—
—	5 440	—	—	—	—	—	—	—
—	—	—	—	—	—	—	—	—
—	—	—	—	—	—	—	—	—
—	—	—	—	—	—	—	—	—
—	6 985	—	940	4 441	—	7 454	—	106 703
—	4 108	—	—	5 608	—	—	—	—
906	—	—	—	1 228	—	—	—	—
906	—	—	—	—	—	—	—	—
—	—	—	—	—	—	—	—	—
—	—	—	—	—	—	—	—	—
—	—	—	—	—	—	—	—	—
4 191	17 110	3 977	4 002	5 672	21 317	6 996	18 694	4 013
—	—	1 291	—	—	2 242	—	—	—
—	13 781	355	—	—	—	—	1 939	—
—	2 774	355	—	—	—	—	999	—
—	7 692	—	—	—	—	—	—	—
1 191	42 096	21 832	19 052	5 825	44 946	503	22 021	3 508
—	41 586	21 832	19 052	5 825	44 946	503	22 021	3 508
—	—	—	—	—	—	—	—	—
2 315	3 074	—	—	—	—	—	—	15 358
—	—	—	—	—	—	—	—	—
950	1 089	1 440	3 961	—	3 930	—	3 359	—
—	—	—	555	—	—	2 044	—	9 000
—	3 428	1 502	1 796	1 789	2 352	1 376	1 336	—
4 314	12 259	—	—	3 760	—	1 349	1 191	6 199
—	—	—	—	—	—	—	—	—
—	3 280	—	—	928	—	—	—	5 437
—	711	—	—	—	—	—	—	—

16—10 各地区限额以上批发零

(19

经济类型	沈阳	大连	鞍山	抚顺	本溪
总计	**681 774**	**359 285**	**56 123**	**25 506**	**17 198**
其中:国有及国有控股	533 804	288 709	43 320	24 473	15 078
(一)按登记注册类型分组					
内资企业	672 647	346 954	55 501	25 506	17 198
国有企业	446 802	248 186	41 748	17 290	12 768
集体企业	53 287	37 661	2 346	2 009	—
股份合作企业	9 496	4 561	1 715	—	—
联营企业	1 208	1 695	—	—	—
国有联营企业	1 067	1 695	—	—	—
集体联营企业	—	—	—	—	—
国有与集体联营企业	141	—	—	—	—
其他联营企业	—	—	—	—	—
有限责任公司	73 915	13 236	—	3 755	37
国有独资企业	—	458	—	2 123	—
其他有限责任公司	73 915	12 778	—	1 632	37
股份有限公司	66 920	32 032	9 551	2 453	2 386
私营企业	21 019	9 583	141	—	2 007
私营独资企业	6 993	2 409	—	—	—
私营合伙企业	—	—	—	—	—
私营有限责任公司	13 888	4 889	—	—	2 007
私营股份有限公司	138	2 285	141	—	—
其他企业	—	—	—	—	—
港、澳、台商投资企业	4 561	927	623	—	—
合资经营企业(港或澳、合资)	3 997	297	623	—	—
合作经营企业(港或澳、合资)	—	—	—	—	—
港、澳、台商独资经营企业	564	—	—	—	—
港、澳、台商投资有限责任公司	—	—	—	—	—
外商投资企业	4 566	11 405	—	—	—
中外合资经营企业	—	10 347	—	—	—
中外合作经营企业	820	—	—	—	—
外资企业	3 746	1 058	—	—	—
外商投资股份有限公司	—	—	—	—	—

售贸易业商品库存总额

99年）

单位：万元

丹　东	锦　州	营　口	阜　新	辽　阳	盘　锦	铁　岭	朝　阳	葫芦岛
13 864	**87 736**	**48 709**	**39 907**	**32 929**	**50 612**	**15 337**	**23 747**	**17 593**
5 253	76 024	41 765	39 643	30 928	36 261	12 761	21 359	12 351
13 864	87 736	48 709	39 907	32 929	50 612	15 337	23 747	17 593
11 780	76 518	41 765	39 643	30 833	30 819	13 766	19 086	12 351
1 443	8 060	2 985	177	1 783	1 605	771	1 490	2 774
—	58	134	86	217	2 458	—	357	—
—	—	—	—	—	—	—	—	—
—	—	—	—	—	—	—	—	—
—	—	—	—	—	—	—	—	—
—	—	—	—	—	—	—	—	—
—	—	—	—	—	—	—	—	—
—	812	—	—	—	5 414	488	2 010	—
—	—	—	—	—	5 392	—	—	—
—	812	—	—	—	22	488	2 010	—
624	155	3 259	—	95	541	313	683	—
—	2 134	565	—	—	9 776	—	122	2 467
—	—	565	—	—	—	—	—	—
—	—	—	—	—	—	—	—	—
—	—	—	—	—	8 932	—	122	916
—	2 134	—	—	—	844	—	—	1 551
—	—	—	—	—	—	—	—	—
—	—	—	—	—	—	—	—	—
—	—	—	—	—	—	—	—	—
—	—	—	—	—	—	—	—	—
—	—	—	—	—	—	—	—	—
—	—	—	—	—	—	—	—	—
—	—	—	—	—	—	—	—	—
—	—	—	—	—	—	—	—	—
—	—	—	—	—	—	—	—	—
—	—	—	—	—	—	—	—	—
—	—	—	—	—	—	—	—	—

行业	沈阳	大连	鞍山	抚顺	本溪
(二)按国民经济行业分组					
食品、饮料、烟草批发业	268 063	127 238	29 278	6 654	11 061
其中:粮食、食用油批发业	196 426	88 307	24 472	1 698	7 699
烟草及其制品批发业	59 673	19 025	4 807	4 956	3 326
棉、麻、土畜产品批发业	3 371	2 640	—	—	—
纺织品、服装和鞋帽批发业	6 451	28 324	228	—	—
日用百货批发业	8 859	6 649	—	—	—
日用杂品批发业	3 511	1 556	—	—	—
五金、交电、化工批发业	9 937	7 471	318	1 053	—
药品及医疗器械批发业	21 391	17 983	792	—	628
能源批发业	20 521	18 369	873	5 457	343
其中:石油及其制品批发业	15 527	15 837	873	5 375	343
煤炭及其制品批发业	4 994	2 532	—	82	—
化工材料批发业	19 824	12 056	—	88	—
木材批发业	—	337	—	—	—
建筑材料批发业	3 623	2 748	—	—	—
矿产品批发业	18 323	5 731	—	—	—
金属材料批发业	49 188	11 468	3 506	—	74
机械、电子设备批发业	29 700	8 196	744	3	—
汽车、摩托车及零配件批发业	46 701	15 731	—	1 056	—
其中:汽车批发业	12 244	9 076	—	1 056	—
再生物资回收批发业	—	1 751	—	—	—
工艺美术批发业	285	157	—	—	—
图书报刊批发业	6 128	347	—	—	—
农业生产资料批发业	42 104	7 778	1 657	975	—
其他类未包括的批发业	954	2 113	—	—	—
食品、饮料和烟草零售业	10 008	9 545	769	390	153
其中:粮油食品零售业	373	7 661	44	169	—
副食品零售业	9 260	1 884	725	—	153
日用百货零售业	76 546	47 185	13 407	6 852	4 450
其中:百货零售业	71 163	43 176	13 004	6 852	4 450
文化体育用品零售业	3 446	3 028	—	—	—
纺织品、服装和鞋帽零售业	1 358	11 134	2 486	557	—
日用杂品零售业	—	—	—	225	—
五金、交电、化工零售业	4 820	3 718	193	9	70
药品及医疗器械零售业	5 140	—	537	2 123	—
图书报刊零售业	11 921	4 145	1 141	65	418
其他零售业	13 050	4 917	196	—	—
其中:家具零售业	1 665	308	—	—	—
汽车、摩托车及零配件零售业	19	952	66	—	—
计算机及软件、办公设备零售业	692	829	—	—	—

99 年）

单位:万元

	丹东	锦州	营口	阜新	辽阳	盘锦	铁岭	朝阳	葫芦岛
	4 219	70 708	33 391	32 692	26 175	29 782	12 151	17 584	8 093
	—	66 068	28 810	18 851	23 114	15 877	4 018	10 613	—
	2 219	3 024	4 581	13 841	3 061	13 905	7 899	4 570	8 093
	—	—	—	—	—	—	—	—	—
	233	—	—	—	—	—	—	—	—
	263	—	—	—	—	—	—	—	—
	—	—	—	—	—	—	—	—	—
	547	129	1 185	—	—	—	919	—	—
	2 241	1 220	3 196	—	—	—	—	—	—
	1 324	1 593	2 034	200	282	116	558	411	435
	1 324	1 348	757	200	282	116	558	411	435
	—	245	1 277	—	—	—	—	—	—
	—	179	—	—	—	—	—	—	—
	—	—	—	—	—	—	—	—	—
	—	—	—	—	—	—	—	—	—
	—	—	—	—	—	—	—	—	—
	—	180	—	51	610	—	313	—	—
	—	2 136	—	—	607	—	—	—	—
	364	—	—	—	209	—	—	—	—
	364	—	—	—	—	—	—	—	—
	—	—	—	—	—	—	—	—	—
	—	—	—	—	—	—	—	—	—
	—	—	—	—	—	—	—	—	—
	1 421	1 292	1 614	62	1 693	1 478	−228	1 111	1 381
	—	—	155	—	—	—	—	—	—
	—	623	32	—	—	—	—	153	—
	—	241	32	—	—	—	—	130	—
	—	154	—	—	—	—	—	—	—
	203	6 227	6 689	6 125	2 721	17 322	640	2 985	915
	—	6 210	6 689	6 125	2 721	17 322	640	2 985	915
	—	—	—	—	—	—	—	—	—
	624	184	—	—	—	—	—	—	2 419
	—	—	—	—	—	—	—	—	—
	479	110	276	116	—	1 022	—	479	—
	—	—	—	86	—	—	488	—	2 606
	—	637	137	576	294	893	230	225	—
	1 945	2 518	—	—	338	—	266	797	1 743
	—	—	—	—	—	—	—	—	—
	—	972	—	—	5	—	—	—	1 218
	—	129	—	—	—	—	—	—	—

16—11 限额以上批发、零售贸易业商品销售类值

（1999年） 单位：万元

类别	销售合计	批发	零售
总计	**12 551 468**	**10 548 715**	**2 002 754**
食品类	1 007 734	782 481	225 253
其中：肉禽蛋类	51 872	24 049	27 823
饮料类	40 164	20 081	20 083
烟酒类	814 258	736 267	77 990
服装、鞋帽类	822 487	381 837	440 650
针、纺织品类	226 505	133 042	93 463
化妆品类	73 369	30 013	43 356
金银珠宝类	137 208	35 662	101 546
日用品类	184 716	51 363	133 353
其中：洗涤用品类	27 860	11 402	16 458
五金、电料类	55 022	29 410	25 612
体育、娱乐用品类	33 291	15 524	17 766
书报杂志类	140 383	85 579	54 804
电子出版物及音像制品类	17 108	9 569	7 539
家用电器和音像器材类	456 855	169 568	287 288

16—11 续表　　(1999 年)　　单位:万元

类　　别	销售合计	批　　发	零　　售
中西药品类	312 897	157 837	155 059
文化办公用品类	146 713	103 655	43 058
家具类	21 217	6 262	14 954
通讯器材类	19 988	12 924	7 064
煤炭及制品类	79 913	66 252	13 662
木材及制品类	14 703	14 682	21
石油及制品类	5 241 671	5 140 350	101 321
化工材料类	637 920	631 615	6 304
黑色金属材料类	611 312	610 154	1 159
有色金属材料类	217 008	216 837	171
建筑及装潢材料类	95 452	80 612	14 840
机电产品及设备类	904 414	818 053	86 361
其中:农机类	86 341	86 341	—
种子饲料类	21 369	21 362	7
棉麻土畜类	24 578	24 227	351
其他类	193 215	163 495	29 720

16—12 限额以上批发零售贸易

(19

经济类型	流动资产小计	固定资产小计	固定资产原值	资产合计
批发、零售贸易企业	**5 642 909**	**1 971 842**	**2 136 942**	**8 759 194**
按登记注册类型分组				
其中:国有及国有控股	4 552 438	1 562 239	1 698 295	6 958 214
内资企业	5 459 802	1 830 908	1 981 842	8 246 618
国有企业	4 054 984	1 194 548	1 364 120	5 964 474
集体企业	393 375	104 663	122 211	548 540
股份合作企业	29 349	25 635	28 433	66 320
联营企业	13 763	801	1 150	15 082
有限责任公司	269 741	128 955	109 523	422 050
股份有限公司	577 709	344 320	318 739	1 072 196
私营企业	120 883	31 986	37 666	157 956
其他企业	—	—	—	—
港、澳、台商投资企业	54 847	112 266	122 311	210 239
外商投资企业	128 260	28 669	32 790	302 336
餐饮业	**101 752**	**352 902**	**327 219**	**544 182**
其中:国有及国有控股	29 134	100 792	108 359	145 845
按登记注册类型分组				
内资企业	53 174	139 939	147 382	235 201
国有企业	15 878	18 658	22 262	41 496
集体企业	4 843	11 942	14 660	18 335
股份合作企业	1 596	2 572	2 193	4 896
联营企业	627	2 202	2 291	4 017
有限责任公司	6 788	7 042	9 104	29 932
股份有限公司	8 526	70 211	66 667	86 663
私营企业	14 915	27 312	30 205	49 863
其他企业	—	—	—	—
港、澳、台商投资企业	14 399	52 757	67 486	79 628
外商投资企业	34 179	160 206	112 352	229 352

餐饮业企业主要财务指标

99年）　　　　单位：万元

流动负债小计	长期负债小计	负债合计	所有者权益合计	实收资本
6 338 215	**572 733**	**7 083 443**	**1 675 751**	**1 243 026**
5 188 014	337 784	5 694 332	1 263 882	901 533
6 134 948	362 331	6 668 753	1 577 866	1 121 153
4 685 278	251 811	5 093 882	870 592	735 665
435 598	28 224	465 029	83 511	84 233
44 550	797	45 348	20 973	10 162
10 885	—	14 370	712	784
298 922	27 082	328 158	93 892	52 964
529 649	50 599	587 720	484 476	210 258
130 067	3 818	134 246	23 711	27 086
—	—	—	—	—
71 705	99 847	172 573	37 666	59 950
131 562	110 555	242 117	60 220	61 923
271 480	**61 483**	**332 965**	**211 217**	**337 261**
82 247	28 071	110 318	35 527	137 119
118 091	27 092	145 182	90 019	174 998
31 163	3 001	34 165	7 331	17 331
6 191	1 165	7 356	10 979	8 446
1 874	199	2 074	2 822	1 432
312	350	662	3 354	3 153
13 442	296	13 738	16 195	15 428
31 232	20 385	51 617	35 045	40 086
33 876	1 695	35 571	14 292	89 122
—	—	—	—	—
51 376	7 005	58 381	21 247	40 256
102 013	27 387	129 401	99 951	122 007

经 济 类 型	商品销售收入	商品销售收入净额	商品销售成本	经营费用
批发、零售贸易企业	**11 610 924**	**11 550 296**	**10 729 908**	**470 357**
按登记注册类型分组				
其中:国有及国有控股	9 460 349	9 421 382	8 752 755	401 829
内 资 企 业	11 150 019	11 093 224	10 318 088	452 127
国 有 企 业	8 808 642	8 776 745	8 194 797	366 823
集 体 企 业	742 783	742 306	700 954	20 285
股份合作企业	48 231	45 653	39 665	2 447
联 营 企 业	20 586	20 586	19 509	404
有限责任公司	385 697	379 948	351 510	17 476
股份有限公司	880 062	866 620	768 803	34 080
私 营 企 业	264 018	261 365	242 851	10 613
其 他 企 业	—	—	—	—
港、澳、台商投资企业	82 320	78 529	57 441	12 092
外商投资企业	378 585	378 543	354 379	6 139
餐 饮 业	**179 002**	—	**90 312**	**57 431**
其中:国有及国有控股	40 230	—	20 567	14 081
按登记注册类型分组				
内 资 企 业	102 525	—	53 977	31 440
国 有 企 业	22 988	—	11 803	7 164
集 体 企 业	14 677	—	8 724	3 412
股份合作企业	2 886	—	1 882	698
联 营 企 业	3 820	—	1 533	1 618
有限责任公司	10 829	—	4 777	3 071
股份有限公司	11 305	—	5 666	4 777
私 营 企 业	36 021	—	19 593	10 702
其 他 企 业	—	—	—	—
港、澳、台商投资企业	18 900	—	9 545	7 520
外商投资企业	57 577	—	26 791	18 471

99年）

单位：万元

商品销售税金及附加	商品销售利润	管理费用	财务费用	营业利润	利润总额
16 026	**334 005**	**400 756**	**165 079**	**－128 584**	**－44 853**
10 585	256 214	298 375	136 621	－97 027	－22 337
14 710	308 299	361 894	156 478	－109 027	－30 824
8 684	206 442	249 662	129 021	－110 201	－44 752
1 798	19 269	27 574	9 537	－8 565	－6 767
440	3 101	2 993	1 385	－100	－713
14	660	653	713	－589	342
709	10 254	18 672	4 706	1 574	5 663
2 675	61 063	51 522	8 201	13 088	19 150
390	7 511	10 820	2 914	－4 233	－3 747
—	—	—	—	—	—
1 252	7 746	19 140	4 827	－14 669	－14 638
65	17 961	19 721	3 774	－4 889	610
10 550	—	**29 960**	**7 854**	**－17 106**	**－14 992**
2 361	—	9 314	1 802	－7 895	－6 197
6 516	—	13 308	3 060	－5 775	－3 598
1 279	—	4 689	583	－2 529	－1 694
984	—	1 486	131	－59	－17
139	—	285	25	－143	27
325	—	84	29	232	232
708	—	2 111	520	－357	－405
787	—	1 557	600	－2 083	－804
2 295	—	3 096	1 172	－837	－936
—	—	—	—	—	—
999	—	5 819	973	－5 957	－5 836
3 036	—	10 832	3 822	－5 374	－5 558

16—12 续表 2　　(1999 年)　　单位:万元

经济类型	本年应付工资总额	本年应付福利费总额	本年应交增值税总额	本年进项税额	本年销项税额
批发、零售贸易企业	**170 121**	**22 496**	**96 531**	**1 514 295**	**1 558 715**
按登记注册类型分组					
其中:国有及国有控股	133 204	17 069	76 541	1 234 857	1 261 457
内资企业	162 207	20 985	91 820	1 449 577	1 489 975
国有企业	110 576	14 637	70 234	1 169 685	1 197 582
集体企业	13 433	1 469	5 237	62 360	66 739
股份合作企业	1 106	182	387	4 854	5 269
联营企业	110	20	57	1 360	1 292
有限责任公司	8 896	1 054	2 135	78 115	73 501
股份有限公司	23 561	2 654	11 703	95 652	106 040
私营企业	4 527	970	2 068	37 552	39 553
其他企业	—	—	—	—	—
港、澳、台商投资企业	3 515	1 076	2 516	8 766	10 675
外商投资企业	4 399	436	2 195	55 952	58 065
餐饮业	**18 888**	**2 513**	—	—	—
按登记注册类型分组					
其中:国有及国有控股	5 963	1 778	—	—	—
内资企业	12 063	1 552	—	—	—
国有企业	3 274	297	—	—	—
集体企业	1 846	163	—	—	—
股份合作企业	207	14	—	—	—
联营企业	427	—	—	—	—
有限责任公司	1 533	135	—	—	—
股份有限公司	1 899	760	—	—	—
私营企业	2 877	184	—	—	—
其他企业	—	—	—	—	—
港、澳、台商投资企业	2 219	109	—	—	—
外商投资企业	4 606	852	—	—	—

16—13 限额以上批发零售贸易业商品销售数量

（1999年）

品名	单位	合计	批发	零售
电视机	台	488 539	130 801	357 738
组合音响	台	20 275	3 087	17 188
摄像机	台	3 421	738	2 683
录像机	台	2 625	876	1 749
影碟机	台	274 786	162 817	111 969
家用电冰箱	台	359 491	157 610	201 881
家用洗衣机	台	277 675	111 144	166 531
房间空调器	台	41 150	20 085	21 065
微波炉	台	136 732	24 785	111 947
微型计算机	台	35 369	25 697	9 672
普通电话机	部	225 370	82 062	143 308
移动电话机	部	22 253	19 105	3 148
寻呼机	部	141 976	110 494	31 482
煤炭	吨	3 909 645	3 305 406	604 239
木材	立方米	16 365	16 185	180
汽油	吨	3 137 758	2 948 219	189 539
柴油	吨	6 355 186	6 113 657	241 529
烧碱	吨	3 655	3 655	—
橡胶	吨	27 735	27 735	—
钢材	吨	2 167 742	2 167 742	—
铜	吨	21 770	21 770	—
水泥	吨	478 054	476 731	1 323
汽车	辆	48 743	41 689	7 054
摩托车	辆	58 752	36 795	21 957

16—14 各地区限额以上批发、零售贸易业企业资产

（1999 年）　　单位：万元

地　区	资产合计	#流动资产	#固定资产	#无形及递延资产
全　省	**8 759 194**	**5 642 909**	**1 971 842**	**342 183**
沈　阳	3 355 591	2 349 231	607 333	179 035
大　连	3 293 302	1 952 898	786 543	107 820
鞍　山	382 402	227 569	128 005	17 960
抚　顺	208 358	122 488	62 624	7 390
本　溪	142 815	100 522	37 792	3 396
丹　东	89 214	51 354	31 111	3 027
锦　州	293 039	201 343	78 513	7 056
营　口	206 583	149 154	50 010	3 010
阜　新	154 375	106 141	35 822	1 705
辽　阳	99 821	60 476	32 498	1 311
盘　锦	138 549	90 173	39 047	1 037
铁　岭	72 904	38 503	22 696	2 669
朝　阳	111 354	56 143	45 624	6 548
葫芦岛	210 887	136 915	14 224	220

16—15 各地区限额以上批发、零售贸易业企业负债及所有者权益

（1999 年）　　单位：万元

地　区	负债合计	#流动负债	#长期负债	所有者权益	#实收资本
全　省	**7 083 443**	**6 338 215**	**572 733**	**1 675 751**	**1 243 026**
沈　阳	2 685 498	2 524 149	115 794	670 092	500 862
大　连	2 557 367	2 200 724	289 580	735 935	439 418
鞍　山	317 274	275 852	41 422	65 128	57 940
抚　顺	156 353	134 704	20 126	52 004	38 121
本　溪	137 760	123 875	13 885	5 055	25 005
丹　东	76 960	68 910	6 236	12 255	9 744
锦　州	266 917	259 300	6 982	26 121	42 879
营　口	188 862	135 353	5 205	17 721	23 756
阜　新	154 670	139 608	12 746	—295	12 674
辽　阳	103 299	77 860	21 236	—3 479	6 335
盘　锦	105 984	97 388	8 479	32 566	33 723
铁　岭	58 815	52 956	5 798	14 089	8 621
朝　阳	107 533	82 247	24 693	3 822	8 225
葫芦岛	166 150	165 291	552	44 737	35 722

16—16 各地区限额以上批发、零售贸易业企业主要财务指标

（1999 年）　　　　单位：万元

地　区	商品销售收入	商品销售成本	商品销售税金及附加	商品销售利润	管理费用中的税金
全　省	**11 610 924**	**10 729 908**	**16 026**	**334 005**	**18 773**
沈　阳	6 338 288	5 965 982	5 182	116 511	4 814
大　连	3 168 049	2 849 833	5 560	149 064	8 823
鞍　山	345 584	320 585	919	8 606	789
抚　顺	361 499	328 279	826	13 568	767
本　溪	110 655	102 886	235	3 561	469
丹　东	102 813	86 324	782	7 959	484
锦　州	281 361	254 212	490	8 014	559
营　口	197 328	180 572	441	6 112	433
阜　新	80 360	71 419	201	1 273	711
辽　阳	90 218	83 213	138	1 929	396
盘　锦	176 552	159 700	552	6 492	275
铁　岭	71 613	63 827	210	2 626	80
朝　阳	86 695	76 178	294	3 839	83
葫芦岛	199 909	186 898	196	4 453	89

16—17 各地区限额以上批发、零售贸易业企业增加值

(1999年) 单位:万元

地区	增加值合计	本年提取的固定资产折旧	主营业务应付工资总额	主营业务应付福利费总额	劳动就业保险费	商品销售税金及附加	利润总额	管理费用中税金额
全省	**251 421**	**64 783**	**144 922**	**19 087**	**32 683**	**16 026**	**—44 853**	**18 773**
沈阳	71 178	16 933	48 885	6 144	9 182	5 182	—19 962	4 814
大连	121 248	30 336	51 891	7 585	15 542	5 560	1 511	8 823
鞍山	12 295	3 503	6 479	834	1 793	919	—2 022	789
抚顺	13 955	1 759	7 170	792	1 592	826	1 049	767
本溪	1 792	2 004	1 993	211	572	235	—3 692	469
丹东	3 593	992	2 086	324	531	782	—1 606	484
锦州	7 856	2 115	6 596	848	1 406	490	—4 158	559
营口	4 357	743	4 744	541	833	441	—3 378	433
阜新	1 691	894	3 053	666	350	201	—4 184	711
辽阳	1 493	286	2 208	—105	251	138	—1 681	396
盘锦	5 474	1 643	4 190	711	165	552	—2 062	275
铁岭	2 092	2 006	1 671	98	272	210	—2 245	80
朝阳	1 409	1 056	2 252	225	107	294	—2 608	83
葫芦岛	2 995	515	1 705	218	88	196	184	89

16—18 各地区限额以上餐饮业增加值

（1999年）　　单位：万元

地　区	增加值合计	本年提取的固定资产折旧	主营业务应付工资总额	主营业务应付福利费总额	劳动就业保险费	商品销售税金及附加	利润总额	管理费用中税金额
全　省	**28 605**	**11 968**	**16 742**	**2 292**	**1 148**	**10 550**	**－14 992**	**897**
沈　阳	16 295	3 357	8 471	318	438	5 761	－2 497	447
大　连	3 541	4 345	4 165	667	565	2 805	－9 182	176
鞍　山	5 976	2 204	1 479	420	9	917	778	169
抚　顺	591	68	381	9	—	250	－118	1
本　溪	823	148	541	54	128	159	－210	3
丹　东	—	—	—	—	—	—	—	—
锦　州	224	25	148	11	2	50	－13	1
营　口	75	145	99	14	—	25	－208	—
阜　新	—	—	—	—	—	—	—	—
辽　阳	—	—	—	—	—	—	—	—
盘　锦	828	1 139	1 239	781	5	229	－2 662	97
铁　岭	—	—	—	—	—	—	—	—
朝　阳	329	34	100	5	—	94	93	3
葫芦岛	－75	504	118	16	—	259	－972	—

主要统计指标解释

社会消费品零售额 指各种经济类型的批发零售贸易业、餐饮业、制造业和其他行业对城乡居民和社会集团的消费品零售额和农民对非农业居民零售额的总和。这个指标反映通过各种商品流通渠道向居民和社会集团供应的生活消费品来满足他们生活需要，是研究人民生活、社会消费品购买力、货币流通等问题的重要指标。社会消费品零售额包括：(1)售给城乡居民作为生活用的商品及修建房屋用的建筑材料；(2)售给机关、团体、学校、部队、企业、事业单位的职工食堂和旅店(招待所)附设专门供本店旅客食用，不对外营业的食堂的各种食品、燃料；企业、单位和国营农场直接售给本单位职工和职工食堂的自己生产的产品；(3)售给部队干部、战士生活用的粮食、副食品、衣着品、日用品、燃料；(4)售给来华的外国人、华侨、港澳台同胞的消费品(包括友谊商店、在海关前后设立的免税商店、外轮供应公司等)；(5)居民自费购买的中、西药品、中药材及医疗用品；(6)报社、出版社直接售给居民和社会集团的报纸、图书、杂志，集邮公司(包括邮局集邮专柜)出售的新旧纪念邮票、特种邮票、首日封、集邮册、集邮工具等；(7)旧货寄售商店自购、自销部分的商品零售额；(8)煤气公司、液化石油气站售给居民和社会集团的煤气灶具和罐装液化石油气；(9)农民售给非农业居民和社会集团的商品。

批发零售贸易业商品购、销、存总额 指以各种经济类型的批发、零售贸易业为总体的商品购、销、存。

商品购进总额 指从本企业(单位)以外的单位和个人购进(包括从国外直接进口)作为转卖或加工后转卖的商品。这个指标反映批发零售贸易业从国内、国外市场上购进商品的总量。商品购进总额包括：(1)从工农业生产者购进的商品；(2)从出版社、报社的出版发行部门购进的图书、杂志和报纸；(3)从各种经济类型的批发零售贸易企业(单位)购进的商品；(4)从其他单位购进的商品，如从机关、团体、企业、单位购进的剩余物资，从餐饮业、服务业购进的商品，从海关、市场管理部门购进的缉私和没收的商品，从居民收购的废旧商品等；(5)从国(境)外直接进口的商品。

商品销售总额 指对本企业(单位)以外的单位和个人出售(包括对国(境)外直接出口)的商品。这个指标反映批发零售贸易业在国内市场上销售商品以及出口商品的总量。商品销售总额包括：(1)售给城乡居民和社会集团消费用的商品；(2)售给工业、农业、建筑业、运输邮电业、批发零售贸易业、餐饮业、服务业、公用事业等作为生产、经营使用的商品；(3)售给批发零售贸易业作为转卖或加工后转卖的商品；(4)对国(境)外直接出口的商品。

批发零售贸易业年末库存 指年末各种经济类型的批发零售贸易企业(单位)已取得所有权的商品。它反映各地区、各批发零售贸易企业(单位)的商品库存情况和对市场商品供应的保证程度。期末库存包括：(1)存放在批发零售贸易业经营单位(如门市部、批发站、经营处)仓库、货场、货柜和货架中的商品；(2)挑选、整理、包装中的商品；(3)已记入购进而尚未运到本单位的商品，即发货单或银行承兑凭证已到而货未到部分；(4)寄放他处的商品，如因购货方拒绝承付而暂时存放在购货方的商品和已办完加工成品收回手续而未提回的商品；(5)委托其他单位代销(未作销售或调出)尚未售出的商品；(6)代其他单位购进尚未交付的商品。

城乡集市贸易成交额 指在农村集市和城市集市上买卖双方(包括农民、非农业居民、机关、团体、工商企业、个体商贩)成交的全部商品金额，是反映集市贸易规模的综合性指标。

十七、对外经济贸易和国际旅游

17—1 外贸进出口总额

单位：亿美元、%

年份	进出口总额	出口额	#地方产品出口	进口额	差额（+、-）	指数（以上年为100）出口额	指数（以上年为100）进口额	出口额指数（以1953年为100）
1953	0.9	0.9	0.9		+0.9			100.0
1957	1.6	1.6	1.6		+1.6	86.0		170.2
1962	1.2	1.2	1.2	…	+1.2	107.3	200.0	125.5
1965	1.9	1.9		…	+1.9	108.4	400.0	205.3
1970	1.8	1.6		0.2	+1.4	94.8	300.0	173.4
1975	13.2	12.8		0.4	+12.4	141.6	158.8	1 364.9
1978	15.9	15.2		0.7	+14.5	130.1	190.6	1 614.9
1979	26.7	26.0		0.7	+25.3	171.5	116.4	2 769.1
1980	40.5	39.8		0.7	+39.1	152.9	104.2	4 234.0
1981	44.3	43.4	8.9	0.9	+42.5	109.1	117.6	4 619.1
1982	43.7	43.0	8.1	0.7	+42.3	99.0	80.5	4 572.3
1983	40.0	39.2	9.1	0.8	+38.3	91.2	111.4	4 168.1
1984	51.1	49.9	10.7	1.2	+48.7	127.4	159.0	5 309.6
1985	53.9	50.4	10.5	3.5	+46.9	101.0	280.6	5 363.8
1986	34.3	30.8	12.1	3.5	+27.0	61.1	100.3	3 276.6
1987	42.2	37.9	15.1	4.3	+33.6	123.0	132.1	4 029.8
1988	44.5	38.7	18.9	5.8	+32.9	102.3	124.9	4 121.3
1989	53.4	44.5	21.3	8.9	+35.6	114.8	154.2	4 729.8
1990	63.2	56.1	25.1	7.1	+49.0	126.0	78.3	5 957.4
1991	67.3	57.7	32.1	9.6	+48.1	103.0	138.3	6 138.3
1992	76.6	61.8	39.1	14.8	+37.0	106.9	153.2	6 569.3
1993	84.6	62.1	42.5	22.5	+39.6	100.7	151.7	6 901.1
1994	97.0	68.7	52.9	28.3	+40.4	110.5	125.5	7 627.8
1995	109.9	82.6	65.6	27.3	+55.2	120.3	96.7	9 175.6
1996	112.5	83.4	68.2	29.1	+54.3	100.9	106.4	9 264.4
1997	129.6	88.9	75.0	40.7	+48.2	106.6	139.9	9 877.8
1998	127.4	80.5	73.0	46.9	+37.1	87.8	75.4	8 942.3
1999	137.3	82.0	77.4	55.3	+26.7	101.9	117.9	9 111.1

注：1998、1999年为海关统计数，下同。

17—2 历年出口商品分类金额

单位:亿美元

年份	总额	初级产品	食品及主要供食用的活动物	非食用原料	矿物燃料、润滑油及有关原料
1980	39.8	28.7	3.1	0.5	25.1
1981	—	—	—	—	—
1982	—	—	—	—	—
1983	—	—	—	—	—
1984	—	—	—	—	—
1985	50.42	39.68	4.36	0.23	35.09
1986	30.80	19.95	2.97	0.34	16.64
1987	37.88	25.00	3.31	0.40	21.29
1988	38.74	24.09	3.82	0.54	19.73
1989	44.46	29.32	4.38	2.52	22.42
1990	56.06	32.44	4.55	2.57	25.32
1991	57.72	32.98	4.98	3.15	24.85
1992	61.79	38.52	6.56	4.32	27.64
1993	62.11	27.14	11.58	2.71	15.45
1994	68.65	30.34	7.83	2.54	19.97
1995	82.58	34.68	7.67	2.53	24.48
1996	83.38	30.38	7.29	2.90	20.19
1997	88.94	30.73	7.95	3.45	19.33
1998	80.48	21.67	8.75	3.49	9.43
1999	82.00	21.45	8.61	4.67	8.17

17—2续表

单位:亿美元

年份	工业制成品	化学品及有关产品	轻纺产品、橡胶制品及矿产品及其制品	机械及运输设备
1980	11.1	8.0	2.8	0.3
1981	—	—	—	—
1982	—	—	—	—
1983	—	—	—	—
1984	—	—	—	—
1985	10.74	6.71	3.73	0.30
1986	10.85	4.19	5.20	1.46
1987	12.88	4.57	6.99	1.32
1988	14.65	4.61	7.97	2.07
1989	15.14	6.12	7.45	1.57
1990	23.62	9.99	11.65	1.98
1991	24.74	10.37	11.40	2.97
1992	23.27	9.37	12.33	1.57
1993	32.37	9.25	18.91	4.21
1994	38.31	7.31	21.22	9.78
1995	47.90	7.73	25.83	14.34
1996	53.00	7.01	25.35	20.64
1997	58.21	6.47	29.84	21.90
1998	58.81	5.70	27.08	26.03
1999	60.55	4.36	32.09	24.10

17—3 历年进口商品分类金额

单位:亿美元

年份	总额	初级产品	食品及主要供食用的活动物	非食用原料	矿物燃料、润滑油及有关原料
1980	0.7	0.2	—	—	0.2
1981	—	—	—	—	—
1982	—	—	—	—	—
1983	—	—	—	—	—
1984	—	—	—	—	—
1985	3.5	0.5	—	—	0.5
1986	3.5	0.7	—	0.1	0.6
1987	4.3	0.7	0.1	0.1	0.5
1988	5.8	1.1	0.2	0.2	0.7
1989	8.9	2.4	0.5	1.1	0.8
1990	7.12	1.12	0.32	0.75	0.1
1991	9.60	1.80	0.38	0.30	1.12
1992	14.8	3.2	0.5	0.5	2.2
1993	22.5	6.6	0.7	0.4	5.5
1994	28.3	6.4	0.9	0.9	4.6
1995	27.3	8.7	1.2	1.2	6.3
1996	29.1	8.7	0.9	0.6	7.2
1997	40.7	10.5	2.6	2.0	5.9
1998	46.90	6.94	1.92	1.17	3.85
1999	55.31	10.05	2.61	3.74	3.70

17—3 续表

单位:亿美元

年份	工业制成品	化学品及有关产品	轻纺产品、橡胶制品及矿产品及其制品	机械及运输设备
1980	0.5	0.1	0.1	0.3
1981	—	—	—	—
1982	—	—	—	—
1983	—	—	—	—
1984	—	—	—	—
1985	3.0	0.2	0.8	2.0
1986	2.8	0.2	0.5	2.1
1987	3.6	0.6	1.1	1.9
1988	4.7	1.5	1.2	2.0
1989	6.5	1.8	1.7	3.0
1990	6.0	1.17	2.1	2.73
1991	7.80	1.60	2.12	4.08
1992	11.6	1.9	2.7	7.0
1993	15.9	1.9	3.1	10.9
1994	21.9	1.5	5.2	15.2
1995	18.6	0.5	5.9	12.2
1996	20.4	2.1	6.9	11.4
1997	30.2	8.2	6.9	15.1
1998	39.96	5.16	12.01	22.79
1999	45.26	5.82	15.18	24.26

17—4 出口商品总值及构成

年份	出口商品总值(亿美元)				比重(%)		
	合计	农副产品	轻纺产品	重工产品	农副产品	轻纺产品	重工产品
1953	0.9	0.5	0.1	0.3	55.2	13.8	31.0
1954	1.3	0.6	0.2	0.5	45.2	14.5	40.3
1955	1.9	0.9	0.2	0.8	47.6	8.2	44.2
1956	1.9	0.9	0.2	0.8	44.9	10.3	44.8
1957	1.6	0.6	0.3	0.7	43.5	15.3	41.2
1958	1.8	0.8	0.4	0.6	39.1	22.7	38.2
1959	1.9	0.8	0.4	0.7	40.4	24.0	35.6
1960	1.5	0.6	0.3	0.6	41.4	22.1	36.5
1961	1.1	0.3	0.4	0.4	31.4	34.0	34.6
1962	1.2	0.3	0.4	0.5	21.7	33.9	44.4
1963	1.5	0.5	0.4	0.6	31.6	28.7	39.7
1964	1.8	0.8	0.3	0.7	45.1	16.1	38.8
1965	1.9	1.0	0.3	0.6	54.5	15.2	30.3
1966	2.2	1.2	0.3	0.7	52.9	14.6	32.5
1967	1.7	1.0	0.3	0.4	58.0	16.6	25.4
1968	1.6	1.0	0.3	0.3	63.1	15.5	21.4
1969	1.7	1.0	0.3	0.4	56.1	19.9	24.0
1970	1.6	0.9	0.3	0.4	52.4	18.0	29.6
1971	2.4	1.2	0.3	0.9	50.5	12.9	36.6
1972	2.7	1.2	0.4	1.1	42.7	16.3	41.0
1973	4.4	1.8	0.9	1.7	41.3	19.9	38.8
1974	9.1	2.2	1.0	5.9	24.6	10.4	65.0
1975	12.8	2.3	1.0	9.5	17.8	7.8	74.4
1976	10.9	1.6	1.1	8.2	14.9	10.0	75.1
1977	11.7	1.5	1.2	9.0	13.1	9.8	77.1
1978	15.2	2.5	1.6	11.1	16.4	10.5	73.1
1979	26.0	3.9	2.2	19.9	15.2	8.4	76.4
1980	39.8	3.4	2.9	33.5	8.6	7.2	84.2
1981	43.4	2.8	3.1	37.5	6.4	7.2	86.4
1982	43.0	2.4	2.9	37.7	5.6	6.8	87.6
1983	39.2	3.0	3.6	32.6	7.6	9.0	83.4
1984	49.9	4.6	3.7	41.6	9.2	7.5	83.3
1985	50.4	5.0	3.1	42.3	9.9	6.2	83.9
1986	30.8	4.2	4.4	22.2	13.6	14.2	72.2
1987	37.9	4.7	5.9	27.3	12.4	15.4	72.2
1988	38.7	6.0	6.8	25.9	15.5	17.5	67.0
1989	44.5	6.8	9.2	28.5	15.3	20.6	64.1
1990	56.1	6.2	8.8	41.1	11.1	15.7	73.2
1991	57.7	8.1	11.0	38.6	14.1	19.0	66.9
1992	61.8	9.5	14.5	37.8	15.2	23.5	61.3
1993	62.1	8.1	16.5	37.5	13.0	26.6	60.4
1994	68.7	8.0	21.7	39.0	11.6	31.5	56.9
1995	82.6	8.2	25.9	48.5	9.9	31.4	58.7
1996	83.4	7.8	25.5	50.1	9.4	30.6	60.0
1997	88.9	7.8	26.2	54.9	8.8	29.4	61.8
1998	80.5	8.9	22.0	49.6	11.0	27.3	61.7
1999	82.0	9.63	28.64	43.73	11.7	34.9	53.4

17—5 外贸主要商品出口数量

品名	单位	1980年	1985年	1990年	1995年	1998年	1999年
大豆	万吨	10.8	56.7	5.9	2.2	1.13	1.4
食用植物油	吨	—	36 414	1 466	5 597	50 534	5 000
花生仁	吨	3 291	23 098	32 968	53 526	10 612	18 000
冻鸡	吨	6 696	5 269	4 907	34 385	21 834	36 000
水产品	吨	15 299	11 089	65 994	151 597	…	206 000
罐头	吨	18 387	11 556	18 553	22 920	47 380	—
苹果	吨	75 920	47 724	48 157	36 461	30 560	23 000
食盐	万吨	15.2	11.7	1.5	1.4	4.27	—
棉布	万米	2 477	4 753	7 067	5 892	1 727	4 489
柞蚕丝	吨	194	305	181	77	193	—
绸缎	万米	714.4	622	737	678	114	29.7
呢绒	万米	33.5	9.0	196.0	359	5 661	—
蜂蜜	吨	9 269	7 999	8 407	5 841	3 518	6 107
纸张	吨	17 868	8 690	19 086	43 970	18 693	4 000
烤烟	吨	3 025	846	2 581	4 489	760	2 238
陶瓷	万件	5 074	1 217	1 987	1 352	…	—
钢材	万吨	9.6	4.6	27.0	182.7	79.3	21.6
烧碱	吨	500	7 186	11 556	24 576	12 334	—
煤炭	万吨	59.7	30.0	13.1	16.7	22.3	18.7
成品油	万吨	221	378	345.0	199	40	113.4
原油	万吨	984	1 757	1 499	1 149	810	422.1
生铁	万吨	6.3	2.3	16.0	56.8	33.6	8.8
重烧镁	吨	122 364	158 778	635 826	1 284 144	1 197 094	—
砩石	吨	59 031	15 185	37 260	43 532	55 121	46 022
滑石块	吨	185 291	233 410	202 789	219 342	109 388	—
滑石粉	吨	34 412	69 704	161 625	426 004	169 478	—
轻烧镁	吨	43 499	86 911	197 581	368 150	234 510	—
石蜡	吨	51 042	43 895	86 155	120 430	251 622	211 621
纯碱	吨	9 542	9 800	56 139	82 555	93 920	—
染料	吨	19	1 347	4 629	10 844	11 629	11 756
轮胎	套	5 200	32 020	196 346	154 374	…	1 364 227
机床	台	20	189	2 985	2 451	16 358	3 801
轴承	万套	52.6		496.0	4 024	6 120	4 444
汽车	辆	157	680	1 091	429	642	200

注:1999年为海关数据

17—6 外贸主要商品进口数量

品名	单位	1980年	1985年	1990年	1995年	1998年	1999年
货船	艘		9	2	—	—	93
汽车	辆	324	944	49	1 633	1 396	4 342
卡车	辆	231	76	36	1	—	197
旅行车	辆	11	315	4	4	—	244
小轿车	辆		463	5	1 463	1 192	2 076
机床	台	11	65	53	267	87	1 814
起重机	台	5	11		—	16	—
叉车	台		5		20	6	—
钢材	吨	24 335	140 962	381 048	265 308	760 199	508 230
无缝管	吨		2 901		586	20	—
一般厚钢板	吨		4 144	30 972	28 302	14 319	—
一般薄钢板	吨	5 560	899	32 084	37 098	129 329	—
镀锌铁皮	吨		899		7 409	8 282	—
型材	吨	2 185	75 869	269 139	47 986	26 478	—
锅炉钢板	吨		5 853		268	—	—
钢丝	吨	119	2 257	138	222	2 295	—
矽钢片	吨		96		842	569	—
铜	吨	110	3 038	2 388	4 904	3 551	12 397
铝	吨		1 627		174	1 273	12 996
不锈钢板	吨		847		108	854	—
不锈钢管	吨		282		—	2 274	—
生铁	吨		30 000		2 494	2 824	2 366
橡胶	吨	82	595		9 501	—	31 074
硫酸	吨		13 815		—	—	—
高压聚乙烯	吨		2 100	1 385	12 480	15 048	—
纯碱	吨		3 535	1 000	—	2 020	22
染料及中间体	吨				580	65	485
农药	吨		259	497	5	2 640	1 141
电冰箱	台		1 392		480	—	…
彩色电视机	台	23	1 755		922	—	18 128
显像管	只		58 799	152 551	10 000	2 048	1 494 347
收录机	台	1 089	9 408		—	—	29 910
涤纶长丝	吨		334	67	108	190	—
合成短纤维	吨		1 259	15 070	17 139	15 645	—
铝薄纸	吨		85		—	—	—

注:1999年为海关数据。

17—7 海关同主要国家(地区)进出口总额

单位:万美元

国 家(地 区)	进出口总额		进 口 总 额		出 口 总 额	
	1998 年	1999 年	1998 年	1999 年	1998 年	1999 年
香 港	32 354	33 703	1 297	2 429	31 057	31 274
澳 门	90	182	—	—	90	182
朝 鲜	20 426	15 718	2 290	1 898	18 136	13 820
日 本	475 082	555 872	175 522	216 770	299 560	339 102
菲 律 宾	5 478	4 847	1 773	1 401	3 705	3 446
韩 国	154 267	11 624	86 382	101 499	67 885	70 125
泰 国	7 915	9 612	2 726	4 594	5 189	5 018
马 来 西 亚	20 987	17 731	2 973	3 356	18 014	14 375
新 加 坡	29 509	42 963	5 506	7 367	24 003	35 596
印 度 尼 西 亚	8 246	11 893	5 520	6 867	2 726	5 026
匈 牙 利	713	1 023	5	3	708	1 020
德 国	41 053	49 485	13 582	23 470	27 471	26 015
法 国	16 610	9 560	4 065	3 902	12 545	5 658
意 大 利	14 684	13 259	5 762	3 757	8 922	9 502
比 利 时	8 259	5 318	1 101	930	7 158	4 388
英 国	18 925	15 691	7 452	5 090	11 473	10 601
丹 麦	3 020	7 436	2 222	2 042	798	5 394
瑞 典	11 345	8 163	9 607	6 667	1 738	1 496
瑞 士	1 684	2 151	1 015	1 431	669	720
奥 地 利	1 156	2 629	816	2 358	340	271
西 班 牙	7 674	7 057	663	649	7 011	6 408
加 拿 大	12 169	12 501	4 564	5 961	7 605	6 540
美 国	174 185	152 903	53 271	48 796	120 914	104 107
澳 大 利 亚	17 657	16 020	13 084	10 258	4 573	5 762
新 西 兰	3 109	3 374	2 496	2 426	613	948
土 耳 其	1 895	1 870	539	385	1 356	1 485
荷 兰	34 119	33 335	1 749	1 515	32 370	31 820
巴 基 斯 坦	3 255	2 921	754	725	2 501	2 196
埃 及	1 132	2 655	12	1 099	1 120	1 556
利 比 亚	171	1 647	—	—	171	1 647
俄 罗 斯	18 439	15 914	7 891	8 309	10 548	7 605
波 兰	2 029	968	27	21	2 002	947
捷 克	181	154	69	93	112	61
罗 马 尼 亚	891	149	391	36	500	113
保 加 利 亚	124	73	2	2	122	71
孟 加 拉	2 261	1 454	308	48	1 953	1 406
巴 西	3 691	2 464	1 058	766	2 633	1 698

17—8 利 用 外 资

单位:个、万美元

年份	总计 项目	总计 金额	对外借款 项目	对外借款 金额	外商直接投资 项目	外商直接投资 金额	外商其他投资 项目	外商其他投资 金额
签订利用外资协议(合同)								
1979	11	113					11	113
1980	24	487					24	487
1981	13	133					13	133
1982	61	2 448	21	1 045	1	140	39	1 263
1983	51	1 458	—	—	3	97	48	1 361
1984	145	6 366	5	910	28	1 508	112	3 948
1985	136	24 213	22	3 916	71	16 353	43	3 944
1986	161	43 852	21	28 941	51	7 838	89	7 073
1987	200	56 494	50	37 502	57	12 314	93	6 678
1988	514	132 271	93	105 889	266	19 186	155	7 196
1989	471	84 960	77	51 624	269	27 979	125	5 357
1990	550	85 298	70	34 403	365	46 703	115	4 192
1991	720	92 238	40	33 733	575	54 006	105	4 499
1992	2 264	269 694	39	68 353	2 148	197 922	77	3 419
1993	4 147	431 588	27	49 074	4 054	379 615	66	2 899
1994	2 810	499 888	63	50 495	2 677	448 846	70	547
1995	2 484	466 820	54	60 702	2 406	397 449	24	8 669
1996	1 901	502 673	27	24 728	1 853	445 601	21	32 344
1997	1 734	550 991	17	57 080	1 698	438 835	19	55 076
1998	1 740	506 974	26	46 747	1 708	438 957	6	21 270
1999	1 785	505 987	44	51 200	1 736	444 517	5	10 270
实际利用外资额								
1979		113						113
1980		457						457
1981		80						80
1982		662		283		38		341
1983		808				278		530
1984		1 523		49		391		1 083
1985		4 192		1 617		1 569		1 006
1986		9 003		4 005		3 297		1 701
1987		55 338		43 087		6 441		5 810
1988		55 011		40 065		9 046		5 900
1989		58 900		45 945		10 893		2 062
1990		78 725		51 749		24 831		2 145
1991		97 157		61 429		31 360		4 368
1992		85 931		39 512		43 916		2 503
1993		169 055		43 402		122 731		2 922
1994		198 135		55 230		142 388		517
1995		190 691		49 377		140 405		909
1996		237 915		44 637		167 142		26 136
1997		305 876		29 775		221 446		54 655
1998		314 104		71 742		220 471		21 891
1999		303 820		85 470		206 366		11 984

17—9 对外签订利用外资协议(合同)额

单位:个、万美元

指标	1990年		1995年		1998年		1999年	
	项目	金额	项目	金额	项目	金额	项目	金额
总计	**550**	**85 298**	**2 484**	**466 820**	**1 740**	**506 974**	**1 785**	**505 987**
对外借款	70	34 403	54	60 702	26	46 747	44	51 200
政府贷款	33	15 074	9	3 079	9	22 824	23	9 518
国际金融机构贷款	21	7 482	22	41 324	11	9 033	7	9 787
其他	16	11 847	23	16 299	6	14 890	14	31 895
外商直接投资	365	46 703	2 406	397 449	1 708	438 957	1 736	444 517
合资经营	282	35 959	1 700	240 576	1 027	200 964	999	229 092
合作经营	34	1 924	249	43 360	185	97 471	145	65 297
独资经营	49	8 820	457	113 513	495	123 799	590	143 405
外商其他投资	115	4 192	24	8 669	6	21 270	5	10 270
补偿贸易	27	1 242	18	5 009	1	34	—	—
加工装配	80	969	2	157	—	—	3	1 995
国际租赁	8	1 981	4	3 503	3	14 906	2	8 275
对外发行股票	—	—	—	—	2	6 330	—	—

17—10 各地区实际利用外资额

单位:万美元

地区	1998年				1999年			
	总计	对外借款	外商直接投资	外商其他投资	总计	对外借款	外商直接投资	外商其他投资
总计	**314 104**	**71 742**	**220 471**	**21 891**	**303 820**	**85 470**	**206 366**	**11 984**
沈阳	102 080	30 426	56 636	15 018	103 539	45 428	49 836	8 275
大连	140 750	12 225	123 752	4 773	131 661	10 537	117 415	3 709
鞍山	16 064	10 164	5 900	—	11 014	5 703	5 311	—
抚顺	4 347	—	4 347	—	2 964	678	2 286	—
本溪	5 250	4 200	1 050	—	6 404	5 203	1 201	—
丹东	8 043	5 269	2 774	—	7 167	3 843	3 324	—
锦州	4 202	—	2 102	2 100	1 292	—	1 292	—
营口	10 180	2 407	7 773	—	12 097	3 777	8 320	—
阜新	325	100	225	—	397	80	317	—
辽阳	3 182	110	3 072	—	1 639	182	1 457	—
盘锦	8 274	1 095	7 179	—	8 556	—	8 556	—
铁岭	1 526	—	1 526	—	2 846	—	2 846	—
朝阳	1 003	—	1 003	—	1 005	—	1 005	—
葫芦岛	4 879	1 747	3 132	—	5 239	2 039	3 200	—

17—11 外商直接投资实际利用额

单位:万美元

国别、地区	1994 年	1995 年	1996 年	1997 年	1998 年	1999 年
香港	52 019	44 582	47 307	63 649	59 439	49 933
澳门	1 741	3 397	116	557	98	551
台湾	5 911	6 264	9 432	4 665	8 501	10 481
印度尼西亚	48	12	345	73	99	—
日本	42 333	32 072	40 643	57 984	59 457	55 285
马来西亚	1 375	2 115	3 420	1 850	723	1 012
菲律宾	23	28		87	—	160
新加坡	2 745	1 913	11 389	7 220	7 134	4 989
韩国	12 907	7 934	15 421	15 958	16 738	18 182
泰国	925	1 629	856	774	175	1 086
比利时	49	12	142	266	1 181	637
丹麦	83	17	14	—	—	150
英国	549	879	1 095	4 312	5 528	2 358
德国	280	358	2 328	5 773	2 309	5 188
法国	2 601	9 121	6 196	1 127	3 102	1 114
意大利	370	148	438	140	150	308
卢森堡	31			—	217	—
荷兰	111		271	380	2 186	3 553
新西兰	28	120	1 684	251	183	41
西班牙	135	35	70	110	50	16
芬兰	3		210	214	64	41
瑞士		23	482	2 357	1 727	1 235
加拿大	1 000	1 084	688	2 151	3 996	1 708
美国	10 126	9 160	12 005	15 374	27 811	31 797
澳大利亚	199	481	2 309	4 686	2 045	4 756

17—12 外 商 直 接 投 资

（按国别、地区分）　　单位：个、万美元

国别	1998年		1999年	
	项目	合同外资额	项目	合同外资额
日本	264	70 691	216	39 338
香港	293	112 960	284	97 951
韩国	353	36 103	457	51 507
澳门	3	725	10	894
新加坡	35	5 367	31	4 045
泰国	15	3 827	12	3 590
马来西亚	12	3 953	11	418
美国	301	87 028	282	114 538
英国	21	13 494	24	7 254
法国	17	2 005	5	2 079
德国	15	4 272	10	5 609
澳大利亚	53	12 401	40	28 459
意大利	11	1 659	12	8 918
加拿大	69	17 470	64	20 173
西班牙	3	114	4	101
瑞士	2	26	2	1 531
菲律宾	—	—	5	798
荷兰	7	7 393	11	6 800
丹麦	1	10	1	600
比利时	2	1 447	6	6 335
新西兰	6	260	7	926
芬兰	2	1 554	2	44
台湾	149	24 809	162	25 568

17—13 按行业分对外签订外商直接投资协议额

行业	项目（个）		金额（万美元）	
	1998	1999	1998	1999
总计	**1 708**	**1 736**	**438 956**	**444 516**
农、林、牧、渔业	57	76	9 265	22 387
采掘业	2	5	16 731	6 819
制造业	1 136	1 141	253 440	217 180
电力、煤气及水的生产和供应业	12	5	22 501	9 711
建筑业	56	65	5 717	19 468
交通运输、仓储及邮电通信业	12	10	6 816	7 165
批发和零售贸易餐饮业	215	189	31 096	35 979
房地产业	58	75	42 764	61 157
社会服务业	124	134	46 684	53 287
卫生体育和社会福利业	1	4	2 360	945
教育、文化艺术和广播电影电视业	—	2	—	40
其他行业	35	30	1 582	10 378

17—14 按行业分外商实际直接投资额

单位：万美元

行业	1998	1999
总计	**220 471**	**206 365**
农、林、牧、渔业	3 544	5 071
采掘业	5 756	8 265
制造业	112 665	116 592
电力、煤气及水的生产和供应业	3 846	3 780
建筑业	1 310	3 105
交通运输、仓储及邮电通信业	3 372	1 129
批发和零售贸易餐饮业	24 931	21 930
房地产业	39 803	28 544
社会服务业	24 239	13 857
卫生体育和社会福利业	3	225
教育、文化艺术和广播电影电视业	—	41
其他行业	1 002	3 826

17—15 年末登记外商投资企业行业分布情况

行业	企业数(户)		投资总额(百万美元)		注册资本(百万美元)			
							#外方	
	1998	1999	1998	1999	1998	1999	1998	1999
总计	14 136	13 825	42 808	43 085	25 424	25 846	14 502	15 246
农、林、牧、渔业	458	433	534	643	410	488	199	374
采掘业	50	48	147	151	114	104	68	70
制造业	9 632	7 460	23 009	21 917	14 386	14 062	8 036	8 150
电力、煤气及水的生产和供应业	27	38	1 246	1 823	539	797	292	437
建筑业	639	629	1 294	1 467	1 029	1 117	597	674
交通运输、仓储及邮电通信业	11	10	90	86	85	67	74	62
交通运输、仓储及邮电通信业	80	81	1 510	1 517	631	637	343	345
批发和零售贸易餐饮业	1 622	1 498	3 328	3 068	2 209	2 013	1 340	1 263
金融、保险业	3	—	5	—	5	—	3	—
房地产业	652	664	8 156	8 354	3 925	4 013	2 410	2 500
社会服务业	782	800	2 828	3 136	1 590	1 770	856	988
卫生体育和社会福利业	34	33	153	154	109	110	65	65
教育、文化艺术和广播电影电视业	48	38	148	136	93	87	33	28
科学研究和综合技术服务业	64	66	66	96	59	88	42	71
其他行业	34	27	294	537	240	493	144	219

17—16 全省技术引进、技术出口情况

单位：个、万美元

年份	技术引进		技术出口	
	项目	金额	项目	金额
1979	44	2 950	—	—
1980	121	828	—	—
1985	932	41 828	—	—
1986	441	27 724	12	360
1987	315	14 037	16	420
1988	172	17 022	32	1 625
1989	98	8 882	74	7 054
1990	85	5 896	79	8 150
1991	130	31 700	84	9 100
1992	221	27 740	129	10 855
1993	112	20 163	76	11 287
1994	149	30 922	58	13 150
1995	145	55 254	77	18 253
1996	127	59 207	127	40 000
1997	167	79 940	267	49 691
1998	392	92 485	265	63 180
1999	292	103 156	173	70 256

17—17 技术出口情况

（1999 年）

单位：个、万美元

项目	新签协议		项目	新签协议	
	项目数	合同额		项目数	合同额
按出口方式分：	**173**	**70 256**	印度尼西亚	3	539
高技术产品	32	22 562	叙利亚	2	73
技术咨询、服务	8	751	越南	6	384
大型设备	11	31 300	印度	1	90
成套关键设备、生产线	119	15 140	尼日利亚	1	1 590
其它	3	503	津巴布韦	2	139
按管理系统分：	173	70 256	菲律宾	9	971
农业	4	141	日本	19	10 711
采掘业	1	75	美国	18	2 656
制造业	150	65 344	香港	5	3 508
电力、煤气及水的生产和供应业	3	357	加拿大	2	231
建筑业	1	150	韩国	6	3 139
交通运输业	8	2 423	朝鲜	2	56
邮电通信业	4	613	新加坡	9	8 575
其他行业	2	1 153	英国	2	1 162
按国别分：	173	70 256	伊朗	5	76
俄罗斯联邦	2	4 010	缅甸	6	87
泰国	10	476	其他	63	31 783

17—18 外商投资企业分国别、地区注册登记情况

(1999年)

地区	年底登记企业数(个)		投资总额(万美元)		注册资本(万美元)		#外方(万美元)	
	绝对数	比重	绝对数	比重	绝对数	比重	绝对数	比重
合计	**13 825**	**100.0**	**4 308 454**	**100.0**	**2 584 599**	**100.0**	**1 524 605**	**100.0**
香港	3 820	27.6	1 536 304	35.7	931 735	36.0	498 990	32.7
澳门	99	0.7	24 593	0.6	17 007	0.7	8 261	0.5
台湾	1 184	8.6	173 841	4.0	125 442	4.9	76 728	5.0
印度尼西亚	21	0.2	16 963	0.4	13 413	0.5	6 922	0.5
日本	2 351	17.0	765 479	17.8	415 916	16.1	273 178	17.9
马来西亚	87	0.6	48 164	1.1	22 550	0.9	15 665	1.0
菲律宾	19	0.1	5 538	0.1	4 783	0.2	3 476	0.2
新加坡	313	2.3	122 911	2.9	64 513	2.5	37 005	2.4
韩国	2 423	17.5	302 788	7.0	213 832	8.3	142 017	9.3
泰国	128	0.9	46 305	1.1	25 859	1.0	13 371	0.9
比利时	25	0.2	33 149	0.8	18 407	0.7	9 753	0.6
丹麦	11	0.1	2 906	0.1	1 764	0.07	1 227	0.08
英国	99	0.7	75 129	1.7	45 990	1.8	31 359	2.1
德国	124	0.9	46 580	1.1	32 716	1.3	16 560	1.1
法国	55	0.4	17 118	0.4	10 920	0.4	5 543	0.4
奥地利	—	0.1	—	0.2	5 245	0.2	2 903	0.2
意大利	50	0.4	10 524	0.2	6 804	0.3	3 502	0.2
卢森堡	3	0.02	1 170	0.03	910	0.04	442	0.03
荷兰	28	0.2	12 998	0.3	6 887	0.3	5 282	0.3
希腊	1	0.01	482	0.01	362	0.01	163	0.01
葡萄牙	1	0.01	2 260	0.05	1 190	0.05	420	0.03
西班牙	25	0.2	2 506	0.06	1 959	0.08	1 195	0.08
芬兰	11	0.1	4 637	0.1	2 408	0.09	1 588	0.1
瑞士	19	0.1	21 531	0.5	15 117	0.6	11 228	0.7
加拿大	259	1.9	78 984	1.8	47 355	1.8	29 958	2.0
美国	1 794	13.0	591 246	13.7	357 165	13.8	209 180	13.7
澳大利亚	215	1.6	72 416	1.7	45 181	1.7	28 421	1.9
新西兰	22	0.2	8 397	0.2	6 342	0.2	3 585	0.2

17—19 对外承包工程和劳务合作

年份	合同份数（份）	合同金额（万美元）	营业额（万美元）	营业利润（万美元）	外汇净收入（万美元）	派出人员（人）	年末在外人数（人）
总计							
1982	4	43	40			17	
1983	9	436	59			20	
1984	17	3 223	1 099	145	68	1 096	1 426
1985	77	8 045	3 547	231	347	1 236	2 415
1986	23	1 183	1 350	22	—35	494	697
1987	44	1 239	1 509	4	4	1 405	1 384
1988	76	3 925	2 049	47	139	517	1 835
1989	164	15 328	4 496		492	6 047	4 654
1990	223	23 984	8 445	478	830	10 354	8 459
1991	253	13 942	9 037	392	741	12 074	9 945
1992	354	27 501	14 170	985	948	18 197	13 167
1993	396	39 143	20 609	—	—	18 983	16 821
1994	609	55 763	31 484	—	—	—	24 569
1995	795	62 925	32 117	—	—	20 946	26 868
1996	832	48 704	29 599	—	—	21 159	23 573
1997	1 002	63 469	37 784	—	—	23 866	29 095
1998	1 173	56 681	44 406	—	—	25 925	31 717
1999	1 362	44 661	35 574	—	—	31 052	36 724
承包工程							
1982	1	36	36			12	
1983	1		50			8	
1984	5	2 914	1 002	140	51		1
1985	32	6 523	2 392	59	38	207	297
1986	7	966	1 157	14	—49	170	144
1987	4	796	1 073	—3	—3	92	100
1988	11	2 094	1 229	—6		43	135
1989	35	11 665	3 473		311	1 876	1 207
1990	46	14 052	6 767	332	280	1 999	2 280
1991	54	6 433	4 505	132	302	3 842	2 555
1992	79	18 867	9 231	428	380	6 441	3 009
1993	136	26 818	10 877	—	—	4 883	3 556
1994	180	44 900	19 600	—	—	—	—
1995	191	39 414	17 626	—	—	4 509	4 966
1996	209	28 875	15 850	—	—	5 616	3 027
1997	216	39 754	20 980	—	—	3 399	4 263
1998	247	35 901	28 258	—	—	4 467	4 305
1999	215	21 137	17 503	—	—	2 722	2 860
劳务合作							
1982	3	7	4			5	
1983	8		9			12	
1984	12	309	97	5	17	1 096	1 425
1985	45	1 522	1 155	172	309	1 029	2 118
1986	16	217	193	8	14	324	553
1987	40	443	436	7	7	1 313	1 284
1988	65	1 831	820	53	139	474	1 700
1989	129	3 663	1 023		181	4 171	3 447
1990	177	9 932	1 678	146	550	8 355	6 179
1991	199	7 509	4 532	260	439	8 232	7 390
1992	275	8 634	4 939	557	568	11 756	10 158
1993	260	12 325	9 732	—	—	14 100	13 265
1994	429	10 863	11 884	—	—	—	24 569
1995	596	22 804	14 451	—	—	16 408	21 848
1996	618	19 634	13 616	—	—	15 504	20 545
1997	763	22 776	16 313	—	—	20 459	24 823
1998	922	20 397	15 660	—	—	21 428	27 401
1999	1 129	23 478	18 006	—	—	28 316	33 851

17—20 旅游事业发展情况

指　　标	单　位	1980年	1985年	1990年	1995年	1998年	1999年
接待的国家和地区数	个	66	93	120	135	—	—
接待的旅游人数	人	32 094	96 446	114 064	263 759	410 654	491 307
外　国　人	人	29 400	79 993	74 765	214 563	318 180	386 315
华　　侨	人	275	1 302	2 124	4 606	8 951	10 046
港澳台同胞	人	2 419	15 151	37 175	44 590	83 523	94 946
平均逗留天数	天	2.3	3.2	4.8	4.0	3.4	3.3
旅游外汇收入总额	万美元	565	1 557	6 870	18 900	26 244	30 444

17—21 接待外国旅游人数

单位:人

国　　别	1980年	1985年	1990年	1995年	1998年	1999年
总　　计	**29 400**	**79 993**	**74 765**	**214 563**	**318 180**	**386 315**
#日　　本	20 065	43 498	40 835	94 387	125 247	156 471
菲律宾	113	367	475	723	1 362	1 598
新加坡	237	835	1 118	4 660	8 187	5 956
泰　国	226	254	577	742	1 326	1 282
印度尼西亚	33	109	277	632	803	1 570
美　国	4 165	14 821	5 232	8 878	14 860	13 060
加拿大	373	980	687	1 532	3 204	3 319
英　国	414	1 837	1 245	2 104	3 623	3 399
法　国	469	765	607	1 686	3 487	2 496
德　国	799	4 708	1 989	3 349	5 020	5 055
意大利	63	1 045	703	1 281	1 806	1 663
俄罗斯	17	247	3 789	15 466	21 258	9 824
澳大利亚	387	794	685	1 670	3 453	3 140
新西兰	23	99	154	209	684	566

17—22 按地区分的接待国际旅游人数

地　区	1980 年	1985 年	1990 年	1995 年	1998 年	1999 年
接待旅游人数(人)	**32 094**	**96 446**	**114 064**	**263 759**	**410 654**	**491 307**
沈　阳	12 468	30 407	41 899	103 696	167 804	172 146
大　连	14 003	48 626	51 987	131 118	206 005	260 208
鞍　山	1 996	3 668	4 887	5 033	13 803	19 241
抚　顺	3 627	2 566	1 985	2 579	1 937	2 069
本　溪		1 367	1 082	1 765	1 037	2 023
丹　东		4 971	5 123	7 979	9 487	23 500
锦　州		1 466	1 583	2 865	2 601	2 876
营　口		1 337	1 511	3 519	2 292	3 470
阜　新		311	317	354	511	711
辽　阳		1 099	1 338	2 007	1 367	1 811
盘　锦			792	379	1 262	1 306
铁　岭		289	437	513	611	537
朝　阳		339	483	684	559	377
葫芦岛			640	1 268	1 378	1 032

17—23 按地区分的旅游外汇收入

单位：万美元

地　区	1990 年	1995 年	1996 年	1997 年	1998 年	1999 年
旅游外汇收入(万美元)	**6 870**	**18 900**	**22 388**	**25 953**	**26 244**	**30 444**
沈　阳	1 574	4 178	4 585	7 055	8 565	9 575
大　连	4 014	13 028	16 001	17 002	15 391	18 003
鞍　山	97	325	334	416	1 013	1 364
抚　顺	57	127	138	144	103	105
本　溪	13	148	151	93	69	91
丹　东	584	582	446	482	455	814
锦　州	18	81	150	154	138	129
营　口	409	154	79	74	107	91
阜　新	5	27	30	101	54	40
辽　阳	34	113	289	190	82	80
盘　锦	1	25	49	60	77	55
铁　岭	1	15	18	24	26	18
朝　阳	60	53	56	56	25	20
葫芦岛	3	44	62	102	139	59

主要统计指标解释

利用外资　指我国各级政府、部门、企业和其他经济组织通过对外借款、吸收外商直接投资以及用其他方式筹措的境外现汇、设备、技术等。

对外借款　是我国利用外资的一种形式。包括我国通过对外国政府贷款，国际金融组织贷款，外国银行商业贷款，出口信贷以及对外发行债券等方式，从境外筹措的资金。

外商直接投资　是指外国企业和经济组织或个人(包括华侨、港澳台胞以及我国在境外注册的企业)按我国有关政策、法规，用现汇、实物、技术等在我国境内开办外商独资企业、与我国境内的企业或经济组织共同举办中外合资经营企业、合作经营企业或合作开发资源的投资(包括外商投资收益的再投资)以及经政府有关部门批准的项目投资总额内，企业从境外借入的资金。

对外承包工程　包括各对外承包公司以招标议标承包方式承揽的下列业务(1)承包国外工程建设项目；(2)承包我国对外经援项目；(3)承包我国驻外机构的工程建设项目；(4)承包我国境内利用外资进行建设的工程项目；(5)与外国承包公司合营或联合承包工程项目时我国公司分包部分；(6)以服务成果向业主收费的技术服务项目(包括承担地形地貌测绘；地质资源勘探与普查；建设区域规划；提供设计文件、图纸、生产工艺技术资料和工程技术经济咨询；工程项目的可行性考察、研究和评估；进行技术指导和培训人员等)；(7)对外承包兼营的房屋开发业务。对外承包工程的营业额是以货币表现的本期内完成的对外承包工程的工作量，包括以前年度签订的合同和本年度新签订的合同在报告期完成的工作量。

对外劳务合作　指以收取工资的形式向业主或承包商提供技术和劳动服务的活动。我国对外承包公司在境外开办的合营企业，中国公司同时又提供劳务的，其劳务部分也纳入劳务合作统计。劳务合作营业额按报告期内向雇主提交的结算数(包括工资、加班费和奖金等)统计。

旅游人数　指来我国参观、访问、旅行、探亲、访友、休养、考察、参加会议和从事经济、科技、文化、教育、体育、宗教等活动的外国人、华侨、港澳和台湾同胞的人数。不包括外国在我国的常住机构，如使领馆、通讯社、企业办事处的工作人员；来我国常驻的外国专家、留学生以及在岸逗留不过夜人员。

旅游外汇收入　指国内各部门为来我国旅游的外国人、华侨、港澳和台湾同胞提供商品和劳务而获得的外汇收入。包括供应商品、饮食和提供住宿、交通、邮电、文化娱乐、导游等各项服务所得到的全部外汇收入。

十八、金 融 和 保 险

18—1 金融机构存款、贷款余额

单位:亿元

指　　标	1998 年	1999 年	指　　标	1998 年	1999 年
年末存款余额	**4 666.9**	**5 242.2**	商业贷款	1 058.1	1 096.6
一、企业存款	1 261.8	1 394.2	建筑业贷款	76.0	72.6
活期存款	960.3	1 071.5	农业贷款	183.6	190.0
定期存款	301.5	322.7	乡镇企业贷款	255.7	264.9
二、财政存款	33.9	35.9	三资企业贷款	110.2	131.2
三、机关团体存款	34.3	46.1	私营企业及个体贷款	12.1	15.5
四、储蓄存款	3 189.9	3 545.8	其他短期贷款	400.6	493.9
活期存款	502.8	645.8	二、中期流动资金贷款	119.9	184.8
定期存款	2 687.1	2 899.9	三、中长期贷款	654.3	739.7
五、农业存款	38.3	51.9	基本建设贷款	244.7	276.6
六、信托存款	20.4	19.2	技术改造贷款	281.3	302.6
七、委托存款	33.5	55.8	其他中长期贷款	128.2	160.5
八、其他存款	54.8	93.3	四、信托贷款	28.1	23.9
年末贷款余额	**4 439.6**	**4 833.8**	五、融资租赁	1.8	1.3
一、短期贷款	3 328.8	3 552.1	六、委托贷款	73.3	70.4
工业贷款	1 232.5	1 287.4	七、逾期类贷款	233.5	261.6

18—2 金融机构现金收入

单位:亿元

项目	1980年	1985年	1990年	1995年	1998年	1999年
收入总计	**124.3**	**308.5**	**972.8**	**4 385.6**	**10 171.1**	**12 223.3**
商品销售收入	80.5	160.0	280.0	622.5	1 084.8	1 162.4
服务事业收入	9.6	18.3	51.5	171.7	429.0	499.4
税款收入	…	1.1	6.3	20.8	52.4	58.1
农村信用社收入	8.1	21.5	37.4	124.8	—	—
乡镇企事业收入	—	5.7	10.9	47.8	—	—
个体经营收入	—	1.2	3.2	37.8	310.4	359.9
储蓄存款收入	20.8	80.1	449.4	2 412.8	6 559.9	8 013.2
城市信用社收入	—	—	20.6	226.4	—	—
汇兑收入	1.5	3.0	18.4	322.0	222.2	267.6
其他收入	3.7	17.6	95.1	399.0	1 512.4	1 862.7

18—3 金融机构现金支出

单位:亿元

项目	1980年	1985年	1990年	1995年	1998年	1999年
支出总计	**131.0**	**324.1**	**1 027.3**	**4 439.9**	**10 170.2**	**12 256.7**
工资及对个人其他支出	68.6	133.8	304.0	720.7	963.6	985.2
农副产品采购支出	8.0	32.0	63.6	121.1	146.9	253.7
行政企业管理费支出	7.8	20.4	59.1	269.7	623.9	663.9
农村信用社支出	27.5	46.7	68.7	155.3	—	—
乡镇企、事业支出	—	13.4	25.9	75.4	—	—
个体经营支出	—	2.2	7.2	47.6	365.5	456.7
储蓄存款支出	14.9	59.4	362.1	2 121.4	6 249.9	7 744.9
城市信用社支出	—	—	36.6	256.3	—	—
汇兑支出	1.2	2.9	9.1	299.3	118.5	134.8
其他支出	3.0	13.3	91.0	373.1	1 701.9	2 017.4

18—4 金融机构现金投放回笼差额

单位:亿元

年份	现金收入	现金支出	投放(+)回笼(—)	年份	现金收入	现金支出	投放(+)回笼(—)
1953	20.3	22.0	1.7	1977	72.2	74.7	2.5
1954	23.7	23.7	…	1978	78.6	82.7	4.0
1955	24.3	24.4	0.1	1979	96.9	102.8	5.9
1956	30.7	32.2	1.5	1980	124.3	131.0	6.7
1957	34.7	35.1	0.4	1981	148.4	154.5	6.1
1958	38.9	39.8	0.9	1982	164.2	166.6	2.4
1959	45.3	46.7	1.4	1983	202.9	212.0	9.1
1960	49.4	51.1	1.7	1984	245.4	256.8	11.4
1961	43.0	45.8	2.8	1985	308.5	324.0	15.5
1962	40.0	39.6	—0.4	1986	390.7	406.1	15.4
1963	38.1	37.5	—0.6	1987	511.9	530.5	18.6
1964	40.0	39.9	—0.1	1988	760.4	825.8	65.4
1965	40.8	41.8	1.0	1989	905.4	937.1	31.7
1966	43.1	44.9	1.9	1990	972.8	1027.3	54.5
1967	44.3	46.8	2.5	1991	1174.3	1241.5	67.2
1968	42.6	43.3	0.7	1992	1671.6	1770.8	99.2
1969	46.0	47.2	1.2	1993	2 541.2	2 692.7	151.5
1970	46.0	45.8	—0.2	1994	3 333.6	3 477.7	144.1
1971	49.2	50.3	1.1	1995	4 385.6	4 439.9	54.3
1972	53.9	55.2	1.3	1996	5 274.4	5 292.2	17.8
1973	57.3	59.5	2.2	1997	7 116.1	7 116.9	0.8
1974	60.7	62.2	1.5	1998	10 171.1	10 170.2	—0.9
1975	63.9	66.3	2.4	1999	12 223.3	12 256.7	33.4
1976	67.1	70.1	2.9				

18—5 农村信用社各项存款、贷款余额

单位:亿元

年份	存款合计	集体农业存款	乡镇企业存款	储蓄存款	其他存款	贷款合计	集体农业贷款	乡镇企业贷款	农户贷款
1979	10.2	4.8	0.5	4.5	0.4	1.0	0.5	0.2	0.3
1980	12.8	5.4	0.6	6.3	0.5	2.3	1.3	0.6	0.4
1981	16.5	6.4	0.7	9.4	…	2.7	1.4	0.8	0.5
1982	20.1	7.0	0.9	12.1	0.1	3.8	1.8	1.1	0.8
1983	25.3	6.3	1.9	17.0	0.1	5.8	2.0	1.7	2.0
1984	30.4	3.8	2.4	22.4	1.8	13.0	2.4	3.7	6.7
1985	33.3	2.1	2.1	28.3	0.8	14.9	2.4	4.7	7.5
1986	44.4	2.3	2.8	38.2	1.1	22.5	3.4	9.5	9.3
1987	57.8	1.9	3.0	51.2	1.7	32.2	5.2	14.9	11.7
1988	67.9	1.7	4.2	58.4	3.6	41.3	7.3	20.2	13.3
1989	77.4	1.8	4.3	68.3	3.0	50.9	10.2	23.4	14.6
1990	102.0	2.9	5.8	90.0	3.3	67.7	12.3	33.4	19.4
1991	126.8	4.0	7.3	110.9	4.6	89.9	14.6	46.4	23.7
1992	159.3	3.8	11.1	138.0	6.4	125.9	20.3	64.1	29.9
1993	179.3	2.9	12.8	156.7	6.9	158.4	22.3	86.2	31.4
1994	225.6	2.8	22.3	200.5	—	205.3	35.2	117.2	—
1995	270.3	21.8	1.8	246.7	—	250.3	44.6	142.8	—
1996	340.8	24.6	3.2	313.0	—	295.9	51.1	165.5	—
1997	411.4	28.7	4.1	376.3	2.3	329.4	—	166.5	—
1998	471.6	30.7	4.9	433.2	2.8	363.4	—	181.3	—
1999	522.6	35.6	5.4	477.9	3.7	374.1	—	186.4	—

18—6 全省城乡储蓄存款年末余额

单位:万元

年份	总计	城镇储蓄	定期	活期	农户储蓄	#定期
1980	245 865	182 632	144 659	37 973	63 233	47 486
1981	325 130	230 792	187 265	43 527	94 338	73 054
1982	416 003	294 872	239 052	55 820	121 131	93 246
1983	552 337	382 813	311 688	71 125	169 524	126 157
1984	736 296	512 438	411 766	100 672	223 858	165 675
1985	1 009 775	726 778	572 914	153 864	282 997	214 557
1986	1 408 872	1 027 057	827 966	199 091	381 815	300 025
1987	1 977 449	1 465 747	1 153 482	312 265	511 702	399 893
1988	2 565 080	1 981 296	1 521 242	460 054	583 784	446 204
1989	3 452 835	2 769 726	2 347 571	422 155	683 109	573 251
1990	4 726 736	3 826 944	—	—	899 792	767 300
1991	6 093 556	4 984 931	—	—	1 108 625	957 829
1992	7 573 896	6 193 866	—	—	1 380 030	1 195 849
1993	9 370 166	7 803 375	—	—	1 566 791	1 356 760
1994	12 817 727	10 813 119	—	—	2 004 608	1 729 697
1995	17 586 126	15 119 662	—	—	2 466 464	2 143 856
1996	22 910 247	19 780 071	—	—	3 130 176	2 731 431
1997	27 274 379	—	—	—	—	—
1998	31 899 065	—	—	—	—	—
1999	35 457 577	—	—	—	—	—

18—7 中保财产保险公司业务经济技术指标

项目	保险金额（亿元）	保费收入（万元）	赔款支出（万元）
1998 年			
合计	**7 135**	**288 241**	**151 579**
企事业财产险	3 382	67 950	34 131
家庭财产险	279	9 067	3 857
工程责任险	1 618	20 442	9 063
机动车辆险	786	147 892	88 074
船舶险	42	8 143	4 456
货物运输险	858	28 680	10 146
航空航天险	145	4 363	350
山口信用险	3	278	234
农业险	22	1 426	1 268
1999 年			
合计	**5 861**	**265 513**	**148 213**
企事业财产险	3 191	58 855	28 174
家庭财产险	209	3 361	3 251
工程责任险	447	19 419	9 152
机动车辆险	952	146 030	92 754
船舶险	67	8 614	3 988
货物运输险	800	25 660	9 711
航空航天险	170	2 193	307
山口信用险	4	409	188
农业险	21	973	688

主要统计指标解释

信贷资金 国家银行用于发放贷款的资金叫信贷资金。中国人民银行信贷资金的来源有各项存款、对国际金融机构负债、流通中货币、银行自有资金及当年结益等。信贷资金的运用有各项贷款、黄金占款、外汇占款、财政借款及在国际金融机构中的资产等。

存款 企业、机关、团体或居民根据可以收回的原则，把货币资金存入银行或其他信用机构保管并取得一定利息的一种信用活动形式。根据存款对象的不同可划分为企业存款、财政存款、机关团体存款、基本建设存款、城镇储蓄存款、农村存款等科目。它是银行信贷资金的主要来源。

贷款 银行或其他信用机构根据必须归还的原则，按一定利率，为企业、个人等提供资金的一种信用活动形式。我国银行贷款，分流动资金贷款、固定资产贷款、城乡个体工商户贷款以及农户贷款等科目。

十九、教育、科技和文化

19—1 教育事业基本情况

指　　标	1980年	1981年	1990年	1995年	1998年	1999年
学校数(所)	**19 465**	**19 724**	**19 331**	**18 282**	**17 597**	**17 095**
普通高等学校	41	62	63	61	61	64
中等学校	3 479	3 758	3 638	3 627	3 452	3 283
#专业学校	111	149	166	171	170	151
普通中学	2 696	2 511	2 489	2 459	2 444	2 429
小学	15 945	15 904	15 630	14 594	14 084	13 748
专任教师(人)	**339 885**	**351 898**	**403 979**	**396 888**	**389 819**	**388 579**
普通高等学校	12 832	19 046	23 292	23 400	23 394	25 179
中等学校	155 546	141 183	168 491	174 673	173 886	172 389
#专业学校	5 972	8 658	11 633	12 378	12 282	11 286
普通中学	142 725	114 708	132 769	137 185	138 546	139 497
小学	171 507	191 669	212 196	198 815	192 539	191 011
招生数(人)	**2 026 092**	**1 603 447**	**1 379 611**	**1 669 257**	**1 385 030**	**1 460 682**
普通高等学校	15 949	34 076	35 102	53 310	60 302	87 851
中等学校	1 134 283	851 877	748 479	912 409	812 726	869 036
#专业学校	18 092	29 545	30 047	43 821	45 681	42 839
普通中学	1 025 557	715 460	629 468	756 666	668 295	755 550
小学	875 860	717 494	596 030	703 538	512 002	503 795
在校学生(人)	**7 290 053**	**6 457 986**	**6 353 039**	**6 375 163**	**6 348 473**	**6 277 121**
普通高等学校	62 514	95 161	123 314	179 412	199 223	235 819
中等学校	2 803 672	2 139 409	2 156 351	2 443 810	2 319 595	2 375 171
#专业学校	47 060	70 371	103 902	140 870	155 459	156 847
普通中学	2 632 189	1 868 360	1 810 876	2 008 338	1 884 915	1 961 673
小学	4 423 867	4 223 416	4 073 374	3 751 941	3 829 655	3 666 131
毕业生数(人)	**2 119 466**	**1 274 174**	**1 282 011**	**1 448 850**	**1 432 498**	**1 438 866**
普通高等学校	11 068	17 495	33 768	44 072	47 557	49 964
中等学校	1 309 311	567 081	656 589	732 296	829 049	744 860
#专业学校	11 347	20 226	29 716	33 966	37 850	40 100
普通中学	1 289 581	502 101	550 359	601 421	686 541	618 065
小学	799 087	689 598	591 654	672 482	555 892	644 042
每一教师负担学校数(人)						
普通高等学校	4.9	5.0	5.3	7.7	8.5	9.4
中等学校	18.0	15.2	12.8	14.0	13.3	13.8
小学	25.8	22.0	19.2	18.9	19.9	19.2

19—2 各级各类学校情况

年份	普通高等学校	中等专业学校	#中等师范学校	普通中学	农业中学职业中学	小学	幼儿园	盲、聋哑学校
一、学校数(所)								
1978	38	81	19	2 902		14 972	3 684	33
1980	41	111	21	2 696	402	15 945	3 688	34
1981	44	113	21	2 569	425	16 147	3 267	33
1982	44	121	24	2 559	321	16 056	4 443	37
1983	50	127	24	2 539	460	16 033	2 178	35
1984	57	132	24	2 526	540	15 860	6 923	33
1985	62	149	28	2 511	775	15 904	7 424	36
1986	64	160	31	2 507	750	15 762	7 177	35
1987	64	163	31	2 517	734	15 729	6 672	38
1988	63	169	32	2 509	681	15 732	11 416	46
1989	63	167	31	2 499	653	15 679	8 633	48
1990	63	166	31	2 489	618	15 630	9 714	51
1991	62	167	31	2 478	613	15 540	9 300	53
1992	61	165	30	2 457	598	15 230	9 372	52
1993	61	166	30	2 433	608	14 805	12 536	53
1994	61	165	30	2 448	606	14 655	10 923	52
1995	61	171	30	2 459	594	14 594	11 220	50
1996	61	173	29	2 447	561	14 464	9 945	51
1997	62	174	30	2 434	537	14 386	10 176	53
1998	61	170	26	2 444	523	14 084	9 899	52
1999	64	151	12	2 429	450	13 748	9 935	52
二、教职工数(人)								
1978	29 746	12 770	2 395	196 524		195 274	20 195	792
1980	35 996	15 290	2 457	190 400	2 761	204 586	28 528	896
1981	38 181	16 679	2 621	185 583	5 368	210 559	35 118	948
1982	44 104	18 447	2 615	177 969	5 100	221 262	36 825	1 002
1983	45 397	18 752	2 823	169 196	8 065	222 132	48 106	1 037
1984	47 931	19 389		164 619	10 509	226 149		1 113
1985	51 718	20 282	3 622	168 036	16 390	230 139	59 594	1 102
1986	52 404	22 437	4 052	170 815	18 218	233 434	64 637	1 169
1987	54 572	23 448	4 577	176 662	20 075	235 433	69 138	1 208
1988	56 047	24 981	4 656	181 151	20 998	241 978	88 908	1 364
1989	58 438	24 885	4 926	182 481	20 918	246 153	81 554	1 431
1990	57 825	25 143	5 049	184 851	20 920	249 322	77 645	1 551
1991	58 277	24 832	4 869	187 373	21 253	248 415	78 709	1 686
1992	59 008	25 295	4 904	189 663	20 774	248 454	82 566	1 775
1993	59 138	25 492	4 973	186 545	21 518	239 700	83 082	1 876
1994	58 687	25 429	5 029	184 758	21 266	237 673	71 633	2 056
1995	58 455	25 757	5 044	189 553	22 979	237 981	69 346	1 847
1996	57 727	25 935	4 785	189 329	21 597	235 189	64 877	1 907
1997	57 359	25 368	4 424	188 057	22 068	233 770	62 089	1 882
1998	58 078	24 387	3 681	175 632	20 291	224 535	56 463	2 012
1999	59 590	22 602	1 984	175 820	19 443	222 460	54 582	1 891

19—2 续表 1

年　　份	普通高等学校	中等专业学校	#中等师范学校	普通中学	农业中学职业中学	小　学	幼儿园	盲、聋哑学校
三、教　师　数(人)								
1　9　7　8	11 183	5 243	1 175	154 557		168 861	6 677	524
1　9　8　0	12 832	5 972	1 151	142 725	2 010	171 507	15 421	564
1　9　8　1	13 140	6 452	1 257	130 973	3 813	173 226	15 088	593
1　9　8　2	16 176	7 421	1 354	122 877	3 302	183 664	17 459	620
1　9　8　3	16 549	7 619	1 433	116 484	5 010	184 083	22 269	656
1　9　8　4	17 518	7 845	1 600	111 632	6 804	187 319	27 885	650
1　9　8　5	19 046	8 658	1 834	114 708	10 218	191 669	32 490	717
1　9　8　6	21 196	9 586	2 060	117 852	11 417	195 086	33 925	742
1　9　8　7	21 963	10 114	2 264	123 376	12 645	197 593	34 294	790
1　9　8　8	22 640	11 466	2 495	129 309	13 195	206 399	37 070	884
1　9　8　9	23 933	11 587	2 545	130 884	13 091	209 873	44 427	964
1　9　9　0	23 292	11 633	2 665	132 769	13 067	212 196	42 776	1 061
1　9　9　1	23 384	11 703	2 642	135 487	13 464	211 353	43 835	1 152
1　9　9　2	23 503	11 856	2 686	137 044	13 045	210 141	49 473	1 257
1　9　9　3	23 575	12 003	2 661	135 397	13 336	201 664	48 909	1 254
1　9　9　4	23 530	12 129	2 735	135 499	13 429	202 349	43 828	1 378
1　9　9　5	23 400	12 378	2 730	137 185	13 765	198 815	44 598	1 326
1　9　9　6	23 079	12 502	2 592	139 660	13 561	198 408	43 103	1 369
1　9　9　7	23 109	12 435	2 367	140 643	13 915	197 347	42 274	1 334
1　9　9　8	23 394	12 282	2 059	138 546	13 983	192 539	38 981	1 398
1　9　9　9	25 179	11 286	1 103	139 497	13 691	191 011	37 881	1 357
四、在校学生数(人)								
1　9　7　8	50 863	31 682	10 444	3 501 239		4 620 954	177 182	3 643
1　9　8　0	62 514	47 060	11 601	2 632 189	65 142	4 423 867	429 056	3 564
1　9　8　1	74 885	40 408	10 969	2 221 820	66 662	4 333 400	445 352	3 434
1　9　8　2	60 979	46 494	12 952	1 982 561	56 521	4 363 900	527 236	3 346
1　9　8　3	67 218	51 202	14 222	1 817 581	77 011	4 286 634	652 632	3 416
1　9　8　4	79 001	60 923	18 311	1 761 390	95 273	4 308 307	838 423	3 286
1　9　8　5	95 161	70 371	20 350	1 868 360	147 212	4 223 416	929 591	3 365
1　9　8　6	107 434	81 860	26 526	2 014 999	149 910	4 189 324	928 257	3 446
1　9　8　7	112 652	89 384	30 526	2 048 761	137 783	4 107 393	937 057	3 617
1　9　8　8	120 510	97 540	31 018	1 962 214	146 140	4 082 650	1 270 266	3 958
1　9　8　9	122 543	102 879	28 894	1 830 394	147 422	4 126 831	976 651	4 065
1　9　9　0	123 314	103 902	28 442	1 810 876	149 780	4 073 374	936 852	4 468
1　9　9　1	124 777	104 269	28 888	1 887 654	151 572	3 915 360	1 037 576	4 769
1　9　9　2	134 671	110 011	29 447	1 969 532	155 112	3 736 363	1 134 184	5 089
1　9　9　3	155 554	124 707	32 019	1 911 632	155 231	3 686 796	1 257 278	5 100
1　9　9　4	171 284	133 067	33 162	1 922 132	167 876	3 750 611	1 090 474	5 186
1　9　9　5	179 412	140 870	32 182	2 008 338	182 984	3 751 941	1 021 123	5 050
1　9　9　6	182 684	143 911	27 537	2 029 776	185 244	3 790 718	936 111	4 815
1　9　9　7	188 159	149 730	24 426	1 950 241	195 742	3 886 760	879 987	4 870
1　9　9　8	199 223	155 459	23 723	1 884 915	207 315	3 829 655	853 886	4 882
1　9　9　9	235 819	156 847	18 872	1 961 673	194 860	3 666 131	838 133	4 837

19—2 续表 2

年份	普通高等学校	中等专业学校	#中等师范学校	普通中学	农业中学职业中学	小学	幼儿园	盲、聋哑学校
五、招生数(人)								
1978	22 083	16 423	5 762	1 312 714		1 038 280		
1980	15 949	18 092	5 572	1 025 557	60 799	875 860		717
1981	15 290	18 762	5 350	828 500	27 020	820 200		695
1982	17 387	17 677	4 761	65 0100	31 750	733 700		584
1983	22 780	22 752	6 814	581 195	48 429	679 322		520
1984	27 402	25 221	7 093	597 400	62 211	646 509		
1985	34 076	29 545	7 929	715 460	80 307	717 494		772
1986	32 827	33 191	11 544	715 455	69 237	748 948		690
1987	34 756	34 311	10 929	683 593	57 539	669 707		757
1988	38 398	36 156	10 388	657 379	59 625	674 101		1 012
1989	35 149	31 655	8 539	610 627	59 407	710 199		635
1990	35 102	30 047	8 911	629 468	55 550	596 030		975
1991	36 094	33 803	9 101	696 406	58 782	523 096	498 215	836
1992	45 129	39 517	10 232	721 178	60 251	559 753	596 844	768
1993	55 071	44 226	10 398	653 170	60 781	652 210	689 042	705
1994	52 183	43 849	9 637	690 513	68 753	750 424	—	750
1995	53 310	43 821	7 957	756 666	67 881	703 538	607 336	715
1996	55 048	41 930	6 385	660 620	61 469	643 884	564 749	766
1997	56 373	47 282	7 732	600 728	74 485	611 404	527 969	721
1998	60 302	45 681	7 290	668 295	75 897	512 002	502 367	693
1999	87 851	42 839	3 523	755 550	56 341	503 795	481 840	609
六、毕业生数(人)								
1978	10 497	9 424	4 212	936 131		921 384		
1980	11 068	11 347	5 039	1 289 581	578	799 087		512
1981	2 776	24 905	5 946	714 489	13 576	797 104		522
1982	31 121	11 488	2 763	613 639	21 153	598 542		384
1983	16 565	17 907	5 618	574 763	27 632	547 519		371
1984	15 612	15 528	3 098	548 891	22 999	512 965		
1985	17 495	20 226	6 318	502 101	27 994	689 598		517
1986	20 583	22 752	6 138	494 658	43 709	704 016		459
1987	29 394	26 932	7 019	522 777	54 614	680 861		405
1988	31 552	28 004	9 724	587 835	42 195	637 753		471
1989	32 708	26 326	10 882	572 508	47 204	593 257		429
1990	33 768	29 716	9 400	550 359	45 627	591 654		377
1991	33 530	33 223	8 484	538 346	49 550	660 343	415 665	419
1992	35 208	33 377	9 564	540 132	50 882	685 996	516 460	439
1993	33 615	30 449	7 821	542 163	50 122	630 759	650 232	330
1994	35 923	30 362	8 588	575 786	49 965	636 786	—	478
1995	44 072	33 966	9 304	601 421	51 246	672 482	—	522
1996	51 068	37 503	11 093	573 876	57 709	576 164	—	543
1997	49 591	40 340	10 497	626 046	63 502	500 252	—	513
1998	47 557	37 850	7 721	686 541	66 788	555 892	—	527
1999	49 964	40 100	7 158	618 065	60 060	644 042	—	551

19—3 研究生数

单位：人

年份	招生数	在校学生数			毕业生数		
		小计	攻读硕士学位	攻读博士学位	小计	攻读硕士学位	攻读博士学位
1978	302	302					
1979	263	576					
1980	143	709					
1981	382	691	672	19	397	397	
1982	439	941	920	21	160	160	
1983	614	1 426	1 396	30	132	132	
1984	819	2 124	2 082	42	122	121	
1985	2 091	3 687	3 170	155	584	578	6
1986	1 989	5 009	4 146	208	670	639	13
1987	1 771	5 570	4 857	317	1 193	838	17
1988	1 575	5 160	4 668	379	1 929	1 604	24
1989	1 322	4 637	4 180	417	1 763	1 599	86
1990	1 404	4 343	3 858	462	1 677	1 558	84
1991	1 320	4 144	3 581	563	1 500	1 401	75
1992	1 415	4 290	3 671	619	1 245	1 159	85
1993	2 016	4 955	4 185	770	1 307	1 222	85
1994	2 602	6 274	5 298	976	1 273	1 138	135
1995	2 367	7 236	5 972	1 264	1 425	1 272	153
1996	2 647	7 787	6 313	1 474	1 962	1 753	209
1997	2 978	8 304	6 621	1 683	2 316	2 106	210
1998	3 197	9 164	7 292	1 872	2 126	1 852	274
1999	4 005	10 574	8 203	2 371	2 426	2 101	325

19—4 各类高等学校基本情况

（1999年）

单位：人

项目	学校数（所）	毕业生数	招生数	在校学生数	教职工数	#专任教师
总计	**64**	**49 964**	**87 851**	**235 819**	**59 590**	**25 179**
综合大学	4	6 782	11 044	32 701	6 415	2 936
理工院校	19	22 437	38 149	105 365	27 419	10 471
农林院校	2	1 840	3 152	8 352	2 154	898
医药院校	6	2 881	4 773	15 309	5 486	2 096
师范院校	13	8 784	15 031	36 270	9 216	4 702
语文院校	1	359	1 194	2 868	600	312
财经院校	4	3 357	5 274	14 978	2 768	1 148
政法院校	2	799	1 576	4 519	1 095	440
体育院校	1	431	796	2 101	672	297
艺术院校	2	397	740	1 855	883	476
民族院校	1	—	890	1 533	289	129
短期职业大学	9	1 897	5 072	9 808	2 593	1 274

19—5 各类中等专业学校基本情况

(1999 年)　　单位:人

项目	学校数(所)	毕业生数	招生数	在校学生数	教职工数	#专任教师
中等专业学校	151	40 100	42 839	156 847	22 602	11 286
中等技术学校	139	32 942	39 316	137 975	20 618	10 183
工业	49	17 935	17 335	72 552	10 152	4 753
农业	11	2 822	3 877	13 693	2 128	998
林业	1	334	548	1 447	243	117
医药	21	3 113	3 189	11 129	2 678	1 290
财经	18	4 684	6 752	21 233	1 864	991
政法	6	853	—	172	423	186
体育	14	1 408	1 643	4 671	1 124	604
艺术	12	1 124	2 632	7 526	1 477	987
其他	7	669	3 340	5 552	529	257
中等师范学校	12	7 158	3 523	18 872	1 984	1 103
#幼儿师范	2	540	280	1 317	294	168

19—6 普通中学和其他学校基本情况

(1999 年)　　单位:人

项目	学校数(所)	毕业生数	招生数	在校学生数	教职工数	#专任教师
普通中学	2 429	618 065	755 550	1 961 673	175 820	139 497
高中	465	106 998	143 871	399 229	—	25 411
初中	1 964	511 067	611 679	1 562 444	—	114 086
职业中学	450	60 060	56 341	194 860	19 443	13 691
技工中学	253	36 635	14 306	61 791	14 054	7 914
小学	13 748	644 042	503 795	3 666 131	222 460	191 011
盲聋哑学校	52	551	609	4 837	1 891	1 357

19—7 各类成人教育情况

（1999 年）　　　　单位：人

项目	学校数(所)	毕业生数	招生数	在校学生数	教职工数	#专任教师
成人高等教育	49	50 547	55 347	154 957	10 732	5 098
#电视大学	3	8 539	7 975	23 453	2 487	1 197
教育学院	2	493	1 052	2 429	786	442
职工大学	39	7 345	9 564	22 594	6 351	3 008
管理干部学院	5	4 784	2 584	7 989	1 108	451
成人中等教育	13 226	4 389 017	4 280 143	3 261 827	41 897	13 927
#中等专业教育	134	13 933	10 036	38 321	7 616	4 067
广播电视中专	8	14 342	11 178	37 092	933	543
教师进修学校	91	337	39	1 172	5 947	4 302
成人初等教育	1 040	55 547	58 309	56 427	1 867	553

19—8 教育发展水平

年份	各类学校在校生占全省人口(%)	平均每万人口中有(人)			大中小学生各占学生总数(%)		
		大学生	中学生	小学生	大学生	中学生	小学生
1952	16.7	8.5	94.1	1 556.4	0.5	5.6	92.2
1957	15.1	11.0	219.2	1 291.9	0.7	14.2	83.7
1965	21.6	14.5	268.1	1 876.2	0.7	12.2	85.7
1970	24.4		696.2	1 753.3		28.4	71.5
1975	26.1	9.6	856.9	1 741.6	0.4	32.8	66.6
1978	24.2	15.1	1 039.2	1 371.5	0.6	42.7	56.3
1980	20.7	18.0	778.5	1 276.8	0.9	37.3	61.2
1981	19.1	21.3	651.8	1 234.3	1.1	34.0	64.3
1982	18.1	17.1	572.2	1 224.6	0.9	31.3	67.0
1983	17.4	18.6	524.7	1 187.2	1.1	30.1	68.0
1984	17.3	21.7	511.4	1 183.0	1.3	29.5	68.3
1985	17.4	25.9	549.1	1 150.6	1.5	31.5	65.9
1986	17.6	29.0	584.1	1 130.4	1.6	33.1	64.0
1987	17.2	30.0	582.8	1 094.8	1.7	33.7	63.2
1988	16.8	31.7	554.6	1 074.0	1.9	32.9	63.7
1989	16.3	31.8	513.6	1 071.7	1.9	31.2	65.2
1990	15.6	31.6	464.7	1 045.3	2.0	29.6	66.7
1991	15.7	31.8	519.2	996.8	2.0	33.0	63.3
1992	15.1	34.1	498.8	946.3	2.3	33.1	62.8
1993	14.8	39.2	481.5	928.6	2.6	32.5	62.7
1994	14.9	42.9	481.1	938.8	2.9	32.2	62.7
1995	15.1	44.6	499.5	933.2	3.0	33.0	61.7
1996	15.2	45.2	501.7	937.0	3.0	33.0	61.7
1997	15.2	46.3	479.5	955.7	3.0	31.6	62.9
1998	14.9	48.8	461.6	937.8	3.3	31.0	63.1
1999	14.7	57.6	478.8	894.9	3.9	32.6	60.9

19—9 小学学龄儿童入学率

单位:人、%

年份	学龄儿童数	已入学学龄儿童	入学率
1965	5 094 000	4 498 000	88.3
1975	4 700 000	4 530 000	96.4
1978	3 744 000	3 536 000	94.4
1980	3 616 000	3 437 000	95.0
1981	3 483 300	3 348 000	96.1
1982	3 325 700	3 216 200	96.7
1983	3 182 743	3 084 355	96.9
1984	—	—	—
1985	3 644 719	3591 473	98.5
1986	3 020 219	2 973 574	98.5
1987	3 037 379	3 007 794	99.0
1988	3 133 929	3 101 714	99.0
1989	3 777 864	3 741 750	99.0
1990	3 202 048	3 184 099	99.4
1991	3 700 850	3 664 595	99.0
1992	3 509 600	3 472 679	99.0
1993	3 473 708	3 445 259	99.2
1994	3 556 638	3 523 878	99.1
1995	3 566 042	3 544 419	99.4
1996	3 628 267	3 602 582	99.3
1997	3 757 095	3 733 660	99.4
1998	3 692 021	3 668 996	99.4
1999	3 504 103	3 481 240	99.3

19—10 初中毕业生和小学毕业生升学率

单位:人、%

年份	初中毕业生升学率			小学毕业生升学率		
	初中毕业生数	高级中等学校招生数	升学率	小学毕业生数	初级中等学校招生数	升学率
1952	18 105	9 177	50.7	89 802	98 408	109.6
1957	104 943	26 709	25.5	272 030	192 382	70.7
1962	115 989	25 272	21.8	385 267	191 532	49.7
1965	149 243	24 901	16.7	497 500	257 532	51.8
1970	172 200	218 713	127.0	836 400	477 187	57.1
1975	620 539	576 984	93.0	899 122	775 272	86.2
1978	417 464	405 659	97.2	921 384	907 055	98.4
1979	923 000	542 000	58.7	860 000	828 000	96.3
1980	763 153	427 222	56.0	799 087	778 335	97.4
1981	576 640	150 216	26.1	797 104	718 996	90.2
1982	491 182	148 178	30.2	598 542	533 696	89.2
1983	484 752	149 362	30.8	547 519	471 677	86.1
1984	480 879	161 742	33.6	512 965	482 275	94.0
1985	426 914	159 361	37.3	689 598	615 860	89.3
1986	398 304	176 043	44.2	704 016	627 683	89.2
1987	416 020	163 381	39.3	680 861	601 656	88.4
1988	490 546	170 786	34.8	637 753	572 173	89.7
1989	487 479	165 183	33.9	593 257	527 711	89.0
1990	469 723	163 165	34.7	591 654	544 454	92.0
1991	456 697	169 475	37.1	660 343	610 817	92.5
1992	454 607	176 057	38.7	685 996	635 183	92.6
1993	459 104	179 171	39.1	630 759	570 033	90.3
1994	492 907	201 528	40.9	636 786	594 777	93.4
1995	519 607	216 855	41.7	672 482	645 676	93.0
1996	492 733	206 428	41.9	576 164	552 888	96.0
1997	530 975	237 389	44.7	500 252	480 629	96.1
1998	580 411	279 820	48.2	555 892	532 015	95.7
1999	511 067	255 705	50.0	644 042	612 990	95.2

注:1998年高级中等学校招生数中含技工学校招生数。

19—11 各类技工学校情况

（1999 年）　　单位：人

指标	学校数（所）	招生数	高级班学生	女生	在校学生人数	高级班学生
总计	**253**	**14 306**	**745**	**3 279**	**61 791**	**1 237**
一、地方国有单位办校	**172**	**8 876**	**456**	**2 227**	**45 370**	**854**
#行业办	68	3 948	198	1 029	13 270	608
企业办	104	4 928	258	1 198	32 100	246
二、地方劳动保障部门	**44**	**2 714**	—	**721**	**5 735**	—
三、国务院部委技校	**23**	**1 072**	**289**	**75**	**7 131**	**383**
四、社会力量办学	**14**	**1 644**	—	**256**	**3 555**	—

19—11 续表　　（1999 年）　　单位：人

指标	毕业生数	教职工数	专任教师数		
			合计	文化技术理论课教师	生产实习课指导教师
总计	**26 635**	**14 054**	**7 914**	**6 285**	**1 629**
一、地方国有单位办校	**17 920**	**9 192**	**5 196**	**4 112**	**1 084**
#行业办	7 388	4 291	2 543	1 998	545
企业办	10 532	4 901	2 653	2 114	539
二、地方劳动保障部门	**3 940**	**1 569**	**1 066**	**885**	**181**
三、国务院部委技校	**3 572**	**2 264**	**1 069**	**808**	**261**
四、社会力量办学	**1 203**	**1 029**	**583**	**480**	**103**

19—12 科学研究和技术开发机构数

单位:个

指　　　　标	1990年	1995年	1996年	1997年	1998年	1999年
一、政府部门属机构	**464**	**405**	**400**	**394**	**380**	**368**
1.县级以上自然科学机构	335	320	317	315	307	299
国　家　属	48	39	39	39	38	38
省　　　属	66	65	64	63	61	60
市　　　属	221	216	214	213	208	201
2.县级以上社会科学机构	24	14	14	13	12	11
省　　　属	11	5	5	5	5	4
市　　　属	13	9	9	8	7	7
3.县级自然科学机构	105	71	69	66	61	58
二、高等院校属机构	**98**	**109**	**100**	**95**	**87**	**333**
三、大中型工业企业技术开发机构	**658**	**907**	**642**	**520**	**463**	**435**
#大　　型	288	460	341	345	310	330

注:1999年高等院校属机构增加非上级主管部门批准机构和人文社科机构。

19—13 县级以上政府部门属自然科学研究和开发机构情况

指　　　　标	1990年	1995年	1996年	1997年	1998年	1999年
一、从事科技活动人员数(人)	**40 625**	**27 786**	**26 568**	**25 805**	**24 221**	**22 980**
#科学家、工程师	21 024	16 951	17 707	17 451	16 481	16 339
#课题活动人员	21 872	15 700	15 688	15 493	14 877	14 135
二、课题数(项)	**4 414**	**3 134**	**3 001**	**3 091**	**2 939**	**2 684**
当年内开题数	1 923	1 203	1 623	1 266	1 121	—
当年内完成数	2 230	1 683	1 245	1 217	1 202	—
三、获奖成果(项)	**567**	**394**	**417**	**381**	**365**	**325**
国家、省部级奖励	183	119	212	191	197	146
地市级奖励	384	274	205	190	168	179
四、本年经费支出(万元)	**101 528**	**162 399**	**181 399**	**209 726**	**205 163**	**216 654**
#科研业务费	32 130	38 228	39 570	54 820	58 546	56 967
劳　务　费	17 271	39 040	42 365	49 381	49 516	54 261

19—14 县级以上政府部门属社会科学研究和开发机构情况

指　　　　标	1990年	1995年	1996年	1997年	1998年	1999年
一、从事科技活动人员数(人)	**785**	**593**	**575**	**549**	**532**	**506**
#科学家、工程师	558	478	468	462	470	458
#课题活动人员	490	330	390	406	363	298
二、课题数(项)	**318**	**110**	**337**	**140**	**248**	**165**
当年内开题数	242	87	312	132	219	—
当年内完成数	232	83	282	111	228	—
三、获省级以上成果奖(项)	**68**	**163**	**112**	**130**	**32**	**86**
四、本年经费支出(万元)	**946.5**	**1 385**	**1 731**	**1 754**	**1 915**	**2 100**
#科研业务费	277.4	298	322	308	323	441
劳　务　费	359.0	674	755	965	1 081	1 108

19—15 科学技术情报机构基本情况

指　　　　标	单　位	1990年	1995年	1996年	1997年	1998年	1999年
一、机　构　数	**个**	**16**	**16**	**16**	**16**	**16**	**16**
二、职　工　总　数	**人**	**795**	**732**	**738**	**716**	**691**	**680**
#科学家、工程师	人	459	465	433	435	408	441
专业技术干部	人	655	614	624	607	582	567
三、获奖成果	**项**	**11**	**10**	**12**	**10**	**6**	**3**
国家、省部级奖励	项	1	1	2	2	2	0
地市级奖励	项	10	9	10	8	4	3
四、本年经费支出	**万元**	**1 119.3**	**2 272**	**2 314**	**2 085**	**2 277**	**2 303**
#科研业务费	万元	95.6	338	286	696	609	450
劳　务　费	万元	235.2	654	694	765	1 006	986

19—16 县级政府部门属科学研究与技术开发机构基本情况

指　　标	单　位	1991 年	1995 年	1996 年	1997 年	1998 年	1999 年
一、从事科技活动人员数	**人**	**1 631**	**1 046**	**1 041**	**871**	**824**	**792**
#科学家、工程师	人	513	440	432	434	416	385
其他科技人员	人	606	417	415	330	327	291
#课题活动人员	人	689	582	513	478	423	443
二、课题数	**项**	**301**	**295**	**342**	**307**	**317**	**270**
当年内开题数	项	182	171	223	203	226	210
当年内完成数	项	147	167	180	168	213	192
三、本年经费支出	**万元**	**1 618.1**	**2 159**	**2 419**	**2 508**	**2 116**	**2 364**
#科研业务费	万元	229.5	259	263	207	174	313
劳　务　费	万元	583.4	908	863	1 055	960	1 017

19—17 高等院校科技活动开展情况

指　　标	单　位	1991 年	1995 年	1996 年	1997 年	1998 年	1999 年
一、从事科技活动人员总数	**人**	**44 349**	**43 530**	**44 264**	**46 395**	**44 245**	**45 745**
#教　　授	人	1 115	1 893	2 006	2 077	2 154	2 205
副　教　授	人	5 107	6 226	6 366	6 456	6 606	6 972
讲　　师	人	9 806	9 235	9 409	9 241	8 817	9 074
二、研究与开发全时人员数	**人**	**6 031**	**7 604**	**7 917**	**7 938**	**7 804**	**8 495**
#教　　授	人	507	759	877	881	915	973
副　教　授	人	1 121	1 495	1 722	1 700	1 792	2 082
讲　　师	人	1 421	1 861	3 675	1 790	1 609	1 672
三、研究与发展课题	**项**	**4 093**	**4 759**	**5 029**	**5 497**	**6 147**	**6 000**
基　础　研　究	项	471	859	945	1 150	1 266	1 299
应　用　研　究	项	2 728	2 745	2 881	3 176	3 664	3 473
实　验　发　展	项	894	1 155	1 203	1 171	1 217	1 228
四、技术转让合同数	**项**	**516**	**224**	**179**	**165**	**135**	**136**
1. 当年成交金额	万元	3 306.5	2 000	4 868	4 295	3 077	4 884
2. 当年实现金额	万元	1 398.9	794	3 333	2 579	1 353	1 971
#专利成交额	万元	117.4	41	120	84	—	120
当年实现额	万元	106.4	4	61	84	—	40

19—18 大中型工业企业技术开发基本情况

指　　标	单位	1990年	1995年	1996年	1997年	1998年	1999年
企　业　数	个	971	1 591	1 548	1 418	1 416	847
企业办技术开发机构	个	658	907	642	520	463	435
企业从事技术开发人员数	人	78 782	106 179	101 884	100 266	74 963	73 508
#科学家、工程师	人	35 508	41 044	40 139	43 184	37 977	37 987
#开发机构中人员	人	35 829	36 567	30 321	26 016	27 472	24 944
企业技术开发经费筹集额	万元	165 373	295 867	299 310	328 883	290 198	315 374
#本企业自筹	万元	88 389	201 594	207 464	251 693	232 558	247 148
企业技术开发经费支出额	万元	149 765	292 321	297 665	309 255	273 922	287 872
#开发新产品用款	万元	64 713	106 055	151 232	121 669	87 468	107 643
企业技术改造支出总额	万元	286 755	1 137 372	850 328	852 615	766 480	578 339
企业技术引进支出总额	万元	116 260	361 614	281 116	226 576	247 609	303 202
#引进设计图纸、工艺专利用款	万元	10 049	18 433	134 637	98 355	35 169	17 195
企业消化吸引支出总额	万元	4 172	7 821	5 275	6 120	2 935	3 331
企业购买国内技术支出总额	万元	2 662	7 863	5 464	3 755	2 518	5 017
企业技术开发项目数	个	3 131	7 513	4 236	5 447	4 783	4 908
#完成项目数	个	1 769	4 870	—	3 815	—	—
R&D项目数	个	1 167	2 597	1 500	1 666	2 904	3 342
企业科技成果转让成交金额	万元	5 169	884	10 353	23 713	—	—
#技术出口成交金额	万元	15	258	3 978	19 694	—	—
企业对外技术服务收入	万元	11 207	16 150	6 097	11 173	—	—
企业技术开发成果获奖数	项	—	1 122	966	976	719	729
#获国家级奖励	项	—	52	42	38	51	60
获省部级奖励	项	—	505	304	337	219	288
企业专利申请数	件	295	449	349	350	321	333
企业专利获准数	件	199	297	229	206	242	275

19—19 国有单位各类专业技术人员数

单位:人

类别	1990年	1995年	1996年	1998年	1999年
总计	**1 529 758**	**1 692 025**	**1 682 248**	**1 557 372**	**1 220 714**
工程技术人员	385 760	409 954	405 800	362 773	241 539
农业技术人员	22 298	23 074	25 844	26 609	26 609
科学研究人员	17 797	16 735	14 097	13 304	6 070
卫生技术人员	173 339	190 696	188 229	182 051	157 578
教学人员	404 034	462 992	466 164	460 595	433 737
经济人员	271 366	238 459	228 961	193 751	125 443
会计人员	158 125	166 019	165 966	151 795	106 471
统计人员	45 354	36 417	35 915	28 709	23 899
翻译人员	3 936	4 115	4 000	3 770	2 713
图书、档案、文博人员	24 091	22 312	21 266	19 153	15 678
新闻出版人员	7 833	8 781	8 895	9 077	8 633
律师公证人员	1 752	1 390	1 591	1 600	1 583
工艺美术人员	1 756	1 769	1 586	1 336	1 376
体育人员	1 722	1 661	1 637	1 756	1 142
艺术人员	5 970	5 589	5 541	5 432	1 618
政工人员	—	94 804	99 323	88 609	5 383
其他	4 625	7 258	7 433	7 052	61 242

注:1999年为地方国有单位各类专业技术人员。

19—20 国有单位各类高级专业人员数

单位:人

类别	1998年	1999年	类别	1998年	1999年
总计	**110 509**	**91 426**			
高级工程师	34 663	21 335	正副译审	367	174
高级农艺师	1 728	1 792	正副研究馆员	792	713
正副研究员	4 005	1 403	正副编审、高级及主任记者	1 317	1 355
正副主任医师	11 633	10 354	高级工艺美术师	36	60
正副教授、高级讲师及教师	43 877	45 295	国家级及高级教练	320	319
高级经济师	3 913	2 601	一、二级艺术人员	699	657
高级会计师	1 793	1 547	高级政工师	2 801	3 564
高级统计师	182	163	其他	2 413	94

注:1999年为地方国有单位各类高级专业技术人员

19—21 国有单位各类中级专业人员数

单位:人

类别	1998年	1999年	类别	1998年	1999年
总计	**506 539**	**431 025**			
工程师	116 096	78 483	馆员	7 517	6 337
农艺师	6 487	6 320	编辑、记者、一级校对	4 028	3 752
助理研究员	5 416	2 371	三级律师、公证员	485	470
主治医师	45 344	39 437	一级播音员	198	205
讲师、中学一级小学高级教师	216 592	211 348	工艺美术师	427	381
经济师	43 165	25 869	一级教练	720	648
会计师	29 286	20 199	三级艺术人员	2 642	2 588
统计师	5 614	4 738	政工师	19 046	26 868
翻译	1 505	1 011	其他	1 971	—

注:1999年为地方国有单位各类中级专业技术人员。

19—22 文化事业基本情况

项　　目	1980 年	1985 年	1990 年	1995 年	1998 年	1999 年
一、文化事业机构数(个)	**12 751**	**15 068**	**10 839**	**2 479**	**17 192**	**2 010**
文化部门	1 897	2 261	2 281	2 068	2 711	2 010
其他部门	10 854	12 807	8 558	411	14 481	—
二、文化事业人员数(人)	**47 938**	**49 627**	**41 446**	**22 098**	**102 548**	**19 537**
文化部门	5 908	26 432	25 595	21 652	25 833	19 537
其他部门	42 029	23 195	15 851	446	76 715	—
三、各类文化艺术事业单位数(个)						
1. 文化馆、艺术馆	138	177	177	128	126	126
2. 公共图书馆	85	121	123	127	129	129
3. 博物馆	8	21	25	26	30	30
4. 电影院	333	683	787	501	429	364
5. 艺术表演场所	78	70	84	79	72	70
6. 艺术表演团体	132	120	96	89	81	79
7. 电影放映单位	10 340	11 818	6 877	4 159	2 300	1 828
四、戏剧、电影观众(万人次)						
戏剧	4 720.5	2 292.1	1 460.7	981.8	1 129.4	1 161.4
电影	140 299.5	45 066.0	45 844.8	11 215.4	2 461.9	1 888.5
五、按总人口平均每人观看(次)						
戏剧	1.36	0.62	0.39	0.24	0.28	0.28
电影	40.49	12.28	11.77	2.79	0.60	0.46

注:1995 年以后文化事业机构、人数中不包括电影,与前几年不可比。

19—23 图书、杂志、报纸出版数量

项目	单位	1980年	1985年	1990年	1995年	1998年	1999年
图书							
种数	种	497	1544	2 776	3 585	5 251	5 256
# 新出版	种			2 087	1 975	2 838	2 711
总印数	亿册	1.8	3.0	2.0	1.8	2.4	2.3
总印张	亿印张			7.9	7.9	11.4	10.6
杂志							
种数	种	99	219	236	295	274	277
每期平均印数	万册			1 116.5	1 209.6	1 032.3	1 024.8
总印数	亿册	0.6	2.7	1.4	1.5	1.3	1.3
总印张	亿印张			3.0	3.4	3.1	3.2
报纸							
种数	种	34	83	65	88	85	85
每期平均印数	万份			642.8	683.8	724.8	743.2
总印数	亿份	4.7	11.8	8.3	9.0	10.5	11.0
总印张	亿印张			6.3	8.8	17.5	20.6

19—24 图书出版分类构成情况

（1999 年）

类　　别	种　　数 （种）	印　　数 （万册、张）	印　　张 （千印数）
总　　计	**5 256**	**22 614.99**	**1 064 261.38**
一、使用“中国标准书号”图书	5 252	22 614.37	1 063 467.54
马列主义毛泽东思想	5	5.05	577.61
哲　　学	34	26.62	2 130.14
社会科学总论	59	26.87	3 125.83
政治、法律	105	184.78	14 517.86
军　　事	12	5.21	616.57
经　　济	383	397.45	54 184.30
文化、科学、教育、体育	2 762	19 718.03	804 210.19
语言、文字	166	232.00	29 245.51
文　　学	458	306.58	29 425.01
艺　　术	418	1 087.80	51 224.65
历史、地理	98	55.80	6 662.14
自然科学总论	3	3.71	746.07
数理科学、化学	41	35.46	4 982.41
天文学、地球科学	5	1.15	218.91
生物科学	4	0.70	74.76
医学、卫生	141	71.17	10 825.58
农业科学	55	114.78	3 706.25
工业技术	348	264.71	34 317.84
交通运输	101	37.15	6 857.28
航空航天	—	—	—
环境科学	7	1.80	242.15
综合性图书	47	37.52	5 576.48
二、不使用“中国标准书号”图书	4	0.62	111.60
#年　　画	4	0.62	111.60

19—25 广播电视事业

项目	单位	1990年	1995年	1996年	1997年	1998年	1999年
一、职工人数	人	**15 522**	**19 955**	**19 615**	**20 726**	**21 798**	**21 551**
二、广播事业情况							
广播电台	座	16	72	73	76	17	16
发射台及转播台	座	31	37	37	37	37	35
发射机功率	千瓦	676	1 023	1 027	1 027	1 041	1 045
平均每天播音时间	小时：分	220：40	741：18	757：01	854：13	912：14	957：24
广播人口覆盖率	%	74.2	78.5	88.7	90.1	93.81	97.82
平均每日自办节目时间	小时：分	192：27	586：13	625：24	703：08	761：49	800：14
新闻节目	小时：分	17：55	69：12	69：49	70：45	74：39	75：18
文艺节目	小时：分	105：23	266：53	252：57	282：41	332：28	331：14
专题节目	小时：分	18：40	122：06	158：50	202：03	189：29	159：38
教育节目	小时：分	23：06	21：46	25：01	18：50	17：15	11：15
服务性节目	小时：分	27：23	106：16	118：47	128：49	147：58	139：34
广告节目	—	—	—	—	—	—	83：15
三、电视事业情况							
电视台	座	19	34	38	41	15	15
电视发射及转播台	座	498	609	586	593	616	575
发射机功率	千瓦	339	458	464	466	482	455
平均每周播出时间	小时：分	845：23	1 935：25	2 082：42	2 315：01	2 705：59	3 120：10
电视人口覆盖率	%	72.8	77.9	87.7	90.7	93.95	97.67
平均每周自办节目时间	小时：分	322：31	1 245：01	1 580：08	1 903：05	2 058：21	2 441：17
新闻节目	小时：分	27：48	113：13	126：10	162：02	172：54	169：31
文艺节目	小时：分	221：52	801：41	1 048：11	1 323：08	1 383：43	1 691：36
专题节目	小时：分	27：07	117：04	131：44	148：41	147：42	152：13
教育节目	小时：分	9：24	25：45	27：02	15：44	25：20	37：11
服务性节目	小时：分	36：20	187：18	247：01	253：30	328：42	158：56
广告节目	—	—	—	—	—	—	231：50

主要统计指标解释

普通高等学校 指按照国家规定的设置标准和审批程序批准举办，通过国家统一招生考试，招收高中毕业生为主要培养对象，实施高等教育的全日制大学、独立设置的学院和高等专科学校、短期职业大学。

成人高等学校 指按照国家有关规定审批，招收通过全国成人高教统一招生考试的具有高中毕业或同等学历的在职从业人员利用脱产、半脱产、业余或函授等多种形式对其实施高等学历教育，培养高等教育专科或本科毕业水平的专门人才，修业年限、课程设置和总学时数均按高等学历教育要求付诸实施的学校。包括广播电视大学、职工高等学校、农民高等学校、管理干部学院、教育学院、独立设置的函授学院等。

小学学龄儿童入学率 指调查范围内已入小学学习的学龄儿童占校内外学龄儿童总数(包括弱智儿童在内，但不包括盲聋哑儿童)的比重。计算公式：

$$小学学龄儿童入学率=\frac{已入学的小学学儿童数}{校内外小学学龄儿童总数}\times 100\%$$

独立研究与开发机构 指有明确的任务和研究方向，有一定学术水平的业务骨干和一定数量的研究人员，具有研究、开发、开展学术工作的基本条件，主要进行科学研究与技术开发活动，并且在行政上有独立的组织形式，财务上独立核算盈亏，有权与其他单位签订合同，在银行有单独户头的单位。包括国务院各部门、中国科学院、中国社会科学院和各省、自治区、直辖市以及地(市)以上〔含地(市)〕各部门所属的国有独立的科学研究与技术开发机构。

独立研究与开发机构职工 指在科学研究与技术开发机构工作，并由其支付工资的各种人员。包括长期职工和临时职工，不包括编制以外的离休、退休人员和停薪留职人员，但包括招聘人员。

研究与发展经费支出 指报告期内用于研究与试验发展课题活动(基础研究、应用研究、试验发展)的全部实际支出。包括用于研究与发展课题活动的直接支出，还包括间接用于研究与发展活动的一切支出(院、所管理费、维持院、所正常运转的必需费用和与研究发展有关的基本建设支出)。

科学家和工程师 指具有大学本科及以上学历和不具备上述学历但有高、中级职称的人员。

其他科技人员 指大专、中专毕业和具有初级职称的从事科技活动人员。

自然科学技术人员 指已取得科学技术职称，或大学、中专的理、工、农、医科系毕业，以及国民经济各部门从工作实践中提拔，从事理、工、农、医等自然科学技术的研究、教学、生产的专业人员和在机关、企业、事业中从事科学技术业务管理工作的专业人员。

工程技术人员 指在国民经济各行业从事工程技术工作的自然科学技术专业人员，包括：高级工程师、工程师、助理工程师、技术员和未评定职称的技术人员。

农业技术人员 指在国民经济各行业从事农业技术工作的自然科学技术专业人员，包括：高级农艺师、农艺师、助理农艺师、技术员和未评定职称的技术人员。

卫生技术人员 指在国民经济各行业从事卫生医务工作的自然科学技术专业人员，包括：正副主任医师、主治医师、医师、医(护)士和未评定职称的技术人员。

科学研究人员 指在国民经济各行业从事科学技术活动的自然科学技术专业人员，包括：正副研究员、助理研究员、研究实习员、技术员和未评定职称的技术人员。

教学人员 指在国民经济各行业从事自然科学技术方面教学活动的专业人员，包括：正副教授、讲师、助教、教师和在中学从事自然科学技术方面教学活动的人员。

发明 专利法及其实施细则所称的发明是指对有关产品、方法或其改进所提出的新的技术方案。

实用新型 专利法及其实施细则所称的实用新型是指对产品的形状、构造或者其结合所提出的适于实用的新的技术方案。

外观设计 专利法及其实施细则所称的外观设计是指对产品的形状、图案、色彩或者其结合所作出的富有美感并适于工业上应用的新设计。

文化事业机构 指从事专业文化工作和为专业文化工作服务的独立建制的单独核算的单位。不包括这些单位另外举办独立核算的其他机构和各部门的业务文化组织。

艺术表演团体 指从事戏曲、音乐、舞蹈、杂技等专业艺术表演，有独立帐户，实行单独核算的团体。不包括半工半艺、半农半艺的业余剧团。

电影放映单位指具有放映机器设备、固定或不固定的放映场所与专职或兼职的放映技术人员，经有关部门登记批准，经常为一定的观众对象放映电影的机构。包括经批准对外开放进行营业，并与电影发行放映管理机构分帐的专用放映单位和军委系统租片单位。

电影观众人数（人次） 指各类型放映单位及军委系统租片单位映出的观众人次数。一个观众连续看了一部长片和短片专场规定的短片，为二人次。

艺术表演观众人数（人次） 指售票、包场演出或民族地区免费演出的艺术表演观众人次数。不包括彩排审查和内部观摩演出的观看人次数。

二十、体育、卫生、社会福利和其他

20—1 体委系统职工人数

(1999 年)　　单位:人

人员分类	合计		
		#优秀运动队	#体育运动学校
全　　省	**7 539**	**1 989**	**1 041**
沈　阳　市	1 224	69	206
大　连　市	974	138	69
鞍　山　市	427	—	59
抚　顺　市	299	—	94
本　溪　市	172	—	48
丹　东　市	255	—	52
锦　州　市	253	—	41
营　口　市	318	—	35
阜　新　市	240	—	61
辽　阳　市	223	—	—
盘　锦　市	136	—	27
铁　岭　市	242	—	61
朝　阳　市	256	—	97
葫芦岛市	109	—	—
省　　属	2 411	1 782	191

20—1 续表　　(1999 年)　　单位:人

人员分类	#少儿业余体校	#公共体育场馆	#体育服务公司
全　　省	**2 039**	**1 261**	**51**
沈　阳　市	480	185	—
大　连　市	396	234	—
鞍　山　市	232	33	—
抚　顺　市	80	71	—
本　溪　市	63	25	—
丹　东　市	121	36	—
锦　州　市	121	27	—
营　口　市	92	139	—
阜　新　市	84	44	—
辽　阳　市	127	63	—
盘　锦　市	60	51	—
铁　岭　市	75	71	8
朝　阳　市	93	14	—
葫芦岛市	15	—	—
省　　属	—	268	43

20—2 分项目等级运动员发展情况

（1999 年） 单位：人

项目	合计	国际级健将	运动健将	一级	二级	三级	少年级
总计	**3 583**	**16**	**37**	**42**	**1 115**	**1 316**	**1 057**
田径	2 203	1	—	8	565	866	763
游泳	254	5	8	3	100	118	20
体操	26	—	2	—	9	5	10
艺术体操	7	—	2	—	5	—	—
举重	68	—	—	2	22	34	10
拳击	24	—	—	2	10	10	2
国际式摔跤	35	—	—	2	11	15	7
柔道	81	2	2	2	16	29	30
击剑	4	2	2	—	—	—	—
射击	34	—	3	—	18	13	—
射箭	13	1	1	—	11	—	—
自行车	42	2	—	2	17	21	—
赛艇	50	—	—	—	10	10	30
皮划艇	43	—	—	1	12	10	20
足球	208	—	11	15	84	70	28
篮球	117	—	—	—	72	16	29
排球	90	—	—	—	42	13	35
乒乓球	120	—	—	1	45	37	37
羽毛球	25	1	—	—	9	15	—
网球	8	—	—	1	4	3	—
曲棍球	21	—	6	—	10	5	—
棒球	20	—	—	—	5	5	10
垒球	14	—	—	1	4	9	—
武术	24	—	—	—	5	—	19
滑水	2	—	—	—	—	2	—
蹼球	18	—	—	2	3	6	7
国际象棋	2	—	—	—	2	—	—
中国象棋	2	2	—	—	—	—	—
登山	3	—	—	—	1	2	—
台球	8	—	—	—	6	2	—
跆拳道	4	—	—	—	4	—	—
帆船	3	—	—	—	3	—	—
帆板	6	—	—	—	6	—	—

20—3 新建体育场地数

单位:个

项目	1985年	1986年	1987年	1988年	1989年	1990年	1993年	1994年	1998年	1999年
体育场	3	3			3	1	—	—	—	—
甲级	1					1	—	—	—	—
乙级					2		—	—	—	—
丙级	2				1		—	—	—	—
丁级		3					—	—	—	—
体育馆	1	2	1	4	1			1	—	—
甲级			1	2			2	—	—	—
乙级				2	1		—	—	—	—
丙级							—	—	—	—
丁级							1	—	—	—
室内游泳池	1		1	5	1		1	—	—	—
有固定看台灯光球场	3	7	2	3	1		—	—	—	—

20—4 运动员历年创世界纪录情况

年份	项数(项)	#女子	人数(人)	#女子	次数(次)	#女子
1983	2	2	2	2	2	2
1984	2	2	2	2	3	3
1985	1	1	2	2	2	2
1986	1		1		1	
1987	3	2	7	5	12	9
1988	2	2	4	4	9	9
1989	10	10	4	4	10	10
1990	2	1	4	3	2	1
1991	8	8	6	6	10	10
1992	3	3	8	8	20	20
1993	20	18	14	12	30	27
1994	3	3	4	4	4	4
1995	1	1	1	1	1	1
1996	2	2	1	1	3	3
1997	9	9	5	5	11	11
1998	17	15	14	12	20	18
1999	13	12	9	8	22	21

注:总计的项数和人数中剔除了历年重复数(以下同)。

20—5 运动员分项世界纪录情况

（1999 年）

项　　　目	项数（项）	#女子	人数（人）	#女子	次数（次）	#女子
总　　　计	**13**	**12**	**9**	**8**	**22**	**21**
举　　　重	12	12	8	8	21	21
蹼　　　泳	1	—	1	—	1	—

20—6 运动员分项获得世界冠军情况

（1999 年）

项　　　目	项数（项）	#女子	人数（人）	#女子	次数（次）	#女子
总　　　计	**14**	**12**	**9**	**8**	**15**	**13**
田　　　径	2	2	3	3	3	3
乒　乓　球	2	2	1	1	2	2
举　　　重	5	5	2	2	5	5
射　　　击	4	2	2	1	4	2
羽　毛　球	1	1	1	1	1	1

20—7 运动员近年获得世界冠军情况

年　　　份	项数（项）	#女子	人数（人）	#女子	次数（次）	#女子
1985	3	1	3	1	4	1
1986	6	4	8	4	8	4
1987	4	3	6	4	8	6
1988	2	1	4	3	10	8
1989	11	10	5	4	11	10
1990	11	7	7	4	12	8
1991	15	13	7	5	16	14
1992	6	5	8	7	13	12
1993	24	24	18	18	24	24
1994	4	4	7	5	12	8
1995	7	3	9	5	8	4
1996	6	6	5	5	8	8
1997	7	7	4	4	7	7
1998	14	8	11	9	15	8
1999	14	12	9	8	15	13

20—8 运动员分项创获亚洲冠军情况

（1999 年）

项　　目	项数（项）	#女子	人数（人）	#女子	次数（次）	#女子
总　　计	**15**	**9**	**19**	**10**	**15**	**9**
#足　　球	1	1	2	2	1	1
柔　　道	3	2	3	2	3	2
自 行 车	3	3	3	3	3	3
举　　重	1	1	1	1	1	1
皮 划 艇	2	—	4	—	2	—

20—9 与外国体育活动交往情况

项　　目	单　位	1993 年	1995 年	1996 年	1997 年	1998 年	1999 年
来我省的体育团体							
次　　数	次	15	54	22	31	62	31
人　　数	人	216	638	508	391	1 058	451
我省派出的体育团体							
次　　数	次	33	49	101	124	114	133
人　　数	人	356	564	422	719	653	509

注：1994 年是我省与外国体育活动交往的总体情况，分不出来团与出团。

20—10 群众体育活动情况

单位：次、人

项　　目	1990 年	1995 年	1996 年	1997 年	1998 年	1999 年
《国家体育锻炼标准》达标人数	4 489 143	4 339 333	4 303 672	4 477 876	4 767 809	4 563 603
优秀级	1 812 529	1 194 677	1 187 316	1 332 327	1 408 032	1 320 392
良好级	1 613 981	1 437 794	1 432 878	1 422 609	1 643 994	1 504 622
及格级	1 062 633	1 706 862	1 683 478	1 722 940	1 715 783	1 738 589
举办运动会次数	3 2719	3 017	3 152	2 915	2 770	2 010
体委系统	1 037	1 585	743	638	773	566
教育系统	652					
工业系统	359	632	597	702	773	443
农业系统	1 488					
参加运动会运动员人数	1 498 638	1 026 941	1 371 068	1 410 089	819 258	639 427
体委系统	326 958	400 491	360 177	370 517	239 087	176 681
教育系统	357 346					
工业系统	75 342	226 859	191 714	197 306	197 112	150 128
农业系统	459 937					

20—11 卫生机构数

单位:个

年份	总计	医院	#县及县以上医院	疗养院、所	门诊部、所	专科防治所、站	卫生防疫站	妇幼保健所、站	药品检验所、室	医学科学研究机构	其他卫生事业机构
1952	2 720	128		23	2 074	3	10	359		1	122
1957	5 150	173		121	3 821	17	68	423		2	525
1962	7 997	538		85	6 876	35	96	318		10	39
1965	7 844	697		65	6 603	37	94	263			85
1970	4 399	1 569		11	1 370						1 449
1975	5 829	1 609		17	3915						288
1976	6 096	1 637		18	4 147						294
1977	6 420	1 641		22	4 420						337
1978	6 688	1 694	451	25	4 579	55	102	106	32	14	81
1979	7 013	1 686	472	28	4 884	54	107	108	36	18	92
1980	6 881	1 688	472	31	4 708	67	112	117	38	21	99
1981	7 391	1 720	513	34	5 164	73	114	112	38	21	115
1982	7 456	1 738	534	38	5 203	81	115	108	39	24	110
1983	7 358	1 762	572	37	5 059	85	120	106	40	22	127
1984	7 511	1 794	611	41	5 097	111	126	116	45	21	160
1985	7 657	1 772	661	43	5 222	116	129	119	52	21	183
1986	7 771	1 796	701	47	5 287	119	129	121	56	23	193
1987	7 880	1 948	729	47	5 245	128	128	121	57	18	188
1988	7 792	1 918	783	47	5 176	132	131	122	59	17	190
1989	7 698	1 958	834	56	5 026	132	133	119	59	16	199
1990	7 863	1 998	871	56	5 146	139	134	122	61	16	191
1991	7 736	1 979	843	57	5 030	139	133	120	60	15	203
1992	7 921	2 016	895	59	5 170	147	133	121	61	15	199
1993	7 132	2 039	952	51	4 321	151	168	124	64	28	186
1994	6 849	2 108	941	52	3 978	144	168	119	66	29	185
1995	6 239	2 112	946	59	3 372	142	171	109	66	23	185
1996	6 333	2 177	947	59	3 402	145	171	108	66	23	182
1997	6 749	2 174	944	52	3 823	147	170	110	66	24	183
1998	6 739	2 162	934	57	3 823	145	170	109	65	24	184
1999	6 614	2 161	938	52	3 712	146	170	107	58	24	184

20—12 卫 生 机 构 人 员 数

单位:人

年份	总计	卫生技术人员	#医生				#护师、护士	每千人口有医生数
				中医	西医师	西医士		
1952	37 749	29 134	13 242	7 182	4 085	1 975	5 346	0.69
1957	81 391	61 488	27 697	13 706	6 064	7 927	15 284	1.16
1962	101 477	79 724	36 214	13 127	9 379	13 708	21 910	1.42
1965	110 320	86 205	41 311	13 741	13 133	14 437	22 613	1.47
1970	89 646	64 955	26 986	4 816	12 618	9 552	21 201	0.88
1975	137 708	104 526	41 998	8 815	16 019	17 164	28 670	1.28
1976	147 970	112 423	44 783	9 339	16 507	18 937	30 159	1.35
1977	155 219	118 100	46 981	9 854	16 928	20 199	30 920	1.40
1978	171 857	131 855	52 361	12 965	17 863	21 533	30 711	1.54
1979	188 907	143 454	58 604	13 940	24 489	20 175	32 209	1.70
1980	203 143	155 371	62 797	14 316	27 852	20 629	32 203	1.80
1981	219 378	168 068	59 205	10 077	28 814	20 254	34 710	1.67
1982	231 847	176 462	61 680	10 390	31 105	20 142	34 639	1.72
1983	238 289	180 924	62 873	10 681	31 946	20 191	36 193	1.70
1984	247 263	187 631	64 446	11 117	32 576	20 691	37 826	1.76
1985	256 821	193 557	66 151	11 431	32 657	22 006	41 449	1.79
1986	267 919	199 519	68 246	11 434	33 501	23 241	56 456	1.83
1987	277 299	207 053	69 059	11 329	34 511	24 086	60 289	1.83
1988	284 680	214 748	81 588	12 733	49 961	18 815	66 657	2.13
1989	289 652	217 655	84 740	12 688	56 054	15 912	69 657	2.19
1990	297 080	222 946	86 180	12 449	56 895	16 744	73 610	2.20
1991	305 498	228 663	88 475	12 362	57 165	18 773	76 982	2.25
1992	310 301	233 159	91 287	11 899	59 726	19 467	78 637	2.31
1993	309 207	232 619	92 638	12 147	62 395	17 248	73 988	2.33
1994	309 408	232 814	94 859	12 418	64 743	16 939	73 530	2.37
1995	308 701	232 743	94 953	11 923	65 723	16 633	74 456	2.36
1996	308 777	233 283	95 963	12 042	67 041	16 880	75 816	2.37
1997	310 271	235 769	99 087	12 135	69 169	17 783	76 426	2.44
1998	302 678	231 183	98 489	11 283	69 295	17 482	75 209	2.41
1999	298 531	229 476	99 944	12 011	70 940	16 993	74 918	2.44

20—13 卫生机构各类人员数

单位:人

人员分类	1980年	1985年	1990年	1995年	1998年	1999年
一、卫生工作人员	**203 143**	**256 821**	**297 080**	**308 701**	**302 678**	**298 531**
卫生技术人员	155 371	193 557	222 946	232 743	231 183	229 476
其他技术人员	1 197	2 270	4 260	6 145	6 038	5 740
管理人员	20 960	26 193	30 820	30 034	28 719	28 098
工勤人员	25 615	34 801	39 054	39 779	36 738	35 217
二、卫生技术人员	**155 371**	**193 557**	**222 946**	**232 743**	**231 183**	**229 476**
中医师	9 989	6 734	9 985	9 890	9 270	9 524
西医师	27 852	32 657	56 895	65 723	69 295	70 940
中西医结合高级医师		57	92	132	172	185
护师		3 473	28 654	41 303	47 402	48 907
中药师	2 547	1 559	3 490	3 939	3 938	3 960
西药师		2 839	7 214	8 311	8 131	8 036
检验师	1 587	1 649	5 066	6 692	6 815	6 776
其他技师	999	926	3 410	4 589	5 220	5 212
中医士		3 645	1 719	2 033	1 841	1 900
西医士	20 629	22 006	16 744	16 633	17 482	16 993
护士	32 203	37 976	44 956	33 153	27 807	26 011
助产士	2 249	2 933	2 576	1 644	1 527	1 583
中药剂士	4 876	2 003	2 863	1 954	2 048	1 926
西药剂士		5 384	6 048	4 600	4 296	4 070
检验士	3 181	4 179	4 816	3 251	3 012	2 874
其他技士	2 380	3 333	4 053	3 357	3 023	2 789
其他中医	4 327	1 052	745	542	429	402
护理员	20 662	25 177	7 994	8 773	6 368	5 593
中药剂员	4 870	2 891	812	857	617	542
西药剂员		6 071	2 074	2 149	1 663	1 467
检验员	2 587	4 005	1 338	1 368	938	852
其他初级卫生技术人员	14 433	23 008	11 402	11 850	9 889	8 934

20—14 卫 生 机 构 床 位 数

单位:张

年份	总计	医院	#县及县以上医院	疗养院、所	门诊部、所	妇幼保健所、站	其他卫生机构	每千人口有医院床位数
1952	15 593	11 275		2 670	250		1 398	0.58
1957	44 384	25 518		12 989	1 651	44	4 182	1.07
1962	69 063	50 395		15 558	2 586	93	431	1.98
1965	70 426	53 997		13 208			3 221	1.92
1970	74 390	68 595		2 558			3 237	2.22
1975	103 553	96 594		3 990			2 969	2.94
1976	107 331	99 975		4 070			3 286	3.02
1977	111 631	102 829		6 211			2 592	3.07
1978	114 143	105 089	75 511	6 799	1 569	12	674	3.10
1979	117 962	107 696	78 209	7 647	1 804	30	785	3.13
1980	121 018	109 252	79 833	8 543	2 238	70	815	3.13
1981	124 819	112 629	84 130	9 611	1 577	60	942	3.19
1982	127 692	114 531	86 469	10 245	1 762	112	1 042	3.19
1983	133 699	119 694	92 771	10 724	1 972	217	1 092	3.30
1984	144 401	128 043	100 773	12 474	2 181	292	1 411	3.50
1985	152 958	136 429	109 165	12 509	1 991	302	1 727	3.70
1986	161 132	142 694	116 291	13 762	2 665	354	1 657	3.83
1987	172 332	151 906	123 755	15 192	3 044	324	1 866	4.02
1988	186 491	165 331	133 976	15 390	3 332	439	1 999	4.32
1989	192 948	169 797	138 987	17 630	2 800	424	2 297	4.38
1990	197 055	174 431	145 212	17 325	2 569	448	2 282	4.45
1991	200 752	176 365	145 102	19 291	2 542	478	2 076	4.48
1992	201 701	178 507	148 560	18 381	2 148	423	2 242	4.52
1993	203 187	181 521	153 033	16 585	2 126	380	2 575	4.57
1994	203 947	182 565	153 704	16 135	2 156	479	2 612	4.57
1995	202 792	179 744	151 798	18 040	1 887	521	2 600	4.47
1996	200 919	179 362	152 364	17 563	746	610	2 638	4.43
1997	198 839	178 586	152 021	16 255	659	575	2 764	4.39
1998	196 279	176 159	150 697	16 195	596	628	2 701	4.31
1999	194 257	174 976	149 663	15 334	547	654	2 746	4.27

20—15 按市县分的医院、床位和专业卫生技术人员

年份	医院(个)		医院床位(张)		医院专业卫生技术人员(人)		#医生		#护师、护士	
	市	县	市	县	市	县	市	县	市	县
1980	357	1 331	63 166	46 086	62 667	46 522	22 172	19 883	18 046	6 191
1981	388	1 332	66 016	46 613	69 115	48 994	21 787	16 841	19 648	6 768
1982	403	1 335	67 727	46 804	73 064	49 680	23 522	16 466	19 877	6 439
1983	425	1 337	71 524	48 170	76 773	49 964	24 638	16 197	20 942	6 895
1984	448	1 346	75 840	52 203	79 719	51 155	25 469	15 853	21 870	7 329
1985	766	1 006	93 868	42 561	95 615	38 890	29 701	12 098	26 226	6 045
1986	816	980	101 065	41 629	101 146	38 571	31 774	11 731	34 719	10 198
1987	904	1 044	110 539	41 367	109 144	37 988	34 222	11 321	38 512	9 911
1988	960	958	122 279	43 052	114 893	39 006	38 580	13 967	43 783	10 780
1989	1 001	957	127 037	42 760	119 890	38 177	41 220	14 098	46 508	10 845
1990	1 056	942	130 588	43 843	124 371	39 093	42 328	14 364	49 645	11 205
1991	1 041	938	132 535	43 830	128 145	39 906	43 985	14 792	51 622	11 795
1992	1 132	884	138 360	40 147	179 127	47 856	46 976	13 799	53 735	11 242
1993	1 230	809	145 996	35 525	141 192	33 674	50 266	12 877	53 533	9 149
1994	1 362	746	152 220	30 345	146 685	29 815	53 883	11 795	54 564	7 820
1995	1 389	723	151 035	28 709	151 344	28 632	55 955	11 765	56 725	7 596
1996	1 451	726	150 449	28 913	151 395	28 940	56 935	12 239	57 156	7 749
1997	1 449	725	150 396	28 190	149 944	29 207	57 137	12 338	56 837	7 934
1998	1 437	725	149 266	26 893	145 170	29 585	55 548	12 732	55 811	7 816
1999	1 439	722	148 330	26 646	144 677	29 271	56 977	12 938	55 455	7 849

20—16 农村村级卫生组织情况

年份	村数(个)	#有医疗点的村数	村设置的医疗点数(个)	#村或集体办	#乡村医生或卫生员联合办	#乡卫生院设点	乡村医生和卫生员数(人)	#乡村医生数	农村接生员(人)
1980	15 801	15 503	15 503				33 473	33 473	13 705
1981	16 032	15 494	15 494	14 659		351	34 527	11 074	14 087
1982	16 129	15 388	15 388	12 695		31	34 099	14 930	13 047
1983	16 023	15 512	16 252	9 599	1 516	111	32 164	15 340	11 927
1984	16 002	15 598	17 254	7 866	2 755	353	30 345	15 345	10 918
1985	15 885	15 338	17 671	7 968	2 433	232	30 771	23 221	11 843
1986	15 689	15 215	17 461	7 553	2 859	273	30 379	23 933	11 257
1987	16 000	15 514	17 977	7 065	3 188	281	29 393	23 342	10 577
1988	15 944	15 537	18 317	5 860	3 168	290	29 733	23 781	10 916
1989	15 849	15 490	19 937	5 399	4 012	281	29 212	24 030	10 847
1990	15 642	15 204	18 985	7 004	2 956	281	27 509	23 288	10 432
1991	15 987	15 513	17 482	7 116	1 913	263	27 973	24 143	9 740
1992	15 904	15 453	17 658	7 069	1 968	293	27 972	23 609	9 866
1993	15 902	15 397	18 789	7 192	2 253	508	29 307	25 714	8 212
1994	15 806	15 344	19 342	7 871	2 225	578	—	—	7 358
1995	15 690	15 277	18 188	7 415	1 617	690	29 771	25 743	7 089
1996	15 920	15 532	18 456	9 573	2 301	587	31 433	27 336	8 403
1997	15 591	15 120	17 330	9 453	1 519	1 025	31 661	27 429	8 570
1998	15 822	15 422	18 258	9 849	2 042	672	31 256	27 378	8 152
1999	14 903	14 449	17 078	8 784	2 594	875	29 831	26 443	7 370

注：1982 年的村数为生产大队数。1980 年的乡村医生为赤脚医生数。

20—17 医疗卫生机构基本情况

(1999 年)

类别	机构数(个)	床位数(张)	卫生工作人员数(人)	卫生技术人员	#医生				#护师、护士	每千人口医生数(人)
						中医	西医师	西医士		
总计	**6 614**	**194 257**	**298 531**	**229 476**	**99 944**	**12 011**	**70 940**	**16 993**	**74 918**	**2.44**
医院	2 161	174 976	225 037	173 948	69 915	8 576	49 714	11 625	63 304	1.71
#综合医院	686	98 102	130 916	101 067	39 637	2 360	31 739	5 538	39 744	0.97
中医医院	84	11 884	17 065	13 265	5 663	3 081	1 820	762	3 956	0.14
传染病院	15	3 909	3 603	2 490	740	54	618	68	1 064	0.02
精神病院	34	8 543	6 292	4 317	1 156	59	862	235	2 170	0.03
结核病院	15	5 290	3 017	2 002	574	25	466	83	964	0.01
妇幼保健院	15	2 001	3 230	2 545	1 096	25	913	158	992	0.03
儿童医院	2	550	899	673	244	14	226	4	328	0.01
职业医院	6	1 166	798	598	209	10	174	25	237	0.01
肿瘤医院	4	1 378	2 068	1 540	594	27	540	27	687	0.01
农村乡卫生院	889	14 649	20 454	16 982	8 257	1 479	3 926	2 852	3 074	0.20
疗养院、所	52	15 334	7 679	3 531	1 177	226	778	173	1 445	0.03
门诊部、所	3 712	547	30 141	28 852	15 113	2 563	9 839	2 711	7 642	0.37
专科防治所、站	146	1 446	4 777	3 584	1 825	63	1 355	407	758	0.04
卫生防疫站	170	60	11 010	8 721	5 988	57	4 587	1 344	217	0.15
妇幼保健所、站	107	654	3 801	3 066	1 937	41	1 539	357	498	0.05
其他	266	1 240	16 086	7 774	3 989	485	3 128	376	1 054	0.10

20—18 卫生机构国家、集体、私人开业人员情况

(1999 年)　　单位:人

人员分类	总计	按市县分		按部门分				
		市	县	卫生部门	工业及其他	集体所有制	私人开业	其他
总计	**276 015**	**232 964**	**43 051**	**174 550**	**77 322**	**20 751**	**728**	**2 664**
国家人员	246 853	213 897	32 956	158 040	74 325	11 923	—	2 565
集体人员	28 434	18 339	10 095	16 510	2 997	8 828	—	99
私人开业人员	728	728	—	—	—	—	728	—
总计中:乡卫生院、所	29 318	14 735	14 583	13 775	—	15 188	355	—
国家人员	18 856	9 849	9 007	10 200	—	8 364	292	—
集体人员	10 462	4 886	5 576	3 575	—	6 824	63	—

20—19 医院诊疗人次及入院人数

(1999年)

医院分类	诊疗人次数(人次)	#门急诊人次数	入院人数(人)	平均每日门、急诊人次数(人次)	每百门、急诊次的入院人数(人)
总计	**74 940 021**	**69 767 496**	**2 326 925**	**227 998**	**3.3**
县及县以上医院合计	62 963 776	58 091 451	1 873 820	189 841	3.2
卫生部门	37 135 847	35 353 396	1 378 997	115 534	3.9
工业及其他部门	25 345 265	22 296 772	471 635	72 865	2.1
集体所有制	403 121	362 198	16 523	1 184	4.6
私人开业及其他	79 543	79 085	6 665	258	8.4
卫生院合计	11 313 301	11 015 994	418 399	36 000	3.8
城市街道卫生院	596 639	579 453	307	1 894	0.1
农村卫生院	10 716 662	10 436 541	418 092	34 106	4.0
其他医院合计	662 944	660 051	34 706	2 157	5.3

20—20 历届省人民代表大会的代表人数

单位:人

项目	第一届 1954年	第二届 1959年	第三届 1964年	第四届 1975年	第五届 1978年	第六届 1983年	第七届 1988年	第八届 1993年	第九届 1998年
代表总数	588	566	795		1 200	900	725	745	622
在代表总数中									
女代表	100	107			292	219	142	159	123
占代表总数%	17.00	18.90			24.33	24.33	19.59	21.34	19.77
在代表总数中									
少数民族代表		39			160	146	118	115	97
占代表总数%		6.89			13.33	16.22	16.28	15.44	15.59

20—21 历届省政治协商会议的委员人数

单位:人

项目	第一届 1954年	第二届 1959年	第三届 1963年	第四届 1977年	第五届 1983年	第六届 1988年	第七届 1993年	第八届 1998年
委员总数	122	376	403	586	595	696	695	723
在委员总数中								
中国共产党代表	28	123	125	245	220	245	242	283
占代表总数%	22.95	32.71	31.02	41.81	36.97	35.20	34.82	39.14
在委员总数中								
少数民族代表	16	32	31	57	65	83	81	97
占代表总数%	13.11	8.51	7.69	9.73	10.92	11.93	11.65	13.42

20—22 工 会 组 织 情 况

年份	工会基层组织数（个）	全省已建工会组织的基层单位的职工与会员人数（人）				工会专职工作人员数（人）
		职工人数	#女职工	会员人数	#女会员	
1980	19 004	6 149 000	2 340 000	5 182 000		26 000
1981	20 341	7 097 000	2 864 000	6 020 000	2 446 000	30 000
1982	20 953	7 372 000	2 986 000	6 455 000	2 651 000	33 000
1983	21 141	7 546 000	2 032 000	6 770 000	2 738 000	34 000
1984	22 350	7 881 000	3 199 000	7 092 000	2 876 000	38 000
1985	22 763	8 267 000	3 388 000	7 421 000	3 078 000	43 709
1986	23 190	8 341 973	3 462 049	7 605 645	3 202 109	47 842
1987	24 742	8 536 873	3 532 603	7 880 001	3 257 621	47 301
1988	25 753	8 712 119	3 611 855	8 034 410	3 370 064	41 910
1989	27 217	8 840 457	3 665 482	8 181 168	3 394 077	44 150
1990	27 836	8 968 227	3 750 636	8 340 951	3 497 883	46 875
1991	28 642	8 979 281	3 768 625	8 387 414	3 541 636	48 521
1992	29 222	9 164 759	3 828 618	8 567 567	3 584 922	45 584
1993	30 083	9 177 011	3 781 547	8 537 051	3 540 817	41 276
1994	27 629	9 133 500	3 843 987	8 420 047	3 501 514	31 215
1995	28 448	9 290 683	3 987 323	9 234 588	3 796 173	36 167
1996	27 517	9 095 895	3 796 520	8 577 752	3 564 856	39 693
1997	24 310	8 395 588	3 276 594	7 180 188	2 956 720	33 321
1998	23 317	7 198 855	2 994 485	6 694 517	2 784 204	23 766
1999	21 647	6 199 418	2 529 928	5 659 855	2 315 330	21 406

注：1998 年工会专职工作人员数为工会专职干部人数。

20—23 工会组织开展各项活动情况

（1999 年）

项目	单位	数量	项目	单位	数量
一、劳动法律和工会劳动保护监督情况			参加医疗保险的单位	个	3 043
建立劳动法律监督组织的单位	个	5 704	未参加医疗保险的单位	个	10 021
未建立劳动法律监督组织的单位	个	5 843	足额交纳医疗保险金的单位	个	2 750
工会提请劳动监察部门处理的件数	件	478	未足额交纳医疗保险金的单位	个	8 863
建立女职工工作委员会的单位	个	11 887	**五、工会当前重点工作情况**		
未建立女职工工作委员会的单位	个	3 844	能按规定召开职工代表大会的单位	个	14 126
建立经费审查组织的单位	个	12 626	工会代表职工与行政签订集体合同的单位	个	5 147
二、职工代表大会及劳动争议调解情况			坚持推行厂务公开制度的单位	个	9 942
建立职工代表大会制度的单位	个	15 197	开展民主评议领导干部工作的单位	个	12 148
开展合理化建议活动的单位	个	8 644	开展劳动竞赛活动单位	个	5 710
本年度已实施的合理化建议	件	156 783	参加劳动竞赛活动的人数	人	1 556 605
建立劳动争议调解委员会的单位	个	1 003	**六、职工再就业及取得劳动报酬情况**		
劳动争议调解委员会受理劳动争议件数	件	3 655	年末实有职工下岗人数	人	1 321 718
调解成功的劳动争议件数	件	2 518	本年度下岗职工中实现再就业人数	人	175 529
三、参加养老保险社会统筹情况			特困职工人数	人	246 742
参加养老保险社会统筹的单位	个	11 842	年末拖欠职工工资的单位	个	3 799
未参加养老保险社会统筹的单位	个	3 681	拖欠职工工资涉及职工人数	人	1 484 641
足额交纳养老保险金的单位	个	10 358	拖欠职工工资金额	万元	358 793
未足额交纳养老保险金的单位	个	1 205	拖欠离退休职工养老金的单位	个	2 485
所欠养老金金额	万元	49 861	被拖欠养老金的离退休职工	人	443 909
四、参加医疗保险情况			被拖欠养老金的金额	万元	83 009

20—24 妇 联 组 织 情 况

(1999 年)

项　　目	单位	数　量	项　　目	单位	数　量
妇联组织总计	个	**1 800**	建立基层妇代会组织数	个	25 274
一、地 方 妇 联	个	**1 784**	妇女代表总人数	人	317 438
省级和市级	个	15	妇代会成员数	人	107 345
县(市)、区、乡(镇)级	个	1 286	各类妇女工作委员会	个	4 371
街道妇联	个	480	各类妇女联谊组织数	个	328
二、农林场妇联	个	**16**	民主党派中的妇女组织	个	80

20—25 妇联组织开展各项活动情况

(1999 年)

项　　目	单位	数　量	项　　目	单位	数　量
一、下岗女工职业培训			＃获技术职称总人数	人	49 483
培训班数	期	2 323	**五、脱 贫 工 作**		
培训人员数	人	274 796	承包困难户	户	48 760
二、安置与就业			脱贫人口数	人	84 716
安置总人数	万人	31.79	**六、"三八"绿色工程**		
＃介绍女职工再就业人数	人	52 169	参加造林人数	人	1 999 250
三、经 济 事 业			营建"三八"林面积	万亩	24.7
经营单位数	个	2 020	开拓"三八"苗圃	个	499
年创利润	万元	675	"三八"林网	个	5 888
四、农村妇女开展"双学双比"竞赛			"三八"果园	万亩	8.1
参加妇女人数	人	4 266 239	植林总面积	万亩	52.5
学文化总人数	人	164 946	**七、绿 色 企 业**		
＃农函大学习的妇女	人	25 379	妇联林果经费基地	个	115
学技术			年收入	万元	27.3
培训总人数	人	1 377 913			

20—26 律师、公证、调解工作基本情况

项　　　目	单位	1985年	1990年	1995年	1998年	1999年
一、律　师　工　作						
律师事务所	个	118	141	305	356	382
律　　师	人	1 800	2 255	3 520	3 746	3 991
专职律师	人	603	1 169	1 703	2 337	2 851
兼特邀职律师	人	1 197	1 086	1 817	1 409	1 142
聘请担任常年法律顾问的单位	处	1 928	6 527	8 823	7 828	7 579
民事诉讼代理	件	5 019	17 061	14 567	20 065	22 548
经济诉讼代理	件	—	—	—	12 475	12 179
行政诉讼代理	件	—	—	—	1 072	1 146
刑事辨护	件	6 637	13 844	9 054	12 063	12 636
非诉讼法律事务	件	2 572	2 058	15 962	15 858	17 735
解答法律咨询	万人次	7.9	12.4	11.5	64.58	17.90
代写法律事务文书	万件	1.8	2.7	2.6	31.17	3.82
涉外及港澳台	件	—	—	—	—	555
二、公　证　工　作						
公　证　处	个	94	107	111	111	112
公证人员	人	553	811	823	892	893
#公　证　员	人	269	496	535	677	665
公证员助理	人	95	135	67	33	47
办理公证文书	万件	14.1	42.7	51.4	57.4	55.5
三、人民调解工作						
专职司法助理员	人	1 547	1 715	1 739	1 740	1 759
人民调解委员会	个	31 105	38 726	43 195	36 538	34 338
调解人员	万人	32.0	43.6	20.5	49.0	45.6
调解民间纠纷	万件	27.3	27.8	21.8	19.7	17.9

20—27 国内公证文书分类

（1999年）

分类	办证件数（件）	比重（%）	分类	办证件数（件）	比重（%）
一、经济公证			其他	10 432	8.58
合计	**121 653**	**100.00**	二、民事公证		
购销	1 449	1.19	合计	**256 343**	**100.0**
联营	99	0.08	收养	692	0.27
拍卖	920	0.76	解除收养	25	0.01
贷款	26 072	21.43	继承权	4 460	1.74
担保	2 028	1.67	遗嘱	3 121	1.22
招标、投标	2 850	2.34	产权	6 769	2.64
科技协作	142	0.12	亲属关系	153	0.06
供用电	277	0.23	死亡	18	0.01
劳务合同	7 902	6.50	房屋买卖	44 906	17.52
建筑工程承包	296	0.24	房屋租赁	2 330	0.91
工商服务业承包	1 683	1.38	留学协议	286	0.11
农林牧副渔业承包	6 232	5.12	遗赠扶养协议	416	0.16
乡镇企业承包	512	0.42	其他民事协议	86 289	33.66
财产租赁	1 744	1.43	委托书	2 208	0.86
企业租赁	877	0.72	赠与书	3 948	1.54
资产经营责任制	18	0.01	声明书	8 283	3.23
其他经济合同	54 101	44.47	现场监督	19 968	7.79
法人（代表人）资格	1 111	0.91	签名印鉴属实	488	0.19
法人委托书	1 292	1.06	文本相符	405	0.16
公司章程	194	0.16	宅基地使用权	1 330	0.52
执行许可证明	407	0.34	证据保全	851	0.33
提存	1 015	0.84	其他	69 397	27.07

20—28 涉外公证文书分类

（1999 年）

分类	办证件数（件）	比重（%）	分类	办证件数（件）	比重（%）
合计	**187 148**	**100.00**	声明书	2 463	1.32
收养	14	…	委托书	2 150	1.15
遗嘱	154	0.08	营业证书	2 721	1.45
出生	25 130	13.43	公司章程	439	0.23
死亡	1 992	1.06	其他法律文书	8 521	4.55
生存、居住	7 269	3.88	职称	3 230	1.73
学历	20 409	10.91	法人资格	433	0.23
经历	12 423	6.64	商标注册	9	…
国籍	7 365	3.94	贷款	230	0.12
婚姻状况	16 982	9.07	担保	783	0.42
亲属关系	18 718	10.00	其他经济合同	964	0.52
继承权	21	…	副本等与原本相符	13 092	7.00
受、未受刑事处分	16 622	8.88	签名印鉴属实	23 724	12.68
			其他	1 290	0.69

20—29 调解民间纠纷分类

项目	调解纠纷（件）		各类纠纷所占比重（%）	
	1998 年	1999 年	1998 年	1999 年
合计	**196 612**	**179 305**	**100.00**	**100.00**
婚姻	59 721	49 856	30.38	27.81
继承	9 376	7 940	4.77	4.43
赡、抚、扶养	13 941	12 775	7.09	7.12
家庭	13 988	12 908	7.11	7.20
房屋宅基地	15 680	15 191	7.98	8.47
债务	14 472	13 724	7.36	7.65
生产经营	18 745	19 229	9.53	10.72
邻里	26 627	25 993	13.54	14.50
损害赔偿	8 722	8 293	4.44	4.63
其他	15 340	12 609	7.80	7.03

20—30 婚姻登记和离婚情况

年份	准予登记结婚（对）	初婚（人）	再婚（人）	准予登记离婚（对）	离婚率（‰）
1983	331 960	640 749	23 171	8 649	0.24
1984	387 829	748 957	26 701	8 810	0.24
1985	419 729	811 197	28 261	8 963	0.24
1986	440 722	845 008	36 436	14 416	0.39
1987	472 011	900 299	43 723	19 006	0.51
1988	415 219	785 176	45 262	22 379	0.59
1989	395 049	739 189	43 448	22 530	0.59
1990	383 976	710 383	57 569	24 459	0.63
1991	340 245	628 962	51 528	23 541	0.60
1992	411 425	772 983	49 867	24 565	0.62
1993	330 506	612 579	48 433	26 825	0.68
1994	294 877	539 149	50 605	29 890	0.75
1995	304 103	553 927	54 279	29 554	0.74
1996	308 500	560 821	56 179	30 279	0.75
1997	275 310	496 601	54 019	32 828	0.81
1998	264 684	473 115	56 253	34 772	0.85
1999	257 598	462 363	52 833	34 657	0.85

20—31 各地区婚姻登记和离婚情况

（1999 年）

地区	准予登记结婚（对）	初婚（人）	再婚（人）	准予登记离婚（对）
全省	**257 598**	**462 363**	**52 833**	**34 657**
沈阳	41 436	74 014	8 858	7 924
大连	38 904	70 216	7 592	5 781
鞍山	20 251	36 709	3 793	3 155
抚顺	13 502	23 644	3 360	1 759
本溪	9 551	15 965	3 137	1 226
丹东	15 855	27 306	4 404	2 430
锦州	16 572	29 752	3 392	1 794
营口	13 050	24 129	1 971	1 474
阜新	12 289	21 985	2 593	1 811
辽阳	11 140	19 366	2 914	1 987
盘锦	9 013	15 672	2 354	854
铁岭	18 158	33 196	3 120	2 366
朝阳	19 759	37 064	2 454	844
葫芦岛	18 118	33 345	2 891	1 252

20—32 交通事故发生情况

（1999年）

指标	单位	合计	按事故发生程度分			按事故发生地区分	
			特大	重大	一般	城市	郊区、县
发生起数	起	14 832	135	2 563	12 134	7 768	7 064
死亡	人	2 955	348	2 607	—	1 010	1 945
受伤	人	7 883	341	947	6 595	3 354	4 529
损失折款	万元	8 800.3	795.0	1 807.2	6 198.1	4 406.4	4 393.9
平均每起事故损失	元	5 933	58 885	7 051	5 108	5 673	6 220

20—33 火灾事故发生情况

（1999年）

指标	单位	合计	按事故发生程度分		
			特大	重大	一般
发生起数	起	15 705	1	12	15 692
死亡	人	150	10	20	120
受伤	人	193	3	5	185
损失折款	万元	6 168.6	0.15	502.1	5 666.4
平均每起事故损失	元	3 927.8	1 500	418 411.3	3 611.0

20—34 各地区离休、退休、退职人员人数

（1999年）　　单位：人

地区	截至本年末止人数			
	合计	离休人员	退休人员	退职人员
全省	**2 874 261**	**139 405**	**2 655 744**	**79 112**
沈阳	677 205	30 906	624 761	21 538
大连	407 783	25 056	370 586	12 141
鞍山	319 934	10 733	296 134	13 067
抚顺	241 821	8 038	229 764	4 019
本溪	164 040	6 614	149 677	7 749
丹东	139 163	8 812	127 190	3 161
锦州	133 294	8 473	122 988	1 833
营口	106 811	5 674	98 598	2 539
阜新	139 116	4 847	131 535	2 734
辽阳	82 950	4 041	76 946	1 963
盘锦	67 713	2 456	64 122	1 135
铁岭	90 696	5 026	83 048	2 622
朝阳	94 052	5 711	86 567	1 774
葫芦岛	105 912	5 869	97 740	2 303
沈阳铁路局	103 771	7 149	96 088	534

注：不含民政部门的离、退休、退职人员。

20—35 社会福利事业、企业单位数和人员数

指标	机构数(个)			工作人员数(人)		
	1997年	1998年	1999年	1997年	1998年	1999年
总计	**5 646**	**5 383**	**4 896**	**158 982**	**140 097**	**132 744**
一、社会福利事业单位	**1 282**	**1 270**	**1 230**	**10 547**	**10 472**	**10 545**
民政部门办	72	74	55	3 381	3 532	2 744
社会集体办	1 210	1 196	1 175	7 166	6 940	7 801
二、社会福利企业单位	**4 264**	**4 011**	**3 561**	**147 057**	**128 196**	**120 686**
民政部门办	804	437	298	44 072	29 493	21 366
社会集体办	3 460	3 574	3 263	102 985	98 703	99 320
三、烈士纪念建筑物管理单位	**20**	**21**	**22**	**342**	**340**	**399**
四、收容遣送单位	**40**	**40**	**41**	**489**	**706**	**719**
五、殡葬管理单位	**40**	**41**	**42**	**347**	**383**	**395**

20—36 社会福利事业单位基本情况

(1999年)

指标	院数(个)	工作人员数(人)	床位数(张)	年末收养人数(人)	集体供给金额(万元)
总计	**1 230**	**10 545**	**50 064**	**37 613**	**4 828.1**
一、民政部门办社会福利事业单位	**55**	**2 744**	**6 976**	**6 113**	—
城镇福利院	55	2 744	6 976	6 113	—
收养性单位	—	—	—	—	—
二、社会办敬老院	**1 175**	**7 801**	**43 088**	**31 500**	**4 828.1**

20—37 社会救济情况

单位:人

指标	1985年	1990年	1995年	1998年	1999年
困难户人数	**1 276 123**	**966 443**	**691 521**	**687 329**	**806 530**
#困难户得到救济人数	687 094	548 433	424 231	470 148	389 852
#国家定期定量救济人数	32 584	12 445	26 285	46 532	14 993
精减退职老职工得救济人数	**17 566**	**15 422**	**13 653**	**13 015**	**12 693**
#享受原工资40%救济人数	11 040	9 182	8 342	7 990	7 895
#享受定期定量求济人数	6 526	6 240	5 311	5 025	4 798
社会散居孤老残幼人数	**70 088**	**55 549**	**56 422**	**62 424**	**59 177**
#集体供养人数	44 697	39 995	41 602	40 669	35 460
#国家给予定期定量救济人数	10 431	10 215	13 136	2 988	—

20—38 各地区城镇社区服务设施和城市居民最低生活保障制度情况

（1999 年）　　　　　　　　　　　　　　　单位：个

地　　区	城镇社区服务设施数	从业人员	便民利民服务网点	城乡居民最低生活保障情况			
				城镇低保人数（人）	保障资金（万元）	农村低保人数（人）	保障资金（万元）
全　　省	**5 056**	**44 120**	**40 266**	**238 422**	**14 801**	**86 464**	**2 335**
沈　　阳	2 313	4 632	14 835	34 154	1 927	9 062	415
大　　连	96	258	3 815	50 435	2 079	10 764	237
鞍　　山	349	7 537	6 578	18 036	1 690	9 249	330
抚　　顺	815	16 861	4 501	17 071	1 940	4 522	143
本　　溪	84	415	1 569	24 720	1 381	4 639	162
丹　　东	13	56	—	9 716	513	4 678	97
锦　　州	95	470	510	13 311	863	6 642	57
营　　口	107	849	2 912	13 176	800	2 811	91
阜　　新	17	5 678	1 446	13 377	965	1 049	16
辽　　阳	643	1 603	1 215	9 099	446	11 519	156
盘　　锦	33	358	353	4 713	337	1 667	54
铁　　岭	34	170	7	7 628	535	6 045	357
朝　　阳	44	1 977	1 309	13 108	650	6 533	89
葫 芦 岛	413	3 256	1 216	9 878	674	7 284	131

20—39 各地区优抚事业基本情况

（1999年）

单位：人

地区	优抚对象总人数	革命伤残人员	烈军属人数	在乡退伍红军战士	在乡复员军人	在乡退伍军人
全省	**1 133 442**	**42 945**	**426 148**	**27**	**81 504**	**582 818**
沈阳	135 244	6 862	50 047	—	7 943	70 392
大连	182 341	6 924	87 878	—	10 067	77 472
鞍山	81 583	3 760	36 274	1	5 514	36 034
抚顺	48 131	2 692	20 013	—	4 579	20 847
本溪	31 451	2 181	8 811	22	3 400	17 037
丹东	96 432	3 561	49 657	—	6 588	36 626
锦州	100 394	3 082	32 617	1	10 578	54 116
营口	69 872	2 965	23 773	1	4 473	38 660
阜新	72 464	1 456	31 171	—	4 712	35 125
辽阳	56 707	1 391	21 744	1	2 184	31 387
盘锦	34 184	1 125	8 724	—	3 482	20 853
铁岭	67 655	2 136	10 805	—	5 989	48 725
朝阳	87 404	2 494	23 207	—	6 156	55 547
葫芦岛	69 580	2 316	21 427	1	5 839	39 997

20—40 社会福利企业基本情况

年份	民政部门办				社会办			
	单位（个）	职工（人）	#残疾职工	产值（万元）	单位（个）	职工（人）	#残疾职工	产值（万元）
1985	148	33 016	10 373	22 799	628	24 656	10 181	14 671
1986	140	31 301	9 784	22 182	1 890	74 710	21 738	33 051
1987	187	36 741	11 903	33 828	2 409	77 225	30 056	64 145
1988	218	40 198	13 638	51 371	3 296	86 756	31 168	95 904
1989	246	42 287	14 596	58 395	3 390	93 962	38 010	153 303
4990	289	39 853	13 553	52 017	3 535	105 385	42 729	142 508
1991	368	43 379	15 688	70 576	3 539	103 478	45 088	190 422
1992	361	42 179	15 220	100 934	3 867	111 643	48 951	260 161
1993	430	40 424	14 899	27 455	4 223	115 500	49 712	79 187
1994	470	40 752	15 552	32 854	4 084	119 815	51 702	128 240
1995	436	35 778	14 049	27 521	4 378	132 557	58 644	122 310
1996	416	33 252	12 814	24 987	4 140	116 753	54 131	116 124
1997	804	44 072	15 972	34 206	3 460	102 985	46 956	104 842
1998	437	29 493	11 327	22 986	3 574	98 703	45 725	125 878
1999	298	21 366	7 815	—	3 263	99 320	45 176	—

20—41 单位支付的职工保险福利费用总额

单位:亿元

年份	合计	国有单位	城镇集体单位	其他单位	保险福利费用总额相当于工资总额的%
1978	5.1	5.1			16.0
1980	8.2	8.2			21.6
1981	10.5	10.5			23.3
1982	11.7	11.7			24.5
1983	13.3	13.3			26.8
1984	15.7	15.7			28.0
1985	20.5	20.5			31.1
1986	33.9	26.4	7.0	0.6	27.6
1987	44.0	31.6	11.6	0.8	31.2
1988	55.3	42.4	11.8	1.1	31.8
1989	65.8	50.9	13.5	1.3	33.9
1990	76.6	59.2	15.6	1.8	35.2
1991	89.0	69.1	17.9	2.0	36.8
1992	104.6	80.2	21.7	2.7	37.4
1993	126.8	97.1	25.5	4.2	37.1
1994	127.1	103.6	18.8	4.7	29.0
1995	151.9	119.0	27.4	5.5	30.7
1996	165.3	136.0	23.6	5.7	31.5
1997	189.1	151.1	22.0	8.0	34.9
1998	196.1	160.7	20.1	15.3	37.6
1999	212.7	174.3	21.8	16.6	40.2

注:1999 年不含机关、事业单位在职职工保险福利费。

20—42 国有单位非在职职工保险福利费

单位:亿元

项目	1994 年	1995 年	1996 年	1997 年	1998 年	1999 年
总计	**68.5**	**81.5**	**96.7**	**116.7**	**122.2**	**175.0**
离休金	7.7	8.4	10.6	12.4	12.9	15.1
退休金	41.5	51.7	62.2	77.6	89.9	135.7
退职生活费	0.5	0.7	0.8	1.0	0.8	1.6
医疗卫生费	10.6	11.6	12.1	14.0	11.8	14.8
冬季取暖补贴	—	0.7	0.8	—	—	—
其他	10.7	11.9	14.5	11.8	16.8	7.8

20—43 “三废”排放、处理及治理情况

指　　　标	单　位	1985 年	1990 年	1995 年	1998 年	1999 年
一、废　　水						
废水排放总量	万　吨	203 836	223 713	221 022	218 565	212 281
#工　业　废　水	万　吨	154 525	163 714	140 193	122 140	116 040
工业废水处理量	万　吨	48 734	49 420	148 657	167 370	180 902
工业废水达标量	万　吨		37 767	92 897	84 751	83 280
工业废水排放达标率	%		76.4	66.3	69.4	71.7
二、废　　气						
工业废气排放总量	亿标立方米	8 112	8 136	8 498	8 912	8 880
#燃料燃烧过程中废气排放量	亿标立方米	5 064	5 198	4 727	5 549	5 585
#经过消烟除尘的	亿标立方米	2 548	3 858	3 920	4 719	4 616
#生产工艺过程中废气排放量	亿标立方米	3 049	2 939	3 771	3 363	3 295
#经过净化处理的	亿标立方米	1 455	1 623	2 737	2 676	2 753
二氧化硫排放量	万　吨	91	97	82	74	72
烟尘排放量	万　吨	106	105	60	74	62
工业粉尘排放量	万　吨	92	69	40	50	45
工业粉尘回收量	万　吨	196	228	296	325	324
三、废　　物						
工业固体废物产生量	万　吨	7 181	7 451	6 920	7 325	7 545
工业固体废物排放量	万　吨		218	95	190	133
历年工业固体废物堆存总量	万　吨	205 988	201 533	160 928	135 135	124 253
工业固体废物占地面积	万平方米	6 835	18 875	7 018	5 235	4 668
#占农田面积	万平方米	1 172	162	218	—	—

注:1990 年以前为废气,1991 年以后为工业废气。

20—43 续表

指　　标	单　位	1985 年	1990 年	1995 年	1998 年	1999 年
工业固体废物处置量	万　吨		5 239	1 099	787	1 019
工业固体废物贮存量	万　吨			3 427	3 392	3 481
工业固体废物综合利用量	万　吨	2 964	1 836	2 442	2 586	2 540
“三废”综合利用产品产值	万　元		76 670	301 153	188 957	170 260
“三废”综合利用产品利润	万　元		24 820	55 544	43 901	36 621
四、污　染　治　理						
1.资金来源合计	万　元	26 751	38 953	61 689	56 133	67 610
基　建　资　金	万　元	1 728	11 066	5 127	6 246	6 872
更　改　资　金	万　元	8 317	9 899	27 741	17 675	9 096
综合利用利润留成	万　元	3 265	1 866	3 387	3 559	1 628
环保补助资金	万　元	9 524	7 887	5 509	4 436	7 287
贷　　款	万　元	2 748	5 072	1 450	1 929	4 640
其　　他	万　元	1 169	3 163	18 473	22 288	38 087
2.资金使用合计	万　元	26 751	38 953	61 689	56 133	67 610
治　理　废　水	万　元	10 554	16 289	19 958	25 994	30 400
治　理　废　气	万　元	11 777	15 623	26 024	19 093	28 422
治理固体废物	万　元	986	4 203	11 700	4 770	4 538
治　理　噪　声	万　元	414	716	916	137	138
其　　他	万　元	3 020	2 122	3 091	6 139	4 112
五、排污收费和污染赔(罚)款						
排污费交纳单位	个	9 351	19 148	23 454	47 314	46 442
排污费征收额	万　元	10 475	16 242	28 908	34 019	41 646
排污费支出额	万　元	11 889	16 383	44 507	37 240	29 436
污　染　事　故	次	77	156	115	175	89

20—44 工业各行业废气

(19

行业	工业废气排放总量(亿标立方米)	燃料燃烧过程中废气排放量	#经过消烟除尘的	生产工艺过程中废气排放量	#经过净化处理的
工业合计	**8 880**	**5 585**	**4 616**	**3 295**	**2 753**
其中:重点调查企业	8 880	5 585	4 616	3 295	2 753
矿业	403	241	198	162	155
食品、饮料和烟草制造业	118	116	74	2	…
纺织业	26	26	25	…	…
皮革、毛皮及其制品业	26	26	2	—	—
造纸及纸制品业	89	78	76	11	6
印刷业	5	2	1	3	—
电力、蒸汽、热水生产和供应业	2 867	2 854	2 740	13	5
石油加工业及炼焦业	532	458	302	74	60
化学工业	375	236	185	139	71
医药工业	28	27	25	1	…
化学纤维工业	132	19	19	113	111
橡胶制品业	20	20	17	…	…
塑料制品业	2	2	1	…	—
建筑材料及其他非金属矿物制品业	810	166	135	644	544
黑色金属冶炼及压延加工业	2 637	983	516	1 654	1 548
有色金属冶炼及压延加工业	507	100	88	407	217
金属制品业	40	37	35	3	1
机械、电气、电子设备制造业	212	145	134	67	34
其他	51	49	43	2	1

排 放 及 处 理 情 况

99年）

工业二氧化硫排放量（吨）	工业二氧化硫去除量（吨）	工业烟尘排放量（吨）	工业烟尘去除量（吨）	工业粉尘排放量（吨）	工业粉尘回收量（吨）
723 645	**570 961**	**623 436**	**7 742 012**	**453 101**	**3 243 255**
645 151	570 961	484 592	7 742 012	359 695	3 243 255
24 175	1 886	28 091	120 569	16 092	189 445
12 001	3 301	9 109	37 761	3 574	4 529
7 685	947	2 814	14 959	…	1
751	9	656	482	—	—
16 922	2 710	16 783	176 001	153	121
157	20	110	594	—	—
273 545	31 779	287 278	6 415 912	2 017	3 345
32 693	62 705	18 550	259 548	4 538	5 188
20 144	8 721	13 507	232 243	1 737	7 938
3 120	266	3 091	78 142	…	14
4 144	688	5 989	90 935	—	—
5 762	565	3 195	15 901	4	81
365	45	351	1 004	17	32
49 474	6 853	56 567	83 428	238 894	1 419 637
89 291	11 162	50 309	34 116	170 531	1 565 678
94 297	432 465	4 384	67 023	8 528	40 713
2 087	29	1 203	14 047	3 248	207
23 008	4 971	14 023	83 653	2 079	3 682
64 024	1 839	107 427	15 694	1 690	2 644

20—45 工业各行业废水排放情况

(1999年)

行业	汇总工业企业数(个)	工业废水排放总量(万吨)	#直接排入海的	工业废水排放达标量(万吨)	#处理排放达标量(万吨)
工业合计	**2 525**	**116 040**	**30 926**	**83 280**	**46 922**
其中:重点调查企业	2 525	111 981	30 926	83 280	46 922
矿业	181	10 300	21	9 200	7 573
食品、饮料和烟草制造业	284	4 197	131	958	424
纺织业	120	2 098	106	896	512
皮革、毛皮及其制品业	20	148	6	35	12
造纸及纸制品业	139	12 549	97	581	443
印刷业	20	99	3	66	28
电力、蒸汽、热水生产和供应业	111	10 722	616	7 623	4 000
石油加工业及炼焦业	36	25 829	16 510	24 582	22 574
化学工业	177	19 172	11 774	15 827	3 650
医药工业	69	1 067	57	286	15
化学纤维工业	10	1 441	…	1 409	1 224
橡胶制品业	38	564	—	416	—
塑料制品业	29	64	…	34	…
建筑材料及其他非金属矿物制品业	325	1 686	71	1 264	105
#水泥制造业	120	1 038	42	914	20
黑色金属冶炼及压延加工业	71	16 750	418	13 000	3 970
有色金属冶炼及压延加工业	49	1 720	292	1 320	598
金属制品业	110	371	14	204	131
机械、电气、电子设备制造业	547	6 244	610	5 078	1 445
其他	189	1 019	201	503	218

20—46 工业各行业固体废物产生及处理利用情况

(1999 年)　　单位:万吨

行业	工业固体废物产生量	工业固体废物综合利用量	工业固体废物贮存量	工业固体废物处置量	工业固体废物排放量	工业固体废物历年累计贮存量	工业固体废物占地面积(万平方米)	"三废"综合利用产品产值(万元)	"三废"综合利用产品利润(万元)
工业合计	**7 545**	**2 540**	**3 481**	**1 019**	**134**	**124 253**	**4 668**	**170 260**	**36 621**
其中:重点调查企业	7 072	2 540	3 481	1 019	101	124 253	4 668	170 260	36 621
矿业	4 581	872	2 635	624	111	101 269	2 958	20 586	5 512
食品、饮料和烟草制造业	36	33	…	3	…	—	2	3 963	1 093
纺织业	11	9	—	2	…	6	…	5	2
皮革、毛皮及其制品业	2	1	—	…	—	—	—	160	79
造纸及纸制品业	54	26	10	20	1	114	30	1 861	167
印刷业	1	…	—	…	…	—	—	—	—
电力、蒸汽、热水生产和供应业	858	347	459	48	9	7 305	1 249	2 865	96
石油加工业及炼焦业	73	25	46	3	…	1 455	20	45 286	4 098
化学工业	196	120	40	39	4	635	27	6 853	2 748
医药工业	11	10	…	…	…	…	…	95	23
化学纤维工业	13	2	11	…	…	142	1	110	—
橡胶制品业	9	8	—	1	—	—	…	122	1
塑料制品业	1	1	—	…	—	—	—	2	2
建筑材料及其他非金属矿物制品业	36	30	…	4	1	485	19	8 545	1 165
黑色金属冶炼及压延加工业	1 286	911	229	173	3	11 750	333	49 789	18 926
有色金属冶炼及压延加工业	177	69	49	59	…	1 069	27	27 840	1 801
金属制品业	3	2	—	1	…	…	…	489	478
机械、电气、电子设备制造业	84	48	1	41	2	13	2	1 620	416
其他	115	25	1	1	2	10	…	69	14

主要统计指标解释

等级运动员人数　指经考核正式批准授予等级运动员称号的人数，运动员等级分为国际级运动健将、运动键将、一级运动员、二级运动员、三级运动员、少年级运动员。

等级裁判员人数　指经考核正式批准授予等级裁判员称号的人数。裁判员等级分为国际裁判、国家级裁判、一级裁判、二级裁判、三级裁判。

体育场　指有400米跑道(中心含足球场)，有固定道牙，跑道6条以上，并有固定看台的室外田径场地。以看台容纳观众人数分：甲级25 000人以上，乙级15 000—25 000人，丙级5 000—15 000人，丁级5 000人以下。

体育馆　指有固定看台，可供篮球、排球、羽毛球、乒乓球、体操等项目训练比赛活动用的室内运动场地。以看台容纳观众人数分：甲级6 000人以上，乙级4 000—6 000人，丙级2 000—4 000人，丁级2 000人以下。

医院　指名称为医院，设有固定床位能收容病人住院并能为病人提供医疗、护理服务的医疗机构。包括县及县以上的医院、农村乡卫生院、其他医院三部分。按所属性质分为卫生部门、工业及其他部门，集体经济单位三类。其中县及县以上的医院按业务性质分为综合医院和专科医院。

卫生技术人员　指卫生事业机构支付工资的全部固定职工和合同制职工中现任职务为卫生技术工作的专业人员。包括中医师、西医师、中西医结合高级医师、护师、中药师、西药师、检验师、其他技师、中医士、西医士、护士、助产士、中药剂士、西药剂士、检验士、其他技士、其他中医、护理员、中药剂员、西药剂员、检验员，其他初级卫生技术人员。

医生　指经卫生部门审查合格，从事医疗工作的专业人员。分为中医医生和西医医生。包括卫生技术人员中的中医师、西医师、中西结合高级医师、中医士、西医士和其他中医。

社会福利事业单位　指集中收养社会孤老、残、幼的机构。包括由民政部门管理的社会福利院、儿童福利院、精神病人福利院和城镇集体办的福利院，以及农村集体举办的敬老院。

社会福利事业单位收养人数　包括民政部门管理的和城镇及农村集体举办的社会福利事业单位中收养的老人、少年儿童、缺乏生活自理能力的残疾人员和精神病人。

社会福利企业单位　指以安置城镇有一定劳动能力的盲、聋、哑和肢体残疾人员就业为目的，享受国家减免税待遇的国有或集体经济性质的企业。包括福利工厂、福利商业服务业、假肢厂和安置农场等单位。

农村五保户　指农村中既无劳动能力，又无经济来源的老、弱、孤、残的农民生活由集体供养，实行保吃、保穿、保住、保医、保葬(孤儿保教)，简称："五保"。享受五保待遇的家庭叫五保户。

双扶户　包括被扶持的优扶户和贫困户。主要是对具有一定劳动能力且生活困难的两户给予一定的救济金以扶持其通过生产自救达到脱贫的目的。

律师　指受聘参加法律顾问处工作，提任法律顾问、刑(民)事代理人、刑事辩护人，输非诉论事件、解答法律询问，代写法律事务文书等主要从事律师业务的专职法律工作者和兼职律师。

公证人员　指在国家公证机关依法办理公证事务的司法人员。包括公证员、助理公证员和在公证处工作的其他人员。

办理公证文书　指公证处在一定时期内办结的公证文书件数。公证文书系按司法部规定或批准的格式制作。包括国内公证和涉外公证两部分。其中国内公证分为经济合同公证和民事法律关系公证两大类。

调解人员　指在人民调解委员会担负调解民间一般民事纠纷和轻微违法行为所引起的纠纷的工作人员。包括调解委员会的委员和调解小组的调解员。

调解民间纠纷　指调解委员会依照法律规定，根据自愿原则，用说服教育的方法调解民间发生的有关民事权利和义务的争执，促成当事双方达到协议和谅解，解决纠纷。包括婚姻家庭纠纷，财产权益纠纷等。不包括法院受理调解的民事案件数。

保险福利费用　指企业、事业、机关单位在工资以外实际支付给职工和离休、退休、退职人员个人以及用于集体的劳动保险和福利费用。

(1)**职工保险福利费用具体包括：**

①医疗卫生费　指实行公费医疗企业的职工及其供养的直系亲属的医疗费、医务经费、职工因工负伤就医路费以及住院伙食补助费等；卫生部门开支的事业及机关单位职工的公费医疗经费；未参加公费医疗的企业、事业和机关单位职工的医药费。

②丧葬抚恤救济费　指职工死亡的丧葬费、丧葬补助费和所遗供养直系新属的抚恤费、救济费、生活补助费以及职工供养直系亲属死亡时的丧葬补助费等。

③生活困难补助　指对生活困难的职工实际支付的定期补助和临时性补助。

④文体宣传费　指企业、事业和机关单位实际支付的文体宣传费。不包括学习费。

⑤集体福利事业补贴费　指对职工浴室、理发室、洗衣房、哺乳室、托儿所等集体福利设施各项支出与收入相抵后的差额补助费。

⑥集体福利设施费　指按照国家规定开支的集体福利设施费用。如职工食堂炊事用具的购置费、修理费、职工宿舍的修缮费用。不包括由企业、事业、机关单位自筹经费开支的职工福利设施的基本建设费用。

⑦计划生育补贴　指发给职工独生子女的补贴费和保健费。

⑧其他　指上述费用以外，单位支付给职工的保险福利费。

(2)离休、退休、退职人员保险福利费用具体包括：

①离休金　指发给离休人员的工资和按1982年国务院发布的“关于老干部离职休养制度的几项规定”发给符合规定的离休干部相当于1－2个月标准工资的生活补贴和国务院〔1989〕82、83号文件规定提高离休人员的待遇所增加的费用及粮油价格补贴等。

②退休金　指按照国家有关规定发给退休人员的退休费和国务院〔1989〕82、83号文件规定提高退休人员的待遇所增加的费用及粮油价格补贴等。

③退职生活费　指按照1978年国务院《关于工人退休、退职的暂行办法》规定定期发给退职人员的生活费用和国务院〔1989〕82、83号文件规定提高退职人员的待遇所增加的费用及粮油价格补贴等。

④医疗卫生费　指离休、退休、退职人员的医疗费、住院费以及住院伙食补助等费用。

⑤护理费　指因工致残、饮食起居需人扶助的离休、退休人员的护理费以及因病不能自理的离休人员的护理费。

⑥生活补贴　指按照1985年国务院《关于发给离休退休人员生活补贴的通知》规定，发给离休、退休人员的生活补贴费。

⑦交通费补贴　指按月发给离休人员的交通费补贴。

⑧丧葬抚恤救济费　指离休、退休、退职人员死亡的丧葬费、丧葬补助费和所遗供养直系亲属的抚恤费、救济费、生活补助费以及供养直系亲属死亡时的丧葬补助费等。

⑨其他　包括易地安置的离休、退休、退职人员的安家补助费；离休、退休、退职人员的生活困难补助费、书报费、洗理费、副食品价格补贴、房租价格补贴、水电补贴、少数民簇补贴以及老干部活动经费开支的旅游费用等。

废水排放总量　包括生产废水和生活污水。生产废水指企、事业单位在生产、科研过程中向外环境排放的所有排放口的废水量总和。生活污水指城镇居民区和企、事业单位职工集中居住区排放的污水量。

工业废水排放总量　指经过工业企业厂区所有排放口排到企业外部的工业废水量。包括外排的直接冷却水、超标排放的矿井地下水和与工业废水混排的厂区生活污水，不包括外排的间接冷却水(清污不分流的间接冷却水应计算在内)。

工业废水排放达标量　指全面达到国家、地方排放标准的外排工业废水量，包括经过处理后达标外排的和未经处理达标外排的两部分工业废水。国家排放标准见国标(GB8978－88)。

工业废水处理量　指经过各种水处理装置净化处理后的外排工业废水量(包括虽经处理仍未达到国家或地方标准的外排工业废水量)。

废气排放总量　指燃料燃烧和生产工艺过程中排放的各种废气总量，以标准状态下每年万标立方米表示。

燃料燃烧过程废气排放量　指燃煤、燃油、燃气锅炉、烘干炉、锻造加热炉、退火炉和其它工业炉窖在燃烧过程(燃料和物料不混合的纯加热过程)中所排废气的总量。它可以根据烟气计算公式或经验计算公式求得。

经过消烟除尘的燃料燃烧废气量　指燃料燃烧过程中排放的废气经过消烟除尘装置处理的量。

经过净化处理的生产工艺废气量　指生产工艺过程中排放的废气经过各种净化处理装置净化、处理的量。

工业粉尘排放量　指工业企业在生产工艺过程中排放的固体微粒总重量。如钢铁企业的耐火材料粉尘、焦化企业的筛焦系统粉尘、烧结机的粉尘、石灰窑的粉尘、建材企业的水泥粉尘等。不包括电厂排入大气的烟尘。

工业粉尘回收量 指经生产工艺废气净化处理装置处理回收的粉尘和尘泥量(包括干法和湿法)。不包括电厂的烟尘。通常情况下:

工业粉尘产生量=工业粉尘排放量+工业粉尘回收量

工业固体废物产生量 指工业企业在生产过程中产生的固体状、半固体状和高浓度液体状废弃物的总量,包括冶炼废渣、粉煤灰、炉渣、煤矸石、化工废渣、尾矿、放射性废渣和其它废渣等;不包括矿山开采的剥离废石和掘进废石(煤矸石和呈酸性或碱性的废石除外)。酸性或碱性废石是指采掘的废石其流经水、雨淋水 PH 值小于 4 或 PH 值大于 10.5 者。

工业固体废物处理量 指以符合环境保护要求的方式将固体废物放置在不再回取的场所的固体废物量,如填埋、焚烧、经封场处理的专业贮存场(库)、深层灌注、回填矿井等(包括当年处置往年的堆存量)。

工业固体废物综合利用量 指已用作农业肥料、造田、生产建筑材料、筑路以及其它方式综合利用的固体废物量(包括当年利用往年的工业固体废物堆存量)。综合利用量由原产固体废物的单位统计。

“三废”综合利用产品产值 指工业企业回收利用“三废”作为主要原料生产的产品产值。按国发(1985)117号文规定执行。

“三废”综合利用产品利润 指工业企业回收利用“三废”作为主要原料生产的产品自用或出售后所得的利润额。

环境污染与破坏事故 指由于违返环境保护法规的经济、社会活动与行为,以及意外因素的影响或不可抗拒的自然灾害等原因,致使环境受到污染,国家重点保护的野生动植物、自然保护区受到破坏,人体健康受到危害,社会经济和人民财产受到损失,造成不良社会影响的突发性事件。

受理劳动争议案件权 是指劳动争议仲裁委员会根据国家有关规定,对劳动争议当事人的申请予以审查,符合受理条件而正式立案、准备处理的劳动争议案件权。

附　　录

附录1 1999年辽宁主要指标在全国的位次

单位:亿元

位次	国内生产总值		第一产业		第二产业		第三产业	
	省(市)	绝对数	省(市)	绝对数	省(市)	绝对数	省(市)	绝对数
	全国	**82 054**	**全国**	**14 212**	**全国**	**40 806**	**全国**	**27 036**
1	广东	8 459	山东	1 221	广东	4 266	广东	3 172
2	江苏	7 701	河南	1 124	江苏	3 906	江苏	2 780
3	山东	7 662	广东	1 021	山东	3 705	山东	2 736
4	浙江	5 350	江苏	1 014	浙江	2 906	上海	2 002
5	河南	4 581	四川	949	河北	2 232	浙江	1 808
6	河北	4 557	河北	806	河南	2 090	**辽宁**	**1 631**
7	**辽宁**	**4 146**	湖南	771	**辽宁**	**1 996**	河北	1 519
8	上海	4 035	安徽	757	上海	1 954	福建	1 395
			辽宁(12)	**520**				

位次	国内生产总值指数%		固定资产投资		基本建设投资额		更新改造投资额	
	省(市)	指数	省(市)	绝对数	省(市)	绝对数	省(市)	绝对数
	全国	**107.1**	**全国**	**22 419**	**全国**	**12 619**	**全国**	**4 419**
1	上海	110.2	广东	2 349	广东	1 213	上海	366
2	江苏	110.1	上海	1 690	上海	813	广东	354
3	山东	110.1	江苏	1 588	江苏	709	河北	325
4	北京	110.0	山东	1 313	山东	705	山东	302
5	天津	110.0	浙江	1 203	浙江	668	江苏	298
6	浙江	110.0	北京	1 060	河北	596	**辽宁**	**261**
7	福建	110.0	河北	1 018	湖北	558	湖北	222
8	广东	109.4	湖北	913	四川	551	浙江	205
	辽宁(14)	**108.1**	**辽宁(9)**	**905**	**辽宁(11)**	**421**		

位次	房地产开发投资额		建筑业总产值		财政收入		财政支出	
	省(市)	绝对数	省(市)	绝对数	省(市)	绝对数	省(市)	绝对数
	全国	**4 010**	**全国**	**10 423**	**全国**	**11 377**	**全国**	**8 995**
1	广东	676	江苏	1 298	广东	762	广东	966
2	上海	500	浙江	1 010	上海	420	山东	550
3	北京	421	广东	794	山东	404	上海	534
4	江苏	327	山东	737	江苏	343	江苏	480
5	浙江	261	北京	681	**辽宁**	**280**	**辽宁**	**454**
6	**辽宁**	**180**	四川	625	北京	279	河南	385
7	福建	174	上海	492	浙江	246	云南	377
8	山东	172	**辽宁**	**426**	河北	223	四川	364

注:1. 国内生产总值绝对值按现价计算,速度按不变价计算。

2. 固定资产投资不含城乡集体和个人投资。

附录1续表1

单位:亿元

位次	在岗职工平均工资(元)		城镇居民人均可支配收入(元)		农民人均纯收入(元)		农林牧渔业总产值	
	省(市)	绝对数	省(市)	绝对数	省(市)	绝对数	省(市)	绝对数
	全国	**8 346**	**全国**	**5 854**	**全国**	**2 210**	**全国**	**24 519**
1	上海	16 641	上海	10 932	上海	5 409	山东	2 203
2	北京	14 054	北京	9 183	北京	4 226	河南	1 907
3	西藏	12 962	广东	9 126	浙江	3 948	江苏	1 837
4	广东	12 245	浙江	8 428	广东	3 629	广东	1 653
5	浙江	11 201	天津	7 650	江苏	3 495	河北	1 540
6	天津	11 056	西藏	6 909	天津	3 411	四川	1 377
7	福建	9 490	福建	6 860	福建	3 091	安徽	1 234
8	江苏	9 171	江苏	6 538	山东	2 550	湖南	1 173
	辽宁(11)	**7 895**	**辽宁(21)**	**4 899**	**辽宁**	**2 501**	**辽宁(12)**	**977**

位次	工业总产值		国有及国有控股工业产值		集体工业产值		股份制工业产值	
	省(市)	绝对数	省(市)	绝对数	省(市)	绝对数	省(市)	绝对数
	全国	**73 390**	**全国**	**34 855**	**全国**	**13 932**	**全国**	**11 349**
1	广东	10 476	上海	3 006	江苏	2 412	浙江	1 487
2	江苏	8 958	山东	2 861	山东	2 299	江苏	1 294
3	山东	6 942	江苏	2 755	广东	1 563	山东	1 162
4	上海	6 307	广东	2 607	浙江	1 272	广东	942
5	浙江	5 200	**辽宁**	**2 219**	河南	864	四川	721
6	**辽宁**	**3 362**	湖北	1 724	上海	851	河南	677
7	河南	3 104	河南	1 693	河北	756	湖北	592
8	河北	2 986	黑龙江	1 574	湖北	677	河北	527
					辽宁(10)	**376**	**辽宁(9)**	**420**

位次	外商及港澳台商投资工业产值		工业产品销售收入		工业利税总额		工业利润总额	
	省(市)	绝对数	省(市)	绝对数	省(市)	绝对数	省(市)	绝对数
	全国	**18 349**	**全国**	**67 535**	**全国**	**6 422**	**全国**	**2 202**
1	广东	5 607	广东	9 679	广东	671	广东	309
2	上海	2 802	江苏	8 343	山东	652	山东	285
3	江苏	2 246	山东	6 559	江苏	643	上海	258
4	福建	1 382	上海	4 987	上海	540	江苏	251
5	山东	977	浙江	4 815	浙江	487	浙江	235
6	浙江	918	**辽宁**	**3 186**	黑龙江	365	黑龙江	181
7	天津	884	河北	2 907	河北	305	河北	129
8	北京	749	河南	2 869	云南	303	天津	83
	辽宁(9)	**603**			**辽宁(11)**	**237**	**辽宁(15)**	**40**

注:1.工业总产值统计范围是全部国有及限额以上非国有工业企业。

2.产值按现价计算。

附录1续表2

单位:亿元

位次	工业亏损企业亏损额		大中型工业产品销售收入		大中型工业利税总额		大中型工业利润总额	
	省(市)	绝对数	省(市)	绝对数	省(市)	绝对数	省(市)	绝对数
	全　国	**1 300**	**全　国**	**39 942**	**全　国**	**4 579**	**全　国**	**1 444**
1	青　海	7	山　东	4 486	广　东	478	广　东	238
2	宁　夏	7	广　东	4 390	山　东	471	上　海	198
3	海　南	9	江　苏	4 009	上　海	437	山　东	185
4	贵　州	15	上　海	3 574	江　苏	377	黑龙江	178
5	甘　肃	20	**辽　宁**	**2 396**	黑龙江	344	江　苏	150
6	江　西	23	浙　江	2 101	云　南	287	浙　江	120
7	新　疆	27	河　北	1 636	浙　江	252	河　北	56
8	广　西	28	湖　北	1 631	**辽　宁**	**196**	云　南	49
	辽　宁(27)	**78**					**辽宁(13)**	**29**

位次	工业经济效益综合指数(%)		工业总资产贡献率(%)		工业资本保值增值率(%)		工业资产负债率(%)	
	省(市)	绝对数	省(市)	绝对数	省(市)	绝对数	省(市)	绝对数
	全　国	**99.3**	**全　国**	**7.9**	**全　国**	**109.3**	**全　国**	**62.0**
1	云　南	131.7	云　南	16.4	青　海	191.0	四　川	41.8
2	黑龙江	128.9	黑龙江	12.1	海　南	146.9	上　海	52.3
3	上　海	127.0	浙　江	11.4	宁　夏	121.0	云　南	54.7
4	浙　江	124.3	山　东	9.6	吉　林	117.4	福　建	55.8
5	山　东	109.7	湖　南	9.2	天　津	116.0	浙　江	58.9
6	广　东	109.2	福　建	9.1	福　建	114.7	广　东	61.1
7	福　建	108.4	河　北	8.4	浙　江	114.4	天　津	61.4
8	江　苏	105.9	江　苏	8.4	湖　南	112.8	江　苏	61.9
	辽宁(19)	**79.4**	**辽宁(25)**	**5.5**	**辽宁(23)**	**107.0**	**辽宁(13)**	**64.3**

位次	工业成本费用利用率(%)		工业全员劳动生产率(元/人)		工业产品销售率(%)		社会消费品零售额	
	省(市)	绝对数	省(市)	绝对数	省(市)	绝对数	省(市)	绝对数
	全　国	**3.4**	**全　国**	**30 393**	**全　国**	**97.2**	**全　国**	**31 135**
1	黑龙江	11.6	上　海	62 872	云　南	98.3	广　东	3 656
2	云　南	6.5	广　东	45 812	湖　南	98.1	江　苏	2 394
3	上　海	5.4	北　京	43 925	上　海	98.1	山　东	2 310
4	浙　江	5.2	浙　江	41 074	吉　林	98.0	浙　江	2 076
5	河　北	4.7	云　南	40 669	天　津	97.9	**辽　宁**	**1 696**
6	山　东	4.6	江　苏	35 614	甘　肃	97.8	湖　北	1 617
7	福　建	4.4	海　南	33 802	江　西	97.8	河　南	1 616
8	天　津	4.3	天　津	33 414	内蒙古	97.8	上　海	1 590
	辽宁(16)	**1.3**	**辽宁(14)**	**24 140**	**辽宁(14)**	**97.4**		

附录 1 续表 3

位次	海关出口总额（亿美元）		海关进口总额（亿美元）		外商实际投资额（亿美元）		原油（万吨）	
	省（市）	绝对数	省（市）	绝对数	省（市）	绝对数	省（市）	绝对数
	全国	**1 949**	**全国**	**1 658**	**全国**	**404**	**全国**	**16 022**
1	广东	777	广东	627	广东	122	黑龙江	5 451
2	上海	188	上海	198	江苏	64	山东	2 665
3	江苏	183	江苏	130	福建	40	新疆	1 739
4	浙江	129	福建	73	上海	30	**辽宁**	**1 430**
5	山东	116	山东	67	天津	25	广东	1 284
6	福建	104	天津	63	山东	25	天津	687
7	**辽宁**	**82**	**辽宁**	**55**	北京	22	陕西	643
8	天津	63	浙江	54	**辽宁**	**21**	河南	565

位次	发电量（亿千瓦小时）		生铁（万吨）		钢（万吨）		成品钢材（万吨）	
	省（市）	绝对数	省（市）	绝对数	省（市）	绝对数	省（市）	绝对数
	全国	**12 393**	**全国**	**12 539**	**全国**	**12 426**	**全国**	**12 057**
1	广东	1 104	河北	1 465	上海	1 669	上海	1 486
2	山东	911	山西	1 454	**辽宁**	**1 467**	**辽宁**	**1 235**
3	江苏	787	**辽宁**	**1 449**	河北	1 304	江苏	1 170
4	河北	760	上海	1 338	湖北	852	河北	1 104
5	河南	659	湖北	751	北京	734	湖北	762
6	**辽宁**	610	北京	718	江苏	655	北京	664
7	山西	570	山东	651	山东	623	山东	633
8	浙江	529	四川	531	四川	609	四川	544

位次	水泥（万吨）		农用化肥（折纯，万吨）		化学纤维（万吨）		机制纸（万吨）	
	省（市）	绝对数	省（市）	绝对数	省（市）	绝对数	省（市）	绝对数
	全国	**57 500**	**全国**	**3 251**	**全国**	**600**	**全国**	**1 257**
1	山东	5 949	山东	385	江苏	170	山东	247
2	广东	5 609	四川	262	浙江	123	河南	151
3	江苏	4 378	河南	253	山东	43	河北	110
4	河南	3 801	湖北	234	广东	39	广东	95
5	浙江	3 795	河北	198	上海	37	广西	68
6	河北	3 770	安徽	182	福建	37	浙江	67
7	四川	2 591	云南	178	**辽宁**	**29**	湖南	53
8	湖南	2 274	江苏	171	黑龙江	17	江苏	49
	辽宁（12）	**1 711**	**辽宁（11）**	**90**			**辽宁（10）**	**47**

附录2 省辖市

(19

指标名称	单位	沈阳市	大连市	鞍山市	抚顺市	本溪市
一、人口、劳动力及土地面积						
年末总人口	万人	677.08	545.31	340.26	226.91	156.69
其中:非农业人口	万人	426.52	269.7	171.38	148.68	101.86
年平均人口	万人	675.97	544.27	339.94	227.02	156.51
暂住人口(一个月以上)	万人	14.95	29.87	5.21	11.21	1.75
年出生人口	人	44 189	37 924	28 675	13 739	12 974
年死亡人口	人	44 829	37 933	20 965	14 542	10 399
年末总户数	万户	212.64	180.72	104.85	71.73	49.34
年末单位从业人员数	万人	394.49	98.32	63.01	45.13	46.23
(1)农、林、牧、渔业	万人	89.12	2.41	1.01	1.18	0.42
(2)采掘业	万人	2.94	1.06	0.86	5.77	2.16
(3)制造业	万人	113.45	37.82	31.53	15.74	24.36
(4)电力、煤气及水的生产和供应业	万人	3.49	2.24	1.43	1.84	0.96
(5)建筑业	万人	18.11	4.66	7.46	5.65	4.3
(6)地质勘查业、水利管理业	万人	0.75	0.36	0.25	0.15	0.17
(7)交通运输、仓储及邮电通信业	万人	21.4	10	2.08	1.18	2.78
(8)批发和零售贸易、餐饮业	万人	80.12	8.73	3.35	2.21	3.49
(9)金融、保险业	万人	3.1	3.16	1.46	1.18	0.62
(10)房地产业	万人	2.25	1.63	0.53	0.32	0.42
(11)社会服务业	万人	18.51	7.1	3.05	2.31	1.37
(12)卫生、体育和社会福利业	万人	6.53	3.59	1.51	1.11	0.85
(13)教育、文化艺术和广播电影电视业	万人	14.08	8.86	4.94	3.21	2.25
(14)科学研究和综合技术服务业	万人	8.85	1.38	0.71	0.45	0.19
(15)国家机关、政党机关和社会团体	万人	8	5.01	2.75	2.78	1.88
(16)其他行业	万人	3.79	0.31	0.09	0.05	0.01
城镇个体从业人员	人	439 256	426 690	84 667	120 742	109 474
年末城镇失业人员(登记数)	人	59 619	69 000	32 891	21 384	20 827
土地面积	平方公里	12 980	12 574	9 252	10 816	8 420
二、综合经济						
(一)国内生产总值(当年价格)	万元	10 131 885	10 030 806	5 249 721	2 057 915	1 332 939
第一产业	万元	697 468	1 033 279	439 731	181 018	128 974
第二产业	万元	4 440 155	4 624 706	2 972 563	1 200 847	705 310
其中:工业	万元	3 957 452	4 265 101	2 688 489	1 115 877	640 923
第三产业	万元	4 994 262	4 372 821	1 837 427	676 050	498 655
国内生产总值(1990年不变价格)	万元	6 266 082	6 424 946	3 295 829	1 353 791	931 377
第一产业	万元	383 886	697 578	289 436	115 492	78 165
第二产业	万元	3 532 613	3 764 939	1 976 694	892 068	541 064
其中:工业	万元	3 279 242	3 604 000	1 804 547	841 210	496 319
第三产业	万元	2 349 583	1 962 429	1 029 699	346 231	312 148

基　本　情　况(地区数)

99年)

丹东市	锦州市	营口市	阜新市	辽阳市	盘锦市	铁岭市	朝阳市	葫芦岛市
240.53	305.44	224.25	191.37	179.2	120.77	296.99	332.22	266.23
97.92	106.97	87.14	84.69	75.2	59.97	89.03	84.61	73.21
240.44	304.8	223.58	191.32	178.92	120.14	296.31	331.83	265.76
4.58	6.48	0.41	1.09	5.1	1.28	2.26	1.57	0.08
18 507	25 540	17 280	14 450	16 080	14 507	24 110	36 367	23 418
15 290	17 661	10 885	12 256	10 273	5 823	16 100	16 309	13 456
73.2	96.66	71.22	57.25	59.5	40.33	91.85	98.81	82.15
126.27	37.37	22.38	38.75	23.52	59.06	29.2	29.62	27.2
39.83	3.01	0.59	0.55	0.5	16.81	2	2.28	0.99
3.14	0.05	0.5	10.76	0.1	8.35	4.86	1.96	2.44
39.54	10.43	7.04	10.46	9.5	8.73	4.49	8.75	10.99
1.17	1.59	0.83	1.13	0.62	0.49	1.71	0.88	0.58
4.55	2.98	0.94	2.58	3.47	4.48	1.6	1.17	1.27
0.29	0.2	0.24	0.18	0.24	3.67	0.31	0.15	0.22
6.16	4.78	1.82	1.69	0.89	2.59	1.26	0.99	1.18
18.2	2.25	1.42	3.5	1.36	5.52	23.18	2.72	1.57
1.07	1.22	0.99	0.66	0.68	0.54	0.91	0.82	0.79
0.28	0.51	0.3	0.12	0.38	0.1	0.24	0.18	0.13
4.57	1.39	1.09	1.1	0.69	1.75	0.7	0.85	0.71
1.3	1.81	1.09	0.86	0.76	0.56	1.33	1.26	1.2
3.28	4.16	2.9	2.74	2.16	1.34	3.46	4.32	2.8
0.4	0.39	0.29	0.12	0.2	0.17	0.28	0.2	0.21
2.34	2.34	2.17	1.98	1.8	1.32	2.75	2.99	2.03
0.15	0.26	0.17	0.32	0.17	2.64	0.12	0.1	0.09
77 421	110 852	131 776	120 253	143 891	33 900	77 082	48 859	155 138
32 331	25 501	102 158	26 986	15 041	25 100	17 347	33 827	19 569
14 910	10 301	5 401	10 355	4 731	4 071	12 968	19 698	10 415
1 660 695	1 867 279	1 545 225	644 568	1 547 268	2 515 475	1 185 487	860 804	1 517 184
322 856	535 308	257 680	163 961	221 471	344 269	403 762	264 483	236 113
606 204	647 224	727 710	201 518	707 869	1 679 054	374 869	256 169	707 431
535 013	553 869	653 169	155 840	602 040	1 400 220	302 711	220 226	625 050
731 635	684 747	559 835	279 089	617 928	492 152	406 856	340 152	573 640
1 230 910	1 377 051	1 106 126	453 262	1 105 224	1 124 856	706 469	554 493	985 899
204 766	332 009	150 083	104 607	111 181	148 261	225 350	143 206	171 719
625 486	449 676	582 508	149 745	615 896	726 821	223 289	199 192	451 930
580 578	391 796	530 066	113 607	546 541	622 145	170 400	174 731	400 480
400 658	595 366	373 535	198 910	378 147	249 774	257 830	212 095	362 250

指　标　名　称	单　位	沈阳市	大连市	鞍山市	抚顺市	本溪市
(二)农业						
农林牧渔业总产值(当年价格)	万　元	1 295 418	1 879 739	882 522	390 388	230 117
年末实有耕地面积	千公顷	676	277	219	128	70
蔬菜产量	吨	2 921 316	2 025 218	1 233 588	406 782	340 242
水果产量	吨	86 195	788 620	111 760	56 872	24 530
猪肉产量	吨	170 044	184 803	147 446	63 699	30 872
牛羊肉产量	吨	15 209	16 713	42 662	36 006	8 065
奶类产量	吨	50 561	58 536	6 263	18 629	2 344
禽蛋产量	吨	225 035	147 815	215 472	63 391	25 887
禽肉产量	吨	116 009	70 844	105 675	28 907	5 522
水产品产量	吨	95 110	2 139 535	22 000	2 658	5 944
(三)工业						
国有及销售收入500万元以上的非国有工业经济指标						
工业企业数	个	1 150	973	665	314	235
内资企业	个	945	574	628	272	222
港、澳、台商投资企业	个	75	84	16	18	6
外商投资企业	个	130	315	21	24	7
工业总产值(当年价格)	万　元	5 826 733	8 426 385	4 221 412	2 758 130	1 554 156
内资企业	万　元	4 644 405	5 087 687	4 079 757	2 577 129	1 535 090
港、澳、台商投资企业	万　元	444 279	330 263	33 278	115 339	7 868
外商投资企业	万　元	738 049	3 008 435	108 377	65 662	11 198
从业人员平均人数	万　人	61.54	45.17	46.63	23.67	20.53
流动资产年平均余额	万　元	6 796 067	5 518 957	3 488 541	5 892 375	1 428 034
固定资产净值年平均余额	万　元	4 803 611	5 919 068	4 137 373	2 737 297	1 682 742
产品销售收入	万　元	5 502 468	8 205 394	3 916 748	3 126 808	1 905 503
其中:产品销售税金及附加	万　元	69 198	96 118	44 507	88 107	34 233
本年应交增值税	万　元	227 893	261 737	228 161	114 106	89 924
利润总额	万　元	163 533	214 136	94 972	14 690	—14 611
(年销售收入500万元下的非国有)工业企业经济指标						
(限额下)工业企业数	个	56 529	40 240	40 752	23 553	9 366
(限额下)工业总产值	万　元	9 408 840	10 950 490	6 551 706	2 076 721	518 853
(四)交通运输、邮电通信、电力						
铁路客运量	万　人	2 904	1 526	966.5	385.53	1 344.6
铁路货运量	万　吨	512	1 612	1 885	1 278	1 498
民用汽车拥有量	辆	174 919	142 897	52 432	40 302	31 064
其中:私人汽车拥有量	辆	50 507	40 226	10 901	10 362	9 829
公路客运量	万　人	4 778	8 595	5 325	3 280	2 589
公路货运量	万　吨	14 898	15 154	6 004	2 689	4 282
水运客运量	万　人	—	579	—	—	—
水运货运量	万　吨	—	2 418	—	—	—

99年）

丹东市	锦州市	营口市	阜新市	辽阳市	盘锦市	铁岭市	朝阳市	葫芦岛市
546 966	1 049 681	429 422	265 103	424 281	565 559	903 210	481 437	466 328
174	404	120	376	140	112	541	474	225
1 033 467	2 879 236	354 318	306 739	837 334	563 302	2 068 721	960 948	726 033
89 294	257 889	424 884	12 394	77 902	13 250	90 251	72 683	460 161
65 664	253 890	45 412	104 445	53 531	27 503	142 844	79 186	97 274
15 126	29 077	4 792	22 721	6 442	1 107	79 891	19 444	28 057
4 689	14 897	3 699	5 129	2 737	4 681	10 334	5 732	4 685
47 401	235 191	61 877	34 289	45 829	18 145	69 876	35 005	118 503
10 741	76 412	31 419	8 852	29 662	11 240	72 820	7 448	26 178
202 547	187 506	200 897	2 236	44 238	158 402	13 485	1 196	226 472
310	303	426	221	311	276	217	253	162
284	276	335	216	280	271	211	247	150
8	13	33	—	9	2	4	2	4
18	14	58	5	22	3	2	4	8
941 573	1 359 205	1 365 382	455 761	1 588 496	2 457 750	771 843	624 637	1 557 763
797 253	1 139 875	844 673	439 495	1 373 250	2 428 079	745 964	614 737	1 515 453
13 791	183 050	106 171	—	134 841	2 631	15 812	3 515	12 629
130 529	36 280	414 538	16 266	80 405	27 040	10 067	6 385	29 681
13.86	13.58	13.16	11.88	14.06	13.93	11.4	12.48	14.5
714 001	823 911	892 549	480 373	1 049 475	1 504 905	524 767	696 886	1 129 554
1 065 575	1 069 610	979 770	612 364	1 933 047	2 861 154	982 985	582 206	1 420 439
881 723	1 306 117	1 239 448	517 815	1 487 880	2 247 680	653 866	551 896	1 645 288
8 505	42 791	24 873	5 342	21 484	53 733	7 554	9 660	41 690
42 236	57 130	49 861	34 722	71 628	191 216	42 964	30 628	61 891
−18 292	−13 830	49 470	−22 947	−78 757	212 203	57 893	−22 715	−50 076
19 123	23 841	22 480	5 323	15 650	6 887	19 487	15 784	20 141
2 203 489	1 545 680	1 653 378	233 924	1 650 634	516 938	258 286	310 570	913 302
368.4	836.44	285	208.04	366	89	607.2	248.5	394
173	528	546	988	636	254	1 501	415	1 092
38 266	70 268	33 451	20 056	33 783	42 412	27 929	22 840	17 865
11 771	19 883	7 561	6 504	13 834	9 908	9 869	6 188	6 806
1 460	1 552	1 692	2 369	2 900	1 080	4 568	2 128	1 733
1 762	4 138	2 657	3 456	2 670	2 482	2 004	2 497	3 691
16	—	—	—	—	—	—	—	18
99	6	15	—	—	4	—	—	78

指　标　名　称	单　位	沈阳市	大连市	鞍山市	抚顺市	本溪市
民用航空货邮运量	吨	23 100	32 976	—	—	—
民用航空客运量	人	996 600	801 266	5 100	—	—
年末邮电局(所)数	处	374	321	218	317	86
邮电业务总量(不变价)	万　元	196 478	364 229	156 717	65 833	26 426
本地电话用户	万　户	120	102	53	34	25
年末无线寻呼用户数	户	1 433 300	285 640	537 500	241 759	202 000
年末移动电话用户数	户	734 200	551 095	247 073	126 642	109 000
全年用电量	万千瓦时	1 005 700	992 757	847 716	664 449	485 050
其中:工业用电	万千瓦时	569 200	692 284	709 580	601 578	425 001
城乡居民生活用电	万千瓦时	180 000	141 872	72 577	36 772	28 333
(五)批发零售贸易与外经、旅游						
批发零售贸易业商品销售总额	万　元	13 559 282	6 463 934	2 021 038	1 217 897	577 921
社会消费品零售总额	万　元	5 160 894	4 480 390	1 135 097	1 036 100	427 295
限额以上批发零售贸易餐饮业						
产业活动单位	个	500	390	93	57	28
其中:零售业	个	130	111	43	23	11
从业人员	万　人	8.45	6.87	2.65	0.98	0.83
其中:零售业	万　人	3.6	3.11	1.36	0.67	0.39
(六)对外经济活动、国际旅游						
外国和港澳台地区在华直接投资						
当年新签项目(合同)个数	个	598	621	104	55	26
当年合同外资金额	万美元	110 734	245 761	30 303	14 369	2 979
当年实际使用外资金额	万美元	103 539	117 415	5 311	2 964	1 201
已投产(开工)企业	个	1 397	3 850	226	133	74
从业人员人数	人	119 276	211 178	19 898	19 527	17 000
国际旅游者人数	人	137 576	260 880	19 251	2 069	16 500
其中:外国人	人	109 833	200 479	16 882	1 701	14 198
华　侨	人	17	9 074	143	43	261
港澳台同胞	人	27 726	51 327	2 226	325	2 041
国际旅游收入	万美元	6 862	18 003	1 100	231	560
(七)固定资产投资						
固定资产投资完成额	万　元	2 401 585	1 150 588	1 064 248	390 801	274 763
其中:住宅建设	万　元	617 839	60 514	188 298	82 290	61 594
房地产开发投资完成额	万　元	517 519	675 750	101 424	51 532	54 427
其中:住宅	万　元	354 915	408 887	69 709	41 545	38 446
全年新增固定资产	万　元	1 785 182	1 520 560	638 572	200 051	185 895
本年施工住宅建筑面积	万平方米	841.7	636.46	189.5	204.95	106.92
本年竣工住宅建筑面积	万平方米	537.1	318.59	98	126.61	65.68
商品房屋销售建筑面积	万平方米	149.1	240.97	50.6	26.62	20.54
其中:销售给个人	万平方米	98.9	182.48	38	9.65	5.98

99 年）

丹东市	锦州市	营口市	阜新市	辽阳市	盘锦市	铁岭市	朝阳市	葫芦岛市
415	349	—	—	—	—	—	137	—
11 000	26 202	—	—	—	—	—	31 856	—
205	198	151	168	137	152	252	302	247
71 730	75 542	79 433	18 154	29 393	44 431	25 527	41 078	54 604
31	31	26	22	25	25	25	26	22
215 036	271 343	146 035	159 270	115 000	139 000	140 000	138 120	106 218
82 878	110 947	112 481	41 795	81 000	109 800	51 000	50 554	94 952
254 350	405 636	309 403	216 550	423 514	299 890	315 781	250 271	325 674
176 186	285 065	233 741	159 832	351 951	255 357	222 394	181 982	267 347
46 855	71 517	40 688	32 139	41 062	22 811	46 972	42 186	33 066
990 878	1 222 828	635 206	305 904	955 129	545 862	645 645	103 639	686 072
655 012	860 524	519 609	383 705	479 046	425 320	539 450	366 552	541 997
23	84	29	20	16	34	19	31	19
4	30	13	9	5	18	4	11	10
0.45	1.71	0.85	0.55	0.35	0.88	0.37	0.79	0.33
0.16	0.96	0.38	0.33	0.14	0.59	0.04	0.33	0.18
82	43	88	17	35	29	17	16	20
8 022	12 005	26 002	610	7 565	12 313	524	6 239	5 037
3 324	1 292	12 097	397	1 457	8 556	476	1 005	5 239
340	106	170	40	98	40	30	54	48
18 686	14 611	30 168	2 388	19 629	3 375	3 507	5 600	5 947
23 500	2 881	10 200	711	1 628	1 363	537	377	6 000
21 779	2 199	9 946	559	1 297	1 204	487	324	4 200
360	—	—	3	318	43	20	4	450
1 361	682	254	149	13	116	30	49	1 350
820	153	442	40	107	55	27	22	116
313 129	333 162	402 318	197 016	162 860	935 754	320 339	244 307	702 940
27 151	94 253	102 772	59 807	26 137	74 898	121 937	74 906	84 082
58 329	84 701	94 803	35 445	30 214	18 751	35 502	18 245	45 400
45 912	69 592	54 212	33 414	18 841	12 386	24 254	13 185	27 499
192 483	281 630	331 710	179 789	155 464	700 608	283 701	101 640	199 575
191.61	161.09	200.53	152.37	41.73	112.79	228.09	198.98	229.03
131.58	131.59	146.91	118.8	24.37	90.98	167.82	172.03	176.81
34.54	50.77	59.9	22.48	25.35	11.51	25.42	16.17	37.01
25.69	50.77	51.24	20.65	23.83	5.01	23.48	12.96	27.8

附录 2 续表 3 (19

指 标 名 称	单 位	沈阳市	大连市	鞍山市	抚顺市	本溪市
商品房屋销售额	万 元	416 313	561 184	82 090	36 047	33 465
其中:销售给个人	万 元	235 451	381 361	56 531	14 668	8 192
三、教育、科技、文化、卫生						
学校数						
高等学校	个	21	15	3	3	3
中等专业学校	个	48	22	10	46	6
普通中学	个	367	276	187	172	104
小 学	个	1 519	1 429	1 064	776	445
专任教师总数						
高等学校	人	10 537	6 555	1 044	1 143	593
中等专业学校	人	3 310	1 488	984	1 554	436
普通中学	人	23 449	18 403	11 503	7 857	5 535
小 学	人	30 208	23 126	15 308	10 286	7 345
在校学生总数						
高等学校	人	109 127	64 960	11 308	8 052	5 095
中等专业学校	人	39 522	22 387	10 072	20 930	7 721
普通中学	万 人	33.42	25.76	18.18	11.39	8.46
小 学	万 人	55.93	48.37	27.97	18.19	13.84
成人高等教育学校在校学生数	人	103 415	10 257	3 172	2 197	2 083
各类专业技术人员数	万 人	49.6	25.01	17.99	9.71	5.9
其中:中级技术职称以上人员数	万 人	21.32	10.68	8.21	4.07	2.4
从事科技活动人员数	人	1 101	30 154	7 073	11 988	3 847
剧场、影剧院数	个	29	10	26	19	11
公共图书馆图书藏量	千册、件	6 702	2 861	1 655	993	831
医院、卫生院数	个	369	246	150	171	99
医院、卫生院床位数	张	35 994	25 838	15 701	11 940	9 257
医生数	人	20 490	13 846	7 929	4 491	3 622

99 年）

丹东市	锦州市	营口市	阜新市	辽阳市	盘锦市	铁岭市	朝阳市	葫芦岛市
49 760	77 757	66 354	26 011	33 688	11 383	24 327	16 950	45 120
36 074	77 757	54 088	23 002	31 054	6 180	21 999	13 631	33 168
4	5	4	2	3	1	3	1	1
9	28	18	7	6	7	9	7	27
143	209	113	124	100	79	190	246	169
869	1 001	770	870	571	344	1 408	1 599	1 141
832	1 950	425	820	653	163	365	204	156
527	1 635	824	556	484	360	527	628	1 290
7 720	9 944	7 086	6 631	6 001	4 921	9 829	12 371	8 320
11 457	13 237	10 080	10 212	7 071	6 893	14 785	18 245	12 758
9 105	18 993	4 848	7 951	2 440	567	2 077	1 990	904
9 487	23 441	7 992	10 828	8 676	4 009	5 379	5 633	10 647
8.58	13.13	11.13	8.04	8.57	6.77	12.84	14.81	12.05
20.52	26.39	24.9	16.96	14.27	11.22	26.28	33.95	27.94
5 030	9 447	1 297	1 421	827	913	1 169	1 641	554
6.39	9.99	5.72	6.12	4.03	7.14	7.02	8.89	7
2.5	4.6	2.22	2.52	1.94	2.18	1.95	3.32	2.8
1 861	11 480	2 222	1 430	8 253	8 160	538	2 453	2 653
7	5	10	5	4	33	12	8	7
1 265	1 021	746	422	691	272	450	532	302
127	164	112	110	118	71	740	214	212
11 318	11 871	8 250	6 725	7 168	5 126	8 085	10 521	15 783
4 922	6 768	3 781	3 556	3 569	3 183	5 368	5 539	4 467

指　标　名　称	单　位	沈阳市	大连市	鞍山市	抚顺市	本溪市
四、财政、金融、保险						
中央财政预算内收入	万　元	511 225	1 125 759	169 714	173 530	76 559
地方财政预算内收入	万　元	567 919	709 227	218 080	134 168	110 467
地方财政预算内支出	万　元	795 998	846 809	351 772	244 204	182 600
其中:科学事业费支出	万　元	6 065	3 188	1 283	1 153	518
教育事业费支出	万　元	105 069	78 890	41 194	28 981	29 205
金融机构数	个	1 609	183	158	238	137
其中:保险机构数	个	52	47	28	36	14
年末金融机构存款余额	万　元	14 810 499	12 243 494	4 035 463	2 683 049	1 766 371
其中:城乡储蓄年末余额	万　元	9 016 998	7 556 796	3 084 582	1 959 050	1 405 934
年末金融机构各项贷款余额	万　元	12 941 012	11 215 037	3 951 401	1 991 257	1 674 807
承保额	万　元	21 761 169	26 650 016	10 102 886	5 839 293	2 356 188
保费	万　元	208 814	124 428	51 653	41 635	29 970
已决赔款	万　元	81 992	41 118	16 065	11 946	8 007
五、人民生活						
在岗职工平均人数	万　人	135.45	94.15	63.37	45.97	32.46
在岗职工工资总额	万　元	1 152 811	965 922	451 302	330 499	240 212
职工保险福利费用总额	万　元	62 865	100 495	38 120	33 192	30 085
年末离休、退休、退职人员数	万　人	67.72	40.78	31.99	24.18	16.4
离休、退休、退职人员保险福利费用总额	万　元	414 351	272 294	186 253	125 235	67 989
社会福利院数	个	162	131	82	53	61
社会福利院床位数	张	9 048	6 927	4 483	2 210	2 320
六、社会治安						
交通事故件数	件	6 070	3 755	550	352	427
刑事案件发案数	件	25 348	21 389	7 100	5 250	3 779
犯罪人数	人	11 001	4 462	4 285	1 413	1 547

99 年）

丹东市	锦州市	营口市	阜新市	辽阳市	盘锦市	铁岭市	朝阳市	葫芦岛市
56 045	101 436	67 142	37 401	87 959	156 974	62 587	45 544	95 585
103 219	108 429	88 821	48 006	97 880	95 650	74 338	55 633	82 487
175 102	177 322	145 331	120 926	132 302	138 700	145 211	141 741	137 514
1 670	1 073	462	494	504	658	931	687	361
33 450	24 700	18 641	17 328	17 133	9 716	24 960	25 647	18 893
232	187	82	125	166	95	975	236	256
26	23	16	14	23	10	17	17	18
2 322 757	2 561 177	1 804 815	1 023 895	1 569 157	2 123 138	1 370 296	1 303 573	1 915 671
1 880 842	1 975 933	1 437 589	804 420	1 205 424	1 460 596	1 120 995	1 037 571	1 448 234
1 923 693	2 191 016	1 768 271	1 345 623	1 788 129	1 301 573	1 656 798	1 661 160	2 123 648
3 646 975	3 241 953	3 026 773	1 448 599	2 392 265	2 956 290	6 787 825	2 616 637	2 18 187
72 119	31 046	27 414	14 145	29 743	29 283	20 423	20 108	23 711
63 699	9 820	8 709	6 925	10 007	19 213	5 985	6 040	8 412
24.74	33.67	22.2	25.85	23.71	42.08	37.87	29.41	27.14
159 880	226 568	147 911	139 755	181 463	361 920	169 389	173 901	192 376
19 476	19 481	10 645	11 287	9 234	25 436	15 297	9 185	11 432
13.92	13.33	10.68	13.91	8.3	7.13	7.02	9.5	10.6
92 990	79 495	63 532	77 646	49 574	62 134	19 869	59 553	69 419
74	112	59	68	52	38	1	158	97
3 345	3 698	2 060	1 543	2 370	1 800	30	3 327	2 600
453	450	453	389	821	400	295	221	436
5 583	5 724	7 536	2 793	2 871	4 203	2 088	5 775	3 569
2 001	1 466	4 271	1 005	906	748	2 130	823	1 688

附录3 省 辖 市

（19

指 标 名 称	单 位	沈阳市	大连市	鞍山市	抚顺市	本溪市
一、人口、劳动力及土地面积						
年末总人口	万 人	481.49	264.17	145.5	139.2	96.59
其中：非农业人口	万 人	389.6	203.11	128.6	124.4	83.05
年平均人口	万 人	480.74	263.28	145.53	141.74	96.42
暂住人口（一个月以上）	万 人	14.63	28.05	4.6	9.38	1.08
年出生人口	人	26 756	16 598	8 022	7 521	6 729
年死亡人口	人	31 770	17 457	8 972	9 162	5 948
年末总户数	万 户	153.42	91.72	45.34	44.7	30.54
年末单位从业人员数	万 人	335.4	71.11	53.12	39.57	40.19
(1)农、林、牧、渔业	万 人	40.3	1.74	0.22	0.32	0.11
(2)采掘业	万 人	2.65	0.35	0.63	5.69	1.36
(3)制造业	万 人	111.73	26.37	30.21	15.12	22.97
(4)电力、煤气及水的生产和供应业	万 人	3.38	1.59	1.25	1.68	0.64
(5)建筑业	万 人	17.79	3.77	7.25	5.38	4.16
(6)地质勘查业、水利管理业	万 人	0.57	0.09	0.15	0.12	0.05
(7)交通运输、仓储及邮电通信业	万 人	20.15	8.71	0.94	0.76	2.4
(8)批发和零售贸易、餐饮业	万 人	78.92	6.84	2.72	1.74	2.74
(9)金融、保险业	万 人	3.06	2.16	0.83	0.96	0.61
(10)房地产业	万 人	2.14	1.29	0.39	0.28	0.38
(11)社会服务业	万 人	18.04	5.84	2.74	2.19	1.15
(12)卫生、体育和社会福利业	万 人	5.85	2.42	0.98	0.81	0.61
(13)教育、文化艺术和广播电影电视业	万 人	11.63	5.33	2.5	2.06	1.5
(14)科学研究和综合技术服务业	万 人	8.83	1.17	0.55	0.43	0.14
(15)国家机关、政党机关和社会团体	万 人	6.66	3.17	1.72	2.02	1.37
(16)其他行业	万 人	3.7	0.27	0.04	0.01	—
城镇个体从业人员	人	285 189	401 177	76 449	83 494	59 316
年末城镇失业人员（登记数）	人	53 657	43 926	24 900	18 317	17 261
土地面积	平方公里	3 495	2 415	624	713	1 308
其中：建成区面积	平方公里	202	234	131	117	69
二、综合经济						
（一）国内生产总值（当年价格）	万 元	8 426 198	6 891 390	2 870 907	1 535 448	1 111 189
第一产业	万 元	129 476	391 091	44 492	47 342	39 982
第二产业	万 元	3 845 494	2 944 101	1 713 298	940 029	642 364
其中：工业	万 元	3 418 163	2 677 335	1 517 730	871 729	577 237
第三产业	万 元	4 451 228	3 556 198	1 113 117	548 077	428 843
国内生产总值（1990年不变价格）	万 元	5 162 003	4 259 208	1 509 700	966 519	761 789
第一产业	万 元	82 503	302 135	30 076	18 138	23 449
第二产业	万 元	3 019 727	2 334 033	890 559	682 222	476 136
其中：工业	万 元	2 795 701	2 241 999	773 382	640 015	431 797
第三产业	万 元	2 059 773	1 623 070	589 065	266 159	262 204

基　本　情　况(市区数)

99年)

丹东市	锦州市	营口市	阜新市	辽阳市	盘锦市	铁岭市	朝阳市	葫芦岛市
70.24	82.19	65.48	77.83	70.13	54.32	42.41	45.49	90.48
58.11	66.69	50.42	68.33	57.43	47.67	31.87	29.96	45.67
70.13	81.76	65.09	77.83	69.98	54.13	42.19	45.26	90.11
2.2	4.32	0.03	0.73	3.4	0.84	0.51	1.01	0.04
4 369	6 127	5 212	4 554	5 420	5 436	3 478	4 854	7 104
4 712	3 801	3 017	5 092	4 286	2 282	1 242	1 095	4 283
23.53	28.59	23.81	24.83	24.2	18.23	14.32	15.26	30.67
20.61	22.59	16.81	31.26	19.39	40.42	1.17	11.63	17.98
0.22	0.88	0.43	0.11	0.42	1.58	1.68	0.5	0.24
0.37	0.01	0.47	10.69	0.09	8.35	—	0.03	2.21
6.9	8.34	6.63	8.98	8.76	7.78	2.55	4.25	9.3
0.9	1.13	0.69	1.06	0.59	0.49	0.48	0.67	0.21
1.02	2.54	0.73	2.31	3.24	4.35	0.34	0.91	1.16
0.1	0.11	0.06	0.11	0.11	3.67	0.07	0.07	0.22
0.94	1.87	1.49	1.13	0.54	2.21	0.58	0.56	0.54
5.67	1.62	1	2.18	0.89	5.39	7	0.86	0.76
0.51	0.72	0.99	0.42	0.68	0.5	0.22	0.28	0.46
0.15	0.3	0.18	0.09	0.35	0.1	0.05	0.11	0.08
1.38	1.07	0.78	0.9	0.59	1.63	0.52	0.53	0.38
0.51	0.83	0.55	0.45	0.53	0.29	0.52	0.56	0.32
0.92	1.65	1.1	1.3	1.1	0.48	1.17	1.01	0.87
0.27	0.27	0.23	0.09	0.18	0.13	0.18	0.12	0.11
0.74	1.07	1.35	1.12	1.18	0.79	0.74	1.13	1.09
0.01	0.18	0.13	0.32	0.14	2.64	—	0.04	0.03
48 454	69 400	69 195	80 439	66 066	22 090	36 607	12 041	41 971
16 071	19 101	58 967	23 578	6 767	19 813	1 516	8 971	12 883
563	440	648	448	560	266	313	557	2 301
49	64	62	49	75	48	36	27	52
796 643	824 897	970 108	428 189	777 090	1 960 676	327 713	312 796	909 258
18 651	61 139	47 175	35 005	27 370	21 772	15 908	22 465	66 540
309 075	363 505	567 506	171 620	415 656	1 555 433	157 481	162 118	506 123
288 863	301 033	526 110	132 882	329 181	1 291 932	142 531	143 146	444 392
468 917	400 253	355 427	221 564	334 064	383 471	154 324	128 213	336 595
548 813	614 217	690 784	301 530	568 627	834 985	196 125	218 169	477 849
12 466	46 801	26 009	23 082	12 085	9 430	8 879	12 164	39 370
267 670	214 136	425 558	124 031	376 318	627 299	93 808	126 060	277 208
250 792	181 951	396 710	96 154	321 090	532 033	80 229	113 574	241 062
268 677	353 280	239 217	154 417	180 224	198 256	93 438	79 945	161 271

指标名称	单位	沈阳市	大连市	鞍山市	抚顺市	本溪市
(二)工业						
国有及销售收入500万元以上的非国有工业经济指标						
工业企业数	个	1 035	793	308	222	146
内资企业	个	851	444	290	187	134
港、澳、台商投资企业	个	69	72	8	14	6
外商投资企业	个	115	277	10	21	6
工业总产值(当年价格)	万元	5 244 060	7 532 308	2 686 106	2 548 382	1 414 346
内资企业	万元	4 179 965	4 402 925	2 641 565	2 382 152	1 397 086
港、澳、台商投资企业	万元	399 851	262 436	12 445	109 346	7 868
外商投资企业	万元	664 244	2 866 947	32 096	56 884	9 392
从业人员平均人数	万人	55.39	35.39	38.15	20.73	18.15
流动资产年平均余额	万元	6 116 460	4 823 057	3 046 655	5 804 012	1 324 106
固定资产净值年平均余额	万元	4 323 250	5 298 876	3 747 913	2 636 669	1 560 215
产品销售收入	万元	4 952 221	7 342 740	2 605 276	2 934 104	1 795 618
其中:产品销售税金及附加	万元	62 278	91 562	31 918	68 545	32 304
本年应交增值税	万元	205 104	240 415	199 161	107 120	84 306
利润总额	万元	147 180	192 275	15 197	7 853	−14 186
年销售收入500万元以下的非国有工业企业经济指标						
工业企业数	个	50 876	15 013	4 261	6 168	2 659
工业总产值	万元	8 467 956	4 775 882	1 344 702	978 932	196 731
(三)交通运输、邮电通信、电力						
铁路客运量	万人	2 784	1 184.34	429	257.47	1 255.4
铁路货运量	万吨	496	1 308	1 086	1 177	1 300
民用汽车拥有量	辆	147 053	118 461	26 674	27 961	24 850
其中:私人汽车拥有量	辆	44 446	29 716	5 331	7 192	7 862
公路客运量	万人	4 352.76	7 282	1 646	2 517	1 630
公路货运量	万吨	14 562	14 874	3 999	2 134	4 161
水运客运量	万人	—	482.67	—	—	—
水运货运量	万吨	—	2 339	—	—	—

99 年）

丹东市	锦州市	营口市	阜新市	辽阳市	盘锦市	铁岭市	朝阳市	葫芦岛市
137	164	246	149	192	134	32	86	94
122	143	184	147	171	130	32	84	87
5	11	23	—	6	2	—	1	2
10	10	39	2	15	2	—	1	5
663 662	1 084 700	832 413	399 395	1 254 362	2 251 004	67 995	307 021	1 430 909
554 261	871 493	453 525	384 428	1 086 981	2 243 231	67 995	302 972	1 396 881
9 262	181 273	81 738	—	129 244	2 631	—	2 890	10 156
100 139	31 934	297 150	14 967	38 137	5 142	—	1 159	23 872
8.93	10.06	8.45	10.81	11.43	12.38	0.61	4.83	11.42
537 359	645 250	603 414	443 227	912 044	1 425 131	30 263	379 391	1 016 277
925 546	946 635	793 227	557 982	1 819 051	2 796 078	23 496	264 264	1 277 499
625 483	1 059 692	811 253	468 052	1 184 199	2 112 785	55 807	236 881	1 536 855
5 720	39 483	20 692	4 485	18 396	49 872	1 691	5 795	39 846
29 890	45 856	34 654	33 213	65 397	186 142	2 018	12 029	57 731
−24 169	−26 393	33 726	−22 147	−69 110	208 268	1 002	−18 148	−43 948
1 634	4 195	5 998	1 961	2 209	2 373	1 397	1 287	9 242
208 942	339 618	386 138	92 627	583 040	161 149	103 828	37 775	476 916
184.77	439.39	44.6	104.74	210	79	189.75	85.5	185.18
64	255	391	826	54	231	80	83	644
12 346	28 107	19 733	14 123	30 236	27 568	10 078	9 821	10 719
4 107	4 845	4 460	4 580	11 940	5 945	6 068	3 145	4 629
742.76	492	1 026	1 991.93	2 466	858	1 036.71	809.54	1 436
543	1 529	731	2 404	2 266	1 948	586	736	2 500
—	—	—	—	—	—	—	—	7
99	6	15	—	—	—	—	—	38

指　标　名　称	单　位	沈阳市	大连市	鞍山市	抚顺市	本溪市
民用航空货邮运量	吨	23 100	32 976	—	—	—
民用航空客运量	人	996 600	801 266	5 100	—	—
年末邮电局(所)数	处	210	191	66	179	36
邮电业务总量(不变价)	万　元	180 207	319 479	125 003	56 048	20 459
本地电话用户	万　户	86	75	34	29	19
年末无线寻呼用户数	户	1 359 176	263 896	376 250	220 145	179 200
年末移动电话用户数	户	703 198	492 827	182 963	112 859	95 793
全年用电量	万千瓦时	843 268	843 183	730 242	635 326	373 006
其中:工业用电	万千瓦时	460 499	605 509	636 229	587 705	283 743
城乡居民生活用电	万千瓦时	113 553	99 346	44 648	26 383	18 706
(四)批发零售贸易与外经、旅游						
批发零售贸易业商品销售总额	万　元	12 610 133	5 720 129	1 132 691	1 126 339	416 103
社会消费品零售总额	万　元	4 875 522	3 544 223	670 661	874 584	321 822
限额以上批发零售贸易餐饮业						
产业活动单位	个	500	347	64	51	28
其中:零售业	个	130	84	31	19	11
从业人员	万　人	8.45	5.85	2.08	0.9	0.83
其中:零售业	万　人	3.6	2.4	1.13	0.6	0.39
(五)对外经济活动、国际旅游						
外国和港澳台地区在华直接投资						
当年新签项目(合同)个数	个	598	501	72	53	21
当年合同外资金额	万美元	110 734	217 625	20 210	13 858	2 855
当年实际使用外资金额	万美元	102 220	109 378	4 181	2 070	1 190
已投产(开工)企业	个	1 347	3 391	160	123	61
从业人员数	人	115 903	173 128	11 221	18 277	14 875
国际旅游者人数	人	137 576	260 880	14 714	2 069	6 977
其中:外国人	人	109 833	200 479	12 966	1 701	6 004
华　侨	人	17	9 074	104	43	110
港澳台同胞	人	27 726	51 327	1 644	325	863
国际旅游收入	万美元	6 862	18 003	841	224	411
(六)固定资产投资						
固定资产投资完成额	万　元	1 897 019	1 063 084	652 495	310 575	214 005
其中:住宅建设	万　元	365 036	50 871	85 822	68 815	45 565
房地产开发投资完成额	万　元	359 850	641 723	70 506	46 136	48 999
其中:住宅	万　元	232 652	383 910	45 559	38 186	34 896
全年新增固定资产	万　元	1 235 324	1 423 121	566 526	163 922	106 743
本年施工住宅建筑面积	万平方米	468.9	565.34	139.2	167.52	77.82
本年竣工住宅建筑面积	万平方米	303.5	284.55	66.4	96.72	43.57
商品房屋销售建筑面积	万平方米	86.1	220.3	37.1	23.98	15.7
其中:销售给个人	万平方米	66	163.53	30	7.4	1.68

99 年）

丹东市	锦州市	营口市	阜新市	辽阳市	盘锦市	铁岭市	朝阳市	葫芦岛市
415	349	—	—	—	—	—	137	—
11 000	26 202	—	—	—	—	—	31 856	—
48	40	43	38	60	27	37	23	85
54 454	50 787	65 766	11 143	19 252	31 101	10 382	14 788	35 627
22	15	13	15	17	17	9	8	12
133 322	168 233	111 000	159 270	113 000	83 400	75 258	72 625	75 741
74 590	79 006	61 441	35 223	66 000	98 820	28 249	25 115	66 513
126 492	159 158	199 933	203 665	356 995	254 900	81 156	45 415	277 556
94 599	112 963	150 886	152 605	321 464	234 375	58 934	26 289	249 327
22 278	20 229	23 823	29 387	24 679	12 826	12 836	9 774	14 746
559 889	627 361	437 809	229 110	498 058	421 265	155 281	56 932	632 836
269 133	473 075	265 561	286 631	249 802	323 919	165 875	113 803	363 248
13	49	19	13	16	28	13	15	17
1	20	8	7	5	16	3	6	6
0.36	1.19	0.56	0.48	0.35	0.83	0.27	0.43	0.32
0.14	0.71	0.17	0.02	0.14	0.58	0.03	0.24	0.15
52	38	60	17	21	22	11	4	14
7 612	11 417	21 587	610	5 732	11 925	351	3 136	4 782
2 215	1 089	8 125	397	1 058	8 362	269	185	5 083
220	84	120	40	76	35	21	24	35
13 000	12 008	22 290	2 388	12 268	3 219	2 057	2 600	4 483
20 914	2 765	8 200	711	1 628	1 363	537	277	4 800
19 569	2 083	8 036	559	1 297	1 204	487	229	3 800
175	—	—	3	318	43	20	3	200
1 170	682	164	149	13	116	30	45	800
735	147	412	40	107	55	27	16	98
168 110	261 283	234 365	160 230	154 695	875 315	167 836	77 286	318 371
7 577	75 849	52 006	42 978	24 987	46 958	76 048	23 150	53 475
37 195	84 271	57 653	35 445	30 214	13 184	21 157	12 828	38 534
30 854	69 592	36 036	33 414	18 841	8 745	13 426	10 801	22 257
66 937	209 917	183 371	147 477	147 920	640 169	75 871	40 632	144 602
97.66	130.91	110.33	85.97	41.73	85.68	35.3	45.68	137.92
48.04	103.65	72.11	54.5	24.37	71.9	24.11	33.63	61.96
23.2	50.65	41.58	22.48	25.35	9.11	11.78	13.64	27.53
16.58	50.65	33.63	20.65	23.83	5.01	10.81	10.9	24.06

指　标　名　称	单　位	沈阳市	大连市	鞍山市	抚顺市	本溪市
商品房屋销售额	万　元	255 967	535 851	63 026	34 287	27 560
其中：销售给个人	万　元	150 588	358 685	47 357	12 961	3 918
三、教育、科技、文化、卫生						
学校数						
高等学校	个	21	15	3	3	3
中等专业学校	个	46	19	10	40	6
普通中学	个	264	138	85	89	51
小　　学	个	631	369	169	167	160
专任教师总数						
高等学校(专任教师)	人	10 537	6 555	1 044	1 143	593
中等专业学校	人	2 672	1 223	984	1 417	436
普通中学	人	16 928	9 480	5 376	4 780	3 245
小　　学	人	23 687	10 025	4 404	4 918	2 944
在校学生总数						
高等学校	人	109 127	64 960	11 308	8 052	5 095
中等专业学校	人	38 855	20 451	10 072	19 822	7 721
普通中学	万　人	25.33	13.91	9.76	7.45	4.81
小　　学	万　人	38.1	22.34	8.87	9.82	6.12
成人高等教育学校在校学生数	人	103 415	9 582	3 172	2 197	2 083
各类专业技术人员数	万　人	48.11	16.19	12.02	7.89	3.9
其中：中级技术职称以上人员	万　人	19.69	8.49	5.6	3.67	1.63
从事科技活动人员数	人	1 101	28 093	5 980	11 954	3 782
剧场、影剧院数	个	26	7	8	16	6
公共图书馆图书总藏量	千册、件	6 391	2 461	1 311	861	727
医院、卫生院数	个	270	129	66	92	59
医院、卫生院床位数	张	31 604	17 466	11 788	9 972	7 270
医生数	人	17 640	9 674	5 643	3 307	2 978
四、市政公用事业						
年末实有铺装道路面积	万平方米	3 089	1 199	695	491	279
排水管道总长度	公　里	2 069	1 340	671	545	241
供水综合生产能力(包括自备水源)	万吨/日	238	120	195	131	146
全年供水总量	万　吨	61 159	33 142	46 778	23 742	32 057
生活用水量	万　吨	26 927	20 210	10 095	5 617	6 421
用水人口	万　人	389.6	264.16	127.76	129.28	76.1
其中：非农业用水人口	万　人	351.77	203.1	127.23	126.95	75.9
煤气(人工、天然气)供气总量	万立方米	25 765	20 631	10 701	16 417	25 987
其中：家庭用量	万立方米	16 843	15 185	8 528	5 420	3 539
用煤气人口	人	2 668 800	1 300 000	1 129 000	645 000	460 001
液化石油气供气总量	吨	61 183	91 504	16 054	29 046	1 890
其中：家庭用量	吨	43 945	52 847	9 034	22 654	1 280
用液化气人口	人	753 900	700 000	146 000	525 000	45 500

99 年）

丹东市	锦州市	营口市	阜新市	辽阳市	盘锦市	铁岭市	朝阳市	葫芦岛市
34 638	77 657	45 077	26 011	33 688	7 883	11 836	14 911	36 075
25 130	77 657	34 899	23 002	31 054	6 180	8 334	11 812	28 941
4	5	2	2	3	1	3	1	1
7	23	14	7	6	7	8	6	20
33	46	50	44	36	33	28	26	58
93	114	121	113	115	57	60	87	257
832	1 950	266	820	653	163	365	204	57
415	1 245	623	556	484	360	512	561	979
2 513	2 919	4 031	2 804	2 730	2 395	1 762	2 385	3 153
2 717	3 148	3 950	3 435	2 555	2 240	1 735	1 925	4 045
9 105	18 993	2 749	7 951	2 440	567	2 077	1 990	869
7 781	20 287	7 643	10 828	8 676	4 009	5 034	4 424	8 547
2.6	3.94	6.07	3.38	4.13	3.24	2.21	2.03	4.25
5.48	6.29	8.97	6.32	5.14	4.01	3	3.98	8.18
5 030	9 447	1 297	1 421	827	913	927	1 641	554
3.37	5.7	2.5	4.31	3.04	4.8	2.64	3.21	2.59
1.35	2.57	1.46	2.31	1.02	1.6	0.86	1.42	1.12
1 691	8 100	1 870	1 430	8 253	7 690	432	1.620	2 017
4	3	5	3	2	20	2	3	3
886	761	429	294	632	114	190	232	162
48	50	41	43	62	30	122	23	59
6 291	7 275	3 991	4 917	5 246	3 591	2 624	2 850	4 352
4 305	3 608	2 118	2 108	2 095	2 072	804	1 529	1 810
291	443	271	253	402	343	117	198	307
208	354	353	185	389	339	115	148	313
36	94	61	33	82	41	30	25	29
13 641	18 576	5 606	7 512	18 362	8 539	4 245	4 937	8 456
3 840	5 871	2 808	2 398	5 252	4 213	2 252	1 520	3 111
56.5	67.38	65	73.34	70.13	49.38	32.4	31.5	42.1
56.2	66.68	49	59.44	57.43	46.79	31.75	29.4	39.1
3 857	3 864	296	1 514	1 916	596	1 246	1 450	86
2 995	3 436	296	1 074	488	566	1 097	1 162	32
326 000	473 400	76 000	182 700	155 796	115 800	198 000	190 000	15 000
17 828	22 337	11 044	5 534	13 144	23 915	2 970	1 906	4 360
8 199	19 946	10 841	5 376	12 037	20 495	2 970	1 906	4 360
201 000	167 600	349 000	202 900	325 800	298 000	95 200	39 700	181 000

指 标 名 称	单 位	沈阳市	大连市	鞍山市	抚顺市	本溪市
年末实有公共汽(电)车营运车辆数	辆	3 124	2 856	1 237	1 229	473
全年公共汽(电)车客运总量	万人次	65 484	110 183	25 584	30 612	17 598
年末实有出租汽车数	辆	16 325	12 048	5 393	4 103	2 900
园林绿地面积	公 顷	18 809	10 199	3 764	3 583	4 076
其中:公共绿地面积	公 顷	2 258	1 584	1 026	615	487
建成区绿化覆盖面积	公 顷	6 491	9 360	3 924	3 694	4 228
工业废水排放总量	万 吨	9 616	32 467	11 045	9 164	11 806
工业废水处理排放达标量	万 吨	2 233	19 393	5 715	3 208	3 256
工业废水处理量	万 吨	5 873	23 509	60 621	11 061	37 457
工业废水处理回用量	万 吨	3 246	3 820	53 165	6 782	30 230
工业废水排放达标量	万 吨	6 374	30 231	8 318	6 768	9 551
工业二氧化硫去除量	吨	43 378	68 700	3 190	4 938	12 451
工业二氧化硫排放量	吨	125 763	82 212	62 963	46 729	55 629
环境噪声达标面积	平方公里	138	138	50	63	23
生活垃圾粪便清运量	万 吨	136	99	46	68	40
生活垃圾粪便无害处理量	万 吨	104	99	46	68	2
五、财政、金融、保险						
中央财政预算内收入	万 元	319 516	1 085 668	147 975	164 059	23 774
地方财政预算内收入	万 元	546 434	632 854	165 176	115 292	91 894
地方财政预算内支出	万 元	740 088	724 556	289 519	200 726	152 024
其中:科学事业费支出	万 元	6 012	2 940	1 186	1 122	434
教育事业费支出	万 元	85 203	51 529	22 902	19 795	19 765
金融机构数	个	1 574	127	66	191	55
其中:保险机构数	个	41	34	18	29	10
年末金融机构存款余额	万 元	14 144 364	10 221 754	2 971 785	2 346 523	1 412 026
其中:城乡居民储蓄年末余额	万 元	8 429 344	5 781 217	1 945 572	1 661 916	1 107 276
年末金融机构各项贷款余额	万 元	11 896 369	9 757 030	3 041 375	1 800 446	1 421 446
承保额	万 元	20 928 256	22 870 315	6 832 209	5 317 038	1 632 092
保费	万 元	195 409	106 981	41 369	34 140	15 872
已决赔款	万 元	77 995	34 559	11 696	9 372	5 371
六、人民生活						

99 年）

丹东市	锦州市	营口市	阜新市	辽阳市	盘锦市	铁岭市	朝阳市	葫芦岛市
362	230	195	306	138	239	146	61	225
7 424	2 891	1 589	2 403	3 361	1 986	1 084	204	1 685
3 182	3 674	2 832	2 918	2 789	3 226	1 500	3 951	1 337
1 632	2 310	1 203	1 443	2 143	998	1 486	1 248	1 188
309	392	239	288	341	257	178	154	310
1 687	2 413	1 300	1 629	2 398	1 104	1 116	662	1 634
6 352	3 330	2 144	599	8 163	3 322	1 603	1 468	2 955
2 549	1 189	355	150	2 477	479	869	201	1 073
3 626	1 596	1 713	1 916	7 037	3 240	4 615	1 125	9 952
857	177	968	1 727	3 977	2 220	3 708	553	8 445
2 913	2 777	451	431	5 736	1 640	1 219	570	2 068
5 000	7 268	982	9 538	1 690	5 783	4 778	3 852	394 232
23 100	30 488	39 089	28 004	30 413	8 349	48 448	28 940	19 386
10	35	27	37	21	38	13	6	—
31	48	33	59	81	43	16	17	36
31	51	2	7	—	15	—	15	—
36 021	88 728	46 809	31 681	77 658	148 098	36 328	25 049	88 761
53 819	64 673	46 395	34 323	71 933	55 510	29 748	24 060	55 024
100 622	105 159	82 576	117 764	96 703	78 559	59 595	67 403	92 798
1 486	948	452	494	452	410	732	481	311
7 746	9 911	9 324	9 064	10 224	1 914	6 533	5 386	7 719
113	28	51	77	89	66	227	40	102
17	12	12	10	15	8	8	11	10
993 724	1 710 265	966 821	795 681	1 119 460	1 613 659	244 683	541 132	1 242 800
755 940	1 225 022	807 364	616 474	835 946	1 020 963	241 107	428 442	859 294
773 162	1 408 595	1 038 794	926 560	1 302 441	823 551	310 843	664 222	1 539 587
2 443 967	1 494 850	2 508 764	1 291 261	1 803 841	2 808 475	3 119 802	1 282 152	1 832 157
49 119	16 128	19 059	11 372	17 789	27 869	8 028	8 244	16 403
45 644	5 644	4 797	4 039	4 667	18 252	3 152	2 307	5 573

指 标 名 称	单 位	沈阳市	大连市	鞍山市	抚顺市	本溪市
住宅建筑面积	万平方米	7 306	3 889.2	2 181	2 207	1 222
住宅使用面积	万平方米	5 442	2 722.45	1 571	1 556.6	854.7
居住人口(与使用面积口径一致)	万 人	426.2	205.5	128.6	138.15	83.05
在岗职工平均人数	万 人	125.51	70.1	53.65	40.48	28.63
在岗职工工资总额	万 元	1 100 771	758 735	388 438	297 090	213 245
居民人均可支配收入	元	5 364	6 274	5 605	4 869	4 345
居民人均消费支出	元	4 652	5 530	4 804	3 722	3 514
(1)食品	元	2 000	2 515	1 969	1 582	1 537
(2)衣着用品	元	633	637	714	436	578
(3)家庭设备、用品及服务	元	272	444	222	389	181
(4)医疗保健	元	268	385	288	355	245
(5)交通和通讯	元	293	306	323	225	180
(6)娱乐、教育、文化服务	元	637	576	568	367	375
(7)居住	元	317	402	583	231	283
(8)杂项商品和服务	元	232	265	137	137	135
每百户拥有空调机	台	3	7	3	1	—
每百户拥有电冰箱	台	87	94	95	74	70
每百户拥有洗衣机	台	90	81	91	88	73
每百户拥有家用电脑	台	7	8	6	6	1
居民消费价格指数(以上年为100)	%	97.6	95.3	100	97.7	100.1
商品零售价格指数(以上年为100)	%	95.4	99.5	96.8	95.8	97.7
职工保险福利费用总额	万 元	60 073	89 378	37 095	31 606	29 556
年末离休、退休、退职人员数	万 人	61.92	33.09	27.6	22.55	15.06
离休、退休、退职人员保险福利费用总额	万 元	381 203	245 783	163 954	119 208	62 436
社会福利院数	个	76	40	11	7	24
社会福利院床位数	张	4 174	2 594	1 004	950	938
七、社会治安						
交通事故件数	件	3 889	2 822	97	180	373
刑事案件发案数	件	22 940	15 252	3 873	4 275	3 187
犯罪人数	人	6 996	3 058	2 382	1 007	957

99 年）

丹东市	锦州市	营口市	阜新市	辽阳市	盘锦市	铁岭市	朝阳市	葫芦岛市
923	1 123	1 039	921	891	949	559	563	869.72
655.33	868.33	727.2	663	642	664	391.3	421.84	608.14
58.1	66.68	59.21	68	54.75	54.31	34.8	29.98	47.38
13.99	21.7	16.8	20.48	19.66	31.86	9.67	12.25	19.47
91 632	155 951	116 698	111 606	159 261	292 438	58 482	85 500	138 017
4 205	4 798	4 740	3 682	4 622	6 350	3 987	3 926	4 955
3 450	3 998	3 311	2 914	3 452	4 566	3 238	3 078	3 320
1 626	1 661	1 608	1 435	1 527	1 586	1 382	1 210	1 533
382	544	404	362	544	785	365	514	414
154	336	121	117	141	371	287	121	263
217	273	261	190	336	366	290	347	250
171	257	186	163	193	323	187	225	208
358	458	279	249	354	627	341	299	313
393	341	309	302	225	286	269	261	242
149	128	143	96	132	222	117	101	97
3	2	1	1	6	2	2	2	3
79	83	89	65	71	88	59	78	67
85	88	88	84	89	85	78	91	81
2	2	1	1	1	3	3	1	3
99.6	97.1	100.4	97.9	98.7	97.1	98.6	98	99.3
96.9	96.1	96.1	95.5	97.2	97.6	96.5	96.4	98.0
10 066	17 825	7 530	8 973	8 117	24 021	2 250	2 882	8 002
8.99	9.5	7.87	12.33	6.8	4.66	2.24	2.7	8.06
53 925	52 734	54 076	70 045	42 581	53 032	1 087	16 926	48 594
2	8	8	7	6	2	1	8	25
460	466	391	425	1 610	272	30	427	950
191	180	257	272	286	152	31	24	57
2 353	3 048	3 585	2 034	1 744	2 253	1 061	1 574	1 596
695	477	1 810	670	473	436	1 123	347	877

附录4 县级市

(1999

指标名称	计量单位	新民市	瓦房店市
一、社区基本情况			
乡镇数	个	30.0	25.0
村民委员会数	个	419.0	392.0
其中:通公路的村数	个	419.0	382.0
通电的村数	个	419.0	392.0
通电话的村数	个	419.0	389.0
自来水受益村	个	177.0	89.0
二、人口、劳动力情况			
年末总人口	万人	67.5	102.3
其中:乡村人口	万人	56.9	73.0
年末总户数	户	203 294.0	335 859.0
其中:乡村户数	户	159 102.0	217 750.0
当年出生人口数	人	5 733.0	7 309.0
当年死亡人口数	人	4 524.0	7 038.0
年末全部从业人数	万人	4.0	6.9
其中:城镇职工	万人	3.7	10.3
乡村劳动力	万人	21.6	29.3
按行业分			
农、林、牧、渔业	万人	16.4	20.2
工业	万人	1.4	2.9
建筑业	万人	0.8	1.4
交通运输、仓储及邮电通信业	万人	0.7	0.8
批发和零售贸易、餐饮业	万人	1.4	1.2
其它	万人	0.9	2.8
城镇失业人员数	万人	0.2	0.7
三、自然资源			
行政区域土地面积	平方公里	3 352.0	3 793.5
耕地面积	公顷	139 062.0	74 514.0
其中:水田	公顷	28 850.0	2 831.0
旱地	公顷	110 212.0	71 683.0
当年新增耕地面积	公顷	91.0	139.0
当年减少耕地面积	公顷	14.0	782.0
其中:基建用地	公顷	3.0	67.1
林地面积	公顷	44 315.0	90 914.2
其中:有林地面积	公顷	30 516.0	34 994.2
园地面积	公顷	1 748.0	49 804.3
草地面积	公顷	11 246.0	—
内陆水域面积	公顷	46 054.0	41 071.8
其中:养殖水面面积	公顷	3 399.0	28 000.3
四、综合经济			

基 本 情 况(全市数)

年)

普兰店市	庄河市	海城市	东港市	凤城市	凌海市
26.0	32.0	28.0	22.0	20.0	28.0
312.0	359.0	572.0	256.0	269.0	467.0
311.0	352.0	553.0	256.0	268.0	420.0
310.0	359.0	572.0	256.0	269.0	467.0
301.0	356.0	571.0	251.0	254.0	420.0
87.0	20.0	213.0	152.0	68.0	147.0
82.1	87.9	109.4	65.5	60.0	61.9
68.1	72.0	84.5	55.1	43.1	53.7
264 146.0	261 678.0	344 084.0	193 413.0	179 944.0	193 910.0
208 620.0	209 212.0	239 597.0	165 822.0	120 733.0	161 792.0
6 700.0	6 541.0	12 257.0	5 495.0	4 587.0	4 882.0
6 063.0	6 183.0	6 916.0	4 026.0	3 823.0	3 411.0
3.8	5.1	8.0	4.7	5.8	2.5
1.9	2.6	4.1	1.7	1.0	3.7
28.6	24.10	24.1	25.7	17.0	23.6
20.4	16.3	13.4	18.1	11.8	17.2
2.1	1.40	4.0	2.4	1.8	1.5
2.1	2.0	1.6	1.3	0.7	1.7
0.7	0.6	1.2	0.9	0.6	1.2
0.9	0.9	2.0	1.4	1.0	1.1
2.4	2.9	1.9	1.6	1.1	1.0
0.4	0.9	2.1	0.6	0.1	1.1
2 896.0	4 039.0	2 732.0	2 473.8	5 739.8	2 935.0
62 963.0	88 099.5	97 926.0	77 891.0	54 600.0	102 318.0
8 625.0	18 812.5	14 349.0	46 968.0	5 065.0	7 567.0
54 338.0	69 287.0	83 577.0	30 923.0	49 535.0	94 751.0
740.0	211.0	—	206.0	210.0	333.0
770.0	903.5	504.0	12.0	319.0	65.0
84.0	244.5	112.0	12.0	319.0	65.0
80 613.0	148 468.9	70 376.0	46 440.3	418 090.9	27 515.0
76 595.0	135 688.0	69 208.0	13 560.4	186 224.8	17 305.0
43 874.0	26 173.0	27 793.0	10 250.5	6 762.3	12 329.0
—	254.2	677.0	—	9 519.6	15 923.0
27 984.0	56 685.3	20 030.0	69 223.7	7 231.0	40 816.0
13 486.0	24 572.9	1 773.0	39 805.9	945.0	14 764.0

附录 4 续表 1　　　　　　　　　　　　　　　　　　　　　　　　　　　　　　　(1999

指 标 名 称	计 量 单 位	新 民 市	瓦 房 店 市
(一)国内生产总值(当年价格)	万 元	750 913.0	1 094 630.0
第 一 产 业	万 元	208 409.0	185 325.0
其中:种 植 业	万 元	125 449.0	77 417.0
林 业	万 元	2 028.0	2 415.0
牧 业	万 元	65 665.0	30 289.0
渔 业	万 元	15 267.0	75 204.0
第 二 产 业	万 元	254 818.0	664 015.0
其中:工 业	万 元	239 707.0	641 325.0
第 三 产 业	万 元	287 686.0	245 290.0
国内生产总值(1990 年不变价)	万 元	—	734 535.0
(二)农 业		489 054	
1.生 产 条 件			
农业机械总动力	万 千 瓦	32.1	50.1
化肥使用量(折纯量)	吨	42 594.0	49 573.0
农 药 使 用 量	吨	788.0	3 096.0
地 膜 使 用 量	吨	896.0	562.0
农 村 用 电 量	万 度	52 708.0	33 493.0
有 效 灌 溉 面 积	公 顷	50 651.0	35 330.0
2.农作物总播种面积	公 顷	146 479.0	94 315.0
其中:粮食作物播种面积	公 顷	120 822.0	85 983.0
其中:稻 谷	公 顷	29 350.0	2 892.0
小 麦	公 顷	5 295.0	7 125.0
玉 米	公 顷	72 507.0	51 127.0
大 豆	公 顷	6 135.0	9 350.0
油 料 播 种 面 积	公 顷	4 816.0	718.0
棉 花 播 种 面 积	公 顷	186.0	16.0
糖 料 播 种 面 积	公 顷	988.0	—
粮 食 总 产 量	吨	752 866.0	218 855.0
其中:稻 谷	吨	237 810.0	15 227.0
小 麦	吨	18 360.0	29 179.0
玉 米	吨	450 785.0	135 098.0
大 豆	吨	11 239.0	8 555.0
油 料 产 量	吨	9 684.0	829.0
棉 花 产 量	吨	313.0	5.0
麻 类 产 量	吨	—	—
糖 料 产 量	吨	33 397.0	—
烟 叶 产 量	吨	—	—
茶 叶 产 量	吨	—	—
水 果 产 量	吨	8 551.0	220 348.0
猪 肉 产 量	吨	49 746.0	34 008.0

年）

普兰店市	庄河市	海城市	东港市	凤城市	凌海市
1 145 997.0	703 065.0	1 732 389.0	658 553.0	374 799.0	268 466.0
198 312.0	202 500.0	204 394.0	177 253.0	79 182.0	105 756.0
129 714.0	97 521.0	102 257.0	93 414.0	49 224.0	50 916.0
2 541.0	1 361.0	164.0	2 095.0	7 357.0	2 120.0
31 677.0	26 581.0	98 435.0	10 772.0	16 764.0	21 180.0
34 380.0	77 037.0	3 538.0	70 972.0	5 837.0	31 540.0
638 920.0	314 932.0	948 041.0	255 600.0	182 301.0	85 681.0
599 038.0	289 751.0	888 846.0	225 000.0	162 994.0	77 532.0
308 765.0	185 633.0	579 954.0	225 700.0	113 316.0	77 029.0
857 536.0	435 572.0	1 303 155.0	383 931.0	302 968.0	225 646.0
35.6	32.0	22.80	22.40	21.2	30.0
32 151.0	33 270.0	34 521.0	25 263.0	12 287.0	31 605.0
2 802.0	1 288.0	1 741.0	1 066.0	261.0	862.0
593.0	1 396.0	377.0	784.0	517.0	655.0
36 379.0	17 560.0	59 577.0	16 389.0	16 439.0	18 000.0
24 320.0	19 846.7	42 033.0	47 000.0	10 760.0	42 360.0
79 470.0	105 706.8	99 255.0	85 363.0	57 661.0	100 646.0
67 157.0	97 921.3	86 398.0	69 875.0	47 018.0	84 302.0
8 831.0	19 032.0	14 349.0	43 603.0	4 015.0	8 229.0
3 875.0	468.0	437.0	—	—	6 069.0
36 377.0	41 143.0	59 010.0	20 423.0	31 153.0	46 396.0
7 895.0	10 270.1	5 761.0	1 991.0	7 569.0	6 596.0
3 254.0	804.0	407.0	1 029.0	964.0	3 696.0
—	—	2.0	—	—	24.0
—	—	499.0	—	—	68.0
330 738.0	484 518.0	575 426.0	501 023.0	256 169.0	295 856.0
56 776.0	125 709.0	117 550.0	343 099.0	22 332.0	51 956.0
13 981.0	936.0	1 283.0	—	—	28 635.0
205 568.0	257 604.0	416 702.0	139 686.0	207 863.0	157 634.0
15 341.0	17 252.0	10 336.0	4 725.0	13 726.0	5 727.0
7 868.0	1 377.0	1 075.0	3 152.0	2 331.0	3 939.0
—	—	3.0	—	—	8.0
—	—	—	—	25.0	—
—	—	18 295.0	—	—	2 492.0
—	—	76.0	326.0	4 563.0	—
—	—	—	—	—	—
302 158.0	200 000.0	66 547.0	58 489.0	12 559.0	26 439.0
66 432.0	39 785.0	60 507.0	24 112.0	21 617.0	48 591.0

指标名称	计量单位	新民市	瓦房店市
牛肉产量	吨	2 516.0	3 452.0
羊肉产量	吨	368.0	558.0
禽肉产量	吨	35 440.0	22 863.0
牛、羊奶产量	吨	453.0	3 399.0
羊毛产量	吨	348.0	54.6
禽蛋产量	吨	69 552.0	24 995.0
水产品产量	吨	29 020.0	244 687.0
当年造林面积	公顷	1 416.0	1 337.0
（三）工业			
国有及年销售收入 500 万元以上的非国有工业企业			
工业企业数	个	45.0	64.0
内资企业	个	41.0	41.0
港、澳、台商投资企业	个	—	2.0
外商投资企业	个	4.0	21.0
工业总产值（现价）	万元	87 583.0	176 183.0
内资企业	万元	81 911.0	90 279.0
港、澳、台商投资企业	万元	—	3 458.0
外商投资企业	万元	5 672.0	82 446.0
年销售收入 500 万元以下非国有：			
工业企业数	个	11 038.0	7 954.0
工业总产值（现价）	万元	898 936.0	2 528 790.0
（四）交通运输和邮电通讯业			
境内公路里程	公里	1 170.0	1 292.5
境内铁路里程	公里	87.0	230.4
公路客运量	万人	638.0	612.0
公路货运量	万吨	146.0	642.0
邮电业务总量	万元	549.6	11 027.0
本地电话用户	户	78 374.0	108 266.0
其中：城市电话用户	户	30 157.0	57 854.0
（五）贸易、外经			
限额以上批发零售贸易业商品销售总额	万元	136 201.0	52 175.8
社会消费品零售额	万元	170 605.0	406 966.0
粮食出售量	吨	391 260.0	46 280.0
其中：国家收购	吨	385 797.0	8 250.0
棉花出售量	吨	312.0	5.0
肉类出售量	吨	88 950.0	46 059.0
出口总额	万元	904.0	186 095.0
当年合同外资额	万美元	904.0	12 136.4
当年实际使用外资额	万美元	543.0	5 111.0
（六）固定资产投资			

年）

普兰店市	庄河市	海城市	东港市	凤城市	凌海市
6 182.0	3 588.0	17 410.0	827.0	10 136.0	1 602.0
203.0	186.0	448.0	12.0	1 129.0	758.0
11 951.0	10 546.0	2 048.0	3 520.0	1 999.0	6 818.0
6 255.0	350.0	650.0	50.0	257.0	1 951.0
60.1	10.6	25.0	2.0	87.0	441.0
20 381.0	30 620.0	154 987.0	24 544.0	10 339.0	62 049.0
127 048.0	211 094.0	8 000.0	174 554.0	6 131.0	87 382.0
333.0	382.0	1 674.0	214.0	1 476.0	5 962.0
53.0	53.0	201.0	76.0	62.0	33.0
44.0	38.0	186.0	69.0	61.0	30.0
—	6.0	6.0	1.0	1.0	—
9.0	9.0	9.0	6.0	—	3.0
310 104.0	236 343.0	1 210 479.0	131 098.3	78 933.6	70 471.0
282 330.0	153 172.0	1 125 683.0	108 221.2	77 371.1	66 512.0
—	46 439.0	15 525.0	2 566.7	1 562.5	—
27 774.0	36 732.0	69 271.0	20 310.4	—	3 959.0
7 037.0	10 081.0	19 337.0	6 530.0	4 775.0	4 535.0
2 471 120.0	1 163 339.0	4 189 187.0	817 267.0	651 542.8	298 038.0
1 057.0	1 010.2	1 106.0	974.0	1 222.0	826.0
72.0	48.50	127.0	38.0	214.0	57.0
1 248.0	671.0	3 034.0	270.0	258.0	500.0
618.0	735.0	1 625.0	598.0	108.0	700.0
10 151.0	6 639.0	13 686.0	11 745.0	6 500.0	3 818.0
76 020.0	79 759.0	69 843.0	58 021.0	53 516.0	27 623.0
34 979.0	34 723.0	49 474.0	27 567.0	34 115.0	23 508.0
56 706.0	42 324.70	41 798.0	23 157.6	11 962.9	18 206.0
300 008.0	203 527.0	316 928.0	170 338.0	114 026.0	90 966.0
15 000.0	55 535.0	287 483.0	217 200.0	24 305.0	200 000.0
15 000.0	47 169.0	7 906.0	103 000.0	7 000.0	44 000.0
—	—	3.0	—	—	8.0
49 438.0	31 404.0	76 339.0	15 500.0	13 500.0	38 000.0
234 243.0	204 900.0	264 003.0	149 455.0	48 074.0	40 195.0
9 579.0	9 249.0	8 469.0	1 101.0	645.4	639.0
5 127.0	4 047.0	312.0	778.7	278.0	142.0

指标名称	计量单位	新民市	瓦房店市
全社会固定资产投资完成额	万元	48 295.0	102 188.0
其中:基本建设	万元	37 251.0	17 549.0
更新改造	万元	5 470.0	4 921.0
全年新增固定资产	万元	48 514.0	68 592.0
本年竣工房屋面积	平方米	443 128.0	882 577.0
其中:住宅	平方米	292 338.0	466 297.0
商品房屋销售面积	平方米	25 729.0	89 932.0
商品房屋销售额	万元	2 793.0	11 944.0
五、教育、科技、文化和卫生			
学校总数	所	341.0	432.0
其中:普通中学	所	36.0	51.0
职业中学	所	1.0	6.0
小学	所	304.0	370.0
专职教师总数	人	6 489.0	8 447.0
其中:普通中学	人	2 307.0	3 295.0
职业中学	人	72.0	258.0
小学	人	4 110.0	4 649.0
在校学生总数	人	85 485.0	149 158.0
其中:普通中学	人	26 972.0	44 969.0
职业中学	人	290.0	2 705.0
小学	人	58 223.0	95 880.0
学龄儿童入学率	%	100.0	100.0
小学毕业入学率	%	98.0	100.0
成人中等教育学校在校学生数	人	969.0	2 336.0
成人高等教育学校在校学生数	人	—	679.0
医院、卫生院数	所	33.0	38.0
医院、卫生院床位数	床	1 590.0	3 158.0

年)

普兰店市	庄河市	海城市	东港市	凤城市	凌海市
134 975.0	68 720.0	281 289.0	94 338.0	73 459.0	33 363.0
30 525.0	61 390.0	221 128.0	94 338.0	23 490.0	28 963.0
8 437.0	7 330.0	50 112.0	—	7 230.0	4 400.0
81 616.0	48 448.0	245 981.0	10 827.0	46 735.0	35 778.0
397 183.0	216 440.0	1 476 659.0	543 177.0	116 938.0	405 265.0
148 052.0	70 646.0	752 264.0	326 182.0	84 699.0	286 554.0
82 037.0	34 597.0	130 751.0	114 242.0	16 000.0	—
7 742.0	4 482.0	17 182.0	15 808.0	1 667.0	—
357.0	384.0	511.0	291.0	307.0	279.0
39.0	39.0	48.0	43.0	35.0	34.0
4.0	3.0	19.0	3.0	1.0	2.0
311.0	342.0	442.0	244.0	271.0	243.0
6 379.0	7 172.0	10 533.0	5 197.0	5 235.0	4 754.0
2 482.0	2 709.0	3 531.0	2 031.0	1 908.0	1 814.0
180.0	147.0	100.0	120.0	105.0	116.0
3 652.0	4 316.0	5 819.0	3 013.0	3 222.0	2 824.0
110 234.0	118 785.0	157 917.0	88 535.0	79 020.0	77 044.0
32 386.0	36 544.0	46 021.0	26 440.0	27 963.0	22 733.0
1 463.0	2.332.0	2 932.0	930.0	515.0	927.0
74 555.0	79 909.0	103 475.0	61 150.0	50 542.0	53 384.0
99.7	99.8	100.0	97.40	99.9	100.0
100.0	99.8	100.0	91.5	100.0	100.0
1 344.0	—	1 021.0	25.0	515.0	2 122.0
72.0	—	—	538.0	70.0	463.0
34.0	37.0	53.0	26.0	34.0	38.0
2 530.0	2 076.0	1 787.0	1 597.0	1 803.0	1 533.0

指标名称	计量单位	新民市	瓦房店市
医院、卫生院技术人员数	人	2 451.0	3 355.0
从事科技活动人员数	人	15 632.0	22 171.0
其中：农业科学	人	3 601.0	892.0
六、财政、金融			
财政收入	万元	17 138.0	32 402.0
其中：地方财政收入	万元	7 569.0	24 636.0
各项税收	万元	6 646.0	32 333.0
其中：农牧业税	万元	2 237.0	2 132.0
财政总支出	万元	17 944.0	41 9679.0
其中：基建支出	万元	—	88.0
支农支出	万元	1 239.0	3 224.0
福利救济费	万元	633.0	1 346.0
科技三项费	万元	29.0	264.0
文教科卫事业费	万元	8 275.0	12 936.0
年末各项存款余额	万元	247 989.0	755 244.0
其中：城乡储蓄存款余额	万元	218 746.0	634 047.0
年末各项贷款余额	万元	344 951.0	601 152.0
其中：农业贷款	万元	19 112.0	27 162.0
七、人民生活			
城镇职工年平均人数	人	35 618.0	39 248.0
城镇职工工资总额	万元	19 417.0	22 771.0
城镇人均居住面积	平方米	11.5	8.90
农村居民人均纯收入	元	3 118.0	3 033.0
农村居民人均生活费总支出	元	1 417.2	1 883.0
其中：食品支出	元	877.9	836.0
衣着支出	元	127.7	97.0
农村钢筋砖木结构住房比例	%	91.8	100.0

年）

普兰店市	庄河市	海城市	东港市	凤城市	凌海市
2 068.0	2 257.0	1 816.0	1 671.0	2 245.0	2 404.0
14 637.0	12 807.0	22 314.0	17 900.0	9 300.0	10 720.0
428.0	1 285.0	12 368.0	3 124.0	520.0	430.0
53 298.0	24 854.0	59 268.0	31 018.3	24 022.0	22 089.0
24 269.0	20 100.0	38 348.0	23 202.6	15 603.0	15 759.0
26 478.0	15 938.0	56 339.0	27 023.1	19 246.0	11 659.0
2 789.0	3 709.0	1 638.0	5 279.9	871.0	1 360.0
33 853.0	36 412.0	58 236.0	28 767.5	24 593.0	23 542.0
1 671.0	732.0	1 268.0	2 316.7	111.0	—
2 281.0	2 715.0	11 362.0	2 098.3	1 742.0	3 559.0
1 164.0	1 262.0	1 380.0	994.1	999.0	555.0
135.0	322.0	493.0	59.5	56.0	16.0
9 000.0	11 570.0	12 638.0	10 121.50	7 787.0	5 935.0
621 020.0	545 397.0	887 623.0	486 240.0	350 203.0	146 658.0
556 015.0	489 991.0	816 930.0	428 510.0	305 863.0	117 113.0
419 630.0	371 020.0	572 331.0	327 805.0	263 630.0	168 259.0
36 085.0	36 335.0	41 023.0	58 451.0	26 953.0	11 742.0
30 859.0	37 628.0	47 615.0	47 659.0	33 425.0	24 819.0
20 181.0	21 543.0	36 173.6	27 671.5	20 988.50	14 347.0
12.60	8.6	8.7	9.0	7.40	10.0
3 309.0	2 820.0	4 165.0	2 962.0	2 990.0	2 425.0
3 191.0	1 487.0	2 073.0	2 171.0	2 785.0	1 542.0
1 523.0	941.0	854.0	1 140.0	1 660.0	721.0
192.0	91.0	378.0	183.0	227.0	183.0
100.0	100.0	100.0	93.2	100.0	100.0

指标名称	计量单位	北宁市	大石桥市	盖州市
一、社区基本情况				
乡镇数	个	24.0	15.0	36.0
村民委员会数	个	324.0	342.0	498.0
其中:通公路的村数	个	228.0	313.0	477.0
通电的村数	个	324.0	342.0	498.0
通电话的村数	个	324.0	337.0	491.0
自来水受益村	个	53.0	194.0	68.0
二、人口、劳动力情况				
年末总人口	万人	53.3	70.83	87.94
其中:乡村人口	万人	45.6	54.07	72.26
年末总户数	户	160 476.0	210 437.0	263 593.0
其中:乡村户数	户	133 419.0	153 356.0	210 093.0
当年出生人口数	人	4 581.0	4 959.0	7 109.0
当年死亡人口数	人	3 687.0	3 356.0	4 512.0
年末全部从业人数	万人	2.1	25.0	2.90
其中:城镇职工	万人	0.80	0.7	1.5
乡村劳动力	万人	16.3	21.8	27.5
按行业分				
农、林、牧、渔业	万人	13.4	12.2	18.8
工业	万人	0.9	3.0	2.1
建筑业	万人	0.4	1.4	1.5
交通运输、仓储及邮电通信业	万人	0.4	1.4	1.2
批发和零售贸易、餐饮业	万人	0.7	1.9	1.8
其它	万人	0.5	1.8	2.0
城镇失业人员数	万人	0.2	1.9	0.9
三、自然资源				
行政区域土地面积	平方公里	1 694.0	1 598.0	3 053.0
耕地面积	公顷	76 566.0	62 122.0	47 016.0
其中:水田	公顷	9 680.0	38 000.0	5 955.0
旱地	公顷	66 886.0	24 122.0	41 061.0
当年新增耕地面积	公顷	159.0	37.0	1 044.0
当年减少耕地面积	公顷	15.0	91.0	106.0
其中:基建用地	公顷	—	85.0	106.0
林地面积	公顷	21 812.0	16 014.0	169 256.0
其中:有林地面积	公顷	15 058.0	2 666.0	16 679.0
园地面积	公顷	11 469.0	11 160.0	36 811.0
草地面积	公顷	1 054.0	5.0	76.0
内陆水域面积	公顷	9 984.0	5 759.0	13 237.0
其中:养殖水面面积	公顷	501.0	1 595.0	964.0
四、综合经济				

年）

灯塔市	铁法市	开原市	北票市	凌源市	兴城市
20.0	7.0	23.0	22.0	18.0	25.0
296.0	46.0	351.0	343.0	264.0	339.0
281.0	46.0	346.0	281.0	260.0	339.0
296.0	46.0	351.0	343.0	264.0	339.0
288.0	46.0	349.0	247.0	264.0	324.0
173.0	12.0	58.0	35.0	52.0	47.0
49.7	23.0	57.40	62.5	63.6	54.6
43.2	6.2	44.70	42.1	49.7	43.0
159 935.0	76 421.0	176 489.0	194 051.0	181 021.0	171 945.0
131 210.0	20 462.0	128 479.0	124 198.0	141 000.0	124 934.0
4 345.0	2 125.0	5 500.0	5 383.0	7 831.0	4 661.0
3 015.0	2 139.0	3 426.0	3 464.0	2 798.0	2 872.0
1.7	8.0	5.8	2.6	2.5	2.0
1.3	1.3	0.8	2.6	2.7	1.9
16.9	1.6	14.9	20.6	25.5	17.8
10.2	0.9	11.2	16.6	17.8	13.2
2.5	0.1	0.7	1.0	1.2	1.1
0.8	0.1	0.7	1.1	1.6	1.2
0.9	0.1	0.4	0.5	0.7	0.6
0.9	0.1	0.6	0.6	1.0	0.7
1.6	0.3	1.3	0.8	3.2	1.0
1.8	0.1	1.3	2.9	1.0	1.1
1 333.0	263.0	2 865.0	4 545.0	3 278.0	2 147.0
60 839.0	13 391.0	70 000.0	109 081.0	51 488.0	59 824.0
24 683.0	485.0	16 400.0	115.0	124.0	1 410.0
36 156.0	12 906.0	53 600.0	108 966.0	51 364.0	58 414.0
67.0	19.3	147.0	50.0	72.0	95.0
283.0	19.2	95.0	22.0	35.0	164.0
22.0	19.2	56.0	21.0	35.0	160.0
21 340.0	3 700.0	156 991.8	123 241.0	137 600.0	64 390.0
11 319.0	2 640.0	149 542.6	76 255.0	86 800.0	59 200.0
2 743.0	130.0	8 879.9	11 320.0	12 500.0	15 800.0
1 499.0	1 145.0	204.7	48 936.0	800.0	3.0
12 022.0	1 408.0	20 437.2	777.0	1 000.0	21 300.0
2 134.0	75.0	620.9	377.0	230.0	1 133.0

指 标 名 称	计 量 单 位	北 宁 市	大 石 桥 市	盖 州 市
(一)国内生产总值(当年价格)	万元	310 762.0	624 846.0	356 912.0
第一产业	万元	189 614.0	81 630.0	121 875.0
其中:种植业	万元	155 421.0	46 503.0	60 376.0
林业	万元	576.0	143.0	171.0
牧业	万元	29 110.0	19 019.0	14 665.0
渔业	万元	4 507.0	15 965.0	46 663.0
第二产业	万元	55 876.0	311 616.0	133 439.0
其中:工业	万元	52 231.0	277 323.0	127 959.0
第三产业	万元	65 272.0	231 600.0	101 598.0
国内生产总值(1990 年不变价)	万元	215 578.0	452 105.0	257 217.0
(二)农业				
1.生产条件				
农业机械总动力	万千瓦	25.0	26.0	24.2
化肥使用量(折纯量)	吨	33 761.0	26 957.0	27 253.0
农药使用量	吨	1 606.0	724.0	1 989.0
地膜使用量	吨	698.0	135.0	555.0
农村用电量	万度	8 696.0	27 090.0	19 688.0
有效灌溉面积	公顷	20 628.0	38 021.0	6 090.0
2.农作物总播种面积	公顷	80 424.0	51 192.0	46 854.0
其中:粮食作物播种面积	公顷	62 845.0	47 194.0	41 354.0
其中:稻谷	公顷	8 941.0	27 540.0	4 003.0
小麦	公顷	6 670.0	200.0	482.0
玉米	公顷	32 397.0	11 629.0	20 305.0
大豆	公顷	4 748.0	2 589.0	4 113.0
油料播种面积	公顷	4 738.0	344.0	414.0
棉花播种面积	公顷	2.0	64.0	32.0
糖料播种面积	公顷	—	—	—
粮食总产量	吨	360 796.0	380 759.0	201 512.0
其中:稻谷	吨	65 328.0	304 541.0	23 997.0
小麦	吨	25 293.0	792.0	2 342.0
玉米	吨	206 667.0	52 456.0	115 262.0
大豆	吨	9 164.0	4 243.0	9 021.0
油料产量	吨	9 317.0	583.0	1 071.0
棉花产量	吨	—	61.0	17.0
麻类产量	吨	—	14.0	—
糖料产量	吨	—	—	—
烟叶产量	吨	—	—	—
茶叶产量	吨	—	—	—
水果产量	吨	183 456.0	20 229.0	401 104.0
猪肉产量	吨	76 948.0	18 821.0	22 977.0

年）

灯塔市	铁法市	开原市	北票市	凌源市	兴城市
403 958.0	169 752.0	200 764.0	116 437.0	180 542.0	285 088.0
98 986.0	17 314.0	104 488.0	47 143.0	52 987.0	55 263.0
62 825.0	10 415.0	89 905.0	37 308.0	40 897.0	12 090.0
458.0	92.0	1 022.0	3.05.0	2 219.0	162.0
20 208.0	6 680.0	12 845.0	6 685.0	9 744.0	12 194.0
15 495.0	127.0	716.0	145.0	127.0	30 817.0
166 620.0	123 806.0	43 176.0	24 835.0	70 246.0	117 809.0
152 620.0	—	37 960.0	18 824.0	67 946.0	106 711.0
138 352.0	28 632.0	53.100.0	44 459.0	57 309.0	112 016.0
299 068.0	—	117 162.0	79 154.0	108 330.0	240 208.0
20.5	2.0	22.1	18.1	11.2	9.2
22 825.0	2 890.0	29 020.0	17 034.0	19 024.0	12 647.0
3 375.0	100.0	734.0	259.0	154.0	441.0
330.0	84.0	262.0	340.0	134.0	92.0
3 400.0	1 910.0	8 934.0	905.10	7 680.0	6 879.0
25 591.0	1 100.0	28 667.0	12 546.0	11 998.0	7 605.0
64 913.0	11 050.0	69 846.0	87 322.0	50 405.0	59 680.0
57 149.0	8 218.0	58 309.0	71 773.0	45 914.0	45 655.0
24 525.0	770.0	15 706.0	120.0	553.0	1 636.0
385.0	384.0	605.0	4 832.0	6 887.0	2 535.0
26 355.0	6 563.0	38 573.0	30 544.0	24 232.0	23 693.0
4 154.0	342.0	2 001.0	5 431.0	1 972.0	5 243.0
166.0	7.0	187.0	6 900.0	137.0	9 467.0
—	—	—	1 748.0	15.0	43.0
60.0	—	—	—	31.0	—
388 888.0	61 331.0	503 225.0	190 804.0	65 650.0	103 252.0
186 926.0	6 200.0	136 697.0	523.0	2 073.0	6 998.0
1 966.0	841.0	2 663.0	20 371.0	36 432.0	10 725.0
179 090.0	52 570.0	253 767.0	93 943.0	19 482.0	52 135.0
11 474.0	916.0	4 520.0	4 954.0	355.0	3 959.0
451.0	8.0	588.0	4 383.0	42.0	4 604.0
—	—	—	739.0	1.0	15.0
—	—	—	2.0	19.0	6.0
2 310.0	—	—	—	462.0	—
—	—	2 296.0	714.0	159.0	—
—	—	—	—	—	—
19 957.0	1 038.0	35 882.0	7 910.0	12 000.0	69 590.0
21 984.0	3 328.0	21 563.0	11 705.0	19 264.0	16 689.0

指标名称	计量单位	北宁市	大石桥市	盖州市
牛肉产量	吨	7 557.0	1 187.0	2 324.0
羊肉产量	吨	589.0	159.0	649.0
禽肉产量	吨	44 692.0	19 275.0	8 166.0
牛、羊奶产量	吨	154.0	415.0	1 593.0
羊毛产量	吨	312.0	27.0	93.0
禽蛋产量	吨	47 105.0	35 380.0	17 331.0
水产品产量	吨	6 500.0	19 089.0	94 757.0
当年造林面积	公顷	2 287.0	841.0	4 510.0
（三）工业				
国有及年销售收入500万元以上的非国有工业企业				
工业企业数	个	36.0	92.0	82.0
内资企业	个	35.0	81.0	67.0
港、澳、台商投资企业	个	1.0	11.0	4.0
外商投资企业	个	—	—	11.0
工业总产值（现价）	万元	54 286.0	300 311.0	175 122.0
内资企业	万元	53 053.0	263 333.0	71 433.0
港、澳、台商投资企业	万元	1 233.0	36 978.0	3 689.0
外商投资企业	万元	—	—	100 000.0
年销售收入500万元以下非国有：				
工业企业数	个	4 285.0	6 628.0	—
工业总产值（现价）	万元	323 693.0	900 667.0	—
（四）交通运输和邮电通讯业				
境内公路里程	公里	530.0	829.0	733.0
境内铁路里程	公里	32.0	57.0	69.0
公路客运量	万人	248.0	636.0	594.0
公路货运量	万吨	652.0	1 750.0	327.0
邮电业务总量	万元	4 352.0	6 027.0	3 121.0
本地电话用户	户	44 743.0	63 734.0	63 383.0
其中：城市电话用户	户	15 815.0	28 600.0	26 967.0
（五）贸易、外经				
限额以上批发零售贸易业商品销售总额	万元	30 656.0	4 979.0	40 352.0
社会消费品零售额	万元	101 619.0	130 797.0	123 252.0
粮食出售量	吨	74 471.0	154 895.0	64 192.0
其中：国家收购	吨	36 000.0	129 895.0	57 444.0
棉花出售量	吨	—	61.0	13.0
肉类出售量	吨	104 258.0	27 694.0	16 560.0
出口总额	万元	7 691.0	13 000.0	74 793.0
当年合同外资额	万美元	4.0	—	2 000.0
当年实际使用外资额	万美元	4.0	1 018.0	1 172.0
（六）固定资产投资				

年）

灯塔市	铁法市	开原市	北票市	凌源市	兴城市
1 638.0	704.0	10 087.0	951.0	8 018.0	673.0
193.0	136.0	583.0	761.0	1 104.0	342.0
18 607.0	6 270.0	15 181.0	2 291.0	1 892.0	6 170.0
3.0	181.0	363.0	825.0	527.0	1 958.0
8.0	—	10.0	664.0	400.0	205.0
14 862.0	3 910.0	10 004.0	4 171.0	9 600.0	22 127.0
29 887.0	325.0	2 530.0	245.0	302.0	110 054.0
1 633.0	225.0	7 077.0	14 080.0	6 066.0	2 200.0
55.0	22.0	34.0	35.0	30.0	17.0
46.0	22.0	32.0	35.0	29.0	14.0
1.0	—	1.0	—	—	1.0
8.0	—	1.0	—	1.0	2.0
101 324.0	114 167.0	48 207.0	24 511.0	178 701.0	33 076.40
56 055.0	114 167.0	39 857.0	24 511.0	176 163.0	27 021.40
2 428.0	—	7 629.0	—	—	1 856.0
42 841.0	—	721.0	—	2 538.0	4 199.0
9 293.0	2 719.0	3 246.0	3 939.0	1 999.0	6 344.0
677 348.0	45 025.0	196 824.0	72 982.0	51 014.0	195 175.10
539.0	170.0	754.0	1 153.0	1 070.0	1 080.0
21.0	150.0	52.0	151.0	125.0	54.0
512.0	44.0	1 617.0	305.0	656.0	500.0
702.0	426.0	223.0	690.0	562.0	360.0
4 471.0	1 100.0	4 169.0	3 188.0	3 529.0	4 043.70
56 000.0	19 600.0	48 151.0	38 627.0	50 836.0	48 058.0
16 800.0	14 900.0	28 097.0	23 529.0	29 562.0	27 275.0
—	5 339.0	8 764.10	2 500.0	85 580.0	28 826.6
168 332.0	61 046.0	76 698.0	62 288.0	51 301.0	109 276.0
44 000.0	50 000.0	370 000.0	10 930.0	130 000.0	10 000.0
44 000.0	50 000.0	363 000.0	6 000.0	7 000.0	—
—	—	—	693.0	—	10.0
42 598.0	10 538.0	30 657.0	6 460.0	26 500.0	21 080.0
118 931.0	4 544.0	3 400.0	13 212.0	15 287.0	187.0
1 200.0	700.0	—	205.50	200.0	190.0
2813.0	922.0	—	89.50	120.0	114.0

指 标 名 称	计 量 单 位	北 宁 市	大 石 桥 市	盖 州 市
全社会固定资产投资完成额	万 元	11 797.0	127 503.0	55 934.0
其中:基 本 建 设	万 元	5 311.0	23 407.0	6 609.0
更 新 改 造	万 元	2 900.0	621.0	420.0
全年新增固定资产	万 元	12 094.0	117 716.0	43 136.0
本年竣工房屋面积	万 元	93 324.0	1 026 879.0	404 013.0
其中:住 宅	万 元	38 840.0	533 167.0	282 809.0
商品房屋销售面积	万 元	—	120 285.0	62 908.0
商品房屋销售额	万 元	—	14 201.0	6 076.0
五、教育、科技、文化和卫生				
学 校 总 数	所	232.0	341.0	417.0
其中:普 通 中 学	所	29.0	32.0	43.0
职 业 中 学	所	2.0	1.0	1.0
小 学	所	201.0	304.0	366.0
专职教师总数	人	5 286.0	5 520.0	7 194.0
其中:普 通 中 学	人	2 191.0	1 810.0	2 610.0
职 业 中 学	人	125.0	78.0	49.0
小 学	人	2 970.0	3 266.0	4 109.0
在校学生总数	人	71 904.0	120 435.0	153 106.0
其中:普 通 中 学	人	24 386.0	30 700.0	43 154.0
职 业 中 学	人	213.0	604.0	1 552.0
小 学	人	47 305.0	83 705.0	103 595.0
学龄儿童入学率	%	100.0	99.21	100.0
小学毕业入学率	%	99.0	98.34	100.0
成人中等教育学校在校学生数	人	—	110.0	—
成人高等教育学校在校学生数	人	—	—	435.0
医院、卫生院数	所	29.0	28.0	47.0
医院、卫生院床位数	床	1 250.0	1 500.0	1 983.0

年）

灯塔市	铁法市	开原市	北票市	凌源市	兴城市
90 455.0	40 210.0	26 463.0	8 853.0	17 108.0	25 545.0
90 455.0	26 000.0	7 899.0	5 520.0	5 143.0	25 545.0
—	14 210.0	2 960.0	1 934.0	6 750.0	—
76 887.0	31 020.0	19 603.0	8 853.0	13 985.0	23 246.0
325 594.0	114 100.0	268 365.0	11 680.0	128 887.0	264 369.0
188 271.0	6 716.0	80 267.0	11 064.0	68 504.0	209 419.0
17 000.0	21 210.0	32 794.0	11 680.0	3 600.0	—
1 400.0	1 200.0	6 126.0	536.0	250.0	—
232.0	68.0	351.0	341.0	322.0	271.0
27.0	19.0	30.0	47.0	45.0	35.0
1.0	1.0	1.0	2.0	2.0	2.0
202.0	48.0	320.0	292.0	275.0	234.0
3 567.0	2 770.00	4 703.0	5 319.0	6 031.0	4 689.0
1 448.0	1 010.0	1 828.0	2 009.0	2 349.0	1 772.0
24.0	30.0	83.0	104.0	114.0	124.0
2 095.0	1 730.0	2 792.0	3 206.0	3 568.0	2 793.0
77 953.0	34 200.0	80 655.0	83 908.0	90 526.0	82 326.0
15 381.0	13 100.0	25 849.0	25 356.0	23 660.0	26 783.0
181.0	410.0	481.0	1 035.0	1 037.0	564.0
43 320.0	20 690.0	54 280.0	57 517.0	65 829.0	54 979.0
100.0	100.0	99.0	100.0	99.8	100.0
100.0	98.2	97.9	97.0	96.50	100.0
19 230.0	600.0	—	362.0	—	1 000.0
—	1 310.0	—	475.0	—	100.0
22.0	12.0	37.0	59.0	45.0	34.0
793.0	1 100.0	2 106.0	1 971.0	2 894.0	1 296.0

指 标 名 称	计 量 单 位	北 宁 市	大 石 桥 市	盖 州 市
医院、卫生院技术人员数	人	1 622.0	1 499.0	2 254.0
从事科技活动人员数	人	9 878.0	13 142.0	17 108.0
其中:农 业 科 学	人	3 418.0	552.0	865.0
六、财 政、 金 融				
财 政 收 入	万 元	13 796.0	43 937.0	19 022.0
其中:地方财政收入	万 元	10 292.0	27 725.0	13 614.0
各 项 税 收	万 元	7 765.0	42 066.0	17 481.0
其中:农 牧 业 税	万 元	2 977.0	1 697.0	4 148.0
财 政 总 支 出	万 元	19 202.0	37 974.0	21 941.0
其中:基 建 支 出	万 元	110.0	1 471.0	553.0
支 农 支 出	万 元	3 989.0	4 583.0	1 295.0
福 利 救 济 费	万 元	918.0	960.0	1 069.0
科 技 三 项 费	万 元	57.0	94.0	25.0
文教科卫事业费	万 元	4 706.0	5 141.0	5 303.0
年末各项存款余额	万 元	269 518.0	478 731.0	359 263.0
其中:城乡居民储蓄存款余额	万 元	239 499.0	406 222.0	323 255.0
年末各项贷款余额	万 元	173 418.0	370 394.0	259 831.0
其中:农 业 贷 款	万 元	128 739.0	29 003.0	34 837.0
七、人 民 生 活				
城镇职工年平均人数	人	18 501.0	26 051.0	29 135.0
城镇职工工资总额	万 元	11 248.0	17 728.0	14 060.0
城镇人均居住面积	平 方 米	11.0	8.2	7.0
农村居民人均纯收入	元	2 958.0	2 906.0	2 422.0
农村居民人均生活费总支出	元	1 497.0	1 595.0	1 496.0
其中:食 品 支 出	元	682.0	752.0	553.0
衣 着 支 出	元	166.0	160.0	124.0
农村钢筋砖木结构住房比例	%	100.0	97.20	90.47

年）

灯塔市	铁法市	开原市	北票市	凌源市	兴城市
602.0	670.0	2 377.0	2 221.0	1 998.0	1 620.0
7 624.0	1 985.0	9 098.0	10 264.0	18 200.0	485.0
534.0	322.0	457.0	606.0	3 650.0	241.0
17 239.0	8 206.0	16 088.0	16 625.0	11 376.0	14 701.0
14 412.0	5 895.0	11 881.0	7 199.0	6 866.0	11 191.0
10 097.0	5 447.0	8 881.0	11 734.0	5 296.0	13 456.0
989.0	110.0	1 868.0	990.0	2 881.0	655.0
20 099.0	9 810.0	19 588.0	15 997.0	17 070.0	16 509.0
734.0	—	—	—	—	579.0
351.0	265.0	3 169.0	1 118.0	1 460.0	506.0
511.0	128.0	2 088.0	1 059.0	508.0	448.0
11.0	—	28.0	—	—	21.0
4 721.0	1 563.0	4 993.0	4 418.0	4 755.0	5 222.0
228 349.0	195 340.0	303 958.0	174 824.0	242 827.0	300 138.0
215 073.0	157 763.0	184 944.0	139 793.0	200 336.0	265 874.0
254 884.0	106 906.0	255 325.0	205 093.0	270 891.0	211 321.0
10 635.0	8 415.0	9 860.0	20 702.0	42 580.0	15 300.0
17 862.0	78 112.0	32 496.0	24 992.0	28 864.0	18 932.0
11 069.0	62 490.0	18 423.7	13 317.0	13 525.0	11 470.70
14.0	17.0	7.9	10.0	9.0	9.0
3 002.0	3 060.0	2 836.0	1 409.0	1 441.0	2 120.0
1 742.0	1 945.0	1 094.0	1 205.0	1 218.0	1 399.0
849.0	970.0	633.0	699.0	522.0	675.0
202.0	276.0	99.0	78.0	90.0	146.0
97.1	97.6	96.8	84.4	90.9	100.0

附录5 各县基本情况

（1999年）

县名称	年末总人口（人）	#非农业人口	土地面积（平方公里）	国内生产总值（现价，万元）	第一产业	第二产业	第三产业
辽中	506 653	103 926	1 668	617 223	171 316	253 791	192 116
康平	332 644	73 333	2 175	128 752	73 710	27 275	27 767
法库	441 753	66 959	2 290	186 702	92 460	58 777	35 465
长海	88 356	24 631	152	87 312	54 651	6 914	25 747
台安	365 827	63 794	1 388	329 967	127 236	132 240	20 491
岫岩	487 808	100 778	4 502	316 458	63 609	178 984	73 865
抚顺	226 401	52 231	2 183	204 707	42 326	116 526	45 855
新宾	306 984	81 243	4 273	188 770	45 350	84 520	58 900
清原	344 019	109 009	3 921	185 300	46 000	82 500	56 800
本溪	297 882	107 758	3 343	211 585	39 355	103 116	69 114
桓仁	303 123	80 364	3 547	160 614	42 052	65 562	53 000
宽甸	447 605	117 730	6 130	261 766	48 972	116 218	96 576
义县	444 625	68 882	2 476	171 716	43 416	68 900	59 400
黑山	636 321	137 778	2 487	299 696	135 383	76 482	87 831
阜新	728 518	87 568	6 246	139 820	72 490	20 464	46 866
彰武	406 794	76 025	3 641	76 559	56 677	9 223	10 659
辽阳	592 785	90 815	2 853	366 220	95 115	125 593	145 512
盘山	278 884	37 847	2 145	270 363	144 593	74 881	50 895
大洼	385 612	85 138	1 683	262 831	156 869	52 879	53 083
铁岭	382 195	29 018	2 249	132 344	69 886	28 811	33 647
西丰	342 003	65 774	2 685	85 497	39 250	15 238	31 009
昌图	1 016 431	172 272	4 304	276 276	170 616	43 701	61 959
朝阳	614 057	32 160	4 215	111 355	50 050	16 712	44 593
建平	573 670	104 176	4 865	126 266	55 000	28 917	42 349
喀左	418 153	63 869	2 238	75 141	36 838	15 074	23 229
绥中	611 133	83 988	2 765	232 488	88 339	56 080	88 069
建昌	600 610	70 677	3 195	90 350	25 971	27 419	36 960

附录 5 续表 1　　　　　　　　(1999 年)

县　名　称	农林牧渔业总产值（现价，万元）	农林牧渔业总产值（90不变价，万元）	农　业	林　业	牧　业	渔　业	农作物播种面积（公顷）
辽　中	264 915	136 036	60 190	732	55 266	19 847	89 955
康　平	103 325	51 476	36 070	1 681	13 087	638	81 883
法　库	142 911	82 666	50 726	1 852	29 623	465	106 392
长　海	104 782	103 525	878	60	855	101 732	2 154
台　安	279 425	161 238	61 248	2 208	93 650	4 132	68 566
岫　岩	118 531	70 019	36 416	7 071	26 284	248	46 640
抚　顺	93 027	61 667	25 841	2 684	29 348	3 794	24 920
新　宾	89 227	58 195	28 257	7 221	16 581	6 136	27 769
清　原	98 101	67 872	37 025	9 754	13 450	7 643	75 148
本　溪	72 211	43 483	16 821	10 147	12 595	3 920	20 137
桓　仁	83 563	67 329	35 715	10 924	10 965	9 725	21 197
宽　甸	87 194	64 025	27 969	10 116	16 196	9 744	33 674
义　县	120 337	61 129	28 078	2 732	29 865	454	71 679
黑　山	273 475	166 953	60 513	1 413	102 760	2 267	123 998
阜　新	142 656	94 046	49 836	3 863	40 241	106	161 555
彰　武	99 434	63 238	35 666	2 521	24 305	746	105 632
辽　阳	195 026	101 494	57 269	1 269	33 782	9 174	72 449
盘　山	234 729	81 393	35 529	508	12 592	32 764	34 668
大　洼	259 630	126 501	51 398	299	13 235	61 569	54 348
铁　岭	148 863	96 312	61 990	1 683	30 612	2 027	65 553
西　丰	85 330	51 104	29 057	2 189	19 627	231	44 556
昌　图	406 100	234 994	134 366	2 630	96 221	1 777	236 218
朝　阳	86 161	49 656	33 649	4 140	11 788	79	85 547
建　平	104 093	56 314	32 498	3 778	19 949	89	87 466
喀　左	65 862	41 051	22 978	4 226	13 773	74	47 700
绥　中	165 742	126 011	57 894	792	34 370	32 955	64 728
建　昌	71 426	41 377	17 565	1 320	22 380	112	54 285

附录 5 续表 2　　　　（1999 年）

县名称	农林牧渔业劳动力（人）	耕地面积（公顷）	粮豆产量（吨）	油料产量（吨）	棉花产量（吨）	蔬菜产量（万吨）	水果产量（吨）
辽中	104 625	79 611	489 379	4 289	—	57	9 029
康平	69 548	101 798	495 293	11 744	—	12	5 135
法库	140 998	129 635	750 888	9 276	22	12	17 284
长海	22 223	2 130	7 183	4	—	0.4	340
台安	80 235	63 044	393 349	3 085	—	36	9 982
岫岩	107 863	44 686	166 365	872	—	15	13 310
抚顺	63 903	32 415	126 032	3 863	—	9	41 706
新宾	88 298	40 649	135 470	569	—	4	2 217
清原	84 184	39 419	143 977	513	—	3	6 460
本溪	44 259	27 064	90 580	487	—	5	4 430
桓仁	65 667	29 624	114 493	737	—	5	6 509
宽甸	131 827	31 397	133 709	981	—	11	14 593
义县	119 626	67 853	90 697	3 738	1	52	12 085
黑山	130 660	135 013	456 876	20 652	403	49	16 025
阜新	280 722	176 522	690 073	19 930	42	15	5 714
彰武	133 140	110 700	586 537	6 984	120	4	3 233
辽阳	107 334	67 454	364 367	5 703	1	39	52 335
盘山	46 370	43 334	336 287	82	—	28	5 885
大洼	91 469	51 725	450 013	—	—	25	6 631
铁岭	129 050	63 968	454 165	541	—	39	8 542
西丰	64 875	60 722	292 719	1 330	—	10	19 830
昌图	187 590	278 286	1 751 000	18 385	—	99	21 321
朝阳	234 251	105 733	154 098	3 047	1 316	12	34 774
建平	192 481	116 404	304 637	14 881	—	8	5 301
喀左	135 997	46 238	92 000	1 390	1 105	14	7 973
绥中	17 610	54 708	113 315	1 377	—	20	251 366
建昌	154 865	59 268	83 330	58	366	6	68 045

附录 5 续表 3　　(1999 年)

县名称	猪牛羊肉产量（吨）	水产品产量（吨）	年末农业机械总动力（万千瓦）	全年用电量（万千瓦吨）	化肥施用量（折纯量吨）	乡镇企业营业收入（万元）	乡镇企业实际缴纳税金（万元）
辽中	50 463	45 010	18	21 281	25 996	1 168 701	3 947
康平	15 037	1 850	15	4 269	19 885	143 679	1 221
法库	28 971	960	16	4 879	35 227	275 013	2 183
长海	1 366	300 143	1	4 606	357	124 569	5 886
台安	55 882	8 570	16	18 180	18 949	704 157	4 821
岫岩	30 781	601	13	12 313	10 410	769 781	7 426
抚顺	30 780	470	10	6 304	6 125	468 729	5 100
新宾	25 114	1 347	10	9 114	4 439	470 410	4 717
清原	26 239	1 607	10	11 968	5 336	440 049	4 211
本溪	10 381	1 018	12	28 613	3 333	209 696	3 737
桓仁	11 653	3 267	9	8 848	5 796	136 482	3 790
宽甸	15 593	18 100	21	1 776	8 369	580 576	6 896
义县	46 654	1 102	11	5 531	19 201	478 546	1 965
黑山	87 216	5 500	20	8 401	42 108	396 669	4 089
阜新	88 295	261	43	11 871	48 540	187 915	5 237
彰武	28 979	1 810	21	5 371	33 920	24 949	1 781
辽阳	21 399	19 830	18	38 883	17 515	574 492	6 791
盘山	12 180	46 627	20	12 237	16 153	184 312	2 207
大洼	12 279	106 046	16	21 354	19 233	140 032	3 893
铁岭	30 203	4 918	16	10 632	21 935	17 649	3 764
西丰	28 836	560	14	7 678	15 791	87 511	1 567
昌图	122 138	4 312	31	22 360	102 251	432 066	6 565
朝阳	12 819	192	14	11 383	25 341	14 264	1 562
建平	29 011	215	20	13 998	26 282	119 360	3 224
喀左	9 752	200	12	6 610	12 506	87 720	1 910
绥中	42 680	100 322	12	17 182	25 195	240 324	3 781
建昌	56 346	272	11	11 780	35 987	154 892	1 441

县名称	工业企业单位数(个)	#县区营	工业总产值(现价、万元)	县区工业	国有工业	集体工业	其他经济类型工业	轻工业
辽中	7 825	49	1 036 270	52 474	13 216	36 131	986 923	506 726
康平	2 849	32	85 397	4 557	4 557	34 637	46 203	51 612
法库	3 861	57	297 944	22 430	3 505	4 054	290 385	157 041
长海	159	20	15 425	3 355	2 928	5 840	6 657	12 090
台安	6 604	27	570 333	237 770	29 044	134 948	406 341	328 079
岫岩	10 706	43	772 311	124 094	6 042	209 024	557 245	235 348
抚顺	3 628	64	596 934	51 185	—	123 867	473 067	211 532
新宾	6 006	62	368 850	11 319	6 370	40 158	322 322	237 143
清原	7 859	23	360 199	21 919	7 354	80 625	272 220	210 157
本溪	3 067	77	262 624	80 297	27 293	90 170	145 161	21 411
桓仁	3 724	26	148 877	27 892	17 180	16 987	114 710	91 523
宽甸	6 161	—	589 940	—	3 250	114 188	472 502	149 739
义县	3 693	40	361 723	17 366	2 217	68 980	290 526	190 002
黑山	6 985	32	301 910	28 881	8 513	3 327	290 070	131 331
阜新	3 494	77	162 326	18 915	32 115	23 138	107 073	72 509
彰武	1 140	34	31 972	12 138	11 265	20 486	221	23 659
辽阳	4 207	63	623 057	44 033	3 668	145 306	474 083	155 763
盘山	1 836	26	307 001	86 052	82 478	94 174	130 349	108 611
大洼	2 818	27	276 914	45 732	46 086	9 112	221 716	211 762
铁岭	3 940	41	167 312	21 102	10 097	23 518	133 697	82 588
西丰	2 221	23	96 515	8 291	3 855	5 728	86 932	38 493
昌图	6 006	7	275 681	23 715	11 707	1 876	262 098	18 908
朝阳	124	33	60 717	20 671	25 870	12 342	22 505	24 303
建平	1 765	94	122 871	53 855	39 119	24 381	59 371	50 528
喀左	2 472	54	58 589	27 225	16 031	13 273	29 285	16 938
绥中	3 038	34	195 924	8 647	8 666	33 353	153 905	98 871
建昌	1 519	35	70 942	16 013	10 171	17 828	42 943	34 943

附录 5 续表 5　　(1999 年)　　单位:万元

县名称	重工业	工业总产值(90不变价)(万元)	县区工业	国有工业	集体工业	其他经济类型工业	轻工业	重工业
辽中	529 544	966 811	51 190	13 232	35 297	918 282	472 770	494 041
康平	33 785	86 560	3 250	3 250	34 034	46 276	51 012	32 548
法库	140 903	248 827	19 513	2 989	3 754	242 084	128 725	120 102
长海	3 335	12 773	2 375	2 030	5 320	5 423	9 969	2 804
台安	242 254	496 275	203 194	23 130	116 894	356 251	282 235	214 040
岫岩	536 963	686 146	115 715	5 183	185 954	495 009	208 425	477 721
抚顺	385 402	535 986	30 410	—	91 609	444 377	189 934	346 052
新宾	131 707	340 148	10 137	6 133	36 746	297 269	219 492	120 656
清原	150 042	348 010	28 555	6 475	55 553	285 982	197 385	150 625
本溪	241 213	228 927	46 390	22 829	80 483	125 615	20 370	208 557
桓仁	57 354	148 208	27 758	14 578	13 291	120 339	80 650	67 558
宽甸	440 201	604 118	—	3 328	116 929	483 861	153 352	450 766
义县	171 721	331 335	23 106	1 677	67 346	262 312	177 050	154 285
黑山	170 579	282 649	30 849	6 091	2 958	273 600	120 699	161 950
阜新	89 817	120 564	15 795	24 055	17 922	78 587	54 925	65 639
彰武	8 313	24 413	8 563	8 113	16 232	68	18 054	6 359
辽阳	467 294	605 665	39 896	1 618	140 218	463 829	151 416	454 249
盘山	198 390	255 562	61 588	57 953	83 492	114 117	100 567	154 995
大洼	65 152	245 842	43 165	42 558	755	202 529	187 274	58 568
铁岭	84 727	149 765	18 048	7 354	22 047	120 364	74 700	75 065
西丰	58 022	84 571	6 659	1 543	5 020	78 008	33 801	51 270
昌图	7 513	215 375	19 542	7 921	1 685	205 769	14 391	5 633
朝阳	36 414	49 669	17 374	19 171	12 212	18 286	20 578	29 091
建平	72 343	126 298	56 237	42 318	22 464	61 516	52 367	73 931
喀左	41 651	45 113	21 402	12 845	10 198	22 070	13 040	32 073
绥中	97 353	192 553	9 870	8 209	33 806	150 538	97 455	95 098
建昌	35 999	59 383	15 801	10 186	14 864	34 333	30 516	28 867

附录 5 续表 6　　　　　　　　　　　　（1999 年）

县名称	公路客运量（万人）	公路货运量（万吨）	邮电业务总量（万元）	电话机拥有量（部）	固定资产投资总额（万元）	#国有单位	#城镇集体单位	#城乡个人
辽中	952	665	8 735	62 689	84 269	5 970	1 438	2 858
康平	187	162	2 708	29 188	20 567	1 768	138	15 232
法库	625	842	1 673	37 786	35 582	10 973	717	23 892
长海	130	112	2 453	19 990	14 810	1 775	—	8 333
台安	171	149	2 461	34 794	46 849	25 872	12 860	8 117
岫岩	330	330	3 371	40 203	64 659	21 884	15 588	16 483
抚顺	13	21	1 583	9 417	20 935	2 285	—	16 932
新宾	422	184	2 759	29 067	22 591	10 785	474	5 118
清原	219	66	4 166	31 312	21 754	10 698	325	4 549
本溪	127	1 280	3 301	32 646	20 849	5 537	3 624	11 688
桓仁	436	140	2 036	25 356	30 544	21 775	6 109	2 660
宽甸	348	139	4 707	37 672	18 356	2 580	980	6 978
义县	293	150	1 943	21 659	20 486	10 958	260	6 466
黑山	401	674	3 974	47 380	34 370	18 336	1 050	8 066
阜新	242	285	4 523	59 214	25 413	12 860	3 328	9 225
彰武	175	275	1 831	36 397	19 522	10 062	4 341	5 119
辽阳	422	311	4 978	45 948	39 950	—	11 692	28 258
盘山	284	187	4 715	50 312	37 538	18 138	—	9 603
大洼	53	—	3 636	50 196	23 010	8 174	60	9 569
铁岭	56	75	1 020	23 946	30 980	4 672	—	4 908
西丰	289	225	1 430	21 398	17 714	8 789	55	8 172
昌图	663	551	2 948	65 123	48 709	5 183	18 385	25 141
朝阳	93	840	1 047	17 490	5 834	3 918	1 916	—
建平	176	691	5 069	63 321	30 517	13 490	810	15 287
喀左	118	140	1 610	20 346	13 366	3 828	3 309	6 229
绥中	63	13	2 694	33 882	28 137	5 118	1 744	12 077
建昌	727	124	1 762	20 645	21 650	7 802	109	3 267

附录 5 续表 7

（1999 年）

县名称	消费品零售总额（万元）	出口商品收购总额（万元）	新签利用外资协议合同（个）	协议合同外资金额（万美元）	实际利用外资金额（万美元）	地方财政收入（万元）	地方财政支出（万元）	金融机构存款年末余额（万元）	金融机构贷款年末余额（万元）
辽中	171 264	14 595	5	363	433	6 008	12 606	240 287	260 527
康平	49 320	606	1	300	292	3 452	11 938	75 770	188 299
法库	63 419	648	1	50	51	4 456	13 480	102 089	250 866
长海	26 206	14 070	1	13	13	7 971	11 801	100 079	66 205
台安	75 324	41 838	5	2 974	204	6 356	17 729	1 555 120	163 886
岫岩	72 184	65 410	9	387	236	8 200	22 004	209 351	173 809
抚顺	34 744	10 169	5	221	211	6 242	11 032	3 423	18 983
新宾	60 383	9 574	—	240	90	5 189	15 668	148 696	89 639
清原	57 211	12 500	6	511	201	5 219	13 539	148 764	128 846
本溪	49 490	7 978	3	75	55	10 003	19 396	204 102	145 892
桓仁	55 405	51 690	2	150	11	8 570	17 180	150 243	107 469
宽甸	101 513	24 364	5	78	46	11 088	21 677	258 861	178 212
义县	72 742	12 360	2	170	67	7 952	12 788	112 998	147 591
黑山	120 469	4 564	—	—	—	10 484	15 151	232 312	235 971
阜新	66 519	18 258	1	—	18	9 639	23 325	130 198	243 531
彰武	29 536	2 355	2	50	43	4 064	12 378	98 016	175 532
辽阳	101 613	75 000	7	998	200	11 535	15 500	221 348	230 804
盘山	55 053	11 390	3	2 999	22	11 044	18 604	152 923	116 773
大洼	83 135	20 084	—	182	172	10 609	18 191	198 777	242 024
铁岭	37 205	14 278	9	392	593	6 568	13 979	111 206	96 040
西丰	72 870	5 052	—	—	—	4 396	9 473	104 246	132 359
昌图	117 588	5 195	2	604	328	12 508	21 019	222 045	529 596
朝阳	47 562	10 794	2	280	—	5 585	15 605	73 933	62 872
建平	56 015	15 480	2	642	302	6 450	14 938	152 828	256 335
喀左	35 583	14 018	1	—	5	4 714	13 133	91 962	156 913
绥中	80 520	7 191	1	47	42	11 857	16 043	267 547	231 321
建昌	33 472	3 260	1	23	—	4 575	11 956	105 186	133 419

附录5续表8 (1999年)

县名称	城乡居民储蓄余额（万元）	在岗职工人数（人）	在岗职工工资总额（万元）	城镇居民全年人均可支配收入（元）	城镇居民全年人均消费性支出（元）	农村居民全年人均纯收入（元）	农村居民全年人均生活费支出（元）
辽中	216 890	25 447	13 408	4 694	3 612	2 874	1 772
康平	61 283	26 461	10 448	—	—	1 871	1 465
法库	90 735	20 576	10 021	—	—	2 466	1 517
长海	95 526	5 943	4 799	4 818	3 458	5 183	2 705
台安	134 445	24 159	12 007	—	—	2 702	1 553
岫岩	187 635	25 994	14 684	—	—	2 555	1 640
抚顺	38 219	20 622	11 467	—	—	3 039	1 655
新宾	129 527	18 912	11 186	3 985	2 685	2 353	1 846
清原	88 144	18 420	13 124	—	—	2 670	1 111
本溪	173 648	18 368	11 186	—	—	2 750	2 025
桓仁	125 010	16 437	11 300	—	—	2 560	1 333
宽甸	230 952	24 838	12 437	—	—	2 756	2 281
义县	104 976	14 895	8 18	—	—	1 277	1 046
黑山	209 672	23 924	13 043	—	—	2 712	1 570
阜新	106 000	32 346	17 527	—	—	1 547	1 455
彰武	81 946	22 029	10 686	—	—	2 236	1 290
辽阳	154 405	23 451	11 444	—	—	2 700	1 804
盘山	144 519	47 566	23 125	—	—	3 505	1 995
大洼	174 716	110 620	46 358	—	—	3 402	2 373
铁岭	91 130	21 103	11 029	—	—	2 904	1 153
西丰	71 731	19 830	10 231	—	—	2 173	1 014
昌图	132 847	46 233	26 778	—	—	2 501	1 117
朝阳	62 718	30 528	13 035	—	—	1 139	1 213
建平	131 902	36 841	19 294	3 204	2 502	1 637	1 769
喀左	77 098	26 173	11 469	—	—	1 119	968
绥中	232 793	19 838	9 432	4 016	2 892	1 548	1 460
建昌	90 273	31 530	12 784	—	—	1 102	922

附录 5 续表 9 （1999 年）

县名称	全部学校在校学生（人）	#普通中学	农业、职业中学	学龄儿童入学率（%）	国有单位自然科学人员（人）	#农业技术人员	医院数（个）	医院床位数（张）
辽中	67 738	22 887	536	100	988	112	25	1 125
康平	50 450	13 760	181	100	1 988	457	18	970
法库	57 653	17 279	367	99.9	4 579	1 04	30	822
长海	14 769	4 605	220	100	347	79	7	258
台安	51 997	16 577	350	100	590	215	19	1 123
岫岩	76 242	19 548	3 330	100	3 281	518	23	1 242
抚顺	26 651	8 312	94	100	831	156	24	561
新宾	48 986	16 134	596	100	2 010	140	18	821
清原	48 456	14 910	318	99.3	7 393	594	23	696
本溪	50 055	17 141	410	100	2 703	395	16	1 005
桓仁	49 370	16 637	577	100	3 316	964	26	640
宽甸	57 854	18 201	—	99	1 950	288	25	1 627
义县	61 655	16 613	2 489	100	2 785	345	25	645
黑山	84 344	26 502	627	99.9	1 236	627	30	1 277
阜新	103 234	31 356	1 621	99	6 000	1 080	48	1 106
彰武	52 020	15 266	659	98	6 933	600	59	990
辽阳	74 357	25 688	640	100	1 691	362	28	1 086
盘山	44 859	14 887	870	100	8 195	3 899	17	732
大洼	58 179	18 482	1 138	100	14 303	1 604	23	763
铁岭	46 102	12 824	1 441	100	5 449	214	18	707
西丰	46 358	13 736	258	99	3 802	588	22	576
昌图	126 611	37 893	1 516	100	21 722	2 078	52	1 165
朝阳	92 749	20 940	590	99.8	12 500	1 300	58	1 250
建平	26 925	990	61 809	100	3 690	501	36	1 101
喀左	67 618	21 305	896	10	9 995	1 330	32	843
绥中	86 937	24 462	388	98	3 301	318	33	1 323
建昌	110 158	29 291	817	100	4 405	344	43	1 500

附录6 各市辖区基本情况

（1999年）

区名称	年末总人口（人）	#非农业人口	土地面积（平方公里）	国内生产总值（现价，万元）	#第三产业	农林牧渔业总产值（90不变价，万元）	农林牧渔业总产值（现价，万元）	乡镇企业实际缴纳税金（万元）
沈阳市								
和平	631 050	631 039	21	291 256	272 181	—	—	—
沈河	594 588	594 562	18	311 000	266 457	—	—	—
大东	636 345	636 345	49	208 131	129 899	—	—	—
皇姑	705 695	705 650	37	91 575	57 279	—	—	—
铁西	755 154	755 035	39	210 174	143 714	—	—	—
东陵	410 225	146 932	931	1 119 303	536 707	51 289	87 612	36 664
苏家屯	412 391	197 248	776	530 071	193 034	59 041	100 788	5 447
新城子	297 009	109 546	849	367 464	93 140	65 138	95 453	9 363
于洪	372 472	119 684	774	108 977	429 392	67 206	126 820	21 103
大连市								
中山	363 992	366 992	44	164 509	130 954	4 927	7 039	—
西岗	327 947	327 353	76	153 809	107 330	—	—	—
沙河口	569 942	569 742	44	120 029	90 876	—	—	—
甘井子	517 931	384 700	502	904 189	391 335	81 219	113 359	36 780
旅顺口	209 635	99 360	507	360 913	90 228	96 246	145 659	11 000
金州	518 756	208 164	1 107	1 265 556	309 526	218 091	315 718	35 809
鞍山市								
铁东	463 247	463 247	17	66 110	52 485	—	—	—
铁西	295 621	292 336	14	32 415	26 848	—	—	—
立山	406 955	406 955	30	37 514	30 279	—	—	—
千山区	281 402	123 582	550	501 665	179 738	65 326	96 500	19 599
抚顺市								
新抚	291 954	291 954	29	71 440	56 940	690	1 159	59
东洲	308 153	298 111	216	40 709	15 252	7 798	15 675	1 000
望花	337 300	310 743	112	55 015	22 842	7 080	13 684	204
顺城	380 504	329 161	290	183 840	81 700	25 049	44 207	2 724
本溪市								
平山	350 123	329 605	177	58 000	44 311	3 847	7 153	964
溪湖	234 883	191 855	302	32 013	15 026	8 991	15 849	1 883
明山	292 277	253 845	400	65 248	23 680	12 330	26 849	465
南芬	88 567	55 197	619	31 900	10 500	10 237	17 014	1 328
丹东市								
元宝	201 722	197 110	17	30 505	25 842	—	—	—
振兴	311 302	309 108	17	27 475	20 874	—	—	—
振安	196 402	74 891	554	87 907	31 067	22 040	33 238	8 633

附录6续表1　　　　　　　　　　　　（1999年）

区名称	年末总人口（人）	#非农业人口	土地面积（平方公里）	国内生产总值（现价，万元）	#第三产业	农林牧渔业总产值（90不变价，万元）	农林牧渔业总产值（现价，万元）	乡镇企业实际缴纳税金（万元）
锦州市								
古塔	236 744	232 253	32	50 191	38 345	253	575	—
凌河	348 123	339 476	30	53 794	40 875	635	1 101	—
太和	206 110	84 921	292	80 420	19 989	37 023	43 057	5 154
营口市								
站前	261 058	261 058	70	32 112	235 411	—	—	—
西市	160 620	160 620	20	17 436	6 247	—	—	—
老边	124 631	32 444	305	118 160	29 679	24 268	48 835	5 083
鲅鱼圈	108 165	55 156	66	198 270	69 833	28 006	35 410	2 207
阜新市								
海州	349 936	349 936	28	26 628	19 774	—	—	—
新邱	72 776	71 932	25	5 054	3 420	—	—	—
太平	157 731	157 731	26	9 326	6 460	—	—	—
细河	123 374	54 121	340	20 414	6 150	9 067	17 336	2 102
清河门	74 517	49 610	99	14 669	7 258	3 007	5 171	923
辽阳市								
白塔	218 890	212 338	39	37 255	14 647	—	—	—
文圣	167 413	164 404	31	35 200	14 700	—	—	—
宏伟	110 218	89 574	75	96 835	30 589	4 063	7 350	3 508
弓长岭	93 653	65 035	292	57 134	35 025	4 800	9 350	1 348
太子河	113 611	43 258	197	150 000	49 500	16 118	32 820	4 148
盘锦市								
双台子	188 549	147 575	56	85 474	60 010	3 296	9 010	1 474
兴隆台	354 634	329 154	187	200 651	99 026	12 917	23 143	15 100
铁岭市								
银州	305 133	279 261	178	44 358	27 515	4 903	11 660	1 350
清河	95 973	32 971	465	31 797	10 216	13 150	17 135	1 198
朝阳市								
双塔	317 758	257 002	211	50 132	32 413	7 139	14 923	3 569
龙城	137 176	42 589	346	34 524	16 378	10 946	21 325	1 680
葫芦岛市								
连山	617 116	280 372	1 651	185 052	58 518	70 060	88 052	10 407
南票	145 839	60 197	512	60 791	13 462	11 249	18 133	2 210
龙湾区	141 874	116 101	138	82 000	30 000	8 458	12 289	2 031

（1999 年）

区名称	全部工业企业单位数（个）	#区营工业	工业总产值（现价、万元）	区营工业	国有工业	集体工业	其他经济类型工业
沈阳市							
和平	361	—	63 566	—	8	13 481	50 077
沈河	1 373	13	144 403	4 010	1 560	20 893	121 950
大东	959	299	379 661	158 511	1 653	247 672	130 336
皇姑	1 357	—	112 361	—	456	70 526	41 379
铁西	1 591	261	438 793	76 555	8 599	112 018	318 176
东陵	4 183	176	2 371 444	23 384	2 712	137 091	2 231 641
苏家屯	4 680	91	1 040 729	32 999	3 742	125 493	911 494
新城子	4 025	23	896 305	17 010	127	314 233	581 945
于洪	4 869	89	2 449 128	93 875	7 354	142 014	2 299 760
大连市							
中山	1 037	138	60 123	34 883	355	2 252	57 516
西岗	1 033	151	132 085	36 225	155	13 758	118 172
沙河口	900	220	290 970	272 766	1 810	13 665	275 495
甘井子	2 922	28	1 449 787	4 938	—	726 956	722 831
旅顺口	1 802	53	587 956	45 811	4 783	67 867	515 306
金州	6 773	113	3 276 705	142 466	19 774	488 031	2 768 900
鞍山市							
铁东	470	56	45 369	8 702	—	20 511	24 858
铁西	161	17	38 295	9 249	—	30 628	7 667
立山	459	65	43 965	9 945	4 120	32 810	7 035
千山区	2 724	—	1 346 890	—	—	692 193	654 697
抚顺市							
新抚	285	79	70 000	26 841	—	24 216	45 784
东洲	877	40	168 771	3 419	—	68 878	99 893
望花	867	91	152 855	20 282	—	91 944	60 911
顺城	2 291	82	426 742	14 445	—	169 062	257 684
本溪市							
平山	386	29	21 669	3 850	635	3 995	17 039
溪湖	523	49	38 581	22 114	2 123	15 783	20 675
明山	1 081	34	100 154	6 834	6 083	15 013	79 058
南芬	420	15	44 554	1 522	—	25 714	18 840
丹东市							
元宝	301	7	25 583	2 034	—	8 526	17 057
振兴	583	52	26 786	6 341	—	7 921	18 865
振安	1 152	67	188 950	13 258	712	43 214	145 024

附录 6 续表 3　　　　　　　　（1999 年）

区名称	全部工业企业单位数（个）	# 区营工业	工业总产值（现价、万元）	区营工业	国有工业	集体工业	其他经济类型工业
锦州市							
古塔	1 210	88	90 715	28 125	2 498	52 509	35 708
凌河	498	70	47 591	14 529	—	33 435	14 156
太和	1 904	22	191 232	8 588	3 416	18 511	169 305
营口市							
站前	376	70	46 598	29 688	2 374	30 111	14 113
西市	247	78	61 514	35 463	—	25 376	36 138
老边	923	31	307 389	6 211	—	6 211	301 178
鲅鱼圈	2 872	96	320 302	139 518	512	9 809	309 981
阜新市							
海州	624	2	22 129	2 656	—	8 364	13 765
新邱	138	35	13 716	7 565	5 638	2 406	—
太平	399	12	12 392	3 143	32	8 470	475
细河	519	18	25 174	1 492	—	12 856	12 318
清河门	86	9	18 750	4 000	3 100	900	14 750
辽阳市							
白塔	699	—	79 192	—	—	33 852	45 340
文圣	236	61	75 248	10 377	—	54 350	20 898
宏伟	368	92	229 865	64 755	—	146 560	83 305
弓长岭	350	39	49 969	21 812	1 637	11 847	36 485
太子河	1 017	15	415 441	13 283	1 255	4 863	409 323
盘锦市							
双台子	1 276	34	90 828	36 121	1 796	39 390	49 642
兴隆台	580	39	276 463	29 415	52 049	170 824	53 590
铁岭市							
银州	779	46	86 149	33 509	2 373	31 136	52 640
清河	68	17	61 623	20 445	6 239	8 943	46 441
朝阳市							
双塔	480	13	27 486	1 909	839	15 198	11 449
龙城	713	10	20 634	912	596	10 440	9 598
葫芦岛市							
连山	5 028	20	304 525	3 515	90	148 200	156 235
南票	3 615	7	134 302	1 398	—	25 176	109 126
龙湾区	649	30	137 941	23 014	260	41 870	95 811

区　名　称	工业总产值（90 不变价、万元）	区营工业	国　有　工　业	集　体　工　业	其他经济类型工业	全社会固定资产投资总额（万元）	#国有经济单位投资	社会消费品零售总额（万元）	城乡集市贸易成交额（万元）
沈　阳　市									
和　　平	64 405	—	8	13 729	50 668	14 994	6 556	126 203	422 609
沈　　河	143 140	3 949	1 500	20 524	121 116	3 506	1 946	38 950	1 474 617
大　　东	347 288	144 995	1 435	224 918	120 935	8 210	3 181	128 375	536 168
皇　　姑	127 929	—	428	85 544	41 951	9 322	6 238	24 762	500 580
铁　　西	424 117	63 711	5 916	108 407	309 794	11 541	6 341	15 502	635 506
东　　陵	2 312 071	22 799	2 786	133 659	2 175 626	120 000	3 009	27 600	577 000
苏　家　屯	999 740	31 699	3 595	120 550	875 595	153 663	10 415	336 185	95 450
新　城　子	755 783	15 938	150	264 968	490 665	47 178	6 468	235 460	68 956
于　　洪	2 330 259	2 330 259	4 489	620 327	1 705 443	100 500	—	208 264	183 063
大　连　市									
中　　山	48 423	27 444	284	1 864	46 275	66 551	2 324	288 652	272 039
西　　岗	105 568	28 980	136	11 006	94 426	97 587	—	336 078	200 498
沙　河　口	236 887	221 366	1 525	11 683	223 679	14 480	14 480	318 341	—
甘　井　子	1 194 499	5 209	—	605 419	589 080	209 447	11 687	333 160	118 936
旅　顺　口	492 701	44 664	4 339	66 329	422 033	54 920	26 933	130 347	52 317
金　　州	2 690 126	142 067	6 245	397 428	2 286 453	225 052	36 432	270 036	263 181
鞍　山　市									
铁　　东	40 707	7 123	—	18 714	21 993	19 563	—	6 989	32 543
铁　　西	38 588	9 261	—	30 660	7 928	6 565	2 995	4 251	50 000
立　　山	40 515	8 623	3 326	30 900	6 289	3 962	559	2 618	17 588
千　山　区	1 182 249	—	—	605 106	577 143	72 559	2 397	62 147	12 967
抚　顺　市									
新　　抚	57 480	14 321	—	20 848	36 632	9 253	1 602	190 969	—
东　　洲	150 808	3 333	—	6 100	89 809	—	—	11 468	—
望　　花	140 215	19 123	—	84 340	55 875	749	—	2 671	—
顺　　城	375 000	12 723	—	168 261	206 739	10 523	—	65 737	101 621
本　溪　市									
平　　山	21 689	3 831	592	3 959	17 138	2 760	411	173 971	32 367
溪　　湖	36 767	21 979	2 108	17 037	17 622	10 393	8 045	22 067	6 802
明　　山	95 569	7 903	5 792	15 654	74 123	1 825	850	69 905	35 133
南　　芬	42 770	1 483	—	24 673	18 097	4 496	4 496	6 405	—
丹　东　市									
元　　宝	25 136	1 932	—	8 397	16 739	2 425	625	77 506	53 919
振　　兴	26 374	6 829	—	7 807	18 567	405	—	41 696	11 991
振　　安	188 699	13 007	712	43 319	144 668	22 062	5 040	52 960	20 506

附录 6 续表 5　　　　　　　　　　　　（1999 年）

区名称	工业总产值（90 不变价、万元）	区营工业	国有工业	集体工业	其他经济类型工业	全社会固定资产投资总额（万元）	#国有经济单位投资	社会消费品零售总额（万元）	城乡集市贸易成交额（万元）
锦州市									
古塔	88 857	28 074	2 498	51 401	34 958	1 130	299	89 251	23 690
凌河	46 688	15 264	—	34 038	12 650	164	—	109 187	87 000
太和	175 623	8 282	3 252	17 281	155 090	972	572	26 087	—
营口市									
站前	45 801	28 665	1 413	30 116	14 272	5 455	668	3 091	—
西市	61 124	35 126	—	15 374	45 750	8 080	—	1 109	—
老边	276 548	5 851	—	5 581	270 967	26 077	—	20 074	4 669
鲅鱼圈	346 960	179 459	4 401	11 006	331 553	54 880	6 000	90 050	10 988
阜新市									
海州	20 053	3 012	—	8 712	11 341	690	214	6 619	73 004
新邱	10 013	5 007	3 540	1 950	—	763	410	19 500	22 450
太平	10 963	3 091	33	7 711	487	872	207	738	19 539
细河	21 098	1 438	—	9 344	10 316	15 191	1 138	21 670	7 500
清河门	15 000	3 200	1 806	1 340	11 800	4 000	590	25 000	18 500
辽阳市									
白塔	78 731	—	—	33 391	45 340	1 461	—	101 979	34 122
文圣	75 611	10 305	—	54 713	20 898	10 054	—	5 802	7 510
宏伟	741 010	69 946	—	153 561	87 449	21 000	400	31 580	6 958
弓长岭	49 732	21 797	2 155	11 870	35 707	20 000	545	39 404	31 103
太子河	410 514	8 356	326	4 863	405 325	13 000	—	202	30 000
盘锦市									
双台子	86 354	33 131	1 790	38 569	45 995	16 581	11 020	80 316	31 054
兴隆台	244 943	31 161	29 475	154 068	61 400	20 904	3 486	171 015	56 537
铁岭市									
银州	83 512	32 789	1 709	31 080	50 723	3 892	80	48 734	—
清河	53 159	15 615	3 359	8 386	41 414	19 785	16 894	27 309	4 458
朝阳市									
双塔	23 475	2 062	953	12 833	9 689	4 802	3 920	21 102	8 497
龙城	18 934	769	525	9 471	8 938	9 885	48	10 961	—
葫芦岛市									
连山	247 513	2 638	44	134 734	112 735	46 825	235	215 434	125 013
南票	95 582	1 008	—	17 875	77 707	9 183	1 252	18 058	6 291
龙湾区	131 545	20 712	254	37 683	93 608	18 660	16 088	25 300	8 550

附录 6 续表 6　　　　　　　　　　（1999 年）

区名称	出口商品供货总值（万元）	地方财政收入（万元）	地方财政支出（万元）	在岗职工工资总额（万元）	农民人均纯收入（元）	国有单位自然科学人员（人）	医院数（个）	医院床位数（张）
沈阳市								
和平	4 417	44 082	38 469	22 957	—	1 361	21	380
沈河	12 799	32 284	34 327	19 959	—	—	19	291
大东	6 187	29 499	33 570	20 032	—	4 836	21	650
皇姑	12 099	20 322	25 242	18 841	—	6 614	11	295
铁西	7 942	27 407	31 184	21 678	—	156	18	1 022
东陵	50 395	21 488	25 565	10 222	3 893	1 365	24	724
苏家屯	23 994	9 006	16 337	16 001	3 450	3 931	24	1 961
新城子	31 616	7 351	12 972	11 798	3 300	1 712	17	486
于洪	35 885	18 307	23 814	14 860	4 098	6 861	19	1 122
大连市								
中山	6 167	29 326	32 090	14 357	—	4 093	1	150
西岗	2 860	28 069	30 006	13 162	—	—	1	100
沙河口	18 338	21 120	26 085	11 887	—	5 039	2	300
甘井子	451 646	38 099	40 888	13 972	5 363	—	8	370
旅顺口	80 007	20 451	26 170	18 270	5 236	2 650	14	904
金州	550 495	38 807	45 889	33 175	4 310	4 803	22	1 853
鞍山市								
铁东	6 321	13 748	15 865	8 312	—	3 412	11	666
铁西	2 001	7 019	11 384	4 688	—	998	10	109
立山	976	7 308	12 516	5 974	—	1 833	6	150
千山区	9 490	17 002	21 674	7 333	4 655	560	10	335
抚顺市								
新抚	1 801	7 447	10 806	5 779	3 687	2 337	1	100
东洲	263	4 212	8 957	6 659	—	2 372	1	100
望花	1 522	4 041	8 804	5 157	—	203	1	50
顺城	21 058	6 033	11 129	12 792	3 805	1 214	10	338
本溪市								
平山	65	4 566	6 298	3 480	—	1 550	9	120
溪湖	293	3 994	5 740	3 832	—	274	16	195
明山	1 649	4 443	6 187	3 831	—	190	8	101
南芬	1 560	2 004	2 655	1 511	—	176	3	100
丹东市								
元宝	1 831	4 603	5 436	2 580	—	—	9	150
振兴	2 981	8 878	7 277	2 830	—	—	9	150
振安	27 760	7 800	9 469	5 129	3 600	2 540	8	540

附录6续表7　　（1999年）

区名称	出口商品供货总值（万元）	地方财政收入（万元）	地方财政支出（万元）	在岗职工工资总额（万元）	农民人均纯收入（元）	国有单位自然科学人员（人）	医院数（个）	医院床位数（张）
锦州市								
古塔	415	7 047	8 860	4 891	—	450	2	410
凌河	3 295	8 984	11 565	5 576	—	357	2	345
太和	16 572	5 989	7 827	5 822	—	865	6	458
营口市								
站前	5 089	4 736	4 755	3 107	—	38	7	80
西市	4 574	2 061	4 223	4 152	—	—	9	35
老边	36 847	7 957	7 400	4 473	3 300	4 562	8	260
鲅鱼圈	107 676	9 511	11 321	11 890	3 100	2 032	3	475
阜新市								
海州	1 428	2 867	5 728	3 758	—	2 786	1	71
新邱	30	980	3 240	1 759	—	—	5	90
太平	505	1 657	4 482	2 841	—	570	5	50
细河	1 124	3 146	5 140	2 162	—	254	5	175
清河门	510	2 761	2 902	1 524	—	171	3	100
辽阳市								
白塔	1 860	4 802	3 727	32 495	—	720	1	60
文圣	1 709	3 466	3 321	3 126	—	—	1	142
宏伟	3 080	5 859	8 039	12 623	3 879	—	1	25
弓长岭	7 228	10 148	8 358	3 266	3 000	24	5	80
太子河	1 875	4 478	6 161	4 697	—	1 630	5	94
盘锦市								
双台子	7 100	5 420	8 566	5 133	4 007	175	1	150
兴隆台	4 164	13 067	14 780	33 209	3 581	—	2	40
铁岭市								
银州	5 364	3 897	7 194	5 829	3 546	3 800	6	300
清河	1 005	5 496	8 882	8 095	2 618	283	6	304
朝阳市								
双塔	5 130	3 160	5 569	3 809	—	2 910	3	189
龙城	5 419	1 877	4 532	2 715	2 151	1 808	4	100
葫芦岛市								
连山	8 595	11 958	16 852	1 060	2 180	4 568	22	888
南票	4 391	2 386	3 912	2 370	1 921	212	5	155
龙湾区	6 672	11 380	11 211	14 391	—	374	3	125

中国统计出版社最新资料书简目

中国统计年鉴—2000
中国统计摘要—2000
中国城市统计年鉴—1999
中国农村统计年鉴—2000
中国劳动统计年鉴—2000
中国人口统计年鉴—2000
中国市场统计年鉴—2000
中国建筑业统计年鉴—2000
中国固定资产投资统计年鉴—2000
中国物价及城镇居民家庭收支调查统计年鉴—2000
国际统计年鉴—2000
中国对外经济贸易统计年鉴—2000
中国基本单位统计年鉴—1999
中国食品工业年鉴—1999
如何使用统计年鉴
北京统计年鉴—2000
天津统计年鉴—2000
河北经济年鉴—2000
山西统计年鉴—2000
内蒙古统计年鉴—2000
辽宁统计年鉴—2000
吉林统计年鉴—2000
黑龙江统计年鉴—2000
上海统计年鉴—2000
江苏统计年鉴—2000
浙江统计年鉴—2000
安徽统计年鉴—2000
福建统计年鉴—2000
江西统计年鉴—2000
山东统计年鉴—2000
河南统计年鉴—2000
湖北统计年鉴—2000
湖南统计年鉴—2000
广东统计年鉴—2000
广西统计年鉴—2000
贵州统计年鉴—2000
云南统计年鉴—2000
海南统计年鉴—2000
四川统计年鉴—2000
重庆统计年鉴—2000
西藏统计年鉴—2000
陕西统计年鉴—2000
甘肃年鉴—2000
青海统计年鉴—2000
宁夏统计年鉴—2000
新疆统计年鉴—2000
新疆生产建设兵团统计年鉴—2000
石家庄统计年鉴—2000
唐山统计年鉴—2000
廊坊统计年鉴—2000
邯郸统计年鉴—2000
衡水统计年鉴—2000
张家口统计年鉴—2000
邢台经济统计年鉴—2000
临汾年鉴—2000
呼和浩特经济统计年鉴—2000
沈阳统计—2000
吉林市社会经济统计年鉴—2000
四平统计年鉴—2000
延吉统计年鉴—2000
哈尔滨统计年鉴—2000
齐齐哈尔经济统计年鉴—2000
双鸭山社会经济统计年鉴—2000
黑龙江垦区统计年鉴—2000
上海浦东新区统计年鉴—2000
宝山年鉴—2000
苏州统计年鉴—2000
无锡统计年鉴—2000
常州统计年鉴—2000
徐州统计年鉴—2000
南通统计年鉴—2000
杭州统计年鉴—2000
南通统计年鉴—2000
杭州统计年鉴—2000
宁波统计年鉴—2000
绍兴统计年鉴—2000
嘉兴统计年鉴—2000
台州统计年鉴—2000
舟山统计年鉴—2000
金华统计年鉴—2000
温州统计年鉴—2000
福州年鉴—2000
厦门经济特区年鉴—2000
福州经济开发区年鉴—2000
南昌统计年鉴—2000
九江统计年鉴—2000
宜春统计年鉴—2000
济南统计年鉴—2000
青岛统计年鉴—2000
潍坊统计年鉴—2000
泰安统计年鉴—2000
德州统计年鉴—2000
日照统计年鉴—2000
郑州统计年鉴—2000
洛阳统计年鉴—2000
开封统计年鉴—2000
三门峡统计年鉴—2000
平顶山统计年鉴—2000
南阳经济统计年鉴—2000
武汉统计年鉴—2000
宜昌统计年鉴—2000
广州统计年鉴—2000
深圳统计年鉴—2000
惠州统计年鉴—2000
珠海统计年鉴—2000
东莞统计年鉴—2000
南宁统计年鉴—2000
南宁地区统计年鉴—2000
桂林经济社会统计年鉴—2000
柳州经济统计年鉴—2000
柳州地区统计年鉴—2000
贵阳统计年鉴—2000
海口统计年鉴—2000
成都统计年鉴—2000
广安统计年鉴—2000
攀枝花统计年鉴—2000
西安统计年鉴—2000
兰州年鉴—2000
西宁统计年鉴—2000
乌鲁木齐统计年鉴—2000
巴音郭楞统计年鉴—2000
吐鲁番统计年鉴—2000
石河子统计年鉴—2000
伊犁统计年鉴—2000
巴州年鉴—2000
河北农村统计年鉴—2000
广东农村统计年鉴—2000
福建农村统计年鉴—2000
湖北农村统计年鉴—2000
河南农村统计年鉴—2000
山东城市统计年鉴—2000
湖北工交统计年鉴—2000